全 世 界 无 产 者 ， 联 合 起 来 ！

列 宁 全 集

第二版增订版

第三十四卷

1918年3—7月

中共中央 马克思　恩格斯　著作编译局编译
列　宁　斯大林

人民出版社

《列宁全集》第二版是根据中国共产党中央委员会的决定，由中共中央马克思恩格斯列宁斯大林著作编译局编译的。

凡　例

1. 正文和附录中的文献分别按写作或发表时间编排。在个别情况下,为了保持一部著作或一组文献的完整性和有机联系,编排顺序则作变通处理。

2. 每篇文献标题下括号内的写作或发表日期是编者加的。文献本身在开头已注明日期的,标题下不另列日期。

3. 1918 年 2 月 14 日以前俄国通用俄历,这以后改用公历。两种历法所标日期,在 1900 年 2 月以前相差 12 天(如俄历为 1 日,公历为 13 日),从 1900 年 3 月起相差 13 天。编者加的日期,公历和俄历并用时,俄历在前,公历在后。

4. 目录中凡标有星花 * 的标题,都是编者加的。

5. 在引文中尖括号〈　〉内的文字和标点符号是列宁加的。

6. 未说明是编者加的脚注为列宁的原注。

7. 《人名索引》、《文献索引》条目按汉语拼音字母顺序排列。在《人名索引》条头括号内用黑体字排的是真姓名;在《文献索引》中,带方括号[　]的作者名、篇名、日期、地点等等,是编者加的。

目　录

附　　录

插　　图

前　　言

本卷收载列宁在 1918 年 3 月至 7 月期间的著作。

这是十月革命胜利以后苏维埃俄国发展中的一个重要转折时期。在以列宁为首的布尔什维克党的领导下，历时三个月之久的对德和平谈判冲破重重阻力取得成功。苏维埃俄国在 1918 年 3 月 3 日同德国签订了布列斯特和约，摆脱了帝国主义战争，赢得了宝贵的和平喘息时机，从而有可能把工作重心从"剥夺剥夺者"转到社会主义的经济建设。

但是苏维埃俄国的社会主义改造和建设不得不在极端困难的条件下进行。新生的共和国处在资本主义的包围之中，和平很不稳固，外国帝国主义随时可能进行武装干涉，国内的反革命势力也蠢蠢欲动。四年帝国主义战争使俄国的经济遭到严重破坏。在满目疮痍的俄国进行社会主义改造和建设是一项史无前例的事业，既不能从以往的科学社会主义著作中找到现成答案，也没有任何先例可资借鉴。当时这项任务还遭到党内"左派共产主义者"的错误主张的干扰。本卷收载的文献反映了列宁在这种内忧外患的困难复杂条件下利用和平喘息时机为恢复国民经济和进行社会主义建设所作的坚韧不拔的斗争。

本卷的开篇《俄共（布）第七次（紧急）代表大会文献》主要包括两个内容：一是关于战争与和平的问题，即如何对待签订布列斯特和约以争取和平喘息时机的问题；二是关于修改党纲和更改党的名称的问题。

党的第七次代表大会是布尔什维克党取得政权以后召开的第一次代表大会。列宁在关于战争与和平问题的报告中深刻地分析了国际国内形势，令人信服地说明了立即签订对德和约、争取和平喘息时机的重要意义，严厉地批评了"左派共产主义者"和托洛茨基在和约问题上的错误。大会通过了列宁起草的关于战争与和平的决议。

修改党纲和更改党的名称是代表大会的另一项重要议程。列宁就这个问题作了报告，提出了修改党纲的指导思想，阐明了把党的名称改为共产党的重要意义。他主张从世界形势的发展和俄国的实际情况出发来修改党的纲领，要求补充有关帝国主义和社会革命时代的论述。他反对在党纲中具体描述所谓"充分发展了的社会主义"即共产主义，指出："达到完备形式的社会主义会是个什么样子，——这我们不知道，也无法说。""建设社会主义的砖头现在还没有烧好。我们不能再多说什么，而应当尽量谨慎和精确。"（见本卷第60、61页）列宁认为，共产党这个名称在科学上是唯一正确的，因为社会主义改造的最终目的是建立共产主义社会。从这次代表大会起，俄国社会民主工党（布）改称俄国共产党（布）。

布列斯特和约的签订使苏俄在1918年春天赢得了一个短暂的和平喘息时机，从而有可能着手经济恢复工作。列宁在《当前的主要任务》一文中指出，我们被迫签订了屈辱的布列斯特和约，我们要有勇气正视这个痛苦的现实，但我们有决心使俄罗斯由既贫穷又衰弱的国家变成既强大又富饶的国家；"我们在天然财富方面，在人力后备方面，在伟大革命为人民创造力提供的广阔天地方面,都有足够的材料来建立真正又强大又富饶的俄罗斯。"(见本卷第74—75页)列宁还强调指出:"不因失败而气馁,用一块块基石去奠定社会主义社会的稳固基础,坚持不懈地建立纪律与自觉纪律,处处加强组织性,加强秩序和求实精神,加强全民力量的紧密合作,加强对于产品生产和分配的普遍计算和监督,——这就是达到建立军事实力和社会主义实力的道路。"(见本卷第75页)

1918年4月列宁受党中央委托撰写的《苏维埃政权的当前任务》和《〈苏维埃政权的当前任务〉一文初稿》,明确提出和深刻论证了无产阶级在夺取政权之后要把主要力量转向社会主义经济建设的思想,拟定了在俄国进行社会主义改造和建设的方针和措施。

列宁指出:无产阶级革命首先在俄国这样一个经济和文化落后的国家取得胜利,掌握了政权的俄国无产阶级需要把工作重心转移到经济建设上来。在资产阶级革命中,劳动群众的主要任务是完成消极的或者说破坏性的工作,而在社会主义革命中,他们的主要任务却是进行积极的或者说创造性的工作,"对产品的生产和分配实行最严格的普遍的计算和监督,提高劳动生产率,使生产**在事实上社会化**"(见本卷第154页)。列宁说,这是一个"历史转折",由夺取政权和剥夺剥夺者、镇压剥削阶级反抗的任务,转到"组织任务",转到"组织对俄国的管理";现在所说的管理,已经"不是政治而是经济具有主要的意义","苏维埃政权的基本原则和实质,以及从资本主义社会向社会主义社会过渡的实质,是政治任务对经济任务来说居于从属地位。"(见本卷第122页)

列宁针对工作重心向社会主义经济建设转移,要求"相应地改变领导人的职能"。列宁说,在过去,领导人主要是从事政治斗争的职业革命家,"对群众进行宣传的鼓动家",而在新的历史时期,经济建设的任务"把做实际工作的领导人和组织家提到了最重要的地位。根据这一情况，如果领导人不能适应新条件和新任务，就应当对他们进行适当的重新评价，适当的调动"（见本卷第132页）。列宁号召各级领导人重新学习，变为内行，主张把那些具有清醒头脑和实际本领、忠于社会主义事业、又能埋头苦干的干部提拔到领导岗位上来。

列宁还强调在社会主义经济建设中要发挥科学技术专家的作用。他说："没有各种学术、技术和实际工作领域的专家的指导，向社会主义过渡是不可能的，因为社会主义要求广大群众自觉地在资本主义已经达到的基础上向高于资本主义的劳动生产率迈进。"（见本卷第160页）

列宁十分关注在经济建设中应用现代技术和先进科学的最新成就。他认为，应当把资本主义所积累的一切最丰富的、为建设社会主义所必需的全部文化、知识和技术由资本主义的工具变为社会主义的工具。他大力提倡学习资本主义的先进管理经验，指出："社会主义能否实现，就取决于我们把苏维埃政权和苏维埃管理组织同资本主义最新的进步的东西结合得好坏。"（见本卷第170—171页）

列宁还反复强调要加强劳动纪律，反对无政府主义。列宁要求在社会主义经济管理中实行民主集中制。他指出，大机器工业本身需要最严格的统一意志，以指导几百人、几千人以至几万人共同工作。列宁号召把经常开大会讨论工作这种可贵的民主精神同铁的纪律结合起来，同对统一意志的服从结合起来。

为了完成苏维埃政权的当前任务，列宁指出应当把讲求实际和求实精神作为当前的首要任务。他说："现在的问题就在于从各方面实际地建造一座大厦,这座大厦的图样我们早已绘好,它的地基我们曾经奋力争夺并且已经牢固地夺取到了,大厦所用的材料我们已经备足,现在就应当搭起脚手架,穿上工作服,不要怕各种辅助材料弄脏衣服,严格执行实际工作的领导者的命令,应当把这座大厦建造,建造,再建造。"(见本卷第146页)

在《苏维埃政权的当前任务》发表后,列宁又在全俄中央执行委员会会议上作了关于苏维埃政权的当前任务的报告。列宁在谈到国内问题时批驳了"左派共产主义者"集团在《目前形势的提纲》中对国家资本主义的指责,指出:苏维埃政权下的国家资本主义"就是实行资本家阶级曾经实行的计算和监督"。"如果我们俄国有了国家资本主义,那么过渡到完全的社会主义就会容易,就会有把握,因为国家资本主义是集中的,有计算和监督的,社会化的,而我们正好缺少这些。"(见本卷第236页)"只有发展国家资本主义,只有精心做好计算和监督工作,只有建立起最严密的组织和劳动纪律,我们才能达到社会主义。"(见本卷第239页)

列宁在1918年5月发表的《论"左派"幼稚性和小资产阶级性》一文中进一步批驳了"左派共产主义者"集团在《目前形势的提纲》中的错误观点。揭露了他们在俄国对外政策和国内政策上的小资产阶级空谈。

列宁在批判"左派共产主义者"在国内政策方面的错误观点时对苏维埃俄国的经济建设方针作了精辟阐释。"左派共产主义者"指责党的领导存在"右派布尔什维克倾向",使苏维埃共和国有"演变到国家资本主义去"的危险。列宁针锋相对地指出,"左派"根本不懂得,"国家资本主义较之我们苏维埃共和国目前的情况,将是**一个进步**"(见本卷第274页)。列宁对当时俄国的社会经济状况作了科学的分析,第一次列举了俄国在过渡时期存在的五种经济成分,指出国家资本主义在经济上大大高于俄国现实的经济,"工人阶级一经学会了怎样保卫国家秩序来反对小私有者的无政府性,一经学会了怎样根据国家资本主义原则来整顿好全国性的大生产组织,那时就会掌握全副王牌(恕我如此来形容),社会主义的巩固就有了保证。"(见本卷第278页)列宁反对抽象地把社会主义和资本主义对立起来,认为社会主义应当吸收资本主义的文明成果,指出"只有那些懂得**不**向托拉斯的领导者**学习就不能**建立或实施社会主义的人,才配称为共产主义者。"(见本卷第289页)

列宁还精辟地阐明了社会化大生产与无产阶级专政是实现社会主义的两个必要条件即经济条件和政治条件的思想。他指出:"没有建筑在现代科学最新成就基础上的大资本主义技术,没有一个使千百万人在产品的生产和分配中严格遵守统一标准的有计划的国家组织,社会主义就无从设想。"他同时指出:"无产阶级若不在国家内占统治地位,社会主义也是无从设想的,这也是一个起码的常识。"(见本卷第279页)

列宁1918年5月26日《在全俄国民经济委员会第一次代表大会上的讲话》,继续阐释有关苏俄经济建设的一些问题。他特别说明,改造社会,改革经济,是非常艰巨的事业,必须进行长期不懈的努力,经过探索和实验,不断纠正"局部的错误"。他认为,一个有卓见的社会主义者绝不会设想,根据某种预先作出的指示就能立即构思出和规定出新社会的组织形式;只有集体的经验才能在这方面作出决定性的指示。在过去的社会中,上层分子左右历史;而社会主义建设事业却只能依靠共同的经验,依靠千百万劳动者的经验。

列宁高度重视科学技术工作,他草拟了《科学技术工作计划草稿》,提出成立一系列由专家组成的委员会,以便尽快制定俄国的工业改造和经济发展计划,强调要特别注意工业和运输业的电气化和电力在农业中的运用。他还草拟了《关于社会主义社会科学院》的两份文件,这表明他不但重视自然科学的研究,而且也重视社会科学研究。

争取粮食的斗争,实际上是一场争取社会主义的斗争。当时,国内饥荒极端严重,人心浮动。苏维埃政权的命运和社会主义的命运,在很大程度上取决于粮食问题的解决。本卷中的不少文献反映了列宁领导苏维埃政府为应对饥荒、解决粮食问题采取的有力措施。它们是:《关于目前形势的提纲》、《关于粮食专卖法令的要点》及其《补充》、《人民委员会关于动员工人同饥荒作斗争的决定草案》、《论饥荒(给彼得格勒工人的信)》、《关于组织征粮队》等等。列宁《在全俄苏维埃第五次代表大会上关于人民委员会工作的报告》具体阐明了苏维埃政府解决粮食问题的方针政策,论述了围绕粮食问题的这场斗争的严重性和重要意义。列宁指出:"骇人听闻的灾难——饥荒已经临近了,我们的处境愈是困难,粮食危机愈是严重,资本家反对苏维埃政权的斗争也就愈是激烈。"(见本卷第470页)"社会主义永远不会在一帆风顺的情况下建立起来。社会主义永远不会在没有地主和资本家的疯狂反抗的条件下实现。"我们人民委员会每天都在研究粮食问题,"不论有多么大的困难,也要拉着车子前进,上山,而不让车子后退滚下山来"(见本卷第472页)。"我们将毫不犹豫地用大刀阔斧的法令进行这场战斗","这是真正为了社会主义的战斗"(见本卷第476页)。

《经济政策特别是银行政策的要点》、《在全俄苏维埃财政部门第一次代表大会上的报告》等文件,反映了列宁领导党和政府进行社会主义改造和经济建设的具体活动。列宁还严厉谴责共产党员的腐败行为,他在《致俄共中央》的信中批评法庭对四名犯有受贿和敲诈勒索罪的国家工作人员轻判的错误,要求予以严惩,还应当把他们开除出党。这体现了列宁从严治党和严惩腐败的决心。

编入本卷的《在索科利尼基俱乐部群众大会上的讲话》、《在西蒙诺沃分区群众大会上的讲话》、《就左派社会革命党人的叛乱同〈全俄中央执行委员会消息报〉记者的谈话》、《在莫斯科省工厂委员会代表会议上的报告》、《抗议德国政府占领克里木》等,反映了列宁领导党和国家在同国内外反革命势力进行斗争、建立苏维埃国家防御力量方面的积极活动。

收入本卷的《预言》一文是列宁为批驳资产阶级及其代言人对苏维埃俄国出现的暂时困难进行恶意攻击和散布悲观失望情绪而写的。列宁引用了恩格斯在《波克罕〈纪念1806—1807年德意志极端爱国主义者〉一书引言》中关于未来世界战争的两种后果的科学预言:"在悲剧结束时你们也就垮台了,而无产阶级的胜利要么已经取得,要么已经不可避免"。列宁动情地说:这是"多么天才的预言"!预言中假定的战争的两种直接后果的条件目前已经具备,在俄国,工人阶级已经争得胜利,在其他国家,由于战争造成的苦难空前加剧,使这种胜利"已经不可避免"的条件正在形成。他满怀信心地指出:"让那些'社会主义的'意志薄弱的庸人去说丧气话吧,让资产阶级去痛心疾首和暴跳如雷吧。""我们可以自豪并且深以为幸的,就是我们最先在地球的一角打倒了资本主义这只野兽,它使地球沾满了血污,它把人类引到了饥荒和野蛮化的地步,现在不论它怎样凶狠残暴地作垂死的挣扎,它都必然会很快地遭到灭亡。"

（见本卷第 446—447 页）

《附录》部分刊载的文献，反映了列宁在准备有关的报告、讲话和著作过程中的思考过程，有助于我们更深刻地理解列宁的有关著作中发挥的思想。有些观点的表述比正文更加鲜明突出。例如在《〈苏维埃政权的当前任务〉一文的几个提纲》中，在说明要学习外国先进的科学技术和经验时，就直接借用了算术公式来表述："乐于吸取外国的好东西：苏维埃政权＋普鲁士的铁路秩序＋美国的技术和托拉斯组织＋美国的国民教育等等等等＋＋……＝社会主义。"（见本卷第 520 页）

在《列宁全集》第 2 版中，本卷文献比第 1 版相应时期所收文献增加 46 篇，其中有《在全俄苏维埃第四次（非常）代表大会共产党党团会议上的讲话的提纲》、《同〈每日新闻报〉记者阿·兰塞姆的谈话》、《对关于各种保险事业实行国家监督的法令草案的意见》、《〈苏维埃政权的当前任务〉一文初稿》第四章至第十章（部分）、《人民委员会关于监督最高国民经济委员会经费开支的决定草案》、《人民委员会关于水路运输问题的决定草案》、《在最高国民经济委员会主席团会议上关于劳动义务制问题的讲话》、《在最高国民经济委员会主席团会议上的讲话》、《对关于向外省派遣委员的规定的法令草案的补充》、《在全俄工会中央理事会、五金工会中央委员会和最高国民经济委员会代表联席会议上的讲话》、《致顿河共和国苏维埃第一次代表大会主席团》、《对登记股票、债券和其他有价证券的法令草案的补充》、《人民委员会关于糖用甜菜种植贷款的决定》、《关于建立全俄疏散委员会的法令草案》、《对人民委员会关于给农业供应生产工具和金属的法令草案的补充》、《对人民委员会关于播种面积组织处的法令草案的补充》、《农业人民委员部领导问题事先协商会议的决定草案》、《对粮食专卖法令的补充》、《人民委员会关于动员工人同饥荒作斗争的决定草案》、《人民委员会关于燃料的决定草案》、《人民委员会关于汽车运输的决定草案》、《关于各自单独收购粮食》、《关于同饥荒作斗争的措施》、《同最高国民经济委员会和工商业人民委员部关于城乡商品交换条件的协议草稿》、《对〈国有化企业管理条例〉草案的意见》、《人民委员会关于图书馆工作的决定草案》、《对关于组织贫苦农民和对贫苦农民的供应的法令草案的意见》、《对人民委员会关于国家建筑工程委员会组成人员的决定草案的意见》、《人民委员会关于整顿铁路运输的决定草案》、《人民委员会关于给制革业总委员会拨款的决定草案》、《人民委员会关于给中央纺织工业委员会贷款的决定草案》、《关于苏维埃政权的民主制和社会主义性质》、《同〈人民政治日报〉记者的谈话》、《人民委员会关于保证向农民提供农业机械的决定草案》、《人民委员会关于未执行〈共和国纪念碑法令〉问题的决定草案》、《俄罗斯联邦宪法第二章第二十条草稿》、《在普列斯尼亚区群众大会上的讲话》以及《附录》中的全部文献。

弗·伊·列宁

（1918 年）

俄共(布)第七次(紧急)代表大会文献[1]

(1918 年 3 月)

1

中央委员会政治报告

(3 月 7 日)

政治报告的内容本来可以是列举中央委员会的各项措施,但是目前迫切需要的不是这种报告,而是**关于我国革命的全面概述**;只有这样,才能给我们的一切决议提供唯一符合马克思主义的论证。我们必须考察前一段革命发展的全部进程,弄清楚为什么后来革命的发展起了变化。我国革命发生了对国际革命将有巨大意义的转折,这就是**十月革命**。

二月革命最初获得胜利的原因,就在于当时跟着无产阶级走的不仅有农民群众,而且还有资产阶级。因此我们轻而易举地战胜了沙皇制度,达到了我们在 1905 年没有能够达到的目的。二月革命时期工人代表苏维埃的自动的、自发的建立,再现了 1905 年的经验。于是我们宣布了建立苏维埃政权这一原则。群众根据自身的斗争经验懂得了革命的任务。4 月 20—21 日的事变是示威游行与某种类似武装起义的行动的特殊结合。这已经足以使资产阶级政府倒台了。接着开始了一种长时期的妥协政策,这种政策是从当时执政的小资产阶级政府的本质中产生的。七月事变还不能实现无产阶级专政,因为群众还没有作好准备。所以任何一个负责的组织都没有号召群众这样做。但是,从侦察敌情的意义上说来,七月事变具有很大的意义。科尔尼洛夫叛乱和接着发生的一些事变都是实际的教训,使十月革命能够取得胜利。那些到了十月还想让其他政党分掌政权的人的错误**2**,就在于他们没有把十月的胜利同七月事变、前线进攻和科尔尼洛夫叛乱等等事实联系起来,正是这些事实使千百万群众意识到建立苏维埃政权是不可避免的。接着就是我们在全俄各地的胜利进军和随之而来的大家对和平的渴望。我们知道,单方面拒绝作战是得不到和平的;早在四月代表会议上我们就指出了这一点①。在 4 月至 10 月这段时期,士兵们已经清楚地认识到,妥协政策一直在拖延战争,使帝国主义者发动荒唐的、失去理智的进攻,更深地陷入旷日持久的战争。在这种情况下,无论如何必须尽快地转而采取积极的和平政策,必须把政权掌握到苏维埃手里,彻底消灭地主土地占有制。你们知道,维护地主土地占有制的不仅是克伦斯基,而且还有阿夫克森齐耶夫,他们甚至逮捕了土地委员会的委员。正是我们灌输到广大人民群众意识中去的这个政策,"政权归苏维埃"这个口号,使我们能够在十月间在彼得堡十分容易地取得了胜利,并把最近几个月的俄国革命变成了一次全面的胜利进军。

　　内战已经成为事实。我们在革命初期甚至在战争初期所预言的,当时被很大一部分社会党人所怀疑甚至嘲笑的变帝国主义战

---

　　①　参看本版全集第 29 卷第 389—390 页。——编者注

争为国内战争这一点，1917年10月25日已经在一个最大而又最落后的参战国中成为事实。在这次内战中，绝大多数居民都站在我们这方面，因此我们非常容易地取得了胜利。

从前线归来的军队，把结束妥协主义的最大的革命决心带到了他们足迹所到的每个地方；这样，妥协分子、白卫军、地主子弟等就在居民中间失去了任何支持。同他们进行的战争，由于广大群众和被调来进攻我们的军队转到了布尔什维克方面，就逐渐变成了革命的胜利进军。彼得格勒的加特契纳战线的情况就是这样，在那里，克伦斯基和克拉斯诺夫企图用来进攻红色首都的哥萨克发生了动摇；后来在莫斯科、奥伦堡、乌克兰等地的情况也是这样。整个俄国都掀起了内战的浪潮，而我们到处都异常容易地取得了胜利，正是因为果实已经成熟了，群众已经领受了与资产阶级妥协的全部教训。我们提出的"全部政权归苏维埃"的口号已经经过群众长期历史经验的实际检验而成为他们的切身要求。

这就是俄国革命在1917年10月25日以后的最初几个月全面胜利进军的原因。由于这种全面胜利进军，有些人就把社会主义革命在当时所立即碰到的而且不能不碰到的困难忘记了，把它们放到了次要地位。资产阶级革命和社会主义革命的基本区别之一就在于：对于从封建制度中生长起来的资产阶级革命来说，还在旧制度内部，新的经济组织就逐渐形成起来，逐渐改变着封建社会的一切方面。资产阶级革命面前只有一个任务，就是扫除、摒弃、破坏旧社会的一切桎梏。任何资产阶级革命完成了这个任务，也就是完成它所应做的一切，即加强资本主义的发展。

社会主义革命的情况却完全不同。由于历史进程的曲折而不得不开始社会主义革命的那个国家愈落后，它由旧的资本主义关系过渡到社会主义关系就愈困难。这里除破坏任务以外，还加上了一些空前困难的新任务，即组织任务。如果有过1905年伟大经验的俄国革命的人民创造力，不是早在1917年2月间就建立了苏维埃，那么苏维埃在10月间无论如何也不可能夺得政权，因为当时要取得成功完全取决于有千百万群众参加的运动是否具备现成的组织形式。苏维埃就是这种现成的形式，正因为如此，我们在政治方面才会有我们后来取得的那些辉煌成就，即全面胜利进军；因为新的政权形式已经准备好了，我们只须颁布一些法令把苏维埃政权从它在革命最初几月间所处的胚胎状态变成在俄罗斯国家内奠定下来的法定形式，即变成俄罗斯苏维埃共和国。这个共和国一下子就诞生了，它的诞生这样容易，是因为1917年2月甚至任何一个政党都还没有来得及宣布苏维埃的口号以前，群众就已经建立了苏维埃。正是有过1905年的痛苦经验而变得聪明的人民的深刻创造力建立了这种无产阶级政权形式。当时，战胜国内敌人的任务是极其容易的任务。建立政权的任务是极其容易的，因为群众已经为我们创立了这个政权的骨骼，即基础。苏维埃共和国一下子就诞生了。可是还剩下两个非常困难的任务，而这两个任务无论如何不能用我们革命在最初几月间所经历的那种胜利进军的方式来解决，——我们不曾怀疑，而且也不可能怀疑，社会主义革命往后会遇到十分困难的任务。

第一，就是摆在任何社会主义革命面前的内部组织任务。社会主义革命和资产阶级革命的区别就在于：在资产阶级革命时已经存在资本主义关系的现成形式，而苏维埃政权，即无产阶级政权，却没有这样现成的关系，有的仅是那些实际上只包括一小部分高度集中的工业而很少触及农业的最发达的资本主义形式。组织计算,监督各大企业,把全部国家经济机构变成一架大机器,变成一个使亿万人都遵照一个计划工作的经济机体,——这就是落在我们肩上的巨大组织任务。根据目前的劳动条件,这个任务无论如何不能像我们从前解决内战任务那样用高呼"乌拉"的方式来解决。任务本身的性质不允许采用这种解决方式。我们很容易地战胜了我国的卡列金分子,建立了苏维埃共和国,而只遇到一些甚至不值得严重注意的反抗,那是因为事件的这一进程已经由以往的整个客观发展预先决定好了,我们只要最后说一句话,换一块招牌,把"苏维埃是工会组织"的字样擦掉,写上"苏维埃是唯一的国家政权形式"就行了。可是在组织任务方面,情况就完全不同了。在这里,我们遇到了巨大的困难。每一个愿意深思熟虑地对待我国革命任务的人,立即就会明白:只有通过艰苦的、长期的自觉遵守纪律的办法,才能消灭战争给资本主义社会带来的瓦解现象;只有经过非常艰苦的、长期的和顽强的努力才能消灭这种瓦解现象,并战胜助长这种现象的分子,这些人把革命看成是摆脱旧的束缚、尽量为自己捞一把的手段。在小农国家里,在遭受严重经济破坏的时候,这种分子大量出现是必然的,而同这些分子的斗争要困难一百倍,不能指望轻易打开惊人的局面。这个斗争我们刚刚才开始。现在我们正处在这个斗争的第一阶段。我们还得经受严峻的考验。在这里,由于客观情况的不同,我们无论如何不能像过去和卡列金分子进行斗争时那样只用高举大旗胜利进军的方式。谁要想把这种斗争方式拿来解决摆在革命道路上的组织任务,作为政治家、社会主义者和社会主义革命活动家,他就会彻底破产。

当革命具体地碰到第二个极大的困难即国际问题的时候,我们中间一些迷恋于革命初期胜利进军的青年同志也准备采取同样的办法。如果说,我们很容易地战胜了克伦斯基匪帮,很容易地在本国建立了政权,毫不费力地得到了关于土地社会化和关于工人监督的法令,——如果说,我们很容易地获得了这一切,那只是因为当时侥幸凑成的条件使我们在一个短时间内得以避免了国际帝国主义的侵害。国际帝国主义拥有雄厚的资本,拥有非常先进而成为国际资本真正实力和真正堡垒的军事技术装备,它在任何情况下,在任何条件下,都不能和苏维埃共和国和睦相处,无论按其客观地位来说,或按它所体现的资本家阶级的经济利益来说,都是这样,——其所以不能,是由于贸易联系,是由于国际金融关系。在这方面,冲突是不可避免的。在这里,俄国革命最大的困难,最大的历史课题就是:必须解决国际任务,必须唤起国际革命,必须从我们仅仅一国的革命转变成世界革命。摆在我们面前的这个任务是非常非常困难的。我再说一遍,我们的很多自认为是左派的青年朋友们开始忘掉了一件最重要的事情,即为什么在十月革命后取得伟大胜利的几个星期或几个月中我们能够如此容易地节节取得胜利。其实这只是因为当时特殊的国际形势暂时使我们得以避免了帝国主义的侵害。帝国主义顾不上我们。我们也似乎顾不上帝国主义。而一些帝国主义者当时所以顾不上我们,那只是因为现代世界帝国主义的全部巨大的社会政治力量和军事力量,由于内讧当时已分裂成为两个集团。卷入这场斗争的帝国主义强盗都全力以赴,进行你死我活的搏斗,以致无论哪一个帝国主义集团都无法集中较大的力量来反对俄国革命。在10月的时候,我们恰好碰上了这样一个时机,我国革命恰好碰上了一个幸运的时机(这令人难以相信,但确实就是这样),当时绝大多数帝国主义国家都遭受了空前的灾难,千百万人的生命遭到毁灭;战争所引起的空前灾难使各国人民吃尽了苦头；战争已进入第四个年头，各交战国都陷入绝境，处于进退维谷的境地；客观形势提出了这样的问题：陷于这种境地的各国人民还能继续打下去吗？只是由于我国革命碰上了一个幸运的时机，即两大强盗集团，无论哪一个都不能马上向对方猛扑过去，也不能立即联合起来对付我们；我们的革命只是由于能够利用而且利用了国际政治和经济方面的这个时机，才在欧俄实现了光辉的胜利进军，才蔓延到了芬兰，并且开始波及高加索和罗马尼亚。正是由于这种情况，在我们党的领导层中出现了这样一些党的工作人员，一些超人知识分子，他们迷恋这种胜利进军，他们说：我们对付得了国际帝国主义；在这方面也照样会胜利进军，没有什么了不起的困难。而这是不符合俄国革命的客观情况的。俄国革命只是利用了国际帝国主义的暂时故障，因为向我们冲来的机车暂时抛了锚，它本来一定会像火车辗碎独轮车那样把我们辗得粉碎，可是它抛了锚，原因是两个强盗集团发生了冲突。当时革命运动到处都在展开，但是在一切帝国主义国家中大都还处在开始阶段。它的发展速度完全不像我国那样。每一个认真考虑过欧洲社会主义革命的经济前提的人都不会不了解，在欧洲开始革命要困难得多，而在我国开始要容易得多，但是要继续下去，却比在欧洲困难。这个客观情况使得我们不得不经历异常艰难、异常急剧的历史转折。我们必须从 10 月、11 月和 12 月在国内战场上反对反革命势力、反对苏维埃政权的敌人时的全面胜利进军，转到同真正敌视我们的真正国际帝国主义交锋。我们必须从胜利进军的时期过渡到异常艰难的时期，用空话和漂亮口号避开这种情况（虽然这样做很痛快）当然是不可能的，因为在我们这个遭受破坏的国家里，群众已经极度疲惫了，他们无论如何不能再打下去了，三年的痛苦的战争使他们精疲力竭，完全无力作战了。还在十月革命以前就有一些非布尔什维克党的士兵群众的代表，在全体资产阶级面前毫不犹豫地说了真实情况：俄国军队不会再去打仗了。军队的这种情况造成了严重的危机。一个遭到战争空前破坏的小农国家，现在正处在十分困难的境地：我们没有军队，但不得不继续待在武装到牙齿的强盗（从前是强盗现在还是强盗）身旁，靠宣传没有兼并和赔款的和约是感动不了强盗的。这正像一只驯顺的家畜同猛虎躺在一起，劝猛虎缔结没有兼并和赔款的和约一样，而这种和约只有用袭击猛虎的办法才能争取到。关于这样一种前景我们党的一些上层分子（知识分子和一部分工人组织）企图主要用空话和"不应该这样"的托词搪塞过去。他们说，实现这样一种和平实在太不可思议了，怎么能让我们这些一向高举大旗同敌人公开作战、振臂一呼就能战胜一切敌人的人作出让步，接受屈辱的条件。这永远办不到。我们是堂堂的革命家，我们首先声明："德国人无法进攻。"[3]

　　这就是这些人聊以自慰的第一个托词。现在历史使我们处于非常困难的境地。我们在进行空前困难的组织工作时必将经受一系列痛苦的失败。从全世界历史范围来看，如果我国革命始终孤立无援，如果其他国家不发生革命运动，那么毫无疑问，我国革命的最后胜利是没有希望的。我们已经把全部事业掌握在布尔什维克一党的手里，当我们肩负起这个事业时，确信各国的革命正在成熟起来，不管我们会遇到怎样的困难，不管我们会遭到多大的失败，国际社会主义革命最终（不是马上）一定会到来，因为它正在到来；它一定会成熟，因为它正在成熟起来，而且会完全成熟。我再说一遍，能把我们从所有这些困难中拯救出来的，是全欧洲的革命。但是当我们从这个完全抽象的真理出发,以这个真理为指南时,一定要注意,不要使这个真理以后变成空谈,因为一切抽象真理,如果应用时不加任何分析,都会变成空谈。如果你们说在每一次罢工的背后都潜伏着革命这条九头蛇[4],谁不懂得这个道理,谁就不是社会主义者,那是说得很对的。的确,在每一次罢工的背后都潜伏着社会主义革命。可是,如果你们说目前任何一次罢工都能一步跨到社会主义革命,那就是十足的空话。"每次都在这个地方"[5]这句话,我们都听腻了,工人们早就把这些无政府主义的空话抛弃了,因为,毫无疑问,在每一次罢工的背后都潜伏着社会主义革命这条九头蛇,但同样明显的是,如果硬说每一次罢工都能转变成革命,那就是废话。只有当目前到处都在成熟起来的世界社会主义革命完全成熟的时候,我国革命所遇到的一切困难才能被战胜,这样说是完全无可争辩的。但是,下面这种说法却是完全荒谬的,即硬说我们可以把当前我国革命中的每一个具体困难掩盖起来,说什么"我把一切希望寄托在国际社会主义运动上,所以什么蠢事我都可以干"。"李卜克内西会搭救我们,因为他反正会取得胜利"。他会给我们提供完善的组织,会把一切预先安排妥当,使我们可以得到现成的形式,就像我们曾经得到西欧现成的马克思主义学说一样,——可能正是因为这样,马克思主义学说在我国在几个月内就取得了胜利,而为了在西欧取得胜利却已经花了几十年的工夫。总之,把胜利进军这种解决斗争问题的旧方式搬用到新的历史时期,是毫无益处的冒险。这个新的历史时期已经到来,它使我们遇到的不是克伦斯基和科尔尼洛夫那样腐朽的家伙,而是国际强盗德帝国主义,而德国革命只是刚刚开始在成熟起来,显然还没有完全成熟。硬说敌人不敢向革命进攻就属于这种冒险。布列斯特谈判⁶时我们还不是非接受任何和约条件不可。根据当时客观的力量对比，得到的将不止是喘息时机。从布列斯特谈判本来就应当看到，德国人一定会发动进攻，德国社会内部孕育着的革命还没有达到立即爆发的程度。而我们不能责怪德帝国主义者，说他们还没有用自己的行动为革命的爆发作好准备，或者像我国某些自命为左派的青年朋友们所说的，他们还没有用自己的行动造成使德国人无法进攻的局面。当我们对这些青年朋友们说，我们没有军队，我们是被迫复员军队的，——我们是被迫的，我们决没有忘记在我们驯顺的家畜旁边卧着一只猛虎，——他们却不愿意了解这一点。我们是被迫复员军队的，但我们决没有忘记，单方面下命令把刺刀往地上一插是不能结束战争的。

我们党内没有一个派别，没有一个组织，反对复员军队，这究竟是怎么回事呢？难道我们都发疯了吗？当然不是。还在十月革命以前，一些非布尔什维克的军官就说过，军队已经不能打仗，让它在前线再留几个星期都不可能了。十月革命以后，这种情况更加明显，任何人，只要他愿意看到事实，愿意正视丑恶的令人痛心的现实，而不是躲起来或故意把眼睛蒙上，用傲慢的空话来回避现实，对于这种情况都是一目了然的。我们没有军队，我们无法把军队保住。我们能采取的最好办法，就是尽快复员军队。军队是机体上患病的部分，它经历了空前的痛苦，受尽了战争的折磨，它在技术装备方面没有准备的情况下投入了战争，最后在一触即溃的情况下退出了战争。这不应该归咎于那些忍受了空前痛苦的人们。士兵们在成百次的决议中，甚至在俄国革命的第一个时期，就直截了当地说过："我们已经淹没在血泊中，我们没法再打下去了。"当时尽管可以人为地拖延战争的结束，尽管可以像克伦斯基那样进行欺骗,尽管可以把战争的结束推迟几个星期,但是,客观现实还是在为自己开辟道路,军队是俄国国家机体上患病的部分,它不能再承受这场战争的重担了。我们愈是迅速地把军队复员,它在其他部分病情还不太严重的情况下就能愈是迅速地得到消除,国家就能愈是迅速地作好准备来迎接新的严峻的考验。正是因为我们体会到这一点,所以才没有任何异议地一致通过了复员军队的决议,通过了这个从对外事件看来好像是荒谬的决议。这是一个正确的步骤。我们说,保住军队是一种轻率的幻想。愈是迅速地把军队复员,整个社会机体也就能愈是迅速地康复起来。因此,"德国人无法进攻"这句革命空话,是一种严重的错误,是对事态的十分令人痛心的过高估计,而从这句空话中又产生了另一种空谈:"我们可以宣布战争状态已经结束。既不进行战争,也不签订和约。"但是,如果德国人进攻呢?"不会的,他们无法进攻。"可是你们有权利拿来孤注一掷的不是国际革命的命运,而是这样一个具体问题:如果德国人一旦发动进攻,你们岂不成了德帝国主义的帮凶吗?但是,我们所有这些从 1917 年 10 月起成为承认保卫祖国的护国派的人都知道,我们不是在口头上,而是在事实上同帝国主义者断绝了关系:我们废除了秘密条约[7],战胜了本国的资产阶级,并且建议签订公开的、真诚的和约,使各国人民都能从行动上看到我们的一切愿望。真正主张保卫苏维埃共和国的人怎么能采取这种已经带来恶果的冒险行动呢?然而这是事实,因为我们党现在由于党内形成"左的"反对派而遇到的严重危机,是俄国革命所遇到的最大的危机之一。

这个危机将被消除。无论是我们党或我国革命,都决不会由于这个危机而遭到灭亡,尽管目前这种情况十分逼近,完全可能发生。我们不会由于这个问题而灭亡的保证在于：事变使人们抛弃了解决派别分歧的旧办法，抛弃了那种大量发表文字材料、不停地进行争论、动辄实行分裂的旧办法，而掌握了一种新的学习的办法。这个办法就是用事实、事件和世界历史的教训来检验一切。你们说，德国人无法进攻。根据你们的策略，便得出了可以宣布战争状态已经结束的结论。历史给你们上了一课，它打破了这种幻想。是的，德国革命在发展，但是并不像我们所希望的那样，并不像俄国知识分子所希望的那样快，并不像我国历史在10月发展的那样迅速，——那时，我们无论到哪个城市去宣布成立苏维埃政权，几天以内十分之九的工人都会站到我们这方面来。德国革命的发展，可惜没有这样快。应该谁照顾谁呢？是我们照顾德国革命还是德国革命照顾我们呢？你们曾经希望德国革命照顾你们，而历史给你们上了一课。这是一个教训。因为，如果没有德国的革命，我们就会灭亡，——灭亡的地方也许不在彼得格勒，不在莫斯科，而在符拉迪沃斯托克，或更远的地方，我们也许不得不迁到那里去，到那里的距离可能比从彼得格勒到莫斯科的距离要远，但不管怎样，无论发生什么可能设想的情况，如果德国革命不爆发，我们就会灭亡，这是绝对的真理。然而，这丝毫动摇不了我们的信心：我们一定能够踏踏实实地渡过最困难的关头。

革命的到来，并不像我们所希望的那样快。历史已经证实了这一点，应当承认这是事实，要估计到，世界社会主义革命在各先进国家，不可能像革命在俄国这个尼古拉和拉斯普廷统治的国家那么容易开始，在这个国家里，大部分居民对于俄国边疆上居住的是些什么民族，俄国发生了什么事情，都是毫不关心的。在这样一个国家里，开始革命是很容易的，是轻而易举的事情。

但在资本主义发达的、资本主义为每个居民提供了民主的文化和组织的国家里,如果没有准备就开始革命,那是不对的,荒谬的。现在我们还只是接近各国社会主义革命开始的痛苦时期。这是事实。我们不知道,任何人也不知道,社会主义革命也许在几星期以后,甚至在几天以后就会胜利(这是完全可能的),但是我们决不能把希望寄托在这上面。应该准备应付特别严重的困难,应付特别严重的失败,这些困难和失败是不可避免的,因为欧洲的革命还没有开始,虽然它明天可能开始。而欧洲革命一爆发,我们当然就不会再有疑虑,就不会再有革命战争的问题,而只会是全面的胜利进军。这种情况将会出现,必然会出现,但是现在还没有出现。这就是历史教训了我们,严厉地惩罚了我们的一个简单事实,——而一个挨过打的抵得上两个没有挨过打的。因此我认为,当我们的这种希望——德国人无法进攻,可以高呼"乌拉"——受到历史的严厉惩罚之后,我们的各级苏维埃组织会很快地使全苏维埃俄国的群众认识到这一教训。他们都行动起来,聚集在一起,准备召开代表大会,通过决议,考虑已经发生的事情。现在我们进行的争论,不是革命前那种仅限于党的狭隘范围的旧的争论,而是把一切决议都交给群众去讨论,他们要求用经验和事实来检验这些决议,他们从来不会被轻率的言论所迷惑,也不让自己离开事变的客观进程所规定的道路。一个知识分子或左派布尔什维克,当然可以回避我们所面临的困难。他当然可以避而不谈我们没有军队、德国革命尚未到来等问题。数以千百万计的群众,——哪里有千百万人,哪里才是政治的起点;哪里有千百万人,而不是几千人,哪里才是真正的政治的起点。——千百万群众看见从前线归来的士兵,知道军队成了什么样子。他们(不是指个别的人,而是指真正的群众)知道:我们已经不能打仗了;前线上的每一个人都忍受了人们所能想象到的一切。群众懂得了一个真理:既然没有军队,猛兽又躺在身边,那就不得不签订极苛刻的屈辱的和约。只要革命还未爆发,你们还没有把自己的军队整顿好,还没有让军队复员回家,这就是不可避免的事情。在这以前,病体是不能恢复健康的。我们高呼"乌拉"是不能打败德国强盗的,是不能像打垮克伦斯基和科尔尼洛夫那样打垮德国强盗的。这就是群众得出的教训,他们并没有提出某些想回避痛苦现实的人强加给他们的保留条件。

起先,俄国革命在10月和11月是全面胜利进军,后来在几星期内突然为德国强盗所击败,准备接受掠夺性的媾和条件。的确,历史的转折是非常痛苦的,——我们遇到的所有这样的转折都非常痛苦。1907年,我们同斯托雷平签订了空前耻辱的内部条约,我们不得不通过斯托雷平杜马这个牲畜栏,在保皇书上签字[8],承担了某些义务,当时我们经受了同样的痛苦,只是程度比现在的小一些罢了。当时优秀的革命先锋队里有一些人说(他们也丝毫不怀疑自己是正确的):"我们是堂堂的革命家,我们对俄国革命充满信心,我们在任何时候都不去参加斯托雷平的合法机关。"你们会去参加的。群众生活和历史比你们的信心更有力量。如果你们不参加,历史会强迫你们去参加的。这是一些非常左的人,可是当历史刚一发生转折,他们这一派人就烟消云散了。既然过去我们一直是革命者,能够在艰苦的条件下进行工作,并且又能够摆脱这种处境,那么,现在我们也一定能够摆脱这种处境,因为这并不是我们的妄想,而是客观的必然性。在一个遭到彻底破坏的国家内之所以产生这种必然性,是因为欧洲的革命不顾我们的愿望,竟然迟迟没有爆发,而德帝国主义不顾我们的愿望,竟然发动了进攻。

在这种情况下应该善于退却。用空话掩盖不住令人万分痛心而可悲的现实;我们要说:但愿退却稍微有些秩序。秩序井然的退却我们做不到,——但愿我们的退却稍微有些秩序,赢得一个短促的时间,使我们机体上的患病部分能够多少得到消除。整个机体是健康的,它一定能战胜疾病。但是,不能要求它转瞬之间立刻就战胜,要想制止军队的溃逃是不可能的。我曾经对一位自命为左派的青年朋友说:同志,请你到前线去,看看那里军队的情况吧。他认为我的建议不怀好意,他说:"有人想流放我们,不让我们在这里宣传革命战争的伟大原则。"我提出这样的建议,确实没有要流放反对派的意思,不过是建议他们去看一看军队已经开始大量溃逃的情形。我们早就知道这种情形,早就不能不看到,前线军队的瓦解已经到了骇人听闻的地步,甚至把我们的大炮廉价卖给德国人。这种情况当时我们就知道,正如现在我们也知道军队已经无法保持住。所以,用"德国人无法进攻"作为借口,是极大的冒险。既然欧洲革命延迟爆发,那么,我们就会遭到十分严重的失败,因为我们没有军队,因为我们没有组织,因为这两个任务不可能马上解决。如果不能适应形势,不准备在污泥中爬行,那就不是一个革命者,而是一个空谈家。我建议这样做,并不是因为我喜欢这样做,而是因为没有别的路可走,因为历史的安排并不那么符合我们的心愿,没有让各国革命同时成熟。

现在的情况是:内战已经开始了,这是同帝国主义冲突的一种尝试,这种尝试证明帝国主义已经完全腐朽,各国军队内部的无产阶级分子开始行动起来。是的,我们会看到国际范围的世界革命,但是,目前这还只是一个非常动听、非常美妙的童话。我很了解,爱听美妙的童话是儿童的天性。但是请问,相信童话是一个严肃的革命者的天性吗？任何童话中都包括着现实的因素：如果你给孩子们讲童话，里面的鸡儿猫儿不说人的话，孩子们对你所讲的童话就不会发生兴趣。同样，如果向人民说，在德国内战一定会到来，并且担保国际的战场革命[9]将代替同帝国主义的冲突，那么，人民会说你们在欺骗他们。你们这样做，就只能是在自己的想象中，在自己的愿望里克服历史所造成的困难。如果德国无产阶级将来能够行动起来，那当然很好。但是，你们是否已经测算好了，是否已经找到一种能够测定德国革命在哪一天爆发的仪器呢？不，这一点你们不知道，我们也不知道。你们是在孤注一掷。如果革命爆发了，一切都可以得救。那是不言而喻的！但是，如果它并不像我们所期望的那样，如果它不能明天就取得胜利，那怎么办呢？那时群众会对你们说：你们的行动和冒险家一样，——你们指望能侥幸遇上这种事态的发展，可是并没有遇上，结果你们就束手无策，无法应付这种国际革命没有到来的局面。国际革命必然会到来，但是目前还没有成熟。

已经到来的时期，是武装到牙齿的帝国主义使我们这个把自己的军队复员（不得不复员）的国家遭到严重失败的时期。我的预言完全证实了：由于不接受布列斯特和约的人的过错，我们签订了一个比布列斯特和约更加屈辱得多的和约。我们知道，我们是因为军队的缘故才同帝国主义缔结和约的。我们是同霍夫曼谈判，而不是同李卜克内西谈判，——我们就是这样援助了德国的革命。而现在你们却在帮助德帝国主义，因为你们把价值以百万计的财富（大炮和炮弹）送掉了，——这种情况是每一个见到军队的不堪设想的状况的人都应该预料到的。从前线回来的每一个诚实的人都说，只要德国人稍微一进攻，我们就会一败涂地。我们不出几天就会成为敌人的牺牲品。

我们记取了这个教训,就会消除我们的分裂,消除我们的危机,不管这种病多么严重,因为最可靠的同盟者——世界革命一定会来援助我们。有人说我们批准的这个和约是蒂尔西特和约[10],是空前未有的和约,是比布列斯特和约更屈辱、更具有掠夺性的和约。我回答说:完全正确。我们必须这样做,因为我们是从群众观点来看问题的。企图依靠自己的幻想,把 10—11 月间一个国家中革命胜利进军时期的策略搬到世界革命的事态发展进程上去,这种企图是注定要失败的。当人们说喘息是幻想的时候,当名叫《共产主义者报》[11]的报纸——这名称大概是从公社这个词来的——连篇累牍地批驳喘息论的时候,我说:我经历过许多次派别冲突和分裂,所以我有很多实际经验,而我要说,我看得很清楚,这种病用党内派别分裂的旧办法是治不好的,因为现实生活会先把它治好。现实生活在迅速前进。在这方面它起着非常出色的作用。历史把它的火车头推动得这样迅速,以致《共产主义者报》编辑部还来不及出版下一号,彼得格勒的大多数工人就会开始对该报的主张感到失望,因为现实生活表明,喘息已经成为事实。而现在我们签订和约,有了一个喘息时机,我们就可以利用这个喘息时机更好地保卫祖国,——因为如果我们继续进行战争,我们的军队就会狼狈溃逃,而这种情形本来是必须加以制止的,但是我们的同志无论过去和现在都无法制止,因为战争比宣传,比成千上万的议论更有力量。既然他们不了解客观情况,他们就无法制止军队的溃逃,他们也制止不了。这支患病的军队使整个机体都受了感染,因此我们遭到了新的空前的失败,遭到了德帝国主义对革命的新的打击,——一个沉重的打击,因为我们轻率地使自己落到了在帝国主义的攻击面前没有机关枪的境地。但是,我们将利用这个喘息时机来说服人民团结起来,进行战斗,并告诉俄国的工人和农民:"要建立自觉的纪律,严格的纪律,否则你们还会像现在这样遭受德国人的铁蹄的蹂躏,只要人民还没有学会斗争,没有建立起一支不逃跑而能忍受空前痛苦的军队,就不可避免地要遭受这种蹂躏。"其所以不可避免,是因为德国革命还没有爆发,而且也不能保证它明天一定爆发。

因此,《共产主义者报》上的大量文章所坚决反对的喘息论是由实际生活本身提出来的。每个人都可以看到,喘息时机已经成为事实,每个人都在利用它。我们曾经设想过,我们在几天以内就会失去彼得格勒,因为当时逼近我们的德国军队离彼得格勒只有几天的路程,优秀的水兵和普梯洛夫工厂工人尽管斗志高昂,终究是孤军作战。当时情况空前混乱,一片惊慌,军队被迫一直溃退到加特契纳,当时我们竟然收复了不曾丢失的地方。事情是这样:一位报务员来到一个火车站,坐在发报机旁发出这样的电报:"未见德军。我们已占领火车站。"几小时以后,交通人民委员部给我打电话说:"下一个火车站已占领,我们正向扬堡逼近。未见德军。报务员照常工作。"这就是当时我们所经历的事情。这就是十一天战争[12]的实际情况。这些情况是水兵和普梯洛夫工厂工人告诉我们的,应该把他们请到苏维埃代表大会上来。让他们讲讲真实情况。这是一种令人非常痛心和难过,令人感到痛苦和丢脸的真实情况,但是它要有用得多,俄国人民是能够理解的。

我觉得人们向往国际的战场革命是可以的,因为它肯定会到来。时机一到,一切都会到来,可是现在必须建立自觉的纪律,无论如何必须服从指挥,以便建立模范的秩序,使工人们学习作战,哪怕一天只学习一小时也好。这比讲美妙的童话要困难一些。这就是现在的情况,你们这样做就会帮助德国革命,就会帮助国际革命。喘息时机能持续多久,我们不知道。但是喘息时机我们已经得到了。必须尽快复员军队,因为这是一个有病的器官;同时,我们还要援助芬兰的革命[13]。

当然,我们是在违反条约,我们已经违反了三四十次。只有小孩子才不了解,在苏维埃政权刚刚建立并且有了很大发展的痛苦而漫长的解放斗争时期,必须进行长期的谨慎的斗争。耻辱的和约引起人们的反抗,但是《共产主义者报》的同志们在谈论战争的时候,却感情用事,忘记了当时人们一直紧握拳头眼前不时出现倒在血泊中的孩子的情景[14]。他们怎么说呢?他们说:"一个有觉悟的革命者,绝对不能这样过日子,不能忍受这种耻辱。"他们的报纸名叫《共产主义者》,其实应该叫做《小贵族》,因为它看问题活像一个小贵族,死到临头还手握利剑,摆出一副了不起的姿态说:"媾和是耻辱,战争才是光荣。"他们谈论问题是用小贵族的观点,而我却是用农民的观点。

军队在溃逃,为了不丧失成千上万人不能不溃逃,我在这种时候接受和约,是为了不让情况变得更坏。难道缔结条约是耻辱吗?任何一个实事求是的农民和工人都会为我辩护,因为他们懂得,媾和是积聚力量的手段。历史上有过这样的事情:德国人在缔结了蒂尔西特和约以后从拿破仑的压迫下获得了解放,这件事我讲过不止一次;我有意把我们的和约称为蒂尔西特和约,虽然我们并没有接受蒂尔西特和约上的那些条件,即承担派遣我国军队去帮助侵略者侵略其他民族的义务,——这是历史上有过的事实,如果我们只是寄希望于国际的战场革命,那么,我们的事情也会弄到这种地步。要当心,不要让历史也把你们变成这种军事奴隶。只要社会主义革命还没有在所有国家内取得胜利,苏维埃共和国就有沦为奴隶的可能。拿破仑曾经在蒂尔西特强迫德国人接受空前耻辱的和约条件。和约签订了好几次。当时的霍夫曼——拿破仑——曾经抓住过德国人违反和约的事,现在的霍夫曼也会在同样的问题上抓住我们。不过,我们要竭力设法不让他很快抓住。

这次战争给了俄国人一个辛酸、痛苦、同时又是很重要的教训:组织起来,遵守纪律,服从指挥,建立一种可以作为模范的纪律。要学习德国人的纪律,否则,我们这个遭到失败的民族就会永远当奴隶。

历史就是这样发展的,而且也只能是这样。历史告诉我们,和平是战争的喘息时机,战争是获得某种更好一点或者更坏一点的和平的手段。在布列斯特,根据力量的对比我们本来可以签订一个战败国的和约,但还不是屈辱的和约。在普斯科夫,根据力量的对比就只能签订一个耻辱的、比较屈辱的和约了。而在下一阶段,在彼得格勒和莫斯科,我们将被迫签订一个更加屈辱得多的和约。我们不会说,苏维埃政权只是一种形式,就像莫斯科的青年朋友们对我们说的那样[15]。我们不会说,为了某些革命原则,可以牺牲内容。我们说:让俄国人民懂得,应该遵守纪律,组织起来,这样就能经受住一切蒂尔西特式的和约。解放战争的全部历史告诉我们,如果这些战争有广大群众参加,解放就会很快到来。我们说:既然历史是这么发展的,我们就可能不得不从和平重新转到战争,——这也许就是几天以内的事情。每个人都应该作好准备。如果各报所载属实,纳尔瓦还没有被德国人占领,那么,我丝毫不怀疑德国人正在纳尔瓦城外作准备。德国人不是在纳尔瓦城里就是在纳尔瓦近郊，不是在普斯科夫城里就是在普斯科夫近郊正在集结自己的正规军，修复铁路，以便下一次一跃而夺取彼得格勒。这只野兽很会跳跃，它已经显示了这一点。他还要再跳的。这是毫无疑问的。因此，应当作好准备，不要说大话，哪怕是一天的喘息时机也要争取，因为即使是一天的时间也可以用来从彼得格勒撤退。如果彼得格勒被占领，我们的几十万无产者就会遭受空前未有的磨难。我再说一次，我决心签订并且认为有义务签订屈辱二十倍以至一百倍的条约，以便取得哪怕是几天的时间来撤出彼得格勒。因为这样我就可以减轻工人们的痛苦，否则他们就会遭受德国人的蹂躏；同时我可以使我们所需要的物资、火药等等更容易地从彼得格勒运出，因为我是护国派，我主张训练军队，哪怕是在最遥远的大后方训练，我们正在那里治疗目前这支已经复员的患病的军队。

我们不知道，喘息时机会继续多久，我们要设法抓住时机。喘息时机可能比较长，也可能只有几天。一切都是可能的，这一点谁也不知道，也不可能知道，因为所有的大国都受约束，受牵制，不得不在几条战线上作战。霍夫曼的行动取决于三个方面：一方面要击溃苏维埃共和国；另一方面，他要在好几条战线上作战；第三方面，德国革命正在成熟、发展。霍夫曼也了解这一点，正像人们所断定的那样，他不能马上夺取彼得格勒，夺取莫斯科。但是，明天他会这样干，这是完全可能的。我再说一遍：在军队已经有病，我们尽量利用每一个机会来争取哪怕是一天的喘息时间的时候，每一个联系群众、知道什么是战争、什么是群众的严肃的革命者，都应该教育群众遵守纪律，治好群众的疾病，设法唤起群众去进行新的战争。每一个这样的革命者，都会为我们辩护，认为签订任何耻辱的条约都是正确的,因为这有利于无产阶级的革命,有利于复兴俄国和治好它有病的器官。每个神志清醒的人都懂得,我们签订这项和约,并不是停止我们的工人革命;谁都知道,我们同德国人签订和约,也并不是停止我们的军事援助。我们正在给芬兰人运去武器,而不是派去不中用的部队。

也许,我们即将应战;可能明天我们把莫斯科也放弃,然后,再转入进攻,调动我们的军队去迎击敌军,但这需要人民的情绪有所转变,这种转变还在酝酿之中,也许还需要很长的时间,但是这种转变一定会到来,那时广大群众说的就会和现在不一样了。现在哪怕是极其苛刻的和约,我也不得不接受,因为目前我还不能说,这个时刻已经到来。复兴的时期一旦到来,大家都会体会到这一点,都会看到,俄国人并不是傻瓜;他们看到,他们懂得,应该克制,应该贯彻实行这个口号,——这就是我们党的代表大会和苏维埃代表大会的主要任务。

应该学会按新的方式进行工作。这样做要困难得多,但这并不是根本办不到的。这样做决不会毁掉苏维埃政权,只要我们自己不用愚蠢透顶的冒险行动来毁掉它。将来总有一天,人民会说:我们不能再受人蹂躏了。但是这就要求我们不去采取这种冒险行动,而要善于在困难的条件下,在日前我们签订的空前屈辱的条约下进行工作,因为这样的历史危机,决不是一场战争、一个和约所能解决的。由于德国存在着君主制的组织,德国人民被捆住了手脚,在1807年签订了蒂尔西特和约,在签订这项和约之前就签订过好几次屈辱的和约,这些和约变成了喘息时机之后,每次随之而来的都是新的屈辱和新的违反。群众的苏维埃组织使我们能够比较容易地完成我们的任务。

　　我们的口号应当只有一个:认真学习军事,整顿铁路秩序。没有铁路而要进行社会主义革命战争,就是十足的叛变。必须建立秩序,必须培养能够取得优异革命成就的最大毅力和力量。

　　既然得到了喘息时机,哪怕只有一小时,也要紧紧抓住,利用这个时机同大后方保持联系,在那里建立新的军队。抛弃幻想吧,这些幻想已经使你们受到实际生活的惩罚,将来还会受到更重的惩罚。在我们面临的这个时期,我们会遭受许多严重的失败,这个时期已经到来,要善于认真地对待它,要作好准备,以便在不合法的条件下,在完全受德国人奴役的条件下顽强地进行工作。这一切用不着遮遮盖盖;这确实就是一个蒂尔西特和约。如果我们能够这样做,那么,尽管遭到失败,我们仍然可以满怀信心地说:我们一定会胜利。(鼓掌)

载于1923年《俄国共产党第七次代表大会。速记记录》一书　　　　　译自《列宁全集》俄文第5版第36卷第3—26页

2
关于中央委员会政治报告的总结发言

（3月8日）

同志们，请允许我先讲一些比较小的意见，先从后面谈起。布哈林同志在他讲话的结尾中，竟把我们和佩特留拉相提并论。既然他有这种看法，那么，他怎么还能和我们留在同一个党内呢？难道这不是一句空话吗？当然，如果真是这样，我们就不会在同一个党内了。我们仍然在一起这件事说明，我们同布哈林在十分之九的问题上意见是一致的。诚然，他还讲了一些革命的空话，说我们要出卖乌克兰。我相信，对这些明显的废话不值得枉费唇舌。现在我来谈谈梁赞诺夫同志，我想在这里指出，正如十年发生一次例外只是证实了常规一样，梁赞诺夫也无意中讲了一句正经话。（鼓掌）他说，列宁是让出空间以便赢得时间。这简直称得上是一个哲学论断。这一次梁赞诺夫同志竟然说了一句确实十分正经的话。这句话表达了全部实质：我要让出空间给实际的胜利者，以便赢得时间。全部实质就在于此，也仅仅在于此。其他的话——革命战争的必要性，农民的奋起，等等，都不过是空话。布哈林同志认为，对于战争的可能性问题不可能有两种意见，并且说："请你们去问任何一个军人"（这是我记下的他的原话），既然他这样提出问题，要我们去问任何一个军人，那么，我要告诉他：一个同我谈过话的法国军官,就是这样的任何一个军人[16]。这个法国军官当然是用恶意的眼光望着我——他认为我把俄国出卖给德国人了——对我说:"我是一个君主派,我主张在法国也实行君主制度,主张击败德国。你们不要以为我会拥护苏维埃政权〈既然他是君主派,谁还会这样以为呢〉,但是,我主张你们在布列斯特签订条约,因为这是必要的。"你们看,这就是"请你们去问任何一个军人"所得到的回答。任何一个军人都会说出我说过的话:必须在布列斯特签订条约。如果现在从布哈林同志的讲话中得出结论说,我们的意见分歧已经大大减少了,那么,这是因为拥护他的人把意见分歧的主要之点掩盖了起来。

现在布哈林攻击我们,说我们使群众心灰意冷,他的话完全正确,不过,他所攻击的是他自己,而不是我们。是谁在中央委员会里造成了这种混乱呢?是您,布哈林同志。(笑声)不管您怎样叫喊"不是",但真相终将大白。我们是在自己同志的大家庭中,是在自己的代表大会上,用不着隐瞒什么,必须讲真实情况。而真实情况是,当时中央委员会内有三派。2月17日洛莫夫和布哈林没有参加表决。我曾经要求把1月21日的表决情况印出来,多印一些,每个愿意看看这次具有历史意义的表决情况的党员,都可以到秘书处去看。这次表决说明,他们是动摇的,而我们丝毫没有动摇,我们说:"为了准备革命战争,我们应该接受布列斯特和约,因为不可能得到更有利的和约。"现在我们已经为撤出彼得格勒赢得了5天时间。现在克雷连柯和波德沃伊斯基的呼吁书[17]已经发表。他们都不是左派,因此布哈林鄙视他们,说克雷连柯是被人"拖出来"的,好像克雷连柯报告的情况是我们想出来的。我们完全同意这些;因为情况正是这样,因为这两位军人正好证明了我说过的话，而你们却以德国人无法进攻作为托词。难道能够把这种情况同10月的情况（当时问题并不在于技术装备）相提并论吗？不能。如果你们愿意考虑事实，那就请你们考虑这样一点：分歧所涉及的是，在显然不利的情况下不能进行战争。布哈林同志在总结发言的开头，气势汹汹地提出了这样一个问题："在最近的将来可能发生战争吗？"这使我十分吃惊。我可以毫不犹豫地回答：可能发生，而现在应该接受和约。这里并没有什么矛盾。

　　在讲了这些简短的意见以后，现在我对前面几位发言人作详细的答复。至于拉狄克，我要作为例外。但是还有另一个发言，乌里茨基同志的发言。在这个发言中除了讲什么到卡诺萨去[18]、"叛卖"、"退却"、"迁就"以外，还有些什么呢？这是一些什么言论呢？难道你们这种批评不是从左派社会革命党的报纸上抄来的吗？布勃诺夫同志向我们宣读了一些自认为很左的中央委员给中央委员会的声明，他们提供了一个向全世界显示自己的明显的例子。他们说："中央委员会的行动打击了国际无产阶级。"难道这不是一句空话吗？"向全世界显示自己软弱无力！"我们是怎样显示的呢？是我们建议媾和吗？是军队溃逃吗？难道我们没有证明，在目前，不接受布列斯特和约而对德国作战，就会向全世界表明我们的军队已经有病，不愿意打仗了吗？布勃诺夫硬说，这种动摇完全是由我们造成的，这是彻头彻尾的废话。这种动摇是由于我们军队有病造成的。或迟或早，总是需要一个喘息时机。如果采取正确的战略，我们就会得到一个月的喘息时机，而由于你们采取了错误的战略，我们只有5天喘息时机，即使这样也是好的。战争的历史表明，要制止狼狈溃逃的军队，有时候甚至几天的时间就够了。在目前，谁不接受苛刻的和约，谁就是空谈家，而不是战略家。悲剧就在这里。一些中央委员写信给我,说什么"显示了软弱无力","叛卖"——这是最有害最幼稚的空话。我们确实显示了软弱无力,那就是试图在不应当显示的时候,试图在我们要遭到不可避免的进攻的时候去作战。至于普斯科夫的农民,我们将把他们请到苏维埃代表大会上来,让他们谈谈德国人的所作所为,以便使患了狼狈溃逃症的士兵改变心理,开始恢复正常,他们会说:"是的,现在我明白了,这不是布尔什维克答应要停止的那个战争,这是德国人反对苏维埃政权的新战争。"那时军队的情况就会好起来。但是,你们提出的问题,是无法解决的。谁也不知道喘息时机有多长。

其次,我要谈一谈托洛茨基同志的立场。应该把他的活动的两个方面区别开来:当他开始在布列斯特进行谈判,并且出色地利用了这次谈判来进行宣传的时候,我们大家都同意托洛茨基同志的做法。他引用了同我的谈话的一部分,但是,我要补充一点,当时我们之间曾经约定:德国人不下最后通牒,我们就坚持下去,等他们下了最后通牒我们再让步。德国人欺骗了我们,他们从 7 天中偷走了 5 天[19]。托洛茨基的策略要拖延谈判这一点是正确的,但宣布战争状态已经结束而又不签订和约,那就不正确了。我曾经十分肯定地建议签订和约。我们不可能得到比布列斯特和约更有利的和约。大家都可以清楚看到,当时有可能得到一个月的喘息时机,我们不会吃亏。既然历史把这变成了泡影,那么,也就不值得再去提了,但是可笑的是,布哈林同志说:"生活一定会证明我们是正确的。"我是正确的,因为我还在 1915 年就谈到这一点:"应该准备进行战争,战争是不可避免的,它正在到来,而且一定会到来。"①

---

① 参看本版全集第 27 卷第 55—56 页。——编者注

但是，当时需要接受和约，而不是硬充好汉。之所以特别需要接受和约，是因为战争一定会到来，而当前我们至少使彼得格勒的疏散容易一些，我们做到了这一点。这是事实。当托洛茨基同志提出"请保证不同温尼琴科签订和约"这个新的要求时，我说，无论如何我不会承担这个义务[20]。如果代表大会承担了这个义务，那么，我和与我思想一致的人，谁也不会对此负责。这等于放弃明确的随机应变的策略——在可以的情况下退却，有时也进攻，——再用形式上的决议把自己束缚起来。在战争中，无论什么时候都不能用着眼于形式的考虑束缚自己。不懂战争史，不懂签订条约是积聚力量的手段（这一点我已经举过普鲁士的历史作例子），那是可笑的。某些人显然像孩子一样，认为签订了条约就是把自己出卖给了魔鬼，堕入了地狱。这实在是可笑，因为战争史已经最明显不过地告诉我们：失败的时候签订条约是积聚力量的手段。一场战争接着一场战争，这种情况在历史上是屡见不鲜的，这一点我们完全忘记了，我们看到，旧的战争正在变成……① 如果你们愿意，那就用着眼于形式的考虑把自己永远束缚起来吧，那时你们就把重要职位让给左派社会革命党人[21]吧。我们是不负这个责任的。这决不是要分裂。我相信，生活会教训你们。3月12日[22]已经为期不远，到时候你们会得到许多材料。

托洛茨基同志说：这将是名副其实的叛卖。我肯定地说，这种看法是完全错误的。② 为了具体地说明问题，我举一个例子：两个

---

① 速记记录里此处脱漏了若干字。——俄文版编者注
② 在秘书记录中，从"……是积聚力量的手段……"开始，是这样记录的："……是为了积聚力量。历史上有过几百个各种各样的条约。那时你们就把职位让给托洛茨基等人吧……"——俄文版编者注

人在一起走路,突然遭到十个人的袭击,一个人进行抵抗,另一个人逃之夭夭,这是叛卖;但是,如果两支各为 10 万人的军队,同 5 支敌军作战,其中一支军队被 20 万敌军包围了,另一支军队应该去援助,但是它知道,其余 30 万敌军已经在那里设好埋伏,这时能不能去援助呢? 不能,不能去援助。这不是叛卖,不是怯懦,因为单是数字的增大已改变了所有的概念,每个军人都知道这个道理,这已经不是那种个人的概念。我这样做,就可以保存自己的军队,即使另一支军队成为俘虏,但我将整顿好自己的军队,我有友军,我等待友军的到来。只能这样来谈问题;如果把其他考虑同军事上的考虑纠缠在一起,这就完全是空谈。搞政治决不能这样。

我们已经做了一切能够做到的事情。我们用签订条约的办法保住了彼得格勒,即使只能保住几天的时间。(大会秘书和速记员不必把这句话记录下来。)条约规定要从芬兰撤出我们的军队,撤出那些显然已经不中用的军队,但是并没有禁止我们把武器运进芬兰。如果几天以前彼得格勒失守,那么,彼得格勒就一片慌乱,我们也就什么东西都运不出来了;而在这 5 天里,我们已经援助了我们的芬兰同志,我不说我们援助了多少,他们自己知道。

说我们出卖了芬兰,这种话实在太幼稚了。我们在德国人面前及时地退却,恰恰是帮助了芬兰。即使彼得格勒失守,俄国也决不会灭亡,——布哈林同志说得非常正确,而如果按照布哈林那样搞法,就会把好端端的革命断送掉。(笑声)

我们既没有出卖芬兰,也没有出卖乌克兰。任何一个觉悟的工人都不会这样责备我们。我们是在尽力给以援助。我们没有把我们军队中的任何一个优秀的人员调走,将来也不会这样做。你们说,霍夫曼会抓住我们,识破我们,当然可能,这一点我并不怀疑，但是，要经过多少日子他才能办到，他自己不知道，任何人也不知道。此外，你们所说的会抓住我们，识破我们，是政治力量对比方面的考虑，这方面的问题下面我还要谈到。

我已经说明我为什么绝对不能接受托洛茨基的建议——搞政治不能这样，——现在我应该指出，拉狄克的榜样可以说明，在我们的代表大会上，同志们已经完全放弃了说空话，实际上还未放弃说空话的就是乌里茨基。我无论如何不能责备拉狄克的发言是空话。他说："既没有丝毫的叛卖，也没有任何的可耻，因为十分明显，你们是在占绝对优势的敌军面前退却的。"这个评价可以摧毁托洛茨基的全部立场。拉狄克说："要咬紧牙关，准备力量"，这是正确的，我完全同意这个看法。不要硬充好汉，要咬紧牙关，进行准备。

咬紧牙关，不要硬充好汉，而要准备力量。革命战争一定会到来，在这方面我们没有分歧，分歧在于蒂尔西特和约——是否要签订？最糟糕的是，我们的军队是一支患病的军队，正因为如此，所以中央委员会应该有一条坚定的路线，而不应该有分歧或者是布哈林同志也支持的中间路线。我并没有把喘息时机说得天花乱坠；谁也不知道喘息时机会有多久，我也不知道。有些人竭力想逼我说出喘息时机会有多久，这种做法是可笑的。由于保全了主要的铁路干线，我们就援助了乌克兰和芬兰。我们正在利用喘息时机随机应变，实行退却。

现在不能再向德国工人说俄国人反复无常了，因为现在已经很明显，德、日帝国主义正在发动进攻，这一点每个人都会看得很清楚的；德国人不仅想扼杀布尔什维克，也想蹂躏西欧，一切都混杂在一起，因此，在这场新战争中，应该而且也必须善于随机应变。

　　至于布哈林同志的讲话,我要指出,当他论据不足的时候,他就从乌里茨基那里捡了一点来,他说:"条约侮辱了我们。"这里不需要论据;既然我们被侮辱了,我们就应该收起文件逃走。但是,虽然我们被"侮辱"了,我认为我们的立场并没有动摇。布哈林同志本来要分析我们的立场的阶级基础,但他并没有这样做,而是叙述了一位已故的莫斯科经济学家的笑话。他们发觉我们的策略同私贩粮食的投机勾当有联系,但令人感到非常可笑的是,他们忘记了,整个阶级的态度——指的是阶级,不是粮食贩子——告诉我们:俄国资产阶级及其一切奴仆——人民事业派和新生活派[23]——竭力怂恿我们进行这场战争。而你们并没有强调指出这样一个阶级事实。现在对德国宣战,就等于接受俄国资产阶级的挑拨。这并不是什么新东西,因为这是目前推翻我们的一个最可靠的办法,——我不说这是绝对可靠的办法,因为不存在任何绝对可靠的东西。布哈林同志说:生活是支持他们的,我们最终还得承认革命战争,——他这样庆祝胜利未免太容易了,因为我们早在1915年就预言过革命战争是不可避免的。我们的分歧在于:德国人会怎样,会不会进攻;我们是否本来应该宣布战争状态已经结束;为了革命战争的利益,是否应该在实际上退却,让出领土,以便赢得时间。战略和政治要求我们签订最屈辱的和约。如果我们承认这个策略,我们的分歧就会完全消失。

载于1923年《俄国共产党第七次代表大会。速记记录》一书

译自《列宁全集》俄文第5版第36卷第27—34页

3

关于战争与和平的决议[24]

（不晚于3月8日）

鉴于我们没有军队，鉴于前线士气低落的部队完全有病，鉴于苏维埃社会主义共和国面临帝国主义的进攻而必须利用一切喘息机会，即使是最短暂的喘息机会，代表大会认为，必须批准苏维埃政权同德国签订的极苛刻和极屈辱的和约。

在已经开始的社会主义革命时代的现阶段，帝国主义国家对苏维埃俄国发动多次军事进攻（既包括从西方，也包括从东方），这是历史的必然。在目前一切国内关系——即阶级关系——和国际关系都极其尖锐的情况下，这种进攻的历史必然性在任何时候，在最近期间，甚至在几天之内，就可能导致反对整个社会主义运动，特别是反对俄罗斯社会主义苏维埃共和国的新的帝国主义侵略战争。

因此，代表大会声明：代表大会认为，我们的党、整个觉悟的无产阶级这一先锋队和苏维埃政权的首要的和基本的任务，是采取最有力、最果断和最严厉的措施来加强俄国工人和农民的自觉纪律和纪律，阐明俄国进行解放战争，卫国战争，社会主义战争的日子愈来愈近的历史必然性，在各处建立有严密联系的并以钢铁般的统一意志团结在一起的群众组织，这些组织能够在平时，特别是在危急关头采取一致的和自我牺牲的行动，——最后，对成年居民不分性别一律实行全面的、系统的和普遍的军事教育和军事训练。

代表大会认为，只有把已在俄国取得胜利的社会主义革命转变为国际工人革命，才是这个革命能够巩固的最可靠的保证。

代表大会确信，从国际革命的利益看来，苏维埃政权在目前世界舞台力量对比的情况下所采取的步骤，是不可避免的和必要的。

代表大会确信，工人革命正在各交战国中不断地成熟，为帝国主义的必然的彻底失败作准备，代表大会声明，俄国社会主义无产阶级将竭尽全力并用自己拥有的一切手段来支持一切国家无产阶级兄弟的革命运动。

载于 1919 年 1 月 1 日《公社战士报》
第 1 号

译自《列宁全集》俄文第 5 版
第 36 卷第 35—36 页

4

就托洛茨基对关于战争与和平的
决议的修正所作的发言²⁵

（3月8日）

一

同志们,我在自己的讲话中已经说过,不管是我或是支持我的人,都认为不能接受这个修正。在任何一个战略活动中我们都决不应该束缚自己的手脚。一切取决于力量的对比和什么时候这个或那个帝国主义国家向我们进攻,取决于什么时候我们的军队能整顿(无疑已经开始得到整顿)到使我们能够而且必须不仅拒绝签订和约,而且向敌人宣战的程度。我反对托洛茨基同志提出的修正,而同意采纳下列几点意见：

第一,要指出,——这一点我要绝对坚持,——在报刊上不公布这个决议,只发表批准和约的消息。

第二,由于日本人可能发动进攻,中央委员会有权在决议的公布方式和内容方面作某些改动。

第三,要指出,代表大会授权党的中央委员会在它认为适当的时刻废除一切和约以及对任何一个帝国主义国家和全世界宣战。

我们应该授权中央委员会可以随时废除和约,但这决不是说,现在,在今天这样的情况下,我们就立刻废除和约。现在,我们不应该在任何方面束缚自己的手脚。托洛茨基同志提出的修正意见,会得到那些根本反对批准和约的人的拥护,会得到那些主张中间路线的人的拥护,这种中间路线会重新造成这样一种情况,使任何一个工人和士兵都丝毫不能理解我们的决议。

现在我们要决定必须批准和约,并且授权中央委员会可以随时宣战,因为敌人正在准备向我们发动进攻,这种进攻可能来自三个方面;英国或法国企图夺取我们的阿尔汉格尔斯克——这是完全可能的,但是,在任何时候,无论是废除和约还是宣战,我们都不要对自己的中央机关的行动加以任何限制。我们正在给乌克兰人以财政上的援助,并且尽力援助他们。任何时候都不要规定不签订任何和约来约束自己。在当前这样一个战争接连不断发生的时代,各种新的形势也会不断产生。签订和约完全是一种灵活的随机应变——或者我们掌握这种条件,随机应变,或者我们事先被形式束缚住手脚而动弹不得,既不能和,也不能战。

二

我好像说过:不,我不能采纳这个修正。这个修正含有一种暗示,反映了托洛茨基同志要说的话。决议里不应该有暗示。

决议的第一节谈到,鉴于苏维埃社会主义共和国面临帝国主义的进攻而必须利用一切喘息机会,即使是最短暂的喘息机会,我们同意批准和约。我们在谈论喘息时机的时候并没有忘记,敌人还在进攻我们共和国。这就是我在总结发言里所强调的意思。

载于 1923 年《俄国共产党第七次代表大会。速记记录》一书

译自《列宁全集》俄文第 5 版
第 36 卷第 37—38 页

5

就"左派共产主义者"集团关于
支持托洛茨基的修正的声明所作的发言[26]

（3月8日）

　　我不可能马上回答拉狄克同志的争辩，——因为我不是在投票表决，无需申述投票的理由。按照通常的程序，我不能答复，也不愿意为了请求发言答复这个争辩而拖延代表大会的进行。因此，我只想提醒大家注意我在总结发言中所讲的话；其次，我反对把申述投票理由的发言变成争辩，对这种争辩我是不能答复的。

载于1923年《俄国共产党第七次
代表大会。速记记录》一书

译自《列宁全集》俄文第5版
第36卷第39页

6

对关于战争与和平的决议的补充

（3月8日）

我请求发言,是为了对决议作如下补充:

代表大会认为,不公布已经通过的决议是必要的,并且责成全体党员对这项决议保守秘密。在报刊上只发表代表大会同意批准和约的消息,并且不是在今天发表,而是要根据中央委员会的指示来发表。

此外,代表大会特别强调指出,已授权中央委员会可以随时废除同帝国主义和资产阶级国家签订的一切和约,并且可以对这些国家宣战。

载于1923年《俄国共产党第七次代表大会。速记记录》一书

译自《列宁全集》俄文第5版第36卷第40页

7

就季诺维也夫对关于战争与和平的
决议的补充提出的修正所作的发言

(3月8日)

　　同志们,我认为,季诺维也夫同志提出的这个修正是不必要的[27]。我相信,在座的都是党员,我想,由于问题具有全国性的重要意义,可以作出一项让在座的每一个人亲自签名的决定。

　　这种办法决不是多余的。我们目前所处的情况是,保守军事机密成了俄罗斯共和国很重要的问题,最重大的问题。如果我们在报刊上说,代表大会已经同意批准和约,那就不会发生误解。我只是提议现在不要对这一点进行表决,因为可能还会有一些修改。今天还会收到一些消息,我们已经采取特别措施以便得到东北和南方的报告,——这些消息可能会使决议作某些修改。既然代表大会同意我们应该根据革命战争的利益采取随机应变的办法,甚至授权中央委员会可以宣战,——那么,事情就很明显,在这一点上我们党内两部分人的意见是一致的,争论只在于是否不要任何喘息时机而继续进行战争。我认为,我提出的这个修正,对于大多数人和反对派来说,都是毋庸争辩的;我认为,不可能有其他的解释。我想,只需确认必须保守决议的秘密,这是更实际的。此外,应该采取一些补充的办法,在这件事情上还应该让在座的每一个人都亲自签名。

载于1923年《俄国共产党第七次　　　　　译自《列宁全集》俄文第5版
代表大会。速记记录》一书　　　　　　　　第36卷第41页

8

关于战争与和平的决议的建议

（3月8日）

一

鉴于决议已经分发给大家，是否可以现在就作出决定，让每一个拿到决议的人立即把它交回到这张桌子上来。这是保守军事机密的办法之一。

二

我建议进行表决。我们的党中央机关是由成年人组成的，他们都知道带有军事机密的消息应该口头传达。因此，我坚决主张，分发到每个人手中的决议都交回到这张桌子上来。

载于1923年《俄国共产党第七次代表大会。速记记录》一书

译自《列宁全集》俄文第5版第36卷第42页

9

关于修改党纲和
更改党的名称的报告²⁸

（3月8日）

　　同志们，你们都知道，关于更改党的名称的问题从1917年4月起就在党内展开了相当详细的讨论，因此，中央委员会一下子就通过了看来不会引起很大争论、甚至不会引起任何争论的决议，即中央委员会建议更改我们党的名称，把它叫做俄国共产党，并在括号里附上布尔什维克。我们都认为附上这几个字是必要的，因为"布尔什维克"这个词不仅在俄国政治生活中，而且在一切注视俄国整个事态发展的外国报刊上都得到了公认。"社会民主党"这个名称在科学上是不正确的，这一点在我们的报刊上也已经作过解释。工人建立了自己的国家之后，就了解到民主制（资产阶级民主制）的旧概念在我国革命的发展过程中已经过时了。我们建立了西欧任何地方都不曾有过的民主类型。只有巴黎公社是它的雏形，而恩格斯在谈到巴黎公社时说过，公社已经不是原来意义上的国家^①。总之，既然劳动群众亲自担负起管理国家和建立维持这种国家制度的武装力量的事业，那么，特殊的管理机构，实行某种国家强力的特殊机构就开始消失，因此，我们也就不能赞成旧形式的民主。

---

　　①　参看《马克思恩格斯文集》第3卷第414页。——编者注

另外,我们开始社会主义改造的时候,应该给自己清楚地提出这些改造归根到底所要达到的目的,即建立共产主义社会。共产主义社会不仅仅限于剥夺工厂、土地和生产资料,不仅仅限于严格地计算和监督产品的生产和分配,并且要更进一步实行各尽所能、按需分配的原则。因此,共产党这个名称在科学上是唯一正确的。有一种反对意见认为,有人可能因此把我们同无政府主义者混淆起来,这种意见在中央委员会里马上就遭到了否决,因为无政府主义者从来不把自己仅仅称为共产主义者,总是附加一些东西。社会主义在这方面也是各式各样的,但是这并没有使社会民主党人同社会改良派、民族社会党人以及诸如此类的党派混淆起来。

另外,更改党的名称的最重要的理由是:直到现在,欧洲各先进国家旧的正式的社会党,都没有摆脱使欧洲正式社会主义在这次战争中彻底破产的社会沙文主义和社会爱国主义的乌烟瘴气,因此直到现在,几乎所有正式的社会党都是工人社会主义革命运动真正的障碍,真正的绊脚石。现在各国劳动群众对我们党无疑抱有极大的同情,我们党应该尽量坚决果断、明白无误地声明我们党同这种旧的正式的社会主义断绝关系,而更改党的名称将是达到这个目的的最好办法。

其次,同志们,关于党纲的理论部分、关于它的实践和政治部分的问题是一个更加困难得多的问题。关于党纲的理论部分,我们已有了一些材料:莫斯科和彼得堡出版了关于修改党纲的文集[29],在我们党的两个主要理论刊物(彼得堡出版的《启蒙》杂志[30]和莫斯科出版的《斯巴达克》杂志[31])上刊登过论述怎样修改我们党纲理论部分的文章。我们在这方面有了一定的材料。曾经有过两种基本观点,在我看来,这两种观点并没有分歧,至少没有原则上、根本上的分歧。一种观点认为,我们丢掉我们纲领中原有的理论部分是没有根据的,甚至是不正确的。我赞成这个观点。不过应该把关于帝国主义这个资本主义发展的最高阶段的论述补充进去,同时,考虑到社会主义革命时代已经开始,还应当把关于社会主义革命时代的论述补充进去。不管我们的革命,国际无产阶级大军中的我们这支队伍的命运如何,不管革命今后的变化如何,不管怎么样,卷入这场战争并把最先进国家弄到饥荒、破产和野蛮地步的帝国主义国家,实际上都已经陷入绝境。这里应该用30年前(1887年)弗里德里希·恩格斯在估计欧洲战争的前途时说过的话。他说,在欧洲,王冠将成打地滚落在街上而无人拾取;他说,许多欧洲国家都难免要遭到难以置信的经济破坏,欧洲战争惨祸只能有一个结局,按照他的说法就是:"不是工人阶级取得胜利,就是造成可能取得和必然取得这个胜利的条件。"①恩格斯对这一点说得非常精确和谨慎。恩格斯不同于那些歪曲马克思主义的人,不同于那些拿自己过了时的谬论来炫耀的人,他们认为在经济破坏的基础上不可能有社会主义,恩格斯清楚地知道,甚至在任何一个先进的社会里,任何一次战争不仅会造成破坏、野蛮、痛苦,使群众遭受灾难,使他们淹没在血泊中,同时,也不能保证这就会导致社会主义的胜利。他说,将来"不是工人阶级取得胜利,就是造成可能取得和必然取得这个胜利的条件",因此,也就是说,在文化和生产资料遭到严重破坏的情况下,可能还会有许多艰苦的过渡阶段,但结果只能是劳动群众的先锋队即工人阶级的奋起和过渡到由它夺取政权来建立社会主义社会。因为,不管文化遭到怎样的破坏,

---

① 参看《马克思恩格斯文集》第4卷第331页。——编者注

都不能把它从历史生活中除掉,要恢复它虽然困难,但是,在任何时候无论什么样的破坏都不能使文化完全消灭。这种文化的某些部分、某些物质残余是消灭不了的,困难只是在于恢复文化。因此,一种观点认为,我们应该保留旧的纲领,而把有关帝国主义和社会革命开始的论述补充进去。

我已经在我发表的党纲草案①里表明了这个观点。另外一个草案由索柯里尼柯夫同志发表在莫斯科的文集中。另一种观点反映在我们的一些交谈中,特别是反映在布哈林同志的谈话中,由弗·斯米尔诺夫同志发表在莫斯科的文集中。这个观点认为,必须把纲领中原有的理论部分全部删去或者差不多全部删去,用新的来代替它,也就是说不像我们的纲领那样论述商品生产和资本主义的发展史,而是论述当前资本主义发展的最高阶段——帝国主义,以及直接向社会革命时代的过渡。我并不认为这两个观点有原则的、根本的分歧,但我仍然坚持自己的观点。我认为,把论述从商品生产到资本主义的发展的旧纲领删去,在理论上是不对的。那里并没有什么不正确的东西。过去和现在事情正是这样发展的,因为商品生产产生了资本主义,而资本主义又导致帝国主义。这是总的世界历史前景,不应当忘记社会主义的基础。无论今后的斗争会有什么变故,无论有多少局部的曲折需要我们去克服(这种曲折今后会有很多——我们亲眼看到革命历史有过多大的波折,这还是仅就我国来说的;当革命转变为欧洲革命的时候,事情的发展就会更复杂、更迅速,发展的速度就会更迅猛,转变也就会更复杂),为了在这些历史的曲折和波折中不至于迷失方向,

① 见本版全集第 29 卷第 481—493 页。——编者注

并牢记总的前景,以便能看到贯穿资本主义整个发展过程和通向社会主义整个道路的红线——自然,这条道路在我们的想象中是笔直的,而我们也应该把它想象为笔直的,以便看到它的开始、继续和终了,然而在实际生活中这条道路决不会是笔直的,而将是难以想象的复杂,——为了在这些波折中不至于迷失方向,为了在向后退却、暂时失利的时候,或者在历史或敌人把我们抛到后面去的时候不至于迷失方向,在我看来,不丢掉我们旧的基本的纲领是重要的,在理论上也是唯一正确的。因为目前我们俄国还只是处在由资本主义向社会主义过渡的第一阶段。历史没有给我们提供一个我们在某个时期曾经在理论上设想过、符合我们愿望并且能使我们迅速度过这些过渡阶段的和平环境。我们立刻看到的是俄国内战怎样给我们带来了许多困难以及内战怎样跟其他许多战争交织在一起。马克思主义者从来没有忘记,暴力将必然伴随着整个资本主义的彻底崩溃和社会主义社会的诞生。而且这种暴力将构成世界历史的一个时期,一个充满着各式各样战争的整个时代,其中包括帝国主义战争,内战,二者相互交织的战争,民族战争,即受帝国主义者以及在大规模国家资本主义、军事托拉斯和辛迪加时期必然结成这种或那种联盟的帝国主义列强压迫的民族的解放战争。这个时代,这个发生大崩溃、动辄诉诸武力、充满危机的时代已经开始了。我们清楚地看到这个时代,而这还仅仅是开始。所以,我们没有理由完全删掉论述一般商品生产和一般资本主义的部分。在完全摆脱资本主义并开始向社会主义过渡的道路上,我们刚刚迈出了最初的几步。我们不知道,而且也不可能知道,过渡到社会主义还要经过多少阶段。这取决于具有相当规模的欧洲社会主义革命何时开始,取决于它轻易地、迅速地还是缓慢地战胜自己的敌人,走上社会主义发展的康庄大道。我们不知道这一点,而马克思主义政党的纲领应该以绝对确凿的事实为依据。我们纲领的力量就在这里,这个纲领已为革命的种种变故所验证。马克思主义者应该把自己的纲领完全建立在这个基础上。我们应依据的绝对确凿的事实就是:交换和商品生产的发展在全世界已经成了占主要地位的历史现象,导致了资本主义,而资本主义又发展到了帝国主义,这是确定不移的事实,必须首先在纲领中把这一点确定下来。这个帝国主义开始了社会革命的时代,这也是我们大家都很清楚的事实,我们也必须把它说清楚。我们在自己的纲领中确认这个事实,就是向全世界高举社会革命的火炬,——这不仅是作鼓动宣传,而且是展示新的纲领,告诉西欧各国人民:"这就是我们大家根据资本主义发展的经验得出的结论。这就是资本主义,它就是这样发展到帝国主义的。这就是现在正在开始的、按时间先后来说由我们担负了第一个角色的社会革命的时代。"我们要在一切文明国家的面前发表这个宣言,这个宣言不仅是热烈的号召,而且是有绝对确凿的论据的,是从所有社会主义政党都承认的事实当中得出来的。这样就会使这些现在已经背弃社会主义的政党的策略,同我们所赞同的、每个觉悟工人都熟知的理论前提,即资本主义在发展并转化为帝国主义这个理论前提之间的矛盾更加明显。在帝国主义战争的前夜,在开姆尼茨代表大会和巴塞尔代表大会的决议中曾经对帝国主义作过论述,这个论述同社会主义叛徒目前的策略之间的矛盾是非常大的。[32]因此,我们应该重申这个主要之点,以便更清楚地告诉西欧的劳动群众,他们的领导人应该在哪一点上受到谴责。

我认为这样的纲领结构在理论上是唯一正确的,其主要根据就在这里。把对商品生产和资本主义的论述当做陈旧的废物抛弃，这不是从当前发生的事件的历史性质出发，因为我们还没有超出从资本主义向社会主义过渡的最初几个阶段，俄国的特点使这一过渡更加复杂，这些特点在大多数文明国家内是没有的。因此，在欧洲，这些过渡阶段将是另外一种样子，这不仅是可能的，而且必然如此；所以，把全部注意力集中在那些带民族特色的过渡阶段上，从理论上说是错误的，因为这些过渡阶段对我们来说是必要的，对欧洲来说却未必必要。我们应该从商品生产的发展、向资本主义的过渡以及资本主义转变为帝国主义这个总的基础出发。这样，我们就能从理论上占领和巩固阵地，任何一个没有背叛社会主义的人都不会把我们赶出这个阵地。从这里可以得出同样必然的结论：社会革命的时代开始了。

我们这样做，始终是以确凿的事实为根据的。

其次，我们的任务就是要阐明苏维埃类型的国家。我在《国家与革命》①一书中曾尽力说明了我在这个问题上的理论观点。在我看来，马克思主义的国家观受到西欧占支配地位的正式社会主义的严重歪曲，苏维埃革命和俄国建立苏维埃的经验非常明显地证实了这一点。我们的苏维埃还有许多东西很粗糙，不完善，这是毫无疑问的，每一个细心观察苏维埃工作的人都知道得很清楚，但是，这里重要的、有历史价值的、在全世界社会主义的发展中向前迈进了一步的东西，就是建立了新型的国家。在巴黎公社时期，这种类型的国家在一个城市里存在了几个星期，而且人们并没有理解他们自己所做的事情。那些创造了公社的人并不了解公社，他

---

① 见本版全集第31卷第1—116页。——编者注

们以觉醒了的群众的天才的敏感创造了公社,但是没有一个法国社会主义派别理解他们所做的事情。而我们的情况不同,在我们之前有巴黎公社,有德国社会民主主义运动多年的发展,我们在建立苏维埃政权的时候,能够清楚地了解自己所做的事情。尽管苏维埃中存在着粗糙和无纪律这种我国小资产阶级特性的残余,新型的国家还是由人民群众建立起来了。它已经活动了不是几个星期,而是好几个月了,不是在一个城市,而是在一个大国,在好几个民族地区。苏维埃政权这种类型显示了威力,连芬兰这样一个在各方面都完全不同的国家也接受了,那里虽然没有苏维埃,但政权类型毕竟也是新的、无产阶级的。**33**这就证明:苏维埃政权是新型的国家,没有官僚,没有警察,没有常备军,以新的民主制代替了资产阶级民主制,这种新的民主制把劳动群众的先锋队推到了最重要的地位,使他们既是立法者,又是执行者和武装保卫者,并建立能够重新教育群众的机构,——所有这些,在理论上是无可争辩的。

在俄国这才刚刚开始,而且开始得并不好。如果我们意识到我们开始做的有哪些做得不好,我们是能够加以克服的,只要历史让我们能够有更多一些时间致力于苏维埃政权的工作。所以,我认为,对新型的国家的论述在我们的纲领中应该占有显著的地位。遗憾的是,目前我们不得不在从事政府工作的条件下,在异常匆忙的条件下来制定党纲,我们甚至未能召集自己的委员会,拟出正式的纲领草案。分发给代表同志们的东西只能称为草稿①,这一点大家都会清楚地看到。其中关于苏维埃政权的问题占了很大的篇幅,而我觉得正是在这里可以表现出我们的纲领的国际意义。我

---

① 见本卷第65—71页。——编者注

认为,如果我们只是用号召、口号、游行、宣言等等来表示我国革命的国际意义,那是极端错误的。这是不够的。我们必须具体地指给欧洲工人看,我们着手做了什么事情,怎样着手做的,怎样来理解这一点。这样就会促使他们具体地了解怎样达到社会主义的问题。这里他们必然会看到:俄国人正在着手做一件好事,如果俄国人做得不好,那么我们要做得好些。为此必须尽量提供更多的具体材料,说明我们试图创造什么新的东西。我们有苏维埃政权这种新型的国家;我们要竭力描述它的任务和结构,竭力说明,这种还有很多混乱和不合理现象的新型民主制,其活的灵魂就是政权转归劳动者,消灭剥削和镇压机关。国家是镇压机关。必须镇压剥削者,但是,用警察是镇压不了他们的,只有群众自己才能镇压他们,这种机关应该像苏维埃那样和群众有联系,应该代表群众。苏维埃同群众要接近得多,它们提供了接近群众的机会,它们提供了更多的机会去教育这些群众。我们清楚地知道,俄国农民渴望学习,但我们希望他们不要从书本上学习,而要从自身经验中来学习。苏维埃政权是群众立即开始学习管理国家和组织全国范围的生产的机关。这是一项艰巨的任务。但是,具有重要历史意义的是,我们正在着手解决这个任务,并且不仅着眼于我们一个国家,而且还号召欧洲工人来援助。我们正应该从这个总的观点来具体地说明我们的纲领。正因为如此,我们认为这是巴黎公社道路的继续。正因为如此,我们相信欧洲工人在走上这条道路以后一定会来援助我们。他们会更好地去做我们正在做的事情,并把重心从形式方面转到具体条件上来。如果说过去要求保证集会权利特别重要,那么现在我们对集会权利的看法是:现在谁也不能妨碍集会了,苏维埃政权只需要提供集会用的大厅。对资产阶级来说,重要的是一般地宣布冠冕堂皇的原则,他们说:"所有公民均有集会权利,但是只能在露天集会,我们不提供会场。"而我们说:"少讲空话,多做实事。"必须夺取宫殿,不仅夺取塔夫利达宫,还要夺取其他许多宫殿,关于集会权利我们则不谈。这一点也应适用于民主纲领的其他各条。我们应该自己来审判,公民应该普遍参加审判工作和国家管理。对我们来说,重要的就是普遍吸收所有的劳动者来管理国家。这是一项艰巨的任务。但是,社会主义不是少数人,不是一个党所能实施的。只有千百万人学会亲自做这件事的时候,他们才能实施社会主义。我们认为,我们的功劳就在于竭力帮助群众立即亲自去做这件事情,而不是从书本上或从讲课中学习这一点。因此,如果我们能具体地、明确地说出我们的这些任务,我们就会推动全欧洲的群众去讨论这个问题和实际提出这个问题。也许该做的事情我们做得并不好,但是我们是在推动群众去做他们应做的事情。如果我国革命所做的事情不是偶然的,——我们深信它不是偶然的,不是我们党的决议的产物,而是马克思称之为人民革命的任何一次革命的必然产物,即人民群众用自己的口号、依自己的愿望而不是靠重复旧的资产阶级共和国的纲领所进行的革命的产物,如果我们这样提出问题,我们就能抓住最本质的东西。这里我们接触到是否应该取消最高纲领和最低纲领之间的差别问题。也应该,也不应该。我不怕取消,因为去年夏天有过的那种观点,现在不应该再有了。当我们还没有夺得政权的时候,我说"还早",而现在,我们已经夺得了政权并且考验了这个政权,这就不早了①。我们现在应该拟定苏维埃政权的新纲领来代替旧纲领,但丝毫不拒

---

① 见本版全集第32卷第363—367页。——编者注

绝利用资产阶级议会制。以为我们不会被迫倒退回去,那是空想。

俄国已经建立了苏维埃共和国,这在历史上是不容否认的。我们说,在任何被迫倒退的情况下,我们不拒绝利用资产阶级议会制,——如果敌对阶级的力量把我们赶上这条老路的话,但是我们的目标仍是争取经验所得到的东西,即苏维埃政权,苏维埃类型的国家——巴黎公社类型的国家。这一点应该在纲领中写明。我们要制定苏维埃政权的纲领来代替最低纲领。对新型国家的论述应该在我们的纲领中占显著的地位。

显然,我们现在还制定不出纲领。我们应该拟定纲领的基本要点,交给委员会或中央委员会去制定基本提纲。甚至可以更简单些,可以根据关于布列斯特-里托夫斯克会议的决议①来制定,因为那里已经提供了一个提纲。应当根据俄国革命的经验对苏维埃政权作出这种论述,然后提出实际的改造措施。我觉得,在这里,在纲领的历史部分,要指出目前已经开始没收土地和工厂[34]。在这里我们要提出具体的任务,即组织消费,普遍设立银行,把银行变成遍布全国的国家机关网,为我们提供公共簿记,提供由居民自己来进行的计算和监督,这是社会主义的下一些步骤的基础。我认为这是最困难的一部分,应该以我们苏维埃政权的具体要求的形式写出来,即目前我们要做些什么工作,在银行政策方面,在组织产品生产,组织交换、计算和监督,实行劳动义务制等等方面打算进行哪些改革。如果获得成功,我们就要补充说明我们在这方面采取了哪些大大小小的步骤。这里应该十分精确和清楚地说明,什么是我们已经开始做了的,什么是我们还没有做完的。我们

---

① 见本卷第32—33页。——编者注

大家都清楚地知道，我们已经开始的工作有很大一部分还没有做完。我们丝毫不要夸大，不要脱离事实，要非常客观地在纲领中叙述我们已经做到的和我们打算要做的事情。我们要让欧洲的无产阶级看到真实情况，并对他们说：这是应该做的，——好让他们说：俄国人哪些事情做得不好，我们会做得好些。当群众都一心要这样做的时候，社会主义革命就会不可战胜。在大家眼前正在进行着一场帝国主义战争，一场纯粹掠夺性的战争。当这场帝国主义战争在大家眼中露出原形，变成所有的帝国主义者反对苏维埃政权、反对社会主义的战争时，这将再一次给西欧无产阶级以新的推动。必须揭露这一点，指出这是帝国主义者联合起来反对社会主义运动的战争。这就是我认为必须同你们谈谈的总的想法，根据这些想法，我具体建议马上交换对这个问题的基本看法，然后或许就在这里制定几个基本要点，如果认为这样做有困难，那现在就不这样做，而把党纲问题提交中央委员会或者一个专门委员会，委托它根据现有的材料和代表大会的速记记录或秘书的详细记录来制定党的纲领，而党的名称应该立即更换。我觉得，我们目前能够做到这一点，而且我认为大家都会同意：由于我们遇到了种种事件，我们的纲领在起草工作方面还没有准备好，在这种情况下我们现在不可能有别的办法。我相信，我们在几个星期之内能够做到这一点。在我们党的各个派别中有足够的理论人才，能在几个星期之内制定出纲领来。当然，纲领中会有许多错误之处，更不用说在文字和修辞方面不确切的地方，因为我们没有几个月的时间安安静静地坐下来进行这项工作，而安静却是文字工作所必需的。

所有这些错误我们将在工作过程中加以纠正，而我们深信，我们是在使苏维埃政权有可能实现这个纲领。我们至少要根据实际情况准确说明苏维埃政权是新型的国家，是无产阶级专政的形式，说明我们为民主制提出了不同的任务，我们把社会主义的任务从"剥夺剥夺者"这个一般的抽象的公式转到银行国有化[35]和土地国有化这样一些具体的公式，而这些将是纲领的主要部分。

土地问题应该这样进行修改：这里要反映出愿意站在无产阶级方面、愿意帮助它进行社会主义革命的小农是怎样在抱有各种偏见、各种旧观点的情况下开始给自己提出过渡到社会主义的实际任务的。我们不把这一点强加于别的国家，但这是事实。农民不是用空话，而是用实际行动表明，他们愿意帮助并且正在帮助已经夺得了政权的无产阶级实现社会主义。有人责备我们想用暴力实施社会主义，这是毫无根据的。我们将主要是从小农经济的观点来公平地分配土地。同时我们要优先照顾公社和大的劳动组合[36]。农民说：我们赞成垄断粮食贸易，我们赞成没收银行和工厂。我们愿意帮助工人实现社会主义。我认为必须用各种文字出版土地社会化基本法。这个法令正准备出版，也许已经出版了。我们要在纲领中具体地表达出这个思想，要在理论上谈清楚，同时丝毫不要离开确定不移的具体事实。在西欧将会有另外的做法。也许我们会犯错误，但是我们希望西欧无产阶级会纠正它。我们请求欧洲的无产阶级对我们的工作给予帮助。

这样，我们就能在几个星期内制定我们的纲领，而我们可能犯的错误，实际生活会纠正它，我们自己会纠正它。这些错误与我们将要取得的成绩比较起来是微不足道的。

载于1923年《俄国共产党第七次代表大会。速记记录》一书

译自《列宁全集》俄文第5版第36卷第43—57页

10

关于更改党的名称和修改党纲的决议

（3月8日）

代表大会决定今后把我们党（俄国布尔什维克社会民主工党）的名称改为**俄国共产党**，并加上括号注明"布尔什维克"。

代表大会决定修改我们党的纲领，改写理论部分或在理论部分中增加对帝国主义和已经开始的国际社会主义革命时代的论述。

其次，对我们纲领的政治部分的修改，应该尽量确切而详细地阐明新型的国家即苏维埃共和国是无产阶级专政的形式，是从巴黎公社起开始获得的国际工人革命成果的继续。纲领应该指出，如果斗争的进程在一段时间内把我们抛回到现在已经被我们的革命所超越的资产阶级议会制这个历史阶段，我们党也不拒绝利用资产阶级议会制。但是，无论如何，在任何情况下，党都将为苏维埃共和国而奋斗，因为它就民主制来说是最高的国家类型，是无产阶级专政的形式，是推翻剥削者的压迫和镇压他们的反抗的形式。

我们纲领的经济部分（其中包括土地部分），还有教育部分以及其他部分，也同样应该根据这一精神和方针加以改写。重点应该放在确切地阐明我们苏维埃政权已经开始实行的经济改造及其他改造，并具体地说明苏维埃政权所提出的、由于我们采取了剥夺剥夺者的实际步骤而产生的当前的具体任务。

代表大会委托专门委员会根据上述指示尽快草拟我们党的纲领并把它作为我们党的纲领定下来。

载于 1918 年 3 月 9 日《真理报》
第 45 号

译自《列宁全集》俄文第 5 版
第 36 卷第 58—59 页

Съѣздъ постановляетъ именовать впредь нашу партію (Росс. С.-Д. Рабочую Партію большевиковъ) <u>Россійской Коммунистической Партіей</u> съ добавленіемъ в скобках „большевиковъ".

Съѣздъ постановляетъ измѣнить программу нашей партіи, переработавъ теоретическую часть или дополнивъ ее характеристикой имперіализма и начавшейся эры (международной) соціалистической револю-ціи. Затѣмъ измѣненіе политиче-ской части нашей программы

Съѣздъ постанов[ляетъ] именовать впредь нашу партію (Росс. С.-Д. Рабочую Партію большевиковъ) Россійской Коммунистической Партіей съ добавленіемъ в скобкахъ „большевиковъ".

Съѣздъ постанов[ляетъ] принятую программу нашей партіи, переработавъ теоретическую часть или дополнивъ ее характеристикой империализма и начавшейся эры (международной) соціалистической революціи. Затѣмъ принятіе политической части нашей программы

1918 年 3 月列宁《关于更改党的名称和修改党纲的决议》手稿第 1 页

11

关于修改党纲问题的建议

（3月8日）

同志们，请允许我宣读一下决议草案，这个草案提出了一项略微不同的建议，然而，实质上与前面一位发言人³⁷所谈的有些相同。现在我想提请代表大会审议如下的决议。（读决议）①

同志们，这个建议的特点就是，我想首先坚持我的这个想法：尽快颁布纲领，直接委托中央委员会颁布纲领或委托它成立一个专门委员会。

发展的速度异常迅猛，我们不应再拖下去。我们在目前的困难情况下制定出来的纲领会有很多错误，但这没有关系，下一次代表大会可以改正，虽然这样修改纲领会显得太快了，但是生活前进得非常迅速，所以如果需要对纲领进行若干修改的话，我们就得修改。现在，我们的纲领主要不是按照书本来制定，而是根据实践，根据苏维埃政权的经验来制定。所以我认为，我们的利益要求我们，对国际无产阶级发出热烈的号召，在群众大会上发表规劝性的演说，也不要空口叫喊，而要向他们发表我们党的明确的具体的纲领。尽管这个纲领可能不太令人满意，不如经过几个委员会加工

_____

① 见本卷第53—54页。——编者注

并经代表大会批准的纲领。

我希望我们能够一致通过这项决议,因为我避开了布哈林同志所指出的意见分歧;我的写法是把这个问题留做悬案。我们可以指望,如果不作太大的修改,我们就能得到一个将成为全党的准确的文献的新纲领,不会再发生我在上次代表大会上遇到的那种令人十分尴尬的场面,当时,一位瑞典左派人士问我:"你们党的纲领是怎样的,是和孟什维克的一样吗?"[38]可以想见,这位瑞典人当时非常惊讶,因为他清楚地知道我们同孟什维克是有很大区别的。我们不能对这种惊人的矛盾漠然置之。我认为,修改党纲会给国际工人运动带来实际的好处,而我们的收获无疑将超过纲领可能有错误这种损失。

因此,我建议加快进行这项工作,丝毫不必担心代表大会将来还会修改纲领。

载于1923年《俄国共产党第七次代表大会。速记记录》一书　　　　译自《列宁全集》俄文第5版第36卷第60—61页

12

就姆格拉泽关于吸收最大的党组织
参加制定党纲的建议所作的发言

（3月8日）

在俄国目前所处的条件下，在进行内战和被分割的情况下，这是不能允许的。不言而喻，只要稍有可能，对党纲进行修改的委员会就将立即把党纲印出来，地方党组织随时都可以表示意见，而且应该表示意见，但是，如果以今后无法做到的东西从形式上束缚住自己，那将比召开代表大会拖延得更久。

载于1923年《俄国共产党第七次代表大会。速记记录》一书

译自《列宁全集》俄文第5版第36卷第62页

13

就拉林对党的名称的修正所作的发言[39]

（3月8日）

同志们，我同意拉林同志的说法，更改党的名称和去掉工人党的字样确实会被人利用，但是不必顾虑这一点。如果我们对每一件坏事都要顾虑，我们就会变得谨小慎微。要知道我们是在恢复举世皆知的老的优良范例。我们大家都知道《共产党宣言》，全世界都知道这个宣言；要修改的并不是下面的内容：无产阶级是唯一彻底革命的阶级，其余各个阶级，包括劳动农民在内只有转到无产阶级的立场上来，才能够成为革命的阶级。这是《共产党宣言》的一个基本原理①，一个全世界都知道的论点，这里不可能有任何善意的误会，至于那些不怀好意的误会和曲解，你是怎么也管不了的。因此，必须恢复老的优良范例，完全正确的范例，这个范例起到了自己的历史作用，它传遍了全世界，传遍了所有的国家；在我看来，背离这个优良的范例是没有根据的。

载于1923年《俄国共产党第七次代表大会。速记记录》一书

译自《列宁全集》俄文第5版第36卷第63页

---

① 参看《马克思恩格斯文集》第2卷第41—42页。——编者注

14
就佩尔舍对关于
党纲的决议的修正所作的发言

（3月8日）

　　我觉得，前面一位发言人说的不对[40]。群众不是小孩子，他们懂得斗争是非常严肃的。他们看到，先前，譬如在7月里，我们是怎样被迫后退的。这些词句不能删掉。无论如何不应该作出一副姿态，似乎我们认为资产阶级议会机关毫无价值。资产阶级议会机关同过去相比是一大进步。所以，如果我们删掉这些词句，就会造成一种印象，似乎目前达到的阶段是绝对稳固的。我们知道现在还没有做到这一点。如果有国际运动的支持，将来会做到这一点。我同意删掉"在任何情况下"这几个字；可以保留"党不拒绝利用"这几个字，但是，我们不能替纯属无政府主义的否认资产阶级议会制的想法开辟道路。这是相互有直接联系的两个阶段，只要我们被抛回到过去，那就会回到这个阶段上去。我并不认为这会使群众灰心丧气。如果所说的群众是指毫无政治素养的人，那么，他们是会不理解的，但党员和党的同情者却会理解这一点，他们会理解：我们并不认为我们所夺得的阵地已经完全巩固了。如果我们能以高度坚强的意志充分发挥各个阶级的力量，巩固住这个阵地，那时我们就不用再提过去了。但是，要做到这一点，需要欧洲的支持。而现在说我们能够在极坏的条件下工作，这决不会使群众灰心丧气。

载于1923年《俄国共产党第七次
代表大会。速记记录》一书

译自《列宁全集》俄文第5版
第36卷第64页

15

就布哈林对关于
党纲的决议的修正所作的发言⁴¹

（3月8日）

一

我无论如何不能同意布哈林同志的修正。纲领应该论述帝国主义和已经开始的社会革命时代。社会革命的时代已经开始了，这已经是确定不移的事实。而布哈林同志希望什么呢？他希望论述一下充分发展了的社会主义社会，即共产主义。这里他有一些不确切的地方。我们目前是绝对主张要有国家的，至于说要论述国家不复存在的、充分发展了的社会主义，那只能谈谈那时将实现各尽所能、按需分配的原则，别的就什么也想不出来了。但是，这些还是遥远的事，现在说这些，就等于什么也没有说，除非是说基础还很薄弱。如果我们达到社会主义，那么我们总有一天会达到这个目的。我们所说过的，已经够我们做的了。如果我们做到了这些，那就是巨大的历史功绩。要论述一下社会主义，我们还办不到；达到完备形式的社会主义会是个什么样子，——这我们不知道，也无法说。说社会革命的时代已经开始了，说我们已经做了些什么工作，还想做些什么，——这些我们是知道的，也是我们要说的，而这会向欧洲工人表明，我们可以说丝毫没有夸大自己的力量,而只是说,我们已经开始在做些什么,我们还打算做些什么。但是,要我们现在就知道完全建成的社会主义将是个什么样子,这我们不知道。在理论上,在理论著作里,在文章里,在讲话里,在讲演里,我们将阐述这样一种看法,即像考茨基那样反对无政府主义者是不正确的,但是我们不能把这一点放到纲领里去,因为还没有可以用来论述社会主义的材料。建设社会主义的砖头现在还没有烧好。我们不能再多说什么,而应当尽量谨慎和精确。我们纲领的吸引力就在这里,而且仅仅在这里。只要我们表示一点点奢望,硬要提供我们不能提供的东西,那就会削弱我们纲领的力量。他们就会怀疑我们的纲领只不过是一种空想。纲领要论述我们已经开始做的和今后我们准备采取的步骤。我们现在还无法论述社会主义,所以提出这个任务是不正确的。

二

因为不是用书面形式提出的,自然可能产生误解。然而布哈林同志并没有使我信服。我们党的名称已经十分清楚地表明:我们在向着完全的共产主义前进,我们提出了这样一些抽象的原理,即我们每个人将各尽所能、按需分配,没有任何军事监督和强制。现在来谈这些为时过早。什么时候国家才开始消亡呢?在我们说"请看,我们的国家在消亡"以前,至少还可以召开两次代表大会。现在还早得很。提前宣布国家的消亡将违背历史的前景。

载于1923年《俄国共产党第七次代表大会。速记记录》一书

译自《列宁全集》俄文第5版第36卷第65—66页

16

关于选举中央委员会问题的发言[42]

（3月8日）

　　洛莫夫非常巧妙地援引了我的发言。我在发言中要求中央委员会能够采取单一的路线。这倒不是说在中央委员会里大家都得有同样的见解。如果这样认为，那就导致分裂，所以我建议代表大会不要接受这样的声明，以便同志们能够向自己的地方组织征求意见，然后再仔细考虑一下自己的决定。以前在中央委员会通过不签订和约的提案时，我也曾有过这种处境，我当时明明知道我对这件事不能承担责任，可是我保持了沉默。中央委员会的每一个成员都可以对某事不承担责任，而无需退出中央委员会，也无需吵吵闹闹。当然，同志们，在某种情况下，那样做是容许的，有时甚至是不可避免的，但是，目前有了苏维埃政权这样的组织，它使我们有可能检查自己在多大程度上与群众保持着联系，在这种情况下，是否需要那样做，对此我表示怀疑。我想，如果说出现了关于温尼琴科的问题，同志们可以为自己的观点申辩，而无需退出中央委员会。如果我们赞成准备进行革命战争的观点和实行随机应变的策略的观点，那就应该参加中央委员会，可以声明下面产生了意见分歧，我们完全有权作这样的声明。丝毫用不着担心历史会由于乌里茨基和洛莫夫没有放弃中央委员的称号而把责任加到他们身上。必须设法制止这种动辄退出中央委员会的风气。应该说明，代表大会希望同志们通过表示异议的方式提出自己的不同意见，而不要采取退出中央委员会的方式，同时，考虑自己的这个声明，不撤销一些同志的候选资格，请他们收回自己的声明并进行选举。

载于1923年《俄国共产党第七次
代表大会。速记记录》一书

译自《列宁全集》俄文第5版
第36卷第67—68页

17

关于"左派共产主义者"拒绝
参加中央委员会问题的决议

(3月8日)

代表大会认为,在党目前所处的情况下拒绝参加中央委员会特别不适宜,因为这对希望党统一的人来说是根本不能容许的,这种行为在目前会加倍地威胁党的统一。

代表大会声明,每个人都可以而且应该用发表相应声明的办法来表明他对中央委员会所采取的他所不赞同的步骤不承担责任,而不要用退出中央委员会的办法。

因此,代表大会迫切希望,同志们在向人数众多的组织征求意见之后放弃自己的声明,代表大会将不考虑这项声明而进行选举。

载于 1928 年《苏联共产党(布)代表大会和代表会议记录。——第七次代表大会。1918 年 3 月》一书

译自《列宁全集》俄文第 5 版第 36 卷第 69 页

18

党纲草案草稿

（不晚于3月8日）

以我的草案①作基础（小册子第19页及以下各页②）。

保留理论部分,删掉第一部分的最后一段（小册子第22页从
"因此,客观情况"开始,到"社会主义革命内容的各项经济措施和
政治措施"③为止,共3行）。

=====

在以"上述任务要求"开始的下一段（第22页）里,按照《论修
改党纲》一文中提出的内容（见《启蒙》杂志（1917年9—10月第
1—2期合刊）第93页④）进行修改。

在同一段里,把"社会沙文主义"（两处）改为：

（1）"**机会主义**和社会沙文主义"；

（2）"动摇于**机会主义**和社会沙文主义与无产阶级为实现社会
主义制度而进行的革命国际主义的斗争之间"。

=====

其次,全部必须大致作如下的修改：

---

① 党的名称就叫"共产党"（不加"俄国"字样）,用括号注明：(布尔什维克党)。
② 见本版全集第29卷第481—493页。——编者注
③ 同上书,第484页。——编者注
④ 本版全集第29卷第484—485页,第32卷第362—363页。—— 编者注

1917 年 10 月 25 日(11 月 7 日)的革命在俄国实现了得到贫苦农民即半无产者支持的无产阶级专政。

这个专政向俄国的共产党提出了下列任务:彻底完成已经开始的对地主和资产阶级的剥夺,将所有的工厂、铁路、银行、船舶及其他生产资料和流通手段变为苏维埃共和国的财产;

利用城市工人与贫苦农民的联盟逐步地但是坚定不移地向共耕制和社会主义大农业过渡,由于这个联盟,土地私有制已被废除,关于从小农经济转到社会主义的过渡形式的法令已经颁布,站在无产者方面的农民思想家们把这种形式称之为土地社会化;

巩固和进一步发展苏维埃联邦共和国,它是比资产阶级议会制要高得多和进步得多的民主形式,根据 1871 年巴黎公社的经验以及 1905 年和 1917—1918 年俄国革命的经验看来,它是适合于从资本主义到社会主义的过渡时期即无产阶级专政时期的唯一的国家类型;

在各方面尽量利用在俄国点燃起来的全世界社会主义革命的火炬,以制止帝国主义资产阶级国家干涉俄国内政或联合起来公然对社会主义苏维埃共和国进行斗争和战争的行动,把革命传到更先进的国家以及所有国家里去。

关于苏维埃政权的十个要点

巩固和发展苏维埃政权

巩固和发展作为无产阶级和贫苦农民(半无产者)专政形式的苏维埃政权,这一形式已经受过实际经验的检验,是由群众运动和革命斗争提出来的。

要巩固和发展,就必须实现(更广泛、更普遍和更有计划地实现)这种形式的国家政权、这种新型的国家所肩负的历史任务。这些任务就是:

(1)把受资本主义压迫的被剥削劳动群众联合和组织起来,——这里只限于被剥削劳动群众,即工人和贫苦农民(半无产者),自然不包括剥削阶级和富裕的小资产阶级分子。

(2)把被压迫阶级中最活动、最积极、最觉悟的部分,即他们的先锋队联合起来。先锋队应该不是从理论上而是通过实践教育全体劳动人民独立参加国家的管理工作。

(4) (3)废除议会制(立法和行政的分立);把国家的立法工作和行政工作结合起来。把管理和立法合在一起。

(3) (4)使整个国家政权机关和国家管理机关同群众的联系比过去的民主制形式更加密切。

(5)建立一支最不脱离人民的工农武装力量(苏维埃=武装的工人和农民)。加强全民武装的组织性作为完全实现武装全民的最初步骤之一。

(6)实行更充分的民主制,其方法是简化手续,使选举和罢免更简便易行。

(7)同各个行业和生产单位、经济单位建立密切的(和直接的)联系(按工厂、按农业区和手工业区为单位进行选举)。有了这种密切联系,就有可能实现深刻的社会主义改造。

(8)(此项全部或部分归入前项)——就有可能取消官僚制,不要官僚制,并使这种可能性开始变为现实。

(9)在民主制的问题上,把重心从形式上承认资产阶级和无产阶级、穷人和富人的形式上的平等,转到使被剥削劳动居民群众能实际上享受自由(民主)。

(10)为了进一步发展苏维埃国家组织,应该使每一个苏维埃成员除参加苏维埃的会议外,都必须担负管理国家的经常工作;然后逐步做到使全体居民都来参加苏维埃组织(在服从劳动者组织的条件下)并担负管理国家的职务。

为了完成这些任务,要求:

（一）在政治方面：

发展苏维埃共和国。

苏维埃的优越性（《启蒙》杂志第 13—14 页 [共 6 条]）[1]；

随着剥削者反抗的停止,苏维埃宪法将适用于**全体**居民;

实行联邦制作为已经学会**自愿**超脱民族纠纷的劳动者走向**自觉**的更紧密的统一的过渡办法。

必须无情地镇压剥削者的反抗;"**一般**"(**即**资产阶级的)民主的准则应服从这个目的,顺应这个目的:

"自由"和民主**不是**供所有的人享用,而是**供**被剥削劳动群众享用,以利于摆脱剥削;无情地镇压剥削者。

注意：　重心从形式上**承认**自由(如在资产阶级议会制度下那样)**转到**在实际上保证推翻了剥削者的劳动者**享受**自由。

例如,从**承认**集会自由转到把一切最好的大厅和场所**交给**工人,从承认言论自由转到把所有最好的印刷所交给工人,等等。

---

① 参看本版全集第 32 卷第 297 页。——编者注

简单地列举一下旧的最低纲领中的这些"自由"

武装工人和解除资产阶级武装

通过苏维埃国家过渡到逐步消灭国家,其办法是有步骤地吸引愈来愈多的公民,直到吸引**所有**公民直接地**经常地**担负自己应承担的管理国家的责任。

(二)在经济方面:

用社会主义方式组织全国范围内的生产:由**工人组织**(工会、工厂委员会等等)在唯一**拥有主权**的苏维埃政权的统一领导下进行管理。

运输业和分配也是如此(起初是国家对"贸易"实行垄断,然后通过工商业职员联合会在苏维埃政权领导下以有计划有组织的**分配**来完全彻底地代替"贸易")。

——强迫**全体**居民参加消费生产公社。

不废除(暂时)货币,不禁止户与户之间的交易,但我们应该首先使所有这类交易必须依法通过消费生产公社。

——立即着手全面实行普遍劳动义务制,要极其慎重地逐步把它推行到不使用雇佣劳动而靠自己的经营维持生活的小农中去;

实行普遍劳动义务制的第一个措施,第一个步骤,应该是给所有的富人(=每月收入在500卢布以上的人,其次给雇有雇佣工人的企业主、雇有佣人的家庭等)建立(必须建立)劳动消费(收支)手册。

买卖可以不通过自己的公社(在途中、在市场等等),但是交易必须记入(假如超过一定数额)劳动消费手册。

——银行业完全集中在国家手里,一切货币-贸易周转完全集中于银行。普遍建立银行往来账户:逐渐过渡到强制在银行建立往来账户(起初是最大的企业,然后是全国**所有的**企业)。货币都要存入银行,汇款**必须**通过银行。

——对产品的全部生产和分配普遍实行计算和监督,这种计算和监督应该起初由工人组织进行,以后由全体居民进行。

——为了不断提高组织性、纪律性和劳动生产率,为了过渡到使用更高的技术,为了节约劳动和产品,为了把工作日逐渐缩短到每昼夜 6 小时,为了使**一切**行业和工种中的**一切**工资和薪金逐步取平,在国内各个(所有)消费生产公社之间组织竞赛。

——不断地有步骤地采取各种措施(向公共伙食过渡),为大量家庭办理集体伙食以代替各个家庭单独料理。

在教育方面:

?

旧条文再加上

在财政方面:

用累进所得税和财产税以及用对来自国家垄断组织的(某种)收入的提成来代替间接税。与此同时,将粮食和其他产品等实物调拨给由国家支付报酬的、从事某些社会必要工作的工人。

国 际 政 策

首先支持先进国家的社会主义无产阶级的革命运动。

宣传。鼓动。联欢。

同机会主义和社会沙文主义进行无情的斗争。

支持一切国家特别是殖民地和附属国的民主革命运动。

殖民地的解放。联邦制,作为向自愿合并的一种过渡。

载于1918年3月9日《共产
主义者报》第5号

译自《列宁全集》俄文第5版
第36卷第70—76页

评"左派共产主义者"的行为

（1918 年 3 月 8 日和 16 日之间）

在布列斯特和约缔结以后，一些自称为"左派共产主义者"的同志采取了党内"反对派"的立场，因此他们的活动愈来愈滑向完全不正派地和不能容忍地破坏党的纪律。

布哈林同志拒绝接受党代表大会要他担任的中央委员的职务。

斯米尔诺夫、奥博连斯基和雅柯夫列娃三位同志分别辞去了人民委员和最高国民经济委员会办公厅主任的职务。

这完全是一种不正派的、非同志式的、破坏党的纪律的行为。这种行为过去是、现在仍然是上述同志**走向分裂的一个步骤**……①

载于 1929 年《列宁文集》俄文版第 11 卷

译自《列宁全集》俄文第 5 版第 36 卷第 77 页

---

① 手稿到此中断。——俄文版编者注

当前的主要任务⁴³

(1918 年 3 月 11 日)

> 你又贫穷,你又富饶,
> 你又强大,你又衰弱,
> 俄罗斯母亲!⁴⁴

人类历史现在正经历着一个最伟大、最困难的转折,这个转折,可以毫不夸大地说,具有解放全世界的巨大意义。它由战争转到和平;由强盗们为重新瓜分最大的强盗已经抢到的赃物而驱使千百万被剥削劳动者去厮杀的战争,转到被压迫者为摆脱资本枷锁而反抗压迫者的战争;由痛苦、灾难、饥饿、野蛮化的深渊,转向共产主义社会、共同幸福和持久和平的光明未来;——在这种急剧转折的紧急关头,在周围旧事物如山崩地裂般倒塌下来,同时新事物又在无法形容的痛苦中产生的时候,有的人头晕目眩,有的人陷于绝望,有的人则靠一些漂亮动听的话来逃避那有时令人过分痛苦的现实,这都是毫不奇怪的。

俄国特别清楚地目睹了,特别强烈而痛苦地感受到由帝国主义转向共产主义革命这段历史进程中一些最急剧的转折。我们在几天内就摧毁了一个最古老、最强大、最野蛮和最残暴的君主制度。我们在几个月中就经过了同资产阶级妥协和消除小资产阶级幻想的许多阶段,而别的国家走过这些阶段曾经花费了几十年的工夫。我们在几个星期内就推翻了资产阶级,并且在内战中战胜了资产阶级的公开反抗。我们在一个幅员辽阔的国家到处实现了布尔什维主义的胜利进军。我们唤起了受沙皇制度和资产阶级压迫的最下层劳动群众去争取自由和独立的生活。我们创立并且巩固了苏维埃共和国，这是比最完善的资产阶级议会制共和国高得多和民主得多的新型国家。我们建立了为贫苦农民所拥护的无产阶级专政，开始了一系列宏伟的社会主义改造。我们唤醒全世界千百万工人相信自己的力量，燃起他们热情的火焰。我们到处发出了国际工人革命的号召。我们向全世界的帝国主义强盗提出了挑战。

于是帝国主义强盗乘我们手无寸铁的时候进行袭击，在几天之内就把我们打倒在地上。他强迫我们签订了极苛刻极屈辱的和约，这是我们为了敢于从帝国主义战争的铁钳中挣脱出来——哪怕只是一个极短的时间——而付出的代价。而且随着这个强盗本国的工人革命的幽灵愈是可怕地显现在他面前，他也就愈加残暴地压迫、扼杀、肢解俄国。

我们被迫签订了"蒂尔西特"和约。不要欺骗自己。要有勇气正视未加掩饰的痛苦的现实。要充分地、彻底地认清我们现在所陷入的遭受失败、分割、奴役、屈辱的深渊。我们对此认识得愈清楚，我们争取解放的意志，我们从奴役境地重新获得独立的愿望，我们无论如何要使俄罗斯不再是又贫穷又衰弱而成为真正又强大又富饶的国家的决心，就会愈加坚不可摧，像钢铁一样坚强。

俄罗斯能够成为这样的国家，因为我们毕竟还有广大的国土和天然财富，足以供给所有的人生活资料，虽说不是很丰富，至少是足够的。我们在天然财富方面，在人力后备方面，在伟大革命为人民创造力提供的广阔天地方面，都有足够的材料来建立真正又强大又富饶的俄罗斯。

俄罗斯一定会成为这样的国家，只要她抛掉一切颓丧情绪和一切空谈，只要她咬紧牙关，聚集自己的一切力量，只要她振作精神，鼓起劲来，只要她认识到**唯有**走我们已经走上的国际社会主义革命的道路才能得救。沿着这条道路迈进，不因失败而气馁，用一块块基石去奠定社会主义社会的稳固基础，坚持不懈地建立纪律与自觉纪律，处处加强组织性，加强秩序和求实精神，加强全民力量的紧密合作，加强对于产品生产和分配的普遍计算和监督，——这就是达到建立军事实力和社会主义实力的道路。

一个真正的社会主义者，在遭受严重失败的时候，既不应当硬充好汉，也不应当悲观失望。说什么我们只能在两种死亡中选择一种，或者是缔结极其苛刻的和约而"无声无息地"（从小贵族观点看来）死去，或者是进行无法取胜的战斗而"壮烈"牺牲，此外别无出路，这是不对的。说什么我们签订"蒂尔西特"和约，就是背叛了自己的理想或背叛了自己的朋友，这也是不对的。我们没有背叛任何事和任何人，我们没有为任何谎言辩护或加以掩饰，我们从来没有拒绝尽自己的所能和所有去帮助任何患难朋友和同志。如果一个统帅率领被击溃的或仓皇溃逃的残余部队向腹地撤退，在万不得已的情况下用签订极其苛刻极其屈辱的和约的办法掩护这种退却，他这样做并不是背叛他无力援助的、被敌人分割开的那部分军队。这个统帅选择了挽救那尚可挽救的队伍的唯一道路，不同意去冒险，不向人民掩饰痛苦的真实情况，"让出空间以便赢得时间"，利用**一切**喘息时机，哪怕是最短的时机，来聚集力量，使军队喘一口气，或医治它所患的溃逃病和颓丧病，——这样的统帅是尽了自己的职责的。

我们签订了"蒂尔西特"和约。当拿破仑第一在1807年强迫普鲁士签订蒂尔西特和约时，征服者把德国人的全部军队都击溃了，占领了首都及一切大城市，设置了自己的警察，强迫战败者提供辅助军替征服者去进行新的掠夺战争，分裂了德意志，同一些德意志国家结盟去反对另一些德意志国家。虽然如此，可是德国人民甚至在签订了**这样的**和约之后仍然站了起来，能够聚集力量，奋起为自身争得自由与独立的权利。

凡是愿意思索并善于思索的人，都可以从蒂尔西特和约（这不过是那个时代德国人被迫签订的许多苛刻而屈辱的条约之一而已）的例子中明显地看出，那种以为无论在什么条件下，签订极其苛刻的和约都是陷入灭亡的深渊，而进行战争则是英勇行为和得救之路的想法是何等幼稚可笑。各个战争时代都教导我们，和约起到获得喘息时机和聚集力量来准备新的战斗的作用，这在历史上并不罕见。蒂尔西特和约对于德国曾是莫大的屈辱，而同时它又是德国走向民族大复兴的转折。当时历史环境除了提供走向**资产阶级**国家的出路之外，没有给这个复兴提供别的出路。当时，在一百多年以前，创造历史的是一小撮贵族和资产阶级知识分子，工农群众则尚处于沉睡状态。因此，当时历史的进展也只能是极端缓慢的。

现在资本主义大大提高了整个文化，其中包括群众的文化。战争震动了群众，以空前未有的惨祸和苦难唤醒了他们。战争推动了历史，历史现在正以火车头的速度飞驰前进。现在千百万人正在独立创造历史。资本主义现在已经发展到可以实现社会主义的程度了。

因此，如果说俄国现在是在从"蒂尔西特"和约走向——它无可争辩地是在走向——民族复兴,走向伟大卫国战争的话,那么这个复兴的出路就不是走向资产阶级国家,而是走向国际社会主义革命。我们从 1917 年 10 月 25 日起已经是护国派了。我们主张"保卫祖国",不过我们准备进行的卫国战争是保卫社会主义祖国的战争,保卫作为祖国的社会主义的战争,保卫作为世界社会主义大军的一支**队伍**的苏维埃共和国的战争。

"仇恨德国人,打击德国人"——这始终是通常的爱国主义即资产阶级爱国主义的口号。而我们说,"仇恨帝国主义强盗,仇恨资本主义,消灭资本主义",同时又说,"要向德国人学习! 要始终忠实于同德国工人的兄弟联盟。他们没有来得及援助我们。我们会赢得时间,我们会等得到他们的,他们**一定会来**援助我们"。

是的,要向德国人学习! 历史的发展是迂回曲折的。现在出现了这样的情况:正是德国人,除了体现残暴的帝国主义,同时又体现了纪律、组织、在现代机器工业基础上的紧密协作以及极严格的计算与监督的原则。

而这正是我们所缺少的。这正是我们要学会的。这正是我们伟大革命由胜利的开始经过许多严重考验而走向胜利的结局所缺少的东西。这正是俄罗斯苏维埃社会主义共和国不再做又贫穷又衰弱的国家,而永远成为又强大又富饶的国家所需要的东西。

1918 年 3 月 11 日

载于 1918 年 3 月 12 日《全俄中央执行委员会消息报》第 46 号

译自《列宁全集》俄文第 5 版第 36 卷第 78—82 页

在莫斯科工人、农民和红军代表苏维埃的讲话

(1918年3月12日)

（列宁同志出现时,会场响起热烈的掌声。)同志们！我们是在革命艰苦的时刻,在许多人灰心丧气和悲观失望的时候来庆祝俄国革命一周年的。可是,如果我们环顾四周,回想一下这一年来革命做了些什么,国际形势在怎样形成,那么我相信,我们谁也不会再悲观失望,灰心丧气。毫无疑问,由10月开始的国际社会主义革命事业,虽然有重重困难和障碍,虽然它的敌人拼命反对,但它一定会赢得胜利。

同志们,请回想一下俄国革命走过了怎样的道路……在2月,由于无产阶级同认清在沙皇制度下连资产阶级社会也无法存在的资产阶级实行了联合,由于工人和最觉醒的一部分农民即饱经战争惨祸的士兵进行了合作,他们在几天之内就推翻了君主制度,而这个制度在1905年、1906年、1907年曾经抵抗过更加沉重的打击,把革命的俄罗斯淹没在血泊之中。二月革命胜利后,资产阶级开始执政,革命得到了飞速的发展。

俄国革命产生了和西欧革命截然不同的结果。它培养了一批经过1905年的锻炼而能独立活动的革命群众;它产生了工兵农代表苏维埃,这种机关比以前所有的机关要民主得多,它能教育和提

高无权的工兵农群众,领导他们前进。正由于这样,俄国革命在几个月内就结束了同资产阶级妥协的时代,而这个时代在西欧却延续了整整几十年。资产阶级现在把军队的无能归罪于工人阶级及其代表——布尔什维克。但是我们现在可以看到,如果在3月、4月那个时候执政的不是妥协派,不是给自己谋取肥缺,让资本家当权,让军队挨饿受冻的资产阶级,不是克伦斯基这帮老爷(他们自称为社会党人,实际上他们所有的口袋里都藏着强迫俄国人民作战到1918年的秘密条约),那么也许可以使俄国的军队和革命免受我们不得不经受的那些极其痛苦的磨难和屈辱。如果当时政权转归苏维埃,如果妥协派不帮助克伦斯基把军队赶去打仗,而提出缔结民主和约的建议,那么军队就不会瓦解到如此地步。他们本应该对军队说:安静地站着吧。让军队一只手拿着撕毁的同帝国主义者签订的秘密条约和向各国人民提出的缔结民主和约的建议,另一只手拿着枪炮,确保阵地的稳固。只有这样才能挽救军队和革命。采取这样的姿态,即使面对德帝国主义这样的敌人,甚至整个资产阶级、全世界所有的资本家、所有的资产阶级政党代表人物都去帮助它,采取这样的姿态也会对事情有好处。采取这种姿态可以让敌人一方面看到向他提出的民主和约和被揭露的条约,另一方面也看到枪杆。可是,现在我们没有这样巩固的阵地。没有大炮,我们也无法巩固阵地。恢复阵地非常困难,进展很慢,因为我们还没有对付过这样的敌人。同白痴罗曼诺夫或吹牛大王克伦斯基作斗争是一回事,而这里我们是对付组织起本国的一切力量和全部经济生活来抵御革命的敌人。我们知道,1917年6月克伦斯基的政权不但不撕毁帝国主义的条约,反而把士兵投入进攻,结果是军队的力量彻底削弱了。现在,资产阶级大叫空前的崩溃和民族的耻辱,难道他们认为,战争所引起的革命,空前的破坏所引起的革命,能够进行得十分平静、顺利、平稳,没有痛苦、没有折磨、没有惨祸吗? 如果有人想象革命会是这样地诞生,那么这不是废话,便是不懂得这次战争和革命的意义的软弱的知识分子所发的议论。是的,他们正在发这样的议论。然而我们清楚地看到,通过这一过程,最伟大的人民热情正在高涨,而那些大叫民族耻辱的人却看不到这一点。

不管怎样,我们摆脱了战争。我们不是说,我们摆脱战争没有付出任何代价,没有交纳任何贡赋。但是,我们摆脱了战争。我们使人民得到了喘息时机。我们不知道这个喘息时机会持续多久,也许它非常短促,因为帝国主义强盗正在从东西两方向我们袭来,一场新的战争必然要爆发。是的,我们看到,我们这里一切都遭到了破坏。但是,人民终于摆脱了沙皇政府,摆脱了资产阶级政府,建立起苏维埃组织。而只是在士兵们从前线回家后的今天,苏维埃组织才发展到了最偏僻的农村。关于苏维埃组织的必要性和意义,连过去备受沙皇、地主、资本家的侮辱,很难把自己的全副心思和创造能力用于自己事业的最底层、最受压迫、最受欺侮的群众也都懂得了。他们已经使苏维埃政权不仅在大城市和工厂区建立起来,并且深入到所有偏僻角落。从前,每一个农民所看到的政权只是压迫和掠夺,而现在他们看到执政的是穷人的政府,这个政府是他们自己选出来的,使他们摆脱了压迫,虽然还有许多严重的障碍和困难,但一定能够引导他们继续前进。

同志们! 由于俄国革命遭到普鲁士地主和帝国主义者铁蹄的践踏,我们现在不得不在经受严重失败和沉重压迫的情况下生活,但是我相信,不管个别阶层怎样气愤和不满,人民群众的内部正在积蓄力量,加强纪律,这将给我们一种经受住任何打击的顽强精神,并证明我们过去没有背叛革命,将来也不会背叛革命。我们所以不得不经历这些考验和失败,那是因为历史没有安排得那么一帆风顺,那么称心如意,使各国的劳动者和我们同时行动起来。我们不应该忘记,我们是在对付什么样的敌人。以前我们对付的敌人是罗曼诺夫,是克伦斯基,是呆头呆脑、没有组织、没有文化的俄国资产阶级,他们昨天还亲吻罗曼诺夫的皮靴,而后就口袋里装着秘密条约四处奔走,——所有这些人同那些把人类智慧的一切成果变为压制劳动者意志的工具,把自己的一切组织用来屠杀人民的国际资产阶级相比,又算得了什么呢?

这就是在我们完全解除武装的时刻向我们发动猛烈进攻的敌人,当时我们简直可以说没有军队,而一个没有军队的国家只好接受空前耻辱的和约。

我们不背叛任何人,我们不出卖任何人,我们不拒绝帮助自己的同伴。但是,为了赢得可能赢得的时间,为了等待同盟者的到来(而同盟者我们是有的),我们应该接受空前苛刻的和约,我们应该接受可怕的条件,我们应该实行退却。不管对帝国主义的仇恨有多深,不管对帝国主义的义愤和不满如何强烈,我们必须认识到,我们现在是护国派。我们不是保护秘密条约,我们是保护社会主义,保护社会主义祖国。但是为了能够保护它,我们必须忍受最沉痛的屈辱。我们知道,在每一个民族的历史上都有过在狂暴的强敌压力下被迫让步的时期。我们获得了喘一口气的机会,我们应该利用它,让军队稍微休息一下,让他们大多数人,即不是常在大城市里参加群众大会的几万人,而是已经跑到各地乡村的几百万几千万人都知道,旧的战争结束了,新的战争正在开始;对这场新的战争我们报之以和平建议，在这场战争中我们作了让步，为的是消除我们的无纪律状态，克服我们的松懈和萎靡不振，以前有这些缺点，我们还能战胜沙皇制度和俄国资产阶级，可是现在要战胜欧洲国际资产阶级就不行了。只要我们能够克服这些缺点，我们就一定会赢得胜利，因为我们有同盟者，我们对这点是确信无疑的。

尽管国际帝国主义者看到我们的失败而张牙舞爪，可是在他们国内，他们的敌人即我们的同盟者，却正在日益壮大。我们过去和现在都很清楚地知道，在德国工人阶级中，这个过程可能比我们曾经期待的，可能比我们现在所希望的要慢一些，但是，毫无疑问，对帝国主义者的愤慨正在加剧，我们事业的同盟者的人数正在增加，他们一定会来援助我们的。

你们要输送人员，要提出口号，要加强纪律，这是我们对社会主义革命的义务。在这种条件下，我们就一定能够坚持住，直到与我们结成同盟的无产阶级来援助我们，而同他们一起，我们一定能战胜一切帝国主义者和一切资本家。

载于1918年3月14日《全俄中央执行委员会消息报》第47号

译自《列宁全集》俄文第5版第36卷第83—88页

在全俄苏维埃第四次(非常)代表大会共产党党团会议上的讲话的提纲[45]

(1918 年 3 月 12 日或 13 日)

1. 转折点：1917 年 10 月 25 日—1918 年 2 月 17 日及其后一段时间。
2. 布列斯特-里托夫斯克和约及现在……(托洛茨基与革命战争拥护者对比)……
3. "喘息时机"。
4. 严重的经济困难……而比利时？
5. "背叛"。

　　空谈。

　　　2:10 及 200 000:1 000 000。

6. 乌克兰和芬兰。
7. 农民群众、小资产阶级、没有固定阶级特性的士兵的观点……
8. 阶级力量和"难堪的和约"。

　　而俄国资产阶级呢？

9. 左派社会革命党人的"左倾"。
10. 甚至"绝望"？
11. 利用"缝隙"、"矛盾"

战略上的力量配置：

德国——英国——日本——美国……

注意：**补11：蒂尔西特**。和平与战争，两者之间的关系。

12.等待，为了等待而退却。

等待什么？等待谁？国际革命。

13.准备力量。**主张**"保卫祖国"。

纪律，纪律（直至采取严厉的措施）。

载于1929年《列宁文集》俄文版
第11卷

译自《列宁全集》俄文第5版
第36卷第539页

全俄苏维埃第四次(非常)代表大会文献[46]

(1918年3月)

1

关于威尔逊的声明的决议草案[47]

(3月14日)

在俄罗斯苏维埃社会主义共和国经受严重考验的日子里,威尔逊总统通过苏维埃代表大会表达了他对俄国人民的同情,为此,代表大会向美国人民,首先是北美合众国的被剥削劳动者阶级表示谢意。

作为中立国,俄罗斯苏维埃共和国愿借威尔逊总统向它发表声明的机会,向遭受帝国主义战争惨祸而处于水深火热之中的各国人民表示热烈的同情,它坚信各资产阶级国家的劳动群众摆脱资本的枷锁,建立起唯一能提供持久而公正的和平、为全体劳动者提供文化和福利的社会主义社会制度的幸福日子已经为期不远了。

载于1918年3月15日《全俄中央执行委员会消息报》第48号

译自《列宁全集》俄文第5版第36卷第91页

2

关于批准和约的报告

（3月14日）

　　同志们，今天我们要解决的一个问题，标志着俄国革命发展的转折点，而且不仅是俄国革命，同时也是国际革命发展的转折点。为了正确地解决这个问题，即苏维埃政权代表在布列斯特－里托夫斯克缔结的、苏维埃政权提交大会批准的极其苛刻的和约的问题，我们首先必须了解我们所面临的转折的历史意义，必须懂得到现在为止革命发展的主要特点是什么，我们所以遭受严重失败，经历严峻考验，其根本原因究竟何在。

　　我觉得，参加苏维埃的政党[48]在这个问题上产生意见分歧的主要根源，就是有些人因为苏维埃共和国被帝国主义打败而过于感情用事，被理所当然的愤怒心情所支配，他们有时过于悲观失望。他们不是考虑革命发展的历史条件，不考虑这些条件在这个和约缔结以前如何形成，缔结以后又如何表现出来，而试图单凭感情来回答革命策略问题。然而，一切革命史的全部经验教导我们，当我们在进行任何一种群众运动或阶级斗争的时候，尤其是现在这种不仅席卷了整整一个国家，甚至是一个幅员辽阔的国家，而且波及到各种国际关系的阶级斗争的时候，首先和主要的是必须把估计客观情况作为自己策略的根据，必须用分析的态度来考察革命的进程迄今为止的情况,它为什么发生了那么危险、那么急剧、那么不利于我们的变化。

如果我们从这一角度考察一下我国革命的发展情形,我们就会清楚地看到,到目前为止,它经历了比较独立自主、在相当程度上似乎是独立自主的时期,即暂时不受国际关系影响的时期。从1917年2月底到今年2月11日[49]德国开始进攻为止,我国革命所走过的道路,总的说来,是迅速而容易地获得胜利的道路。如果我们单从俄国革命发展的角度来看这次革命在国际范围内的发展,我们就会看到,在这一年中我们经历了三个时期。第一个时期:俄国工人阶级得到小资产阶级甚至大资产阶级的支持,同所有先进的、觉悟的、积极的农民一道,在几天之内就推倒了君主制度。我们能够获得这种令人头晕目眩的成就,一方面是由于俄国人民从1905年的经验中吸取了大量蕴积的革命战斗力,另一方面是由于俄国是一个特别落后的国家,遭受战争的痛苦特别深重,在旧制度下特别早地达到无法再继续进行战争的程度。

继短暂的急风暴雨的胜利(建立了新的组织——工兵农代表苏维埃组织)之后,就是我国革命的长达好几个月的过渡时期。在这一时期,被苏维埃一下子摧毁了的资产阶级政权又被那些支持过这一政权的小资产阶级妥协政党——孟什维克和社会革命党人——扶持和加强起来。这是一个支持帝国主义战争、支持帝国主义秘密条约、用诺言来哄骗工人阶级的政权,它简直什么事情也不干,对经济破坏状态听其自然。在这段对于我们俄国革命来说是很长的时期,苏维埃积蓄了力量;这一时期对俄国革命来说是很长的,可是从国际革命来看却很短,因为在大多数主要国家里,消除小资产阶级幻想的时期,经历各党各派妥协的时期,不是几个月，而是长达数十年。从4月20日起到6月克伦斯基在口袋里装着秘密的帝国主义条约恢复帝国主义战争的这一段时间是具有决定性的意义的。在这个时期，我们经历了七月的失败，经历了科尔尼洛夫叛乱，而只是根据群众斗争的经验，只是在广大工农群众从亲身经验中，而不是从说教中看清了小资产阶级妥协活动徒劳无益的时候，——只是在长期的政治发展之后，在长期准备和各党各派在情绪上和观点上的变化为十月革命打下基础之后，才开始了同国际革命隔绝或者说暂时分开的俄国革命第一阶段的第三个时期。

这第三个时期，十月革命时期，组织起来的时期，是最困难同时也是最迅速地获得伟大胜利的时期。从10月起我国革命把政权交给了革命的无产阶级，建立了它的专政，获得了绝大多数无产阶级和贫苦农民对它的支持，从10月起我国革命开始了胜利进军。受一部分帝国主义资产阶级支持的剥削者即地主和资产阶级实行反抗，俄国各地开始了内战。

内战开始了。在这场内战中，苏维埃政权的敌人的力量，被剥削劳动群众的敌人的力量是微不足道的；在这场内战中，苏维埃政权取得了全面胜利，因为它的敌人——地主和资本家这些剥削者无论在政治上或经济上都得不到任何支持，他们的进攻被粉碎了。同他们作斗争与其说是采用军事行动，还不如说是靠了宣传鼓动；人民一个阶层又一个阶层，一批又一批，甚至连哥萨克劳动者都离开了那些企图使他们脱离苏维埃政权的剥削者。

这是无产阶级专政和苏维埃政权胜利进军的时期。苏维埃政权把俄国广大的被剥削劳动群众无条件地、坚决地、不可逆转地吸引到自己方面来了。这个时期标志着似乎始终未受国际帝国主义影响的俄国革命发展的最高峰。这就是为什么一个极其落后、同时又因 1905 年的经验而最有革命训练的国家,能够那样迅速、那样容易、那样有秩序地把一个又一个的阶级推到台上执政,淘汰了一个又一个政治组合,最后建立了一种不仅是俄国革命,而且也是西欧工人革命的最新的政治组合。苏维埃政权在俄国得到了巩固,并赢得了被剥削劳动者的坚决支持,因为它消灭了旧的国家政权压迫机构,因为它从根本上建立了最高类型的新型国家。巴黎公社曾经是它的雏形,巴黎公社推翻了旧的机构,代之以群众自己的武装力量,实行除剥削者以外的劳动群众的民主制来代替资产阶级的议会民主制,并且有步骤地镇压了剥削者的反抗。

这就是俄国革命在这段时期所做的事情,这就是为什么在人数不多的俄国革命先锋队中造成一种印象,认为俄国革命这种胜利的进程,这种迅速的进军可以指望继续取得胜利。可是错也就错在这里,因为历史上所以能有这样一个时期,俄国革命得到了发展,把政权从一个阶级转到了另一个阶级手里,并在俄国一国范围内结束了阶级妥协,仅仅是由于那些最大的世界帝国主义强盗暂时停止了对苏维埃政权的进攻。革命在几天之内就推翻了君主制度,在几个月之内就消除了同资产阶级妥协的一切尝试,并在几星期之内就在内战中战胜了资产阶级的各种反抗;这样的革命,社会主义共和国的革命,所以能够在帝国主义列强中间,在世界强盗包围之下,在国际帝国主义野兽身旁生存下来,仅仅是因为资产阶级彼此之间正在进行殊死的搏斗,无暇进攻俄国。

接着,又一个时期开始了,我们清楚而沉重地感觉到它,这是俄国革命遭到严重失败和严重考验的时期,我们无法向革命的敌人作迅速的、正面的、公开的进攻,而只能忍受严重失败,只能在比我们强大得多的力量面前，在国际帝国主义和金融资本的力量面前，在具有现代技术和全套组织的整个资产阶级为了掠夺、压迫和扼杀弱小民族，为了对付我们而集结起来的军事力量面前实行退却；我们不得不考虑到力量的悬殊，我们面临的是极困难的任务，同我们短兵相接的不是罗曼诺夫和克伦斯基那样微不足道的敌人，我们遇到的是国际资产阶级的强大的帝国主义军事力量，面对的是世界强盗。显然，由于国际社会主义无产阶级的援助不能及时到来，我们不得不自己来抗击这些力量，不得不遭到严重失败。

　　这个时期是严重失败的时期，是退却的时期，我们应该挽救哪怕是一小部分的阵地，我们应该在帝国主义面前退却，等待整个国际条件发生变化，直到欧洲无产阶级力量前来援助我们，这支力量是存在的，而且正在成熟，可是他们不可能像我们这样容易地对付自己的敌人。如果忘记了俄国革命开始容易，继续前进困难这一点，那就是想入非非，就是大错特错。这是必然的，因为我们是从推翻最腐朽、最落后的政治制度开始的。而欧洲革命一开头就得在艰难得多的情况下对付资产阶级，对付厉害得多的敌人。因此欧洲革命开始将困难得多。我们看到，欧洲革命要打开压迫它的制度的第一个缺口是困难得多的。它进入革命的第二阶段和第三阶段要容易得多。由于现时国际舞台上革命阶级同反革命阶级的力量对比，情况也不能不是这样。可是那些不从历史的观点出发而从感情和愤慨出发来观察现状，观察革命所遇到的异常严重的形势的人，却经常忽略这一基本的转变。而历史经验告诉我们，在所有的革命中，每当革命发生急剧的转折，由迅速胜利转入严重失败时期的时候，就会听到总是对革命发展为害不浅的貌似革命的空谈。同志们！我们只有估计到使我们从迅速而轻易取得的全面胜利落入严重失败的这一转折,才能对我们的策略作出正确的评价。这是一个非常困难、非常严重的问题,它的产生是目前革命发展中从对内轻易取得胜利到对外遭到严重失败这一转折的结果,同时整个国际革命的转折,从俄国革命进行宣传鼓动活动,而帝国主义尚在观望的时期转为帝国主义直接进攻苏维埃政权的时期,也向整个西欧国际运动提出了特别严重、特别尖锐的问题。如果我们不打算忘掉这个历史时刻,我们就要弄清在目前这个极其苛刻的、所谓难堪的和约问题上,俄国的基本利益是什么。

在同那些否认接受这个和约的必要性的人争论的时候,我不止一次听到他们说,签订和约的主张似乎只是反映了疲惫的农民群众、没有固定阶级特性的士兵的利益,等等,等等。我听了这种话,总是感到惊奇,为什么这些同志忘掉了一个国家的发展中的阶级关系。这些人只是牵强附会地寻找各种解释。似乎无产阶级政党在夺取了政权时事先没有预计到,只有无产阶级同半无产阶级,即贫苦农民,即俄国农民的大多数的联盟,才能使俄国的统治权掌握在革命的苏维埃政权手中,掌握在多数人的政权,真正多数人的政权手中;否则任何建立政权的企图都是毫无意义的,特别是在困难的历史转变关头。似乎现在可以撇开我们大家公认的真理,可以用轻蔑的口吻来谈论所谓农民和没有固定阶级特性的士兵的疲惫状态。讲到农民和没有固定阶级特性的士兵的疲惫状态,我们应该说,国家就算是准备抵抗,可是贫苦农民只有在力所能及的范围内才会同意去抵抗。

我们在10月夺取政权的时候,就已经清楚,事变的进程必然会如此,苏维埃转向布尔什维主义是一个全国性的转折,布尔什维主义的政权是不可避免的。当我们意识到这一点,在10月夺取政权的时候，我们十分明确地向自己、向全国人民说，这一次是政权转到无产阶级和贫苦农民手中，无产阶级知道会得到农民的支持，至于支持什么，你们自己知道，就是支持无产阶级积极争取和平，支持他们决心同大金融资本继续进行斗争。这一点我们没有错，任何人，只要还有一点阶级力量和阶级关系的观念，那就回避不了这样一个十分明显的真理：我们不能要求已经对欧洲革命和国际革命作了那么多贡献的一个小农国家，在目前这种艰苦的、极其艰苦的情况下再进行斗争，因为尽管西欧无产阶级一定会来援助我们（罢工等等事实证明了这一点），但毕竟是没有及时到来。因此我说，所谓农民群众疲惫等等这种说法无非表明那些搬出这种论据的人缺乏论据，毫无办法，他们根本没有任何能力整个地、全部地把握无产阶级和多数农民的革命的阶级关系。在每一个急剧的历史转变关头，我们要估计到各个阶级整个的阶级对比关系，而不是抽出个别例子和个别特殊事件，只有这样，我们才会感到自己是稳固地立足于对可靠事实的分析之上。我完全明白，现在俄国资产阶级是在我们完全无法作战的时候推着我们去进行革命战争。资产阶级的阶级利益要求这样做。

当他们叫喊这是难堪的和约，却只字不提是谁把军队弄到这种地步的时候，我完全明白，这批人就是资产阶级加上人民事业派分子、孟什维克策列铁里分子、切尔诺夫分子以及他们的应声虫。（鼓掌）我完全明白，这是资产阶级在叫喊革命战争。这样做是资产阶级的阶级利益所要求的，这样做是因为他们力图使苏维埃政权采取错误的步骤。这些人这样做是并不奇怪的，他们一方面在自己的报纸上登满了反革命言论……（喊声："全都封掉了。"）可惜还没有全都封掉，但是一定会把它们全都封掉的。（鼓掌）我倒想看一看有没有这样的无产阶级,他们允许反革命分子、拥护资产阶级的分子和同资产阶级妥协的分子继续利用对财富的垄断,用资产阶级的鸦片来毒害人民。这样的无产阶级是没有的。(鼓掌)

　　我完全明白,就是这样一些出版物发出一片反对难堪的和约的狂吠、呼号和叫喊。我完全明白,这些主张这种革命战争的人,从立宪民主党人到右派社会革命党人,到德军进攻时就会出门迎接,兴高采烈地说:德国人可来了,他们并且会让自己的军官戴上肩章在德帝国主义占领的地区神气十足地走来走去。当然,这样的资产者、这样的妥协分子鼓吹革命战争,我丝毫不感到惊奇。他们想使苏维埃政权落入陷阱。这些资产者和妥协分子,他们已经表演得够了。我们过去和现在都看到过这样一些活生生的例子,我们知道温尼琴科这帮老爷就是乌克兰的克伦斯基,乌克兰的切尔诺夫和策列铁里。这帮老爷,这些乌克兰的克伦斯基、切尔诺夫、策列铁里背着人民,同德帝国主义者缔结了和约,而现在,在德国人的刺刀的帮助下要推翻乌克兰的苏维埃政权。这就是那些资产者和妥协分子以及他们的同伙们所干的勾当。(鼓掌)这就是这些乌克兰的资产者和妥协分子所干的勾当,他们的所作所为我们大家看得很清楚,他们一直向人民隐瞒了自己的秘密条约,他们在德国人的刺刀的帮助下反对苏维埃政权。这就是俄国资产阶级所要干的勾当,这就是资产阶级的应声虫们有意无意地想把苏维埃政权推上去的道路,他们是知道现在苏维埃政权绝对没有能力同强大的帝国主义进行帝国主义战争的。因此,只有在这种国际环境下,只有在这种总的阶级状况下,才能了解左派社会革命党这类人的错误多么严重,这类人陶醉于半是绝望、半是空谈的理论,这种理论在各国革命的历史上,在困难关头是屡见不鲜的。他们不是清醒地正视现实,不是从阶级力量方面估计革命对待内外敌人的任务,而是要人们感情用事,单凭感情解决重大的和极端困难的问题。和约的确非常苛刻,非常耻辱。我在自己的声明和讲话中曾不止一次地称它为蒂尔西特和约,即征服者拿破仑在普鲁士和德意志人民多次遭到严重失败后强加于他们的那种和约。是的,这个和约是一次极严重的失败,是对苏维埃政权的侮辱,可是,如果你们根据这一点,局限于这一点,感情用事,怒不可遏,企图这样来解决极其重大的历史性问题,那你们就会陷入社会革命党全党有一次陷入过的那种可笑而又可怜的境地。(鼓掌)那是在1907年,形势同目前有某些相似,社会革命党当时也是诉诸革命者的感情。在1906年和1907年我国革命遭到严重失败之后,斯托雷平强迫我们接受关于第三届杜马的法律,在一个最丑恶的代表机关里给我们造成了最耻辱、最苛刻的工作条件,当时我们党在内部稍微犹豫了一下(在这个问题上的犹豫比现在要厉害)之后是这样解决这个问题的:我们没有权利感情用事,不管我们对最可耻的第三届杜马有多大的愤慨和不满,我们应该承认,这不是偶然性,而是发展着的阶级斗争的历史必然性。继续斗争力量不足,而即使在这种强加的耻辱条件下也可以积聚起力量,结果证明我们是正确的。那些要人陶醉于革命空谈、陶醉于正义感(虽然这是一种十分正当的感情)的人,得到了一次任何善于思索和有头脑的革命者所不能忘怀的教训。

革命的发展不会那么顺利,使我们能很快地很容易地达到高潮。任何一次伟大的革命,即使是一国范围内的革命,都不可能不经受失败的艰苦时期,因此,不能这样对待群众运动,对待发展着的革命这一类重大的问题,说什么和约使人难堪、蒙受屈辱,一个革命者对此不能容忍;不能光是讲一些鼓动性的话,对我们签订和约横加指责,——这是人所共知的革命常识,是人所共知的一切革命的经验。应该学习我们从1905年以来的经验。如果说我们有丰富的经验,如果说由于某种原因,俄国的工人阶级和贫苦农民担负了开始国际社会主义革命这一最艰巨而又最光荣的使命,那是因为俄国人民由于历史条件的特殊的凑合,在20世纪初进行了两次伟大的革命,因此必须学习这两次革命的经验,应该善于懂得,只有注意到国与国之间的阶级对比关系的变化,才能明确地断定,我们现在无力应战。我们应该考虑这种情况,应该心里明白:无论喘息时机能有多长,无论和平多么不牢靠,不持久,和约多么苛刻和屈辱,它总比战争好,因为它能够让人民群众喘一口气,能够纠正资产阶级所干下的那些事,他们现在在可能叫喊的地方到处叫喊,特别是在沦陷区,在德国人的保护之下。(鼓掌)

资产阶级叫嚷说,布尔什维克瓦解了军队,现在没有军队,要怪布尔什维克。可是,同志们,让我们回顾一下过去,首先回顾一下我国革命的发展吧。远在革命前,早在1916年,我们的军队就开始逃跑和瓦解了,凡是当时见过军队的人,都得承认这一点,这难道你们不知道吗?我国资产阶级采取过任何预防措施没有呢?很明显,当时摆脱帝国主义者的唯一机会掌握在资产阶级的手中,并且在3—4月间就有过这种机会,那时候苏维埃组织只要对资产阶级动一下手就能夺取政权。如果当时苏维埃夺取了政权,如果当时资产阶级知识分子和小资产阶级知识分子没有同社会革命党人和孟什维克一起帮助克伦斯基欺骗人民,隐瞒秘密条约,驱使军队去进攻,而是帮助军队,供给他们武器装备和粮食,迫使资产阶级在一切知识分子的协助下帮助祖国,当然不是商人的祖国,不是签订帮助屠杀人民的条约的祖国（鼓掌），如果苏维埃迫使资产阶级帮助劳动者、工人的祖国，从而帮助饥寒交迫的军队，那我们也许会有10个月的时间足以让军队喘一口气，并且万众一心地支援他们，使军队不从前线后退一步，并提出签订普遍的民主和约，撕毁秘密条约，但仍然坚守阵地，寸步不让。这就是工人农民提供并赞成的和平的机会。这是保卫祖国的策略，不是保卫罗曼诺夫、克伦斯基和切尔诺夫之流的祖国，不是保卫签订秘密条约的祖国，也不是保卫卖身投靠的资产阶级的祖国，而是保卫劳动群众的祖国。由此可见，究竟是谁使战争到革命的过渡，使俄国革命到国际社会主义的过渡遇到了这么严重的考验。由此可见，为什么像革命战争这样的建议听起来是那样的空泛，我们知道，现在我们没有军队，也无法保持军队，凡是了解情况的人都不会不看到，我们的复员令并不是凭空臆造的，而是由于明显的需要，由于军队实在无法保持了，军队保持不住了。有一个非布尔什维克的军官早在十月革命前就说过，军队已经不能打仗，而且也不会去打仗了，他说得对[50]。几个月来同资产阶级的讨价还价以及所有关于必须继续进行战争的言论的结果就是如此；许多革命者或者说少数革命者的这些言论不管出于多么高尚的感情，也都是十足的革命空谈，结果只能是让我们去承受国际帝国主义的伤害，使帝国主义可以再来掠夺我们，和我们犯了策略的或者说外交的错误以后，即拒绝签订布列斯特条约以后它已经掠夺的同样多，甚至更多。当时我们向反对签订和约的人说，只要有了一定的喘息时机，你们就会明白，恢复军队的元气的利益和劳动群众的利益高于一切，为此应该缔结和约，可是他们硬说，喘息时机是不可能有的。

　　但我国革命和以往所有革命的差别，就在于它激起了群众对

建设和创造的渴望；现在，生活在最偏僻的农村中的劳动群众，过
去受沙皇、地主和资产阶级鄙视、欺凌和压迫的劳动群众，都站起
来了；革命的这一时期只有在目前，在创建新生活的农村革命发生
的今天才能完成。如果我们把劳动群众的利益放在挥舞马刀、号
召我们去作战的资产阶级武士的利益之上，那么，为了获得这个喘
息时机，不管它多么短暂，我们都必须签订这个条约。革命就是这
样教导的。革命教导说，当我们犯了外交上的错误时，当我们以为
德国工人明天就会来援助我们，指望李卜克内西马上就会胜利时
（当然我们知道，李卜克内西无论如何一定会胜利，这在工人运动
的发展中是必然的（鼓掌）），这就意味着陷于狂热而把艰巨的社会
主义运动的革命口号变成空话。没有一个劳动者的代表，没有一
个正直的工人，会拒绝承担最大的牺牲来帮助德国的社会主义运
动，因为他们在前线整个这一段时间里已经学会辨别，谁是德帝国
主义者，谁是受德国纪律折磨的、多半是同情我们的士兵。所以我
说，俄国革命实际上已经改正了我们的错误，是用这个喘息时机改
正的。完全可能，这个喘息时机将是很短暂的，但即使是最短暂的
喘息时机，我们也能让受苦挨饿的军队深深地了解到，他们可以喘
喘气了。我们十分清楚，旧的帝国主义战争的时期结束了，而新战
争的新惨祸又在威胁着我们；但是，这种战争的时期在许多历史时
代都有过，而且在它结束之前总是特别紧张。我们不但要让彼得
格勒和莫斯科参加群众大会的人了解这一点，而且要让农村中千
百万群众了解这一点，让农村中那些饱经战争惨祸、从前线回来的
见识最广的那部分人帮助他们了解这一点，让广大的工农群众深
信必须有革命的战线，并说我们的做法是正确的。

　　有人说，我们出卖了乌克兰和芬兰，——这是多么可耻啊！然

而,情况是这样的,我们在革命开始以前同芬兰就有不成文的条约,而现在缔结了正式的条约[51],可是目前同芬兰的联系被切断了。有人说,我们要把切尔诺夫、克伦斯基和策列铁里正在毁灭的乌克兰割让出去。有人对我们说:你们这帮叛徒出卖了乌克兰!我说:同志们,我在革命的历史上见得多了,那些感情用事、不能明辨是非的人的敌视的目光和叫嚣搅扰不了我。我给你们举一个简单的例子吧。假如两个朋友夜间在一起走路,突然遭到十个人的袭击。如果其中一个人被坏蛋们拦住了,另外一个人怎么办呢?他不能去援救;如果他跑掉,能说他是叛徒吗?[①] 可是我们要谈的不是关于个人或单纯感情问题。假定有 5 支军队,每支 10 万人,包围了 20 万人的一支军队,另外一支军队本来应该去援助,可是它知道,这样一定会中埋伏,因此只好退却;而且它不能不退却,甚至为了掩护退却,还必须签订难堪的、令人反感的和约,随便你们怎么骂,和约是非签订不可的。这里不能按决斗者的感情办事,不能手持长剑,说什么要强迫我缔结屈辱的和约,我一定得拼个死活。我们大家知道,无论你们怎样决定,反正我们现在没有军队,不论摆什么姿态,我们都免不了要退却,都必须赢得时间,好让军队能喘一口气;任何人,只要他正视现实,不用革命的空谈欺骗自己,都会同意这种看法。任何人,只要他正视现实,不用空谈和傲慢欺骗自己,都应当懂得这一点。

既然我们知道这一点,我们的革命职责就是签订哪怕是苛刻的、极其苛刻的和强制性的条约,因为这样我们才能改善自己和我们同盟者的处境。3 月 3 日我们签订了和约,难道我们吃亏了吗?

---

① 看来速记记录记得不确切,应该是:"他不能不去援助;如果他跑掉,能说他不是叛徒吗?"(参看本卷第 28—29 页)——俄文版编者注

凡是愿意从群众的观点，而不是从小贵族决斗者的观点看事物的人都会懂得，没有军队或者只有一些患病的残余部队，要进行战争，而且美其名曰革命战争，那是自我欺骗，也是对人民的最大欺骗。我们的责任是把真实情况告诉人民：是的，和约极其苛刻，乌克兰和芬兰将会沦亡，但是我们必须签订这个和约，俄罗斯全体觉悟的劳动人民都会同意这样做，因为他们知道真实情况，他们知道战争是怎么回事，他们知道，考虑德国革命即将爆发而不惜一切是自我欺骗。和约签订以后，我们得到了芬兰朋友从我们这里得到的东西——喘息时机，援助，而不是灭亡。

我知道，在一些民族的历史上签订强制性厉害得多的和约是不乏其例的，这种和约使一些富有生命力的民族听凭胜利者摆布。现在拿我们的和约同蒂尔西特和约比较一下；蒂尔西特和约是胜利的征服者强加于普鲁士和德意志的。这个和约非常苛刻，当时不仅德意志各国的首都被占领，不仅普鲁士人被驱逐到蒂尔西特（这就相当于我们被驱逐到鄂木斯克或托木斯克）。不仅如此，最大的灾祸是拿破仑强迫战败的民族提供辅助军队为他卖命。然而，当形势使德意志民族只好忍受征服者的压迫时，法国的革命战争时代为帝国主义侵略战争时代所代替时，那些热衷于空谈、把签订和约说成是沦亡的人所不愿意理解的事情开始清楚地显露出来。这种心理从小贵族决斗者的观点来看是可以理解的，但决不是从工人和农民的观点。工人和农民受过战争的严峻锻炼，学会了怎样考虑问题。过去也有过更加严峻的考验，而一些更落后的民族也经受住了。过去也有过更加苛刻的和约，是德国人在没有军队，或者说，他们的军队也像我们的军队那样处于患病的情况下签订的。他们同拿破仑缔结了极其苛刻的和约。但这个和约并没有使德国沦亡，相反，它是一个转折点，使民族得到保护和复兴。我们也正处在这种转折点的前夕，情况大体相似。我们应该正视现实，抛弃空谈和高调。应当说，既然需要，就应该缔结和约。拿破仑式的战争一定要被解放战争、阶级战争、人民战争所代替。拿破仑式的战争的体系一定会改变，和平将代替战争，战争又将代替和平，每次新的极其苛刻的和约总是导致更大规模的备战。最苛刻的和约——蒂尔西特和约已经作为德国人民开始转折的一个转折点载入了史册，当时他们退到了蒂尔西特，退到了俄国，而实际上却赢得了时间，以等待使拿破仑——同现在的霍亨索伦、兴登堡不相上下的掠夺者拿破仑——一时得以取胜的国际形势发生变化，等待饱受连年的拿破仑战争灾祸和多次战败之苦的德国人民觉醒起来，重新走向新的生活。这就是历史给我们的教导，这就是为什么任何绝望和空谈都等于犯罪，这就是为什么人人都会说：的确，旧的帝国主义战争正在结束。历史的转折点来到了。

从10月起，我们的革命曾经是全面胜利进军，而现在，开始了漫长而困难的时期。我们不知道会有多长，但是我们知道，这是一个漫长而困难的失败和退却的时期，因为力量的对比就是这样，我们要用退却让人民得到休息。我们要让每个工人和农民都能了解真实情况，从而使他们有可能了解帝国主义强盗对被压迫民族的新战争就要来到，那时工人和农民就会懂得，我们应该奋起保卫祖国，因为从10月起我们就是护国派了。从10月25日起，我们就公开说，我们主张保卫祖国，因为我们有了这个祖国，我们把克伦斯基之流和切尔诺夫之流从其中赶了出去，因为我们废除了秘密条约，镇压了资产阶级，这件事暂时还做得不好，然而，我们一定能学会把它做得更好。

　　同志们,在德国征服者面前遭到严重失败的俄国人民同过去德国人民相比,情况还有更重要的和极大的差别。关于这一点,虽然我在前面已经简单地提到了,这里还要再谈一下。同志们,100多年以前,德国人民曾经陷入最艰苦的侵略战争时期,他们在觉醒以前只得退却,只得接二连三地签订耻辱的和约,当时的情形是德国人民只是贫弱和落后。而它面对的不仅是征服者拿破仑的强大的军事力量,而且是一个在革命和政治方面,在一切方面都超过德国,也大大超过其他国家的最先进的国家。这个国家比在帝国主义者和地主统治下苟延残喘的德国人民要强得多。我再说一遍,从前只是贫弱和落后的人民,由于能够从痛苦的教训中学习,而终于站了起来。我们的处境要好得多,我们并不只是贫弱和落后的人民,而是——这倒不是由于有特殊的贡献或历史注定,而是由于历史条件的特殊的凑合——光荣地举起了国际社会主义革命旗帜的人民。(鼓掌)

　　同志们,我知道得很清楚,而且屡次直率地说,这面旗帜现在握在一双软弱无力的手中,如果各先进国家的工人不来援助,这个最落后国家的工人是保持不住这面旗帜的。我们所实行的社会主义改造,在许多方面还是不完善的,有缺点的,不充分的,但是这对西欧的先进工人将是一种启示,他们会说:"俄国人开始做了应该开始做的事,可是做得还不怎么好。"但重要的是,同德国人民相比,我国人民并不只是贫弱和落后的人民,而是举起了革命旗帜的人民。虽然所有国家的资产阶级报刊都充满着对布尔什维克的诬蔑,虽然法、英、德等帝国主义者的报刊在这方面异口同声地咒骂布尔什维克,可是没有任何一个国家的工人集会会对我们社会主义政权的名字和口号表示气愤。(有人喊道:"谎话。")不,不是谎话，是真话，凡是在最近几个月到过德国、奥地利、瑞士和美国的人，都会告诉你们。这不是谎话，是真话，俄国苏维埃政权代表的名字和口号在工人中受到最热情的欢迎；工人群众不相信德、法等国资产阶级的所有谣言，他们明白，不管我们怎么贫弱，在这里，在俄国，进行的是他们自己的事业。是的，我国人民应该挑好这副已经担在自己肩上的重担，人民既然能创立苏维埃政权，就不会灭亡。我再说一遍，任何一个觉悟的社会主义者，任何一个善于思考革命历史的工人，都不能否认，尽管苏维埃政权有许多缺点，——对于这些缺点，我很清楚，并且非常重视，——苏维埃政权是最高的国家类型，是巴黎公社的直接继续。苏维埃政权比欧洲其他革命更高了一级，因此，我们的情况并不像100年前的德国人民那样艰难；当时对于受农奴制压迫的德国人民来说剩下的唯一出路，就是等待掠夺者之间的力量对比发生变化，利用冲突，满足拿破仑、亚历山大一世以及英国君主国这些掠夺者们的要求，然而，即使这样，德国人民也并没有因蒂尔西特和约而一蹶不振。而我们呢，我再说一遍，我们的条件要好得多，因为我们在西欧各国有伟大的同盟者——国际社会主义无产阶级，不管我们的敌人怎么说，他们是同我们站在一起的。（鼓掌）不错，我们的同盟者要发出自己的呼声是不容易的，正像我们在1917年2月底以前一样。他们生活在地下，生活在军事苦役监狱的环境下，现在所有帝国主义国家都变成了这样的监狱，但是他们都知道我们，了解我们的事业；他们很难来援助我们，因此，苏维埃军队需要有充裕的时间和很大的耐心。要经得住严峻的考验，等到那一天的到来；我们要抓住每一个极小的机会拖延时间，因为时间对我们是有利的。我们的事业正在巩固，帝国主义者的力量正在削弱；不管"蒂尔西特"和约会产生什么样的考验和失败,我们都开始实行退却的策略。我再重复一遍:毫无疑问,觉悟的无产阶级和觉悟的农民都是拥护我们的,我们不但要善于英勇地进攻,而且也要善于英勇地退却,我们要等到国际社会主义无产阶级前来援助我们的那一天,那时,我们就要在世界范围内开始第二次社会主义革命。(鼓掌)

载于1918年3月3日和4日(16日和17日)《真理报》《社会民主党人报》第47号和第48号

译自《列宁全集》俄文第5版第36卷第92—111页

3

关于批准和约的报告的总结发言

(3月15日)

同志们,如果我想找一个证据,来证实我在第一次讲话中关于对人们向我们提出的革命战争的性质所说的话,那么,左派社会革命党人的代表的报告[52],便给我提供了一个最好的最清楚的证据。所以我认为,最好是根据速记记录引用一下他的讲话,看看他们是拿什么论据来证实自己的论点的。(读速记记录)

这就是说明他们依靠什么论据的一个例子。在这里有人谈到了乡会。[53]那些以为这个会议是乡会的人,可以采用这样的论据,但是很明显,人们在这里重复我们的话,却不善于思考这些话的意义。人们重复过去当左派社会革命党人还和右派社会革命党人在一起的时候布尔什维克教导他们的那些话,而当他们重复这些话的时候,可以看出,他们把我们说的话都背熟了,但是这些话的根据是什么他们并不了解,所以现在还在重复。过去策列铁里和切尔诺夫是护国派,而现在我们是护国派,是"变节者",是"叛徒"。资产阶级的奴仆们在这里谈到乡会,——他们这样说时还挤眉弄眼,——但是,任何一个工人都十分了解过去策列铁里和切尔诺夫所奉行的护国主义的目的,也十分了解现在促使我们变成护国派的原因。

秘密条约上写着,俄国资本家想得到达达尼尔、亚美尼亚和加利西亚,如果我们支持这些俄国资本家,那就是切尔诺夫和策列铁里式的护国主义。这种护国主义在当时是可耻的,而现在我们的护国主义却是光荣的。(鼓掌)

除了以上所说的论据,在卡姆柯夫讲话的速记记录里,我还在两个地方看到他这样重复说,布尔什维克是德帝国主义的走狗。(右边鼓掌)话很刺耳,我很高兴那些执行了克伦斯基政策的人用掌声来强调这一点。(鼓掌)当然,同志们,我不是要反对刺耳的话。我决不会反对。不过要说刺耳的话,就得有说刺耳的话的权利,而要取得这种权利,必须言行一致。这就是许多知识分子所不重视的一个小小的条件,而工人和农民无论在各个乡会上(乡会是微不足道的),还是在各苏维埃组织中都非常注意这个小小的条件,所以他们总是言行一致的。但是,我们十分了解,他们,左派社会革命党人,在10月以前一直与右派社会革命党人在一个党内,而当时后者参加过分赃,当过走狗,因为当时许给了他们部长职位,只要求对一切秘密条约守口如瓶。(鼓掌)但是决不能把下面这样的人称做帝国主义的走狗:他们曾经用实际行动向帝国主义宣战,废除了条约,冒了这样做所带来的危险,明知拖延布列斯特谈判会毁灭国家,还是拖延了这一谈判,忍受了军事进攻和一系列空前未有的失败,并且丝毫不向人民隐瞒。

马尔托夫在这里硬说,他没有看见过条约。让愿意相信他的人去相信他吧。我们知道,这些人有看大量报纸的习惯,可就是没有看见过条约。(鼓掌)让愿意相信他的人去相信他吧。但是我要告诉你们,既然社会革命党十分了解,我们是向自己彻底揭露的暴力让步,我们是有意这样做的,我们公开说,现在我们不能打仗,只能让步，——历史上有过许多极其耻辱的条约和一系列的战争，——有人用"走狗"这种字眼来回敬，但这种刺耳的字眼正好揭露了他们自己。当他们硬说他们对于自己所做的事不能负责的时候，他们一面说他们不能负责，一面却继续留在政府里，这难道不是虚伪吗？当他们说他们不能负责的时候，我就肯定地说，不，他们推卸不掉责任，而且他们把这个会议当成乡会也是枉然的。不，这全是劳动群众中最优秀最正直的人。（鼓掌）这不是一两年选举一次、让当选的人坐在那里干拿薪水的资产阶级议会。这是一些由地方上派来的人，而明天他们又要回到地方上去，明天他们会告诉人们：如果左派社会革命党的票数愈来愈少，那是理所当然，因为这个党的表现是这个样子，它在农民中也像在工人阶级中那样，不过是一个肥皂泡而已。（鼓掌，喊声："对。"）

　　下面，我从卡姆柯夫的讲话中再给你们引一段话，以便说明每个被剥削劳动群众的代表对此抱什么态度。"昨天列宁同志在这里硬说，策列铁里和切尔诺夫同志及其他人瓦解了军队，为什么我们就没有勇气说，我同列宁也瓦解了军队。"真是胡说八道。（鼓掌）他曾听说我们是失败主义者，然而当他想起这一点的时候，我们已经不再是失败主义者了。他想起得太不及时了。记住了字眼，弄到了一件革命的装饰品，可是却不善于考虑实际情况。（鼓掌）我断定，在苏维埃政权已经得到巩固的1 000个乡会中，900个以上的乡会里面都会有人向左派社会革命党说，它是得不到任何信任的。他们会说，请想一想：过去我们瓦解过军队，现在我们应该记住这件事情。但是，我们是怎样瓦解了军队的呢？在沙皇时代，我们是失败主义者，而在策列铁里和切尔诺夫时代，我们已经不是失败主义者了。我们在《真理报》上刊登过当时还受迫害的克雷连柯向军队发出的呼吁书《为什么我要到彼得格勒去》。他说："我们不号召你们暴动。"这并不是瓦解军队。瓦解军队的，是那些把这场战争宣扬成伟大战争的人。

瓦解军队的是策列铁里和切尔诺夫，因为他们向人民所说的，都是各种左派社会革命党人惯于随便乱说的漂亮话。这些话是没有价值的，而俄国人民在乡会中却惯于深思熟虑，谨慎从事。既然他们向人民说：我们渴望和平，我们在讨论帝国主义战争的情况，那么，我就要问：秘密条约和六月进攻是怎么回事呢？他们就是这样瓦解了军队。既然他们向人民讲同帝国主义者作斗争，保卫祖国，那人民就要问自己：他们在什么地方触犯过资本家呢？——他们就是这样瓦解了军队。正因为这样，所以我说过，而且谁也没有驳倒过，如果我们在3、4月里夺取了政权，如果剥削者不因我们镇压了他们而疯狂地仇恨我们，——剥削者仇恨我们是很自然的，——如果他们能把被剥削劳动者的祖国的利益看得高于克伦斯基的祖国和里亚布申斯基的秘密条约的利益，看得高于夺取亚美尼亚、加利西亚和达达尼尔的计划，那就能挽救军队。可是在这方面从伟大的俄国革命开始以来，特别是从3月以后，从不彻底的告世界人民书[54]发表以后，发表这个文告、号召推翻各国的银行家的政府，自己却同银行家分赃，——这样就瓦解了军队，这就是军队不能维持的原因。（鼓掌）

克雷连柯的呼吁书并不是第一个呼吁书[55]，我之所以想起来，是因为它给我的印象特别深。我肯定地说，我们发表这个呼吁书并没有瓦解军队，而是向军队说：要守住阵地，——你们愈能迅速地夺取政权，就愈容易保持住政权。而现在有人说，我们反对内战，主张起义，——这是多么可耻，这是多么卑鄙的胡扯。如果这种话传到农村，那里的士兵——他们看到的战争可不像知识分子看到的那样，并且知道光是挥舞纸剑是很容易的——就会说，过去人们在紧急关头对他们这些缺衣少鞋、受尽折磨的人的帮助，就是驱使他们去进攻，——而现在人们向他们说：没有军队也没有关系，可以发动起义。驱使人民反对具有高度技术装备的正规军，这是犯罪的行为，我们社会主义者已经指明过这一点。要知道，战争使人得到了许多教益，它不仅使人知道人们要遭受痛苦，而且使人懂得，占上风的总是拥有高度的技术装备、组织性、纪律性和精良的机器的人；战争教导人们懂得了这一点，这种教导好极了。应该懂得，没有机器，缺乏纪律性，在现代社会中是不能生存的，——或者是必须掌握高度的技术装备，或者是被消灭。令人难以忍受的苦难岁月使农民懂得了什么是战争。如果有谁到乡会上去空发议论，如果左派社会革命党去参加乡会，那一定会受到完全应得的惩罚。（鼓掌）

还有一个例子，从卡姆柯夫的讲话中再引一段话。（读这段话）

提问题有时是非常容易的；不过，关于这种问题有这么一句谚语——这句谚语是不太礼貌和粗鲁的，但俗话说，歌里的词是不能随便删改的，——我要说的谚语是：一个傻瓜提问题，十个聪明人也回答不过来。（鼓掌，喧嚷）

同志们，在我给你们读过的这段话里，要我答复这样的问题：喘息时机是一个星期，两个星期，还是更长一些？我肯定地说，在任何一个乡会和每一个工厂中，如果有人以严肃的政党的名义在人民面前提出这样的问题，人民一定会嘲笑他，并且会把他轰走，因为在每个乡会中，人们都懂得不能对那些无法知道的事情提问

题。每个工人和农民都懂得这一点。(鼓掌)如果你们一定要得到
答复,那我就告诉你们,每一个在报纸上写文章或在群众大会上讲
话的左派社会革命党人,当然都会告诉你们这个时期的长短取决
于什么:取决于日本在什么时候进攻,力量如何,会遭到怎样的反
抗;取决于德国人陷在芬兰和乌克兰的程度如何;取决于全线进攻
什么时候发动;取决于进攻的发展如何;取决于奥地利和德国内部
的冲突怎样发展,还取决于其他许多因素。(鼓掌)

　　因此,如果有人在严肃的会议上神气十足地提出这样的问题:
请回答我,是什么样的喘息时机? 我说,那些懂得在三年痛苦的战
争之后哪怕有一星期的喘息时机都非常可贵的人,一定会把这种
人从工农的会议上轰走。(鼓掌)而且我肯定地说,不管现在人们
在这里怎样骂我们,如果明天把右派、准右派、近右派、左派等各派
社会革命党人、立宪民主党人和孟什维克骂我们的话收集在一起
并且印出来,即使有几百普特重,在我看来,所有这些话同我们布
尔什维克党团十分之九的代表所说的话比较起来都轻如鸿毛。我
们布尔什维克党团十分之九的代表说:我们懂得战争,我们看到,
现在我们所得到的这个短暂的喘息时机,对于恢复我们患病的军
队的元气是有利的。在每次农民的会议上,十分之九的农民都会
说出任何一个重视实际的人所知道的东西,而他们的任何一个实
际建议,只要我们能够帮助他们去实现,无论过去或现在我们是从
来不拒绝的。

　　由于我们执行了同革命空谈和"公众"舆论相反的政策,所以
获得了一个喘口气的机会,哪怕只有 12 天的时间。当卡姆柯夫和
左派社会革命党人向你们献媚讨好和挤眉弄眼的时候,他们一方
面向你们挤眉弄眼,另一方面又向立宪民主党人说:把我们算上,

我们和你们其实是一条心的。(有人喊道:"撒谎。")而社会革命党人——似乎还不是左派,而是超左派——的一位代表,一位最高纲领派分子,在讲到空谈的时候,说我们把关系到荣誉的一切都称之为空谈。(喊声:"对。")右派阵营中的人们当然要喊"对";我认为这样喊比喊"撒谎"使我更高兴一些,尽管后者也没有给我留下什么深刻印象。也许会说我责备他们空谈而没有举出任何明确的证据,可是我已经举了两个例子,而且我这两个例子不是杜撰的,而是实际发生过的事情。

请你们回想一下,社会革命党人的代表所处的地位,难道不就是他们在1907年向斯托雷平保证全心全意效忠君主尼古拉二世时所处的地位吗? 我相信,我在漫长的革命岁月里多多少少学到了一点东西,如果有人骂我背叛,那我就说:应该首先把历史弄清。如果我们本来想扭转历史的方向,而结果是我们自己扭转了方向,历史并没有扭转方向,——那就该把我们处死。空谈说服不了历史,而历史将会表明:我们是对的,我们带领工人组织参加了1917年伟大的十月革命,这只是由于我们不是按照空谈来行动,而是善于观察事实和善于从事实中学习。现在,到了3月14—15日,情况已经很明显,如果我们打仗,那就会帮助帝国主义,彻底毁掉运输并失掉彼得格勒。我们看到,信口开河和挥舞纸剑是无济于事的。但是,如果卡姆柯夫跑来问我:"这个喘息时机会长久吗?"对这个问题无法回答,因为在国际上客观的革命形势还不存在。现在对反动势力来说也不可能有很长的喘息时机,因为客观形势到处都是革命的,因为工人群众到处都义愤填膺,他们已经忍无可忍,已经被战争折磨到极点了,这是事实。决不能忽视这个事实,因此我曾经向你们证明,过去有过革命向前发展的时期,当时我们在前面走,左派社会革命党人在我们后面跟着跑。(鼓掌)而现在是不得不向强大的压力让步的时期。这是一个十分具体的说明。谁也不能驳倒我这个说明。历史的分析不能不肯定这一点。我们的马克思主义者——准马克思主义者——马尔托夫会嘲笑乡会,他会嘲笑我们查封报纸,他会夸耀说查封那些受压制和受欺侮的报纸是因为这些报纸帮助推翻苏维埃政权,他会嘲笑(鼓掌)…… 关于这一点,他不会保持沉默。他会向你们宣扬这些事情,至于回答我直截了当地提出来的历史问题:从10月开始,我们是不是在胜利进军…… (右边喊:"不是。") 你们说"不是",而这边的人都会说"是"。我要问:现在我们能不能向国际帝国主义展开胜利的进攻呢? 不能,大家都知道这一点。这是简单明了的道理,把这个道理直截了当地说出来,是为了让人们学习革命(革命是一门需要聪明才智的、困难而复杂的科学),为了让正在从事革命的工人和农民学习革命,敌人在叫喊胆小鬼、叛徒、扔掉了旗帜,他们玩弄辞藻,挥舞空拳。不。这种惯说空话的革命家在整个革命史上是很多的,他们除了乌烟瘴气,什么也没有留下。(鼓掌)

同志们,我另外再举一个德国的例子,这个国家受过拿破仑蹂躏,签订过好几次耻辱的和约,经历了同这些和约相交替的战争。人们问我:我们将长期遵守条约吗? 如果一个三岁孩子问我:你们是否要遵守条约? 那是天真可爱的表现。但是,左派社会革命党的成年人卡姆柯夫提出这样的问题,我知道,只有少数的成年工人和农民才会相信这是天真,而大多数人一定会说:"别装模作样了。"因为我举的这个历史上的例子最清楚不过地说明,有些民族的解放战争——这些民族失去了军队(这种情况发生过不止一次),丧失了全部国土,被迫向征服者提供辅助军队去进行新的侵略战争——是不能从历史上勾掉的，你们无论如何也抹不掉。但是，我在速记记录中看到，左派社会革命党人卡姆柯夫反驳我说："可是西班牙就有过革命战争"。他这样说正好证实了我的话，实在是打了自己的嘴巴。西班牙和德国恰恰证实了我所举的例子，根据"你们将来是否遵守条约，你们什么时候破坏条约，你们什么时候被人抓住……"来解决关于侵略战争的历史时期的问题，这种事确实只有小孩子才干得出。而历史表明，任何条约都是由于斗争的暂时停止和力量对比关系的变化而造成的；有几天以后就被撕毁的和约；有经过一个月就被撕毁的和约；也有长达许多年的时期，其间德国和西班牙缔结了和约，几个月以后就违反了和约，而且一再违反，因此在一系列的战争中人民懂得了进行战争是怎么一回事。当拿破仑率领德国军队去扼杀其他民族的时候，他也教会了德国军队如何进行革命战争。历史就是这样走过来的。

同志们，正因为这样，所以我向你们说，我深信，俄国一切觉悟的工农劳动者，十分之九都会作出我们布尔什维克党团十分之九所作出的决议[56]。（鼓掌）

我们可以检验，看我说对了，还是说错了，因为你们就要回到地方上去，人人都要向各地的苏维埃作报告，同时各个地方都要作出地方的决议。最后，我要说的是：不要受人挑拨。（鼓掌）资产阶级知道，他们干的是什么勾当；资产阶级知道，为什么他们在普斯科夫狂欢，为什么温尼琴科之流，乌克兰的克伦斯基之流，策列铁里和切尔诺夫等资产阶级前几天在敖德萨狂欢。他们狂欢，是因为他们很清楚地知道，苏维埃政权由于试图用一支溃逃的患病的军队去进行战争，在外交上，在对形势的估计上，犯了多么重大的错误。资产阶级正在把你们拖入战争的陷阱。不单单是需要进攻,也需要退却。这是任何一个士兵都知道的。要明白,资产阶级正在把你们和我们都拖入陷阱。要明白,整个资产阶级及其一切有意和无意的帮凶正在设置这个陷阱。你们一定能够经受住最严重的失败,保持住最困难的阵地,并利用退却来赢得时间。时间对我们是有利的。帝国主义者贪得无厌,定要撑破肚皮,而且在他们的肚子里正在成长着一个新的巨人;这个巨人成长得没有我们所期望的那样快,但是他在成长着,他一定会来援助我们,当我们看到他开始举行第一次冲击的时候,我们就可以说:退却的时期结束了,在全世界展开进攻的时代和世界社会主义革命胜利的时代开始了。(热烈鼓掌,经久不息)

载于 1918 年 3 月 6 日(19 日)   译自《列宁全集》俄文第 5 版
《真理报》第 49 号   第 36 卷第 112—121 页

4

关于批准布列斯特条约的决议

(3月13日或14日)

代表大会核准(批准)我们的代表于1918年3月3日在布列斯特-里托夫斯克缔结的和约。

鉴于我们没有军队,人民力量因战争而消耗殆尽,同时资产阶级和资产阶级知识分子不但不支持人民战胜灾难,反而为了阶级的私利而利用这些灾难,代表大会认为,中央执行委员会和人民委员会决定缔结这个极其苛刻的、强制性的、屈辱的和约的做法是正确的。

代表大会认为,和谈代表团拒绝详细讨论德国所提的和约条件的做法,也是绝对正确的,因为这些条件是以明显的最后通牒和赤裸裸的暴力强加给我们的。

代表大会向全体工人、士兵和农民,向全体被压迫劳动群众坚决地提出当前最重要和最紧急的任务:加强劳动者的纪律和自觉纪律;在所有地方建立起尽可能包括产品的全部生产和全部分配的巩固而又协调的组织;同混乱、组织涣散和经济破坏等现象作无情的斗争,这种现象作为残酷的战争的后果来说,是历史上不可避免的,但同时又是取得社会主义最终胜利和巩固社会主义社会基础的最大障碍。

现在,在十月革命以后,在推翻了俄国的资产阶级政权以后,在我们废除和公布了一切秘密的帝国主义条约以后,在取消了外债以后,在工农政府向各国人民建议签订公正的和约以后,俄国已经摆脱了帝国主义战争的束缚,它有权声明:俄国不参加掠夺和压迫别的国家。

从今以后俄罗斯苏维埃联邦共和国在一致斥责掠夺战争的同时,认为自己的权利和义务是保卫社会主义祖国,反对来自任何帝国主义强国的一切可能的侵犯。

因此,代表大会认为,全体劳动群众不容推脱的责任是尽一切力量来恢复和增强我国的国防力量,并在实行社会主义民兵制和对全体少年和成年男女公民实行普遍军训的基础上,重建它的军事实力。

代表大会表示坚信,在各国工人反对资本压迫争取社会主义的斗争中,坚决履行了各国工人国际团结的一切义务的苏维埃政权,今后仍将尽我们的一切力量来促进国际社会主义运动,保证使人类早日摆脱资本压迫和雇佣奴隶制、建立社会主义社会和各国人民之间的持久的公正的和平。

代表大会深信,尽管各国帝国主义者不惜采用最野蛮的手段来镇压社会主义运动,但是国际工人革命已经为期不远,社会主义无产阶级一定会取得完全胜利。

载于1918年3月3日(16日)
《真理报》《社会民主党人报》
第47号

译自《列宁全集》俄文第5版
第36卷第122—123页

《反潮流》文集序言

(1918 年 3 月 19 日和 26 日之间)

收入本书的大部分文章,曾经发表于 1914 年底至 1917 年初在瑞士出版的《社会民主党人报》(俄国社会民主工党(布尔什维克)的中央机关报)[57]。只有一篇在杂志上发表过的长文章选自《共产党人》杂志[58](该杂志于 1915 年只在瑞士出了一期)。

为了正确地了解各篇文章之间的联系,应该注意它们在报上登载的时间的先后顺序。

文章分为两大类:第一部分是对战争的估计以及由此产生的对政治任务的估计。另一部分分析了党内的关系即党内的派别斗争,这一斗争长期以来被那些目光短浅的人看做是"混乱状态"或"私人冲突",而事实上,如大家所看到的,这一斗争现在使得真正的社会主义者同资产阶级奴仆,同李伯尔唐恩[59]先生们、马尔托夫先生们及其他诸如此类的先生们区分开来。

显然,第一部分或者说第一大类文章的意义要重要得多。任何一个觉悟的工人,如果想**了解**国际社会主义革命思想的发展及其在 1917 年 10 月 25 日的第一次胜利,这些文章是不可不看的。

尼·列宁

载于 1918 年彼得格勒工兵代表苏维埃出版的文集

译自《列宁全集》俄文第 5 版第 36 卷第 124 页

同《每日新闻报》记者
阿·兰塞姆的谈话[60]

(1918 年 3 月 23 日)

巴尔福演说的一个要害就是宣称日本人是在援助俄国人。[61]**究竟是援助什么样的俄国人呢?**

在当今的俄国有一种力量,按它的本性是必定要同国际帝国主义的侵犯作你死我活的斗争的,这就是苏维埃政权。日本人打算"援助"的那些俄国人,一听说日本人已经接近,第一步就是要求取消苏维埃政权。一旦日本人深入到西伯利亚腹地,他们打算"援助"的那些"俄国人"就会要求在整个西伯利亚取消苏维埃。那么会用什么来代替苏维埃政权呢?

唯一可能用来代替苏维埃政权的是资产阶级政府。但是俄国的资产阶级已经十分清楚地证明,它只有依靠外援才能够维持政权。如果一个依靠外援的资产阶级政府在西伯利亚掌握政权,苏维埃政权失去俄国东部,那么,在俄国西部苏维埃政权也会被大大削弱,以致未必能维持多久,而接替它的将是一个同样需要外援的资产阶级政府。会给予这种援助的大国,当然不会是英国。不难看出,这种可能性预示着什么样的前景。

我证明,同兰塞姆的谈话中我的确说过这些话并同意发表。

列　宁

1918 年 3 月 23 日于莫斯科

载于 1932 年伦敦出版的罗·汉·
布鲁斯·洛克哈特《一个英国驻外
代表的回忆录》一书(英文版)

译自《列宁全集》俄文第 5 版
第 36 卷第 125—126 页

对关于各种保险事业
实行国家监督的法令草案的意见[62]

(1918 年 3 月 23 日)

改组保险理事会,使劳动者阶级的代表增加到占全体理事总数的$\frac{2}{3}$左右。

确定保险事务总委员部与人民委员会的关系如下:总委员参加人民委员会,有发言权。

增加[①]

载于 1933 年《列宁文集》俄文版
第 21 卷

译自《列宁全集》俄文第 5 版
第 54 卷第 394—395 页

---

① 手稿到此中断。——俄文版编者注

《苏维埃政权的当前任务》一文初稿[63]

(1918 年 3 月 23 日和 28 日之间)

口　　授

第　四　章

现在,这个任务当然还没有充分完成,而且永远也不会彻底完成,不过这已经不是苏维埃政权的首要任务了。最近几次苏维埃代表大会,特别是莫斯科全俄代表大会表明,各劳动者阶级的绝大多数人都自觉地坚定地转到苏维埃政权方面,也就是转到布尔什维克党方面。不用说,稍微民主的政府是永远不会把说服人民群众的任务完全放在一边的,相反,这个任务将始终列为管理的重要任务之一。但是,只有对在野党或为实现未来的理想而斗争的党来说,这种任务才会提到首要地位。早在沙皇制度时代和克伦斯基政府时期,布尔什维克把劳动群众中的大多数积极的觉悟的分子吸引到自己这方面来以后,我们党就面临着夺取政权和镇压剥削者反抗的任务。当时首要的任务不是说服,而是夺取俄国。从1917 年 10 月底大约到 1918 年 2 月,这个战斗任务或者说军事任务成了首要的任务,对于任何一个在尖锐的、最激烈的斗争的环境中夺取统治权的政党来说,这种任务很自然地应当成为首要的任务。当然,对于无产阶级政党来说,镇压剥削者反抗的任务特别尖锐,因为这时反对日益站到无产阶级一边的劳动群众的,是彼此联合起来的有产阶级分子,他们是以资本的力量、知识的力量、多年的甚至是多少世纪的管理习惯和管理技能武装起来的。在1905年革命尚未遗忘的教训的影响下,在目前这次战争非常沉痛而深刻的教训的影响下,在俄国历史地形成了一些特殊的条件,由于这些条件,布尔什维克能够比较起来算是极其容易地在俄国首都和各主要工业中心解决了夺取政权的任务。但是在外省,在远离中心的地方,特别是在俄国的那些最根深蒂固地保持着君主制度和中世纪传统的比较落后的居民聚居的地区(例如在哥萨克地区),苏维埃政权遭到了军事形式的反抗,这种反抗只是在十月革命已经过去四个多月的今天才接近于全部结束。目前在俄国,战胜和镇压剥削者反抗的任务大体上已经完成。布尔什维克能夺得俄国的主要原因,正如顿河反革命哥萨克的头面人物鲍加耶夫斯基在不久以前也承认的那样,是由于连哥萨克中的绝大多数人也都自觉地坚决地转到布尔什维克方面。但是,有产阶级在经济地位上所处的特殊条件,使他们自然不仅能够组织消极的反抗(怠工),而且能够再次对苏维埃政权进行军事反抗。因此,镇压剥削者反抗的任务也不能认为是彻底完成了。但是不管怎样,这个任务现在显然大体上已经完成,而退居次要地位了。苏维埃政权一分钟也不能忘记这个任务,也决不会受任何政治的或者貌似社会主义的牌号和高调的迷惑而不去完成这个任务。这一点必须预先声明,因为孟什维克和右派社会革命党人在我们这里的表现说明他们都是一些最善变的、有时甚至是最无耻的反革命活动家,他们反对苏维埃政权比反对反动的和地主的政府激烈得多,而又指望用自己党的招牌或名称作掩护。显然,苏维埃政权永远不会停止执行自己镇压剥削者反抗的任务,不管这种反抗用什么样的党的旗帜,用什么样的受人欢迎的和冠冕堂皇的牌号作掩护。但是,镇压反抗的任务目前大体上已经完成,现在提到日程上来的是管理国家的任务。

从说服人民群众这一过去列为首位的任务和夺取政权并对反抗的剥削者进行武力镇压的任务,过渡到管理国家这一现在列为首位的任务,正是这种过渡构成我们所处的时期的主要特点。苏维埃政权的困难很大程度上就在于使人民的政治领导人以及劳动群众中所有的觉悟的分子都清楚地理解这种过渡的特点。因为现在有些地方内战还没有结束,苏维埃共和国还受到东西两面严重的军事威胁,战争造成了空前的经济破坏,在这种情况下,要过渡到管理全体居民(不分阶级)的和平任务,显然是非常困难的。

第 五 章

苏维埃政权现在所面临的管理国家这一提到首位的任务,还有这样一个特点:现在(在文明民族的现代史上大概还是第一次)所说的管理,不是政治而是经济具有主要的意义。通常,人们正是首先把主要是甚至纯粹是政治的活动同"管理"一词联系在一起。然而,苏维埃政权的基本原则和实质,以及从资本主义社会向社会主义社会过渡的实质,是政治任务对经济任务来说居于从属地位。而现在,特别是有了苏维埃政权在俄国存在四个多月的实际经验之后,我们应当十分清楚,管理国家的任务现在首先是归结为纯粹经济的任务：医治战争给国家带来的创伤，恢复生产力，调整好对产品的生产和分配的计算和监督，提高劳动生产率，——总之，归结为经济改造的任务。

可以说，这一任务分为两个主要项目：(1)对产品的生产和分配以各种形式实行最广泛的、遍及各地的和包罗万象的计算和监督；(2)提高劳动生产率。任何一个向社会主义过渡的集体或国家，只有在资本主义充分地造成了完成这两项任务的经济、社会、文化和政治的基本前提这种条件下，才能够解决这些任务。没有大机器生产，没有比较发达的铁路网和邮电网，没有比较发达的国民教育机构网，这两项任务无疑都不可能在全民范围内系统地得到解决。俄国现在的情况是，这种过渡的许多初步的前提已经具备。另一方面，也有许多这样的前提我国还不具备，但是，我国可以比较容易地借助先进得多的邻国的实际经验，这些国家由于历史的关系和国际交往早就同俄国建立了密切的联系。

第 六 章

任何一个向社会主义制度过渡的社会的根本任务，就是使无产阶级这个统治阶级，或者确切些说，正在发展成统治阶级的阶级，按照上面所说的那样战胜资产阶级。现在，这个任务在很大程度上正以新的形式摆在我们面前，完全不同于几十年来全世界无产阶级同资产阶级斗争的经验。现在，在十月革命取得胜利之后，在内战取得胜利之后，我们可以而且应当把战胜资产阶级理解为一种高得多的事情，虽然形式上是比较和平的，这就是说，在政治上已战胜资产阶级并且用军事方式巩固了这个胜利之后,现在应当在组织国民经济方面、在组织生产方面、在全民的计算和监督方面也取得对资产阶级的胜利。生产的规模愈大,把当今大国的几千万和几亿居民都包括在内的全国性经济机构网愈稠密,资产阶级解决生产的计算和监督的任务就愈有成效。这个任务现在我们应当按新的方式来解决,依靠无产阶级的统治地位,依靠大多数被剥削劳动群众对它的支持,利用旧社会所积蓄的有组织才能和技术知识的分子,虽然他们十分之九、也许百分之九十九属于敌视社会主义革命的阶级。

第 七 章

现在不仅军事实力和军事技术最先进,而且在资本主义的大工业组织方面也最先进的德帝国主义,在经济上的先进的标志之一,就是它比其他国家更早地开始实行劳动义务制。很明显,在一般的资本主义社会条件下,特别是在进行帝国主义战争的君主制国家的条件下,劳动义务制对工人来说无非是军事苦役监狱,是奴役被剥削劳动群众的一种新手段,是镇压这些群众各种反抗的一套新办法。但是,毫无疑问,只是由于具备了大资本主义所创造的经济前提,这种改革才能提上日程,才得以实现。而现在,在战后极其严重的经济破坏所造成的条件下,毫无疑问,我们也不得不把这种改革提到一个首要的地位。但是很明显,从资本主义社会组织向社会主义社会组织过渡的苏维埃政权从哪一头开始实行劳动义务制,决不应当和德帝国主义一样。对德国的资本家和帝国主义者来说,劳动义务制就是奴役工人。对俄国的工人和贫苦农民来说,劳动义务制应当是首先和主要地使富裕的和有产的阶级承担自己的社会勤务。我们应当从富人开始实行劳动义务制。

这样做所以必要,一般说来,不仅仅因为苏维埃共和国是社会主义的共和国。这样做所以必要,还因为正是富裕的和有产的阶级进行军事的和消极(怠工)的反抗,给医治俄国战争创伤的事业——恢复和发展国家经济的事业,造成了最大的困难。因此,现在应当成为整个国家管理重点的计算和监督,应当首先要求在富裕的和有产的阶级的分子中实行。正是这些阶级的分子利用他们在战争期间向劳动者征收的数量特别多的贡赋,逃避每一个公民都必须执行的医治国家创伤和复兴国家的任务;正是他们利用自己搜刮来的贡赋,躲进不受侵犯的避难所,并且千方百计地阻挠社会结构的社会主义原则战胜资本主义原则。富裕的和有产的阶级对苏维埃政权和社会主义进行这种斗争的主要手段之一,就是他们拥有大量的货币。在资本主义社会里,有产阶级所以富有,首先是由于他们占有土地和其他生产资料——工厂等等。苏维埃政权由于得到工人和绝大多数农民的支持,取消地主和资产阶级对国家的这种主要形式的财富的权利并没有遇到什么困难。颁布法令废除土地私有制并没有遇到困难。把很大一部分工厂收归国有也没有遇到困难。毫无疑问,把其余的大工业企业和运输工具也收归国有,是一项在最近的将来很容易实现的任务。

但是,资本主义社会还创造了另一种形式的财富,要清算这种形式的财富,对苏维埃政权来说,远不是那么容易了。这种形式的财富就是钱,或者确切些说,就是货币。在战争期间,货币的发行额特别大。战事隔断了俄国同那些在俄国的进出口中一直占有最大份额的许多国家的贸易往来。富裕的和有产的阶级几乎人人都直接或间接地参加了以高价供应军需品和订立军事承包合同的投机活动，由此他们手中聚积了大量的货币，这是他们积累财富和积累对劳动者的权力的主要方法之一。现在俄国的经济状况显然也同任何一个经历了三年战争的资本主义国家一样，它的特点是，在资产阶级和有产阶级这些比较少数的人手里集中和隐藏了大量的货币，这些货币由于大量发行纸币而大大贬值，但目前仍然是一种有权向劳动居民索取贡赋的凭证。

　　在从资本主义社会向社会主义社会过渡时，不要货币或者在短期内代之以新的货币，是根本不可能的事情。苏维埃政权现在面临着一项困难的而又非解决不可的任务，就是同富人以保存和隐藏向劳动者索取贡赋的凭证的形式进行的反抗作斗争的任务。这种凭证就是货币。这些货币以前提供了获得购买生产资料如土地、工厂等等的权利，就这方面来说，这些货币的作用当然是下降了，甚至是完全没有了。因为在土地社会化法令颁布以后，购买土地在俄国已经不可能了，购买工厂以及类似的大生产资料和运输工具，也由于所有这类大企业的国有化和没收过程进展很快而几乎不可能了。这就是说，要用货币购买生产资料，对资产阶级和有产阶级（包括农民资产阶级）分子来说，是一件愈来愈困难、几乎是办不到的事情了。但是，为了维护自己原来的特权，并尽可能设法延缓和阻挠国家的社会主义改造事业，资产阶级保存和隐藏分享社会财富的凭证，向劳动者索取贡赋的凭证，即保存和隐藏货币，以便在俄国一旦再遇到军事和贸易方面的困难或危机时，保证自己有可能——哪怕是某些可能——保持自己的地位和恢复原来的特权。

　　至于消费品,资产阶级和有产阶级几乎还完全能够用战时通过投机活动聚集起来的货币买到,因为在俄国这样的国家里,在小农、小手艺人或小手工业者阶层的居民人数极多的情况下,对消费品实行正确的配售、正确的分配这一任务是极其困难的,而在战争造成的经济破坏的条件下,这个任务至今仍然没有得到什么解决。因此,苏维埃政权要对产品的生产和分配进行计算和监督,就必须首先对隐藏大量货币、逃避国家任何监督的富裕的和有产的阶级进行有组织的斗争。

　　俄国目前已发行的货币估计约为300亿卢布。其中大概至少有200亿,也许还要多得多,是商业周转根本不需要的,这些货币被资产阶级分子和有产阶级分子为了私利(或阶级的私利)保存和隐藏起来了。

　　苏维埃政权应当把实行劳动义务制与首先对资产阶级分子和有产阶级分子进行登记结合起来,应当要求如实呈报(填单申报)持有的货币数量,应当采取一系列措施,使这一要求不停留在纸面上,应当周密考虑一些过渡性的措施,把全部储藏的货币集中在国家银行或它的分支机构。不采取这类措施,对产品的生产和分配的计算和监督就不可能彻底实现。

第　八　章

　　但是,实行劳动义务制不能只限于对集中在有产阶级手里的货币进行计算和监督。苏维埃政权还必须对资产阶级和有产阶级在企业管理和为企业服务的各种辅助工作(会计、事务、记账、技术、行政等工作)方面的直接活动,也实行劳动义务制的原则。在这方面,苏维埃政权的任务现在也从直接反对怠工转到按新的情况有组织地安排工作,因为苏维埃政权取得了内战的胜利(从10月到2月)以后,资产阶级和资产阶级知识分子的消极形式的反抗即怠工,实际上已被粉碎。现在我们看到,过去的怠工者即资本家和资产阶级知识分子在情绪和政治表现方面出现异常广泛的可以说是普遍的转变,这不是偶然的。现在我们面前的情况是:在经济和政治生活的各个方面,大量的资产阶级知识分子和资本主义经济的活动家都表示愿意为苏维埃政权服务。苏维埃政权现在的任务就是要善于利用这种服务,这种服务对于向社会主义过渡是绝对必需的,在俄国这样一个农民国家里尤其如此,而苏维埃政权在利用这种服务时必须充分保持对它的新的帮手和助手(他们的行动往往违反本意而心里是反对苏维埃政权的)统率、领导和监督的地位。

　　为了表明苏维埃政权要向社会主义过渡必须利用资产阶级知识分子的服务,我冒昧地说一句骤然听来似乎是奇谈怪论的话:学习社会主义,在很大程度上要向托拉斯的领导者学习,学习社会主义,要向资本主义最大的组织者学习。正是大工厂,正是把对劳动者的剥削发展到空前规模的大机器工业,是唯一能够消灭资本统治并开始向社会主义过渡的那个阶级集中的中心;凡是考虑到这一点的人都不难相信,上面的说法并不是奇谈怪论。因此,当社会主义的组织工作提到日程上时,为了解决社会主义的实际任务,我们就必须吸收大批的资产阶级知识分子,特别是那些曾经从事过资本主义的最大生产的实际组织工作,首先是组织过辛迪加、卡特尔和托拉斯的人来协助苏维埃政权,这是毫不奇怪的。为了解决苏维埃政权的这项任务,当然需要国民经济各部门广大劳动群众鼓起干劲,发挥首创精神,因为苏维埃政权决不会把旧的地位,即长官和剥削者的地位交给所谓的工业领袖。从前的工业领袖,从前的长官和剥削者,应当担任技术鉴定人、指导人、参谋和顾问的职务。应当解决一项新的困难的却最能收效的任务,即把这些剥削阶级分子所积累的全部经验和知识同广大劳动群众的首创精神、毅力和工作结合起来,因为只有这种结合才能架设起从资本主义旧社会通往社会主义新社会的桥梁。

如果社会主义革命在全世界或者至少是在许多先进国家中同时取得了胜利,那么,吸收旧的资本主义的领导人中的优秀技术专家来参加重新组织生产这一任务就会非常容易解决。那时,落后的俄国就不必独自来考虑解决这一任务了,因为西欧各国的先进工人会来帮助我们,排除我们在解决向社会主义过渡的最困难的任务即所谓组织任务时会遇到的大部分困难。可是现在,西欧的社会主义革命延迟到来,而俄国必须加紧采取措施由自己进行改造(哪怕只是为了使居民摆脱饥饿,以及使整个国家免受可能的军事侵犯),在这种实际情况下,我们现在需要向先进国家借助的,不是社会主义组织的帮助和工人的支援,而是那里的资产阶级和资本主义知识分子的帮助。

现在的情况是,我们能够得到这种帮助,在苏维埃政权解决新的组织问题方面设法取得资产阶级知识分子的协助。可以通过付给我国的或从国外聘请的各方面最优秀的专家以高额劳动报酬的办法得到这种协助。当然,从已经是发达的社会主义社会的角度来看,让资产阶级知识分子获得比工人阶级的优秀阶层高得多的劳动报酬,是根本不公平和不正确的。但是,在实际的现实的条件下……①我们却必须通过付给资产阶级专家这种高得多的（不公平的）劳动报酬的办法来解决迫切的任务。譬如，假定俄国为了按新的原则组织生产，为了提高劳动生产率，为了训练我国人民掌握在优良的条件下工作的技能；假定我们为此不得不雇用比方说2 000个各种不同知识领域的大专家——其中有俄国的专家，而更多的是外国的专家，譬如说美国的专家，假定我们每年要付给他们5 000万或1亿卢布，那么，从国民经济的利益来看，从由陈旧的生产方法过渡到最新的、最完善的生产方法来看，花这笔钱是完全有理由的。为了学习好的生产方式和方法而花这样一笔钱，是应当的，是值得的，而我们所以必须花这样一笔钱，是因为除非其他国家的社会主义革命取得胜利，我们没有别的办法得到这样的指导。

当然，一方面利用资产阶级知识分子的劳动和指导，同时劳动者的民主组织和苏维埃又实行必要的监督，这将产生许多新的问题，但是这些问题是完全可以解决的。而且我们为解决这些问题也不会向任何困难低头，因为在当前情况下，我们要达到更高级的生产组织，没有别的出路。

我继续讲下去。最大的资本主义在劳动组织方面创造了这样一些制度，这种制度在居民群众受剥削的情况下，是少数有产阶级奴役劳动者，压榨劳动者额外的劳动、体力、血汗和神经的最残酷的形式，但这种制度同时又是科学组织生产的最新成就。社会主义苏维埃共和国应当学会这种制度，并且为了实行我们对生产的计算和监督以及为了提高劳动生产率，还应当对这种制度加以改

---

① 句中记录不清的部分从略。——俄文版编者注

造。例如，在美国广泛采用的著名的泰罗制之所以著名，就因为它是肆无忌惮的资本主义剥削的最新方法。因此可以理解，为什么这种制度遭到工人群众那样大的仇视和愤恨。但同时丝毫也不应忘记，泰罗制体现了科学的巨大进步，它系统地分析了生产过程，为大大提高人的劳动生产率开辟了途径。在美国，由于实行泰罗制而开始的科学研究，特别是美国人所说的对动作的研究，提供了大量材料，可以用来训练劳动居民掌握无比高超的一般劳动方法，特别是劳动组织方法。

泰罗制中消极的一面就是，它是在资本主义奴役制的环境下实行的，它是在工资不变的条件下从工人身上榨取多一倍、两倍的劳动量的手段，根本不管雇佣工人在劳动时间不变的条件下是否能够提供多一倍或两倍的劳动量而不损害他们的身体。社会主义苏维埃共和国面临的任务，简单说来就是，我们应当在全国实行泰罗制和美国提高劳动生产率的科学方法，把这种制度同缩短劳动时间结合起来，同利用新的生产方法和劳动组织方法结合起来，而丝毫不损害劳动居民的劳动力。相反，如果劳动者有足够的觉悟，那么，在他们自己正确指导下运用泰罗制会成为进一步大大缩短全体劳动居民的必要劳动日的最可靠的手段，是我们在相当短的时期内实现下述任务的最可靠的手段，这项任务大致说来就是：每个成年公民每天从事体力工作6小时，从事管理国家的工作4小时。

向这种制度过渡要求有很多新的技能和新的组织措施。毫无疑问，这种过渡会使我们遇到不少困难，提出这样的任务甚至会使劳动者本身的某些阶层感到困惑莫解，可能还引起他们的抵制。但是可以相信：工人阶级的先进分子会了解这种过渡的必要性；国民经济遭到严重破坏的情况现在刚刚在城乡显露出来，当数百万脱离生产的人从前线归来,第一次看到战争把经济破坏到了这种程度,这无疑就会为劳动者在这方面的舆论准备打下基础;我们在上面大致谈到的这种过渡,将被现在已站到苏维埃政权方面来的劳动者阶级中的全体有觉悟的分子作为一项实际任务提出来。

第　九　章

上述性质的经济过渡,还要求苏维埃政权的代表相应地改变领导人的职能。很自然,在说服大多数人民或夺取政权和镇压剥削者反抗的任务提到首位时,在领导人中间被提到最重要地位的也主要是对群众进行宣传的鼓动家,因为苏维埃政权同群众的联系比过去任何民主形式的政权都要密切。很自然,要说服大多数居民或者吸引他们同剥削者进行艰苦的军事斗争,特别需要鼓动的才能。相反,前面简略叙述的任务,即对产品的生产和分配进行计算和监督的任务,把做实际工作的领导人和组织家提到了最重要的地位。根据这一情况,如果领导人不能适应新条件和新任务,就应当对他们进行适当的重新评价,适当的调动。自然,对前一时期主要是适应宣传鼓动任务的领导机构来说,这种过渡是非常困难的。因此不可避免地产生了一系列错误,这是很自然的。现在务必要使领导人和苏维埃的选民群众即被剥削劳动群众都真正理解这里所指出的改变的必要性。

在被剥削劳动群众中,有组织才干和能力的人比有鼓动才干和能力的人多得多,因为这些阶级的整个劳动生活环境要求他们具有多得多的本领来安排好共同的劳动,安排好对产品的生产和分配的计算和监督。而过去的生活条件从群众中极少造就出有鼓动或宣传才能的活动家。可能就因为这个缘故,我们现在经常看到,职业的鼓动家和宣传家或适合做宣传鼓动工作的人不得不担负起组织任务,他们必然处处都感到自己不大适合于解决这些任务,必然感到工人农民的失望和不满。经常可以看到国内敌视社会的社会主义改造的各个阶级——资产阶级政党的代表人物或那些在我们这里自称为社会主义者而事实上通常却热衷于为资产阶级效劳的人,如孟什维克和右派社会革命党人,对苏维埃政权的这些错误和挫折幸灾乐祸。事实上,既然这些错误从历史上来看是不可避免的,那也就很清楚,这方面的缺点只不过是社会主义新社会成长中的毛病。要重新学习,以便把实际工作者-鼓动家提到他应有的首要地位,这样重新学习是可以做到的,而且毫无疑问,俄国各地的苏维埃政权的代表都不难做到。但这需要时间,只有犯错误的实际经验才能使人认清改变的必要性,才能造就出许多甚至一大批适于解决新任务的人才。工人和农民中间有组织才能的人无疑比资产阶级想象的要多,但问题在于,在资本主义经济的环境里,这些有才能的人绝对不可能涌现出来,绝对不可能站住脚,获得自己的地位。

相反,如果我们现在清楚地了解到必须广泛吸收新的有组织才能的人参加管理国家的工作,如果我们正是从苏维埃政权的原则出发,不断推动在这方面经过实践考验的活动家前进,那么,我们就能够在短时期内,根据苏维埃政权发展了的、拿到群众中去然后由群众在自己的代表苏维埃机关成员监督下贯彻执行的原则,使一批新的实际生产组织者涌现出来,获得自己的地位,取得适当的领导位置。

第 十 章

苏维埃政权应当从对富人实施劳动义务制转到对大多数劳动者即工人和农民实施相应的原则,确切些说,应当同时把这一任务提到日程上来。这里实行劳动义务制的任务对我们来说具有另一方面的含义。对这一任务应当采用另一种处理方法,提到首位的不是对富有阶级要做的那些事情。对我们来说,没有必要去登记所有的劳动者,去监视他们的货币储蓄或他们的消费情况,因为全部生活条件本身决定了这类居民的大多数必须劳动,而且不可能有什么积蓄,就是有也少得可怜。因此,在这个范围内建立劳动义务制的任务就变成建立劳动纪律和自觉纪律的任务。

在资本主义旧社会,资本靠经常的饥饿威胁来实行强加给劳动者的纪律。这种饥饿的威胁同过重的劳动,同劳动者意识到不是为自己而是为别人的利益而工作的情况结合在一起,因此,劳动状况就成了绝大多数劳动者反对生产领导者的经常斗争。在这种基础上,必然造成这样一种心理:劳动者的舆论不但不追究不好好干活或逃避工作的现象,反而认为这是对剥削者的过分要求的一种必然和合理的抗议,或者说是一种反抗的方法。现在,资产阶级报刊及其应声虫大叫大嚷,说工人闹无政府主义,自由散漫或要求过高,这种指责的恶毒性太明显了,不值得多谈。不难理解,在一个大多数居民像俄国居民近三年来那样遭受空前的饥荒和痛苦的国家里,出现情绪极其低落、任何组织性都丧失殆尽等一系列现象,是完全不可避免的。要求迅速转变这种情况或者指望颁布几个法令就能改变这种局面,这正如企图用号召使一个被打得半死的人振作精神、恢复劳动能力一样,是十分荒唐的。只有劳动者自己创立的、关心劳动群众不断恢复元气的苏维埃政权,才能根本改变这方面的情况。

在苏维埃政权的代表中间,在它的拥护者如工会的先进领导者中间,制定一些系统的措施来增强劳动者的自觉纪律的必要性已经完全成熟。毫无疑问,在一般资本主义社会的环境中,尤其是在战争所造成的疯狂的放肆的投机活动的环境中,松懈散漫已渗入工人阶级,这样就免不了要同它作严重的斗争。而且由于战争的关系,工人阶级先进部队的成分也远不是朝好的方向改变。因此,在劳动者中间建立纪律,组织对劳动标准和劳动强度的监督,成立专门的工业法庭来规定劳动标准,对任何恶意破坏这种标准的行为追究责任,经常教育多数人提高这个标准,——这一切现在都作为苏维埃政权的极其迫切的任务提上了日程。

此外应当尽可能注意到,在资产阶级社会里,社会教育的主要工具之一即报刊,在上述方面完全没有执行自己的任务。到目前为止,我们的苏维埃报刊在很大程度上仍然受资产阶级社会的旧习惯和旧传统的影响。这一点还表现在,我们的报刊,也和旧的资产阶级报刊一样,继续用过多的篇幅和注意力来报道政治上的一些琐事、政治领导人员的一些个人问题,而各国资本家正是竭力利用这些来转移人民群众的视线,使他们忽视自己生活中真正重大而深刻的根本问题。因此在这方面我们几乎还要重新解决一项任务,解决这项任务的一切物质前提都已具备,只是缺少对这项任务的必要性的认识和解决这项任务的决心。这项任务就是把报刊由主要报道日常政治新闻的工具,变成对人民群众进行经济教育的重要工具。为苏维埃群众服务的报刊,对于政治领导人员的问题,对于无关紧要的政治措施,即各个政治机关的日常工作和例行公事,要少费一些篇幅。这一点我们必须做到,而且也一定能做到。报刊应当把实践中直接提出的劳动问题放在首要地位。报刊应当成为劳动公社的报刊,也就是说,正是要公开报道资本主义企业的领导人竭力不让群众知道的东西。在资本家看来,他们企业的内部组织是一块用商业秘密保护起来的不让局外人窥视的领地,在那里他们好像要成为绝对的统治者,唯一的统治者,不仅不准外人批评,不准外人干涉,而且也不许外人窥视。在苏维埃政权看来,恰恰相反,各个大企业和各个村社的劳动组织,正是整个社会生活中最主要、最根本、最迫切的问题。报刊应当成为我们加强劳动者的自觉纪律、改变资本主义社会陈旧的即完全无用的工作方法或偷懒方法的首要工具,它应当揭露每个劳动公社经济生活中的缺点,无情地抨击这些缺点,公开揭露我国经济生活中的一切弊病,从而呼吁劳动者的舆论来根治这些弊病。让我们把报刊上那些报道所谓日常新闻的材料减少到$\frac{1}{10}$(如能减少到$\frac{1}{100}$更好),而让那些向全体居民介绍我国少数先进的劳动公社的模范事迹的报刊广泛销行几十万几百万份吧!每一个工厂,每一个劳动组合和农业企业,每一个在土地社会化法令实施以后向新的农业过渡的村庄,现在都是按苏维埃政权的民主原则拥有其内部劳动组织的独立公社。在每个公社内,劳动者加强自觉纪律,他们善于同做指导工作的专家们(哪怕是资产阶级知识分子出身的)合作,他们在提高劳动生产率、节省人力、防止目前我们深受其害的骇人听闻的盗窃产品的行为方面取得实际成绩,——所有这些,应当成为我们苏维埃报刊的主要内容。这样我们就能够而且一定会使榜样的力量在新的苏维埃俄国成为首先是道义上的、其次是强制推行的劳动组织的范例。

在资本主义社会，一些希望和平地、没有痛苦地说服人类相信社会主义的优越性并保证社会主义实现的人组织过劳动公社，这样的榜样有过不止一次。这种观点和这种做法理所当然地引起革命的马克思主义者的嘲笑，因为在存在着资本主义奴役制的情况下，想通过孤立的榜样来达到任何根本性的改变事实上是十足的空想，在实践中，它不是使这样的企业奄奄一息，就是使它们变成小资本家的联合会。

这种嘲笑和轻视榜样在广大国民经济中的作用的习惯，现在有时还在某些对无产阶级取得政权以后的根本变化没有好好加以思考的人的身上表现出来。现在，土地不再是私有财产，工厂也几乎不再是私有财产，而且无疑在最近的将来就会不再是私有财产（苏维埃政权在目前情况下要实行相应的法令是毫不困难的），在这个时候，劳动公社的榜样作用就有了很大的意义，因为它可以比任何其他办法都更好地解决组织任务。正是在今天，我们必须注意使大量非常珍贵的资料，即各个城市、企业和村社中新的组织生产的经验，变成群众的财富。

直到现在，我们还受到资产阶级陈腐舆论的很大压力。如果注意一下我们的报纸就不难看出，我们还在为资产阶级提出的问题花费过多的篇幅。而资产阶级正想用这些问题来转移劳动者的视线，使他们不去注意社会主义改造的具体的实际任务。我们应当而且一定要把报刊从发表耸人听闻的消息的工具，从报道政治新闻的普通工具，从驳斥资产阶级谎言的工具，变成在经济上重新教育群众的工具，变成向群众介绍如何按新的方式组织劳动的工具。各社会主义政党要把那些不接受整顿自觉纪律和提高劳动生产率的任何号召和要求的企业和村社登上黑榜,把它们或者列为病态企业,要采取特别的办法(特别的措施和法令)把它们整顿好,或者列为受罚企业,把它们关闭,并且应当把它们的工作人员送交人民法庭审判。公开报道这方面的情况,本身就是一个重大的改革,它能够吸引广大人民群众主动地参加解决这些与他们最有切身关系的问题。直到今天,我们在这方面的工作所以收获不大,就是因为各个企业、各个村社中过去不让人知道的东西,现在仍然是个秘密,这在资本主义制度下是可以理解的,而在希望实现社会主义的社会中则是十分荒谬的,不可思议的。榜样的力量在资本主义社会里不能显示出来,而在废除了土地和工厂的私有制的社会里会起巨大的作用。这不仅因为在这里人们将会仿效好的榜样,而且因为组织生产的好的榜样必然会使那些采用好的组织方法的人减轻劳动并增加他们的消费额。在这里,联系到报刊在经济上重新组织和重新教育群众方面的作用问题,我们还应当谈谈报刊在组织竞赛中的作用问题。

组织竞赛在苏维埃政权的经济任务中应当占有显著的地位。资产阶级经济学家在批评社会主义时不止一次地说什么社会主义者否认竞赛的作用,说什么在社会主义者的体系里,或者像资产阶级经济学家所说的,在社会主义者关于社会结构的蓝图里,是不容许竞赛存在的。不用说,这种指责是十分荒谬的,它已经不止一次地受到社会主义报刊的驳斥。像通常一样,资产阶级经济学家把资本主义社会的特点问题与另一种组织竞赛的形式问题混为一谈了。社会主义者从来没有抨击过竞赛本身,他们只是抨击竞争。竞争是资本主义社会所特有的一种特殊形式的竞赛,是各个生产者争夺面包、争夺市场上的势力和地位的斗争。消灭竞争这种生产者之间的只同市场相联系的斗争,决不意味着消灭竞赛,相反,正是消灭商品生产和资本主义,才为组织人与人之间而不是兽与兽之间的竞赛提供可能。目前在俄国,苏维埃共和国已经奠定了政权的基础,它在经济上又具有幅员辽阔和具备多种多样的条件这样的特点,正是现在,按社会主义原则组织竞赛应该是我们一项最重要而又最能收效的改造社会的任务。

我们主张民主集中制。因此必须弄明白,民主集中制一方面同官僚主义集中制,另一方面同无政府主义有多么大的区别。反对集中制的人常常提出自治和联邦制作为消除集中制的差错的方法。实际上,民主集中制不但丝毫不排斥自治,反而以必须实行自治为前提。实际上,甚至联邦制,只要它是在合理的(从经济观点来看)范围内实行,只要它是以真正需要某种程度的国家独立性的重大的民族差别为基础,那么它同民主集中制也丝毫不抵触。在真正的民主制度下,尤其是在苏维埃国家制度下,联邦制往往只是达到真正的民主集中制的过渡性步骤。俄罗斯苏维埃共和国的例子特别清楚地表明,我们目前实行的和将要实行的联邦制,正是使俄国各民族最牢固地联合成一个统一的民主集中的苏维埃国家的最可靠的步骤。

民主集中制决不排斥自治和联邦制,同样,它也丝毫不排斥各个地区以至全国各个村社在国家生活、社会生活和经济生活方面有采取各种形式的完全自由,反而要以这种自由为前提。把民主集中制同官僚主义和公式化混为一谈,是再错误不过的了。我们目前的任务就是要在经济方面实行民主集中制,保证铁路、邮电和其他运输部门等等经济企业在发挥其职能时绝对的协调和统一;

同时,真正民主意义上的集中制的前提是历史上第一次造成的这样一种可能性,就是不仅使地方的特点,而且使地方的首创性、主动精神和达到总目标的各种不同的途径、方式和方法,都能充分地顺利地发展。因此,组织竞赛的任务包括两个方面:一方面它要求实行上述的民主集中制,另一方面它意味着有可能找出改造俄国经济制度的最正确最经济的途径。总的说来,这种途径已经知道了。这就是向建立在机器工业基础上的大经济过渡,向社会主义过渡。但是,由于开始向建立社会主义前进时所处的条件不同,这种过渡的具体条件和形式必然是而且应当是多种多样的。地方差别、经济结构的特点、生活方式、居民的素质、实现这种或那种计划的尝试,——所有这些都必定会在国家这个或那个劳动公社走向社会主义的途径的特点上反映出来。这种多样性愈是丰富(当然,不是标新立异),我们就能愈可靠愈迅速地达到民主集中制和实现社会主义经济。现在还需要我们做的就是组织竞赛,即保证公开报道,使国家所有的村社都有可能了解各个地区经济发展的情况;其次,保证使这个公社和那个公社在向社会主义进展方面的成果可以进行比较;最后,保证一个村社取得的经验能为其他村社实际运用,保证在国民经济或国家管理的有关方面表现得很突出的物力和人力能够进行交换。由于受资本主义制度的压制,现在我们甚至还不能确切地设想,在劳动群众中,在这个大国的各种各样的劳动公社中,在一向死气沉沉、默不作声地执行资本家命令的知识分子中,蕴藏着多大的力量,在社会主义的社会制度下蕴藏着并且能够发挥出多大的力量。我们的工作就在于为这些力量扫清道路。如果我们把组织竞赛作为我们国家的任务提出来,那么在实行苏维埃国家制度的原则的条件下,在废除土地、工厂等私有制的

条件下,我们一定会取得成绩,而这些成绩会给我们提示未来的建
设形式。

第 十 一 章

我在开头提到的苏维埃非常代表大会的决议还谈到,必须建
立协调而又巩固的组织。[①] 目前,俄国境内的苏维埃机关和经济
单位的组织性都很差。可以说,严重的组织涣散状态占着上风。

但是,如果把这种状态看成是瓦解、破产和衰落的状态,那是
不对的。如果资产阶级报刊这样来评价,那显然是资本家阶级的
利益迫使他们这样看,或者确切些说,迫使他们装出这样看的姿
态。实际上,任何一个多少能够历史地观察事物的人,一分钟也不
会怀疑,目前的组织涣散状态是过渡状态,是从旧事物到新事物的
过渡状态,是这种新事物成长的状态。从旧事物到新事物的过渡,
如果像 1917 年 2 月起在俄国所进行的那样急剧,那当然首先会大
大地破坏社会生活中陈旧和腐朽的东西。显然,对新事物的探索,
不可能立即提供过去许多世纪以来所形成并保持下来的那种确定
不移的、几乎是固定不变的形式。目前的苏维埃机关以及属于工
业中工人监督这个范畴的经济组织,仍然处在酝酿和完全没有定
型的时期。在这些组织中,所谓辩论的方面或开群众大会的方面
自然超过实际工作的方面。也只能是这样,因为不吸引更多的人
民阶层参加社会建设,不激发一直沉睡的广大群众的积极性,就谈

---

① 参看本卷第 114—115 页。——编者注

不上什么革命的改革。数不清的辩论和数不清的群众大会(关于这一点,资产阶级报刊谈得很多也很恶毒),对那些在从事社会建设方面还完全没有受过训练的群众是一种必要的过渡,即从历史的沉睡状态向新的历史的创造活动的过渡。至于说这种过渡在有些地方被拖延,或者教育群众从事新的工作,进行得不像一个习惯于单独工作而不懂得什么叫做发动千百人、千百万人参加独立政治生活的人所想象的那样快,这完全没有什么可怕。但是,在了解这一点的同时,我们还应当了解在这方面正在到来的转变。当苏维埃机关还没有在全国普遍建立,当土地社会化和工厂国有化还只是一种例外的时候,自然,对国民经济的公共管理还不能超出(如果从全国范围来说)预先辩论的准备阶段、讨论阶段和解释阶段。现在转变正在到来,苏维埃机关已经在全国普遍建立。它们已经从大俄罗斯伸展到俄国大多数其他民族。农村中的土地社会化和城市中的工人监督已经不再是例外,而成为一种通例了。

　　另外,在保证大多数居民有起码的生存条件方面,即在保证他们免于饥饿方面,国家还处在极其困难、甚至是非常危急的境地,这些经济状况迫切要求取得一定的实际效果。农村的粮食可以自给,这是没有问题的,但是,只有真正对现有的全部粮食进行最严格的计算并且能够最节约地把这些粮食分配给全体居民,农村才能做到粮食自给。要正确地进行分配,就必须正确地安排交通运输。而交通运输恰恰被战争破坏得最严重。要在俄国这样一个幅员辽阔的国家里恢复交通运输,最需要的是协调的巩固的组织,而且需要确实是几百万人像钟表一样准确地进行工作。现在已经到了这样一个转折点,在这个时候,我们一方面决不停止训练群众参加对社会一切事务的国家管理和经济管理,决不妨碍群众十分详尽地讨论新的任务(相反,应当想方设法帮助他们进行这种讨论,使他们能够独立地作出正确的决定),同时,我们应当开始严格区分民主的两种职能:一种是辩论和开群众大会,另一种是对各项执行的职能建立最严格的责任制和无条件地在劳动中有纪律地、自愿地执行各项必要的指令和命令,以便使经济机构真正像钟表一样工作。早先不可能一下子就做到这一点,要是在几个月以前提出这种要求,那会是迂阔之论,甚至是恶意挑拨。总而言之,这种改革不是用任何法令或指令所能完成的。但是,现在时机已经到了,实行这种改革已经成为我们整个革命改造活动的中心环节。现在改革已经准备好,改革的条件已经成熟,不能再拖延和等待了。不久以前,在讨论铁路运输的改组和正常运营问题时发生了这样一个问题:个人指挥权力(也可以称为独裁权力)在多大程度上可以同一般民主组织,特别是同集体管理原则,同苏维埃的社会主义组织原则相容。没有疑问,一种相当普遍的意见是认为根本谈不上相容,认为个人独裁权力无论同民主制还是同苏维埃类型的国家、同集体管理制[64]都是不相容的。这种意见是极端错误的。

民主的组织原则,其最高级形式就是由苏维埃建议和要求群众不仅积极参加一般规章、决议和法律的讨论,不仅监督它们的执行,而且还要直接执行这些规章、决议和法律;这就是说,要给每一个群众代表、每一个公民提供这样的条件,使他们既能参加国家法律的讨论,也能参加选举自己的代表,参加执行国家的法律。但决不能由此得出结论说,在下面的问题上可以容许有丝毫的混乱或无秩序现象:在每一具体场合由谁来负责一定的执行的职能,负责执行一定的命令,在一段时间内负责领导整个劳动的一定过程。群众应当有权为自己选举负责的领导者。群众应当有权撤换他

们。群众应当有权了解和检查他们活动的每一个细节。群众应当
有权推举任何工人群众承担执行的职能,但是这丝毫不是说,集体
的劳动过程可以不要一定的领导,不要明确规定领导者的责任,不
要由领导者的统一意志建立起来的严格秩序。如果没有统一的意
志把全体劳动者结合成一个像钟表一样准确地工作的经济机关,
那么无论是铁路、运输、大机器和企业都不能正常地进行工作。社
会主义是大机器工业的产物。如果正在实现社会主义的劳动群众
不能使自己的各种机构像大机器工业所应该做的那样进行工作,
那么也就谈不上实现社会主义了。正因为如此,所以在目前,当苏
维埃政权和无产阶级专政已经相当巩固的时候,当顽抗的敌人即
顽抗的剥削者的主要战线已被完全摧毁而再不能为害的时候,当
苏维埃机构在培养人民群众独立参加整个社会生活方面已经做了
足够的工作的时候,提上日程的任务就是把辩论、开群众大会同绝
对执行领导者的一切命令严格地区分开来,这就是说,把培养群众
去实行某项措施和监督这项措施的实施这一必要的、有益的并且
为任何一个苏维埃所完全认可的准备工作同实行措施本身区别开
来。现在群众能够(这是苏维埃给予的保证)掌握全部政权,并且
能够巩固这个政权。但是,为了避免目前我们深受其害的多头领
导和无人负责的现象,对每一项执行的职能我们都要确切地了解
究竟是哪些人被选上了负责的领导岗位,对整个经济机体的工作
负责。为此必须尽可能经常地、一有可能就确定由选举出来的负
责人员个人指挥整个经济机体。必须自愿地执行这个领导者的命
令,必须从既有辩论、开群众大会、执行命令,同时又有批评、检查、
纠正这种混合方式,过渡到机器企业极其正规的工作过程。俄国
绝大多数劳动公社、工人和农民群众正在开始执行或已经执行这

个任务了。苏维埃政权的任务,就是对现在正在到来的转变进行
解释并用法律肯定这种转变的必要性。

第 十 二 章

　　实际主义和求实精神在革命者中间是一个不大受欢迎的口
号,甚至可以说是最不受欢迎的口号。十分明显,当革命者的任务
是摧毁资本主义旧社会的时候,他们应当以否定和嘲笑的态度来
对待这个口号。因为实际上,这个口号当时是以某种形式来掩饰
同资本主义调和的意图,掩饰削弱无产阶级冲击资本主义基础和
反对资本主义的革命斗争的意图。十分明显,在无产阶级夺取政
权以后,在这个政权得到保障以后,在着手大规模地建设新的即社
会主义的社会的基础以后,情况不能不发生根本的变化。正像上
面所指出的,即使在目前我们也丝毫没有权利削弱说服人民群众
相信我们的主张正确的工作,削弱我们粉碎剥削者反抗的工作。
但是我们在执行这两项职能方面的主要工作已经完成了。现在讲
求实际和求实精神正是当前的主要口号。由此可见,吸收资产阶
级知识分子参加工作是当前一项迫切的和必要的任务。如果把这
个任务看成是什么政权的动摇,对社会主义原则的背离或者对资
产阶级不可容忍的妥协,那是荒唐可笑的。发表这种意见,就是毫
无意义地重复革命无产阶级政党在另一个完全不同的活动时期所
讲的话。恰恰相反,正是为了执行我们的革命任务,并且使这些任
务不致成为空想或天真的愿望,而能真正变成现实(能迅速得以实
现),正是为了这个目的,我们现在应当把组织工作中的讲求实际

和求实精神作为当前首要的、最主要的任务。现在的问题就在于从各方面实际地建造一座大厦,这座大厦的图样我们早已绘好,它的地基我们曾经奋力争夺并且已经牢固地夺取到了,大厦所用的材料我们已经备足,现在就应当搭起脚手架,穿上工作服,不要怕各种辅助材料弄脏衣服,严格执行实际工作的领导者的命令,应当把这座大厦建造,建造,再建造。

人们有时对于在确定我们的任务方面的上述转变是多么不理解,这也可从不久以前关于工会作用的争论[65]中看出。有这样一种观点(这种观点得到孟什维克的支持,当然他们的目的显然是进行挑拨,也就是想挑唆我们采取只对资产阶级有利的步骤),认为工会为了保持和巩固无产阶级的阶级独立性,就不应当成为国家的组织。这种观点用所谓劳动反对资本和必须保持无产阶级的阶级独立性等冠冕堂皇的、用惯了的、背得烂熟的词句作掩饰。实际上,不论过去和现在,这种观点不是资产阶级的赤裸裸的挑拨,就是根本不了解或盲目地重复昨天的口号,这只要分析一下目前历史时期已经改变的条件就可以明白。昨天,工会的主要任务是反对资本和捍卫无产阶级的阶级独立性。昨天的口号是不信任国家,因为那是资产阶级的国家。今天,国家正在成为并且已经成为无产阶级的国家。工人阶级正在成为并且已经成为国家的统治阶级。工会正在成为并且应当成为国家的组织,它首先担负着根据社会主义原则改造整个经济生活的责任。因此把旧的工会主义的口号用于当前的时代,就是放弃工人阶级的社会主义任务。

对合作社也应当这样说。合作社是商店,无论什么变动、改善和改革都改变不了这一点。资本主义时代使社会主义者习惯于这种观点。毫无疑问,当合作社还是资本主义制度这部机器上的一个小零件的时候,这种观点正确地反映了合作社的实质。但是问题也就在于:从无产阶级夺得国家政权的时候起,从无产阶级的国家政权着手有系统地建立社会主义制度的时候起,合作社的地位就起了原则性的根本变化。在这里,量转化为质。合作社作为资本主义社会中的一个小岛,它不过是一个小商店。如果合作社把土地实行了社会化、工厂实行了国有化的整个社会包括在内,那它就是社会主义。当资产阶级在政治上和经济上被剥夺以后,苏维埃政权的任务显然(主要)在于使合作社组织遍及整个社会,使本国的全体公民人人都成为一个全民合作社的社员,或者确切些说,成为全国性合作社的社员。如果我们借口工人合作社的阶级性质而取消这项任务,那我们就是从无产阶级已经取得政权的时代退回到没有取得政权的时代的反动分子。在资本主义存在的情况下,工人阶级在自己的政治活动和经济活动中表现了两种趋向。一种趋向就是在资本主义制度下过舒适的、不愁温饱的生活,这只有无产阶级中的少数上层分子才能做得到。另一种趋向是领导全体被剥削劳动群众用革命去推翻整个资本的统治。很明显,当第二种趋向取得胜利,资本已被推翻并且应当着手建立全民的社会主义的合作社的时候,我们对合作社运动的任务和条件的看法就要根本改变。我们应当同资产阶级的合作社达成协议,就像同无产阶级的合作社达成协议一样。我们用不着害怕。从我们这方面来说,害怕同资产阶级的合作社达成协议,那是可笑的,因为我们现在掌握着统治权。我们需要这样的协议,以便找到切实可行的、方便的、对我们适合的形式,从局部的零散的合作社过渡到统一的全民合作社。我们既然掌握了国家政权,就用不着害怕同资产阶级合作社达成协议,因为这种协议必然使它们服从我们。同时,我们应当了解,我们代表新的无产阶级国家政权,工人阶级已经成为现在在国家中居统治地位的阶级。因此,工人合作社应当领导使单个的合作社转变为统一的全民合作社的运动。工人阶级不应当脱离其他部分居民,而应当领导毫无例外的各部分居民,使他们个个都参加统一的全民合作社。要做到这一点,需要哪些实际的、直接可行的过渡措施,这是另外一个问题。但是应当明确地认识到并且断然决定,现在全部问题就在于这个实际的过渡,无产阶级国家政权应当着手做这项工作,用实际经验检验这一过渡的各种改革措施,并且不惜任何代价实现这个过渡。

第 十 三 章

在讨论整顿劳动者的纪律和自觉纪律的问题时,特别应当指出法院在目前所起的重要作用。在资本主义社会里,法院主要是压迫机构,是资产阶级的剥削机构。因此,无产阶级革命的绝对义务,不是改良司法机关(立宪民主党人及其应声虫孟什维克和右派社会革命党人只是局限于这个任务),而是要完全消灭和彻底摧毁全部旧的法院和它的机构。十月革命已经完成了而且是顺利地完成了这个必要的任务。它着手创立新的人民法院,确切些说,建立在被剥削劳动者阶级(仅仅是这些阶级)参加国家管理的原则上的苏维埃法院,来代替旧的法院。新的法院之所以必要,首先是为了对付那些企图恢复自己的统治或维护自己的特权,或者用明骗暗窃的手段来谋得部分特权的剥削者。除此以外,如果法院真正是按照苏维埃机关的原则组织起来的,它还担负着另一项更重要的任务。这项任务就是保证劳动者的纪律和自觉纪律得到严格的执行。如果我们设想,这种任务在资产阶级政权垮台的第二天,也就是在由资本主义向社会主义过渡的第一阶段内就能实现,或者不用强制就能实现,那我们就是可笑的空想家。这种任务不用强制是根本不能完成的。我们需要国家,我们需要强制。苏维埃法院应当成为无产阶级国家实行这种强制的机关。苏维埃法院还应当担负起教育居民遵守劳动纪律的巨大任务。在这方面我们还做得非常少,确切些说,几乎没有做什么。我们应当最广泛地建立这种法院,并且使它们的活动扩展到国内的整个劳动生活中去。只有这样的法院,在最广大的被剥削劳动群众的参加下,才能通过与苏维埃政权的原则相适应的民主形式,使遵守纪律和自觉纪律的愿望不致成为空洞的愿望。只有这样的法院,才能使我们有革命的政权。当我们谈到无产阶级专政的时候,我们大家在口头上都认为要有这样的政权,但我们在周围经常看到的却不是这样的政权,而是一摊糨糊似的东西。话又说回来,如果把我们现在所处的社会状态不是比做糨糊,而是比做为炼出更坚硬的合金而回炉的金属会更恰当一些。

第 12 章的一部分载于 1926 年 7 月 3 日《真理报》第 150 号;第 10(部分)、11、12、13 章载于 1929 年 4 月 14 日《真理报》第 86 号

译自《列宁全集》俄文第 5 版第 36 卷第 127—164 页

苏维埃政权的当前任务⁶⁶

(1918 年 4 月)

俄罗斯苏维埃共和国的国际环境和社会主义革命的基本任务

俄罗斯苏维埃共和国取得了和平(虽然是条件极其苛刻和极不稳固的和平),因而有可能在一段时间内把自己的力量集中到社会主义革命最重要和最困难的方面,即集中到组织任务上来。

在莫斯科举行的苏维埃非常代表大会 1918 年 3 月 15 日通过的决议第 4 段(第 4 部分),在谈到劳动者的自觉纪律以及同混乱和组织涣散现象作无情的斗争的那一段(或那一部分),已经把这个任务向一切被压迫劳动群众明确地提出来了。^①

俄罗斯苏维埃共和国得到的和平不稳固,自然不是由于它现在想要恢复军事行动;除资产阶级反革命分子及其应声虫(孟什维克等等)外,没有一个头脑健全的政治家会想到这种事情。和平不稳固,是由于在东西两面同俄国接壤的、拥有强大军事力量的帝国主义国家里,主战派随时可能占上风,俄国的暂时虚弱使他们跃跃欲试,仇视社会主义和酷嗜抢劫的资本家们也在怂恿他们。

---

① 见本卷第 114—115 页。——编者注

1918年4月列宁《苏维埃政权的当前任务》小册子的手稿第1页
（按原稿缩小）

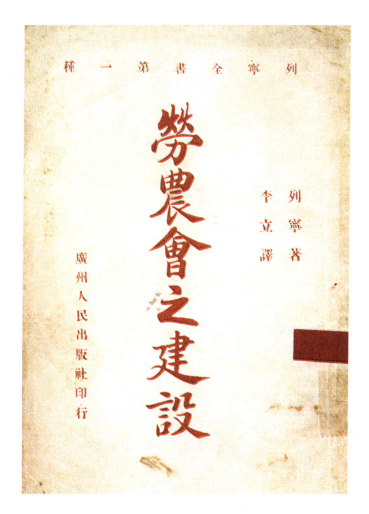

中国共产党创办的人民出版社 1921 年在上海出版的
列宁《苏维埃政权的当前任务》中译本（当时译《劳农会之建设》）

在这种情况下,帝国主义列强之间已经白热化的纠纷,对于我们说来,才是实际的而不是纸上的和平保证。这种纠纷一方面表现在西欧各国间的帝国主义大厮杀在重新进行,另一方面表现为日美争夺太平洋及其沿岸地区的霸权的帝国主义竞争极其剧烈。

很明显,防御力如此薄弱的我们苏维埃社会主义共和国,处于极不稳固、十分危急的国际环境中。我们必须竭尽全力利用客观条件的凑合给我们造成的喘息时机,医治战争带给俄国整个社会机体的极其严重的创伤,发展国家的经济。不这样做,就谈不到使国防力量真正有所增强。

同样很明显,我们对西欧由于种种原因而迟迟尚未爆发的社会主义革命能给予多少重大的援助,全看我们对面临的组织任务解决得如何。

顺利解决我们当前首要的组织任务的基本条件,就是要使人民的政治领导者即俄国共产党(布尔什维克)党员以及劳动群众中一切觉悟的分子,能够完全理解过去的历次资产阶级革命同现在的社会主义革命在这一方面的根本区别。

在资产阶级革命中,劳动群众的主要任务,是完成消灭封建制度、君主制度、中世纪制度这种消极的或者说破坏性的工作。组织新社会的积极的或者说建设性的工作,是由占人口少数的有产者即资产者来完成的。他们能够不顾工人和贫苦农民的反抗而比较容易地完成这种任务,原因不仅在于受资本剥削的群众由于自身的涣散和不成熟,当时的反抗极其微弱,而且还在于自发地向广度和深度发展的国内市场和国际市场是在无政府状态中建立起来的资本主义社会的基本组织力量。

相反,在任何社会主义革命中,因而也在我们于1917年10月

25日所开始的俄国社会主义革命中,无产阶级和它所领导的贫苦农民的主要任务,却是进行积极的或者说创造性的工作,就是要把对千百万人生存所必需的产品进行有计划的生产和分配这一极其复杂和精密的新的组织系统建立起来。这种革命,只有在人口的大多数首先是劳动群众的大多数进行独立的历史创造活动的条件下,才能顺利实现。只有在无产阶级和贫苦农民能够表现充分的自觉性、思想性、坚定性和忘我精神的情况下,社会主义革命的胜利才有保障。我们建立了使被压迫劳动群众能够十分积极地参加独立建设新社会的新型的国家,即苏维埃类型的国家,这还只是解决了困难任务的一小部分。主要的困难是在经济方面:对产品的生产和分配实行最严格的普遍的计算和监督,提高劳动生产率,使**生产在事实上社会化**。

———

现在成为俄国执政党的布尔什维克党的发展特别明显地表明,我们正在经历什么样的历史转折,这一转折构成目前政治局势的特点,要求苏维埃政权确定新的方针,就是说,以新的方式提出新的任务。

任何一个代表着未来的政党的第一个任务,都是说服大多数人民相信其纲领和策略的正确。无论在沙皇制度时代或在切尔诺夫之流、策列铁里之流同克伦斯基之流、基什金之流妥协的时期,这个任务都曾占据首要地位。现在这个任务当然还远未完成(而且无论何时都不会彻底完成),但是大体上已经解决了,因为在莫斯科举行的最近一次苏维埃代表大会已经无可争辩地证明,俄国大多数工人农民明显地站在布尔什维克方面。

我们党的第二个任务,是夺取政权和镇压剥削者的反抗。这个任务也远没有彻底完成。因此对这个任务不能忽视，因为君主派和立宪民主党人以及他们的应声虫和走卒孟什维克和右派社会革命党人，仍然试图联合起来推翻苏维埃政权。可是，镇压剥削者反抗这个任务，在 1917 年 10 月 25 日到（大约）1918 年 2 月或者说到鲍加耶夫斯基投降这个时期中，已经大体上解决了。

现在，构成目前时局特点的第三个迫切任务提上了日程，这就是组织对俄国的**管理**。当然，我们在 1917 年 10 月 25 日的第二天，就已经提出并且着手解决这个任务，可是在过去这段时间里，剥削者还采取公开的内战形式进行反抗，管理的任务**不可能**成为**主要的中心的**任务。

现在它已经成为这样的任务了。我们布尔什维克党已经**说服**了俄国。我们已经**夺回了俄国**——为了穷人，为了劳动者，从富人手里，从剥削者手里夺回了俄国。现在我们应当**管理**俄国。目前时局的全部特点，全部困难，就是要了解从主要任务是说服人民和用武力镇压剥削者转到主要任务是**管理**这一**过渡的特征**。

一个社会主义政党能够做到大体上完成夺取政权和镇压剥削者的事业，能够做到**直接着手管理**任务，这在世界历史上是第一次。我们应该不愧为完成社会主义革命的这个最困难的（也是最能收效的）任务的人。应该**考虑到**，要有成效地进行管理，**除了善于说服**，除了善于在内战中取得胜利，还必须善于**实际地进行组织工作**。这是一项最困难的任务，因为这是要用新的方式去建立千百万人生活的最深刻的经济的基础。这也是一项最能收效的任务，因为只有解决（大体上和基本上解决）这项任务**以后**，才可以说，俄国不仅**成了**苏维埃共和国，而且**成了**社会主义共和国。

当前的总口号

条件极其苛刻和不稳固的和平，战争和资产阶级统治（其代表为克伦斯基和支持他的孟什维克以及右派社会革命党人）遗留给我们的极其严重的经济破坏、失业和饥荒，——这一切所造成的上述客观形势，必然使广大劳动群众十分疲惫，甚至精疲力竭。他们迫切要求（也不能不要求）一定的休息。现在提上日程的是恢复被战争和资产阶级统治所破坏的生产力，医治由战争、军事失败、投机活动和资产阶级妄图恢复被推翻的剥削者政权的行径所造成的创伤，发展国家的经济，稳固地维持基本秩序。苏维埃政权目前只有排除资产阶级、孟什维克和右派社会革命党人的反抗，实际解决这些维持社会生活的基本的和最基本的任务，才能保障俄国向社会主义过渡，——这看来好像是一种怪论，但事实上，在上述客观条件下，这却是毫无疑义的。现在，由于当前形势的具体特点，由于有了苏维埃政权及其关于土地社会化、工人监督等等法令，实际解决这些最基本的任务同克服走向社会主义的最初步骤的组织工作上的困难，已经成为同一个事物的两个方面。

精打细算，节俭办事，不偷懒，不盗窃，遵守最严格的劳动纪律——正是这些从前被资产阶级用来掩饰他们这个剥削阶级的统治时受到革命无产者的正当讥笑的口号，现在，在推翻资产阶级以后，已变成当前迫切的主要的口号。一方面，劳动**群众**切实实现这些口号，是挽救被帝国主义战争和帝国主义强盗（以克伦斯基为首）弄得半死的国家的**唯一**条件；另一方面，**苏维埃**政权用**自己的**

方法,根据**自己的**法令来切实实现这些口号,又是取得社会主义最终胜利所必需的和**足够的**条件。那些鄙夷地拒绝把这些如此"陈腐的"和"庸俗的"口号提到首要地位的人,正是不善于了解这个道理。在推翻了沙皇制度仅仅一年、摆脱克伦斯基之流还不到半年的小农国家里,当然还有不少自发的无政府主义(每一次长期的和反动的战争带来的野蛮残暴行为更加强了这种无政府主义),还产生了不少悲观绝望和无端愤怒的情绪;如果再加上资产阶级的走狗(孟什维克、右派社会革命党人等等)的挑拨政策,那么,非常明显,要使群众的情绪完全转变,要使群众转到正规的、坚持不懈的、有纪律的劳动,优秀的和最觉悟的工人和农民需要作出多么长期而顽强的努力。只有贫苦群众(无产者和半无产者)实现了这种转变,才能完全战胜资产阶级,尤其是最顽固的和人数众多的农民资产阶级。

同资产阶级斗争的新阶段

资产阶级在我国已被击败,可是还没有根除,没有消灭,甚至还没有彻底摧毁。因此,同资产阶级斗争的新的更高形式便提到日程上来了,要由继续剥夺资本家这个极简单的任务转到一个更复杂和更困难得多的任务,就是要造成使资产阶级既不能存在也不能再产生的条件。很明显,这个任务是重大无比的,这个任务不完成,那就还没有社会主义。

拿西欧革命的规模来比较,我们现在大约处于1793年和1871年达到的水平。我们完全有理由引以自豪的是:我们达到了这种水平,并且在一个方面无疑还超过了一些,这就是用法令确认并在全国各地建立了最高的国家**类型**——苏维埃政权。但是我们绝不能满足于已经取得的成绩,因为我们仅仅是开始向社会主义过渡,而在**这**方面我们**还没有**做出有决定意义的事情。

有决定意义的事情是对产品的生产和分配组织最严格的全民计算和监督。但是在从资产阶级手里夺取过来的那些企业、经济部门和经济领域中,我们**还没有**做到计算和监督。而不做到这一点,便谈不到实施社会主义的另一个同样非常重要的物质条件,即在全国范围内提高劳动生产率。

因此,不能以继续向资本进攻这个简单的公式来规定当前的任务。虽然资本显然还没有被我们彻底击败,虽然向劳动者的这个敌人继续进攻也是绝对必要的,但这样规定当前任务就会不确切,不具体,其中没有估计到目前时局的**特点**:为了**今后**进攻的胜利,**目前**应当"暂停"进攻。

这一点可以打个比喻来说明。我们在反资本战争中的状况好比一支打胜仗的军队的状况,它已经从敌人手中夺取了比如一半或三分之二的地盘,它必须暂停进攻,以便聚集力量,增加武器弹药的储备,修理和加固交通线,建筑新的仓库,调集新的后备军等等。在这种情况下,打胜仗的军队暂停进攻,正是为了夺取敌人其余的地盘,即为了取得完全胜利所必需的。目前客观形势要求我们的正是要这样"暂停"向资本的进攻,谁不懂得这一点,那他就是完全不了解目前的政治局势。

当然,所谓"暂停"向资本的进攻只能是带引号的,只是个比喻。在通常的战争中,可以下一道暂停进攻的通令,可以实际停止前进。而在反资本的战争中,却不能停止前进,也谈不上我们不再继续剥夺资本。这里讲的是改变我们经济工作和政治工作的**重心**。在此以前,居**首要地位**的是直接剥夺剥夺者的措施。现在居**首要地位**的是在资本家已被剥夺的那些企业和其余一切企业中组织计算和监督。

如果我们现在想用以前的速度继续剥夺资本,那我们一定会失败,因为我们组织无产阶级的计算和监督的工作显然**落后于直接**"剥夺剥夺者"的工作,而这是任何一个有头脑的人都看得很清楚的。如果我们现在竭尽全力进行组织计算和监督的工作,我们就能解决这个任务,就能弥补疏忽了的事情,就能赢得我们反资本的**整个**"战役"。

但是,我们承认必须弥补疏忽了的事情,是否等于承认某些事情做错了呢? 丝毫不是。我们再拿军事作比喻吧。如果单用轻骑兵就能够击溃并且击退敌人,那就应该这样做。但是,如果这样做只能取得一定限度的胜利,那就完全可以想见,要超出这个限度,就有必要调来重炮兵。我们承认现在应该弥补以前没有调来重炮兵这件疏忽了的事情,这绝不是承认轻骑兵的胜利的进攻是一个错误。

资产阶级的走狗常常责骂我们对资本采取"赤卫队式的"进攻。这种责骂是荒谬的,只能出于富人的走狗之口。因为对资本采取"赤卫队式的"进攻,是**当时**的情况所绝对要求的:第一,**当时**资本是通过克伦斯基和克拉斯诺夫、萨文柯夫和郭茨、杜托夫和鲍加耶夫斯基等人进行军事反抗(格格奇柯利直到目前还在进行这样的反抗)。粉碎军事反抗非用军事手段不可,赤卫队正是完成了使被剥削劳动者摆脱剥削者压迫的极其崇高伟大的历史事业。

第二,当时我们不能把管理的方法摆在首要地位来代替镇压的方法，还因为管理的艺术并不是人们生来就有，而是从经验中得来的。当时我们还没有这种经验。而现在已经有了。第三，当时我们还不可能支配各种学术和技术领域的专家，因为他们或者是在鲍加耶夫斯基之流的队伍中作战，或者是还能用**怠工**不断进行顽强的消极反抗。现在我们已经粉碎了怠工。对资本采取"赤卫队式的"进攻收到了成效，获得了胜利，因为我们既战胜了资本的军事反抗，又战胜了资本的怠工反抗。

这是不是说对资本采取"赤卫队式的"进攻在**任何时候**和**任何**形势之下都是适当的，是不是说我们**没有**其他办法同资本作斗争呢？这样想是幼稚无知。我们用轻骑兵获得了胜利，可是我们也有重炮兵。我们用镇压的方法获得了胜利，我们也能够用管理的方法获得胜利。形势改变了，对敌斗争的方法也要善于改变。我们一分钟也不放弃采用"赤卫队"镇压萨文柯夫之流和格格奇柯利之流先生们以及其他一切地主和资产阶级反革命分子。可是，我们并不会如此愚蠢，竟在需要用赤卫队进攻的时代已经基本结束（而且已经胜利地结束），无产阶级国家政权利用资产阶级专家来重耕土壤，使它绝不能再生长任何资产阶级这种时代已经来到的时候，还把"赤卫队式的"方法摆在首要地位。

这是发展过程中的一个特殊时代，或者确切些说，这是发展过程中的一个特殊阶段，要彻底战胜资本，就应该善于使我们的斗争形式适合这个阶段的特殊情况。

没有各种学术、技术和实际工作领域的专家的指导，向社会主义过渡是不可能的，因为社会主义要求广大群众自觉地在资本主义已经达到的基础上向高于资本主义的劳动生产率迈进。社会主义应该**按照自己的方式**，用自己的方法——具体些说，用**苏维埃的**

方法——来实现这种迈进。而专家大多数必然是资产阶级的，这是把他们培养成为专家的整个社会生活环境造成的。如果我们无产阶级在掌握政权后迅速地在全民范围内解决了计算、监督和组织的任务（当时由于战争和俄国的落后，这是无法实现的），那么，在粉碎了怠工以后，我们就能用普遍的计算和监督的方法使资产阶级专家也完全服从我们。由于整个计算和监督工作搞得相当"晚"，我们虽然已经战胜了怠工，但**还没有**造成使资产阶级专家受我们支配的局面；大多数怠工者虽然"上班"了，但是国家要利用优秀的组织家和最大的专家只有两种方式：或是按照旧的方式，资产阶级的方式（即付给高额报酬），或是按照新的方式，无产阶级的方式（即造成全民计算和自下而上的监督的局面，这样就必然而且自然地使这些专家服从，并把他们吸引过来）。

现在我们不得不采用旧的资产阶级的方式，同意对资产阶级最大的专家的"服务"付给高额报酬。熟悉情况的人都看到了这一点，但并不是所有的人都仔细考虑到无产阶级国家采用这种办法的意义。显然，这种办法是一种妥协，是对巴黎公社和任何无产阶级政权的原则的背离，这些原则要求把薪金降到中等工人工资的水平，要求在事实上而不是在口头上同名利思想作斗争。

不仅如此。显然，这种办法不只是在一定的部门和一定的程度上暂停向资本的进攻（因为资本不是一笔货币，而是一定的社会关系），而且还是我们社会主义苏维埃国家政权**后退了一步**，因为这个政权一开始就曾宣布并实行了把高额薪金降低到中等工人工资水平的政策[67]。

自然，资产阶级的走狗，尤其是像孟什维克、新生活派和右派社会革命党人这帮下等奴仆，会因为我们承认后退了一步而耻笑我们。可是我们丝毫用不着去理睬这种耻笑。我们应该研究走向社会主义这一极端困难的新道路的特点，不要掩盖我们的错误和弱点，而要努力及时做完尚未完成的事情。用非常高的薪金吸引资产阶级专家是对公社原则的背离，如果对群众隐瞒这一点，那就是堕落到资产阶级政客的水平，那就是欺骗群众。公开说明我们怎样和为什么后退了一步，然后公开讨论，有什么办法可以弥补疏忽了的事情，——这就是教育群众，同他们一块从实际经验中学习建设社会主义。在历史上任何一次胜利的战役中，胜利者未必没有犯过个别的错误，遭受过局部的失败，在某一方面和某一地方暂时后退过。而我们所进行的反对资本主义的"战役"，比最困难的战役还要困难百万倍，如果因为部分和局部的后退就垂头丧气，那是愚蠢而可耻的。

我们从实际方面来看这个问题。假设俄罗斯苏维埃共和国需要 1 000 名各种学术、技术和实际工作领域的第一流的学者和专家来指导国民劳动，以便尽快地发展国家的经济。假设应当付给这些"头等明星"——当然，其中大多数叫喊工人腐化叫得最凶的人，他们自己就是受资产阶级道德腐化最深的人——每年每人 25 000 卢布。假设这个总数（2 500 万卢布）增加一倍（假定对成绩特别优良而迅速地完成了最重要的组织技术任务的人给以奖金），或者甚至再加三倍（假定还要聘请几百个要价更高的外国专家）。试问，为了按照最新的科学技术改组国民劳动，苏维埃共和国每年花费 5 000 万或 1 亿卢布，能不能说是花费过多或担负不起呢？当然不能。绝大多数觉悟的工人农民会赞成花这笔钱，因为他们从实际生活中认识到：我们的落后使我们不能不损失数十亿卢布，而在组织、计算和监督方面，我们**还没有**达到能使资产阶级知识界的"明星"人人自愿来参加**我们的**工作的程度。

当然,问题还有另外一面。高额薪金的腐化作用既影响到苏维埃政权(尤其在急剧变革的情况下,不会没有相当数量的冒险家和骗子混入这个政权,他们和各种委员当中那些无能的或者无耻的人,也是乐意充当"明星"——盗窃公产的"明星"的),也影响到工人群众,这是无可争辩的。可是,每一个有头脑的正直的工人和贫苦农民都会同意我们的做法,都会认识到:要一下子摆脱资本主义的遗毒是办不到的;要使苏维埃共和国免除5 000万或1亿卢布的"贡赋"(因我们在组织**全民**计算和**自下而上**的监督工作上的落后而付出的贡赋),就只有组织起来,整顿自己队伍的纪律,清除自己行列中一切"保存资本主义遗产"、"拘守资本主义传统"的人,即清除一切懒汉、寄生虫、公产盗窃者(现在一切土地、一切工厂、一切铁路都是苏维埃共和国的"公产")。如果觉悟的先进的工人和贫苦农民在苏维埃机关帮助之下,能够在一年内组织起来,有了纪律,振奋起精神,建立起强有力的劳动纪律,那么,一年以后我们便能免除这项"贡赋",甚至在这之前,随着我们工人农民的劳动纪律和组织性的提高,就能缩减这种"贡赋"。我们工人农民通过利用资产阶级专家,自己愈快地学会最好的劳动纪律和高级劳动技术,我们就能愈快地免除向这些专家交纳的一切"贡赋"。

在无产阶级领导下组织对产品的生产和分配的全民的计算和监督方面,我们的工作大大地落后于我们直接剥夺剥夺者的工作。这种状况对于了解目前时局的特点和由此产生的苏维埃政权的各种任务是一个关键。反对资产阶级的斗争的重心正在转移到组织这种计算和监督的工作上来。只有从这一点出发,才能在银行国有化、垄断对外贸易、国家监督货币流通、征收在无产阶级看来是适当的财产税和所得税以及在实行劳动义务制方面，正确规定经济政策和财政政策的当前任务。

在这些方面（而这都是极其重要的方面）的社会主义改造工作上，我们还极为落后。其所以落后，正是因为整个计算和监督没有充分地组织起来。自然，这是最困难的任务中的一项任务，在战争所造成的经济破坏的情形下，这项任务只有经过长时期才能解决，可是，不能忘记，资产阶级，尤其是人数众多的农民小资产阶级，恰恰是在这里同我们进行最严重的较量，他们破坏正在建立的监督，例如破坏粮食垄断，夺取阵地进行投机活动和投机买卖。我们已经用法令规定的事情还远没有充分实现，而目前的主要任务，就是要集中全力，认真地切实**实现**那些已经成为法令（可是还没有成为事实）的改造原则。

要继续实行银行国有化，坚决地把银行变为社会主义制度下的公共簿记的枢纽机关，首先而且最重要的是做出下列的实际成果：增加人民银行分行的数量，吸收存款，简化储户存款取款的手续，消灭"排队"现象，逮捕和**枪毙**受贿者和骗子等等。先把最简单的事情切实做好，把目前的事情安排好，然后再准备做比较复杂的事情。

巩固并且整顿那些已经实行了国家垄断的事业（如粮食垄断、皮革垄断等等），借此准备实行对外贸易的国家垄断；没有这种垄断，我们就不能用交纳"贡赋"的办法"摆脱"外国资本[68]。而社会主义建设是否可能，就全看我们能否在一定的过渡时期内，用向外国资本交纳一些贡赋的办法保护自己国内经济的独立。

一般的征税工作，特别是征收财产税和所得税的工作，我们也非常落后。向资产阶级征收特别税（这是一项在原则上完全可行并且得到无产阶级赞同的措施)表明,我们在这一方面仍然更接近于夺取的方法(为了穷人,从富人手里把俄国夺取回来的方法),而不是管理的方法。可是,我们要想更加强大,要想更稳固地站住脚,就必须转而采用这后一种方法,就必须用常规的、照章征收的财产税和所得税来代替向资产阶级征收特别税的办法。这能给无产阶级国家**更多的**好处,但也要求我们有更高的组织程度,有更完善的计算和监督。**69**

我们实行劳动义务制过迟再一次表明,当前迫切需要着手的正是组织准备工作,这项工作一方面是要彻底巩固已得的成果,另一方面也是为准备一次"包围"资本并迫使它"投降"的战役所必需的。我们应该立刻开始实行劳动义务制,但在实行时应当十分慎重,逐步进行,用实际经验检验每一步骤,而且,第一步当然是**对富人实行劳动义务制**。对每个资产者(农村资产者也在内)建立劳动消费收支手册,将是进到完全"包围"敌人和建立对产品的生产和分配的真正全民计算和监督的一个重大步骤。

为全民计算和监督而斗争的意义

千百年来,国家都是压迫人民和掠夺人民的机关,它留给我们的遗产是群众对国家的一切极端仇视和不信任。克服这一点,是个非常困难的任务,只有苏维埃政权才能胜任,然而就是苏维埃政权也需要经过很长的时间和坚韧不拔的努力。在计算和监督的问题上,即在推翻资产阶级以后社会主义革命立即面临的这个根本问题上,这个"遗产"的影响表现得特别尖锐。推翻地主和资产阶级之后第一次感受到自由的群众，必然要经过一段时间才能认识（不是根据书本，而是根据亲身的**苏维埃的**经验）并且**感受到**：对产品的生产和分配不实行全面的国家计算和监督，劳动者的政权、劳动者的自由就**不能维持**，重新受资本主义的压迫**就不可避免**。

资产阶级尤其是小资产阶级的一切习惯和传统，也是反对**国家**监督而主张"神圣的私有财产"和"神圣的"私有企业不可侵犯。现在我们看得特别明显：马克思主义关于无政府主义和无政府工团主义是**资产阶级**思潮的论点是多么正确，这些思潮同社会主义、无产阶级专政和共产主义的矛盾是多么不可调和。努力把由**苏维埃**即国家实行监督和计算的思想灌输到群众中去，力求实现这种思想，力求破除把获得衣食看做"私"事，把买卖看做"只是与我有关"的这种旧时恶习，——这是一场具有全世界历史意义的极其伟大的斗争，是社会主义自觉性反对资产阶级无政府主义自发性的斗争。

我们已经把工人监督制定为法律，可是它刚刚开始深入无产阶级广大群众的生活，甚至刚刚开始深入他们的意识。在产品的生产和分配方面没有表报，没有监督，就是扼杀社会主义的幼芽，就是盗窃公产（因为现在一切财产都属于公家，而公家也就是苏维埃政权，即大多数劳动群众的政权）；对计算和监督漫不经心就是直接帮助德国的和俄国的科尔尼洛夫之流，因为**只有**在我们解决不了计算和监督的任务的情况下，这些人才能推翻劳动者的政权，他们正在全体农民资产阶级的帮助下，在立宪民主党人、孟什维克、右派社会革命党人的帮助下"窥伺着"我们，待机而动，——以上这些情况，我们在鼓动工作中说得不够，先进的工人和农民也想得不够，说得不够。可是只要工人监督还没有成为事实，只要先进工人还没有对破坏这种监督或对监督掉以轻心的人组织并开展胜利的和无情的斗争,就不能从走向社会主义的第一步(从工人监督)进到第二步,即转到工人调节生产。

社会主义国家只能在以下情况下产生:它已经成为一个生产消费公社网,这些公社诚实地计算自己的生产和消费,节省劳动,不断提高劳动生产率,因而能够把工作日缩短到每天7小时或6小时以至更少。这就非搞好对**粮食**和**粮食生产**(然后,再对一切其他必需品)的最严格的、无所不包的全民计算和监督不可。资本主义留给我们一种便于过渡到对产品分配实行广泛的计算和监督的群众组织——消费合作社。在俄国,这种组织不像在先进国家里那样发达,可是还是拥有1000万以上的社员。前几天颁布的关于消费合作社的法令[70],是一件非常有意义的事情,它清楚地表明了苏维埃社会主义共和国目前形势和任务的特点。

这个法令是同资产阶级合作社以及仍然持资产阶级观点的工人合作社达成的一种协议。说它是协议或妥协,是因为第一,上述这些组织的代表不仅参加了法令的讨论,而且实际上还取得了表决权,法令中有一部分条文因受到这些组织的坚决反对而删掉了。第二,这种妥协实质上就是苏维埃政权放弃了免费入社的原则(这是唯一的彻底无产阶级的原则),而且还放弃了一地全体居民加入**一个**合作社的原则。放弃这个同消灭阶级的任务相符合的唯一的社会主义原则,就给了"工人的阶级合作社"(这些合作社在这种场合叫"阶级合作社",只是因为它们服从资产阶级的阶级利益)继续存在的权利。最后,苏维埃政权所提出的把资产阶级从合作社管理委员会完全排除出去的条文也大大放宽了,只禁止私人资本主义性质的工商企业的老板进入合作社管理委员会。

如果无产阶级通过苏维埃政权已经搞好了全国范围内的计算和监督，或者至少是搞好了这种监督的基础，那就不会有作这种妥协的必要。那时我们就能通过各地苏维埃的粮食部门，通过各地苏维埃下设的供给机关，使居民都参加统一的受无产阶级领导的合作社，而用不着资产阶级合作社的协助，用不着对纯粹资产阶级的原则让步，这种原则使得工人合作社仍然与资产阶级合作社**同时并存，而不是**使这个资产阶级合作社完全服从自己，把两种合作社合并起来，**自己掌握全部**管理权，**自己**监视富人的消费。

苏维埃政权同资产阶级合作社达成这种协议时，具体确定了自己在目前发展阶段上的策略任务和特殊的工作方法：领导资产阶级分子，利用他们，对他们作某些局部的让步，这样我们就能创造向前进展的条件，这种进展比我们最初预计的要缓慢些，但是会更稳固，能更可靠地保证根据地和交通线，更好地巩固已经夺得的阵地。苏维埃现在能够（**而且应该**）用一种非常明显、简单、实际的尺度测量自己在社会主义建设事业上的成绩，这就是看合作社的发展有多少村社（公社或村庄、街区等等）以及在何种程度上接近于包括全体居民。

提高劳动生产率

在任何社会主义革命中，当无产阶级夺取政权的任务解决以后，随着剥夺剥夺者及镇压他们反抗的任务大体上和基本上解决，必然要把创造高于资本主义的社会结构的根本任务提到首要地位，这个根本任务就是：提高劳动生产率，因此（并且为此）就要有更高形式的劳动组织。我们苏维埃政权正处于这样一种形势：它已经战胜了剥削者——从克伦斯基到科尔尼洛夫，因而有可能立即开始解决这项任务，直接着手执行这项任务。这里也立刻可以看出，夺取国家中央政权可以只花几天工夫，在这个大国的各个角落镇压剥削者的军事反抗（和怠工反抗）可以只用几个星期，而要切实地解决提高劳动生产率的任务，至少（尤其是在极其残酷和带来极大破坏的战争以后）需要几年的工夫。这个工作的长期性完全是由客观情况决定的。

提高劳动生产率，首先需要保证大工业的物质基础，即发展燃料、铁、机器制造业、化学工业的生产。俄罗斯苏维埃共和国所处的条件非常优越，甚至在布列斯特和约以后也还拥有丰富的资源，如矿石（乌拉尔一带）、燃料（西西伯利亚的煤、高加索和俄国东南部的石油以及中部地区的泥炭）、极丰富的森林、水力、化学工业原料（卡拉布加兹湾）等等。用最新技术来开采这些天然富源，就能造成生产力空前发展的基础。

提高劳动生产率的另一种条件就是：第一，提高居民群众的文化教育水平。现在这一工作正在突飞猛进，那些被资产阶级陈腐观念所蒙蔽的人看不到这一点，他们不能了解，由于存在苏维埃组织，现在人民"下层"中的求知热情和首创精神是多么高涨。第二，提高劳动者的纪律、工作技能、效率、劳动强度，改善劳动组织，这也是发展经济的条件。

在这一方面，我们的情况特别不好，要是相信那些被资产阶级吓倒或为私利而替资产阶级效劳的人的说法，甚至是没有希望的。这些人不懂得，从来没有而且也不会有一种革命是不被旧事物拥护者责骂为崩溃和无政府状态等等的。自然，刚刚摆脱空前残酷压迫的群众,他们的情绪是沸腾激昂的;要群众培植出劳动纪律的新基础是一个很长的过程,在没有完全战胜地主和资产阶级以前,这种工作甚至还不可能开始。

我们绝不受资产者和资产阶级知识分子(他们对保住自己旧有的特权已经绝望)所散布的、往往是制造出来的那种悲观失望情绪的影响,可是,无论如何我们都不应该掩盖明显的坏事。恰恰相反,我们要揭发它,加强用苏维埃的方法同它斗争,因为如果无产阶级自觉的纪律性不能战胜自发的小资产阶级无政府状态——克伦斯基分子和科尔尼洛夫分子可能复辟的真正保证,社会主义的胜利便不能设想。

俄国无产阶级最觉悟的先锋队,已经给自己提出了加强劳动纪律的任务。例如五金工会中央委员会和工会中央理事会,已经开始制定相应的办法和法令草案[71]。这项工作应该加以支持和全力推进。目前应当提上日程的是实际采用和试行计件工资[72],采用泰罗制中许多科学的先进的方法,以及使工资同产品的总额或铁路水路运输的经营总额等等相适应。

同先进民族比较起来,俄国人是比较差的工作者。在沙皇制度统治下和农奴制残余存在的时候,情况不可能不是这样。学会工作,这是苏维埃政权应该充分地向人民提出的一项任务。资本主义在这方面的最新成就泰罗制,同资本主义其他一切进步的东西一样,既是资产阶级剥削的最巧妙的残酷手段,又包含一系列的最丰富的科学成就,它分析劳动中的机械动作,省去多余的笨拙的动作,制定最适当的工作方法,实行最完善的计算和监督方法等等。苏维埃共和国无论如何都要采用这方面一切有价值的科学技术成果。社会主义能否实现,就取决于我们把苏维埃政权和苏维

埃管理组织同资本主义最新的进步的东西结合得好坏。应该在俄
国组织对泰罗制的研究和传授,有系统地试行这种制度并使之适
用。在着手提高劳动生产率的同时,还要考虑到从资本主义到社
会主义的过渡时期的特点。这些特点一方面要求为按社会主义方
式组织竞赛奠定基础,另一方面要求采取强制手段,使无产阶级专
政这个口号不致为无产阶级政权在实践中的软弱无力所玷污。

组 织 竞 赛

　　说社会主义者否认竞赛的意义,这是资产阶级谈到社会主义
时喜欢散布的一种谬论。实际上只有社会主义,通过消灭阶级因
而也消灭对群众的奴役,第一次开辟了真正大规模竞赛的途径。
正是苏维埃组织从资产阶级共和国形式上的民主转到劳动群众实
际参加**管理**,才第一次广泛地组织竞赛。在政治方面实行竞赛比
在经济方面容易得多,可是为了社会主义的胜利,重要的正是经济
方面的竞赛。

　　就拿公开报道这样一种组织竞赛的方法来讲吧。资产阶级共
和国只是在形式上保证这点,实际上却使报刊受资本的支配,拿一
些耸人听闻的政治上的琐事供"小百姓"消遣,用保护"神圣财产"
的"商业秘密"掩盖作坊中、交易中以及供应等等活动中的真实情
况。苏维埃政权取消了商业秘密[73],走上新的道路,可是在为经济
竞赛而利用公开报道方面,我们几乎还没有做什么事。必须系统
地进行工作,除了无情地压制那些满篇谎言和无耻诽谤的资产阶
级报刊,还要努力创办这样一种报刊:它不是拿一些政治上的耸人

听闻的琐事供群众消遣和愚弄群众,而是把日常的经济问题提交群众评判,帮助他们认真研究这些问题。每个工厂、每个乡村都是一个生产消费公社,都有权并且应该按照自己的方式实行共同的苏维埃法规(所谓"按照自己的方式",并不是说违反法规,而是说用各种不同的形式实行这些法规),按照自己的方式解决产品的生产和分配的计算问题。在资本主义制度下,这是个别资本家、地主和富农的"私事"。在苏维埃政权下,这不是私事,而是国家大事。

我们差不多还没有着手进行这种艰巨的然而是能收效的工作——组织各公社间的竞赛,在生产粮食衣服等等的过程中实行表报制度和公开报道的方法,把枯燥的、死板的官僚主义的表报变成生动的实例(既有使人厌弃的例子,也有令人向往的榜样)。在资本主义生产方式下,个别榜样的意义,比如说,某个生产合作社的榜样的意义,必然是极其有限的;只有小资产阶级幻想家,才会梦想用慈善机关示范的影响来"纠正"资本主义。在政权转到无产阶级手里以后,在剥夺了剥夺者以后,情况就根本改变了,而且,如一些最著名的社会主义者多次指出过的那样,榜样的力量第一次有可能表现自己的广大影响。模范公社应该成为而且一定会成为落后公社的辅导者、教师和促进者。报刊应该成为社会主义建设的工具,详细介绍模范公社的成绩,研究它们取得成绩的原因和它们经营的方法;另一方面,把那些顽固地保持"资本主义传统",即无政府状态、好逸恶劳、无秩序、投机活动的公社登上"黑榜"。在资本主义社会,统计纯粹是"官府人员"或本行专家的事情;我们则应该把它带到群众中去,使它普及,让劳动群众自己能逐渐懂得和看到应该如何工作,工作多少,怎样休息,休息多久,使各个公社经营的**业务成绩的比较**成为大家共同关心和研究的事情,使优秀的公社立即得到奖赏(如在一定时期内缩短工作日,提高工资,提供许多文化或艺术方面的福利和奖品等等)。

一个新的阶级作为社会的领袖和指导者走上历史舞台时,从来没有不经过极大的"颠簸"、震撼、斗争和风暴时期的,这是一方面;而另一方面,在选择适合新的客观环境的新方法上,也从来没有不经过无把握的步骤、试验、动摇和犹豫时期的。趋于灭亡的封建贵族在报复战胜和排挤它的资产阶级时,不仅施展了各种阴谋手段,进行种种图谋暴动和复辟的活动,并且还不断讥笑那些没有王公贵族那种长期执政的素养而胆敢执掌国家"神圣大权"的"暴发户"、"无耻之徒"的低能、笨拙和错误,——现在,科尔尼洛夫之流和克伦斯基之流,郭茨之流和马尔托夫之流,所有这帮资产阶级投机取巧的或资产阶级怀疑论的英雄,对于"胆敢"夺取政权的俄国工人阶级,也正是采用这种报复手段。

不用说,新的社会阶级,而且是以前一直受压迫、被贫困和愚昧无知压得喘不过气来的阶级,要适应新的地位,认清环境,搞好自己的工作,选拔出**自己的**组织家,这不是几个星期的事情,而是长年累月的事情。显然,领导革命无产阶级的政党过去不可能取得从事大规模的、包括千百万公民的组织事业的经验和技能;要把旧的、差不多完全从事鼓动工作的技能改造过来,是一件很长期的事情。可是这绝不是不可能的事情,而且只要我们明确意识到必须转变,有实现这种转变的坚定决心,有达到这个伟大而困难的目标的毅力,我们就一定能够实现这个转变。在"老百姓"即工人和不剥削别人劳动的农民中,有大量有组织家才能的人;成千上万这样的人被资本摧残、毁灭和抛弃,而我们呢,也还不善于去发现、鼓励、扶持、提拔他们。可是,如果我们能以全部的革命热忱——没有这种革命热忱,便不会有胜利的革命——着手学习这项工作,我们就一定能够学会。

历史上任何一次深刻而强大的人民运动都不免会有肮脏的泡沫泛起,不免有些冒险家和骗子、吹牛大王和大喊大叫的人混杂在没有经验的革新者中间,不免有瞎忙乱干、杂乱无章、空忙一阵的现象,不免有个别"领袖"企图百废俱兴而一事无成的现象。让资产阶级社会的哈巴狗⁷⁴——从别洛鲁索夫到马尔托夫,为采伐古老森林时多砍下一块碎木片而狂吠吧!既然是些哈巴狗,也就只能向无产阶级大象狂吠。让他们去狂吠吧!我们走自己的路,力求尽量慎重而耐心地去考验和识别真正的组织家,即具有清醒头脑和实际才干的人,他们既忠实于社会主义,又善于不声不响地(而且能排除各种纷扰和喧嚷)使很多人在苏维埃组织范围内坚定地、同心协力地工作。**只有**这样的人,经过多次考验,让他们从担负最简单的任务进而担负最困难的任务,然后才应提拔到领导国民劳动和领导管理工作的负责岗位上来。我们还没有学会这一点。但是我们一定能学会。

"协调的组织"和专政

最近的(在莫斯科召开的)苏维埃代表大会的决议,提出建立"协调的组织"和加强纪律作为目前的首要任务①。现在大家都乐意"投票赞成"和"签署"这类决议,但是关于实现这些决议需要强

---

① 参看本卷第114页。——编者注

制,而且正是专政形式的强制这一点,人们通常却不去仔细考虑。可是,认为不要强制,不要专政,便可以从资本主义向社会主义过渡,那就是极端的愚蠢和最荒唐的空想主义。马克思的理论很早就十分明确地反对过这种小资产阶级民主主义的和无政府主义的胡说。1917—1918年的俄国,也在这方面非常明显、具体、有力地证实了马克思的理论,只有绝顶愚钝或硬不承认真理的人,才会在这方面仍然执迷不悟。或者是科尔尼洛夫专政(如果把科尔尼洛夫看做俄国式资产阶级的卡芬雅克的话),或者是无产阶级专政,——对于这个经过了几次非常急剧的转变而非常迅速地发展的国家,在灾难性的战争造成惨重经济破坏的情况下,**根本不可能有**其他出路。一切中间的解决办法,如果不是资产阶级对人民的欺骗(资产阶级不能讲真话,不能说他们需要科尔尼洛夫),便是小资产阶级民主派切尔诺夫之流、策列铁里之流、马尔托夫之流的愚蠢念头(他们一味宣扬所谓民主派的统一、民主派专政、民主联合战线以及诸如此类的谬论)。如果1917—1918年俄国革命的进程都没有使一个人懂得不可能有中间的解决办法,那么对这样的人也就不必抱什么希望了。

另一方面,不难了解,凡是从资本主义向社会主义过渡,由于两个主要原因,或者说在两个主要方面,必须有专政。第一,不无情地镇压剥削者的反抗,便不能战胜和铲除资本主义,这些剥削者的财富,他们在组织能力上和知识上的优势是不可能一下子被剥夺掉的,所以在一个相当长的期间,他们必然试图推翻他们所仇视的贫民政权。第二,任何大革命,尤其是社会主义革命,即令不发生外部战争,也决不会不经过内部战争即内战,而内战造成的经济破坏会比外部战争造成的更大,内战中会发生千百万起动摇和倒戈事件,会造成极不明确、极不稳定、极为混乱的状态。旧社会的一切有害分子——其数量当然非常之多,而且大半都是同小资产阶级有联系的,因为一切战争和一切危机首先使小资产阶级破产和毁灭——在这种深刻变革的时候,自然不能不"大显身手"。而这些有害分子"大显身手"就**只能**使犯罪行为、流氓行为、收买、投机活动及各种坏事增多。要消除这种现象,需要时间,**需要铁的手腕**。

　　在历史上任何一次大革命中,人民没有不本能地感觉到这一点,没有不通过把盗贼就地枪决来表现其除恶灭害的决心的。从前历次革命的不幸,就在于使革命保持紧张状态并使它有力量去无情镇压有害分子的那种群众革命热忱,未能长久保持下去。群众革命热忱未能持久的社会原因即阶级原因,就是无产阶级还不强大,而**唯有**它才能(如果它有足够的数量、觉悟和纪律)把**大多数**被剥削劳动者(如果简单通俗些说,就是大多数贫民)吸引过来,并且长期掌握政权来彻底镇压一切剥削者和一切有害分子。

　　马克思正是总结了历次革命的这个历史经验,这个有全世界历史意义的——经济的和政治的——教训,提出了一个简短、尖锐、准确、鲜明的公式:无产阶级专政。俄国革命已正确地开始实现这个有全世界历史意义的任务,苏维埃组织在俄国一切民族地区的胜利进军**证明了**这一点。因为苏维埃政权正是无产阶级专政即先进阶级专政的组织形式。这个先进阶级发动千百万被剥削劳动者来实行新的民主,独立参加国家的管理,他们正根据亲身体验认识到,有纪律有觉悟的无产阶级先锋队是自己最可靠的领袖。

　　但是,专政是一个大字眼,大字眼是不能随便乱说的。专政就是铁的政权,是有革命勇气的和果敢的政权,是无论对剥削者或流氓都实行无情镇压的政权。而我们的政权却软弱得很,往往不大像铁,却很像糨糊。我们一分钟也不应忘记,资产阶级的和小资产阶级的自发势力从两方面来反对苏维埃政权:一方面是从外部进行活动,采取萨文柯夫之流、郭茨之流、格格奇柯利之流、科尔尼洛夫之流的办法,搞阴谋和暴动,以及通过他们污浊的"思想上的"反映,在立宪民主党人、右派社会革命党人和孟什维克的报刊上不断造谣诬蔑;另一方面,这种自发势力还从内部进行活动,利用一切有害分子、一切弱点来进行收买,来助长无纪律、自由散漫和混乱现象。我们愈接近于用武力把资产阶级彻底镇压下去,小资产阶级无政府状态的自发势力对于我们也就愈加危险。要同这种自发势力作斗争,决不能只靠宣传和鼓动,只靠组织竞赛,只靠选拔组织家,——进行这种斗争还必须依靠强制。

随着政权的基本任务由武力镇压转向管理工作,镇压和强制的典型表现也会由就地枪决转向法庭审判。在这一方面,革命群众在1917年10月25日以后,也走上了正确的道路,证明了革命的生命力,在解散资产阶级官僚司法机关的任何法令颁布以前就已经开始组织自己的即工农的法院。可是,我们革命的人民的法院还非常非常软弱。还可以感觉到,人民把法院看做一种同自己对立的衙门,这种由于地主资产阶级压迫而留传下来的观点,还没有彻底打破。人民还没有充分意识到,法院正是吸引全体贫民参加国家管理的机关(因为司法工作是国家管理的职能之一),法院是无产阶级和贫苦农民的**权力机关**,法院是**纪律教育**的工具。人民还没有充分意识到这样一个简单而明显的事实:俄国的主要苦难既然是饥荒和失业,那么要战胜这种苦难,就决不能凭一时的热情,而只能靠全面的、无所不包的、全民的组织和纪律来增产人民所需要的粮食和工业所需要的粮食(燃料)，把它们及时运到并且正确地进行分配。因此，在任何工厂、任何经济单位、任何事情上，**凡是破坏劳动纪律的人，就是造成饥荒和失业痛苦的罪人**；应该善于查出这种罪人，交付审判，严厉惩办。我们现在要最坚决反对的这种小资产阶级自发势力的影响，就表现在对饥荒和失业现象同组织和纪律方面的普遍自由散漫有着国民经济上的和政治上的联系这一点认识不足，就表现在还牢固地保持着这样一种**小私有者的观点**：只要我能够多捞一把，哪管它寸草不生。

在铁路这个可以说是最明显地体现着大资本主义造成的机构的经济联系的部门，小资产阶级自由散漫的自发势力反对无产阶级组织性的这种斗争表现得特别突出。"蹲办公室的"人员中间产生出大量的怠工者和受贿者；优秀的无产阶级分子为纪律而斗争；而在前后两种人之间，自然有很多动摇的、"软弱的"人，他们无力抗拒投机活动、贿赂和私利的"诱惑"，不惜破坏整个机构来换取私利，而战胜饥荒和失业是要靠这些机构正确地进行工作的。

在这个基础上围绕最近颁布的关于铁路管理的法令，即赋予领导者个人以独裁的权力(或"无限的"权力)的法令展开的斗争[75]，是很说明问题的。小资产阶级自由散漫的自觉的(而大部分大概是不自觉的)代表，想把赋予个人以"无限的"(即独裁的)权力看做是背离集体管理制原则，背离民主制和背离苏维埃政权的原则。某些左派社会革命党人在一些地方利用一些人的劣根性和小私有者"捞一把"的欲望进行了简直是流氓式的煽动，反对关于独裁权的法令。问题变得确实意义重大：第一是原则问题，即委派拥有独裁者无限权力的个人的这种做法同苏维埃政权的根本原则究竟是否相容；第二，这件事情，也可说是这个先例，同政权在目前具体形势下的特殊任务有什么关系。对于这两个问题,我们都应该非常仔细地加以研究。

无可争辩的历史经验说明:在革命运动史上,个人独裁成为革命阶级独裁的表现者、体现者和贯彻者,是屡见不鲜的。个人独裁同资产阶级民主制,无疑是彼此相容的。可是在这一点上,咒骂苏维埃政权的资产阶级分子以及他们的小资产阶级应声虫总是要弄手腕:一方面,他们说苏维埃政权不过是一种荒谬的、无政府主义的、野蛮的东西,极力避开我们用来证明苏维埃是民主制的高级形式,甚至是民主制的**社会主义**形式的开端的所有历史对比和理论论据;另一方面,他们却向我们要求高于资产阶级民主制的民主制,并且说,个人独裁是同你们布尔什维克的(即不是资产阶级的,**而是社会主义的**)苏维埃民主制绝不相容的。

这种论断是十分拙劣的。如果我们不是无政府主义者,那我们就应该承认从资本主义过渡到社会主义必需有国家,**即强制**。强制的形式,取决于当时革命阶级发展的程度,其次取决于某些特殊情况,如长期反动战争造成的后果,再其次,取决于资产阶级和小资产阶级反抗的形式。所以苏维埃的(即社会主义的)民主制和实行个人独裁权力之间,根本**没有**任何原则上的矛盾。无产阶级专政和资产阶级专政的区别,就在于无产阶级专政是打击占少数的剥削者以利于占多数的被剥削者,其次在于无产阶级专政不仅是由被剥削劳动群众——**也是通过个人**——来实现的,而且是由正是为了唤起和发动这些群众去从事历史创造活动而建立起来的组织(苏维埃组织就是这种组织)来实现的。

关于第二个问题,即从当前特殊任务来看个人独裁权力的意义问题。应该说,任何大机器工业——即社会主义的物质的、生产的泉源和基础——都要求无条件的和最严格的**统一意志**,以指导几百人、几千人以至几万人共同工作。这一必要性无论从技术上、经济上或历史上看来,都是很明显的,凡是思考过社会主义的人,始终认为这是社会主义的一个条件。可是,怎样才能保证有最严格的统一意志呢? 这就只有使千百人的意志服从于一个人的意志。

在参加共同工作的人们具有理想的自觉性和纪律性的情况下,这种服从就很像听从乐团指挥者的柔和的指挥。如果没有理想的自觉性和纪律性,那就可能采取严厉的独裁形式。但是,不管怎样,为了使按大机器工业形式组织起来的工作能够顺利进行,**无条件服从统一意志**是绝对必要的。对铁路来说,这种服从更是加倍地和三倍地必要。这种由一个政治任务向另一个政治任务的过渡(**在表面上看来**,后一种任务同前一种任务是完全不相像的),构成目前时局的突出特点。革命刚刚打碎了强加于群众的那种最陈旧、最牢固、最沉重的镣铐。这是昨天的事。但是在今天,同样是这个革命,并且正是为了发展和巩固这个革命,正是为了社会主义,却要求群众**无条件服从**劳动过程的领导者的**统一意志**。当然,这种过渡是不能一下子做到的。当然,只有经过极大的动荡、震撼、倒退,经过领导人民建设新生活的无产阶级先锋队的巨大努力,这个过渡才会实现。害了《新生活报》、《前进报》[76]、《人民事业报》或《我们时代报》[77]那种庸人的歇斯底里症的人,是不肯考虑这一点的。

就拿一个普普通通的被剥削劳动群众的心理来看,把这种心理同他的社会生活的客观物质条件比较一下吧。在十月革命以前,他实际上从来**没有**看到有产阶级即剥削阶级真正作出过任何对他们来说是真正重大的牺牲或做过有利于他的事情。他从来没有看到过有产阶级即剥削阶级把许诺过多次的土地和自由给他,把和平给他,牺牲"大国地位"的利益和大国秘密条约的利益,牺牲资本和利润。只是在 1917 年 10 月 25 日以后,当他自己用强力取得了这种东西,并且必须用强力来保卫这种东西不受克伦斯基之流、郭茨之流、格格奇柯利之流、杜托夫之流、科尔尼洛夫之流侵犯的时候,他才看到了这种情形。当然,在一定时间内,他的一切注意、一切思想、一切精力都只求喘喘气,伸伸腰和舒展一下躯体,取得一些可以取得的而被推翻的剥削者没有给过他的眼前生活上的福利。当然,需要经过一定时间,普通的群众才能不仅亲眼看见,不仅信服,而且还会亲身感到:这样随便地"取得"、夺得、捞一把是不行的,这样会助长经济破坏,招致灭亡,导致科尔尼洛夫之流的卷土重来。普通劳动群众生活条件上(因而还有心理上)相应的转变不过刚刚开始。我们的全部任务,被剥削者求解放愿望的自觉代表者共产党(布尔什维克)的任务,就在于认识这个转变,了解这种转变的必然性,领导为寻找出路而精疲力竭的群众,引导他们走上正确的道路,即遵守劳动纪律,把开群众大会讨论工作条件同在工作时间无条件服从拥有独裁权力的苏维埃领导者的意志这两项任务结合起来。

资产者、孟什维克和新生活派嘲笑"开群众大会",更常常恶意地加以指摘,认为这只是混乱、胡闹和小私有者利己主义的发作。可是,不开群众大会,被压迫群众永远也不能由剥削者强加给他们的纪律转到自觉自愿的纪律。开群众大会,这也就是劳动者的真正民主,是他们扬眉吐气的机会,是他们觉醒过来投入新生活的行动,是他们在这样一个活动场所的初步行动,他们自己从这个场所清除了恶棍（剥削者、帝国主义者、地主、资本家），他们自己还希望学会按自己的方式，为自己的利益，根据自己的、**苏维埃的政权**（不是别人的，不是贵族的，不是资产阶级的政权）的原则，整顿这个活动场所。正是要有劳动者战胜剥削者的十月胜利，正是要有由劳动者自己初步讨论新生活条件和新任务的整个历史时期，才能够稳固地过渡到更高形式的劳动纪律，过渡到自觉地领会必须实行无产阶级专政的思想，过渡到在工作时间无条件服从苏维埃政权代表的个人指挥。

这个过渡现在已经开始了。

我们已经胜利地解决了革命的第一个任务，我们看到，劳动群众怎样在自己中间创造出革命胜利的基本条件：为推翻剥削者而共同奋斗。1905 年 10 月以及 1917 年 2 月和 10 月这样一些阶段，是有全世界历史意义的。

我们已经胜利地解决了革命的第二个任务：唤醒和发动被剥削者推下去的社会"下层"，这些人只是在 1917 年 10 月 25 日以后才得到了推翻剥削者、开始认识环境和按照自己的方式安排生活的完全自由。正是这些被压迫被蹂躏得最厉害的、受教育最少的劳动群众开群众大会，他们转到布尔什维克方面来，到处建立自己的苏维埃组织，——这便是革命的第二个伟大阶段。

现在正开始第三个阶段。必须使我们自己夺得的东西，使我们自己颁布过的、确定为法令的、讨论过的、拟定了的东西巩固下来，用**日常劳动纪律**这种稳定的形式巩固下来。这是一项最困难而又最能收效的任务，因为只有解决这项任务，我们才能有社会主义的秩序。劳动群众开群众大会的这种民主精神，犹如春潮泛滥，汹涌澎湃，漫过一切堤岸。我们应该学会把这种民主精神同劳动时的**铁的**纪律结合起来，同劳动时**无条件服从**苏维埃领导者一个人的意志结合起来。

这件事我们还没有学会。

这件事我们一定能学会。

昨天，我们曾遇到以科尔尼洛夫之流、郭茨之流、杜托夫之流、格格奇柯利之流、鲍加耶夫斯基之流为代表的资产阶级剥削制复辟的威胁。我们战胜了他们。今天，这种复辟，这种同样的复辟，又以另一种形式威胁着我们，它表现为小资产阶级自由散漫的和无政府主义的自发势力以及小私有者"事不关己"心理的自发势力，表现为这种自发势力对无产阶级纪律性进行的日常的、细小的、可是为数极多的进攻和袭击。我们必须战胜这种小资产阶级无政府状态的自发势力，而且我们一定能战胜它。

苏维埃组织的发展

苏维埃民主制即目前具体实施的**无产阶级**民主制的社会主义性质就在于：第一，选举人是被剥削劳动群众，排除了资产阶级；第二，废除了选举上一切官僚主义的手续和限制，群众自己决定选举的程序和日期，并且有罢免当选人的完全自由；第三，建立了劳动者先锋队即大工业无产阶级的最优良的群众组织，这种组织使劳动者先锋队能够领导最广大的被剥削群众，吸收他们参加独立的政治生活，根据他们亲身的体验对他们进行政治教育，从而第一次着手使真正**全体**人民都学习管理，并且开始管理。

这就是在俄国实行的民主制的主要特征，这种民主制是更高

类型的民主制,是与资产阶级所歪曲的民主制截然不同的民主制,是向社会主义民主制和使国家能开始消亡的条件的过渡。

当然,小资产阶级涣散组织的自发势力(在**任何**无产阶级革命中,这种自发势力都**必然**会或多或少地表现出来,而在我国革命中,由于我国的小资产阶级性质、落后以及反动战争所造成的恶果,更表现得特别厉害),也不能不对苏维埃产生影响。

必须坚持不懈地发展苏维埃组织和苏维埃政权组织。现在有一种使苏维埃成员变为"议会议员"或变为官僚的小资产阶级趋势。必须吸引**全体**苏维埃成员实际参加管理来防止这种趋势。在许多地方,苏维埃的各部正在变成一种逐渐同各人民委员部合并的机关。我们的目的是要吸收**全体贫民**实际参加管理,而实现这个任务的一切步骤——愈多样化愈好——应该详细地记载下来,加以研究,使之系统化,用更广泛的经验来检验它,并且定为法规。我们的目的是要使**每个**劳动者做完 8 小时"分内的"生产劳动之后,还要**无报酬地**履行国家义务。过渡到这一点特别困难,可是只有实现这种过渡才能保证社会主义彻底巩固。这种转变是新鲜事物,是一件难事,当然会产生许多可说是摸索的步骤,许多错误和动摇,——没有这些,就不可能有任何显著的进步。在许多想以社会主义者自居的人看来目前情况十分独特,因为他们惯于抽象地把资本主义同社会主义对立起来,而又在两者之间意味深长地加上一个词:"飞跃"(有些人想起从恩格斯著作中看到的片言只语,作了更加意味深长的补充:"从必然王国进入自由王国的飞跃"①)。"在书本上读过"社会主义,却从来没有认真加以钻研的

---

① 见《马克思恩格斯文集》第 9 卷第 300 页。——编者注

大多数所谓社会主义者,都认识不到:社会主义的导师们是从全世界历史上的转变这个角度把那种突然转折称之为"飞跃"的,这种飞跃要延续 10 来年或更长的时间。自然,在这样的时期,在所谓"知识界"中,会出现无数的哭丧妇:有的哭立宪会议,有的哭资产阶级纪律,有的哭资本主义秩序,有的哭文明地主,有的哭帝国主义的大国地位以及诸如此类等等。

大飞跃时代真正应该注意的是:旧事物的碎片极多,并且有时比新事物的幼芽(不是常常可以一眼看到的)的数量积累得更快,这就要求我们善于从发展路线或链条中找出最重要的环节。有这样的历史时刻,当时为了取得革命的胜利,最重要的是多积累一些碎片,就是多破坏些旧机构;也有另一种时刻,即在破坏已经够了的时候,那就需要做些"平凡的"工作(在小资产阶级革命家看来是"枯燥无味的"工作),清除地面上的碎片;还有一种时刻,这时最重要的是精心照料在瓦砾还没有清除干净的地面上从碎片底下生长出来的新事物的幼芽。

仅仅一般地做一个革命者和社会主义拥护者或者共产主义者是不够的。必须善于在每个特定时机找出链条上的特殊环节,必须全力抓住这个环节,以便抓住整个链条并切实地准备过渡到下一个环节;而在这里,在历史事变的链条里,各个环节的次序,它们的形式,它们的联接,它们之间的区别,都不像铁匠所制成的普通链条那样简单和粗陋。

苏维埃同"人民"之间,即同被剥削劳动者之间的联系的牢固性,以及这种联系的灵活性和伸缩性,是消除苏维埃组织的官僚主义弊病的保证。即使是世界上民主制最完善的资本主义共和国的资产阶级议会,贫民也从不把它看成是"自己的"机关。而苏维埃在工农群众看来，则是"自己的"，而不是别人的。无论是谢德曼式的，或者是同他们如出一辙的马尔托夫式的现代"社会民主党人"，都厌恶苏维埃，羡慕体面的资产阶级议会或立宪会议，正如60年前屠格涅夫羡慕温和的君主贵族立宪制，而厌恶杜勃罗留波夫和车尔尼雪夫斯基的农夫民主制[78]一样。

正是苏维埃同劳动"人民"的亲密关系，造成一些特殊的罢免形式和另一种自下而上的监督，这些现在应该大力加以发展。例如，国民教育委员会，作为苏维埃选民及其代表为讨论和监督苏维埃政权在这方面的工作而举行的定期会议，是应该得到充分的赞同和支持的。如果把苏维埃变成一种停滞不前的和自满自足的东西，那是再愚蠢不过的。现在我们愈是要坚决主张有绝对强硬的政权，主张**在一定的工作过程中**，在履行**纯粹执行的**职能的一定时期实行个人独裁，就愈是要有多种多样的自下而上的监督形式和方法，以便消除苏维埃政权的一切可能发生的弊病，反复地不倦地铲除官僚主义的莠草。

结　　论

国际方面的情况是非常严重、困难和危险的；必须随机应变和退却；这是等待西欧极其缓慢地成熟起来的革命重新爆发的时期；在国内，是缓慢建设和无情"整饬"的时期，是无产阶级严格的纪律性同小资产阶级自由散漫及无政府状态的危险的自发势力作长期的坚决斗争的时期，——简单说来，这就是我们所处的社会主义革命特殊阶段的特点。这就是历史事变链条中我们现在必须用全力抓住的环节，抓住这个环节才能顺利解决当前的任务，直至过渡到下一个环节，——这下一个环节闪耀着特别的令人向往的光辉，国际无产阶级革命胜利的光辉。

我们可以把从当前阶段的特点产生出来的随机应变、退却、等待、缓慢建设、无情整饬、严守纪律、消灭自由散漫这些口号同通常流行的"革命家"这个概念放到一起试试看……　有些"革命家"听到这些口号不禁义愤填膺，他们开始"痛斥"我们，说我们忘掉了十月革命的传统，说我们同资产阶级专家妥协，同资产阶级调和，说我们是小资产阶级倾向，是改良主义，等等，等等，这有什么奇怪呢？

这些可怜的革命家的不幸就在于，连他们中间那些具有世界上最高尚的动机并且绝对忠实于社会主义事业的人都不了解一个落后的、被反动和不幸的战争严重破坏、又远远早于先进国家开始社会主义革命的国家必然要经历的特殊的和特别"不愉快的"状态，都缺乏经受住这个艰难过渡中的艰难时刻的坚毅精神。自然，对我们党持**这种**"正式"反对态度的是左派社会革命党。在集团和阶级的代表人物中，个人的例外当然是有的，而且总是会有的。可是，各类社会代表人物始终是存在的。在小私有者人口比纯粹无产阶级人口占有巨大优势的国家，无产阶级革命者同小资产阶级革命者之间的差别必然会显露出来，而且有时会极其尖锐地显露出来。小资产阶级革命者在事变的每一转折关头都会犹豫和动摇，由 1917 年 3 月间的激烈的革命态度转到 5 月间的颂扬"联合"，转到 7 月间的仇视布尔什维克（或者为布尔什维克的"冒险主义"痛哭流涕），又转到 10 月底小心翼翼地回避布尔什维克，再转到 12 月间支持布尔什维克,最后,在 1918 年 3 月和 4 月间,这种人物又常常摆出一副目空一切的样子说:"我可不是那种为'机关'工作、实际主义和渐进精神唱赞歌的人。"

这种人物的社会来源就是小业主,他们被战争的惨祸、突然破产以及饥荒和破坏的空前折磨弄得暴怒发狂,他们疯狂地东奔西窜,寻求出路和解救办法,他们摇摆不定,时而信任和支持无产阶级,时而又爆发绝望情绪。应该清楚懂得和明确了解:靠这种社会基础,社会主义根本不可能建立起来。只有毫不动摇地走自己的路,在最困难、最艰苦、最危险的转变时刻也不灰心失望的阶级,才能领导被剥削劳动群众。我们不需要狂热。我们需要的是无产阶级铁军的匀整的步伐。

载于 1918 年 4 月 28 日《真理报》第 83 号和《全俄中央执行委员会消息报》第 85 号附刊

译自《列宁全集》俄文第 5 版第 36 卷第 165—208 页

人民委员会关于
监督最高国民经济委员会
经费开支的决定草案[79]

（1918 年 3 月 26 日）

人民委员会责成监察部代表一人和财政人民委员部代表一人组成委员会，明日即对最高国民经济委员会燃料局会计稽核处以及最高国民经济委员会的其他会计稽核处进行检查。

委员会由博哥列波夫同志负责召集。

责成该委员会，第一，专门审查一下表报格式问题；第二，索取经所有有关人员签字的、说明他们参加了拨款工作和最高国民经济委员会所属各部门经济活动的准确无误的书面证件。

此外，还要求这些领导人在最近期间向经手最高国民经济委员会经费开支的下属机关和人员索取相应文件上交。

————

人民委员会就最高国民经济委员会特别是燃料局管理工作中的严重错误向它们提出警告。

载于 1933 年《列宁文集》俄文版第 21 卷

译自《列宁全集》俄文第 5 版第 54 卷第 395 页

人民委员会关于
水路运输问题的决定草案[80]

（1918 年 3 月 26 日）

人民委员会听取了有关水路运输极为严重的状况的汇报并看了最高国民经济委员会协同全俄水运工会中央委员会和水运工会伏尔加航区委员会的代表制定的法令草案之后，批准这一草案作为临时措施；

——最坚决地要求下诺夫哥罗德航运代表大会立即不折不扣地执行这一草案；

——如果代表大会将来认为必须对法令作某些修改，人民委员会建议代表大会派自己的全权代表团来人民委员会讨论，并最后决定这些修改问题。

人民委员会警告代表大会：水路运输极为严重的状况要求丝毫不得拖延和必须绝对严格认真地执行里伏玛水系[81]管理局的一切指示。只有做到了这一点，人民委员会才能向全国证明拨付巨款用于商船国有化[82]是正确的。

人民委员会主席

弗·乌里扬诺夫（列宁）

载于 1933 年《列宁文集》俄文版
第 21 卷

译自《列宁全集》俄文第 5 版
第 36 卷第 209 页

在最高国民经济委员会主席团会议上关于劳动义务制问题的讲话[83]

（1918 年 3 月 27 日）

1

列宁同志指出，我们不能大规模地实行劳动义务制。应当把问题限制在比较小的范围内。工人们在工作，对他们在进行登记和计算。应当对富人也进行计算和登记，对富人实行劳动义务制，强迫他们工作。要进行庞大的普遍的计算工作，今天我们还力不胜任。对工人需要的是实行劳动纪律。

译自 1985 年《苏共历史问题》
杂志第 1 期第 6 页

2

列宁：实行劳动纪律单靠法令是不行的。必须做好准备工作。劳动纪律的规则应当委托实际工作人员制定，由工会负责贯彻执行。工会本身恐怕难以制定好规则。

也许,需要建立一些不是由本行业的人组成的突击检查小组,因为工会不可避免地要从本行业的利益出发。关于同破坏劳动纪律作斗争的措施,仅限于不警告就解雇是不够的,还需要有一系列措施。这方面需要一些什么措施,应当问一下实际工作人员、工程师和工长们。为了实行我们对富人采用的劳动义务制,需要拟定每个富人的劳动手册的格式。

载于 1970 年《列宁文集》俄文版第 37 卷

译自《列宁文集》俄文版第 37 卷第 72 页,并根据 1985 年《苏共历史问题》杂志第 1 期第 6 页作了校订

关于革命法庭法令的两个文件⁸⁴

（1918 年 3 月 30 日）

1

致司法人民委员部部务委员
并抄送中央执行委员会主席

我认为，关于苏维埃法庭的这项法令是完全不正确的，应该作根本的修改。

对于出版法庭⁸⁵的工作事先未作总结（和讨论）就撤销关于出版法庭的法令是不对的。

在司法人民委员部部务委员会之外，另设个人"护民官"的职务，也是不对的。这样又会重复类似"总检查官"那种糟糕的事。

不要把注意力放在机构的改革方面，放在细小的或几乎完全是名称上的改革（"护民官"）方面，而应该注意使司法人民委员部部务委员会在建立真正革命的、能迅速而无情地严惩反革命分子、流氓、懒汉和捣乱者的法院方面作出实际的成绩。

列 宁

1918 年 3 月 30 日

2
人民委员会决定草案

　　人民委员会责成司法人民委员部修改关于法庭的法令草案，取消"护民官"的个人权力，不要把重点放在对 1917 年 10 月以来所建立的机构进行细微的改革方面，而要在建立真正办事迅速的、真正革命的、能无情地严惩反革命分子、受贿者、捣乱者和破坏纪律分子的法院方面作出实际的成绩。

　　修改过的草案印送中央执行委员会。

载于 1933 年《列宁文集》俄文版
第 21 卷

译自《列宁全集》俄文第 5 版
第 36 卷第 210—211 页

在最高国民经济委员会
主席团会议上的讲话

（1918年4月1日）

会议讨论了全俄工会理事会拟定的关于劳动纪律的草案。列宁同志建议对草案的某些条文作一些修改，并且提出一些更为明确的说法。他建议把草案写得更具体些。应该规定所有生产部门无条件地实行计件工资，在那些无法实行计件工资的工种中，实行奖励制度。为了计算生产率和维护劳动纪律，必须建立工业法庭，建立不是由企业内部而是由不同行业的检查员组成的小组，并吸收工程师、会计和农民参加。法令必须明确规定要实行泰罗制，换句话说，要采用这一制度所提供的一切科学的工作方法。否则就无法提高生产率，而不提高生产率我们就不能建立社会主义。在实行这一制度时要吸收美国工程师参加。当然，实行这个制度必须考虑到饮食差这一情况，因此，采用的生产定额应该〔考虑到〕饥饿这个因素。**进一步限制产量不让超过一定的最高限额是不行的**，因为在向社会主义过渡的条件下，超过这个最高限额可以使我们缩短工作日。法令应该提到公开的表报制度和公布有关各个企业生产率的表报。对不遵守劳动纪律的惩罚应该从严，直到监禁。开除出厂的办法也可以采用，但其性质已经完全不同。在资本主义制度下，开除是违反民事契约的。而现在要是违反劳动纪律，特别是在实行劳动义务制的情况下，那就是犯刑事罪，应当受到一定的惩罚。

载于 1940 年《无产阶级革命》杂志
第 1 期（非全文）

译自《列宁全集》俄文第 5 版
第 36 卷第 212——213 页，并
根据 1985 年《苏共历史问题》
杂志第 1 期第 7 页作了校订

对关于向外省派遣委员的
规定的法令草案的补充[86]

(1918年4月5日)

(3)各级苏维埃对持有合乎规定的全权证书的委员,在其证书规定的职权范围内,给予全力支持。

(4)各级苏维埃对人民委员会委派的所有特命的和其他性质的委员给予无条件的支持,上述委员的命令各地方和各区域苏维埃必须执行。

载于1933年《列宁文集》俄文版
第21卷

译自《列宁全集》俄文第5版
第54卷第396页

给符拉迪沃斯托克苏维埃的指示[87]

（1918 年 4 月 7 日）

应当往伊尔库茨克（转符拉迪沃斯托克）拍一份直达电报，电文如下：

我们认为局势十分严重，并提醒同志们严加注意。不要抱幻想；日本人一定会进攻。这是不可避免的。协约国所有国家都可能帮助日本人。因此，必须毫不迟延地立即开始准备，必须认真地、全力以赴地进行准备。应该特别注意正确地撤退、退却、运走储备和铁路器材。不要提出做不到的事情。要准备炸毁铁轨，运走车厢和机车，在伊尔库茨克附近或外贝加尔一带布设地雷屏障。每星期向我们汇报两次，准确报告机车和车厢运走了多少，还留下多少。除此以外，我们不相信，也不会相信别的。我们现在没有货币，但是从 4 月下半月起会有很多。但是我们给你们的支援要取决于你们在运出符拉迪沃斯托克的车厢和机车方面，在炸毁桥梁等准备工作方面所取得的实际成绩。

列　宁

影印件载于 1930 年出版的《国内战争（1918—1921）》第 3 卷

译自《列宁全集》俄文第 5 版第 36 卷第 216 页

在阿列克谢耶夫练马场
群众大会上的讲话[88]

(1918年4月7日)

报　道

　　(列宁登上讲台时,会场响起热烈的掌声)列宁说,我们现在正处于革命最艰难的年月。饥荒日益严重,我们必须竭尽全力同饥荒作斗争,而右派社会革命党人和孟什维克一直在幸灾乐祸。他们的策略,就是杜托夫和科尔尼洛夫的策略,就是在莫斯科举行暴乱反对苏维埃政权的士官生的策略。在这方面一心想颠覆苏维埃政权的孟什维克,站在他们那边,站在资产阶级那边,因而在出卖我们。当我们施用死刑的时候,他们装成托尔斯泰主义者流下鳄鱼的眼泪,叫嚷我们太残忍了。他们忘记了他们怎样把秘密条约藏在口袋里,同克伦斯基一起把工人赶上了屠场。他们忘记了这一切,摇身一变,成了慈悲为怀、悲天怜人的基督教徒。

　　没有武器,我们就不能压倒敌人,这一点他们知道得很清楚,但是他们仍然千方百计地诋毁我们。

　　我们要整顿国民经济,而由于我国革命是头一个在社会改革的道路上走得这样远,所以这项艰巨的事业就变得更加困难。为了能够比较容易地解决这一困难的任务,我们必须学习,但不是从书本中学习,而是从工作中,从经验中学习。只有苏维埃政权才适用于建设国民经济,因此我建议你们把我们数以千计的同志输送到全国各地的苏维埃中去。此外,我们还必须制定同志式的纪律。工人和农民们应该了解,土地和工厂是他们的财产,所以应该像爱护自己的东西那样爱护土地和工厂。

只是在现在,当我们回顾过去,看到资产阶级已完全孤立无援,怠工的知识分子已遭到鄙弃的时候,我确信,我们已经向前迈进了一大步。为了能继续顺利地前进,我们必须去掉自己身上的愚昧无知和办事马虎的态度,而做到这一点比推翻白痴罗曼诺夫或傻瓜克伦斯基要困难得多。

德国要扼杀我们,日本向我们进攻[89]。正是在这种艰难的时刻,孟什维克和右派社会革命党人这些温和的羔羊却叫嚷我们太残忍,而忘记了他们自己曾经企图绞死邵武勉同志[90]。我可以回答他们说:是的,我们并不否认要对剥削者施行暴力。

孟什维克和右派社会革命党人为我们的残忍而如此哭天抹泪,这是他们参加国内政治生活的最后一次尝试,同时这也是他们软弱的象征。我们要同他们作无情的斗争。现在我们必须为沙皇制度的遗毒,为尼古拉的和克伦斯基的统治付出代价。而只要我们能克服组织涣散和冷漠态度,我们就一定能够通过坚持不懈的工作取得社会主义的伟大胜利。(热烈鼓掌)

载于1918年4月13日《萨拉托夫苏维埃消息报》第71号

译自《列宁全集》俄文第5版第36卷第214—215页

经济政策特别是银行政策的要点⁹¹

(1918 年 4 月 10 日和 15 日之间)

一、彻底完成工业和交换的国有化。

二、实行银行国有化，并且逐步向社会主义过渡。

三、强迫居民参加消费合作社。

　　{＋商品交换}

四、计算和监督产品的生产和分配。

五、劳动纪律。

　　{＋税收政策}

从上面开始实行劳动义务制。

采取最严厉的措施来制止混乱、无秩序和游手好闲的现象，采取最坚决最严厉的措施来加强工农的纪律和自觉纪律，这样做是绝对必要的和刻不容缓的。

国家监察部要进行名副其实的监察，要在经济生活的各个部门建立突击检查小组。

规定切实的条件，吸收那些表示愿意为苏维埃政权工作的资产阶级知识分子和怠工者参加工作。

设立工业法庭来计算产品的生产、储备和劳动生产率。

集中化。

（必须立即做的）

1. 彻底完成工业国有化。

2. 逐步做到人人参加消费合作社和实行产品交换。

3. 银行政策。

4. 劳动纪律及其他。

5. 税收政策（财政）。

1. 彻底完成一切工厂、铁路、生产资料和交换手段的国有化。坚决地严厉地制止对国有化企业采取工团主义的和混乱的做法[92]。坚决实行全国范围的经济生活的集中化。坚定不移地要求编制初步计划和初步预算，编制周报表，实际提高劳动生产率。建立并在实际中检验管理国有化工业部门的机构。

采取措施强制建立往来账户或强制把货币存入银行。

强迫居民参加消费合作社并采取措施向这方面过渡。

同合作社工作者商定条件，以便把他们的机构逐步变为全体居民参加的消费合作社。

载于1933年《列宁文集》俄文版
第21卷

译自《列宁全集》俄文第5版
第36卷第217—218页

银行政策提纲[93]

(1918 年 4 月 10 日和 15 日之间)

1. 编制私营银行收入报表，在报表中包括每家私营银行一切业务的清理。

（一致同意）

关于怎样编制报表的问题，意见如下：

（一）向每个私营银行的旧职员（国家银行人民委员部有权解雇其中某些人员）提出最后通牒式的要求，限于最短期间清理好银行的一切业务，编制出截止 1917 年 12 月 14 日[94]和银行营业最后一天的最后的资产负债表。

（二）私营银行编制报表，清理一切银行业务，只是作为统一的俄罗斯共和国人民银行的分行进行活动，目的仅仅是为了清理，不再办理任何新的业务。

$$\left(\begin{array}{c}\text{加涅茨基、古科夫斯基}\\ \text{和列宁}\end{array}\right)$$

斯蓬德的不同意见：

截至 1917 年 12 月 14 日的资产负债表由我们任命的特别委员会编制。

其他的资产负债表用不着编制。

从 1917 年 12 月 14 日起用人民银行的名义继续营业。

一切私营银行和国家银行一样,宣布为统一的俄罗斯共和国人民银行。

2. 编制报表的全部工作由国家银行人民委员部领导。

尽量多聘请有经验的工作人员,其中包括前国家银行和私营银行的职员。

（一致同意）

3. 银行政策不限于把银行国有化,而且应该逐渐地、但是不断地把银行变为全国按社会主义方式组织起来的经济生活的统一的簿记机关和调节机关。

> 斯蓬德和列宁赞成
> 古科夫斯基反对
> 加涅茨基弃权,
> 认为实际上实现不了。

4. 采取紧急措施,在全国各地尽量多设人民银行分行。

为了公众的方便,应在城市和乡村中最合理地分布这些分行。

利用前私营银行的分行作为人民银行分行。

（一致同意）

5. 宣布存款不受侵犯(这当然决不缩小国家征税的权利)。

6. 支票周转自由。

7. 充分保持工人对提款的监督。

8. 提取消费用款仍须有一定的限额。

实行一系列方便公众的办法，加快存款取款速度，简化各种手续。

9. 设法使居民把一切非极端必需的消费用款都存入银行。拟定法律和切实的步骤，用强制办法来实行这一原则。

（不予发表）

10. 俄罗斯联邦苏维埃共和国境内的各人民银行分行，必须认真遵照中央管理机关的指示和命令办事，无权制定任何地方的规则和限制。例外情况必须征得中央管理机关的同意。

载于 1926 年《无产阶级革命》杂志
第 6 期

译自《列宁全集》俄文第 5 版
第 36 卷第 219—221 页

在全俄工会中央理事会、五金工会中央委员会和最高国民经济委员会代表联席会议上的讲话[95]

(1918年4月11日)

摘 自 报 道

　　列宁同志坚持把所有托拉斯化的企业完全收归国有，以便使提出方案的那些资本家为国家服务。

载于1918年4月12日《全俄中央
执行委员会消息报》第72号

译自《列宁全集》俄文第5版
第36卷第222页

致顿河共和国苏维埃
第一次代表大会主席团[96]

（1918 年 4 月 13 日）

顿河畔罗斯托夫

　　向顿河共和国苏维埃第一次代表大会致以衷心的祝贺。

　　我特别热烈地赞同决议中谈到必须胜利地完成正在顿河地区广泛开展的对哥萨克富农分子的斗争的那些话。这些话最正确地规定了革命的任务。这样的斗争也正是当前全俄国面临的任务。

列　宁

载于 1942 年《列宁文集》俄文版
第 34 卷

译自《列宁全集》俄文第 5 版
第 36 卷第 223 页

对登记股票、债券和其他有价证券的法令草案的补充[97]

（1918 年 4 月 16 日）

1917 年 12 月 29 日法令中规定的禁止股票转让，在实行股票准许转让办法的法令颁布以前继续有效。股票持有者只有及时按规定登记股票，才有权在企业收归国有时按国有化法令所规定的数额和条件取得补偿。

同样，只有这样的股票持有者，在 1917 年 12 月 29 日法令规定暂停支付的股息被准许支付之后，才有权获得股息。

载于 1933 年《列宁文集》俄文版第 21 卷

译自《列宁全集》俄文第 5 版第 36 卷第 224 页

人民委员会关于
糖用甜菜种植贷款的决定[98]

（1918 年 4 月 17 日）

　　将供农民种植甜菜用的定金 2 000 万卢布拨给最高国民经济委员会支配，以便最高国民经济委员会采取一切必要措施，保证这笔款项合理使用和及时归还。

人民委员会主席
弗·乌里扬诺夫（列宁）

载于 1945 年《列宁文集》俄文版
第 35 卷

译自《列宁全集》俄文第 5 版
第 36 卷第 225 页

在全俄中央执行委员会会议上关于财政问题的讲话[99]

(1918 年 4 月 18 日)

目前有一点很清楚,就是我们最近还不能解决财政问题,还不能把财政机关纳入正轨。这是大家都明白的。但是必须指出,令人遗憾的是,我们大家在这方面至今还毫无作为,连指引财政机关走上正轨的路标都没有找到。古科夫斯基同志向我们提出了一个计划。计划是好是坏,我暂且不谈。只有一点我是很清楚的:在目前,即使是最好的财政计划也无法完成,因为事实上我们还没有建立能够完成这个财政计划的机关。如果我们试图征收某一种税,我们马上就会遇到这样的情况:各地区谁想怎么征就怎么征,谁需要怎么征就怎么征,当地条件允许怎么征就怎么征。作为地方政权的各级苏维埃,目前在这方面彼此没有联系。一方面它们因此与中央政权脱节,另一方面它们又组织得不好,不能切实执行我们在这里所要拟定的计划。我们可以随便举个例子。我曾经亲眼看到,有些苏维埃不但不可能实现我们正在这里拟定的财政计划,甚至在当地往往连应有的权力都没有。由于我们目前的政策,这些苏维埃常常没有运用自己的权力,没有可能运用自己的权力,因为权力实际上落在经常与苏维埃为敌的一些人手中,他们不服从苏维埃,而且不幸的是他们还控制着一定的武装力量。为了不至于空口无凭,我举一个例子。就在离莫斯科不远的梁赞省,我看到过这样一种现象。那里有苏维埃。除了苏维埃,还有军事革命委员会。军事革命委员会认为自己是不受苏维埃管辖的独立机关,它自己征税,甚至不向苏维埃报告。苏维埃也自己征税。可见,在这种情况下,如果我们试图由这里来实行什么计划,那当然会毫无结果,当然会一事无成,因为连当地的军事革命委员会都不服从苏维埃,苏维埃因此也就不能为中央政权做任何事情了。所以必须采取某种措施。必须建立另一种组织,使所有已经颁布的法令不致仅仅停留在字面上,要使这些法令能够贯彻实施,而不要成为一纸空文。

载于1920年出版的《第四届全俄中央执行委员会会议记录。速记记录》一书

译自《列宁全集》俄文第5版第36卷第226—227页

科学技术工作计划草稿[100]

(1918 年 4 月 18 日和 25 日之间)

科学院已经开始对俄国自然生产力进行系统的研究和调查①,最高国民经济委员会应当立即委托科学院

成立一系列由专家组成的委员会,以便尽快制定俄国的工业改造和经济发展计划。

这个计划应当包括:

使俄国工业**布局**合理,着眼点是接近原料产地,尽量减少从原料加工转到半成品加工一直到制出成品等阶段时的劳动消耗。

从现代最大工业的角度,特别是从托拉斯的角度,把生产合理地合并和集中于少数最大的企业。

最大限度地保证现在的俄罗斯苏维埃共和国(不包括乌克兰及德国人占领的地区)能够在**一切**最主要的原料和工业品方面**自给自足**。

特别注意工业和运输业的电气化以及电力在农业中的运用。利用次等燃料(泥炭、劣质煤),以燃料开采和运送方面最少的耗费取得电力。

---

① 注意:应当尽力加快出版这些材料,并就此发一个通知给国民教育人民委员部、印刷工人工会和劳动人民委员部。**101**

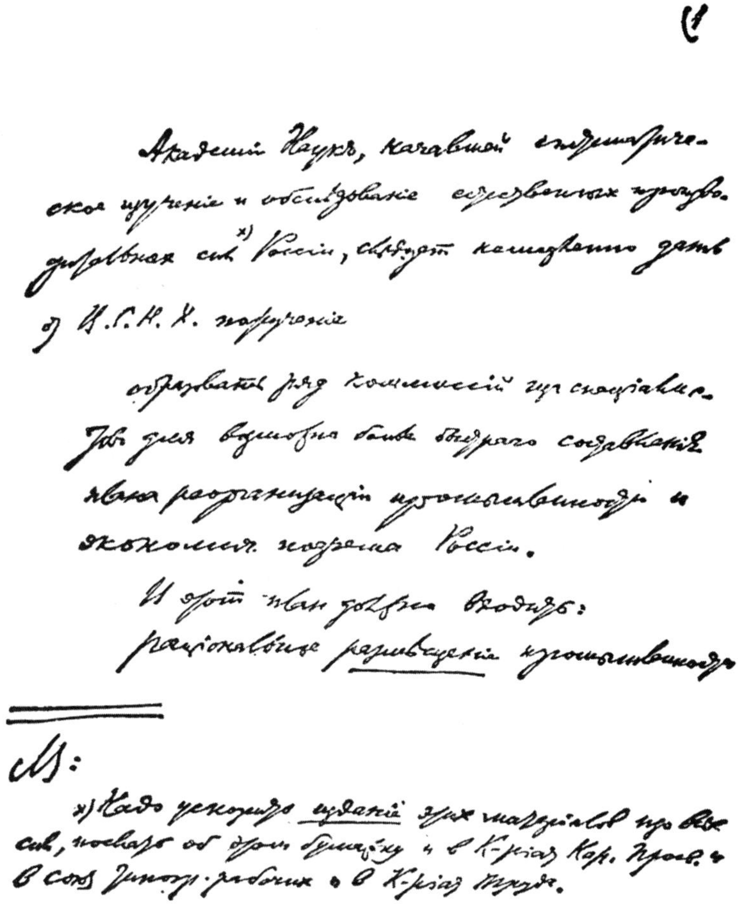

1918 年 4 月列宁《科学技术工作计划草稿》手稿第 1 页

（按原稿缩小）

注意水力和风力发动机及其在农业中的运用。

载于1924年3月4日《真理报》　　　　译自《列宁全集》俄文第5版
第52号　　　　　　　　　　　　　　　第36卷第228—231页

关于建立全俄疏散委员会的法令草案[102]

(不晚于 1918 年 4 月 19 日)

建立全俄疏散委员会以便最迅速地、最有计划地将军用物资和其他物资疏散到新的指定地点(而疏散的总目的是复员工业和满足正在改造的国民经济的需要,决不只是军事上的需要)。

委员会根据人民委员会正在审批、修改和补充的计划进行工作。这个计划中确定,主要疏散哪几类物资以及各类物资的大致疏散日期。

任命一名拥有独裁权力的特命全权代表领导委员会。委员会的成员在人民委员会有发言权和提出议题的权利(在不少于三分之一成员表决支持的情况下)。

委员会委员包括特命全权代表(任委员会主席)的副手和陆军、海军、交通、粮食、劳动等人民委员部以及最高国民经济委员会的代表。

载于 1959 年《苏维埃政权法令汇编》第 2 卷

译自《列宁全集》俄文第 5 版第 54 卷第 396—397 页

在莫斯科工人、农民和红军代表苏维埃的讲话

（1918 年 4 月 23 日）

同志们！请允许我首先向新选出的莫斯科工农代表苏维埃祝贺。

你们在非常艰苦的日子里，在我国革命发展过程进入最危险最艰难阶段的危急时刻，选出了新的成员。敌视革命的分子，所有支持人民敌人、追随资产阶级的分子，对我们苏维埃的改选都抱着很大的希望，因为目前我们正处于一个非常困难的时期，现在革命的胜利进军已经结束，革命进入了苦痛甚至是失败的时期。但是就在这种时候，无产阶级又一次表现出自己高度的觉悟。工人们看到目前这段时期的全部困难，清楚地了解到，劳动人民今天所受的极大的痛苦能否消除，不是取决于我们，而是取决于整个历史事变的进程。只要能保卫住十月革命的伟大成果，工人一定会英勇果断地去忍受新的困苦。

毫无疑问，革命虽然受到严峻的考验，但还是进入了不明显的、不引人注目的新的胜利时期，按重要性来说，这个胜利并不亚于十月街垒战时期的辉煌胜利。在我们面前耸立着两大死敌，这就是全副武装的、准备扑灭革命的外部敌人和内部敌人，他们在等待适当的时机，好给我们最后的一击。外部敌人是武装到牙齿的、

技术力量雄厚的国际帝国主义,它想等待时机,向苏维埃俄国再次发动强盗式的袭击。有鉴于这种情况,我们必须非常清醒地正视严峻的现实。

我们这个痛苦不堪的国家所遭遇的最反动的战争,使我们目前没有足够的力量同世界反动势力进行积极的武装斗争,我们没有军队,没有力量抗击国际反革命势力的精锐部队,因为他们有先进的技术和良好的纪律这种强大的力量。我们目前还孤立无援,被死敌们团团包围。

在劳动人民十月起义的时期,我们在工人面前展开了社会主义革命的红旗,这是我们轻易地取得令人目眩的胜利的时期。其他国家的工人听到遥远的俄国革命的炮声,知道俄国发生了什么事情,认识到俄国无产阶级正在做与他们自己息息相关的事情。当时我们轻易地战胜了反动的匪帮,镇压了反抗人民的孟什维克匪帮残余。孟什维克匪帮不是公开地拿着武器反对我们,而是用造谣、诬蔑、空前未有的叛变行为等卑鄙手段反对我们。我们同反革命势力的斗争取得了重大的胜利,头号勇敢的反革命分子科尔尼洛夫被自己手下愤怒的士兵杀死了[103]。

我们在各个战线同本国的反革命势力进行广泛的斗争时,利用了国际资产阶级的暂时受挫,及时而有力地打击了现在已经被击溃的反革命势力。可以有把握地说,内战基本上已经结束。当然,个别的小战斗还会有,某些城市的街道上还可能发生枪战,因为反动分子还会企图进行一些推翻革命力量——苏维埃政权的零星的活动。但是,毫无疑问,国内战线上的反动派已被奋起进行斗争的人民彻底打垮了。这样,我们经历了从10月开始的第一个革命发展时期,一个足以令人陶醉的并且已经陶醉了某些人的胜利时期。

我再说一遍,现在,我国革命生活中最困难最艰苦的时期已经到来了。我们面临的任务是坚定不移地竭尽一切力量去进行新的创造性的工作,因为只有钢铁般的坚韧精神和劳动纪律,才能帮助在自己宏伟的革命工作中暂时还孤立无援的俄国革命无产阶级等待解救时刻的到来,等待国际无产阶级来援助我们。

我们是工人阶级革命队伍中的一支部队,我们所以走在前面,不是因为我们比其他国家的工人能干,不是因为俄国的无产阶级比别国的工人阶级高明,而仅仅是因为我国曾是世界上最落后的国家之一。我们只有最后彻底地粉碎凭借技术和纪律的巨大力量支持的国际帝国主义,才能取得最终的胜利。而且我们只有同世界各国的工人一道才能取得胜利。

历史的意志迫使我们不得不在布列斯特签订苛刻的和约,我们并不讳言,革命的众多敌人随时都可能背信弃义地撕毁这个和约,他们目前正从四面八方向我们进攻,而我们目前却无力对他们作积极的斗争。你们应该知道,现在谁号召你们同凶恶的国际帝国主义进行这种积极公开的武装斗争,谁就是背叛人民,自觉地或不自觉地充当这个或那个帝国主义者集团的挑衅者和奴仆。反对我们最近时期的策略的人,尽管自称为最"左"派共产主义者,甚至超左派共产主义者,其实都是蹩脚的革命者,说重一点,根本不是革命者。(鼓掌)

我们的落后使我们走在了前面,而如果不能坚持到其他各国工人起来大力支援我们,我们就会灭亡。我们的任务是继续不断地贯彻我们无产阶级斗争的策略。

我们有一个非常危险的暗藏的敌人,它比许多公开的反革命分子更危险；这个敌人就是小私有者的自发势力，它是社会主义革命的死敌，是任何地方都从未有过的新型的穷人国民议会苏维埃政权的死敌。毫无疑问，我们已经在着手克服社会主义革命发展道路上的最大的障碍。我们面临的首要任务就是在建立劳动纪律、在生产和分配产品等各个方面充分地实行无产阶级专政。我所提到的敌人就是小私有者的自发势力，小私有者只有一个思想，就是"能捞则捞，哪管它寸草不生"，这个敌人比所有的科尔尼洛夫、杜托夫和卡列金们加在一起还厉害。这些小富农、小业主和小私有者说："咱们过去总是受人欺侮，受人压迫，现在怎能不利用这样良好的时机呢。"这种现象是一个严重的障碍，不克服它，就别想取得胜利，因为从每个小业主、每个贪婪的攫取者中间都会产生出新的科尔尼洛夫。

除这种危险之外，日益逼近的饥荒和大批失业[104]的景象犹如可怕的怪影也出现在我们面前。然而我们看到，一切觉悟的工人，——这种工人的数量不是每日而是每时每刻都在增多，——我说，一切觉悟的工人，都会考虑到和认识到，目前同严重危险进行斗争的唯一手段就是竭尽全力，坚韧不拔。让那些在我们革命的艰苦时刻悲观失望、意志消沉的人记住我们常说的话：我们通过说服和妥协这种不流血的不费力的途径是不能从资本主义走到社会主义的完全胜利的，只有经过激烈的斗争我们才能达到自己的目的。

无产阶级专政主张对剥削者使用暴力。我们的道路就是：坚韧不拔，无产阶级团结一致，实行劳动人民钢铁般的专政。毫无疑问，苏维埃政权在许多场合同反革命作斗争是不够坚决的，它表现得不像是钢铁，而像是糨糊，而在糨糊上面是建不成社会主义的。

我们还没有战胜小资产阶级的自发势力。历史的进程把我国推上了世界革命战场的最前沿,我们这个民穷财尽、元气大伤的国家处境非常困难,如果我们不用觉悟工人钢铁般的专政来对付瓦解、组织涣散和悲观失望,我们就会被人打垮。对于我们的敌人我们要坚决无情,对于我们自己队伍中那些敢于破坏我国劳动人民建设新生活这一艰巨的创造性工作的动摇分子和有害分子,我们也要同样毫不留情。

我们已经开始解决一项任务,完成这项任务,就能充分保障和巩固社会主义。为了克服所有的困难,为了同饥荒和失业现象进行有效的斗争,我们要做一项不显眼的、平凡的、然而对国家有重要意义的艰巨的工作,谁要反对我们,谁就是世界无产阶级的凶恶敌人。

莫斯科苏维埃的选举表明,工人对目前发生的事变认识得多么清楚,他们懂得,苏维埃政权不是装饰品,而是自己切身的事业。在最近这次苏维埃的改选中,那些对改选抱有很大希望的人以及那些动摇分子都遭到了失败,因此,我希望并且深信,我们走的道路是正确的,它一定会把我们引向社会主义的完全胜利。(欢呼,全体高唱《国际歌》)

载于 1918 年 4 月 24 日《真理报》第 79 号和《全俄中央执行委员会消息报》第 81 号

译自《列宁全集》俄文第 5 版第 36 卷第 232—237 页

对人民委员会关于给农业供应生产工具和金属的法令草案的补充[105]

(1918 年 4 月 23 日)

分配农业机械等的基本原则应当是,既要首先保证有利于农业生产,有利于全部土地的耕作和农业生产率的提高,又要对贫苦的劳动农民优先供应农业机械等;而总的目的应当是保证全国居民正常地得到足够的粮食。

载于 1933 年《列宁文集》俄文版第 21 卷

译自《列宁全集》俄文第 5 版第 36 卷第 238 页

在全俄中央执行委员会会议上
关于苏维埃政权的当前任务的报告[106]

(1918 年 4 月 29 日)

1
报　　告

同志们！我今天的报告要用跟往常有些不同的方式来谈问题。因为真正的报告是我的那篇关于苏维埃政权的当前任务的文章①，那篇文章星期天已经在两家报纸上发表了，我想在座的大多数同志都已经读过。

因此我认为，现在没有必要在这里重复报告中已经讲过的东西，只要作一些补充和说明就行了。我觉得，现在作这些说明的最合适的方式是论战，因为我在关于当前任务的提纲中所谈到的问题，不外乎是对在莫斯科召开的全俄非常代表大会 3 月 15 日通过的决议②的发展，这个决议不仅谈到了当时十分迫切的和约问题，而且还指出了当前的主要任务，即组织任务、自觉纪律的任务和同组织涣散现象作斗争的任务。

---

① 见本卷第 150—188 页。——编者注
② 见本卷第 114—115 页。——编者注

　　我觉得，正是在这些问题上，我国各政治派别或我国政治派别中的主要派别近来已经相当清晰地显示出来了；因此我认为，用论战方式可以最清楚地证实我在关于当前任务的那篇文章中竭力用正面叙述方式所阐明的东西。

　　同志们！如果你们要考察现代俄国的政治派别，你们首先就应当——为了在评价时不犯错误，在这里，也像在任何时候一样——尽量把所有的政治派别放在一起加以考察，因为只有这样，只有在这种情况下，我们才能避免在援引个别例子的时候犯错误。很明显，为了证实某一个论点，我们可以随便找出多少例子。但是问题不在这里。只有把所有这些政治派别放在一起全面地进行考察，我们才有可能弄清国内各政治派别命运之间的联系，弄清总是体现在大的重要的政治派别中的阶级利益的命运之间的联系。

　　如果看一看俄国的大的政治派别，那么我认为，他们显然地、无疑地分为三大集团。第一个大集团就是整个资产阶级，他们对苏维埃政权采取最坚决的、可以说是肆无忌惮的"反对派"立场，而且在这一点上紧紧地坚实地团结得像一个人一样。当然，"反对派"这个词用在这个场合只能是打引号的，因为事实上这是一场激烈的斗争，这场斗争现在把在革命时期同克伦斯基观点一致的所有小资产阶级政党都吸引到资产阶级方面去了，这些政党就是孟什维克、新生活派和右派社会革命党人，他们对我们的攻击甚至比资产阶级更疯狂，因为大家知道，攻击的疯狂程度和号叫的响亮程度往往同发出疯狂攻击的政治派别的实力成反比。（鼓掌）

　　整个资产阶级以及他们的一切应声虫和奴仆，如切尔诺夫之流和策列铁里之流，在反对苏维埃政权的猛烈攻击中是联合一致的。他们都憧憬着他们在乌克兰的朋友即政治上的志同道合者实现的美好远景,即缔结一项使他们能够借助德国人的刺刀和本国的资产阶级来压倒布尔什维克影响的和约。这是十分清楚的。高加索的契恒凯里是我们看到的这类朋友的又一个极好的例子。大家还都记得报上曾经登过这件事情。

很明显,无产阶级在夺得政权并开始实行劳动者专政即穷人对剥削者的专政以后,自然不能不碰到这种事情。

一方面,我们看到了一个侧翼,一条战线,一条完全统一的战线。人们有时还要向我们推销关于统一的民主战线的幻想,可是,至少当我偶尔拿起资产阶级的报纸,偶尔有幸阅读《我们时代报》、《人民事业报》等这样一些报纸——哪怕就是翻一翻——的时候,我总是这样想:在"民主战线的统一"方面你们还需要什么呢?

他们这条"民主战线"的统一已经是最完全的了,而我们只能为这种统一感到高兴,因为群众也多少风闻这种资产阶级的政论,知道这不是民主战线的统一,而是攻击布尔什维克的统一。从米留可夫到马尔托夫的战线的这种统一,值得我们在五一节前发给它一张奖状,以表彰它为布尔什维克进行了出色的宣传。

同志们! 你们再拿另外一个同它对立的阵营来看吧,在这个阵营里现在你们能看到的只有我们的党,共产党人-布尔什维克的党。事态的发展形成了这样的情况:在十月革命后较长一段时期里曾是我们盟友的左派社会革命党人,现在已经拒绝正式参加政权。他们最近召开的一次代表大会[107]特别清楚地说明了这个党的极端动摇,而这一点现在比任何时候都表现得更加明显,这个党甚至在报刊上也表现出完全惊慌失措和动摇不定。

如果你们打算画一条曲线按月表明社会革命党从1917年2月起——当然是在它分裂成左派和右派以前——站在哪一方面,

是站在无产阶级方面,还是站在资产阶级方面,如果把他们全年的变化画成一条曲线,那么这条曲线就好像一张病历表,任何人一看就会说:多么惊人的冷热病啊! 真是顽症啊!

的确,像这个党这样经常不断的动摇,恐怕是革命史上任何其他的政党所没有过的。

如果我们把这三个主要派别拿来考察一下,我们就可以清楚地看到,这样的派别划分不是偶然的,它完全证实了我们布尔什维克早在1915年在国外所说的话,当时我们得到最初的消息,说俄国革命正在发展,说它不可避免,当时我们必须回答这样的问题:如果战争还在进行之中事态的发展就使党掌握了政权,那么党会处在什么样的境地? 当时我们回答说:从阶级观点来看,只要小资产阶级的领导分子在决定性的时刻,在决定性的关头倒向无产阶级,革命取得决定性的胜利是可能的①;结果和我们说的完全一样,俄国革命的历史过去和现在正是这样发展的。当然,我们丝毫没有理由因为小资产阶级分子的这些动摇而感到悲观,甚至感到绝望。很明显,在一个早于其他国家转向反对帝国主义战争的国家中,在一个由于自身落后而被事态的发展大大推到其他更先进国家的前头(当然,是在短时期内,在个别问题上)的落后国家中,当然,革命不可避免地注定要经历最艰难困苦的时刻,而且在不久的将来还会经历最令人沮丧的时刻;在这样的时刻,革命始终保持住自己行进的排面和自己的同盟军,要它不出动摇分子,那是完全反常的;那说明完全没有考虑到变革的阶级性质,没有考虑到政党和政治集团的特性。

---

① 参看本版全集第27卷第55页。——编者注

　　如果我们从目前的任务,从我们面临的当前的首要任务,即从组织和纪律任务、计算和监督任务来考察俄国的一切政治派别,我们就会看到,从米留可夫到马尔托夫的"统一的民主战线"所组成的阵营,根本没有试图认真地考虑这个任务。他们没有这样做,而且也不可能这样做,因为他们只有一个恶毒的愿望(这个愿望愈是恶毒,我们愈觉得光荣),只想找到推翻苏维埃政权的某种机会,或者说线索,或者说幻想,此外没有别的。在左派社会革命党内,尽管有很多党员对革命表示了莫大的忠诚,并且一直表现了很大的主动精神和毅力,但遗憾的是,正是这个党的代表人物恰恰在无产阶级纪律、计算、组织和监督等当前任务的问题上表现了最大的动摇,而提出这些任务,在夺得了政权和击溃了从克伦斯基和克拉斯诺夫到科尔尼洛夫、格格奇柯利和阿列克谢耶夫的军事进攻以后,对于社会主义者来说是很自然的。

　　现在,当我们第一次进入革命进程的中心阶段时,问题就在于:是无产阶级的纪律和组织性取得胜利呢,还是俄国特别强大的小资产阶级私有者的自发势力取得胜利?

　　小资产阶级阵营中的我们的敌人把对内政策和经济建设当做同我们进行斗争的主要场所;他们的手段就是破坏无产阶级在建立有组织的社会主义经济事业方面用法令规定的和力图实现的一切。在这里,小资产阶级的自发势力,即小私有者和极端利己主义的自发势力是无产阶级不可调和的敌人。

　　从小资产阶级在一切革命事件上的表现所画成的这条曲线,我们可以看到,它同我们决然分手了;很自然,在这个阵营中,我们会遇到反对当前任务的主要的、真正的反对派;这里的反对派是由那些不反对在原则上同意我们,在比他们所批评的问题更重大的问题上支持我们的人组成的，这是把支持和反对结合在一起的反对派。

我们在左派社会革命党人的报刊上看到我在4月25日《劳动旗帜报》[108]上看到的那样的言论并不觉得奇怪。那里写道："右派布尔什维克是批准派"（一个非常轻蔑的外号）。如果我们回敬这些好战者一个相反的外号，那会怎么样呢？它给人的印象会比这好些吗？既然我们在布尔什维克中也碰到这样一些派别，这就说明了一些问题。正是在4月25日，我在给我们做过政治鉴定的那家报纸上看到了一个提纲。读完这个提纲以后，我就想，这里有没有"左派共产主义者"的《共产主义者报》或他们的杂志[109]的人，因为其中有很多类似的东西；但是我很失望，原来这是刊载在《前进报》上的伊苏夫的提纲[110]。（笑声，鼓掌）

同志们，当我们看见这样一些政治现象，如《劳动旗帜报》同布尔什维克中一个特殊派别一致，或者同孟什维克党（这个党奉行同克伦斯基联合的政策，在这个党内，策列铁里同资产阶级达成了协议）制定的某种孟什维主义提纲一致时，当我们遭到同我们从"左派共产主义者"集团和新杂志那里听到的完全一模一样的攻击时，这里就有问题。这里有一些东西可以说明这些攻击的真正意义，而这些攻击所以值得注意，就是因为我们可以在同人们的争论中使大家认清苏维埃政权的主要任务，而同这些人争论也是有意义的，因为这里也涉及马克思主义的理论，因为我们注意到革命中的各种事件的意义和追求真理的明显愿望。这场原则争论的主要基础是对社会主义的忠诚和站在无产阶级方面反对资产阶级的坚定不移的决心，不管在这些或那些个人、集团或派别看来，同资产阶级进行斗争的无产阶级在这方面犯了什么样的错误。

我说同他们争论有意义,我的意思当然不是指争论本身,而是指我们所争论的问题是当前最重要的、最根本的问题。争论恰恰在这方面展开并不是偶然的。现在这方面客观地摆着一个根本的任务,一个无产阶级革命斗争的任务,这个任务是由俄国当前的条件决定的,尽管形形色色的小资产阶级派别大量存在,这个任务也必须尽力完成,而且无产阶级绝对必须打定主意:在这一点上不能作任何让步,因为从夺取资产阶级政权开始的、接着又粉碎了资产阶级一切反抗的社会主义革命,坚决要求把无产阶级纪律和劳动者组织的问题,把用严格的求实精神和熟悉大工业要求的知识来处理工作的本领的问题提到首位。无产阶级应当实际解决这些问题,否则无产阶级就会遭到失败。社会主义革命的主要的、真正的困难就在这里。正因为如此,同"左派共产主义者"集团的代表们的争论,从历史和政治上来说都是很有意义的,很重要的,尽管当我们分析他们的论点和理论时,我们看到,我要再说一遍,——而且下面我就要来证明这一点,——除了还是那些小资产阶级的动摇以外,什么东西也没有。"左派共产主义者"集团的同志们(不管他们怎样称呼自己),他们首先攻击的是自己的提纲。我想,在座的绝大多数同志都知道他们的观点,因为我们从3月初开始在布尔什维克当中讨论过这些观点的实质,而由于在最近一次全俄苏维埃代表大会上展开了争论,连那些对大块的政治文章不感兴趣的人也已经了解这些观点,讨论过这些观点。

首先,我们在他们的提纲中看到的和我们目前在整个社会革命党中看到的是同样的东西,和我们目前在右派阵营以及从米留可夫到马尔托夫的资产阶级阵营中看到的是同样的东西,这些人对俄国目前的这种困难处境特别感到难过,他们的着眼点是:俄国失去了大国地位;它从一个古老民族,一个压迫别人的国家变成了被压迫的国家;为了走社会主义道路,为了已经开始的社会主义革命,究竟值不值得让国家在它的国家地位方面,在它的民族独立方面处于最困难的境地,这个问题已经不是随便谈谈,而是要在行动上加以解决了。

这个问题把两种人截然区分开来,一种人把被整个资产阶级奉为理想和极限、奉为最神圣的东西的国家自主独立,看做是不可逾越的极限,如果它受到侵犯,那就是否定社会主义;另一种人却说,在帝国主义者为了瓜分世界而进行疯狂厮杀的时代,社会主义革命免不了会使许多原先被认为是压迫者的民族遭受惨重的失败。不管这对人类来说会多么痛苦,社会主义者,觉悟的社会主义者,决心去经受所有这些考验。

左派社会革命党人在他们最不能接受的这个问题上表现了最大的动摇,而我们看到,"左派共产主义者"恰恰也在这个问题上表现出最大的摇摆。

现在,他们在自己的提纲中又来谈和约问题,我们知道,他们曾在4月4日同我们一起讨论过[111],并在4月20日发表了这个提纲。

他们最注意的是对和约问题的估价,因此他们竭力证明,和约是疲惫的、没有固定阶级特性的群众的心理表现。

他们的论据太可笑了,他们举出了这样的数字:12票反对缔结和约,28票赞成缔结和约[112]。但是,既然收集数字,既然提到一个半月以前的表决,那么也许应该举出更近一些的数字。如果认为这次表决具有政治意义,那么在说什么健康的南方反对和约而疲惫的、没有固定阶级特性的和工业削弱的北方似乎赞成和约这种话以前,也许应该想起全乌克兰苏维埃代表大会的表决[113]。也许应该想起全俄苏维埃代表大会党团大多数人的表决情况,当时在这个党团内找不出十分之一的票数反对和约。如果提到数字并且认为这些数字具有政治意义,那就应该看看整个的政治表决,这样,你们马上就会看到,那些背熟了人所共知的口号并且把这些口号奉为偶像的政党是站在小资产阶级方面的,而被剥削劳动群众,工人、士兵和农民群众,却没有拒绝和约。

现在,有人除了批评我们签订和约的这种立场,还断言是疲惫的、没有固定阶级特性的群众坚持要这样干的,而我们清楚地看到,正是那些没有固定阶级特性的知识分子才反对和约;现在人们对事态作出我在报上看到的这种评价,——这个事实告诉我们:在缔结和约的问题上,我们党的大多数同志是绝对正确的;当时有人对我们说,不值得这样做,所有帝国主义者都已经联合起来反对我们,他们反正会扼杀我们,使我们蒙受耻辱等等,然而我们还是缔结了和约。在他们看来,和约不仅是一种耻辱,而且也是无济于事的。还有人对我们说,你们不会得到喘息时机。当时我们回答说,谁也不知道国际关系会变成什么样子,但是我们知道,帝国主义敌人彼此正在搏斗,许多事件都证实了这一点,连我们的思想上和原则上的反对者(总的来说还是持共产主义观点的)左派共产主义者集团也承认这一点。

单是这句话就是对我们策略的正确性的充分肯定,是对在和约问题上的动摇的最充分的谴责;主要就是由于这种动摇,拥护我们的某些派别离开了我们,这里既包括聚集在左派社会革命党内的整个派别,也包括过去、现在、而且肯定说将来还会存在于我们党内、在动摇时特别明显地暴露出这种动摇的根源的派别。是的,我们得到的这个和平是很不稳固的，我们获得的喘息时机无论在西面还是在东面随时都有被破坏的可能，这是毫无疑问的；我们所处的国际环境非常危急，我们必须竭尽全力支持得尽可能长久一些，直到西欧的革命成熟，目前西欧的革命成熟得比我们所期望的要慢得多，但毕竟是在成熟起来；毫无疑问，它正在吸收和得到愈来愈多的燃料。

如果说我们作为世界无产阶级的一支部队首先走在前面，那决不是因为这支部队组织得比较强。不，它比其他部队组织得更差一些，更弱一些，但是如果像许多人那样发出下面这样的议论，那就是荒谬和迂腐透顶了，他们说：是呀！如果是最有组织的先干起来，接下去是组织得较差的，然后是组织得最差的，那么我们大家都会乐于充当社会主义革命的支持者。但是，既然事物的发展和书上写的不一样，既然先头部队没有得到其他部队的支援，那我们的革命就注定要失败。然而我们说：不，我们的任务是改变整个组织；既然我们孤立无援，我们的任务就是在其他国家的革命到来之前，在其他部队到达之前把革命坚持下来，哪怕为革命保持一座不够坚固的规模不大的社会主义堡垒也好。相反，期待历史严格地按部就班和按照计划推动各国的社会主义部队，那就是不懂得革命，或者是由于自己的愚蠢而拒绝支持社会主义革命。

当我们弄清楚了并且证明我们在俄国有巩固的阵地，但没有力量反对国际帝国主义的时候，我们的任务只有一个，我们的策略只能是随机应变、等待和退却。我很清楚地知道，这些话是不会受人欢迎的，如果对这些话作适当的歪曲，并且同"联盟"这个词连在一起，那就会替种种尖刻的讽喻、各式各样的责难和形形色色的嘲笑打开大门，但是，不管我们的反对者——右面是资产阶级，左面是我们昨天的朋友左派社会革命党人,以及我深信是我们昨天、今天和明天的朋友"左派共产主义者"——怎样在这方面费尽心机进行攻击,不管他们提出什么证据来替自己的小资产阶级的动摇辩护,他们也不能驳倒这些事实。种种事件证明,我们之所以获得了喘息时机,只是因为在西欧帝国主义大厮杀还在进行,在远东帝国主义竞争日益激烈,仅仅由于这一点,苏维埃共和国才得以生存,这是在当前这种政治形势下我们所能抓住的一根很不结实的绳子。当然,一纸和约并不能保住我们,我们不愿同日本作战这个情况也不能保住我们;的确,日本进行掠夺根本不会受任何条约、任何手续的约束。当然,不是一纸条约或者"和平状态"就能保住我们,能保住我们的是两个帝国主义"巨人"之间在西欧接连不断的搏斗和我们的坚韧不拔。我们没有忘记为俄国革命所清楚证明的一条马克思主义的基本教训:要考虑的是千百万人的力量;少了,在政治上是不能算数的,政治会把它作为没有意义的数量舍弃掉;如果能从这个方面来看国际革命,那问题就十分清楚:一个落后的国家开始革命比较容易,因为在这个国家里敌人已经腐朽,资产阶级没有组织起来,但是要把革命继续下去,就需要万分谨慎、小心和坚韧不拔。西欧的情况将会不同,那里开始革命要困难得多,要继续下去却容易得多。这是必然的,因为那里的无产阶级在组织和团结方面要高得多。在目前我们还是孤立无援的情况下,根据对力量的考虑,我们应该对自己说:在能使我们摆脱一切困难的欧洲革命爆发以前,我们唯一的一个有利时机,就是国际帝国主义列强的继续搏斗;我们正确地估计了这个时机,我们也把它保持了几个星期,但是也许它明天就会消失。由此得出的结论是:在对外政策方面,要继续实行我们从 3 月开始实行的方针,它可以概括为:

随机应变,退却,等待。当左派的《共产主义者》杂志上出现"积极的对外政策"这种提法的时候,当人们把保卫社会主义祖国这句话打上引号,使它含有讽刺意味的时候,我曾对自己说:这些人真是一点也不了解西欧无产阶级的情况。他们自称为"左派共产主义者",他们的见解却近似动摇不定的小资产阶级,小资产阶级就是把革命看做对他们独特的制度的保障。国际间的相互关系最清楚地说明,哪一个俄国人想根据俄国的力量提出推翻国际帝国主义的任务,那他就是疯子。当西欧的革命还在成熟之中的时候,——虽然它现在成熟得比过去快些,——我们的任务只能是这样:我们这支走在前面的部队,尽管力量弱小,还是应该尽一切力量,利用一切有利时机,在已经夺取的阵地上坚持下来。所有其他的考虑都应当服从这一点:充分利用有利时机,把国际帝国主义联合起来反对我们的时刻推迟几个星期。如果我们能这样做,我们就会受到欧洲国家每一个觉悟的工人的赞赏,因为他们知道,我们只是从1905年起才学会的东西,法国和英国已学了几百年,——他们知道,在资产阶级已经联合起来的自由社会里,革命发展得多么缓慢;他们知道,要反对这种力量,必须推动鼓动机构的工作,使它能在我们跟德国、法国、英国的起义的无产阶级并肩而立的时候进行名副其实的宣传。在此以前,不管这多么令人难过,不管这多么有损革命传统,策略只是也只能是等待、随机应变和退却。

有人说我们没有对外的国际政策,我说:其他任何政策都会有意或无意地起挑拨的作用,使俄国变成契恒凯里式或谢苗诺夫式的与帝国主义者的联盟的工具。

同时,我们说:宁可忍耐和经受民族的和国家的极大屈辱和痛苦,但要坚守自己作为一支社会主义部队的岗位,虽然这支部队由于各种事件脱离了社会主义大军的队伍而不得不等待其他各国的社会主义革命前来援助。现在它正在前来援助我们。虽然来得缓慢，但正在前来。目前正在西欧激烈进行的战争，使群众比以前更加革命化，使起义的时刻日益临近。

过去进行的宣传一直说，帝国主义战争是罪大恶极的和十分反动的掠夺战争。但现在证明：在有千百万法国和德国的士兵进行厮杀的西线，革命肯定要成熟得比以前快些，虽然它的到来会比我们所期望的慢些。

关于对外政策问题，我讲的已经比我原来想讲的要多了。我觉得，在这里我们清楚地看到，在对外政策问题方面，实际上我们面前摆着两条基本路线：一条是无产阶级的路线，它认为社会主义革命重于一切，高于一切，而且应当估计到西欧革命是否很快爆发，另一条是资产阶级的路线，它认为大国地位和民族独立重于一切，高于一切。

在国内问题上，我们也看到"左派共产主义者"集团在重复资产阶级阵营发出的反对我们的基本论据。例如，"左派共产主义者"集团反对我们的一个基本论据是：出现了右派布尔什维克的倾向，这种倾向有使革命走上国家资本主义道路的危险。

据说向国家资本主义方向发展，就是罪恶，就是我们必须与之斗争的敌人。

当我在"左派共产主义者"的报纸上看到谈及这类敌人的话时，我不禁要问：这些人怎么啦，怎么能够抓住书本上的片言只语而忘掉现实呢？现实告诉我们，国家资本主义对于我们来说是一个进步。如果我们在短期内能够在俄国实现国家资本主义，那是一个胜利。他们怎么看不到：小私有者，小资本是我们的敌人。他们怎么能把国家资本主义看做主要的敌人呢？在从资本主义向社会主义过渡时，他们不应该忘记，我们主要的敌人是小资产阶级，是它的风尚、习惯和经济地位。小私有者首先害怕国家资本主义，因为小私有者有一个愿望，那就是多捞一把，多得一些，使大地主、大剥削者破产，把他们消灭。在这方面小私有者是乐意支持我们的。

在这方面小私有者比工人还要革命些，因为他的怨恨、愤怒要多些，所以他很乐意消灭资产阶级，但是他不像社会主义者那样，在粉碎资产阶级的反抗之后就开始在严格的劳动纪律的原则上、在严密的组织内、在正确的监督和计算的条件下建设社会主义经济，而是想多捞一把，将胜利的果实据为己有，以达到自己的目的，丝毫不顾全国的利益和整个劳动者阶级的利益。

苏维埃政权下的国家资本主义意味着什么呢？在目前实现国家资本主义，就是实行资本家阶级曾经实行的计算和监督。德国的国家资本主义就是一个样板。我们知道德国比我们高明。只要稍微想一想，在俄国，在苏维埃俄国，确立这种国家资本主义的基础将意味着什么，那么任何一个没有丧失理智、没有被书本上的只言片语塞满头脑的人都一定会说，国家资本主义是我们的救星。

我说国家资本主义将会是我们的救星；如果我们俄国有了国家资本主义，那么过渡到完全的社会主义就会容易，就会有把握，因为国家资本主义是集中的，有计算和监督的，社会化的，而我们正好缺少这些，小资产阶级的懈怠懒惰的自发势力正在威胁我们，这种自发势力主要是由俄国的历史和经济造成的，它恰恰不让我们采取这个能决定社会主义胜利的步骤。我想提醒你们：我关于国家资本主义的言论是在革命前一些时候写的，所以用国家资本主义来吓唬我们,是十分荒谬的。我提醒你们,我在《大难临头》^①那本小册子中是这样写的……(读《大难临头》)

我的这些话当时说的是革命民主国家,克伦斯基、切尔诺夫、策列铁里、基什金及其同伙的国家,说的是建立在资产阶级基础上的,没有脱离而且也不可能脱离这个基础的国家。当时我说,国家资本主义是走向社会主义的一个步骤。我说这话是在1917年9月,而现在,在1918年4月,在无产阶级已经在10月夺取了政权,已经证明自己有能力(它没收了许多工厂,把企业和银行收归国有,并且粉碎了资产阶级和怠工者的军事反抗)以后,现在竟还有人用资本主义来吓唬我们,这实在太可笑了,实在是绝顶的愚蠢和荒谬,简直令人惊奇,我们不禁要问,这些人怎么会产生这种想法呢?他们忘记了一件小事情:在俄国存在着一个人数众多的小资产阶级,它赞成消灭一切国家的大资产阶级,但不赞成实行计算、社会化和监督,——革命的危险就在这里,曾经摧毁而且不能不摧毁法国大革命的那些社会力量的一致也就表现在这里,如果俄国的无产阶级软弱无力,那么光是这种一致就足以摧毁俄国革命。正像我们所看到的,小资产阶级使整个社会气氛浸透了小私有者的倾向,这种倾向简单说来就是:富人的东西我拿到了手,别人的事我不管。

这是主要的危险。如果小资产者接受其他阶级成分的领导,接受国家资本主义的领导,那么觉悟的工人应当举双手欢迎,因为国家资本主义在克伦斯基的民主制度下可以是走向社会主义的一个步骤,而在苏维埃政权下则会是³/₄的社会主义,因为我们可以使

---

① 见本版全集第32卷第181—225页。——编者注

国家资本主义企业的组织者成为我们的助手。"左派共产主义者"对这件事的态度却不同,他们抱鄙视的态度,——4月4日我们和"左派共产主义者"举行了第一次会议,这次会议却证明以前争论了很久的这个老问题已经成为过去——于是我说,如果我们正确地了解自己的任务,那就应当向托拉斯的组织者学习社会主义。

这些话大大激怒了"左派共产主义者",其中有一位(奥新斯基同志)写了一大篇文章来攻击这些话。他的论据的实质归结起来就是:我们不想去教导他们,而是要向他们学习;我们是"右派"布尔什维克;我们要向托拉斯的组织者学习,而"左派共产主义者"却要教导他们[114]。但是,你们想教给他们什么呢? 也许是社会主义吧? 把社会主义教给那些商人、生意人吗?(鼓掌)不,如果你们想这样做,那就去做吧,我们可不帮你们的忙,这是徒劳无益的事。我们没有什么东西可以教给这些工程师、生意人和商人。用不着教他们学社会主义。如果我们是实行资产阶级革命,那么我们就没有什么可以向他们学习的,所要学的只不过是尽量捞点什么,如此而已,再没有什么可学的了。但这还不是社会主义革命。这是1793年曾经在法国发生过的事,这里没有社会主义,这只是社会主义的序幕。

地主应当推翻,资产阶级应当推翻。历史将会证明,布尔什维克的一切行动,一切斗争,对地主和资本家实行的暴力和剥夺,对他们的反抗采取的暴力镇压,都是万分正确的。整个说来,这是一个极其伟大的历史任务,但这只是第一步。这里问题在于,我们当初为了什么镇压他们,是为了提出在彻底镇压他们之后的今天向他们的资本主义卑躬屈膝吗? 不,我们现在要向他们学习,是因为我们的知识不够,因为我们没有这些知识。我们有社会主义的知识,但是没有组织千百万人的知识,没有组织和分配产品等等的知识。老布尔什维克领导者没有教给我们这些东西。在这方面,布尔什维克党的历史没有什么可以炫耀的。这门课程我们还没有学过。所以我们说,哪怕他是一个大骗子,只要他组织过托拉斯,只要他这个商人曾经搞过千百万人的生产和分配,只要他有经验,我们就应该向他学习。如果我们不从他们那里学会这些东西,我们就得不到社会主义,革命也就会在它已经达到的阶段上停滞不前。只有发展国家资本主义,只有精心做好计算和监督工作,只有建立起最严密的组织和劳动纪律,我们才能达到社会主义。否则,就不会有社会主义。(鼓掌)

我们不必去干那种可笑的事情,去教托拉斯的组织者,对他们没有什么可教的。我们需要的是剥夺他们。问题并不在这里。这方面没有任何困难。(鼓掌)我们已经充分地表明了、证明了这一点。

在我所接触的每一个工人代表团向我抱怨工厂停工的时候,我就说:你们愿意你们的工厂被没收吗?那很好,我们这里写法令的公文纸是现成的,一分钟就可以签署好。(鼓掌)但是请你们讲一讲,你们能不能把生产担当起来,你们计算过你们的生产没有,知道不知道你们的生产同国内外市场的联系。原来,这些东西他们还没有学会,这些东西还没有写进布尔什维克的书本,在孟什维克的书本里也一点都没有。

制革工人、纺织工人和制糖工人实行了国家资本主义,他们的情况最好,因为他们有无产者清醒的头脑,了解自己的生产,希望维持生产,并且使生产更加发展,——因为这就是最大的社会主义[115]。他们说:这个工作我们现在还搞不好,我们请资本家来,给他们三分之一的位置,向他们学习。"左派共产主义者"讽刺说:现在还不知道是谁利用谁。看到这句话,我对他们的目光短浅感到奇怪。当然,如果在10月夺取政权以后,在10月到4月间向整个资产阶级展开胜利进军以后,我们还可以怀疑究竟是谁利用谁,是工人利用托拉斯的组织者呢,还是生意人和骗子利用工人,——如果事情真是这样,那我们就应当卷起铺盖回家,把位置让给米留可夫们和马尔托夫们。但是事情并不是这样。觉悟的工人是不会相信的,小资产阶级的担心是可笑的。觉悟的工人知道:社会主义的起点是在开始进行更大规模生产的地方,而商人和生意人是有搞大生产的亲身经验的。

我们说过:只有这些物质条件,即大机器工业、为千百万人服务的大企业,才是社会主义的基础;在一个小资产阶级的、农民的国家里要学会这件事是困难的,但也是可能的。革命是以内战为代价的,一个国家愈文明,愈发达,革命也就愈困难;在德国,国家资本主义占统治地位,所以德国革命的破坏性和毁灭性比在小资产阶级国家里要大一百倍,那里会遇到巨大的困难、严重的混乱和不平衡。俄国革命首先解决了打倒地主和资产阶级这项比较容易的任务,现在面临着组织全民计算和监督这项更加困难的社会主义任务,面临着作为真正的社会主义的起点的任务,面临着大多数的工人和觉悟的劳动者都拥护的任务,我看不出这里有丝毫悲观失望的理由。是的,大多数工人组织得比较好,受过工会的教育,他们是完全站在我们这一边的。

《前进报》的先生们企图以鄙视的态度加以排除的关于计件工资的问题和泰罗制的问题,大多数工人早在我们之前,早在苏维埃政权及其各级苏维埃建立之前,就在各工会会议上提出来了,他们还积极着手制定劳动纪律条例。这些人表明,由于自己的无产阶级的谦逊,他们对工厂劳动情况和社会主义实质的了解,胜过那些满嘴革命词句、实际上却自觉或不自觉地降低到小资产阶级水平的人。小资产阶级认为:富人是要打倒的,但不需要把自己置于一个组织的计算和监督之下;这对小私有者是多余的,这对他们来说是不需要的,然而,这正是我国革命巩固和胜利的唯一保证。

同志们,我不想再细谈和引证《左派共产主义者》[116] 报上的话了,我只想说:对于那些竟然认为实行劳动纪律就是后退一步的人,现在是大喝一声的时候了。我要说,这种说法是空前反动的,是对革命的威胁;要不是我知道这是一些没有影响的人说的,这种说法在觉悟工人的任何一次会议上都会受到驳斥,那我一定会说,俄国革命完蛋了。

左派共产主义者写道:"由于恢复资本家在生产中的领导地位,实行劳动纪律不能真正提高劳动生产率,反而会削弱无产阶级的阶级主动性、积极性和组织性。实行劳动纪律有使工人阶级陷于奴隶地位的危险……" 这话不对。如果是这样,执行社会主义任务、具有社会主义实质的俄国革命也就要垮台了。但这是不对的。没有固定阶级特性的小资产阶级的知识分子不了解,社会主义的主要困难在于保障劳动纪律。这一点社会主义者早就写过,这一点很久以前他们就想过很多,他们对此非常重视并且作了分析,他们知道,社会主义革命的真正困难就是从这里开始的。过去多次发生的革命都无情地推翻了资产阶级,论魄力并不亚于我们,但是我们做到了建立苏维埃政权,这就表明:我们正在实际地从经济解放转向自觉的劳动纪律,我们的政权要成为真正的劳动政权。有人说我们口头上承认无产阶级专政,实际上是在说空话,这恰好说明他们不了解无产阶级专政。要知道无产阶级专政决不只是推翻资产阶级或推翻地主，——一切革命都这样做过，——我们的无产阶级专政是要保证建立秩序、纪律，提高劳动生产率，实行计算和监督，建立比过去更巩固更坚强的无产阶级苏维埃政权。这就是你们没有解决的问题，这就是我们没有学会的东西，这就是工人所需要的东西，这就是为什么最好让他们照照镜子，从中清楚地看到所有这些缺点。我认为这是一件好事，因为它能使一切有头脑的、有觉悟的工人和农民把他们全部主要力量投到这上面来。是的，我们推翻了地主和资产阶级，扫清了道路，但是我们还没有建成社会主义大厦。因为，从历史上看，在清除了一代资产阶级的土壤上总是不断出现新的一代，只要土壤还长东西，而土壤长出资产者是可以要多少有多少的。有些人像小私有者一样看待对资本家的胜利，"他们已经捞了一把，现在该轮到我了"。可见他们每一个人都是产生新的一代资产者的根源。当有人对我们说什么在恢复资本家领导地位的情况下实行劳动纪律是对革命的威胁的时候，我说，这些人正是不了解我国革命的社会主义性质，正是在重复那些容易把他们同小资产阶级结合在一起的东西，因为小资产阶级对纪律、组织、计算和监督总是怕得要命。

也许他们会说，你们这是想让资本家到我们这里当领导者，当工人的领导者。是的，是这样，因为他们具有我们所没有的组织工作方面的知识。觉悟的工人决不会害怕这样的领导者，因为他们知道，苏维埃政权是自己的政权，这个政权会坚决地保护他们，因为他们知道，他们想学会做组织工作。

在沙皇时代，我们组织过几千人，在克伦斯基时代，我们组织过几十万人。这算不了什么，这在政治上是不能算数的。这是准备工作,这是预备班。先进工人在没有学会组织几千万人以前,他们还不是社会主义者和社会主义社会的创造者,还没有获得必要的组织知识。组织道路是一条漫长的道路,社会主义建设的任务要求顽强持久地工作和具备我们所缺乏的相应的知识。即使是我们的下一代,他们更加成熟一些,也未必能完全过渡到社会主义。

请回想一下,以前的社会主义者关于未来的社会主义革命是怎样写的;不向托拉斯的组织者学习就能过渡到社会主义,这是值得怀疑的,这是因为托拉斯的组织者曾从事这种大规模的生产。我们用不着教给他们社会主义,而是要剥夺他们,粉碎他们的怠工。这两个任务我们已经完成了。现在要强迫他们服从工人的监督。我们的"左派共产主义者"批评家们曾经责难我们,说我们采取的策略不是在走向共产主义,而是在后退。他们的责难是可笑的,他们忘记了,我们的计算和监督工作做晚了,因为当时粉碎资产阶级及其技师和专家的反抗并且让他们为我们服务非常困难。而他们的知识、经验和劳动却是我们需要的,没有这些东西,我们就不能真正掌握旧的社会关系所创造的、作为社会主义的物质基础保留下来的文化。"左派共产主义者"不了解这一点,那是因为他们看不见实际生活,把国家资本主义同理想的社会主义对立起来,并根据这一点来编造自己的口号。我们应该向工人说:是的,这是后退了一步,但是我们应该自己设法找到一条出路。出路只有一条,就是人人组织起来,组织对生产的计算,组织对消费的计算和监督,做到不靠印刷机投放千千万万的纸币[117],把不正当地落到任何人手里的每张百卢布纸币都收归国库。这决不是靠革命激情,靠消灭资产阶级就能办到的。这只有靠自觉纪律,只有靠组织工人和农民的劳动,只有靠计算和监督才能办到。这些我们还没有做到,我们为此以高薪形式付出的贡赋,比资本家组织者付给你们的要多。这些我们还没有学会,但是必须学会,这是走向社会主义的道路,是训练工人实际管理大型企业、组织大生产和最大规模的分配的唯一道路。

同志们,我很清楚地知道,处于某种社会地位的人谈起计算、监督、纪律和自觉纪律来是很容易的。但是有人也可以从中得出许多用于冷嘲热讽的材料,他们会说:你们的党在没有取得政权的时候曾经许诺工人将来过天堂般的生活,可是当这些人掌握了政权的时候,还不是照样变了,开始谈起什么计算、纪律、自觉纪律、监督等等来了。我很清楚地知道,对于米留可夫和马尔托夫之流政论家来说,这是多么宝贵的材料。

我清楚地知道,对于那种一心赚取稿费或者哗众取宠的人,那种专爱找一些很少能在觉悟的工人中得到共鸣的毫无价值论据的人,这是多么丰富的材料。

我在《左派共产主义者》报上看到了布哈林这位卓越的政论家对我的小册子的评论[118],评论还是赞同我的,但是当我读完这个评论之后,其中一切有价值的东西对我来说都变得毫无价值了。我发觉,布哈林没有看到应该看到的东西,因为他的评论是在4月间写的,而引证的却是在4月说来已经过时的东西,已经是属于昨天的事情,即必须打碎旧的国家。这一点我们已经做到了,这是昨天的任务;我们应该前进,不要往后看,而要向前看,要建立公社国家。他所写的都是已经在苏维埃组织中体现了的东西,而对计算、监督、纪律却一字未提。这些人的想法,他们的心理,同小资产阶级的情绪如出一辙:富人要打倒,监督不需要。他们就是这样看的;这种看法使他们不能自拔,同时也把觉悟的无产者同小资产阶级,甚至同极端的革命派区分开来。无产者说:让我们组织起来,振作起来,不然,千千万万的小暴发户就要把我们打倒。

这就是觉悟的无产者和小资产者不同的地方;革命在这里同小资产阶级分道扬镳了。这些人真是瞎子,他们根本不谈这一点。

我还想向你们重提一下我说过的话。我说过,当人们习惯于这样做的时候,就用不着强制了。当然,这种习惯只能是长期教育的结果。

"左派共产主义者"要是听到这些话,就会搔着头皮说:我们怎么没有看到这一点呢;布哈林,您为什么不批评这一点呢? 在镇压地主和资产阶级方面,我们显示了自己的力量,现在,在自觉纪律和组织方面,我们也要显示自己的力量,因为过去上千年的经验说明了这一点,我们应该对人民说,只有这样,我们的苏维埃政权,我们的工人专政,我们的无产阶级权威才有力量。而小资产者却用革命的空话做盾牌,回避这个真理。

我们应该显示自己的力量。是的,小业主、小私有者是愿意帮助我们无产者打倒地主和资本家的。但是再往前走,他们就同我们分道扬镳了。他们不喜欢组织和纪律,他们反对这些东西。在这方面我们必须同这些小私有者,同这些小业主作最坚决无情的斗争。因为,在我们看来,社会主义建设正是在这里,在组织方面开始的。有些人说他们自己是社会主义者,他们答应工人要享有多少就给多少,要享有什么就给什么,我反驳他们说,共产主义的前提并不是现在这样的劳动生产率。我们的生产率太低,这是事实。资本主义,特别是在我们这个落后的国家,遗留给我们一大堆恶习,人们总是把所有属于国家的公物看成可以任意糟蹋的东西。

这种小资产阶级群众的心理到处都可以感觉到。在这方面斗争也很艰巨。只有组织起来的无产阶级才能够经受住一切。我曾经写过："在共产主义的高级阶段到来以前，社会主义要求社会和国家实行极严格的监督。"①

这是我在十月革命以前写的，现在我还坚持这一点。

我们已经打垮了资产阶级，粉碎了怠工，现在是可以做这件事情的时候了。在这以前，时代的英雄，革命的英雄是赤卫队，他们进行了自己的伟大的历史事业。他们未经有产阶级的同意就拿起了武器。他们进行了这一伟大的历史事业。他们拿起武器，为的是打倒剥削者，把自己的武器变成保护工人的工具，为的是监督生产和劳动的数量以及消费的数量。

这一点我们还没有做到，而社会主义的关键和基础正是在这里。谁要是觉得这项工作枯燥无味，谁就是小资产阶级懒惰习气的代表。

我们的革命即使是停留在这里，它在历史上的地位也不次于1793年的革命。但是人们会说，那是在18世纪。在18世纪这已经很可观了，而在20世纪这就不够了。计算和监督是使共产主义社会正常地运转所必需的主要条件。我在十月革命前也是这样写的。② 我再说一遍：在阿列克谢耶夫之流、科尔尼洛夫之流和克伦斯基之流还没有被镇压下去之前，是不可能着手进行这项工作的。现在资产阶级的军事反抗已经被镇压下去了。我们的任务是使一切怠工者在我们的监督之下，在苏维埃政权的监督之下进行工作，建立管理机关来实行严格的计算和监督。由于在战后没有正常生

---

① 参看本版全集第31卷第93页。——编者注
② 同上书，第97页。——编者注

存的起码条件,国家在走向毁灭。向我们进攻的敌人对我们来说所以可怕,就是因为我们没有搞好计算和监督。我听到千百万人对饿肚子怨声载道,我们看到而且知道,这些抱怨是合理的,我们有粮食,可是我们运不出来,我们听到"左派共产主义者"嘲笑和反对我们的铁路法令(他们曾两次提到这个法令)之类的措施,这算不得什么。

　　在4月4日我们同"左派共产主义者"举行的会议上我说过:请把你们的法令草案拿出来吧!要知道你们是苏维埃共和国的公民,是苏维埃机关的成员,你们不要当那种站在旁边,站在背后说三道四的批评家,像资产阶级商人和怠工者那样,他们批评是为了发泄自己的怨恨。我再说一遍:你们是苏维埃组织的领导者,请你们还是拿出你们的法令草案吧。他们拿不出来,而且永远也拿不出来,因为我们的铁路法令是正确的,因为实行独裁制是得到全体群众和觉悟的铁路员工支持的,反对的只是那些贪污受贿的主管人员;因为对这个法令表示怀疑的都是些在苏维埃政权和它的敌人之间摇摆不定的人,而在大生产中受过纪律教育的无产阶级知道,只要一天不组织起更大的生产,只要一天不建立起更加严格的纪律,就一天不会有社会主义。这个无产阶级在铁路工作方面是拥护我们的。它将和小私有者的自发势力作斗争,并将表明:能够取得辉煌胜利的俄国革命,也能够战胜它本身的无组织现象。它会根据当前的任务特别重视中央委员会提出的五一节口号中的这样一个口号:"我们战胜了资本,我们也一定能战胜本身的无组织现象。"只有那时,我们才能够取得社会主义的完全胜利!(热烈鼓掌)

2

总 结 发 言

　　首先我要谈谈布哈林同志的发言。我在第一次的发言中已经指出，我们同他有十分之九是一致的，因此我认为，我们同他有十分之一的分歧是令人惋惜的；这十分之一的分歧使他不得不用一半的发言表白自己并同所有一切发言支持他的人划清界限。不管他和他的集团的用意多么好，他们的态度却是不对的，这从下述情况就可以得到证明：他不得不老是花费时间为自己辩护，在国家资本主义问题上表白自己。

　　布哈林同志完全错了。我将在报纸上也谈谈这一点，因为这个问题非常重要。① 下面我想稍微指出一下："左派共产主义者"曾经指责我们有倒向国家资本主义的倾向；而现在布哈林同志又错误地说什么在苏维埃政权下不可能有国家资本主义。可见，他是自相矛盾的，说在苏维埃政权下不可能有国家资本主义，这显然是荒谬的。成批的企业和工厂处在苏维埃政权的监督之下并且为国家所有，单是这一点已经表明了从资本主义向社会主义的过渡，而布哈林同志不想具体地谈这一点，却回想我们在齐美尔瓦尔德左派[119]中怎样写文章反对他，可是这已经是老早老早以前的事

---

　　① 见本卷第264—293页。——编者注

了,而现在,在苏维埃政权成立半年以后,在我们实行了剥夺、没收和国有化之后尽我们所能作了一些尝试以后,这时再回想我们在1915年所写的东西,这是可笑的……　现在我们不能不提出关于国家资本主义和社会主义的问题,不能不提出关于在过渡时代如何行动的问题,在这个时代,资本主义和社会主义的因素并存于苏维埃政权之下。布哈林同志也不愿意了解这个问题,而我认为,我们不能马上撇开这个问题,布哈林同志没有提议撇开它,也没有否认这种国家资本主义高于残存的但还有很大影响的小私有者的情绪和经济生活条件,布哈林同志并没有否认这一点,如果没有忘记马克思主义者这个词,也就不能否认这一点。

抱着格耶的观点,说什么欧洲的无产阶级害了鼠疫,德国的无产阶级变了质[120],这是可笑的。这是一种荒唐的民族偏见,我真不知道还有比这更愚蠢的见解。欧洲无产阶级害的鼠疫,一点不比俄国无产阶级害得严重,而欧洲开始革命比较困难,是因为在那里执政的,既不是像罗曼诺夫那样的白痴,也不是像克伦斯基那样的吹牛大王,而是资本主义的真正的领导者,这种情况过去在俄国是不存在的。

最后,我再来谈谈各方面对我的文章和发言提出的主要反驳。受攻击最厉害的,是"掠夺掠夺物"这个口号。历史舞台上出现这样一个口号,不管我怎样琢磨,也不能从这个口号中找出任何不对的地方。既然我们可以用剥夺剥夺者这样的字眼,那么为什么在这里不用拉丁词就不可以呢?(鼓掌)

我认为,历史将会证实我们是完全正确的,而劳动群众不等历史证实就会站到我们这方面来;但是,既然在苏维埃的活动中已经不受任何限制地实现了"掠夺掠夺物"这个口号,既然我们在饥荒和失业这种实际的根本的问题上碰到了极大的困难,那就要及时指出,在"掠夺掠夺物"这句话以后开始发生了分歧,无产阶级革命主张:要清点掠夺物,不允许瓜分,如果有人直接或间接地攫为己有,那么,就要把这些破坏纪律的人枪毙……

而有人反对这一点,他们开始大喊大叫,他们说这是独裁,他们叫喊说这是拿破仑第三,是尤利乌斯·凯撒,他们说这是工人阶级态度轻率的表现,他们谴责托洛茨基。这都是他们头脑中的糊涂观念和政治情绪,它表明的正是小资产阶级自发势力,这种自发势力所反对的不是"掠夺掠夺物"这个口号,而是"计算和合理分配"的口号。只要我们清点一下粮食,查清现有的全部贮存,并且严惩违法行为,俄国就不会出现饥荒。分歧就在这里。这是由以下情况决定的:只有无产阶级真正拥护社会主义革命,而小资产阶级的态度是动摇的,这一点我们是一直看到并且考虑到的;而且在这种动摇中他们是反对我们的。这并不能使我们动摇,我们将继续走自己的道路,相信半数的无产阶级一定会跟我们走,因为他们清楚地知道,过去工厂主把掠夺物掠夺一空,完全是为了不让穷人们得到。

所谓独裁、拿破仑第三、尤利乌斯·凯撒等等,这一切都是欺人之谈。在这里可以用这些话蒙骗人,但是在地方上,在每个工厂和每个乡村中,人们都很清楚地知道,我们在这方面已经落后了,任何人都不会反对这个口号,每个人都知道,这个口号意味着什么。我们要用一切力量去组织计算、监督和合理的分配,这也是不容怀疑的。

布哈林向我们说:"我要同那些吻我的人划清界限",但是这样的人很多,以致布哈林同志无法摆脱。他们没有对我们说他们要提出什么,因为他们不知道要提出什么。你们知道该提出什么吗?
我在报上和发言中都责备过你们。在关于铁路法令的问题上,我
们满意地回想起你们的杂志曾提到过的 4 月 4 日的事情[121],我也
说过,如果你们不完全满意这个法令,那你们可以提出一个新的法
令来。但是关于这一点,在第 1 期和第 2 期(第 2 期的校样承蒙送
给我看过)的杂志上都只字未提,在布哈林同志的发言中也只字未
提,真是不谋而合。布哈林同志和马尔托夫同志都抓住铁路法令
这个话题大做文章。他们大谈所谓拿破仑第三的独裁、尤利乌
斯·凯撒等等,提供了可以出版 100 期杂志的材料,但这些杂志是
不会有人看的。这稍微接近了正题。这涉及到工人和铁路的问
题,没有铁路不仅不会有社会主义,而且大家都会像狗一样地饿
死,而粮食就堆放在附近。大家都很清楚地知道这一点。为什么
没有回答呢? 你们闭上了眼睛。你们蒙骗工人,——新生活派和
孟什维克是有意这样做,布哈林同志则是由于错误而这样做,——
你们谈建设的时候不让工人知道主要的问题。没有铁路能建设什
么呢? 在会见或接见代表团的时候,要是我看到一个商人对我说,
某某条铁路的状况已经有所改善,我觉得,这样的赞扬要比共产党
人和其他任何人的 20 个决议,以及各种各样的演说珍贵一百
万倍。

工程师、商人等等这些讲实际的人说,只要这个政权能把铁路
多少整顿出个样子,我们就承认它是政权。他们对政权的这种看
法,是非常重要的。因为铁路是一个重要的环节,是城市和乡村
间、工业和农业间最明显的联系的表现之一,社会主义是完全建立
在这种联系上的。要想建立这种联系来为全体人民有计划地进行
工作,就必须有铁路。

他们的所有这些关于独裁等等的空话,得到了所有马尔托夫们和卡列林们的一致赞同,立宪民主党的报刊也刊登了两次,但是,这些话毫无用处。

我已经给你们举出了这样做的工人组织的例子,以及其他企业、其他工业部门的国家资本主义的例子;烟草工人和制革工人实行的国家资本主义比其他部门要多一些,秩序也要好一些,因此那里走向社会主义的道路也更有保证。不能掩盖这个事实,也不能像格耶那样发谬论,说什么他要用枪杆子来强迫每个人。这话荒唐透顶,这是不懂得枪杆子的用处。要是这样做的话,那就可以认为,枪杆子是坏东西,不然就是无政府主义者格耶的头脑是坏东西。(鼓掌)当需要枪毙那些用战争来反对我们的资本家,逮捕和枪毙行窃的盗贼的时候,枪杆子是很好的东西。但是,布哈林同志说:有些人收入4 000卢布,应当把他们拉到墙脚下枪毙,——这是不对的。我们正需要发现这样的人。因为在我们这里人们能够领取4 000卢布的职位并不很多。到处都需要他们,我们没有专家,这是问题的关键,因此必须招到1 000个精通本行业务的第一流专家,这些专家重视自己的业务,热爱大生产,因为他们知道这意味着技术的进步。有人在这里说,不向资产阶级学习也能够实现社会主义,我认为,这是中非洲居民的心理。我们不能设想,除了建立在庞大的资本主义文化所获得的一切经验教训的基础上的社会主义,还有别的什么社会主义。没有邮电和机器的社会主义,不过是一句空话而已。但是,不能马上就把资产阶级的环境和资产阶级的习惯清除干净,这需要有一种整个现代科学和技术建立其上的组织。在这件事情上想用枪杆子是最愚蠢不过的。要使全体居民交纳所得税,实行劳动义务制,使每个人进行登记,这些都有赖于全民的组织程度;在他们没有登记之前,我们要付给他们报酬。布哈林说他看不出有什么原则,这就是另一回事了。马克思曾设想过,对资产阶级这个阶级实行赎买。他谈的是英国,当时英国还没有帝国主义,当时有可能向社会主义和平过渡,——这决不是在引证以往的社会主义[122]。现在所谈的不是资产阶级,而是吸收专家的问题。我已经举过一个例子,还可以举出几千个例子来。这里谈的只是吸收那些可以吸收的人,吸收的办法,或者用高薪收买,或者通过思想工作,因为在这个问题上你们不能抹杀全部薪金都照付给他们了。从我所举的例子中,我们知道(直到现在你们只是以沉默来进行批评),而且左派社会革命党人也非常清楚:付出的薪金是很高的。左派共产主义者和新生活派也知道这一点。

他们对此没有提出批评。这就是他们对苏维埃政权的真实批评!他们看到开始付给他们的工程师每人1 500卢布,他们没有说话。付给这些工程师报酬是大有好处的。这里既没有尤利乌斯·凯撒,也没有独裁。这正是对人民群众的政治教育。可是,如果我说,我们开始每月付给1 500 — 2 000卢布的报酬,这就成了倒退一步。于是什么都来了——又是尤利乌斯·凯撒,又是拿破仑第三,又是布列斯特-里托夫斯克和约,如此等等;而关于你们的专家,你们的工程师,你们一声不响。当有些人说,当布哈林说,这没有违反原则的时候,我说,这违反了巴黎公社的原则。构成国家资本主义的,不是金钱,而是社会关系。如果我们根据铁路法令付给2 000卢布的报酬,这就是国家资本主义。布哈林同志谈到了1915年齐美尔瓦尔德的决议,这说明他没有摆脱这种没有经过好好消化的理论。布哈林同志,请你摆脱它吧。现在,布哈林同志说,我在攻击小资产阶级的自发势力。

　　我在谈到小资产阶级自发势力的时候,并没有攻击劳动农民。我们且不谈劳动农民,我谈的不是劳动农民。在农民中间有劳动农民和小资产阶级农民,小资产阶级农民作为小私有者是靠别人生活的,而劳动农民却受别人剥削,他们愿意自食其力。因此,卡列林同志说我们攻击劳动农民,这话是不对的。从掠夺掠夺物方面得不到任何好处的贫苦农民,是站在我们方面的。他们会接受我们的口号。我们清楚地知道并且看到,在农村中人们是怎样理解掠夺掠夺物这个口号的。如果我们的论敌到那里去进行关于独裁的煽动和散布有关布列斯特和约等等的空话,他们会陷于孤立,得不到支持。无产阶级,在从事个人经营方面已经破产和绝望的农民群众,一定会站在我们方面,因为他们完全懂得,俄国是不可能单靠掠夺维持下去的。这一点我们大家都很清楚,每个人都能从自己那里看到和感觉到这一点。

　　在这方面我们同劳动群众的经济要求和情绪是一致的。因此,当"左派共产主义者"的没有固定阶级特性的知识分子对我们大发雷霆的时候,我们应该坚信:不管他们怎样骂我们,社会主义革命的这个口号是唯一正确的口号,如果我们想要巩固和完成社会主义革命,就要让劳动群众理解并且采用这个口号。在任何一个工人会议上都回避不了这个问题。在这项法令和这个问题上一定会受到种种指责。我们并不认为自己是从来没有过错的,我们有许多不好的法令。请你们纠正吧,你们有各种各样的杂志和一批文人。请你们指出,铁路法令的缺点在哪里。我们在4月4日的会议上就建议你们这样做,而今天已经是4月29日了,已经过去25天了,但是那批大文人都默不作声,因为他们什么也讲不出来。

你们知道,尽管我们的铁路法令有种种错误,——我们愿意改正这些错误,——但是它抓住了我们所需要的最根本的东西;它依靠那些遵守最严格的纪律的工人群众,这些群众需要通过个人权力联合起来,这种权力由苏维埃赋予和撤销。苏维埃要求在工作时间,在劳动时间,在这过程中,无条件地执行命令,因为必须使大生产像一部机器那样工作,必须使成千上万的人在工作和劳动时间遵循一个意志,服从一个苏维埃领导人的命令。(鼓掌)由此而联想到拿破仑和尤利乌斯·凯撒,这不是发疯,就是被那些专门咒骂布尔什维克的特权阶级书报完全弄糊涂了。同志们,颁布铁路法令,这一步表明我们已经走上正确的道路,走上了轨道。我在自己的发言中也告诉过你们,为什么我们要走这条道路;我们在人民委员会中没有谈论什么拿破仑大帝和尤利乌斯·凯撒,而是几百次地谈论如何整顿铁路,我们知道来自地方上的意见,我们从与铁路组织的许多次谈话中也知道,无产阶级分子是拥护我们的,他们要求有纪律,希望有秩序,他们看到,在俄国中部地区人们在挨饿,而粮食是有的,但是由于运输混乱而很难送到那里。

可是,有一些人动摇不定,茫然失措,带有小资产阶级情绪,他们被个人权力吓坏了,害了歇斯底里症,不同我们一道走,这是什么原因呢?是因为有右派,还是因为有人,特别是左派社会革命党人害了歇斯底里症呢?这里简直是乱作一团,谁也理不清楚。为了避免无谓的争吵,我们说:希望你们抓住根本问题并进行具体分析。

在这里也有人像卡列林和马尔托夫一样说我们同资产阶级调和,这是胡说。我劝你们读一下考茨基那本权威性的小册子,看看考茨基是怎样设想社会革命后的第一天的生活的。我可以告诉你们,他写的大意就是:不应该让托拉斯的组织者闲着没有事情干。这样写的人懂得,组织千百万人从事产品的生产和分配,这不是一件小事!我们没有学过这个,也没有地方去学,而托拉斯的组织者懂得,没有这个就不会有社会主义。我们也应该懂得这一点。因此,所谓同资产阶级调和、妥协等等这些话,全然都是胡说。考茨基认为,必须通过经验懂得大生产,这个论点是谁也驳不倒的。

载于1920年《第四届全俄中央执行
委员会会议记录。速记记录》一书

译自《列宁全集》俄文第5版
第36卷第239—276页

关于苏维埃政权的
当前任务的提纲¹²³

(1918 年 4 月 29 日和 5 月 3 日之间)

1. 苏维埃共和国所处的国际环境是极端困难和危急的,因为国际资本和帝国主义最切身的根本利益促使帝国主义不仅力图对俄国实行军事进攻,而且力图达成瓜分俄国和扼杀苏维埃政权的协议。

西欧各国间的帝国主义大厮杀的加剧,以及日本和美国在远东的帝国主义竞争,牵制了或制止了这种企图,不过这也只能是部分的,只能在一段时间,而且可能是短暂的。

因此,苏维埃共和国必须采取以下策略:一方面,要竭尽全力以求最快地发展国家的经济,加强国防力量,建立强大的社会主义军队;另一方面,在国际政策方面必须实行随机应变、退却和等待世界无产阶级革命(这个革命正在许多先进国家内比以前更迅速地成熟起来)最后成熟的策略。

2. 根据全俄苏维埃代表大会 1918 年 3 月 15 日的决议,在对内政策方面目前提到日程上来的是组织任务。正是这个任务,即在社会化的大机器(劳动)生产的基础上用新的更高级的方式来组织产品的生产和分配,构成 1917 年 10 月 25 日在俄国开始的社会主义革命的主要内容和社会主义革命取得完全胜利的主要条件。

3. 从单纯的政治观点来看,目前形势的关键是:说服劳动者的俄国相信社会主义革命纲领正确的任务和为劳动者从剥削者手中夺回俄国的任务,已经大体上和基本上完成,而提到日程上来的主要任务是如何管理俄国。组织正确的管理,坚定不移地执行苏维埃政权的决议,这就是苏维埃的迫切任务,这就是苏维埃类型的国家取得完全胜利的条件。这种类型的国家只是以法令形式宣告成立是不够的,只是在全国各地建立起来是不够的,还必须实际地组织好,并且通过正规的、日常的管理工作加以检验。

4. 在社会主义经济建设方面,目前的关键是:我们在对产品的生产和分配组织全民的无所不包的计算和监督方面,以及对生产实行无产阶级的调节方面的工作,大大落后于直接剥夺剥夺者——地主和资本家的工作。这就是决定我们任务的基本事实。

由此可见,一方面,同资产阶级的斗争进入一个新的阶段,这就是说,成为当前的重心的是组织计算和监督。只有做到这一点,我们自10月以来在反对资本的斗争中取得的一切经济成果以及在国民经济各部门国有化方面采取的一切措施才能得到巩固,也只有做到这一点,同资产阶级的斗争才能胜利完成,社会主义才能完全巩固。

另一方面,上述基本事实也说明了,为什么苏维埃政权在一定情况下不得不后退一步,或者说同资产阶级倾向实行妥协。例如,对许多资产阶级专家付给高额薪金,就是这种后退和对巴黎公社原则的背离。同资产阶级合作社达成关于逐步吸收全体居民加入合作社的步骤和措施的协定,就是这种妥协。当无产阶级政权还没有完全搞好全民的监督和计算的时候,这样的妥协是必要的,而我们的任务是:在丝毫不向人民隐瞒妥协的消极面的同时,尽力改善计算和监督,作为将来彻底消除一切这类妥协的唯一方法和手段。目前,这样的妥协是必要的,它是比较缓慢但是比较踏实地前进的唯一保证(因为我们的计算和监督实行得晚了)。当我们对产品的生产和分配完全实行了计算和监督的时候,这种妥协就没有必要了。

5.现在,加强劳动纪律和提高劳动生产率的措施特别重要。这方面已经采取的步骤,尤其是工会已经采取的步骤,应当全力予以支持、巩固和加强。这里包括例如实行计件工资,采用泰罗制中许多科学的先进的因素,使工资同工厂的总工作量或铁路水路运输等的经营结果相适应。这里还包括组织各生产和消费公社之间的竞赛、选拔组织家等等。

6.从资本主义向社会主义过渡时,无产阶级专政是绝对必需的,这一真理在我国革命中已经得到了充分的实际的证明。但是,专政首先要有一个真正坚强的、对剥削者和流氓都实行无情镇压的革命政权,而我们的政权却太软弱了。在劳动时间服从,而且是无条件地服从苏维埃领导人的个人指挥,服从选举产生或苏维埃机关任命的、拥有独裁权力(如铁路法令要求的那样)的独裁者的个人指挥,这一点还做得远远不够。这里表现出小资产阶级自发势力的影响,即与无产阶级纪律性和社会主义根本抵触的小私有者的习惯、意向和情绪的自发势力的影响。无产阶级的一切觉悟分子都应该积极地同这种小资产阶级自发势力作斗争,这种自发势力不但直接地表现出来(资产阶级及其走狗孟什维克、右派社会革命党人等所支持的各种对抗无产阶级政权的行为),而且也间接地表现出来(小资产阶级左派社会革命党和我们党内把自己降低到采取小资产阶级革命手段、仿效左派社会革命党人的"左派共产主义者"这个派别在主要的政策问题上所暴露的历史性动摇）。

　　建立铁的纪律和彻底实行无产阶级专政来反对小资产阶级的摇摆——这就是当前的总口号。

载于1918年5月9日《贫苦农民报》
第33号

译自《列宁全集》俄文第5版
第36卷第277—280页

对人民委员会关于播种面积组织处的法令草案的补充[124]

（1918 年 5 月 2 日）

　　委托农业人民委员部和粮食人民委员部采取紧急措施，使农民土地以及已作安排的国家耕地尽可能减少春播谷物播种不足的情况，发展蔬菜种植业和作好秋播的准备。

载于 1918 年 5 月 10 日《全俄中央执行委员会消息报》第 91 号（非全文）

全文载于 1959 年《苏维埃政权法令汇编》第 2 卷

译自《列宁全集》俄文第 5 版第 36 卷第 281 页

262

农业人民委员部领导问题
事先协商会议的决定草案[125]

(1918年5月3日)

农业人民委员部部务委员谢列达同志和美舍利亚科夫同志同列宁举行的事先协商会议(研究斯皮里多诺娃同志和卡列林同志提出的问题)作出如下结论:所提问题应视为重大政治问题加以研究,因此,应无条件地提交俄共中央。

会议认为,这些问题必须紧急、火速提交中央委员会。

载于1959年《列宁文集》俄文版 第36卷

译自《列宁全集》俄文第5版 第54卷第397页

致俄共中央[126]

（1918 年 5 月 4 日）

我请求把审判贪污案件(1918 年 5 月 2 日)的党员法官开除出党的问题列入议程，因为他们对案情属实、本人供认不讳的受贿者只判了半年监禁。

不枪毙这样的受贿者，而判以轻得令人发笑的刑罚，这对共产党员和革命者来说是**可耻的**行为。这样的同志应该受到舆论的**谴责**，并且应该**开除出党**，因为他们应该是与克伦斯基之流和马尔托夫之流为伍，而不能跻身于革命的共产党人之列。

列 宁

1918 年 5 月 4 日

载于 1933 年《列宁文集》俄文版
第 21 卷

译自《列宁全集》俄文第 5 版
第 36 卷第 282 页

论"左派"幼稚性和小资产阶级性

(1918 年 5 月 5 日)

　　"左派共产主义者"小集团的刊物《共产主义者》杂志的出版(1918 年 4 月 20 日第 1 期)和他们的"提纲"的发表,有力地证实了我在论苏维埃政权当前任务的那本小册子①里所谈到的内容。那种有时隐藏在"左的"口号下面来为小资产阶级自由散漫辩护的全部幼稚性,在政治出版物中再也找不到比这更明显的证明了。研究"左派共产主义者"的议论,是有益的和必要的,因为这些议论在当前是有代表性的;它们从反面非常清楚地指明了目前形势的"关键";它们是有教育意义的,因为在我们面前的是一些不了解形势的人中比较好的人,他们无论在知识方面或在忠诚方面,都远远超过那些犯有同样错误的**平庸之辈**——左派社会革命党人。

一

　　"左派共产主义者"集团,以政治——或想起政治作用的——权威的资格,向我们提出了他们的"目前形势的提纲"。把自己的观点和策略的基本原则连贯地完整地阐述出来,这是马克思主义

---

　　① 见本卷第 150—188 页。——编者注

的好习惯。这种马克思主义的好习惯,有助于揭露我们的"左派"的错误,因为他们一着手进行论证而不是唱高调,就暴露出他们的论据是站不住脚的。

首先引人注目的,就是字里行间以各种暗示的方式拐弯抹角地提起缔结布列斯特和约是否正确这个老问题。"左派"不敢直接提出这个问题,只是滑稽可笑地东拉西扯,堆砌一个又一个论据,挖空心思编造各种理由,罗列种种"一方面"和"另一方面",信口开河,废话连篇,毫不理会他们是怎样地自相矛盾。"左派"对于在党代表大会上有 12 票反对和约这个数字津津乐道,尽管赞成和约的有 28 票,而对于在苏维埃代表大会的布尔什维克党团内的好几百票中他们得到的票数还不到十分之一这个事实,却讳莫如深。他们制造一种"理论",说赞成和约的是些"疲惫的、没有固定阶级特性的人",而反对和约的"是经济上比较有生气和粮食比较有保证的南部地区的工人和农民……" 这种说法怎能不令人发笑? 他们对全乌克兰苏维埃代表大会赞成和约的表决情况一声不响,对过去反对和约的、俄国的典型小资产阶级的和没有固定阶级特性的政治集团(左派社会革命党)的社会性和阶级性只字不提。用所谓"有科学根据"这种可笑的解释来掩盖自己的破产,来掩盖种种事实,那是一种十分幼稚的伎俩,只要综观一下这些事实,就可以看到,用小资产阶级革命空谈的口号来反对和约的,正是一些没有固定阶级特性的、党内知识分子"头面人物"和上层分子,而赞成和约的正是工人和被剥削农民**群众**。

尽管"左派"在战争与和平的问题上提出了上述种种声明和狡辩,但是简单而明显的真理毕竟是掩盖不住的。提纲的作者们不得不承认:"和约的缔结暂时削弱了帝国主义者进行国际勾结的意图"("左派"的这种说法不确切,不过在这里用不着来谈这些不确切的地方)。"和约的缔结,已经使帝国主义列强之间的搏斗更加剧烈了。"

这就是事实。这就是具有**决定性**意义的东西。这就是为什么反对缔结和约的人客观上成了帝国主义者手中的玩物,落入了他们的圈套。因为在包括几国的、力量大到足以战胜**国际帝国主义**的国际社会主义革命爆发以前,已经在一个国家中(尤其是在一个落后的国家中)获得了胜利的社会主义者的直接使命,**不是**去同强大的帝国主义作战,而是要竭力避免作战,要等待,让帝国主义者相互间的搏斗**进一步**削弱他们自己,加速其他国家革命的到来。我们的"左派"在1月、2月和3月不懂得这个简单的真理,就是现在,他们还是害怕公开承认这个真理;但是这个真理却透过他们的种种自相矛盾的说法,诸如"一方面不能不承认,另一方面必须承认"[127]等等,而清楚地显示出来。

"左派"在自己的提纲中写道:"在即将到来的春季和夏季里,帝国主义体系必定开始崩溃,即令德帝国主义赢得当前战局的胜利,也只能使这个崩溃延缓一下,但那样就会崩溃得更惨。"

这种说法尽管看起来好像很有科学性,实际上是更加幼稚,更加不准确。只有小孩子才这样来"理解"科学:似乎科学能够断定在哪一年内,在春季和夏季或秋季和冬季里,"必定""开始崩溃"。

想要弄清无法弄清的事情,那是可笑的徒劳之举。任何一个严肃的政治家决不会说一个"体系"的某种崩溃**在什么时候**"必定开始"(况且,事实上这个**体系**已经开始崩溃,问题是在**各个**国家在什么时候爆发)。但是,一个无可争辩的真理透过这种幼稚得可怜的说法日益清楚地显示出来了:在其他比较先进的国家里爆发革命一事,在和约签订以后开始的"喘息时机"已经过了一个月的今天,比一个月或一个半月以前离我们**更近**了。

这说明什么呢?

这说明,主张缔结和约的人是完全正确的,历史已经证明他们是正确的,他们曾向那些崇尚浮夸的人指出:必须善于估计力量的对比,不要在社会主义力量还薄弱、作战时机显然**不利于**社会主义的时候同帝国主义者作战,便于他们反对社会主义,**不要以此帮助**帝国主义者。

但是,我们的"左派"共产主义者(他们也爱自称为"无产阶级的"共产主义者,因为在他们身上无产阶级的东西特别少,小资产阶级的东西特别多)却不善于考虑力量的对比,不善于估计力量的对比。马克思主义和马克思主义策略的关键就在这里,而他们却看不见这个"关键",只是"傲慢地"说一些空话,例如:

"……萎靡不振的'和平心理'在群众中深深地扎根,这是政治形势方面的客观事实……"

这真是奇谈妙论! 经过三年最痛苦最反动的战争以后,由于有了苏维埃政权及其正确的不尚空谈的策略,人民得到了一个很小很小的、很不巩固和很不充分的喘息时机。而"左派"知识分子却像自命不凡的纳尔苏修斯[128]那样神气活现、煞有介事地说:"萎靡不振的〈!!!???〉和平心理在群众中〈???〉深深地扎根〈!!!〉。"我在党代表大会上说过,"左派"的报纸或杂志的刊名不应该叫《共产主义者》,而应该叫《小贵族》①,我这种说法难道不正确吗?

一个稍微懂得被剥削劳动群众的生活条件和心理的共产主义

---

① 参看本卷第19页。——编者注

者,难道可以采取没有固定阶级特性的、充满小贵族情绪的、典型的小资产阶级知识分子的观点,说"和平心理"是"萎靡不振",而挥舞纸剑倒是"奋发有为"吗? 其实我们的"左派"正是在挥舞纸剑,他们回避人所共知的并且为乌克兰战争所再度证明了的事实:被三年残酷的战争弄得精疲力竭的人民,如果得不到喘息时机,就不能继续作战;如果无力在全国范围内组织战争,战争所造成的往往就是小私有者的涣散心理,而不是无产阶级的铁的纪律。我们在《共产主义者》杂志上到处都可以看出,我们的"左派"不懂得无产阶级的铁的纪律以及如何培养这种纪律,他们浸透了没有固定阶级特性的小资产阶级的知识分子的心理。

二

但是,也许"左派"关于战争的空谈不过是一种幼稚的热情,而且事关过去,因此并没有丝毫政治意义吧? 有些人这样为我们的"左派"辩护。但这是不对的。如果希望起政治领导作用,就要善于**周密地考虑**政治任务,而"左派"由于没有这种能力,就变成一些毫无定见的传播动摇情绪的人,这种动摇情绪在客观上只有一个意义:"左派"以自己的动摇**帮助**帝国主义者诱使俄罗斯苏维埃共和国去投入对自己显然不利的战斗,**帮助**帝国主义者把我们拖下陷阱。请听吧:

"……俄国工人革命如果离开世界革命的道路,一味地避免战斗,在国际资本的进攻面前退却,向'本国资本'让步,它就不能'保全自己'。

从这个观点出发,必须采取坚决的、阶级的、国际的政策;既用言论又用实际行动来进行国际的革命宣传,必须同国际社会主义(而不是同国际资产阶级)加强有机联系……"

关于这里在国内政策方面所作的攻击,将另外再谈。现在就来看看他们在对外政策方面的这种言词上的狂热(和实际行动中的畏怯)吧。**目前**每一个不愿意做帝国主义挑拨工具和不愿意落入陷阱的人,**应该执行什么策略呢?** 每个政治家都应该明确地直接地回答这个问题。我们党的回答是众所周知的:**目前**应该**退却**,避免作战。我们的"左派"不敢作相反的回答,却放空炮说:"采取坚决的、阶级的、国际的政策"!!

这是欺骗群众。如果想现在作战,就请直说吧。如果不愿意现在**退却**,就请直说吧。否则,就你们的客观作用来说,你们就是帝国主义挑拨的工具。而你们的主观"心理"就是发了狂的小资产者的心理,这种小资产者尽管硬充好汉,夸口吹牛,但心里很清楚:无产者实行退却并力求有组织地退却**是正确的**;无产者考虑到在没有力量的时候应该(在西方和东方帝国主义面前)退却,甚至退到乌拉尔一带,这是正确的,因为在西欧的革命还在酝酿的时期,这是赢得时间的**唯一**希望,这个革命虽然不是"必定"(不像"左派"空谈的那样)在"春季或夏季"开始,但是它**一月比一月**更加临近,更加肯定。

"左派"没有"自己的"政策;他们**不敢**宣布**现在**退却是不必要的。他们拐弯抹角,闪烁其词,玩弄字眼,把**目前**避免作战的问题偷换成"一味"避免作战的问题。他们光是吹肥皂泡,说什么"用实际行动来进行国际的革命宣传"!! 这意味着什么呢?

这只能意味着:或者是诺兹德列夫习气**129**,或者是发动以推翻国际帝国主义为目的的进攻战,二者必居其一。公开说出这种荒唐的话是不行的,所以"左派"共产主义者不能不用响亮的十足的空谈来作掩护,以逃避一切觉悟的无产者对他们的讥笑;他们以为,粗心的读者也许看不出"用实际行动来进行国际的革命宣传"这句话的真正意义。

空话连篇,夸夸其谈,这是没有固定阶级特性的小资产阶级知识分子的特性。有组织的无产阶级共产主义者,对于有这种"习性"的人,一定会给以惩罚,大概最轻也要加以嘲笑和撤销其一切负责职务。应该简单明了、直截了当地向群众讲明令人痛苦的真实情况:主战派在德国会再一次占上风(就是说很快就会向我们发动进攻),德国和日本将根据成文或不成文的协议来共同瓜分我们,扼杀我们,这是可能的,甚至是很可能的。如果我们不愿意听从空喊家的意见,我们的策略就应该是:等待,拖延,避免作战,退却。如果我们丢开空喊家,并且"振奋起来",建立真正铁的、真正无产阶级的、真正共产主义的纪律,我们就很有希望赢得好几个月的时间,那时,就是退到了乌拉尔(在最坏最坏的情况下),我们也**能使**我们的同盟者(国际无产阶级)**更加**有可能来援助我们。**更加**有可能"跑完"(用体育用语来讲)从开始爆发革命行动到实行革命之间的距离。

这样的策略,也只有这样的策略,才能切实加强国际社会主义的一支暂时处于孤立的队伍同其余队伍间的联系;而你们呢,亲爱的"左派共产主义者",老实说,你们只是在一个响亮词句同另一个响亮词句间"加强有机联系"。这可是一种很不好的"有机联系"啊!

亲爱的朋友们,我来给你们解释一下,为什么你们会发生这种不幸的事情,这是因为你们对于革命口号背诵得多,死记得多,而思索得却很少。因此你们把"保卫社会主义祖国"这句话加上引号,想必是要表示你们的讥讽,但实际上这个引号正表示出你们的头脑糊涂。你们惯于把"护国主义"看做卑鄙龌龊的东西,你们记住了、背熟了这一点,你们热心地反复背诵这一点,以致你们中间有些人竟然荒谬到以为在帝国主义**时代**保卫祖国是不能容忍的(实际上,只是在资产阶级所进行的帝国主义的、反动的战争中,保卫祖国才是不能容忍的)。但是你们没有很好考虑:"护国主义"为什么是并且在什么时候才是卑鄙的。

承认保卫祖国,就是承认战争的合理性和正义性。从什么观点出发来看这种合理性和正义性呢? 只有从社会主义无产阶级及其争取自己解放的观点出发;其他的观点,我们是不承认的,如果是剥削者阶级为了巩固自己的阶级统治而进行战争,这就是罪恶的战争,在**这种**战争中采取"护国主义"就是卑鄙行为,就是背叛社会主义。如果是已经战胜本国资产阶级的无产阶级为了巩固和发展社会主义而进行战争,那么这种战争就是合理的和"神圣的"。

1917年10月25日以后我们是护国派。我曾十分明确地一再讲过这一点,你们也不敢反驳这一点。正是为了同国际社会主义"加强联系",就**必须保卫社会主义**祖国。谁要是对无产阶级已经获得胜利的国家的国防采取轻率的态度,他就是在破坏同国际社会主义的联系。当我们是被压迫阶级的代表时,我们不曾轻率地对待过帝国主义战争中保卫祖国的问题,我们从原则上否认了这种保卫。当我们已成为开始组织社会主义的统治阶级的代表时,我们就要求一切人**严肃地**对待国防。严肃地对待国防,这就是说要切实备战并精确地估计力量的对比。如果力量显然不够,那么最重要的防御手段就是**向腹地退却**(谁要是认为这只是临时拿来应急的公式,那么,他可以去读一读伟大的军事著作家之一老克劳塞维茨关于这一点的历史教训的总结)。可是"左派共产主义者"丝毫也不像是懂得力量对比问题的意义。

过去,我们从原则上反对护国主义,所以我们当时有理由讥笑那些好像是为了社会主义的利益而想"保护"自己祖国的人。现在,我们已经获得做无产阶级护国派的权利,问题的整个提法就根本改变了。我们的责任就是慎重估计各种力量,仔细考虑我们的同盟者(国际无产阶级)是否来得及援助我们。资本的利益,就是要在各国工人还没有联合起来(实际上联合起来,即开始革命)以前,把敌人(革命的无产阶级)各个击破。我们的利益,就是要尽一切可能,利用甚至是最小的机会,使决战推迟到整个国际大军的各个革命部队实现这种联合的时候(或者实现了这种联合"**之后**")。

三

现在我们来谈谈我们的"左派共产主义者"在国内政策方面的不幸。读一读他们关于**目前**形势的提纲中的下列词句,实在令人不禁失笑:

"……只有实行最坚决的社会化,才能有计划地利用现存的生产资料"……"不是向资产阶级及其小资产阶级知识分子走卒投降,而是要完全打倒资产阶级和彻底粉碎怠工……"

可爱的"左派共产主义者",他们的坚决性那么多……而思考力却那么少! 所谓"最坚决的社会化",这是什么意思呢?

在国有化问题和没收问题上,可以有坚决的或者是不坚决的态度。关键却在于：要从国有化和没收过渡到社会化，即使有世界上最大的"坚决性"也是不够的。我们的"左派"的不幸，就在于他们天真地、幼稚地把"最坚决的……社会化"这些字眼联在一起，从而暴露了他们对问题的关键完全无知，对"目前"形势的关键完全无知。"左派"的不幸，就在于他们没有看到"目前形势"的实质，没有看到从没收（在实行没收时，政治家的主要品质就是坚决性）到社会化（要实行社会化，就要求革命家有**另一种**品质）的过渡的实质。

昨天，形势的关键在于尽量坚决地实行国有化，实行没收，打击和打倒资产阶级，粉碎怠工，今天，只有瞎子才看不到，我们已经国有化的，已经没收的，已经打倒的和粉碎的，**比我们来得及加以计算的要多**。可是社会化和简单的没收不同的地方就在于：实行没收单有"坚决性"就可以了，用不着有正确计算和正确分配的才能，**而实行社会化，没有这种才能就不行**。

我们的历史功绩，就是昨天（明天也会如此）在实行没收方面，在打倒资产阶级和粉碎怠工方面，我们是坚决的。如果今天把这一点写入"目前形势的提纲"，就是面向过去而不懂得转向未来。

"……彻底粉碎怠工……" 他们终于找到了一项任务！但是我们这里的怠工已经完全"粉碎"了。我们所缺乏的，完全是另外的东西，即**进行计算**，盘算一下应该把哪些怠工者安插到哪些地方去，怎样组织**自己的**力量去实施监督，譬如说，派一个布尔什维克领导人或监督者去监督一百个到我们这里来上班的怠工者，在这种情况下，侈谈"最坚决的社会化"、"完全打倒"、"彻底粉碎"，就是胡说八道。小资产阶级革命家的特点就是不知道打倒、粉碎等等对于社会主义是不够的，只有疯狂反对大私有者的小私有者才认为这样就够了,而无产阶级革命家无论什么时候都不会犯这种错误。

如果说我们上面所引的话使人不禁失笑,那么"左派共产主义者"的下述发现就简直使人捧腹大笑了,他们发现:苏维埃共和国在"右派布尔什维克的倾向"的影响之下有"演变到国家资本主义去"的危险,这可真要把人吓坏了! 而且"左派共产主义者"又是多么卖力地在提纲中、在论文中,到处重复着这一骇人听闻的发现啊……

但是他们从没有想过,国家资本主义较之我们苏维埃共和国目前的情况,将是**一个进步**。如果国家资本主义在半年左右能在我国建立起来,那将是一个很大的胜利,那将极其可靠地保证社会主义一年以后在我国最终地巩固起来而立于不败之地。

我可以想象,"左派共产主义者"将怎样义愤填膺,怒斥这些话,他们将在工人面前给"右派布尔什维克的倾向"以何等"致命的批评"。怎么? 在苏维埃**社会主义**共和国内,向国家**资本主义**过渡竟会是一个进步? …… 这岂不是背叛社会主义?

"左派共产主义者"**在经济问题上的**错误的根源正是在这里。因此,正是对于这一点,我们应该比较详细地谈一谈。

第一,"左派共产主义者"不了解,这个使我们有权利和有根据自称为苏维埃社会主义共和国的、从资本主义到社会主义的**过渡**,究竟是怎样的。

第二,他们暴露出自己的小资产阶级性,就因为他们**看不到**小资产阶级自发势力是我国社会主义的**主要**敌人。

第三,他们拿出"国家资本主义"来吓人,这就暴露出他们不了解苏维埃国家在经济上与资产阶级国家迥然不同。

我们来研究一下这三点。

看来,还没有一个专心研究俄国经济问题的人否认过这种经济的过渡性质。看来,也没有一个共产主义者否认过社会主义苏维埃共和国这个名称是表明苏维埃政权有决心实现向社会主义的过渡,而决不是表明新的经济制度就是社会主义制度。

那么过渡这个词到底是什么意思呢? 它用在经济上是不是说,在这个制度内**既有**资本主义的**也有**社会主义的成分、部分和因素呢? 谁都承认是这样的,但并不是所有承认这点的人都考虑到:俄国现有各种社会经济结构成分究竟是怎样的。问题的全部关键就在这里。

现在我们把这些成分列举如下:

(1)宗法式的,即在很大程度上属于自然经济的农民经济;

(2)小商品生产(这里包括大多数出卖粮食的农民);

(3)私人资本主义;

(4)国家资本主义;

(5)社会主义。

俄国幅员如此辽阔,情况如此复杂,社会经济结构中的所有这些不同的类型都互相错综地交织在一起。特点就在这里。

试问,占优势的是哪些成分呢? 显然,在一个小农国家内,占优势而且不能不占优势的是小资产阶级自发势力;大多数甚至绝大多数耕作者都是小商品生产者。在我国,**投机商**时此时彼地破坏国家资本主义的外壳(粮食垄断,受监督的企业主和商人,资产阶级合作社工作者),而投机活动的主要对象是**粮食**。

主要的斗争正是在这方面展开。如果用"国家资本主义"等这些经济范畴的术语来说,究竟是谁和谁进行这一斗争呢? 按我刚才列举的次序,是第四种成分和第五种成分作斗争吗?当然不是。在这里不是国家资本主义同社会主义作斗争,而是小资产阶级和私人资本主义合在一起,既同国家资本主义又同社会主义作斗争。小资产阶级抗拒**任何的**国家干涉、计算与监督,不论它是国家资本主义的还是国家社会主义的。这是丝毫不容争辩的事实,"左派共产主义者"在经济问题上的错误的根源就在于不了解这一事实。投机商、奸商、垄断制破坏者就是我国"内部的"主要敌人,即反对苏维埃政权的经济措施的敌人。如果说在125年以前,法国小资产者这些最热情、最真诚的革命家想通过处死个别几个"要犯"和发表激昂慷慨的演说来战胜投机商的愿望在当时还情有可原的话,那么,现在某些左派社会革命党人用纯粹的空谈来对待这个问题,就只能引起每个觉悟的革命者的憎恶或厌弃了。我们非常明白,投机活动的经济基础,就是在俄国人数特别众多的小私有者阶层,以及以**每一个**小资产者作为自己代理人的私人资本主义。我们知道,这种小资产阶级九头蛇的千百万触角,时此时彼地缠住了工人中的个别阶层,投机活动正在**取代国家垄断**而渗入我国社会经济生活的每个毛孔。

　　谁要是看不到这一点,那他就恰恰由于盲目无知而暴露出自己做了小资产阶级偏见的俘虏。我们的"左派共产主义者"就是这样的人,他们在口头上是(当然,他们也深信自己是)小资产阶级的无情的敌人,而在实际上却正好是帮助小资产阶级,正好是为小资产阶级效劳,正好是表现小资产阶级的观点,因为他们要——**在1918年4月!!**——反对……"国家资本主义"!真是胡闹!

　　小资产者手头拥有在战时用"正当"办法,特别是用不正当办法积攒起来的几千几千的小款项。这就是作为投机活动和私人资本主义的基础的典型经济形式。货币是取得社会财富的凭证,千百万小私有者紧紧地握住这种凭证,把它瞒过"国家"的耳目,不相信任何社会主义和共产主义,一心想"躲过"无产阶级的风暴。或者是我们使这些小资产者服从**我们的**监督和计算(只有把贫民即多数居民或者说半无产者组织在觉悟的无产阶级先锋队的周围,我们才能做到这一点),或者是这些小资产者必然地、不可避免地推翻我们的工人政权,就像那些正是在这种小私有者土壤上生长起来的拿破仑们和卡芬雅克们推翻了革命一样。问题就是如此。只有左派社会革命党人由于一味空谈所谓"劳动"农民而看不到这个简单而明显的真理,但是有谁会认真地对待这些沉溺于空谈的左派社会革命党人呢?

存有几千小款项的小资产者是国家资本主义的敌人,他们希望一定要为自己使用这几千小款项,反对贫民,反对任何的国家监督,而这几千几千的小款项加起来就是好多个亿,它们成为破坏我国社会主义建设的投机活动的基础。假定说,一定数目的工人在几天内创造出为数1 000的价值。又假定说,由于小投机活动,由于各种盗窃行为,由于小私有者"逃避"苏维埃的法令和条例,这个总数中的200消失了。每一个觉悟的工人都会说:假如我从这1 000中拿出300来就能建立起更好的秩序和组织,那我乐意拿出300,而不是200,因为在苏维埃政权下,既然秩序和组织会整顿好,既然小私有者对国家各种垄断的破坏会被彻底粉碎,那么以后减少这种"贡赋",比如说减到100或50,就会是轻而易举的事。

这个用简单数字来表示的例子(为了使说明通俗起见,我故意把它尽量简化)说明了当前国家资本主义和社会主义的**相互关系**，工人掌握着国家政权，他们在法律上有最充分的可能把1 000统统"拿到手"，就是说，不让一个戈比落在非社会主义用途上。这种由于政权实际已转到工人手中而产生的法律上的可能性，就是社会主义的因素。

但小私有者的和私人资本主义的自发势力却通过很多渠道来破坏法律上的规定，暗中投机，破坏苏维埃法令的执行。国家资本主义将是一个巨大的进步，**哪怕**(我故意用这样的数字作例子，是为了更明显地说明这点)我们付出的代价要比现在**大**，因为"为了学习"是值得付出代价的，因为这对工人有好处，因为消除无秩序、经济破坏和松懈现象比什么都重要，因为让小私有者的无政府状态继续下去就是最大、最严重的危险，它**无疑**会葬送我们(如果我们不战胜它的话)，而付给国家资本主义较多的贡赋，不仅不会葬送我们，反会使我们通过最可靠的道路走向社会主义。工人阶级一经学会了怎样保卫国家秩序来反对小私有者的无政府性，一经学会了怎样根据国家资本主义原则来整顿好全国性的大生产组织，那时就会掌握全副王牌(恕我如此来形容)，社会主义的巩固就有了保证。

国家资本主义**在经济上**大大高于我国现时的经济，这是第一。

第二，国家资本主义中没有任何使苏维埃政权感到可怕的东西，因为苏维埃国家是工人和贫民的权力得到保障的国家。"左派共产主义者"不懂得这些无可争辩的真理，没有一点政治经济学头脑的"左派社会革命党人"当然也永远不会懂得这些真理，但是每个马克思主义者却**不得不**承认这些真理。同左派社会革命党人不值得争论，只要指出他们是空谈家的"可憎的样板"就够了；而和

"左派共产主义者"却**应该**争论,因为这里是马克思主义者犯了错误,而分析他们的错误,可以帮助**工人阶级**找到正确的道路。

四

为了把问题说得更清楚,我们首先来举一个最具体的国家资本主义的例子。大家都知道,这个例子就是德国。那里有达到"最新成就"的现代大资本主义技术和**服从于容克资产阶级帝国主义的**有计划的组织。如果把这些黑体字删掉,不要军阀的、容克的、资产阶级的、帝国主义的**国家,同样用国家**,然而是另一种社会类型、另一种阶级内容的国家,**苏维埃**国家,即无产阶级国家来代替,那你们就会得到实现社会主义所需要的**全部**条件。

没有建筑在现代科学最新成就基础上的大资本主义技术,没有一个使千百万人在产品的生产和分配中严格遵守统一标准的有计划的国家组织,社会主义就无从设想。我们马克思主义者从来都是这么说的,而对那些**甚至连**这点都不了解的人(无政府主义者和至少半数的左派社会革命党人)是不值得多费唇舌的。

同时,无产阶级若不在国家内占统治地位,社会主义也是无从设想的,这也是一个起码的常识。历史(除了孟什维克这类头号蠢人,没有人期待历史会顺利、平静、轻易、简单地产生出"完整的"社会主义来)发展得如此奇特,到1918年竟**产生出**分成了两半的社会主义,两者紧挨着,正如在国际帝国主义一个蛋壳中两只未来的鸡雏。德国和俄国在1918年最明显地分别体现了具体实现社会主义的两方面的条件:一方面是经济、生产、社会经济条件,另一方面是政治条件。

如果德国无产阶级革命获得胜利,那它就能轻而易举地一下子击破任何帝国主义的蛋壳(可惜这种蛋壳是由最好的钢材制成的,因此不是**任何**……鸡雏的力量所能啄破的),就一定能不经过困难或只经过极小的困难而实现世界社会主义的胜利,当然这里是指全世界历史范围的"困难",而不是指平常小范围的"困难"。

如果德国革命迟迟不"诞生",我们的任务就是要学习德国人的国家资本主义,**全力仿效**这种国家资本主义,要不惜采用**独裁的**方法加紧仿效,甚于当年的彼得,他曾不惜用野蛮的斗争手段对付野蛮,以促使野蛮的俄罗斯加紧仿效西欧文化。如果无政府主义者和左派社会革命党人中有人(我不由得想起了卡列林和格耶在中央执行委员会上的发言)竟像纳尔苏修斯那样地议论说,向德帝国主义"学习"不是我们革命家干的事,那么我们只需这样回答:要是认真听信这帮人的意见,革命早就会遭到无可挽救的(也是理所当然的)失败了。

在俄国目前占优势的正是小资产阶级资本主义,从这种资本主义**无论**走向国家大资本主义**或者**走向社会主义,都是经过**同一条道路**,都是**经过同一个**中间站,即我们所说的"对产品的生产和分配实行全民的计算和监督"。谁不懂得这一点,谁就会犯不可饶恕的经济错误,他们或者是不了解具体事实,看不到实际存在的事物,不能正视现实,或者是只把"资本主义"和"社会主义"抽象地对立起来,而不研究目前我国这种过渡的具体形式和步骤。顺便说一下,这就是把《新生活报》和《前进报》营垒中的优秀人物弄糊涂的同一个理论错误。这个营垒中最差的和中等的人物,由于秉性愚钝,毫无气节,已被资产阶级吓倒,做了他们的尾巴;而其优秀人物也不了解,社会主义的导师们之所以说从资本主义到社会主义要有一整个过渡时期并不是没有原因的,他们强调新社会诞生时的那种"长久阵痛"也不是没有缘故的,并且这新社会还是一种抽象的东西,它只有经过一系列建立这个或那个社会主义国家的各种各样的、不尽完善的具体尝试才会成为现实。

不经过国家资本主义和社会主义所**共有的**东西(全民的计算和监督),就不能从俄国现时的经济情况前进,正因为如此,用"向国家资本主义**方向演变**"(《共产主义者》杂志第 1 期第 8 页第 1 栏)来吓唬别人也吓唬自己,在理论上是荒谬透顶的。这恰恰意味着在思想上"偏离了方向",离开了"演变"的真正道路,不懂得这条道路;而在实践上,这等于是向小私有者的资本主义倒退。

我绝不只是现在,而是早**在**布尔什维克取得政权**以前**,就对国家资本主义作过"高度的"评价;为了让读者相信这一点,我想从我在 1917 年 9 月所写的《大难临头,出路何在?》这本小册子中摘引几段:

"……试一试用**革命民主**国家,即用采取革命手段摧毁**一切**特权、不怕以革命手段实现最完备的民主制度的国家来**代替**容克资本家的国家,代替地主资本家的国家,那又会怎样呢? 那你就会看到,真正革命民主国家中的国家垄断资本主义,必然会是走向社会主义的一个或一些步骤!

……因为社会主义无非是从国家资本主义垄断再向前跨进一步。

……国家垄断资本主义是社会主义的最充分的**物质**准备,是社会主义的**前阶**,是历史阶梯上的一级,在这一级和叫做社会主义

的那一级之间,**没有任何中间级**。"(第 27 页和第 28 页)①

  请注意,这几段话是在克伦斯基执政时期写的,这里所谈的**不是无产阶级专政,不是社会主义国家**,而是"革命民主"国家。我们由这一政治阶梯往上登得**愈高**,我们在苏维埃内把社会主义国家和无产阶级专政体现得**愈充分**,我们就应该**愈不惧怕**"国家资本主义",这难道还不清楚吗? 从**物质**、经济、生产意义上说,我们还没有到达社会主义的"前阶",而不通过我们尚未到达的这个"前阶",就不能走进社会主义的大门,这难道还不清楚吗?

  无论从哪方面来看问题,结论只有一个:"左派共产主义者"所谓"国家资本主义"是对我们的威胁的论断,是一个极大的经济错误,它清楚地证明他们完全成了小资产阶级思想的俘虏。

五

  下面这个情况也是极有教益的。

  当我们在中央执行委员会和布哈林同志争论时②,他还谈到一个意见:在给专家以高额薪金的问题上,"我们〈显然,这个我们是指"左派共产主义者"〉比列宁要右一些",因为我们看不出这里有任何违背原则的地方,我们记得马克思说过,在一定条件下,对工人阶级说来,最适当的是"能赎买下这个匪帮"③(指资本家匪帮,也就是说,从资产阶级手里**赎买**土地、工厂及其他生产资料)。

---

① 见本版全集第 32 卷第 217、218—219 页。——编者注
② 参看本卷第 252—253 页。——编者注
③ 参看《马克思恩格斯文集》第 4 卷第 529 页。——编者注

这个非常值得注意的意见表明:第一,布哈林比左派社会革命党人和无政府主义者高出一筹,他完全不是不可救药地堕入空谈,恰恰相反,他在极力思考从资本主义向社会主义过渡——痛苦而艰难的过渡——的**具体**困难。

第二,这个意见更加明显地暴露了布哈林的错误。

确实如此。让我们深入思考一下马克思的思想吧。

他指的是上一世纪70年代的英国,是垄断前的资本主义的极盛时代,是当时军阀机构和官僚机构最少的国家,是当时最有可能"和平地"即通过工人向资产阶级"赎买"的办法取得社会主义胜利的国家。所以马克思说:在一定条件下,工人决不拒绝向资产阶级赎买。至于变革的形式、方法和手段,马克思没有束缚自己的手脚,也没有束缚未来的社会主义革命活动家的手脚,他非常懂得在变革时会有怎样多的新问题发生,在变革进程中整个情况会怎样变化,在变革进程中情况会怎样**频繁**而**剧烈地**变化。

在苏维埃俄国,在无产阶级取得政权**以后**,在剥削者的军事反抗和怠工反抗被镇压下去**以后**,已经形成**某些**类似半世纪前在英国可以形成的条件(如果英国当时开始和平地向社会主义过渡的话),这难道还不明显吗? 当时英国有下列种种情况可以保证资本家屈服于工人:(1)工人即无产者在人口中占绝对优势,因为已经没有农民(在70年代的英国已经有一些征象,可以指望社会主义在农业工人中非常迅速地得到成功);(2)加入工会的无产阶级具有很高的组织程度(当时英国在这方面居世界第一位);(3)在长期的政治自由发展中受到严格训练的无产阶级具有比较高的文明程度;(4)组织得极好的英国资本家——当时他们是世界各国中最有组织的资本家(现在这个领先地位已经转到德国)——长时期惯于用妥协的方法解决政治和经济问题。就因为这些情况,当时才会产生有可能使英国资本家**和平地**屈服于英国工人的想法。

在我国,目前已有某些基本前提(10月的胜利和从10月到今年2月对资本家军事反抗和怠工反抗的镇压)使这种屈服得到保证。在我国,工人即无产者**没有**在人口中占绝对优势,**没有**很高的组织程度,胜利的因素是最贫苦的、迅速破产的农民对无产者的支持。最后,在我国,既没有高度的文明,也没有妥协的习惯。如果考虑一下这些具体条件,那就很清楚,我们现在能够而且应该把两种办法**结合起来**,一方面对不文明的资本家,对那些既不肯接受任何"国家资本主义",也不想实行任何妥协,继续以投机和收买贫民等方法来破坏苏维埃措施的资本家,无情地加以惩治[①];另一方面对文明的资本家,对那些肯接受并能实施"国家资本主义",能精明干练地组织真正以产品供应千百万人的**大**企业而对无产阶级有益的资本家**谋求妥协**或向他们实行赎买。

布哈林是一位学识卓越的马克思主义经济学家。因此他想起马克思曾经十分正确地教导工人说:正是为了易于过渡到社会主义,保存大生产的组织是很重要的;**如果**(作为一种例外,当时英国是一种例外)将来种种情况迫使资本家和平屈服,在赎买的条件下文明地有组织地转到社会主义,那就**给资本家付相当多的钱**,向他们赎买,这种思想是完全可以容许的。

---

① 这里也应该正视现实:我们还缺少为争取社会主义胜利所必要的无情,而所以如此,并不是因为我们没有坚决性。我们的坚决性是很足的,而是我们没有本领相当迅速地**捉到**人数相当多的破坏苏维埃措施的投机商、奸商、资本家。因为只有组织计算和监督,才能获得这种"本领"!第二,我们的法庭不够强硬,对于受贿者,不判处死刑,而只判处半年监禁。我们这两种缺点有一个共同的社会根源:小资产阶级自发势力的影响,它的软弱性。

　　但是,布哈林错了,因为他没有考虑到俄国目前的具体特点。我们目前正处在一种特殊的情况下,就是说,我们俄国无产阶级在政治制度方面,在工人政权的力量方面,比不管什么英国或德国都要**先进**,但在组织像样的国家资本主义方面,在文明程度方面,在从物质和生产上"实施"社会主义的准备程度方面,却比西欧最落后的国家还要**落后**。正是由于这种特殊情况,工人们目前有必要对那些最文明、最有才干、最有组织能力、愿意为苏维埃政权服务并且诚心诚意地帮助搞好大的和最大的"国家"生产的资本家实行特殊的"赎买",这难道还不明白吗? 在这种特殊情况下,我们应该竭力避免两种都是小资产阶级性质的错误,这难道还不明白吗? 一方面,如果说我们既然承认我国经济"力量"和政治力量不相称,"因而"就不应该夺取政权,那就犯了不可救药的错误。[130] 所谓的"套中人"[131]就是这样推论的,他们忘记了,"相称"是永远不会有的,在自然界的发展中,也和在社会的发展中一样,这样的相称都是不可能有的,只有经过多次的尝试——其中每次单独的尝试都会是片面的,都会有某种不相称的毛病——才能从**各国**无产者的革命合作中建立起完整的社会主义。

　　另一方面,纵容那些空喊家和清谈家,显然也是错误的,这些人一味陶醉于"鲜明的"革命性,但要从事坚韧不拔、深思熟虑、周密审慎并考虑到各种十分困难的转变的革命工作,他们却无能为力。

　　幸而一些革命政党的发展史以及布尔什维主义与它们作斗争的历史给我们留下了各种鲜明的典型,其中左派社会革命党人及无政府主义者充分表现出自己是一种不大好的革命者典型。现在他们歇斯底里地叫嚣,上气不接下气,高喊反对"右派布尔什维克"

的"妥协"。但是他们没有能力深入地思考一下,过去那种"妥协"究竟坏在**哪里**,它**为什么**理所当然地受到历史和革命进程的谴责。

克伦斯基时代的妥协把政权交给了帝国主义资产阶级,而政权问题是一切革命的根本问题。1917 年 10 月和 11 月间一部分布尔什维克主张妥协或者是由于害怕无产阶级取得政权,或者是想不仅同左派社会革命党人之类的"不可靠的同路人",而且同切尔诺夫分子和孟什维克这些敌人来平等地**分掌**政权,而这些敌人在驱散立宪会议、无情地消灭鲍加耶夫斯基之流、普遍实行苏维埃制度和进行每一次没收等基本问题上是必然会妨碍我们的。

现在政权已经由一个政党,由无产阶级政党夺取到手,保持下来,巩固下来,甚至没有"不可靠的同路人"参加。现在已不存在而且也根本不可能存在分掌**政权**和放弃无产者对资产阶级的专政问题,这时候再说什么妥协,那就等于是鹦鹉学舌,只是简单重复一些背得烂熟但毫不了解其意义的词句。现在,当我们能够而且应该管理国家的时候,我们不吝惜金钱,竭力把那些受过资本主义训练的最文明的人吸引过来,利用他们来对付小私有者的瓦解作用。如果把这说成是"妥协",那就是根本不理解社会主义建设的经济任务。

所以,尽管布哈林同志在中央执行委员会上因卡列林和格耶这类人为他"效劳"而马上"感到羞耻"这一点值得赞扬,对于"左派共产主义者"**这一派**人来说,指出他们政治上的战友是些什么人,仍然是一个重要的提醒。

例如,1918 年 4 月 25 日的那一号《劳动旗帜报》——左派社会革命党人的机关报——自豪地宣称:"我党现时的立场与布尔什维主义中的另一派(布哈林、波克罗夫斯基等人)是一致的。"又如,

同一天的孟什维克的《前进报》刊登了有点儿名气的孟什维克伊苏夫的"提纲":

"苏维埃政权的政策一开始就与真正的无产阶级性质背道而驰,最近更日益公开地走上与资产阶级妥协的道路,而带有明显的反工人的性质。在工业国有化的幌子下实行培植工业托拉斯的政策,在恢复国家生产力的幌子下企图取消八小时工作制,实行计件工资和泰罗制,搞黑名单和黑籍证。这个政策会使无产阶级丧失经济方面的基本成果,而变成资产阶级任意剥削的牺牲品。"

说得太妙了,不是吗?

为了履行那些许诺俄国资本家兼并别国领土的秘密条约而同克伦斯基一起进行帝国主义战争的克伦斯基的朋友们,打算在6月11日解除工人武装的策列铁里[132]的同事们,用响亮的词句掩饰资产阶级统治的李伯尔唐恩之流,就是他们,就是这些人在指责苏维埃政权"与资产阶级妥协","培植托拉斯"(即培植"国家资本主义"!),采用泰罗制。

说实在的,布尔什维克应该授给伊苏夫一枚奖章,他的提纲作**为资产阶级挑拨言论**的一个标本应该拿到每一个工人俱乐部和工会去展览。现在,工人们已经认清了李伯尔唐恩之流、策列铁里之流和伊苏夫之流的真面目,已经处处根据实际经验认识了他们,而用心思索一下为什么**资产阶级的这些走狗**要挑拨工人们来反对采用泰罗制和"培植托拉斯",这对于工人们是大有益处的。

觉悟的工人会把李伯尔唐恩先生们和策列铁里先生们的朋友伊苏夫的"提纲",拿来同"左派共产主义者"的下述提纲作一番仔细的比较:

"在生产中由于恢复资本家的领导地位,实行劳动纪律并不能真正提高劳动生产率,反而会削弱无产阶级的阶级主动性、积极性和组织性。实行劳动纪律有使工人阶级受奴役的危险,它将不仅激起落后阶层,而且激起无产阶级先锋队的不满。在无产者普遍仇视'资本家怠工者'的情况下,为了推行这种制度,共产党就势必依靠小资产阶级而不是依靠工人,这就会把自己这个无产阶级政党毁掉。"(《共产主义者》杂志第1期第8页第2栏)

这是一个最明显的证据,它表明"左派"落入了圈套,受了伊苏夫之流以及其他资本主义奸细的挑拨。这对于工人们是一个很好的教训,工人们知道,正是无产阶级先锋队主张实行劳动纪律,正是小资产阶级拼命破坏这个纪律。像上述的"左派"提纲这样的言论实在是一种奇耻大辱,事实上完全背弃了共产主义,完全转到小资产阶级方面去了。

"由于恢复资本家的领导地位","左派共产主义者"想用这样的话来"辩解"。这种辩解是没有用的,因为第一,苏维埃政权是在设有工人委员或工人委员会的情况下给资本家以"领导地位"的,这些工人委员或工人委员会监督领导人的每一步骤,学习他们的领导经验,不仅能够对他们的命令提出申诉,而且还能够通过苏维埃政权机关来撤换他们。第二,给资本家以"领导地位",是为了在工作时间内让他们履行职务,而他们的工作条件则是由苏维埃政权规定的,并且要由它来修改和取消。第三,苏维埃政权给资本家以"领导地位",并不是把他们当做资本家,而是把他们当做领取高额薪金的技术专家或组织者。而且工人们知道得很清楚:真正大型的企业、托拉斯或其他机构的组织者,也和第一流的技术专家一样,百分之九十九是属于资本家阶级的,——可是,我们无产阶级政党,正应该任用他们为劳动过程和生产组织的"领导人",因为我们**没有**其他有经验的、熟悉这方面实际工作的人。因为工人们在跨出可能被"左的"词句或小资产阶级自由散漫所迷惑的幼年时期以后,恰恰是要经过资本家对托拉斯的领导,经过大机器生产,经过年周转额达几百万的企业,就是说,只有经过这种生产和企业,才能走向社会主义。工人们不是小资产者。他们不害怕大规模的"国家资本主义",他们重视这样的国家资本主义,认为这是他们的**工具,无产阶级的**工具,**他们的苏维埃**政权将利用这种工具来反对小私有者的瓦解作用和涣散现象。

只有那些没有固定阶级特性因而也是彻头彻尾小资产阶级的知识分子才不了解这一点。奥新斯基在"左派共产主义者"集团中和在他们的杂志上的表现,就是这种知识分子的典型。他写道:

"……组织和领导企业方面的全部主动权将属于'托拉斯的组织者',因为我们不是想**教导**他们,不是想把他们变成普通的工作人员,而是想向他们**学习**。"(《共产主义者》杂志第 1 期第 14 页第 2 栏)

在这段话中所卖弄的讽刺,是针对我说的"向托拉斯的组织者学习社会主义"这句话的。

在奥新斯基看来,这句话是很可笑的。他想把托拉斯的组织者变成"普通的工作人员"。如果这种言论是出于诗人所描写的"年方十五,不会超过?"[133]……这种年龄的人的口中,那是没有什么值得惊奇的。可是一个马克思主义者,学习过不利用大资本主义所达到的技术和文化成就便不可能实现社会主义这个道理,竟讲出这种话,这就未免叫人有些奇怪了。这里已经没有一点马克思主义。

不,只有那些懂得**不向托拉斯的组织者学习就不能**建立或实施社会主义的人,才配称为共产主义者。因为社会主义并不是臆想出来的,而是要靠夺得政权的无产阶级先锋队去掌握和运用托拉斯所造成的东西。我们无产阶级政党,如果不去向资本主义的第一流专家学习组织托拉斯式的即像托拉斯一样的大生产的本领，那便**无从**获得这种本领。

如果不是抱着幼稚的目的要"教导"资产阶级知识分子学社会主义，我们是没有什么可以教导他们的。对于他们，不是应该教导，而是应该剥夺（这一点在俄国做得相当"坚决"），他们的怠工应**该粉碎**，他们作为一个阶层或集团应该**服从**苏维埃政权。而我们共产主义者如果不是年幼无知，就应该向他们学习，而且有东西可学，因为无产阶级政党和无产阶级先锋队在办理为千百万人服务的大企业方面**没有**独立工作的**经验**。

俄国优秀的工人是懂得这层道理的。他们已经开始向资本家组织者，向工程师领导者，向技术专家学习了。他们已经开始坚定而谨慎地从比较容易的地方学起，然后再逐渐学习最难的东西。在冶金业和机器制造业中，这件工作进行得比较缓慢，那是因为它比较困难。而纺织工人、烟草工人和制革工人，不像没有固定阶级特性的小资产阶级知识分子那样害怕"国家资本主义"，害怕"向托拉斯的组织者学习"。这些工人在"制革工业总管理局"、"中央纺织工业委员会"这一类中央领导机关内同资本家坐在一起，**向他们学习**，办理托拉斯，办理"国家资本主义"。而在苏维埃政权下，国家资本主义就是社会主义的前阶，是社会主义取得可靠的胜利的条件。

俄国先进工人的这种工作是同他们实行劳动纪律方面的工作一起进行的，并且在继续进行，他们并不大吹大擂，到处宣扬（大吹大擂对某些"左派"却是必需的），而是非常谨慎，循序渐进，汲取实践中的教训。这项艰难的工作，这项实际**学习**建设大生产的工作，是我们沿着正确道路前进的保证，是俄国的觉悟工人反对小私有者的瓦解作用和涣散现象、反对小资产阶级无纪律现象①的保证，是共产主义胜利的保证。

六

在结束本文时，要作两点说明。

1918 年 4 月 4 日我们同"左派共产主义者"争论的时候（见《共产主义者》杂志第 1 期第 4 页注释），我直截了当地向他们提出了一个问题：请解释一下，你们对铁路法令中哪些东西不满意，请拿出**你们的**修正案来。这是你们这些无产阶级苏维埃领导人的义务，否则你们的言论就只是空谈。

1918 年 4 月 20 日《共产主义者》杂志第 1 期出版了，其中**没有一个字**讲到"左派共产主义者"认为要如何更改或修正铁路法令。

"左派共产主义者"的这种沉默就是对自己的谴责。他们只限于用一些暗示性的攻击来**反对**铁路法令（第 1 期第 8 页和第 16 页），而对于"既然铁路法令不正确，那么应该怎样修正呢？"这个问题，却**没有**作任何明确的回答。

这不用评注就清楚了。对于铁路法令（这个法令是我们的路线即强硬的路线、专政的路线、无产阶级纪律的路线的榜样）所作的**这种**"批评"，觉悟的工人会把它叫做"伊苏夫式的"批评，或者叫做空谈。

---

① 非常值得注意的是，提纲作者对无产阶级**专政**在**经济**生活方面的作用一声不响。他们只讲"组织性"等等。但是，这一点，就是害怕经济关系上的工人**专政**的小资产者也会承认的。无产阶级革命家决不能在这种时候"忘记"这个旨在反对资本主义经济基础的无产阶级革命的"关键"。

另一点说明。在《共产主义者》杂志第1期里刊载了布哈林同志称赞我的《国家与革命》这本小册子的书评。尽管布哈林这样的人的评论对我来说很有价值,但是老实说,这个书评的**性质**暴露了一个可悲的和值得注意的事实:布哈林考察无产阶级专政的任务时是面向**过去**,而不是面向未来。布哈林注意到了并着重指出了无产阶级革命家和小资产阶级革命家在国家问题上可能有的共同看法。布哈林偏偏"没有注意到"无产阶级革命家区别于小资产阶级革命家的地方。

布哈林注意到了并着重指出了:应该"打碎"、"炸毁"旧的国家机构,应该"扼杀"资产阶级等等。狂热的小资产者也会愿意这么干的。而从1917年10月到1918年2月,我们的革命大体上**已经**做到了这一点。

可是我的小册子里还讲到了连最革命的小资产者都不会愿意做的、觉悟的无产者愿意做而我们革命**还没有**做到的事情。关于这个任务,明天的任务,布哈林却保持沉默。

而我对此不保持沉默就更有理由,因为:第一,共产主义者应该更加注意的是明天的任务,而不是昨天的任务;第二,我这本小册子是**在布尔什维克夺得政权以前**写成的,那时,人们还不能以庸俗的小市民的想法来非难布尔什维克,说什么"是啊,**在夺得政权以后**,当然要高谈纪律了……"

"……社会主义将发展为共产主义……因为人们将习惯于遵守公共生活的起码规则,而不需要暴力和服从。"(《国家与革命》第77—78页①。可见,**在夺得政权以前**就已讲到了"起码规则")

---

① 见本版全集第31卷第79页。——编者注

"……只有在那个时候,民主才开始消亡……"那时"人们也就会逐渐习惯于遵守多少世纪以来人们就知道的、千百年来在一切行为守则上反复谈到的、起码的公共生活规则,而不需要暴力,不需要强制,不需要所谓国家这种实行强制的特殊机构。"(同上,第84页[1],**在夺得政权以前**就已讲到了"行为守则")

"……共产主义高级发展阶段"(各尽所能、按需分配)"所设想的前提,既不是现在的劳动生产率,也不是现在的庸人,这种庸人正如波米亚洛夫斯基作品中的神学校学生一样,很会无缘无故地糟蹋社会财富的储存和提出不能实现的要求"。(同上,第91页)[2]

"……在共产主义的高级阶段到来以前,社会主义者要求社会和国家对劳动量和消费量实行极严格的监督……"(同上)

"……计算和监督,——这就是把共产主义社会第一阶段调整好,使它能正常地运转所必需的主要条件。"(同上,第95页)[3]因此,不仅对"极少数资本家、想保留资本主义恶习的先生们",而且对那些"深深受到资本主义腐蚀的"工人们(同上,第96页)[4],对"寄生虫、老爷、骗子等等资本主义传统的保持者"(同上),都必须做好这种监督。

值得注意的是,布哈林**没有**着重指出**这一点**。

1918年5月5日

载于1918年5月9、10、11日
《真理报》第88、89、90号

译自《列宁全集》俄文第5版
第36卷第283—314页

---

① 参看本版全集第31卷第85页。——编者注
② 同上书,第93页。——编者注
③ 同上书,第97页。——编者注
④ 同上。——编者注

俄共（布）中央关于
国际形势问题的决定[134]

（1918 年 5 月 6 日）

向德国的最后通牒让步。拒绝英国的最后通牒。（因为对德战争将直接带来比对日战争更严重的损失和灾难。）

鉴于乌克兰反革命势力同俄国反革命势力公然结成政治联盟，必须对资产阶级实行军事管制。

尽一切力量保卫乌拉尔—库兹涅茨克地区，既要抵御日本的也要抵御德国的入侵。①

同米尔巴赫进行谈判，以便弄清是否答应让芬兰和乌克兰同俄国缔结和约，尽管我们知道这一和约将会带来**新的**兼并，但仍应设法促进和约的缔结。

1918 年 5 月 6 日（星期一）夜
由中央委员会通过

载于 1929 年《列宁文集》俄文版第 11 卷

译自《列宁全集》俄文第 5 版第 36 卷第 315 页

---

① 立即开始把一切疏散到乌拉尔去，特别是国家有价证券印刷厂。

关于粮食专卖法令的要点[135]

(1918年5月8日)

决议草案作下列修改：

(1)取消关于国际形势的说明；

(2)增加：同乌克兰媾和以后，我们留下的粮食**勉强够吃**，不致饿死；

(3)增加：专卖负责人的决定由各该委员会审查，委员会不能阻止决定的执行，但有权向人民委员会提出申诉意见；

(4)增加：按性质来说与交通人民委员部和最高国民经济委员会各部门有关的决议，应该同有关部门协商后通过；

(5)在法律上更确切地规定粮食人民委员的新的权利；

(6)更加强调如下的基本思想：要摆脱饥荒，必须向囤积余粮的农民资产阶级和其他资产阶级展开无情的恐怖的斗争；

(7)明确规定，凡有余粮而**不把余粮运到**收粮站者一律宣布为**人民的敌人**，判处10年以上的徒刑，没收全部财产，永远驱逐出村社；

(8)补充：贫苦的和没有余粮的劳动农民必须团结起来同富农作无情的斗争；

(9)明确规定代表委员会对省粮食委员会的关系，以及代表委员会在粮食工作中的权利和义务。

载于 1931 年《列宁文集》俄文版　　　　译自《列宁全集》俄文第 5 版
第 18 卷　　　　　　　　　　　　　　第 36 卷第 316—317 页

对粮食专卖法令的补充

（1918 年 5 月 9 日）

凡有余粮而不把余粮运到收粮站者以及滥用存粮酿私酒者一律宣布为人民的敌人，交革命法庭判处 10 年以上的徒刑，没收全部财产，永远驱逐出村社；对酿私酒者还要处以强制性的社会劳动。

载于 1931 年《列宁文集》俄文版
第 18 卷

译自《列宁全集》俄文第 5 版
第 36 卷第 318 页

人民委员会关于
动员工人同饥荒作斗争的决定草案[136]

（1918 年 5 月 9 日）

　　委托劳动人民委员部采取最紧急的措施，以便和工会协同一致并在粮食人民委员部的绝对领导下，动员尽可能多的先进的、有组织的觉悟工人支援贫苦农民同财主-富农的斗争，无情镇压粮食投机活动和破坏粮食垄断的活动。

载于 1931 年《列宁文集》俄文版　　　　译自《列宁全集》俄文第 5 版
第 18 卷　　　　　　　　　　　　　　　　第 36 卷第 319 页

抗议德国政府占领克里木[137]

1918 年 5 月 11 日

外交人民委员收到了东线德军总司令的无线电报,认为必须向德国政府提出强烈抗议:

(1)德国政府从来没有在任何文件中向我们声明说我们的舰队在乌克兰参加了对德军的战斗。

(2)因此,1918 年 5 月 11 日无线电报中的有关声明显然是不正确的,在德国政府的文件中找不到证据。

(3)我们一部分舰队虽然编入了乌克兰舰队,但仍然驻在塞瓦斯托波尔。

补(3)我们的舰队离开塞瓦斯托波尔,只是在德国人发动进攻和向塞瓦斯托波尔进犯以后。可见,在这种情况下破坏布列斯特条约的显然是德国人,而不是我们。

(4)因此,事实证明,我们是坚决遵守布列斯特条约的,而德国人却背弃这个条约,占领了整个克里木。

(5)他们赶走了那里所有的乌克兰人,完全由德军占领了克里木。

(6)在德国人占领克里木之前,德国政府在 1918 年……月的电文[138]中曾十分明确地声明克里木不属于乌克兰的疆域。

(7)德国大使米尔巴赫曾向我国外交人民委员声明,德国没有新的领土要求。

（8）既然目前德国政府改变立场，要求得到克里木的全部或一部分，或提出其他的领土要求，那我们认为，彻底澄清这个问题是绝对必要的，而且我们再一次正式声明，我们坚持同芬兰、乌克兰和不顾布列斯特和约而继续打仗的土耳其缔结确切的和约。

（9）我们再一次坚决要求德国政府通知我们，它是否赞同和乌克兰、芬兰、土耳其缔结和约的立场，它采取了什么步骤和将要采取什么步骤来达到这一目的。

（10）如果德国政府把全面和约，即同芬兰、乌克兰和土耳其的和约的确切条件通知我们，如果我们所坚持的这个和约能够缔结，那么，关于黑海舰队问题，我们同意提供各种新的保证，保证舰队不介入战争或者解除武装（这是昨天即 1918 年 5 月 10 日米尔巴赫大使正式告诉我们的）。

（11）如果根据 1918 年 5 月 10 日米尔巴赫同外交人民委员举行会谈时的声明，德国不以任何形式兼并和占领塞瓦斯托波尔港，如果能同作为芬兰、乌克兰和土耳其军队组成部分的德国人缔结确切而全面的和约，那我们决不拒绝把舰队调回塞瓦斯托波尔。

载于 1950 年《列宁全集》俄文　　　　译自《列宁全集》俄文第 5 版
第 4 版第 27 卷　　　　　　　　　　第 36 卷第 320—321 页

关于目前政治形势的提纲[139]

（1918年5月12日或13日）

一

布尔什维克的报刊已经多次指出，最高苏维埃政权机关的正式决议也一再认为，受帝国主义列强包围的苏维埃共和国所处的国际环境极不稳定。

最近以来，即1918年5月上旬以来，由于下列国内外的种种原因，政治形势显得十分紧张：

第一，在远东，反革命军队（谢苗诺夫等）在日本人帮助下加强了直接进攻，与此有关，许多迹象表明，整个反德的帝国主义联盟有可能一致同意向俄国提出最后通牒：或者你们同德国作战，或者我们帮助日本人进攻。

第二，布列斯特和约以后，在德国的整个政治中，主战派占了上风，这个主战派在关于向俄国立刻发动全面进攻的问题上，现在也随时可能占上风，即完全抛弃德国资产阶级帝国主义集团的另一种政策：力图在俄国再兼并一些土地，但暂时同俄国保持和约，而不向俄国发动全面进攻。

第三，资产阶级地主君主制，在全俄资产阶级的立宪民主党人和十月党人的支持下，在德军的帮助下，已经在乌克兰复辟，这就不能不使我们同反革命的斗争尖锐起来，不能不鼓舞我国的反革命加快实现它们的计划，助长它们的气焰。

第四，由于顿河畔罗斯托夫同我们的联系被切断，还由于小资产阶级和所有资本家加紧破坏粮食垄断，加上统治阶级即无产阶级对他们的这种企图和活动反击得不够坚决、有力和无情，因此，粮食工作遭到了非常严重的破坏，从而在很多地方造成了严重的饥荒。

二

苏维埃政权的对外政策无论如何不应该改变。我们的作战的准备工作还没有完成，因此总口号仍然是：随机应变，退却，等待，继续全力以赴地进行这项准备工作。

只要军事协定不违背苏维埃政权的原则，能够巩固苏维埃政权的地位和阻止某一个帝国主义强国对它的进攻，我们决不一概拒绝同一个帝国主义联盟缔结反对另一个帝国主义联盟的军事协定，但是，目前我们不能同英法联盟缔结军事协定，因为把德军从西线吸引过来，也就是说，让日本的许多个军深入欧俄腹地，这对英法联盟有重要的现实意义。这个条件是不能接受的，因为它意味着苏维埃政权的完全崩溃，如果英法联盟向我们提出这样的最后通牒，那我们就拒绝，因为和德国人占领彼得格勒、莫斯科和大部分欧俄的危险相比，日本人进攻的危险可能比较容易消除（或者可能推迟更长一段时间）。

三

目前在考虑苏维埃政权的对外政策的任务时,需要特别谨慎、周密和冷静,这样才不致因自己的轻举妄动而帮助日本或德国的主战派极端分子。

问题在于,这两个国家的主战派极端分子都主张立刻向俄国发动全面进攻,以便占领俄国全部领土和推翻苏维埃政权。而且这些极端分子随时都可能占上风。

但是,另一方面,不容怀疑的事实是:德国的帝国主义资产阶级多数反对这种政策,目前宁愿保持兼并性的对俄和约,而不愿意继续进行战争,因为他们考虑到,这样的战争会使他们把兵力调离西线,使德国国内本来已经显然不稳定的局势更加动荡,并使他们难以从起义的地区或铁路遭到破坏、播种不足等等的地区获得原料。

而日本进攻俄国的意图还受到两方面的牵制:第一,中国的革命运动和起义的危险;第二,美国的某种敌意,因为它害怕日本强大起来,并且希望在和平的情况下比较容易地从俄国获得原料。

当然,无论在日本或者在德国,主战派极端分子随时都可能占上风。只要德国还没有爆发革命,就不能保证不发生这样的事情。美国资产阶级可能同日本资产阶级暗中勾结起来;日本资产阶级也可能同德国资产阶级暗中勾结起来。因此,大力加强作战的准备工作,是我们无可回避的责任。

但是,现在哪怕有一线希望可以保持和约,或者可以以遭受某些新的兼并或新的损失为代价同芬兰、乌克兰和土耳其签订和约，我们就绝对不要采取任何可能给帝国主义列强的主战派极端分子帮忙的步骤。

四

　　在加强作战的准备工作的问题上也和在同饥荒作斗争的问题上一样，首先是组织任务。

　　不克服粮食方面的困难，不保证居民有正常的粮食供应，不建立最严格的铁路运输秩序，不在劳动居民群众中（不只是在他们的上层分子中）建立起真正铁的纪律，就谈不到进行任何认真的作战的准备工作。我们正是在这方面最落后。

　　那些叫嚣组织"起义"委员会、大叫"拿起武器"等等的左派社会革命党人和无政府主义者，他们的最大过错正是在于完全不了解这个真理。这些叫嚣和叫喊愚蠢到了极点，同时也是最可怜、最可鄙和最讨厌的空话，因为当中央苏维埃政权竭力说服居民学习军事和武装起来的时候，当我们的武器比我们能够计算和分发的要多得多的时候，当经济破坏现象和缺乏纪律现象使我们无法利用现有的武器并且使我们不得不失掉宝贵的准备时间的时候，侈谈"起义"和"起义委员会"是可笑的。

　　为了进行重大的战争而加紧作战的准备工作，需要的不是冲动，不是叫嚷，不是战斗口号，而是大量持续、紧张、顽强和有纪律的工作。必须给不愿意了解这一点的左派社会革命党人和无政府主义者以无情的反击，不让他们把自己的歇斯底里症传染给我们无产阶级共产党的某些党员。

五

要反对由于上述情况最近有所抬头的资产阶级，必须进行无情的斗争，实行军事管制，查封报纸，逮捕为首分子，等等。这些措施必须采取，就像必须对囤积余粮、破坏粮食垄断的农村资产阶级实行军事进攻一样。没有无产阶级铁的纪律，既不能摆脱反革命的威胁，也不能避免饥荒。

还要特别注意，最近以来，资产阶级非常巧妙、十分狡猾地利用散布惊慌情绪这种武器来反对无产阶级政权。而我们的某些同志，特别是对于左派社会革命党人和无政府主义者的革命空谈半信半疑的同志们，已经受了迷惑，陷于惊慌失措之中，或者不能辨别哪些是为防止威胁我们的危险而提出的正当的和必要的警告，哪些是在散布惊慌情绪。

必须牢牢记住俄国当前整个经济政治形势的基本特点，由于这些特点，任何冲动都无补于事。必须使自己并且使全体工人深刻领悟这个真理：只有坚韧不拔地去建立和恢复无产阶级铁的纪律，无情地镇压流氓、富农和捣乱者，才能在目前这个由于西欧革命延迟爆发而不可避免要经历的最困难最危险的过渡时期，捍卫住苏维埃政权。

载于1929年《列宁文集》俄文版
第11卷

译自《列宁全集》俄文第5版
第36卷第322—326页

在全俄中央执行委员会和
莫斯科苏维埃联席会议上
关于对外政策的报告[140]

(1918 年 5 月 14 日)

同志们,请允许我向你们介绍一下目前对外政策中的一些情况。同志们,最近以来,我们所处的国际环境在许多方面都复杂化了,这是因为总的形势紧张了。由于总的形势紧张,资产阶级报刊及其应声虫——社会党人的报刊,又在趁机挑拨,故意散布惊慌情绪,干起它们卑鄙龌龊的勾当,重演科尔尼洛夫叛乱。

我首先请你们注意在根本上决定苏维埃共和国所处的国际环境的东西,然后谈谈决定这一环境的外部的法律形式,并在这个基础上来说明重新产生的困难,或者确切些说,描述一下我们所面临的转折点,即目前政治形势紧张的根源。

同志们,你们知道,而且根据俄国两次革命的经验特别深刻地知道,我国的对内和对外政策归根结底是由我国统治阶级的经济利益和经济地位决定的。这个原理是马克思主义者整个世界观的基础,对于我们俄国革命者来说,它已经被俄国两次革命的伟大经验所证实了。我们一分钟也不要忘记这个原理,这样才不致堕入外交手腕的迷宫,——这种迷宫往往是那些喜欢浑水摸鱼或者不得不浑水摸鱼的个人、阶级、政党和集团故意制造出来并且故意搞得错综复杂的。

不久前我们经历过的和现在在一定程度上经历的正是这样一种时刻,这就是我国的反革命分子——立宪民主党人和他们的头号应声虫右派社会革命党人和孟什维克,企图利用复杂化了的国际环境。

目前的形势大体上是这样的:由于我们在报刊上屡次说过而大家都已知道的那些经济和政治性质的原因,由于发展的速度和基础与西欧不同,我们的俄罗斯社会主义苏维埃共和国暂时还是处在帝国主义强盗势力的波涛汹涌的大海中的一个孤岛。西欧的基本经济因素是,这场蹂躏和折磨人类的帝国主义战争,造成了如此复杂、如此尖锐和如此混乱的冲突,以致每走一步都产生这样的情况:问题的解决有利于战争还是和平,有利于这一集团还是那一集团,往往系于一发。最近我们经历的正是这样的情况。被卷入战争——这场由几十年来资本主义发展的经济条件造成的战争——的帝国主义列强彼此间的疯狂搏斗所产生的矛盾,使帝国主义者自己已经无力制止这场战争。由于这些矛盾,结果形成了一个作为资本主义经济联盟基础的各国帝国主义者的总的联盟,一个自然和必然以保卫资本为目的的联盟。资本是不知有祖国的,而且它通过世界历史上许多重大事件证明它把维护各国资本家反对劳动者的联盟放在祖国和人民的利益之上,放在一切之上,但是这种联盟并不是一种政治动力。

当然,这种联盟目前仍然是资本主义制度的基本经济趋势,这种趋势最后必然会显露出来。而帝国主义战争把目前瓜分了可说是整个地球的帝国主义列强分成敌对的集团、敌对的联盟,则是资本主义基本趋势的一个例外。这种敌对、这种斗争、这种殊死的搏斗说明,在一定情况下,各国帝国主义者是不可能结成同盟的。我们现在的境况是:帝国主义反动势力、各国间的帝国主义大厮杀的汹涌浪涛,冲击着社会主义苏维埃共和国这座小岛,并且大有把它淹没之势,但是这些浪涛却又往往相互冲散了。

帝国主义列强间的基本矛盾导致了十分残酷的斗争,甚至当这两个集团都意识到打下去没有出路的时候,它们也无法随意挣脱这场战争的铁钳。同时战争决定了两大矛盾,两大矛盾决定了当前社会主义苏维埃共和国的国际环境。第一个矛盾是德国和英国在西线的激战。我们不止一次地听到交战阵营中时而这方时而那方的代表人物向本国人民和向别国人民许诺和保证,说只要再加一把劲,敌人就会被摧毁,祖国就能得到保卫,文明和解放战争的利益就能永远得到保障。其实,这场空前的斗争拖得愈久,斗争双方陷得愈深,这场无休止的战争就结束得愈慢。这次搏斗进行得十分激烈,因此帝国主义列强要结成同盟来进攻苏维埃共和国,是极其困难的,几乎是不可能的。而苏维埃共和国在它建国短短的半年以来,则已赢得了世界各国觉悟工人的热烈的同情和一致的支持。

决定俄国国际环境的第二个矛盾是日本和美国之间的竞争。几十年来这两个国家的经济发展,积下了无数的易燃物,使这两个大国为争夺太平洋及其沿岸地区的霸权而必然展开殊死的搏斗。远东的全部外交史和经济史使人毫不怀疑,在资本主义基础上,要防止日美之间日益尖锐的冲突是不可能的。这个现在暂时被日美反德同盟掩蔽着的矛盾,阻碍着日本帝国主义向俄国进攻。这种进攻早就在准备了,并且早就不止一次地进行试探,这种进攻从某种程度上来说,已经开始并得到反革命势力的支持。已经开始的向苏维埃共和国的进攻（在符拉迪沃斯托克登陆，援助谢苗诺夫匪帮）所以受到阻碍，是因为日美之间的暗中冲突有变成公开战争的危险。当然，完全有可能，而且我们也不应该忘记，帝国主义列强之间结合的集团，不管看起来多么牢固，只要神圣的私有制利益、神圣的租借权利等等要求闹翻，那么在几天之内就可以闹翻。也许只要有一个小小的火星就足以毁掉现有的大国集团，那时，上述矛盾就不能再掩护我们了。

上述形势告诉我们，为什么我们的社会主义小岛能在狂风暴雨中保存下来，同时也告诉我们，为什么这个形势十分不稳定，有时，眼看浪涛就要吞没这个小岛，使资产阶级欣喜若狂，使小资产阶级惊慌失措。

这一形势的外壳和外部表现，一方面是布列斯特条约，另一方面是关于中立国的惯例和法律。

你们知道，在激化了的国际冲突面前，条约有多大价值，法律有多大价值，——统统不过是一纸空文。

通常提起这些词都是作为帝国主义对外政策无耻的例证。但是真正无耻的不在于这些词，而在于无情的、残酷无情的帝国主义战争，只要资本主义还存在，在这种战争中，一切和约和一切中立法永远都会遭到践踏。

因此，当我们在谈到对我们来说是最主要的问题——布列斯特和约问题时，在谈到破坏和约的可能性和由此而对我们所造成的后果的问题时，如果我们想守住自己的社会主义阵地，不想让那些贴上不管是什么样的社会主义标签的反革命分子用阴谋和挑拨手段把我们推翻，那么我们一分钟也不应该忘记包括布列斯特-里托夫斯克和约在内的一切和约的经济基础，以及包括我国中立在内的任何中立的经济基础。我们一方面不应该忘记国际范围内的情况，国际帝国主义内部的情况，关于正在成长、迟早（即使比我们所期待的要晚）要成为资本主义的继承人并一定会战胜全世界资本主义的那个阶级的情况。另一方面，我们也不应该忘记帝国主义国家之间、帝国主义经济集团之间的关系。

同志们，我认为，如果我们弄清了这个情况，那就不难了解，我们近来最注意、最放在心上的那些外交细节——有时甚至是一些小事情——具有多么大的意义。不难了解，国际环境不稳是产生惊慌情绪的根源。这种情绪来自立宪民主党人、右派社会革命党人和孟什维克，他们维护那些一心想散布这种情绪的人的利益。我们决不能闭起眼睛不看形势的全部危险性和悲剧性。通过对国际范围的经济关系的分析，我们应该说，是的，无论在西欧或远东，战争与和平的问题都是系于一发，因为存在着两种趋势：一种趋势使各国帝国主义者必然结成同盟，另一种趋势使一些帝国主义者同另一些帝国主义者对立起来，而这两种趋势本身不管哪一种都没有坚实的基础。是的，日本有100万军队，显然能够占领软弱的俄国，但它现在还不能下决心全面进攻。究竟什么时候进攻，我不知道，谁也不可能知道。

现在我们面临着最后通牒式的威胁：要就同协约国作战，要就同德国签订条约，但是这种情况过几天可能改变。这种情况总是有可能改变的，因为美国资产阶级今天同日本勾心斗角，明天就可能同它发生冲突；日本资产阶级明天也可能就同德国资产阶级发生冲突。他们的基本利益，就是瓜分地球，就是地主和资本的利益，照他们的说法，就是保障本民族的尊严和本民族的利益。凡是阅读（我不知道这是由于不幸，还是出于习惯）像社会革命党人出版的那一类报纸的人,都很熟悉这种语言。人们时常向我们谈论民族尊严,但我们有过1914年的经验,十分清楚地知道,有多少帝国主义掠夺行径都假借民族尊严之名。很明显,由于这个关系,远东的局势变得不稳定。我们应该说明这样一点:应该清楚地看到资本主义利益的这些矛盾;应该知道,苏维埃共和国正在一周一周、一月一月地不断巩固起来,同时得到世界各国被剥削劳动人民愈来愈多的同情。

但同时,要时时刻刻作好准备,要预料到国际政治的变化可能有利于极端主战派的政策。

关于德国联盟的情况我们是清楚的。目前德国大多数资产阶级政党都主张遵守布列斯特和约,当然,他们很乐意"改善"和约,从俄国再兼并一些土地。使他们这样看问题的,是他们所说的从德国民族利益即帝国主义利益出发所作的政治和军事方面的考虑,就是这个原因使他们情愿在东线媾和,好腾出手来对付西线,德帝国主义已经多次许下诺言,说西线很快就能获胜,可是每周、每月的情况表明,他们获得的局部胜利愈多,离开完全的胜利就愈远,以至无穷远。另一方面,我们看到主战派在布列斯特条约方面不止一次地显过身手,这种主战派当然在所有帝国主义大国里都有,他们说:不管后果如何,都必须立刻动用武力。这是极端主战派的论调。他们自从在历史上开始获得一些令人头晕目眩的军事胜利的时候起,就在德国历史上享有盛名了;这些德国极端主战派自从例如1866年战胜奥地利,把这一胜利变成了大失败的时候起,就享有盛名了。这一切冲突和摩擦是不可避免的,并且造成了目前这种千钧一发的局势;德国国会中的帝国主义资产阶级多数,德国的有产阶级,德国的资本家情愿停留在布列斯特条约的基础上,当然,再说一遍,他们决不会拒绝"改善"条约,这是一方面。而另一方面,我们要时时刻刻作好准备,要预料到政治的变化可能有利于极端主战派。

由此可见,国际环境不稳;由此可见,在这种情况下使一个政党落入这种或那种境况是多么容易;由此可见,苏维埃政权确定自己的任务需要多么小心谨慎、多么沉着冷静。让俄国的资产阶级慌张地从亲法立场转到亲德立场吧!他们喜欢那样做。他们在某些地方看到,德国的支持是对付夺取土地的庄稼汉、对付建设社会主义基础的工人的最可靠的保证。他们在过去,在很长时间里,在几年里,一直把谴责帝国主义战争和揭露帝国主义战争本质的人称做卖国贼,现在他们自己打算在几星期之内改变自己的政治信仰,从同英国强盗合伙转到同德国强盗合伙来反对苏维埃政权。让各式各样的资产阶级——从右派社会革命党人和孟什维克到左派社会革命党人——去反复折腾吧。这是他们的本性。让他们去散布惊慌情绪吧,因为他们自己就惊慌失措。让他们去反复折腾吧,因为他们不知道别的出路,只能摇来摆去,胡言乱语,不可能考虑到革命一达到巨大的规模,由于革命的深入,必然会出现各种各样的派别划分,并且不断从一个阶段进入另一个阶段。我们俄国的革命者有幸在20世纪亲身经历两次革命,每次革命都给了我们许多在人民的生活中留下深刻印象的经验:怎样准备一次深刻的重大的革命运动;不同的阶级在这运动中有怎样的表现,新兴阶级要通过怎样艰难痛苦的道路,有时得经过长期的发展才能达到成熟。

请回忆一下,1905年在自发的热潮中建立的苏维埃付出了多少代价,1917年它又重新活动,后来又经受种种苦难,同资产阶级妥协，同嘴上说要保卫革命、高举红旗而在1917年6月犯下滔天罪行的、隐蔽的、最凶恶的工人阶级的敌人实行妥协，这当中又付出了多少代价，——现在，当工人阶级中大多数人都已经拥护我们的时候，请回想一下，在伟大的1905年革命以后，我们为了工农阶级的苏维埃的出现付出了多少代价。请记住这一点，请想一想，反对国际帝国主义的斗争已经发展到了怎样广泛的规模，请想一想，走在社会主义大军的其他部队前面的俄罗斯共和国达到这一步遇到过多少困难。

我知道，当然有一些自以为很明智、甚至自称为社会主义者的聪明人，他们硬说在所有国家爆发革命以前不应夺取政权。他们没有料到他们这样说就是脱离革命而转到资产阶级方面去了。要等待劳动者阶级完成国际范围的革命，那就是要大家在等待中停滞不前。这是荒谬的。革命的困难是大家都知道的。革命在一个国家虽以辉煌的成就开始，但以后可能要经历痛苦的时期，因为只有在全世界范围内，只有靠各国工人的共同努力，才能够最终取得胜利。我们要坚定谨慎，在我们没有得到增援以前，我们应该随机应变，应该退却。不管那些自称是革命者但根本不懂得革命的人怎样嘲笑，采取这一策略是不可避免的。

总的形势就谈到这里。下面我想谈一谈，最近究竟什么东西弄得人心惶惶，惊慌失措，使反革命分子又有可能干起破坏苏维埃政权的勾当来。

我已经说过，苏维埃社会主义共和国的一切国际关系，其外部的法律形式和外壳，一方面是布列斯特-里托夫斯克条约，另一方面是规定一个中立国在其他交战国中间所处的地位的公法和惯例，而这一情况形成了我们最近的困难。布列斯特-里托夫斯克条约自然地导致同芬兰、乌克兰和土耳其缔结全面的和约，可是现在我们同这些国家还在继续作战，这不是我国内部发展的结果，而是由于这些国家的统治阶级的影响。在这种情况下，暂时的出路只能是利用布列斯特和约签订后所获得的短暂的喘息时机，关于这种喘息时机，有人讲了许多废话，说不可能获得它，但结果还是获得了，而且两个月来已经带来了结果，大多数俄国士兵都感觉到了，能够回家去看看那里的情况，享用一下革命的果实——土地，看看周围，并为以后忍受新的牺牲汲取了新的力量。

很明显，这个短暂的喘息时机看来行将结束，因为芬兰、乌克兰、土耳其的局势却紧张了，我们没有得到全面的和约，而只是推迟了战争还是和平这一尖锐的经济问题。那么现在我们是不是应该重新投入战争，是不是应该不顾苏维埃政权的一切和平愿望，不顾它有充分的决心牺牲所谓的大国地位，即牺牲签订秘密条约的权利，决不在切尔诺夫、策列铁里和克伦斯基之流的帮助下向人民隐瞒这些条约，再去签订秘密的掠夺性条约和进行帝国主义的掠夺战争呢？我们毕竟没有得到全面的和约，只是把战争与和平这个尖锐的问题稍微推迟罢了。

问题的根源就在这里，而且你们可以再一次清楚地看到，它最终将如何解决，问题将取决于两个敌对的帝国主义国家集团间的斗争——美国在远东的冲突和德国英国在西欧的冲突的结果如何。不难了解，这些矛盾由于乌克兰被占领而尖锐化了，可是德帝国主义者，特别是德国的主要主战派，却往往把这一情况描写得非常美妙，非常轻松，而这一情况恰恰给德国的这个极端主战派带来了令人难以置信的困难。它也给欣赏斯科罗帕茨基在乌克兰的所作所为的俄国立宪民主党人、孟什维克和右派社会革命党人带来了一线希望,他们希望这种事情也在俄罗斯很容易地发生。这帮先生们想错了,他们的希望只能成为泡影,因为……(热烈鼓掌)因为,我说,连德国最惯于动用武力的主要主战派,这次也没有得到多数帝国主义者和资产阶级帝国主义集团的支持,这些帝国主义者看到,征服乌克兰,使整个民族屈服,以及强迫实行骇人听闻的政变,是十分困难的。

德国的主要主战派陷入了空前的困境,因为这个极端主战派曾经向本国人民,向工人许下诺言,要在西线取得最大的胜利,因为它面临许多新的难以想象的经济困难和政治困难,还要用军事力量去解决起初也认为是十分容易解决的任务,还要同已经签订了和约的乌克兰孟什维克和右派社会革命党人去缔结条约。

德国的极端主战派以为:只要我们把大军派去就能获得粮食,后来发现,还必须进行国家政变。这在那里很容易地做到了,因为乌克兰的孟什维克很容易就同意了这样做。可是后来发觉,国家政变造成许多新的巨大的困难,因为,要获得粮食和原料,还得步步战斗,没有粮食和原料,德国就无法生存,而要在被占领的国家用武力去夺取,又费力太大,牺牲太重。

这就是乌克兰的局势,它肯定使俄国的反革命势力受到了鼓舞。当然,未能重新建立起自己的军队的俄国,在这一斗争中过去和现在都不断遭受损失。一次一次的和谈带来了一个又一个苛刻的条件,一笔又一笔明的和暗的赔款。他们究竟想按哪个公告来划定乌克兰的疆域,——这个问题还不清楚。签署过公告的拉达已被废除[141]。起而代之的是地主盖特曼。而在这种不稳定的局势之下产生了一系列的问题,这些问题说明战争与和平的问题还是同原来一样。目前俄军与德军的局部停战丝毫不能预先决定总的形势。问题仍然悬而未决。格鲁吉亚的情况也是如此,在那里,高加索孟什维克政府要同我们进行长期的反革命斗争,自称社会民主党人的反革命分子要同我们进行长期斗争。当苏维埃政权和劳动群众不但在全俄罗斯,而且在非俄罗斯边疆地区也取得胜利的时候,当情况已经十分明显,已经确定无疑,苏维埃政权的胜利(正如顿河哥萨克的反革命代表所承认的)已经不可阻止的时候,当高加索的孟什维克政权——格格奇柯利和饶尔丹尼亚(他们很迟才醒悟过来,并且开始谈论他们是否要和布尔什维克寻求共同语言)的政权开始动荡的时候,当策列铁里在土耳其军队帮助之下出来反对布尔什维克的时候,他们一定会得到同拉达一样的下场。(鼓掌)

但是请记住,如果高加索拉达的这帮混蛋能像乌克兰拉达那样得到德国军队的援助,那么显然俄罗斯苏维埃共和国就会遇到新的困难,就必然会陷入新的战争,就会面临新的危险和新的动荡不定的局势。有人在谈到这种动荡不定的局势及其严重性的时候(确实,这种动荡不定的局势有时比任何明确的局势都更加险恶),说只要公开要求德国人遵守布列斯特条约,就很容易消除这种动荡不定的局势。

我曾经听到过这些天真的人的讲话,他们自称是左派,其实却反映了我国小资产阶级的狭隘性……①

他们忘记了,首先应该获得胜利,然后才能提出某些要求。如果你没有获得胜利,敌人就可以对你的要求迟迟不作答复,甚至根本置之不理。这就是帝国主义战争的规律。

---

① 删节处原记录不清楚。——俄文版编者注

你们对这一点不满,那你们就要善于保卫自己的祖国!为了社会主义,为了工人阶级,为了劳动者,我们有权保卫祖国。

我再谈一点,高加索边境局势的动荡不定是由于格格奇柯利政府的不可宽恕的动摇造成的。它起先声明,不承认布列斯特和约,后来又宣布独立,可是没有向我们说明究竟包括哪些地区。我们拍出了无数的电报,请他们通知我们,他们要哪些地区。要求独立,这是你们的权利,但是,既然你们谈到独立,就有责任说明你们所代表的是哪些地区。这是一星期以前的事。电报打了不少,可是一个回电都没有。德帝国主义想趁此机会捞一把。德国和附庸国土耳其可以因此得寸进尺,不作任何答复,不予任何理睬,声明说,我们只是拿可以拿到的东西,我们没有破坏布列斯特和约,因为南高加索的军队不承认这个和约,因为高加索独立了。

格格奇柯利政府对谁独立呢?它对苏维埃共和国独立,但是对德帝国主义却不怎么独立,而这也是很自然的。(鼓掌)

同志们,这就是最近的形势,这就是最近各种关系十分紧张的情况,这一形势又一次向我们非常清楚地证明,我们俄国布尔什维克共产党的绝大多数所实行并且在最近几个月中坚持的策略是正确的。

我们有丰富的革命经验,我们从这个经验中学会了这样一点:当客观条件许可的时候,当妥协的经验表明,群众已经十分愤慨,只有冲击才能体现这一转变的时候,就应该采取无情攻击的策略。但是,如果客观情况不允许我们号召进行无情的总攻击,那我们必须采取等待的策略,必须慢慢积聚力量。

只要不是闭上眼睛,只要不是瞎子,就都能看到,我们现在只不过是在重复以前讲过的话,我们一直说,我们没有忘记俄国工人阶级比国际无产阶级的其他队伍要弱一些。使我们这支队伍走在国际无产阶级的其他队伍前面的,是历史形势,是沙皇制度的后果,是俄国资产阶级的软弱,而不是我们的意志,也不是因为我们要这样做,而是形势要求这样做。但是我们应该坚守自己的岗位,直到我们的同盟者——国际无产阶级到来,他们是会来的,而且一定会来,但比我们所期待和希望的要慢得多。如果我们看到,由于客观情况,国际无产阶级来得十分缓慢,那我们的策略仍然应该是等待和利用帝国主义者之间的冲突和矛盾,慢慢积蓄力量,在波涛汹涌的帝国主义大海中保持住苏维埃政权这一全世界工人和劳动者所瞩目的孤岛。因此,我们说,如果极端主战派能够随时击败所有其他的帝国主义联盟,建立起新的没有意料到的帝国主义联盟来对付我们,那我们是无论如何也缓和不了这种情况的。如果他们进攻我们(不错,我们现在是护国派),我们就要尽一切努力,发挥外交策略的一切作用,推迟这种情况的发生,我们要尽一切努力使我们在3月所获得的短暂的、不稳固的喘息时机能够更长一些,因为我们坚信,千百万工人和农民站在我们一边,他们知道,他们不仅从这个喘息时机的每月、而且从每周都获得新的力量,他们在巩固苏维埃政权,他们在使它变得牢不可破,他们带来新的精神,他们在被这场艰苦的反动战争搞得疲惫不堪以后,定能坚定不移,决心在社会主义苏维埃共和国遭受外力侵犯的时候投入最后的斗争。

我们从1917年10月25日起就是护国派了,我们赢得了保卫祖国的权利。我们不维护秘密条约,我们废除了它们,并且向全世界公布了这些秘密条约,我们保卫祖国使它不受帝国主义者的侵犯。我们在保卫祖国,我们一定胜利。我们维护的不是大国地位

（俄国遗留下来的除了大俄罗斯以外，没有任何其他东西），不是民族利益，我们肯定地说，社会主义的利益，世界社会主义的利益高于民族的利益，高于国家的利益。我们是社会主义祖国的护国派。

这不是一篇宣言所能做到的，这只有推翻本国的资产阶级，进行无情的殊死的斗争才能做到，这种战争已经开始，我们知道，我们一定胜利。这是一个为席卷帝国主义世界的战争所包围的小岛，但是在这个小岛上我们显示和证明了工人阶级能够做到的一切。现在人人都知道，都承认这一点。我们证明，我们有保卫祖国的权利，我们是护国派，我们在保卫祖国这一点上，是采取四年战争教给我们的那种极其严肃慎重的态度的，凡是看到过士兵和知道士兵在这四年战争中的经历的工人和农民，都会理解这种严肃慎重的态度，对此，只有那些口头上的、而不是真正的革命家才会不理解，才会哭，才会以轻浮的态度加以嘲笑。正因为我们主张保卫祖国，所以我们说：为了防御，需要有坚强的军队和巩固的后方，为了有坚强的军队，首先要坚决地把粮食工作组织好。为此必须使无产阶级专政不仅体现于中央政权，这是第一步，仅仅是第一步，无产阶级专政还应该体现于全俄国，这是第二步，也仅仅是第二步，这一步我们还没有完全做到。我们应该有而且必须有无产阶级的纪律和真正的无产阶级专政，要使我国每个遥远的角落都感到觉悟工人的坚强的钢铁般的政权的存在，要使任何一个富农、财主和违抗粮食垄断的人都不能逍遥法外，不能逃脱纪律严明的工人阶级专政者即无产阶级专政者的铁腕的制裁。（鼓掌）

我们说：我们对保卫祖国是采取谨慎态度的。为了推迟战争，为了延长暂息时间，只要我们的外交能办得到的，我们一定办到，我们向工人和农民保证要为和平采取一切办法。我们一定做到这一点。资产者先生及其应声虫们以为,既然在乌克兰那么容易地就完成了政变,在我们这里也能产生出一些新的斯科罗帕茨基,但是请他们不要忘记,既然德国主战派在乌克兰搞政变都费了那么大的劲,那么在苏维埃俄国就更会遇到强烈的反抗。是的,一切都证实了这一点,苏维埃政权坚持了这一路线,忍受了种种牺牲,来巩固劳动群众在国内的地位。

由和约问题、芬兰问题造成的局势可以用几个字来说明,这就是:伊诺炮台和摩尔曼。伊诺炮台是彼得格勒的屏障,按其地理位置来说属于芬兰的版图。我们社会主义俄国的代表同芬兰的工人政府缔结和约时,承认芬兰有充分的权利享有全部领土,但经两国政府一致同意,伊诺炮台仍留给俄国,正如已经缔结的条约[142]中所说,这是"为了保卫两个社会主义共和国的共同利益"。所以,我们的军队在芬兰签订了这个和约,签署了这些条件。所以,资产阶级的反革命的芬兰不能不掀起一场骚乱。所以,芬兰反动的反革命的资产阶级要求收回这个要塞。所以,问题一再闹得很尖锐,现在也还是很尖锐。情况真是千钧一发。

很明显,摩尔曼问题造成的局势更加尖锐,英国人和法国人觊觎摩尔曼,因为他们为了保证自己在同德国进行的帝国主义战争中有自己的军事后方,曾花了数千万金钱来修建这个港口。他们对于中立是如此尊重,凡有可乘之机就捞一把。他们进行抢劫的充分理由,就是他们拥有装甲舰,而我们却没有东西来驱逐它。很明显,问题不能不因此而尖锐化。苏维埃共和国的国际地位所造成的外壳,即法律上的表现,要求任何一个交战国的武装力量都不得开进一个中立国的领土,除非是解除武装。然而英国人的武装力量却在摩尔曼登陆,而我们无法也用武力阻止这一行动。结果,人家就向我们提出了近乎最后通牒性质的要求：如果你们不能维护自己的中立，那我们将在你们的领土上作战。

但是工农军队已经建立了，它在各县各省把农民团结起来，这些农民回到了从地主手中夺回的自己的土地上；他们现在有东西要保卫了。这支军队着手建设苏维埃政权，一旦俄国遭到入侵，他们就会打先锋；我们将团结得像一个人一样奋起迎击敌人。我的报告已经超过时间了，最后我想念一下苏维埃共和国驻柏林大使越飞同志打给我们的电报。这份电报会向你们表明，我在这里关于国际关系讲的话是否正确，你们可以从我们的大使那里得到证实，这是一方面，另一方面，电报还能说明我们苏维埃共和国的对外政策是郑重的政策，——是作好保卫祖国的准备的政策，是坚定的政策，它决不采取任何步骤去帮助西方和东方的帝国主义列强的极端主战派。这个政策基于郑重的考虑，而不带任何幻想。我们随时遭受武力入侵的可能性始终都存在着，而我们工人农民对自己和全世界说，并且能够证明，我们会团结得像一个人一样，奋起保卫苏维埃共和国，因此我想，在我讲话的最后可以宣读一下这份电报，它将向我们说明，苏维埃共和国的代表在国外为了苏维埃的利益，为了所有苏维埃机关的利益和苏维埃共和国的利益，是以怎样的精神在工作着。

"据今天刚接到的无线电报称，德国战俘委员会于5月10日（星期五）出发。德国政府已向我们提出照会，建议设立专门委员会，商讨我国在乌克兰和芬兰的一切财产权问题。我已经同意成立这种委员会，并且已请您派遣适当的军事代表和法学家代表。今天我就德军继续推进的问题发表谈话，要求他们撤出伊诺炮台，并表明俄国人对德国的态度。得到的答复如下：德国最高统帅部宣布，不再继续推进，德国在乌克兰和芬兰的使命已经完成，德国同意促进我们同基辅和赫尔辛福斯的和谈，并就这个问题同上述政府进行接触。在同芬兰进行的和谈中,关于伊诺炮台的问题是这样解决的:根据条约的规定,炮台应当拆毁。德国认为,在划定疆界的时候可以接受我们同红色政府所订的条约,白色政府尚未答复。德国政府正式声明:德国坚决遵守布列斯特条约,愿意同我们保持和平关系,决没有任何侵略计划,也不会向我们发动任何进攻。根据我的要求,德国答应对俄国公民和对其他中立国公民一视同仁。"

载于1920年《第四届全俄中央执行
委员会会议记录。速记记录》一书

译自《列宁全集》俄文第5版
第36卷第327—345页

在俄共(布)莫斯科区域代表会议上关于目前形势的报告[143]

(1918年5月15日)

简 要 报 道

列宁首先谈到"左派"关于对外政策的看法,并且指出布列斯特谈判具有很大的鼓动作用,因为西欧的无产阶级从中可以知道很多东西,可以了解布尔什维克是什么人,革命以后我们的情况怎样,等等。目前整个出路不是公开撕毁布列斯特条约,而是善于在帝国主义各国的利益对立所造成的复杂的国际形势下随机应变。应当估计到日美之间、德英之间的关系、德国的资本家集团和主战派之间的意见分歧等等。在对内政策方面必须树立无产阶级的纪律,同农村富农进行斗争,关心粮食问题,完全实行粮食专卖,在全国建立工人阶级专政。在国家资本主义问题上,列宁同志驳斥了"左派",说明国家资本主义对我们并不可怕,因为在我们现在所经历的从资本主义到社会主义的痛苦的过渡中,首先要关心的是保护工业,只有用组织大工业的办法(目前只有实行国家资本主义才有可能组织大工业)才能调整生产,并对生产和消费实行精确的计算。工人监督是做到这一点的必要条件。列宁同志以制革工人为例,谈到他们高度的组织性和在私营企业中的工人监督。

载于1918年5月17日《真理报》第95号

译自《列宁全集》俄文第5版第36卷第346页

《当前的主要任务》小册子序言

(1918 年 5 月 17 日)

　　这本小册子收集了两篇报纸上的文章:一篇收自 1918 年 3 月 12 日《全俄中央执行委员会消息报》,另一篇收自 1918 年 5 月 9—11 日《真理报》。① 这两篇文章从不同的角度论述了这本小册子的标题所表明的同一个问题。

作　者

1918 年 5 月 17 日于莫斯科

载于 1918 年出版的小册子

译自《列宁全集》俄文第 5 版
第 36 卷第 347 页

---

　　① 见本卷第 73—77、264—293 页。——编者注

给国有化企业代表会议的信[144]

(1918 年 5 月 17 日)

听了出席大型金属加工厂代表会议的工人代表团选出的同志的汇报,又看到代表会议的决议,我可以说:依我看来,只要代表会议竭力保证有计划地和严密地组织各项工作,并且提高工作效率,人民委员会大概会一致**赞成**立刻实行国有化。

因此,希望代表会议:

(1)立刻选出一个筹备各工厂联合的临时委员会;

(2)授权五金工会中央委员会在取得最高国民经济委员会的同意之后改变上述临时委员会的形式,补充它的成员,以便把它变成一切国有化工厂的统一联合会的**管理委员会**;

(3)批准仿照布良斯克金属工厂规则[145]制定的厂内规则,或者用决议的形式把它固定下来,以利于建立严格的劳动纪律;

(4)从专家、工程师和大生产的组织者中提出参加管理委员会的人选,或者委托最高国民经济委员会物色和指派这些人员;

(5)最好(由临时委员会或者是五金工会中央委员会)把办得最好的工厂中的工人,或者是领导大生产最有经验的工人,派到办得较差的工厂里去,协助它们搞好工作;

(6)在为了提高劳动生产率而对一切材料实行严格的计算和监督的条件下,必须做到而且能够做到大量节约原料和劳动。

　　我认为,只要代表会议和代表会议选出的各机构努力工作,人民委员会**在最近几天内**将会通过实行国有化。

人民委员会主席　**弗·乌里扬诺夫(列宁)**

1918 年 5 月 17 日

载于 1918 年 5 月 19 日《全俄中央
执行委员会消息报》第 99 号

译自《列宁全集》俄文第 5 版
第 36 卷第 348—349 页

在全俄苏维埃财政部门
第一次代表大会上的报告[146]

（1918年5月18日）

（列宁同志在大厅出现时，代表们报以经久不息的掌声）国家的财政状况十分紧张。我国社会主义改造的任务将遇到许许多多的困难，这些困难有时看来好像无法克服，但是，我认为，不管我们的工作多么艰难，每走一步都会遇到小资产阶级、投机商和有产阶级的反抗，我们必须完成这项工作。

你们这些有实际经验的人，比谁都了解，从提出一般的设想和制定法令到贯彻于日常生活，需要克服什么样的困难。眼前的工作是艰巨的，因为有产阶级一定会拼命反抗，但是，工作愈艰难，工作的效果就会愈好，我们一定会战胜资产阶级并使它服从苏维埃政权的监督。我们的任务值得我们花力气，值得我们同资产阶级进行最后的斗争，因为我国社会主义改造的胜利取决于这些任务的实现。

苏维埃政权制定的基本财政任务要求立刻贯彻到实际生活中去，而同你们交换意见可以使我们所拟定的改造办法不至于成为空话。

我们无论如何要争取完成财政的扎实的改造，但必须记住，如果我们的财政政策不成功，那么，我们的一切根本改革都会遭到失败。

我代表人民委员会提请你们注意在许多会议上已经阐明了的任务，并请你们详细地加以研究，以便切实贯彻到生活中去。这些任务有以下各项：

财 政 集 中

我们需要财政集中，需要力量集中；不实现这些原则，我们就不能完成经济改造，而只有完成经济改造，每一个公民才能有饭吃，个人的文化需要才能得到满足。

目前，集中的必要性这一点已经深入人心；虽然这个转变进展缓慢，但是它将更深入、更广泛；如果说出现了分散的趋向，那是过渡时期的病态，是发展中的病态；出现这种病态是很自然的，因为沙皇和资产阶级的集中制使人民群众敌视和厌恶任何中央集权。

我认为集中制是劳动群众最起码的一种保证。我赞成地方苏维埃组织实行最广泛的自治，但是我也认为，为了使我们有意识地改造国家的工作能够取得丰硕的成果，必须有统一的、严格规定的财政政策，必须从上到下执行命令。

我们期待着你们制定出关于国家财政集中的法令。

所得税和财产税

我们面临的第二个任务，就是正确规定累进所得税和财产税。

你们知道,一切社会主义者都反对间接税,因为,从社会主义的观点来看,唯一正确的税收是累进所得税和财产税。无需讳言,在实行这项税收的时候,我们一定会碰到许多严重的困难,有产阶级将拼命进行反抗。

目前资产阶级用收买和拉拢的手段来逃避税收。我们必须防止他们钻空子。我们在这方面已经想出了许多办法,作地基用的场地已经清理出来,但是这座大厦的地基还没有打好。现在,这个时刻快要到了。

关于实行所得税的问题,仅靠一些法令是不够的,必须有切实的办法和经验。

我们认为,我们必须改用按月征收所得税的办法。从国库获得收入的人数在增加;应当采取措施,用扣薪金的办法向这些人征收所得税。

一切收入和工资,毫无例外都应当征收所得税。迄今所采用的印票子的办法,只能当做一种临时性的措施,应当用经常征收累进所得税和财产税的办法来代替这一措施。

我请你们对这个办法详细加以研究,切实而准确地确定一些我们能够在最短期间内使之成为法令或指令的方案。

关于强征的问题,列宁说:我决不是笼统地反对强征;为了消灭资产阶级,无产阶级不可避免地要采用强征的办法;这是过渡期间一项正确的措施,但是现在这段时间已经结束,因此,应当用国家集中的单一税来代替向有产阶级强征的办法。

毫无疑问,资产阶级一定会千方百计地逃避我们的法律,玩弄小小的骗局。我们要反对这种勾当,以便彻底清除资产阶级的残余。

劳动义务制

我们的财政政策的第三个任务，就是实行劳动义务制和对有产阶级实行登记。

以自由竞争为基础的旧资本主义已被这场战争彻底摧毁，它已经让位于国家垄断资本主义。西欧先进国家英国和德国，已经由于战争的缘故对全部生产实行最严格的计算和监督，它们对无产者阶级实行劳动义务制，而对资产阶级则大开方便之门。我们应当利用这些国家的经验，但是，实行劳动义务制首先不是从在战争中本来就承担了重大牺牲的穷人开始，而是要从在战争中大发横财的有产者开始。

现在首先要对资产阶级实行填写劳动纳税收支手册的制度，以便了解他们每人为国家做了多少工作。各级地方苏维埃应当负责进行监督。对穷人来说，这种办法现在完全是多余的，因为他们本来已经在尽力劳动了，而且工会将采取各种办法来提高劳动生产率和加强劳动纪律。

对每个有产者进行登记，制定富人必须持有劳动纳税收支手册的法律，——这就是我们首先应当解决的任务。应当切实地和具体地研究这个问题。这项措施能把纳税的重担转到富人身上，也只有这样才是公平合理的。

新　币

当前的第四个任务,就是要用新币代替旧币[147]。货币、纸币——凡是现在称做货币的东西——这些社会财富的凭据,现在起着瓦解的作用,并且包含着这样的危险:资产阶级保存着这些纸币,就能继续保持经济权力。

为了削弱这种现象,我们应当对于现行纸币实行最严格的登记,以便用新币全部代替旧币。毫无疑问,在实行这项措施的过程中,我们一定会遇到经济上和政治上的严重困难;必须做好细致的准备工作——准备几十亿新币,在每个乡和大城市的每个街区都建立起储蓄所,但是,我们不会向这些困难低头。我们要规定一个最短的期限,在这个期限内,每人都要填单申报自己持有的货币数目,并且把这些货币兑换成新币;如果数目不大,可以按一对一兑换,如果数目超过限额,那就只能领到一部分。毫无疑问,这项措施不仅会遭到资产阶级的激烈反对,而且还会遇到那些在战争中大发横财并把大量纸币装在瓶子里埋在地下的农村富农的激烈反对。我们将同阶级敌人进行面对面的斗争。斗争将是艰苦的,但也是能收效的。我们决不怀疑,我们应当挑起这场斗争的全部重担,因为这场斗争是必要的和不可避免的。要实行这项措施,就需要做大量的准备工作:必须制定报表的格式,必须在各地开展宣传活动,规定旧币兑换新币的期限等等。我们一定能做到这些。这将是我们同资产阶级的最后斗争,这将使我们有可能在西欧社会革命尚未到来的时候向外国资本交纳临时贡赋,并在国内进行必要的改革。

　　列宁同志最后代表人民委员会祝愿代表大会圆满成功。（列宁同志的讲话不止一次地被热烈的掌声打断）

载于1918年《全俄区域、省、县苏维埃财政部门第一次代表大会的工作总结》一书

译自《列宁全集》俄文第5版第36卷第350—355页

对《关于组织征粮队问题
告彼得格勒工人书》的补充[148]

（1918 年 5 月 20 日）

只有在觉悟工人掌握了强有力的、钢铁般的权力的情况下，才能保持住苏维埃政权，才能保持住并且巩固被剥削劳动者**对**地主和资本家的胜利。只有这种权力能把所有的劳动者和贫民吸引过来，把他们团结在自己周围。

工人同志们！你们要记着，革命处于危急之中。你们要记着，**只有你们能拯救革命**；此外再没有别的人。

我们需要几万名精干、先进、忠实于社会主义的工人，他们决不会受贿行窃，而能组成一支钢铁般的力量去反对富农、投机商、奸商、受贿者、捣乱者，——这就是我们所需要的。

这就是我们所迫切需要的。

没有这些，饥荒、失业和革命的毁灭就不可避免。

组织就是工人的力量和工人的救星。这一点所有的人都知道。现在需要特殊的工人组织，需要工人掌握钢铁般权力的组织以战胜资产阶级。工人同志们！革命的事业，革命的出路掌握在你们的手中。

时不我待。在十分艰苦的 5 月之后，接着将是更艰苦的 6 月和 7 月，也许还包括 8 月的一部分。

载于 1918 年 5 月 22 日《彼得格勒真理报》第 103 号

译自《列宁全集》俄文第 5 版第 36 卷第 356 页

论 饥 荒

（给彼得格勒工人的信）¹⁴⁹

（1918 年 5 月 22 日）

同志们！前几天你们的一位代表来我这里，他是位党员同志，是普梯洛夫工厂的工人。这个同志把彼得格勒极端严重的饥荒情形详细地讲给我听了。我们大家都知道，在许多工业省份，粮食问题也同样尖锐，饥荒也同样无情地威胁着工人和所有贫苦农民。

同时我们看到在粮食和其他食品方面投机活动十分猖獗。饥荒的造成并不是由于俄国没有粮食，而是由于资产阶级和一切富人在粮食这个最重要最尖锐的问题上，同劳动者的统治，同工人国家，同苏维埃政权作最后的斗争。资产阶级和一切富人，其中包括农村的财主，富农，破坏粮食垄断，破坏国家的粮食分配办法，这种办法是为了把粮食供给全体人民，首先是供给工人、劳动者和穷人。资产阶级破坏固定价格，进行粮食投机，每普特粮食赚一二百以至更多的卢布，破坏粮食垄断和合理分配粮食的办法，他们所用的破坏手段，就是贿赂、收买和恶意赞助一切危害工人政权的行为，这个工人政权正在力求实现社会主义的第一个主要的和根本的原则：“不劳动者不得食”。

“不劳动者不得食”，这是任何一个劳动者都懂得的。这是一切工人，一切贫苦农民以至中农，一切过过穷日子的人，一切靠自己的工资生活的人都同意的。十分之九的俄国居民赞成这个真理。这个简单的、十分简单和明显不过的真理,包含了社会主义的基础,社会主义力量的取之不尽的泉源,社会主义最终胜利的不可摧毁的保障。

但问题的实质在于:表示同意这个真理,发誓赞成这个真理,口头上承认这个真理,是一回事,而善于实现这个真理却是另一回事。在一个自称是社会主义苏维埃共和国的国家中,当几十万以至几百万人忍饥挨饿(在彼得格勒,在非农业省份,在莫斯科),而财主、富农和投机商却把千百万普特粮食隐藏起来的时候,每一个觉悟的工人和农民都应该认真而深入地思考一下。

怎样才能实现"不劳动者不得食"的原则呢? 非常清楚,要实现这个原则,第一,必须实行国家粮食垄断,即绝对禁止任何私人买卖粮食,全部余粮都必须按照固定价格交售给国家,绝对禁止任何人保存和隐藏余粮。第二,为此必须最严格地计算一切余粮,妥善地把粮食从余粮区运往缺粮区,与此同时还要建立供消费、加工和播种用的储备。第三,为此必须在工人的即无产阶级的国家的监督下,公平合理地把粮食分配给全体公民,不给富人任何特权和优待。

只要把这些战胜饥荒的条件稍微想一想,就足以了解那些可鄙的无政府主义空谈家愚蠢到了何等的地步,他们竟否认国家政权(并且是一个对资产阶级极端严酷、对捣乱者铁面无情的政权)对于从资本主义过渡到共产主义,对于劳动者摆脱一切压迫和一切剥削的必要性。正是现在,当我国革命已经直接地、具体地、实际着手实现社会主义的任务(这也正是这一革命的不可磨灭的功绩)的时候,并且恰恰是在主要问题即粮食问题上,可以最明显地看到,必须有钢铁般的革命政权即无产阶级专政,必须在全国广大范围内组织食品的收集、运输和分配,同时要计算千千万万人的消费,要估计到今后一年以至许多年内的生产条件和成果(因为会有歉收的年份,为了增加粮食收成而常常要进行多年的工作来改良土壤,等等)。

罗曼诺夫和克伦斯基遗留给工人阶级的,是一个被他们所进行的掠夺的、罪恶的、非常痛苦的战争弄得完全破产的国家,是一个被俄国和外国的帝国主义者劫掠一空的国家。只有最严格地计算每一普特粮食,只有绝对平均地分配每一磅粮食,才能使粮食够所有人吃。机器的粮食即燃料也极端缺乏,如果不集中全力来严格无情地节省消费和实行合理分配,那么铁路和工厂就会停顿,全国人民就会遭受失业和饥荒的危害。灾难就在眼前,已经非常逼近了。在非常艰苦的5月之后,还有更艰苦的6月、7月和8月。

实行国家粮食垄断,在我国已由法律明文规定,可是实际上每走一步都遭到资产阶级的破坏。农村的财主,富农,土豪,鱼肉乡里几十年,现在宁愿靠投机、酿私酒来营利,因为这可以使他们发财,至于造成饥荒的罪过,他们就推到苏维埃政权身上。那些富农的政治上的辩护士——立宪民主党人、右派社会革命党人和孟什维克也是这样干的,他们公开地和秘密地"从事"反对粮食垄断,反对苏维埃政权。无气节者的党,即左派社会革命党,在这方面也是毫无气节:它为资产阶级的自私的叫喊号泣所迷惑,大叫反对粮食垄断,"抗议"粮食专卖,它被资产阶级弄得恐慌不安,害怕同富农作斗争,歇斯底里地东奔西窜,要求提高固定价格,允许私人买卖等等。

这个无气节者的党在政治上反映实际生活中常有的一种情

况:当富农挑唆贫苦农民去反对苏维埃的时候,就收买贫苦农民,譬如给某个贫苦农民一普特粮食,不要他付 6 卢布,而只要他付 3 卢布,让这个被腐蚀的贫农也去"享受"投机的甜头,以 150 卢布的投机价格出卖这一普特粮食而"发发小财",让他也变成大喊大叫的人,去反对禁止私人买卖粮食的苏维埃。

凡是能够思索的人,凡是愿意稍加思索的人,都会明白目前进行的是一场什么样的斗争:

或者是觉悟的先进工人把贫苦农民群众团结到自己周围,建立钢铁般的秩序,建立严厉无情的政权,即真正的无产阶级专政,从而获得胜利,强迫富农服从,在全国范围内合理地分配粮食和燃料;

或者是资产阶级在富农的帮助下,在无气节的和昏头昏脑的人(无政府主义者和左派社会革命党人)的间接支持下,把苏维埃政权推翻,拥立一个亲德的或亲日的科尔尼洛夫,这个科尔尼洛夫就会强迫人民每日做工 16 小时,每星期只给八分之一磅的面包,枪杀工人群众,在审讯室里实行拷打,像在芬兰和乌克兰那样。

或者是这样,或者是那样。

中间道路是没有的。

国家的状况危急到了极点。

凡是细心思索政治生活的人都不会不看见,立宪民主党人正在设法同右派社会革命党人和孟什维克达成谅解:究竟是亲德的科尔尼洛夫还是亲日的科尔尼洛夫"更令人称心一些",究竟是戴王冠的科尔尼洛夫还是实行共和的科尔尼洛夫对于镇压革命更好和更可靠一些。

现在是一切觉悟工人,一切先进工人达成谅解的时候了,是他们振奋起来并懂得每一分钟的迟延都有断送国家、断送革命的危险的时候了。

用治标的办法是无济于事的。诉苦也不会有什么结果。企图为"自己"即为"自己的"工厂、"自己的"企业"零星"弄一点粮食和燃料的办法,只会助长混乱状态,只会方便投机商的自私自利的、黑暗龌龊的勾当。

彼得格勒的工人同志们! 我之所以要写这封信给你们,原因就在这里。彼得格勒不是全俄国。彼得格勒的工人只是俄国工人中的一小部分。但是彼得格勒的工人是俄国工人阶级和全体劳动群众中的一支优秀的、先进的、最觉悟、最革命、最坚决、最不容易受空话影响、最少受毫无气节的绝望情绪影响、最不怕资产阶级威吓的队伍。在各国人民的生活的危急关头,甚至先进阶级人数不多的先进队伍,也能把所有的人吸引到自己周围,燃起群众革命热情的火焰,建立伟大的历史功勋,这已是屡见不鲜的事情了。

彼得格勒工人的代表向我说:在他们普梯洛夫工厂里原来有4万工人,但其中大多数都是"临时"工,不是无产者,而是些不可靠的、软弱的人。现在只剩下15 000人了,但都是无产者,都是经过斗争考验和锻炼的人。

正是这样的革命先锋队——无论在彼得格勒还是在全国——应当大声号召,应当**一致奋起**,应当认清,国家命运就操在他们手中,他们必须表现出与1905年1月和10月、1917年2月和10月时同样的英勇精神,应当组织伟大的"**十字军讨伐**"来反对粮食投机商,反对富农、土豪、捣乱者和受贿者,组织伟大的"**十字军讨伐**"来反对在收集、运输和分配粮食和燃料方面破坏国家严格秩序的人。

只有先进工人普遍振奋起来,才能拯救国家和革命。需要有几万个先进工人,受过锻炼的无产者。他们要具有很高的觉悟,能够向全国各地千百万贫苦农民说明情况,并成为他们的领袖。他们要具有十分坚毅的精神,能够无情地摒弃和枪毙一切受投机利益"诱惑"(这是常有的事)、从为人民事业奋斗的战士堕落为掠夺者的人。他们要非常坚定和忠于革命,能够有组织地把在全国各地进行**讨伐**的一切重担挑起来,以便建立秩序,巩固各地方苏维埃政权机关,在各地对每一普特粮食和每一普特燃料进行监督。

这比在几天中表现英勇精神,既不离开久居之地,也不作长途讨伐,而只是举行突发性的起义去打倒恶魔和白痴罗曼诺夫或者傻瓜和吹牛大王克伦斯基要困难得多。在全国范围内进行长期坚毅的组织工作上表现英勇精神,比在起义中表现英勇精神困难得多,同时也高得多。而工人政党和工人阶级之所以有力量,始终是由于它们能勇敢、直接、公开地正视危险,不害怕承认危险,能清醒地估量哪些势力是站在"自己"营垒方面,哪些势力是站在"外人"即剥削者的营垒方面。革命在前进、发展和增长。摆在我们面前的任务也在增长。斗争的广度和深度在增长。合理地分配粮食和燃料,努力获得粮食和燃料,**由工人**在全国范围内对此实行最严格的计算和监督,这就是社会主义的真正的、主要的前阶。这已经不是"一般革命的"任务,而正是**共产主义的**任务,正是劳动者和贫苦农民应当向资本主义进行决战的任务。

在这个战斗上值得献出一切力量。这个战斗的困难是很大的,然而我们为之奋斗的消灭压迫和剥削的事业也是伟大的。

当人民在挨饿,当失业现象日益严重的时候,凡是隐藏一普特余粮的人,凡是使国家损失一普特燃料的人,都是最大的罪犯。

在这样的时候(而对真正的共产主义社会来说永远如此),每一普特粮食和燃料都是真正的圣物,比神父们用来愚弄蠢人的圣物要高尚得多,因为神父们不过是以升天堂来安慰在地上过着奴隶生活的人们罢了。为了从这种真正的圣物上扫除一切神父式的"神圣性",就必须**实际掌握这种圣物**,必须做到**在实际上合理分配**这些圣物,必须把所有一切余粮彻底地搜集起来,作为国家的存粮,必须**在全国范围内肃清隐藏余粮或尚未收集余粮的现象**,必须通过工人的坚决有力的手做到竭力增产燃料,大大节省燃料,在燃料运输和消费方面建立极严格的秩序。

需要先进工人到所有生产粮食和燃料的地区,到所有运输和分配粮食和燃料的重要地区,去进行大规模的"十字军讨伐",以便加强工作,十倍地加强工作,以便帮助各地方苏维埃政权机关实行计算和监督,以便用武力消灭投机活动、受贿和懒散现象。这个任务并不是新任务。老实说,历史并没有提出新任务,只是随着革命规模的扩大、革命困难的增加及其全世界历史任务的意义的增高,而扩大旧任务的范围和规模。

十月革命的、苏维埃革命的最伟大而不可磨灭的成就之一,就是先进工人**以贫苦农民领导者的资格、以农村劳动群众领袖的资格、以劳动国家建设者的资格**"到民间去"。彼得格勒派出了成千上万的优秀工人到农村去,其他的无产阶级中心也派出了优秀工人到那里去。同卡列金之流和杜托夫之流作斗争的战斗队,征粮队,都已经不是什么新奇的事物了。任务只是在于,由于灾难逼近,情况艰难,我们必须去做比以前多**十倍**的工作。

工人成了贫苦农民的先进的领袖,并不就成了圣人。他领导人民前进,可是他也染上了小资产阶级的涣散毛病。工人队伍中最有组织、最有觉悟、最守纪律和最坚决的工人愈少,这些队伍就愈容易涣散,代表过去的小私有者自发势力战胜代表未来的无产阶级共产主义觉悟的情况也就愈多。

工人阶级开创了共产主义革命,并不能一下子就丢掉自己身上的弱点和毛病。这些东西都是从地主资本家社会,从剥削者和土豪的社会,从少数人卑鄙地钻营财富而多数人遭受贫困的社会继承下来的。可是工人阶级能够战胜**并且归根到底肯定必然会战胜**旧世界,能够战胜它的毛病和弱点,只要不断有一批又一批人数更多、经验更丰富、在困难斗争中受到更多锻炼的工人队伍去同敌人作斗争就能做到这一点。

现在俄国的情形正是这样。个人行动,分散作战,决不能战胜饥荒和失业。需要先进工人到幅员广大的全国各地去进行大规模的"十字军讨伐"。需要派出人数多十倍的由觉悟的、无限忠于共产主义的无产阶级所组成的**钢铁般的队伍**。那时我们就能战胜饥荒和失业。那时我们就能使革命发展成为社会主义的真正的前阶。那时我们也就能够进行胜利的防御战争来反对帝国主义强盗。

尼·列宁

1918 年 5 月 22 日

载于 1918 年 5 月 24 日《真理报》　　译自《列宁全集》俄文第 5 版
第 101 号　　　　　　　　　　　　第 36 卷第 357—364 页

在全俄劳动委员
第二次代表大会上的讲话[150]

(1918 年 5 月 22 日)

同志们！首先请允许我代表人民委员会向劳动委员代表大会表示祝贺。（热烈鼓掌）

在昨天的人民委员会会议上，施略普尼柯夫同志说，你们的代表大会赞同工会关于劳动纪律和生产定额的决议。同志们！我认为你们作出这个决定就是向前迈进了一大步，这一步不仅关系到劳动生产率和生产条件，而且从目前总的形势来看具有非常重要的原则意义。你们同广大工人群众有着经常的工作上的、而不是偶然的联系，你们知道，我们的革命在发展中正处于一个极其重要的关键时刻。

你们都很清楚地知道，我们的敌人西欧帝国主义者在暗中窥伺着我们，也许有一天他们的大军会向我们猛扑过来。目前，除了这些外部敌人，还有一个危险的内部敌人，那就是瓦解、混乱和组织涣散，这些现象被资产阶级特别是小资产阶级以及形形色色的资产阶级奴仆走狗搞得更加严重了。同志们！你们知道，沙皇制度和以克伦斯基为首的妥协分子把我们卷进了痛苦的战争，战争结束后我们所继承的只是瓦解和严重的经济破坏。现在到了一个最危急的关头，现在愈来愈多的工人濒于饥荒和失业，成千上万的人遭受饥荒的痛苦,情况因缺粮而更加恶化,但是,我们是可以有粮食的,因为我们知道,合理的分配取决于正常的运输。自从我们和盛产燃料的边疆区的联系被切断以后,燃料出现不足,铁路发生危机,交通运输也许有停顿的危险。这些情况给革命造成了困难,使得各式各样的科尔尼洛夫分子欢天喜地。现在,他们每天,也许每小时都在盘算如何利用苏维埃共和国和无产阶级政权的困难,重新把科尔尼洛夫推上宝座。他们正在争吵的是究竟拥立哪国的科尔尼洛夫,不过不管是戴王冠的科尔尼洛夫,还是实行共和的科尔尼洛夫,都必须对资产阶级有利。现在工人们已经知道这是怎么回事,自从俄国革命经历了克伦斯基统治时期之后,他们对这一点丝毫也不感到惊奇了。但是,工人组织和工人革命的力量在于:不是闭眼不看真实情况,而是对情况要有最准确的认识。

我们曾经说过,这样大规模的空前残酷的战争,有使欧洲文化遭到全部毁灭的危险。唯一的拯救办法,只能是把政权转到工人手里,以建立钢铁般的秩序。1905年以后,俄国革命的进程和特殊的历史情况使我们俄国无产阶级在一段时间内远远走在其他国际无产阶级队伍的前面。现在我们正处在这样的阶段,西欧各国的革命尚在酝酿之中,德国的工人大军显然处于一筹莫展的境地。我们知道,在那里,在西欧,对付劳动者的不是罗曼诺夫和吹牛大王的腐朽制度,而是依靠现代文化和技术的全部成果的、普遍组织起来的资产阶级。因此,我们的革命是开始容易,继续比较困难,而西欧的革命是开始困难,继续比较容易。我们的困难在于,我们全要靠俄国无产阶级的努力来完成一切,并要坚持下去,直到我们的同盟者——世界各国的国际无产阶级——壮大起来。我们日益感觉到,别的出路是没有的。在得不到支援的情况下,我们又面临着铁路运输的破坏和粮食恐慌，这样就使我们的处境更加困难了。这里应该向大家明确地提出问题。

劳动委员代表大会同工人的直接接触比其他组织更多，所以我希望，这次大会不仅在直接改善劳动秩序（我们应该把它当做社会主义的基础）方面是一个新阶段，而且在启发工人认识目前形势方面也是一个新阶段。现在摆在工人阶级面前的任务是困难的，但也是能收效的，它关系到社会主义在俄国甚至在其他各国的命运。正因为这样，关于劳动纪律的决议非常重要。

现在，政权已经牢牢地掌握在工人手里，一切事情都决定于无产阶级的纪律和无产阶级的组织性。现在的问题是关于无产阶级的纪律和专政，是关于钢铁般的政权。这个受到贫民最热烈的同情和最坚决的支持的政权，应该成为钢铁般的政权，因为空前的灾难正在到来。工人群众还生活在旧事物的影响下，他们希望，我们设法摆脱这种状况。

但是，这种幻想一天天地破灭了，现在愈来愈明显，如果工人阶级不以自己的组织性战胜这种破坏，世界大战会给许多国家带来饥荒和退化。我们看到工人阶级的觉悟分子在致力于奠定新的同志纪律的基础，但同时也看到，千百万的小私有者和小资产阶级分子从自己狭隘的利益出发来看待一切。不建立觉悟工人的钢铁般的秩序，我们就不能战胜行将到来的饥荒和灾难，我们就会一事无成。由于俄国幅员辽阔，因此我们往往是一个地区粮食很多，而另一个地区却一点粮食也没有。应该想到，一场别人强加给我们的防御战争是会发生的。应该想到，没有正常的运输就不能养活城市和大工业中心。每一普特粮食都必须精打细算，决不能糟蹋。但我们知道，实际上并没有这样做，而只是纸上空谈。在实际生活中,小投机商一味腐蚀贫苦农民,使他们相信私人买卖能补上他们所缺的粮食。在这种情况下,就不可能摆脱危机。在俄国,要使人的粮食和工业的粮食即燃料够用,只有把我们所有的一切东西都极其严格地分配给所有的公民,不许任何人多拿一磅粮食,不许浪费一磅燃料。只有这样才能把国家从饥荒中拯救出来。要使人有粮食吃,工业有燃料用,一切都必须精打细算。这是共产主义分配的教训,这个教训我们不是从书本上得到的,而是从痛苦的经验中得到的。

也许广大的工人群众不能一下子了解我们正面临着灾难。需要工人对组织涣散和隐藏粮食进行十字军讨伐。需要十字军讨伐,把你们作出了决定的、在工厂里谈论的劳动纪律推广到全国去,让广大群众都认识到没有别的出路。在我国革命的历史上,觉悟工人的力量始终是在于能完全正视最痛苦的危险的现实,不抱任何幻想,准确地估计力量。我们可以指望的只有觉悟的工人;其他群众如资产阶级和小业主反对我们,他们不相信新秩序,他们抓住一切机会加重人民的贫困。我们在乌克兰和芬兰所看到的,就是一个例子:资产阶级及其拥护者,从立宪民主党人到社会革命党人,在他们的同盟者帮助下征服了城市,制造了骇人听闻的暴行,使城市血流成河。这一切说明,如果无产阶级不完成自己的历史任务,它将会有怎样的遭遇。我们知道,俄国先进的觉悟的工人是不多的。我们也知道人民的贫困是什么意思,我们一定能够使广大群众都了解,用治标的办法是不能摆脱这种状况的,没有无产阶级革命是绝对不行的。我们正生活在这样的时期,许多国家都弄得民穷财尽,千百万人濒于死亡或变为军事奴隶。因此,历史加之于我们的革命并不是出于个别人的恶意,而是因为整个资本主义制度已经摇摇欲坠。

　　劳动委员同志们,你们要利用每一次出席工厂集会的机会,每一次会见工人代表团的机会,利用一切机会,向他们解释这种情况,让他们知道,我们面临着这样的抉择:要么灭亡,要么建立自觉纪律,组织起来,创造自卫的可能性。如果觉悟的工人不组织以全体贫民为首的十字军讨伐,去反对各地被小资产阶级搞得日益严重的和我们应该加以克服的混乱和组织涣散,那么,我们所面临的将是俄国的、日本的或德国的科尔尼洛夫分子卷土重来,每星期给八分之一磅面包。问题在于如何使觉悟的工人感觉到自己不仅是自己工厂的主人,而且是国家的代表,使他们感觉到自己的责任。觉悟的工人应该知道,自己是阶级的代表。他们既然领导反对资产阶级和投机商的运动,就必须获得胜利。觉悟的工人一定会懂得,什么是社会主义者的基本任务,到那时候我们就会取得胜利。到那时候我们一定能找到力量,一定能进行斗争。(长时间热烈鼓掌)

载于1918年5月23日《全俄中央执行委员会消息报》第102号和1918年5月24日《真理报》第101号

译自《列宁全集》俄文第5版第36卷第365—370页

人民委员会关于燃料的决定草案[151]

(1918 年 5 月 24 日)

人民委员会委托报告人立即制定出详细的切实具体的条例草案,目的是:

(1)加强燃料的开采,

(2)节约使用燃料,

(3)合理分配生产燃料的地区或区域的技术力量,

(4)对节约燃料的重要性进行通俗的鼓动和宣传。

载于 1933 年《列宁文集》俄文版
第 21 卷

译自《列宁全集》俄文第 5 版
第 36 卷第 371 页

人民委员会关于汽车运输的决定草案[152]

(1918 年 5 月 25 日)

最高国民经济委员会、军事、交通、国家监察、汽车运输总局、劳动和粮食等部门组成的委员会要再一次审查最高国民经济委员会和汽车运输总局的方案。

给委员会五天期限。

要求所有部门在此期限内提出准确材料，说明有多少载重汽车已经移交给粮食人民委员部，最近还将移交多少（从载重汽车总数中）。

仔细查明最高国民经济委员会汽车运输处的组成人员。

载于 1931 年《列宁文集》俄文版
第 18 卷

译自《列宁全集》俄文第 5 版
第 54 卷第 397—398 页

关于社会主义社会科学院¹⁵³

(1918年5月25日和6月7日)

1

人民委员会决定草案

人民委员会完全同意和赞成社会主义科学院成立草案的基本精神,责成国民教育人民委员部根据下述原则修改这一草案:

(1)——把马克思主义倾向的出版协会放在首位;

(2)——特别要大量吸收国外的马克思主义人才;

(3)——首要任务之一是组织一系列的社会调查;

(4)——立即采取措施,以查明、招聘和利用俄国的教师力量。

2

给委员会的指示

责成委员会：

(1)详细审查社会主义社会科学院的章程，以便呈报人民委员会，然后呈报中央执行委员会；

(2)立刻就这个问题和组成人员问题同非俄罗斯民族的马克思主义者和国外的马克思主义者交换意见；

(3)拟定、讨论适于并愿意担任创办人和教师的人选名单，以便呈报人民委员会和中央执行委员会。[154]

载于 1933 年《列宁文集》俄文版
第 21 卷

译自《列宁全集》俄文第 5 版
第 36 卷第 372—373 页

关于目前形势的提纲¹⁵⁵

（1918 年 5 月 26 日）

(1)把军事人民委员部改为军事粮食人民委员部，即集中军事人民委员部十分之九的力量来改编军队，以进行一场争夺粮食的战争，并利用 6 月到 8 月三个月的时间来进行这场战争。

(2)这期间在全国范围内宣布军事管制。

(3)动员军队，挑选其中健康可靠的人员，并征召年满 19 岁的公民(至少在几个地区)，去进行夺取、夺回、收集、运输粮食和燃料的有系统的军事行动。

(4)枪毙不守纪律的人。

(5)用取得粮食的成绩和收集余粮的实际结果来衡量这些队伍的成绩。

(6)军事行动的任务应当是：

(a)收集存粮供应居民；

(b)收集存粮以便为这场战争准备三个月的储存；

(c)保护储备的煤，把它们收集起来，增加生产。

(7)把遭受饥荒的省份中的工人和贫苦农民编入作战(同富农等作战)的部队(每队占 $\frac{1}{3}$ 到 $\frac{1}{2}$)。

(8)给每支部队印发两本须知：

(a)思想政治手册，讲战胜饥荒、战胜富农的意义，讲无产阶级专政是劳动者的政权；

（b）军事组织手册，讲部队的内务条例、纪律、监督以及对每一次战役进行监督的文件等等。

（9）实行整个部队的连环保，例如，发生一次抢劫事件，按规定就要每十个人枪毙一个人。

（10）动员城市富人的**一切**运输工具来运送粮食；动员有钱阶级担任文书和干事。

（11）如果部队的腐化行为有日益增多的迹象，那么过一个月就把这种"患病的"部队撤回派出的原地，以便查明情况，进行"医治"。

（12）要在人民委员会和中央执行委员会里通过以下几点：

（a）承认国家在粮食方面处于**极其危险的境地**；

（b）军事管制；

（c）除进行上述形式的改编以外，动员军队**为争夺粮食而进军**；

（d）在每个有余粮的县和乡中，立即编造富有的土地占有者（富农）和粮商等的**名册**，责成他们对收集全部余粮负个人的责任；

（e）每支武装部队要配备（大致每十个人至少配备一名）由俄国共产党、左派社会革命党人或工会介绍去的人。

（13）在实行粮食垄断时，除了无情地镇压囤积余粮的富农外，还必须采取最坚决的措施，不惜在财务方面作出一切牺牲去帮助贫苦农民，并把一部分收集来的富农的余粮无偿地分给他们。

载于1931年《列宁文集》俄文版第18卷

译自《列宁全集》俄文第5版第36卷第374—376页

在全俄国民经济委员会
第一次代表大会上的讲话[156]

(1918 年 5 月 26 日)

(列宁同志出现时,会场响起热烈的掌声)同志们,请允许我首先代表人民委员会向国民经济委员会代表大会表示祝贺。(鼓掌)

同志们,现在最高国民经济委员会担负着一项困难而又最能收效的任务。毫无疑问,十月革命的成果愈扩大,由十月革命所开始的这个变革愈深入,社会主义革命成果的基础愈稳固,社会主义制度愈巩固,国民经济委员会的作用就愈增大和提高。在一切国家机关中,将来只有国民经济委员会能够保持自己巩固的地位,我们愈接近于社会主义制度的建立,对于纯行政机构,即实际上只是做管理工作的机构的需要愈减少,国民经济委员会的这种地位就愈巩固。在剥削者的反抗被彻底粉碎以后,在劳动者学会组织社会主义生产以后,——这种原来意义的、狭义的管理机构,旧国家的机构,必定消亡,而最高国民经济委员会这样的机构必定成长、发展和巩固,它将担负起有组织的社会的一切最主要的活动。

同志们,所以在研究我们最高国民经济委员会的经验以及与它有密切的工作联系的各地方国民经济委员会的经验的时候,我认为我们没有丝毫的根据作出任何悲观的结论,尽管还有许多事情没有做完，没有做到尽善尽美，没有组织就绪。因为最高国民经济委员会以及各区域和各地方国民经济委员会所担负的任务这样巨大，这样无所不包，所以根本没有理由对我们大家看见的现象产生忧虑。有很多次——当然，在我们看来，也许次数过多——没有采用俗话说的"七次量衣一次裁"的办法。按照社会主义原则来组织经济，可惜并不像这个俗话所说的那样简单。

随着全部权力——这一次不仅是政治权力，而且主要的甚至不是政治权力，而是经济权力，即涉及人们日常生活最深基础的权力——转归新的阶级，而且是转归人类历史上第一次领导大多数人民即全体被剥削劳动群众的阶级，我们的任务就变得复杂起来了。不言而喻，在组织任务极其重要而又极其困难的情况下，当我们必须完全按照新的方式来组织亿万人生活的最深基础的时候，十分明显，这里没有可能像俗话所说"七次量，一次裁"那样简单地处理事情。实际上，我们不能预先量很多次，然后再裁剪和缝制已经完全量好的衣料。我们必须在工作进程中考查这些或那些机关，在实践中观察它们，用劳动者集体的共同经验，而主要是用工作结果的经验来检查它们，我们必须在工作进程本身中，而且是在剥削者进行殊死斗争和疯狂反抗的情况下（我们愈是接近彻底拔掉资本主义剥削制的最后几个坏牙，这些剥削者也就愈加疯狂），来建造我们的经济大厦。显然，在这种条件下，根本没有理由悲观失望，虽然我们有时甚至在一个短时期内要几次改组国民经济各种部门进行管理的形式、规章和机构，——自然，这是资产阶级和高贵的感情受到侮辱的剥削者老爷们进行恶毒攻击的一个充足的理由。当然，由于有时三番五次地改变管理的规章、准则和法规，那些最接近和最直接参加这种工作的人，例如水运总管理局的人，自然有时觉得很不愉快，对这样做不可能太满意。可是，如果稍微抛开因法令过于频繁改动而直接引起的不愉快，如果目光稍微放远些去看看俄国无产阶级暂时还只能依靠本身不足的力量去完成的伟大的、具有世界历史意义的事业，那么立刻就会明白：甚至作更多次的改动，在实践中对各种管理制度和整顿纪律的各种规定进行试验，都是不可避免的；在这样的伟大的事业中，我们决不能要求，而且无论哪个谈论未来远景的有卓见的社会主义者也从来不会想到，我们能够根据某种预先作出的指示立即构思出和一下子规定出新社会的组织形式。

我们所知道的一切，洞悉资本主义社会的最优秀的学者、预见到资本主义社会的发展的最大的思想家给我们准确地指出的一切，就是社会的改造在历史上必然要经过一段很长的路程，生产资料私有制的命运已为历史所注定，它必将崩溃，剥削者必然要被剥夺。这个道理已经以科学的精确性阐明了。当我们举起社会主义旗帜，宣布自己是社会主义者，建立社会主义政党，着手改造社会的时候，我们就知道这个道理了。当我们取得政权以便着手进行社会主义改造的时候，我们就知道这个道理了，但是，无论改造的形式或具体改造的发展速度，我们都不可能知道。只有集体的经验，只有千百万人的经验，才能在这方面给我们以决定性的指示，这是因为对于我们的事业，对于社会主义建设事业，以前无论在地主社会还是在资本主义社会中左右历史的成千上万上层分子的经验都是不够的。我们之所以不能这样做，正是因为我们依靠共同的经验，千百万劳动者的经验。

所以我们知道，作为苏维埃的主要的、根本的和基本的任务的组织工作，必然会要求我们进行许多试验，采取许多步骤，作出许多变动，使我们遇到许多困难，尤其是在怎样使人人各得其所方面，因为在这方面我们没有经验，需要我们自己来定出每一个步骤，而我们在这条道路上的错误愈是严重，我们就愈是坚信：随着工会会员人数每增加一次，随着一直遵照传统和习惯生活的被剥削劳动者从他们的营垒转到苏维埃组织建设者营垒的人数每增加几千人，几十万人，能够适应工作需要并能使工作步入正轨的人数也会增加。

拿国民经济委员会、最高国民经济委员会特别经常遇到的一项次要任务——利用资产阶级专家这项任务来谈。我们大家都知道，至少那些站在科学和社会主义立场上的人都知道，这个任务只有在国际资本主义发展了劳动的物质技术前提的情况下才能实现，这种劳动是大规模的，是建立在科学成就的基础上的，因而也是建立在造就出大批科学上有造诣的专家的基础上的。我们知道，不实现这个任务，社会主义是不可能的。最近半个世纪以来，有些社会主义者考察了资本主义的发展，一次又一次地得出结论说，社会主义是不可避免的，如果我们多读读这些社会主义者的著作，我们就会看到，这些社会主义者都毫无例外地指出：只有社会主义才能使科学摆脱资产阶级的桎梏，摆脱资本的奴役，摆脱做卑污的资本主义私利的奴隶的地位。只有社会主义才可能广泛推行和真正支配根据科学原则进行的产品的社会生产和分配，以便使所有劳动者过最美好的、最幸福的生活。只有社会主义才能实现这一点。而且我们知道，社会主义一定会实现这一点，而马克思主义的全部困难和它的全部力量也就在于了解这个真理。

我们必须依靠敌视这一点的分子来实现它，因为资本愈增大，资产阶级的压迫和工人所受的迫害也愈厉害。当政权已经掌握在无产阶级和贫苦农民手中的时候,当政权在这些群众的拥护下提出自己任务的时候,我们要在资产阶级专家的帮助下来实现社会主义的改造,这些专家是在资产阶级社会里受的教育,他们没有见过另外的环境,也不能想象另外的社会环境,因此,就是在他们非常真诚和忠于自己工作的情况下,他们也是满脑袋资产阶级偏见,同垂死的、腐朽的、因而进行疯狂反抗的资产阶级社会有着他们觉察不到的千丝万缕的联系。

我们不能不看到完成任务会遇到的这些困难以及获得的成绩。在一切论述过这个问题的社会主义者当中,我不记得在我所知道的任何一本社会主义者的著作或杰出的社会主义者关于未来社会主义社会的意见中曾经谈到,已经夺得了政权的工人阶级在它着手把资本主义所积累的一切最丰富的、从历史的角度讲对我们是必然需要的全部文化、知识和技术由资本主义的工具变成社会主义的工具时,会遇到哪些具体实际的困难。这用一般的公式,用抽象的对比来谈是容易的,可是在反对资本主义的斗争中(资本主义并不会马上死亡,而且它愈是接近死亡,就愈是疯狂地进行反抗),这个任务是极其困难的。我们在这方面进行试验,屡次修正局部的错误,这是不可避免的,因为我们还不能在国民经济的哪一个部门中,马上把专家由资本主义的服务者变成劳动群众的服务者,变成劳动群众的顾问。如果我们不能马上做到这一点,那也丝毫不会使我们悲观失望,因为我们给自己提出的任务,是具有世界历史意义的困难任务。我们并没有闭眼不看这件事实:我们单靠自己的力量是不能在一个国家内全部完成社会主义革命的,即使这个国家远不像俄国这样落后,即使我们所处的条件比经过四年空前艰苦、破坏惨重的战争以后的条件要好得多。谁只指出明显的力量不相称的情况，而掉头不顾在俄国发生的社会主义革命，那他就像思想僵化的套中人，他只看到自己的鼻子尖，忘记了没有一次稍微重大的历史变革不出现许多力量不相称的情况。力量是在斗争过程中随着革命的增长而增长的。当国家已经走上了进行最伟大的改造的道路的时候，这个国家和已经在这个国家取得胜利的工人阶级政党的功绩，就在于我们已经在实践上直接着手实现那些以前在理论上抽象地提出的任务。这个经验是不会被忘掉的。无论如何，不管俄国革命和国际社会主义革命会有多么痛苦的曲折，终究不能夺去现在已经联合在工会和地方组织内、正在实践上着手在全国范围内安排全部生产的工人们的这个经验。这个经验已经作为社会主义的成就载入史册，未来的国际革命将根据这个经验来建造自己的社会主义大厦。

我还要指出一个也许是最困难的、要由最高国民经济委员会予以切实解决的任务。这就是关于劳动纪律的任务。老实说，在我们指出这个任务的时候，我们应该承认，而且应该满意地着重指出：正是工会，工会的最大组织——五金工会中央委员会、全俄工会理事会这些联合了几百万劳动者的最高工会组织，首先独立地着手解决这个任务，而这个任务是具有世界历史意义的。要了解这个任务，就应该撇开那些个别的小挫折，撇开那些难以相信的困难，这些挫折和困难，孤立地来看，好像是不可克服的。应该站得更高，看到各种社会经济结构在历史上的更替。只有持这种观点才能够看清楚：我们担负起多么巨大的任务，现在社会最先进的代表——被剥削劳动群众把1861年以前农奴制俄国的少数地主解决的一个任务（他们认为那是自己的事情）自己主动担当起来具有多么伟大的意义。以前，建立全国的联系和纪律是少数地主的事情。

　　我们知道农奴主-地主们是怎样建立这种纪律的。这就是使大多数人民遭受压迫、侮辱和空前的苦役的折磨。请回忆一下由农奴制向资产阶级经济的全部过渡过程吧。你们已经看见的（虽然你们中间大多数人没有能够看见），以及你们从老一辈人那里听到的，1861年以后向新的资产阶级经济的这种过渡，是由旧的农奴制的棍棒纪律，由最无理性、最蛮横粗暴的侮辱和强制人的纪律，向资产阶级纪律，向饥饿纪律即所谓自由雇佣而实际上是资本主义奴役制的纪律过渡，这个过渡在历史上看来是容易的，因为这是人类由一种剥削者转到另一种剥削者，因为这是掠夺和剥削人民劳动的少数人让位给另外的同样是掠夺和剥削人民劳动的少数人，因为这是地主让位给资本家，是在镇压被剥削劳动者阶级广大群众的情况下少数人让位给另外的少数人。但是，就是这种由一种剥削者的纪律代替另一种剥削者的纪律的更替，尚且要经过几年甚至几十年的努力，要经过几年甚至几十年的过渡时期，在这个时期，旧的地主-农奴主们诚心诚意地认为一切都会毁灭，没有农奴制是无法经营的，而新主人——资本家每走一步都碰到实际的困难，对于自己的经济往往束手无策。可以表明这个过渡的困难情况的一个物质上的标志，一个物证，就是当时俄国从国外定购了一些机器，为的是用机器做工，用最优良的机器做工，而结果是既没有会使用机器的人，也没有管理者。当时，俄国各地都出现优良的机器被搁置不用的情况，可以看出，从旧的农奴制的纪律转到新的资产阶级的、资本主义的纪律是多么困难。

　　所以，同志们，如果你们这样观察问题，你们就不会让那些人，让那些阶级，让资产阶级，让资产阶级走卒把你们弄得思想混乱，他们的全部任务就是散布惊慌失措和灰心丧气的情绪,制造对全部工作完全灰心的气氛,把全部工作描绘成毫无希望的事情,他们指出每一个别的无纪律和腐化的情况,并因此而鄙弃革命,似乎世界上,历史上有过任何一次真正的大革命,在群众制定新纪律的时候,不曾有过腐化现象、违反纪律现象和不经过痛苦的尝试步骤。我们不应该忘记,我们是第一次接近这样一个历史的起点,即真正由千百万被剥削劳动者来制定新的纪律,劳动的纪律,同志关系的纪律,苏维埃的纪律。我们并不要求也不指望在这方面迅速获得成绩。我们知道,这件事情需要整整一个历史时代。我们已经开始了这样一个历史时代,现在,我们正在一个还是资产阶级的国家内破坏资本主义社会的纪律,我们感到自豪的是,一切觉悟的工人和全体劳动农民正在尽力帮助破坏这种纪律;现在,在群众中正在自愿地、主动地提高这样一种认识:他们不应该等待上面的命令,而应该根据自己生活的经验,用联合起来的劳动的新纪律,用拥有千千万万人口的整个俄国的联合起来的、有组织的工人和劳动农民的纪律,去代替那种建立在对劳动者的剥削和奴役上的纪律。这是一项非常困难的任务,但也是一项能收效的任务,因为我们只有切实解决了这个任务,才算是最终埋葬了我们要加以埋葬的资本主义社会。(鼓掌)

载于1918年《全俄国民经济委员会第一次代表大会报告书。速记记录》一书

译自《列宁全集》俄文第5版第36卷第377—386页

关于各自单独收购粮食

(1918 年 5 月 29 日)

1

人民委员会决定草案[157]

一切为某个行业粮食组织服务的各自单独的机构,如"铁路粮管处"或"水运粮管处"等等,应把自己的努力、自己的力量、自己的特派员、自己的征粮队同粮食人民委员部的整个力量联合起来。拒绝这种联合,就意味着或者可能意味着拒绝支持苏维埃政权,拒绝帮助全体工人和全体农民同饥荒作斗争。只有把力量联合起来,才能摆脱饥荒。

2

告工人农民书草案¹⁵⁸

在听取了铁路组织和水运组织的代表以及冶金工厂和铁路工会的工人代表的意见之后，

——在听取了这些同志关于允许他们的组织"铁路粮管处"、"水运粮管处"等单独收购粮食的建议之后，

人民委员会坚决提醒一切有组织的、觉悟的和有头脑的工人和劳动农民注意，这类建议显然是不明智的。大家都很清楚，如果我们允许"铁路粮管处"、"水运粮管处"、"五金粮管处"、"橡胶粮管处"等等诸如此类的组织各自单独收购粮食，那我们就会完全破坏整个粮食工作，就会破坏工人和贫苦农民的一切国家组织，就会替富农和斯科罗帕茨基之流的胜利完全扫清道路。

所有的工人和饥饿的农民都应该懂得，只有共同努力，只有把成千上万的优秀工人组成共同的征粮队，只有把工人的统一起来的、联合起来的、共同的、众多力量调动起来去为秩序和粮食而斗争，才能战胜饥荒，战胜混乱，战胜投机商和富农。

那些请求让"铁路粮管处"和"水运粮管处"单独收购粮食的人，没有考虑到非农业省份的**每个县**里都有**几万**几十万几个月得不到一粒粮食的饥饿的农民，因此，听从他们是愚蠢的。

如果让每个县的农民都各自去收购粮食，那岂不乱了吗？如

果让"铁路粮管处"像它所希望的那样单独收购 6 000 万普特粮食,而不让每个挨饿的县份单独收购 1 000 万普特粮食,这难道公平吗?

每个铁路工厂,每一千名职员或水运工人或工厂工人应该推选出一队最优秀和最可靠的人,由他们同心协力地帮助全体工人和农民摆脱饥荒,战胜饥荒。

各自单独收购粮食就是断送整个粮食工作,就是断送革命,就会引起混乱和崩溃。

从每一千名职工中挑出若干优秀的和忠诚的人参加征粮队,组成一支**全体工人的**战斗队伍去建立秩序,帮助监督,收集一切余粮,彻底战胜投机商——这是唯一的解救办法。

载于 1931 年《列宁文集》俄文版第 18 卷

译自《列宁全集》俄文第 5 版第 36 卷第 387—389 页

关于同饥荒作斗争的措施

（1918 年 5 月或 6 月）

    1. 当彼得格勒、莫斯科和数十个非农业县的人民不仅缺乏粮食，而且在遭受饥荒折磨的时候，囤积余粮和多余的其他食品是极大的犯罪，应毫不留情地给予惩处。

    2. 同饥荒作斗争的任务不仅是从产粮地区弄到粮食，而且要把所有余粮以及各种食品全部收集起来，作为国家储备。做不到这一点，就根本不能保证进行任何社会主义改造，也不能保证顺利地进行防御战争。

    3. ……①

载于 1959 年《列宁文集》俄文版
第 36 卷

译自《列宁全集》俄文第 5 版
第 36 卷第 390 页

---

① 手稿到此中断。——俄文版编者注

同最高国民经济委员会和工商业人民委员部关于城乡商品交换条件的协议草稿

(1918 年 5 月或 6 月)

同最高国民经济委员会和
工商业人民委员部的协议

商品不应交给个人,而应交给乡的、村的或其他的农民协会,但必须以贫苦农民在这些协会中占绝对优势为条件。

商品换粮食的条件是:用商品支付款项的 25%,换取当地消费量以外的全部余粮。

摊派:
100 万户
每户 1 000 卢布

组织贫苦农民有步骤地、坚决地对农民资产阶级贮存的货币征收一次高额税。

派遣武装部队到农村去征收上述税款并彻底粉碎农村资产阶级的反抗。

从军需仓库取: 已经做了

公布 1917 年 10 月 25 日以前粮食部的总结(即使是初步的)。

机构:粮食特派员代表大会? 莫斯科区域机构……

（我们25人；他们2 000人。）

载于1959年《列宁文集》俄文版　　　　　译自《列宁全集》俄文第5版
第36卷　　　　　　　　　　　　　　　　第36卷第391页

对《国有化企业管理条例》草案的意见[159]

（1918 年 6 月 2 日）

共产主义要求全国大生产的最高度的集中。因此,应无条件地授权全俄中心直接管辖该部门的一切企业。区域中心按照全俄中心总的生产指示和决定,并根据本地的、生活上的及其他的条件确定自己的职能。

如按委员会的草案所提出的要剥夺全俄中心直接管辖该部门在全国的一切企业的权利,那就是地方主义的无政府工团主义,而不是共产主义。

载于 1959 年《列宁文集》俄文版
第 36 卷

译自《列宁全集》俄文第 5 版
第 36 卷第 392 页

全俄中央执行委员会、莫斯科苏维埃和工会联席会议文献[160]

（1918年6月4日）

1

关于同饥荒作斗争的报告

同志们！今天我要讲的题目是关于目前世界各国遭到的最大危机，这个危机可以说现在最沉重地压在俄国身上，至少，俄国感到比其他国家沉重得多。我应该根据总的形势向我们提出的任务来谈这个危机，来谈已经临近我们的饥荒。而在谈到总的形势的时候，当然不能只限于俄国，何况目前所有现代资本主义文明国家彼此已经比以前更加令人痛苦、令人苦恼地连结在一起了。

战争，即两大强盗集团之间的帝国主义战争，在任何地方，无论在交战国或者在中立国，都使生产力消耗殆尽。破坏和贫困已经达到这样的程度，以致几十年来甚至几百年来不知道什么是饥荒的最先进、最文明和最有文化的国家，也由于战争而遭到真正的名副其实的饥荒。诚然，在先进国家中，特别是在那些最大的资本主义早已使人们学会了这种制度下最可行的经济组织方法的先进国家中，能够适当地调节饥荒，推迟饥荒，缓和饥荒，然而，就像德国和奥地利这样的国家,长时期以来也都遭到饥荒的痛苦,而且是真正饥荒的痛苦,更不用说那些被打败的和被奴役的国家了。现在我们打开任何一张报纸,都可以看到来自许多先进文明国家(不但是交战国,而且包括瑞士和几个斯堪的纳维亚国家这样一些中立国)的许多关于战争带给人类饥荒和可怕的灾难的消息。

同志们,那些考察过欧洲社会发展的人早就不怀疑,资本主义决不会和平地自行灭亡,它不是直接导致广大群众起来推翻资本的压迫,就是经过更加艰难痛苦的流血战争而导致同样的结局。

早在战前许多年,各国社会党人就指出,并且在自己的代表大会上庄严地声明:先进国家之间的战争不仅是极大的罪恶行为,这种为了资本家瓜分殖民地和赃物的战争不仅会完全破坏现代文明和文化的成就,而且也必然会摧毁人类社会存在的条件。因为最大的技术成就被用于屠杀千百万人的生命,其规模如此广泛,破坏如此严重,能量如此巨大,这在历史上还是第一次。由于一切生产资料被用来为战争服务,我们看到,最令人痛苦的预言正在实现,野蛮、饥荒和一切生产力完全衰退的景象笼罩着愈来愈多的国家。

因此,我想起了科学社会主义的伟大创始人之一恩格斯在1887年即俄国革命爆发前30年讲的话是多么正确,他说,欧洲战争的结果,不仅王冠成打地从国王们头上落下而无人拾取,而且将使整个欧洲变得空前的残暴、野蛮和落后,同时,这一战争的结果,不是工人阶级取得统治,就是造成条件使这种统治成为必然①。马克思主义创始人在这里说得非常谨慎,因为他清楚地看到,如果历史走上这条道路,结果一定是资本主义的崩溃和社会主义的发

———————————

① 参看《马克思恩格斯文集》第4卷第331页。——编者注

展,同时也不能设想还有什么比这更痛苦、更困难的过渡,还有什么比这更厉害的贫困和更尖锐的破坏一切生产力的危机了。

现在我们清楚地看到,拖延四年之久的各国间的帝国主义大厮杀的结果意味着什么,现在一切国家,就连最先进的国家也感到:战争已经走进一个死胡同,在资本主义基础上无法摆脱战争,战争必然导致令人痛苦的破坏。同志们,如果说我们,如果说俄国革命(这个革命决不是由于俄国无产阶级的特殊功劳,而是由于历史事变的总进程造成的,这些历史事变遵照历史的意志暂时把俄国无产阶级推到第一位,使它暂时成为世界革命的先锋队)遭到特别严重而且愈来愈严重的饥荒痛苦,那我们应该认清,这些灾难首先是而且主要是这场万恶的帝国主义大厮杀造成的,它使世界各国都遭到空前未有的灾难,只是在所有国家里,这些灾难都还暂时瞒着群众,不让绝大多数人民知道罢了。

目前,军事压迫还继续存在,战争还在继续进行,同时,一方面,对于战争人们还怀着胜利的希望,以为通过一个帝国主义集团的胜利可以摆脱这场危机,另一方面,战时书报检查机关为所欲为地控制一切,全体人民沉溺于战争的狂热,这就蒙蔽了大多数国家的居民群众,使他们不知道正在陷入怎样的深渊,不知道半个身子已经陷入了怎样的深渊。我们现在特别尖锐地感觉到这一点,因为没有一个地方像俄国这样,对于起义的无产阶级所提出的巨大任务存在这么大的矛盾;俄国无产阶级懂得,要制止战争,要制止这场全世界最强大的帝国主义大国之间的世界战争,如果没有最强大的、同样是包括全世界的无产阶级革命,那是不可能的。

既然事变的进程使我们在这个革命中居于一个突出的地位,并在长时间内,至少从1917年10月起,是一支孤立无援的部队,事态使我们没有可能比较迅速地得到国际社会主义其他部队的援助，那我们现在就只好忍受艰苦十倍的处境。为了推翻主要的敌人，捍卫社会主义革命，我们做了直接起义的无产阶级和支持无产阶级的贫苦农民所能做到的一切，同时我们看到，包围着俄国的帝国主义强盗国家的压迫和战争的后果怎样日益沉重地处处压在我们身上。这些战争后果还没有完全暴露出来。现在，1918年的夏天，我们面临的也许是我们革命中一个最困难、最艰苦和最危急的过渡阶段。这不仅是从国际方面来看的，在国际方面我们不可避免地注定要采取退却的政策，这是因为目前我们唯一的、忠实的同盟者国际无产阶级还只是在作起义的准备，只是在酝酿起义，还不能公开地完全地发动起义，虽然西欧的一切事变、西线最近的疯狂凶狠的搏斗和各交战国国内日益严重的整个危机都表明，欧洲工人的起义已经为期不远了，无论它怎样延缓，终究会要爆发。

正是在这种情况下，我们在国内不得不承受极大的困难，于是，产生了许多动摇现象，这主要是由严重的粮食危机、严重的饥荒引起的，它正在向我们迫近，它向我们提出一个任务，要求我们竭尽全力，充分地组织起来，同时，它不允许我们用旧的方法来解决这个任务。我们要同曾经和我们一起反对帝国主义战争的阶级，要同曾经和我们一起推翻了帝国主义君主制度和俄国帝国主义共和派资产阶级的阶级，要同在困难日益增加、革命的任务和规模日益扩大的过程中锤炼自己的武器、发展自己的力量、建立自己的组织的阶级一起来解决这个任务。

现在我们面临着一项人类社会生活的最基本的任务，就是战胜饥荒，至少是立即缓和遍及农业俄国的两个首都和数十个县的严重饥荒。而且我们必须在内战的情况下，在各种各样、形形色色和各种不同倾向的剥削者疯狂地拼命地反抗的情况下来解决这个任务。无疑,在这种情况下,这些既不能同旧事物决裂,又不相信新事物的政党的分子就会处在战争状态中,利用战争来达到一个目的:使剥削者复辟。

来自俄国各个角落的每一个消息,都要求我们注意这个问题,注意饥荒同反对剥削者和反对正在抬头的反革命势力的斗争之间的这种联系。目前我们的任务是必须战胜饥荒,或者至少在新收获期之前减轻它的严重性,维护粮食垄断,维护苏维埃国家的法制,维护无产阶级国家的法制。我们必须收集一切余粮,尽量把一切存粮都运到迫切需要的地方去,并且进行合理的分配。这是一个维持人类社会生存的基本任务(同时也是一个极其困难的任务),要解决这个任务,只有一个办法,就是普遍地大大提高劳动效率。

有些国家是用战争的办法,用军事奴役的办法,用对工人、农民实行军事奴役的办法,用让剥削者获得更多更大的利益的办法来解决这个任务的。例如,在舆论受到压制、任何反战行动都遭到镇压(但是毕竟还保留着现实观念和社会主义的反战情绪)的德国,除了迅速增加大发战争财的新兴百万富翁以外,找不到更为常用的办法来维持局面。这些新兴的百万富翁拼命地、疯狂地大发横财。

目前在一切帝国主义国家中,群众的饥荒成了发展最疯狂的投机活动的最好条件,成了靠贫困和饥荒大发横财的最好条件。

帝国主义国家都鼓励这样做,例如在德国,饥荒是组织得最好的。怪不得有人说,德国是有组织的饥荒的中心,那里口粮和面包皮在居民中间分配得最好。我们看到,在帝国主义国家中,新兴的百万富翁的产生是很普通的现象，它们不可能用别的办法同饥荒斗争。它们让那些拥有大量粮食而又善于投机，善于把组织、配给制、调节和分配用来从事投机活动的人获得一倍、两倍以至三倍的暴利。不管谁有意或无意地把我们往这条路上推，我们是决不愿意走这条路的。我们说，我们现在和将来都要同曾经和我们一起反对战争、一起推翻资产阶级而现在又一起遭受当前这场危机的所有痛苦的阶级携手前进。我们必须把粮食垄断坚持到底，决不让资本主义的大大小小的投机活动合法化，而要同蓄意的奸商掠夺行为作斗争。

在这里，我们遇到比我们对付武装到牙齿的反人民的沙皇制度或武装到牙齿的俄国资产阶级的时候更大的困难和更危险的斗争。那时资产阶级口袋里装着秘密条约，参加分赃，认为让成千上万俄国工农在去年六月进攻中流血牺牲不是罪恶行为，而现在却认为劳动人民反对压迫者的这种唯一正义的和神圣的战争是罪恶行为。关于这个战争，我们在帝国主义大厮杀刚开始时就谈过了，现在，一切事变每走一步都必然使这个战争同饥荒连在一起。

我们知道，一开始沙皇专制政府就规定了固定的粮价，并且随即提高了这种粮价。当然得这样办啦！它始终忠于自己的同盟者——粮商、投机商和银行寡头，这些人在这上面赚了千百万卢布。

我们知道，立宪民主党妥协派同社会革命党人和孟什维克一起以及克伦斯基，曾经实行过粮食垄断，因为当时全欧洲都说，不实行垄断就无法维持下去，同是这位克伦斯基在1917年8月就规避了当时的民主法律。原来，制定民主法律和冠冕堂皇的制度，正是为了规避它们。而我们知道，同是这位克伦斯基在8月里怎样把粮价提高了一倍,当时各派社会主义者都反对这个措施,为这件事感到愤慨。当时没有一家报纸不为克伦斯基的这种行为感到愤慨,没有一家报纸不揭露这样一个事实,即共和国各部部长,孟什维克和社会革命党人的内阁,是在为投机商的勾当打掩护,把粮价提高一倍,就是向投机商让步,这不是别的,正是向投机商让步。这个过程我们都知道。

现在我们把欧洲各资本主义国家的粮食垄断和同饥荒作斗争的情况同我们的情况作一番比较。我们看到,现在反革命分子怎样在利用这一点。我们必须从这个教训中得出坚定不移的结论。的确,事变进程的结果是,发展到令人难以忍受的饥荒地步的这场危机只是更加加剧了内战,暴露了右派社会革命党人和孟什维克这些政党的面目,这些政党和公开的资产阶级政党立宪民主党的不同,无非是立宪民主党是露骨的黑帮分子的党罢了。立宪民主党人没有什么话可说,也不需要对人民说什么,他们无需掩饰自己的目的,而这些政党,这些曾经同克伦斯基妥协、同他分掌过政权和合伙签订过秘密条约的政党,却需要向人民说话。(鼓掌)因此,他们时常不得不违背他们的愿望和意图而暴露自己的面目。

我们看到,由于饥荒,一方面,受饥荒折磨的人们举行暴动和骚乱,另一方面,在俄国各个角落里此起彼落地发生一连串的反革命暴动,这些暴动显然是得到英法帝国主义者的资助和右派社会革命党人与孟什维克的全力支持的(鼓掌),因此我们说,情况清清楚楚,谁还要梦想什么统一战线,那就让他去梦想吧。

现在我们看得特别清楚,当俄国的资产阶级在公开的军事冲突中失败以后,也就是从1917年10月到1918年2月和3月间,革命势力同反革命势力的一切公开搏斗都向反革命分子,甚至向他们寄予最大希望的顿河哥萨克首领们表明,他们的事业已经完蛋了,因为大多数人民到处都在反对他们。反革命势力的任何一个新的尝试,即使是在宗法制最盛行的地方,在那些像哥萨克那样最富裕、等级观念最深的农民居住的地方,到处都毫无例外地引起了愈来愈多的被压迫劳动者阶层的实际的(不是口头上的)反对。

从去年10月到今年3月这一时期的内战的教训表明,俄国各个角落大多数的工人阶级劳动群众和靠自己劳动生活、不剥削他人劳动的农民,普遍地都是拥护苏维埃政权的。但是,谁如果以为我们已经走上了比较正常发展的道路,那他就应该认识到是想错了。

资产阶级看到自己是失败了……①　但是俄国的小资产阶级开始分裂:一部分倾向于德国,另一部分倾向于英法。然而,两部分人又有一致的地方,他们在利用饥荒这一点上联合了起来。

同志们,为了让你们明白,不是我们党而是我们党的敌人和苏维埃政权的敌人正在调解亲德派和亲英法派之间的争执,把他们统一在一个纲领上,即利用饥荒推翻苏维埃政权,为了让你们明白这是怎么回事,让我扼要地引证一下最近一次孟什维克会议**161**的报道。这个报道登载在《生活报》**162**上。(喧嚷,鼓掌)

从登在《生活报》第26号上的这个报道中,我们可以看出,经济政策问题的报告人切列万宁批评了苏维埃政权的政策,提出了一个妥协的解决方案,即吸取商业资本的代表从事实际工作,让他们根据特别有利于他们的条件充当代办。我们从这个报道中知道,出席会议的北方粮食管理局局长格罗曼,如报道中所说的,根

---

　　①　删节处原记录不清楚。——俄文版编者注

据自己多次的观察和每次观察的经验(我要补充一句,这只是资产阶级圈子里的观察)得出了这样的结论,他说:"应该采取两种办法:第一,目前的价格必须提高;第二,必须规定一种特别奖励,奖励迅速把粮食送到的人"等等。(有人喊道:"这有什么不好呢?")是啊,是应该听一听这有什么不好,虽然那个人没有得到发言权就在角落里发言(鼓掌),他企图使你们相信这没有什么不好,但是他大概忘记了孟什维克代表会议的整个过程。就是这一号《生活报》又说,在格罗曼发言以后,科洛科尔尼科夫代表发表了这样的论点:"有人建议我们参加布尔什维克的粮食组织。"请看,这就说明了有什么不好——听了前面那个人的插话,就该这么说。如果刚才那个发言人不愿意平静下去,没有得到允许而硬要发言,叫喊这是撒谎,说科洛科尔尼科夫从来没有说过这句话,那我就要把这一点记录在案。请你把这些反驳的话清清楚楚地、大声地再说一遍。请你们回想一下那位有点名气的马尔托夫在代表会议上提出的决议案,这个决议案谈到苏维埃政权问题时虽然所用的词句和说法不同,但是内容完全一样。(喧嚷,叫喊)是的,不管你们怎样嘲笑,但这是事实,——根据粮食工作的报告,孟什维克的代表说苏维埃政权不是无产阶级的组织,而是一个没有用的组织。

目前,当反革命暴动由于饥荒而爆发并且正在利用饥荒的时候,任何反驳和任何诡计都无济于事,而事实总是事实。我们看到,上述问题上的政策被切列万宁、格罗曼和科洛科尔尼科夫出色地加以发挥。我们看到,内战愈来愈激烈,反革命势力正在抬头,而我相信百分之九十九的俄国工农已经从这些事件中得出了自己的结论(这一点还不是所有的人都知道),他们正在和将要得出自己的结论,这个结论就是:只有对反革命给以迎头痛击,只有在饥荒问题上继续执行社会主义的政策,我们才能在同饥荒的斗争中战胜饥荒,也战胜利用这一饥荒的反革命分子。

同志们,我们现在正进入这样一个时期:苏维埃政权同难以对付的强大的反革命敌人作了长期艰苦的斗争,在公开搏斗的过程中取得了胜利,战胜了剥削者的军事反抗和一切怠工者的反抗,现在已经直接地着手进行组织工作了。同饥荒作斗争的任务是十分困难和艰巨的,这也正说明我们已经在直接解决组织任务了。

起义取得胜利是十分容易的。战胜顽抗的反革命势力比胜利地完成组织任务要容易百万倍,尤其是因为我们已经解决的任务是起义的无产阶级和小私有者、广大的小资产阶级阶层在很大程度上可以共同解决的任务,因为在这一任务中还包含许多一般民主主义的、一般劳动的成分。现在我们已经从这个任务转到了另一个任务。难以忍受的饥荒迫使我们去担负纯粹共产主义的任务。在这里,我们直接遇到了实现革命社会主义的任务,在这里,我们面临着非常大的困难。

我们并不害怕这些困难,我们过去就知道这些困难,我们从来没有说过从资本主义过渡到社会主义会是轻而易举的。这是包含着极其残酷的内战的整整一个时代,在其他国家的无产阶级赶来和一个国家里已经起义的无产阶级部队共同纠正错误之前,还得采取某些痛苦的步骤。在这里,摆在我们面前的是组织任务,这个任务关系到大众普遍需要的消费品,关系到投机活动的最深刻的根子,关系到资产阶级上层分子和资本主义剥削的上层分子,而这些人不是仅仅靠一次大的冲击就能轻易除掉的。在这里我们遇到的是小规模的、盘根错节地遍布于各地的资产阶级剥削,即小私有者,小私有者和小业主的整个生活方式、习惯和情绪。在这里我们遇到的是小投机商,他们不习惯、不相信新的生活制度,悲观失望。

事实就是这样:有很多劳动群众感到革命使我们遇到的困难太大而陷于悲观失望。我们不怕这个。在任何地方,在任何一次革命中,总是会有一些人悲观失望的。

如果群众中出现一支有纪律的先锋队,如果这支先锋队知道这个专政、这个强有力的政权会把全体贫苦农民吸引过来,——这是一个长期的过程,一场艰巨的斗争,——这就是真正的社会主义革命的开始。当我们看到,联合起来的工人和贫苦农民群众在反对财主和投机商,反对那帮听信许多知识分子像切列万宁们和格罗曼们那样自觉或不自觉地鼓吹投机商的口号的人的时候,当这些被弄糊涂了的工人也来谈论自由出卖粮食、进口载重车辆的时候,我们就回答说,这是在帮富农的忙。我们决不走这条路。我们说:我们要依靠那些同我们一起取得十月革命胜利的劳动者,我们只有同自己的阶级在一起,只有在各阶层的劳动人民中建立起无产阶级的纪律,才能完成摆在我们面前的历史任务。

我们需要克服巨大的困难,我们必须收集所有的余粮和存粮,合理地进行分配,合理地把它运给千千万万的人,使工作进行得像钟表那样绝对准确,战胜被那些散布惊慌情绪的投机商和动摇分子所利用和加深的经济破坏现象。这项组织任务,只有敢于正视实际困难的觉悟工人才能完成。为了完成这项任务,值得拿出全部力量,进行一次最后的斗争。我们一定会在这场战斗中取得胜利。(鼓掌)

同志们,最近颁布的关于苏维埃政权的措施的法令[163]向我们表明,无产阶级专政的道路对于每一个不是徒有其名的社会主义者来说,明显地、无可争辩地是一条需要经受严峻考验的道路。

最近颁布的法令提出了一个最根本的生活问题，这就是粮食问题。这些法令贯穿着三个主导思想，首先是集中的思想，或者说把大家联合起来，在中央的领导下进行共同的工作；严肃认真，克服任何灰心丧气的情绪，不要任何粮贩的效劳，团结无产阶级的一切力量，因为在同饥荒作斗争的问题上，我们所依靠的正是那些被压迫的阶级，而且认为只有在他们顽强地反对剥削者，只有把他们的全部活动联合起来，才有出路。

的确，人们向我们指出，粮食垄断处处遭到私贩粮食和投机活动的破坏。经常可以听到知识分子说，粮贩在为他们效劳，粮贩在养活他们。的确是这样，不过粮贩是按富农的方式养活他们，粮贩这样做，正是为了建立、巩固和永远保持富农的权力，使掌握权力的人可以用自己的利润通过个别人物来扩大对周围人的权力。我们可以肯定地说，如果把那些目前主要的过错只是抱怀疑态度的人的力量联合起来，斗争就会容易得多。如果什么地方有那么一个革命者，指望一帆风顺地过渡到社会主义制度，那我们可以说，这样的革命者，这样的社会主义者是分文不值的。

我们知道，从资本主义向社会主义过渡是一场极其艰苦的斗争。但是我们准备忍受几千个困难，准备作几千次尝试，而且，我们在作了一千次尝试以后，准备去作一千零一次尝试。现在我们正在引导一切苏维埃组织创造新的生活，发动新的力量。我们指望用吸引新的阶层和组织贫苦农民的办法来战胜新的困难。现在我来谈一谈第二个基本任务。

我已经说过，我们的第一个思想，就是贯穿在所有法令中的关于集中的思想。只有把全部粮食集中在公共的粮袋里，我们才能战胜饥荒，但是无论怎样，粮食还只是刚刚够吃。过去那种粮食充裕的情况在俄国已不复存在，必须使共产主义深入每个人的意识，使大家把余粮看做人民的财产，并且充分意识到劳动者的利益。要做到这一点，就必须采取苏维埃政权提出的办法。

如果有人向我们提出另外的办法，那我们就用曾经在全俄中央执行委员会会议①上回答过的话来回答他们：你们到斯科罗帕茨基那里去吧，到资产阶级那里去吧，你们去教他们采取像提高粮价、同富农结成联盟等等的办法吧，你们在那里可以找到愿意听你们的话的人。苏维埃政权只讲一点，困难多得很，需要不断加强组织和纪律来对付每一个困难。这些困难不是一个月之内就能克服的。在各民族的历史上常有这样的例子，人们花几十年的时间去克服较小的困难，但是这几十年作为最伟大最有成绩的年代而载入了史册。你们永远也别想利用伟大革命头半年和第一年遭到的挫折来向我们散布灰心丧气的情绪。我们还要提我们的老口号：在全国范围内实行集中、联合、无产阶级纪律。

如果有人向我们指出，如格罗曼在自己的报告中说的那样："你们的征粮队酗酒，自己变成了酿私酒者，变成了掠夺者"，那我就要说：我们知道得很清楚，常常有这种事情发生，对于这些我们决不掩盖，决不粉饰，也决不用似乎是左的词句和想法来加以回避。是的，在工人阶级和资产阶级旧社会之间并没有一道万里长城。革命爆发的时候，情形并不像一个人死的时候那样，只要把尸体抬出去就完事了。旧社会灭亡的时候，它的尸体是不能装进棺材、埋入坟墓的。它在我们中间腐烂发臭并且毒害我们。

世界上没有一次伟大的革命不是这样的，而且也不能不是这

---

① 见本卷第306—322页。——编者注

样的。我们在腐烂的尸体散发着臭气的环境中为了保护和培植新事物的幼苗而必须反对的东西，那种文坛和政治环境，那种从立宪民主党到孟什维克的浑身是腐烂的尸体散发出来的臭气的政党的煽动，——所有这一切都被他们拿来作为阻挡我们前进的绊脚石。社会主义革命也决不可能通过别的方式发生，任何一个国家从资本主义过渡到社会主义，都不可能离开这种腐朽的资本主义和同它进行痛苦斗争的环境。因此我们说，我们的第一个口号是集中，我们的第二个口号是把工人联合起来。工人们，联合起来！联合起来！这是一个老口号了，这个口号听来并不动人，也不新鲜，这也不是那种许诺会取得骗人的成就的口号，有些人，像克伦斯基，就是用这种骗人的成就来诱惑你们，他在1917年8月把粮价提高了一倍，正如德国资产者把粮价提高了一倍、十倍一样，这些人许诺立刻取得成就，实际上却一再地纵容富农。我们当然不会走这条路，我们说，我们的第二个办法虽然是个老办法，却是一个永久的办法：联合起来！（鼓掌）

　　我们的处境是困难的。苏维埃共和国正经历着一个艰难的过渡阶段。会有愈来愈多的工人阶层来援助我们。我们没有警察，我们也不会有特殊的军阀，我们除了工人的自觉的联合以外，没有别的机构。这些工人会使俄国摆脱绝望的、万分困难的处境。（鼓掌）我们要把工人联合起来，把工人的队伍组织起来，把遭受饥荒的非农业县的挨饿的人们组织起来，我们号召他们帮助我们，我们的粮食人民委员部向他们呼吁，我们对他们说：为了获得粮食，为了反对投机商，反对富农，恢复秩序，进行一次十字军讨伐吧。

　　过去的十字军讨伐，除了物质力量以外，还要加上一种信念：相信几百年以前曾经用刑罚迫使人们奉为神圣的东西。而我们希望,我们认为,我们深信,我们知道,十月革命已经使先进工人和贫苦农民中的先进农民把保持自己对地主和资本家的统治权力看做神圣的东西。(鼓掌)他们知道,单纯用物质力量去影响人民群众是不够的。我们需要物质力量,是因为我们要建立专政,要建立用来对付一切剥削者的暴力,谁不懂得这一点,我们就鄙弃谁,免得白费口舌来空谈社会主义的形式。(鼓掌)

但是我们说:我们面临着新的历史任务。我们应该让这个新的历史阶级懂得,我们需要工人鼓动队。我们需要来自非产粮省份的各县的工人。我们需要他们作为苏维埃政权的自觉的宣传者到农村去;需要他们去阐明我们所进行的粮食战争、反对富农的战争、反对混乱现象的战争是神圣的、合法的,从而为进行社会主义宣传创造条件;需要他们向农村说明贫富之间的差别,这种差别是每个农民都可以了解的,是我们力量的最深刻的源泉。要使这个源泉成为汹涌迸发的洪流还是困难的,因为我们这里还有许多剥削者,他们正在用各种各样的办法使群众服从他们,例如收买贫苦农民,使他们靠酿私酒或倒卖私酒来发财致富,用一个卢布的本钱赚几个卢布的利润。这就是富农和农村资产阶级用来影响群众的办法。

在这一点上,我们不能责备贫苦农民,因为我们知道,他们几十年来、几千年来一直受人奴役,他们经受了农奴制和农奴制废除后在俄国依然存在的各种制度的压迫。我们不仅要给他们武器去反对富农,而且要让觉悟的工人向他们宣传,把工人的组织力量带到那里去。贫苦农民,联合起来,这是我们的第三个口号。这不是讨好富农,也不是提高粮价的荒谬措施。如果我们把粮价提高一倍,富农就会说:给我们提高粮价了,他们在挨饿了,再等一等,他

们还会提高的。(鼓掌)

这是一条迎合富农和投机商的好路子,走这条道路并且描绘一幅诱人的图画是容易的。自称为社会主义者的知识分子很愿意给我们涂绘出这样的图画,这样的知识分子真是太多了。可我们对他们说:谁愿意跟着苏维埃政权走,谁尊重苏维埃政权并且把它当做劳动者的政权,当做被剥削阶级的政权,那我们就号召他们走另一条道路。这个新的历史任务是一个困难的任务。要解决这个任务,就得发动新的阶层,向被剥削劳动者提出新的组织形式,因为他们大多数备受压制,愚昧无知,几乎没有联合起来,还有待联合起来。

在全世界,城市工人和产业工人的先进队伍都联合起来了,全部联合起来了。但是,世界上几乎还没有一个地方试图系统地、不顾一切地、自我牺牲地把那些住在农村、从事小农业生产、身居穷乡僻壤并且由于生活条件的限制而变得愚昧无知的人们联合起来。在这里,我们面临的任务不仅把战胜饥荒的斗争,而且把整个争取深刻而重要的社会主义制度的斗争融合为一个共同的目标。这里我们面临的争取社会主义的战斗,值得我们全力以赴,不惜一切,因为这是争取社会主义的战斗(鼓掌),因为这是争取建立被剥削劳动者的制度的战斗。

我们要把劳动农民看做自己在这条道路上的拥护者。在这条道路上,等待着我们的是巩固的胜利,不仅是巩固的胜利,而且是不可摧毁的胜利。这就是我们的第三个有重大意义的口号!

三个基本口号就是:集中粮食工作,联合无产阶级,组织贫苦农民。我们的呼吁书,我们粮食人民委员部在向每个工会、每个工厂委员会发出的呼吁书说:同志们,你们的境况很困难,那就来帮助我们吧,让我们共同努力吧,让我们惩治任何破坏秩序和违反粮食垄断的行为吧。这是一项困难的任务,但只要一次又一次地,一百次一千次地反对私贩粮食、投机活动和富农,我们就一定会胜利,因为实际生活的整个进程和我们在粮食工作中的失败和考验的一切沉痛教训正在使大多数工人走上这条道路。他们知道,如果在俄国还没有十分缺粮的时候,粮食组织的缺点就通过单独的个别的行动得到改正,那么后来就不会发生这种情况。现在只有共同努力,只有把遭受饥荒的城市和省份中受痛苦最深的人们都联合起来,才能帮助我们,这就是苏维埃政权号召你们走的道路:把工人,把他们的先进部队联合起来,在各地进行宣传鼓动,为夺取粮食而对富农进行斗争。

根据谨慎的专家们的计算,离莫斯科不远,在附近的库尔斯克省、奥廖尔省和坦波夫省现在还有 1 000 万普特余粮。我们还远没有能够把这些余粮收集起来作为国家的储备。

让我们努力进行这项工作吧。在某些工厂里,悲观失望的情绪暂时占了上风,人们由于饥荒的折磨而不知所措,准备接受那些要退回去实行克伦斯基的办法提高固定价格的人的骗人口号,让有觉悟的工人去到每一个这样的工厂里,让他去说:我们看到有人对苏维埃政权失望了,——来吧,参加我们战斗的鼓动队吧,不要因为这些鼓动队发生过许多腐化和酗酒的事情而惶惑不安。这些事情不是证明工人阶级不中用,而是证明工人阶级暂时还没有去掉旧的掠夺社会带给他们的缺点,证明这些缺点不是一下子就能够去掉的。让我们把我们的力量联合起来,组织几十个鼓动队,把它们的活动联合起来,坚决克服这些缺点。同志们,请允许我在报告结束的时候给你们讲一下人民委员会特别是我们粮食人民委员

部接到的几份电报。(读电报)

同志们,由于粮食危机,由于遍及所有城市的饥荒的折磨,我们看到这样的情况,用一句俗语来说,就是"好事不出门,恶事传千里"。我想宣读一下苏维埃政权机关在5月13日颁布粮食专卖法令以后收到的一些电报(在粮食专卖法令中讲到,我们同过去一样,只能依靠无产阶级)。电报指出,各地已经走上我们所号召的进行反对富农的十字军讨伐的道路,走上了组织贫苦农民的道路。我们接到的电报就证明了这一点。

让那些号召要消灭和摧毁苏维埃政权的人们去大嚷大叫吧,让他们从切列万宁—格罗曼的钟楼上散布惊慌情绪吧!埋头工作的人根本不会因为有人散布这种惊慌情绪而感到不安,因为他们将研究事实,他们会看到,工作正在进行,新的队伍正在联合起来,这样的队伍现在已经有了。

反对富农的新的斗争形式,贫苦农民结成联盟的形式,正在形成。贫苦农民需要帮助,需要联合起来。有人建议我们对运粮的人给以奖励,我们应该加以支持。我们同意给贫苦农民以这种奖励,我们已经这样做了。但是对富农,对那些使千百万人受饥荒折磨的罪人,我们要使用暴力。对贫苦农民我们要给以各种奖励,他们有权得到这些奖励。贫苦农民第一次获得过好日子的机会,我们看到,他们的日子比工人还苦。对这些贫苦农民我们要给以鼓励,我们要给以各种奖励,如果他们帮助我们收集粮食,从富农那里取得粮食,我们就帮助他们,为了使这一点在俄国成为现实,我们要不惜采取一切办法。

我们已经开始这样做。觉悟工人的每一点经验,以及新的鼓动队,都会使它不断得到发展。

　　同志们,工作已经开始,工作正在进行。我们并不期待会有惊人的辉煌成就,但成就一定会有。我们知道,现在我们正在进入一个新的破坏时期,进入一个最艰苦最困难的革命时期。反革命势力正在抬头,我们队伍中动摇的和悲观失望的人正在不断增加,这丝毫不使我们惊奇。我们说:你们别再动摇了,抛弃你们悲观失望的情绪吧,资产阶级正想利用这种情绪,因为散布惊慌情绪对他们有利,着手进行工作吧,我们颁布了粮食法令,制定了依靠贫苦农民的计划,站在唯一正确的道路上。在新的历史任务面前,我们号召你们奋起,再奋起。这是一项极其困难的任务,但是我再重复一遍,这也是一项非常能收效的任务。这里我们正在为打下共产主义分配的基础,为真正奠定共产主义社会的牢固基石而奋斗。大家一起来干吧。我们一定会战胜饥荒,一定会赢得社会主义的胜利。(热烈鼓掌,转为欢呼)

2

关于同饥荒作斗争的报告的总结发言

同志们，各派的发言，在我看来正如预料的一样。

虽然布尔什维克同某些党派和集团之间有分歧，但是我们深信，群众同饥荒斗争的高涨情绪不仅会使布尔什维克组织团结起来，而且会使大家都团结起来。同时我们也毫不怀疑，同饥荒的斗争愈深入，隐藏在捷克斯洛伐克匪帮和其他匪帮背后的反革命势力暴露得愈彻底，拥护布尔什维克的工农劳动群众同我们与之论战的形形色色的敌人的界线就会划得愈清楚。这些敌人仍然搬出陈旧的、过时的关于布列斯特和约和内战的论据，好像签订布列斯特和约之后的三个月以来，各种事件并没有令人信服地证实人们说的：只有共产党人的策略才能给人民和平，才能使人民腾出手来去从事组织和团结的工作，去准备在另一种环境下进行的新的、伟大的战争。各种事件充分表明，当时还不能前来援助的欧洲无产阶级，每个月——现在可以毫不夸大地说，每个月都在前进，起义总有一天会被充分地认识到，并将成为不可避免。各种事件充分地表明，当时只有一种选择，就是签订强制性的、掠夺性的和约。

任何一个有头脑的人都感觉到，右派社会革命党人在苏维埃第四次代表大会上提出了一项反革命的决议案[164]；任何一个有头脑的人应该感觉到孟什维克提出的决议案也是一样的货色，他们直到现在还在叫嚣打倒布列斯特和约,并且装出一副样子,好像真的不知道,他们这样做正是想利用捷克斯洛伐克叛乱者[165]和雇佣走狗把我们拖入对德国资产阶级的战争。

有人说共产党人应该对饥荒负责,这种责备根本不值一谈。在十月革命期间也有过同样的情况。只要不是神经失常的社会主义者或无政府主义者(不管你们怎样称呼他都可以),都不敢在任何会议上说可以不通过内战而达到社会主义。

你们可以看一看所有比较负责任的社会主义政党、派别和集团的全部文献。你们在任何一个负责任的和严肃的社会主义者那里都不会找到这样的谬论,说什么不经过内战社会主义也可以到来,地主和资本家会自动放弃自己的特权。这是一种近乎愚蠢的天真想法。现在,在资产阶级和它的拥护者遭到一系列失败以后,我们可以听到这样一些自供,例如,像拥有顿河地区这样一个最好的俄国反革命基地的鲍加耶夫斯基也供认,大多数人民是反对他们的,因此,如果没有外国人的刺刀,资产阶级的任何阴谋活动都帮不了他们的忙。可是,有人在这里借内战攻击布尔什维克。这就意味着他们已经转到反革命的资产阶级方面去了,尽管他们用种种口号来掩饰自己。

无论在革命以前,还是在今天,我们都指出:当国际资本把战争提到了历史日程上的时候,当千百万人在死亡的时候,战争改变了风气,使人们习惯于用武力解决问题的时候,在这种时候,以为不把这个战争变为内战就可以摆脱它,那就太奇怪了。在奥地利、意大利和德国正在酝酿的事件表明,内战在这些国家将会进行得更加剧烈,更加尖锐。要达到社会主义,没有别的道路可走。谁进行反对社会主义的战争,谁就是完全背弃社会主义。

关于粮食措施,有人说我没有详细地谈。但是这完全不是我的任务。关于粮食问题的报告已经由我的同志们作了[166],他们专门研究过这个问题,研究了不是几个月,而是不止一年了,他们不仅在彼得格勒和莫斯科的办公室里研究,而且到地方上去进行实地的研究,研究如何收集粮食,如何建立收粮站等等问题。这些报告已经在全俄中央执行委员会和莫斯科苏维埃里作过了,那里有关于这个问题的材料。至于提出切实的批评和实际的指示,那也不是我的任务。我的任务是在原则上说明我们当前的任务,在这里我也没有听到有原则性的比较值得注意的批评或合理的意见。同志们,在讲话结束的时候我要说,按我的想法,我确信,这也会是绝大多数人的想法,因为我们这次会议的任务并不在于通过一定的决议,当然,通过决议也是重要的,因为这将表明无产阶级能够把自己的力量团结起来,但是这还不够,还远远不够,我们现在应该解决实际问题。

我们知道,特别是工人同志们知道,在实际生活中每走一步,在每个工厂里,在每次会议上,在街头偶然聚集的人群中,总是提出而且愈来愈尖锐地提出饥荒问题。因此我们的主要任务应该是使这次会议,我们同全俄中央执行委员会、莫斯科苏维埃以及工会的代表们一起举行的这次会议,也成为我们整个实际工作转变的起点。所有其他工作都应该完全服从于做好我们的宣传、鼓动和组织工作,把同饥荒作斗争的问题完全提到首要地位,并且把这个问题与无产阶级同富农和投机商进行无情的坚决斗争的问题完全结合起来。

我们的粮食人民委员部已经向工厂委员会、工会和我们在其中直接进行活动的那些大的无产阶级中心区,向那些把莫斯科工人和各个大工业区的千百万有组织的工厂工人紧密地联系在一起的无数环节发出呼吁。

我们应该更多地利用这些环节。

情况是危急的。饥荒不仅威胁着我们,而且已经来到了。应该使每个工人、每个党的工作者了解,他的任务就是要立即切实地改变自己工作的基本方向。

让我们都到工厂里去,到群众中去,应该立即实际地着手工作!工作会给我们提供许多实际的指示,提出更多的办法,同时在工作中会涌现出新的力量。有了这些新的力量,我们就能够广泛地开展工作,我们坚信,比以往要困难得多的三个月,一定会使我们的力量受到锻炼,使我们完全战胜饥荒并有助于实现苏维埃政权的一切计划。(热烈鼓掌)

3

关于同饥荒作斗争的报告的决议草案

联席会议提请全体工人和劳动农民注意：全国许多地方遭受饥荒，要求我们采取最坚决最果断的措施同这种灾难作斗争。

苏维埃政权的敌人地主、资本家、富农以及他们的无数走卒试图像在乌克兰那样利用灾难制造暴乱，加剧经济破坏和混乱，推翻苏维埃政权，恢复奴役劳动人民的旧制度，恢复地主和资本家的政权。

只有竭力动员工人阶级和劳动农民的一切力量，才能使国家摆脱饥荒，才能保障革命果实不受剥削阶级的侵犯。

联席会议认为，苏维埃政权在同饥荒作斗争中所采取的果断政策无疑是唯一正确的政策。

只有在生活的各个领域中，特别是在铁路运输和水路运输方面建立钢铁般的革命秩序，只有建立工人的铁的纪律，只有工人以自我牺牲精神帮助鼓动队和军队去反对资产阶级，反对富农，只有贫苦农民独立地组织起来，才能拯救国家和革命。

联席会议坚决号召全体工农同心协力地联合起来，克服经济破坏、混乱和各自为政的现象。

载于1920年《第四届全俄中央执行　　　　译自《列宁全集》俄文第5版
委员会会议记录。速记记录》一书　　　　第36卷第393—419页

在全俄国际主义者教师
第一次代表大会上的讲话[167]

（1918 年 6 月 5 日）

简 要 记 录

（代表大会以热烈的欢呼欢迎列宁同志）列宁代表人民委员会向代表大会表示祝贺，并且说，过去教师在下决心和苏维埃政权合作方面做得很慢，现在大家愈来愈相信这种合作是必要的了。这种从反对苏维埃政权到拥护苏维埃政权的转变，在其他社会阶层也是屡见不鲜的。

教师大军应该向自己提出巨大的教育任务，而且首先应该成为社会主义教育的主力军。应该使生活和知识摆脱对资本的从属，摆脱资产阶级的枷锁。不能把自己限制在狭窄的教师活动的圈子里，教师应该和一切战斗着的劳动群众打成一片。新教育学的任务是要把教师活动同建立社会主义社会的任务联系起来。

应该说，旧俄国的大部分知识分子是直接反对苏维埃政权的，毫无疑问，要克服这种情况所造成的困难是不容易的。在广大的教师群众中发生变化的过程刚刚开始，真正的人民教师不应该局限在全俄教师联合会的圈子里，而应该充满信心地到群众中去进行宣传。这条道路会引导无产阶级和教师为社会主义的胜利去共

同进行斗争。(列宁在全场长时间的热烈掌声中离开会场)

载于 1918 年《全俄国际主义者教师　　　　译自《列宁全集》俄文第 5 版
联合会文集》第 1 期　　　　　　　　　　第 36 卷第 420—421 页

人民委员会关于
图书馆工作的决定草案¹⁶⁸

（1918 年 6 月 7 日）

人民委员会提醒国民教育人民委员部注意：它对正确安排俄国图书馆工作是关心不够的，并责成它立即采取最有力的措施，以便第一，对俄国的图书馆工作进行集中管理，第二，实行瑞士和美国的制度¹⁶⁹。

要求国民教育人民委员部每月两次向人民委员会报告它在这方面做了哪些实际工作。

载于 1933 年《列宁文集》俄文版
第 21 卷

译自《列宁全集》俄文第 5 版
第 36 卷第 422 页

对关于组织贫苦农民和对贫苦农民的供应的法令草案的意见[170]

（1918 年 6 月 8 日）

为了对贫苦农民委员会的建立、组成和活动进行总的领导，特成立一个常设会议，由粮食人民委员部代表二人和农业人民委员部代表一人组成。

所有地方工人、农民和红军代表苏维埃、粮食机关、贫苦农民委员会以及所有其他苏维埃政权机关都应服从该会议在相应问题上的指示。

凡不拥有余粮或其他食品，不拥有商业、工业等企业，不使用长工和短工雇佣劳动的农村居民，无论是当地的还是外来的，都可以不受任何限制地……[171]

关于贫苦农民委员会与地方工人、农民和红军代表苏维埃的关系及关于二者主管事务的分工的详细规定将另行发布。

载于 1931 年《列宁文集》俄文版第 18 卷

译自《列宁全集》俄文第 5 版第 54 卷第 398 页

对人民委员会关于
国家建筑工程委员会组成人员的
决定草案的意见[172]

(1918 年 6 月 10 日)

人民委员会责成李可夫同志,或最高国民经济委员会主席团,公布我们在吸收工程师参加专家委员会工作和担任行政职务方面的政策的基本原则、所宣布的条件、工人组织的评论等等。

载于 1933 年《列宁文集》俄文版 第 21 卷

译自《列宁全集》俄文第 5 版 第 54 卷第 399 页

人民委员会关于
整顿铁路运输的决定草案[173]

（1918 年 6 月 14 日）

人民委员会就整顿铁路运输问题交换意见后决定：责成涅夫斯基同志在同严格执行苏维埃的、真正社会主义的而不是工团主义的政策的同事商议之后，在最近期间就下列事项向人民委员会提出切实可行的建议：同工团主义和自由散漫作斗争，采取措施揭发和追究苏维埃政策的破坏者，采取措施建立明确的责任制，使每个公职人员切实有效地履行自己的职责，采取措施吸收有管理工作才能的同志参加管理工作。

鉴于法令[174]尚未公布，暂缓任命交通人民委员部部务委员会。

载于 1933 年《列宁文集》俄文版
第 21 卷

译自《列宁全集》俄文第 5 版
第 36 卷第 423 页

人民委员会关于
给制革业总委员会
拨款的决定草案¹⁷⁵

(1918 年 6 月 15 日)

在人民委员会最后批准 3 700 万卢布的整个财政计划或全部预算之前,立即预支制革业总委员会 1 000 万卢布。

指定一个委员会立即研究这个计划和这项预算,委员会由

制革业总委员会

粮食人民委员部

财政人民委员部

监察人民委员部代表组成。

由制革业总委员会管理委员会主席图尔克斯坦诺夫同志负责召集,要求委员会在 5 天期限内完成工作任务。

载于 1933 年《列宁文集》俄文版
第 21 卷

译自《列宁全集》俄文第 5 版
第 54 卷第 400 页

人民委员会关于
给中央纺织工业委员会
贷款的决定草案[176]

(1918 年 6 月 15 日)

(1)给中央纺织工业委员会亚麻处贷款 5 000 万卢布。

(2)责成粮食人民委员部和军事人民委员部在 3 天内提出关于它们欠中央纺织工业委员会的款项的准确材料。

(3)责成亚麻处在同一期限内向所有欠该处款项的人民委员部提出账单。账上款项在收到中央纺织工业委员会提出采购原料请求单时随时以现金支付。

(4)成立一个委员会紧急审查中央纺织工业委员会亚麻处的预算、资料及公文处理情况,并向人民委员会提出报告。

财政、国家监察、粮食等人民委员部各派 1 名代表参加这个委员会。责成兰德尔同志负责召集。限期 3 天完成,从 6 月 17 日星期一算起。

载于 1933 年《列宁文集》俄文版
第 21 卷

译自《列宁全集》俄文第 5 版
第 54 卷第 399 页

在莫斯科工人大会上
关于征粮队问题的讲话¹⁷⁷

（1918 年 6 月 20 日）

简 要 报 道

根据我在莫斯科工人住宅区的几次视察，我坚信所有的工人群众都已经意识到建立征粮队的必要了。只有印刷工人表示"怀疑"，因为他们依靠利用报纸的诽谤来毒害贫民的资产阶级，生活一般比其他工人优裕。广大的工人群众，在俄国革命的基本问题上，即在同饥荒作斗争的问题上，都表现出自觉的态度，因此我认为，社会主义俄国一定能顺利地克服一切暂时的挫折和旧制度所造成的经济破坏。即使我们不能迅速地歼灭捷克斯洛伐克军（这是不大可能的），沃罗涅日、奥廖尔和坦波夫各省的富农所隐藏的大批存粮也能让我们渡过新收获期之前困难的最后两个月。粮食问题是我国革命最棘手的问题。所有工人都应该懂得，争取粮食的斗争是他们自己的事情。

征粮队的任务只是帮助收集富农的余粮，而不是（像我们的敌人要先吓唬一下农村时说的那样）在农村里抢劫一切……　凡是出粮的，一定给予纺织品、纱线、日用品和农具。

应该设法不让那些总想浑水摸鱼的流氓和骗子混进派往农村的征粮队。宁可少派一些人，但一定要派合适的人。

　　是的，有时候不坚定的、意志薄弱的工人也钻进了征粮队，他们被富农用私酿的烧酒收买了。不过这一点已经引起了注意……对于参加征粮队的每个工人，必须确切地弄清楚他们过去的情况。必须向工厂委员会、工会和党支部了解，工人阶级委以如此重任的人究竟是什么样的人。

　　许多工厂的党员同志不愿吸收"非党员"参加征粮队。这是完全没有道理的。一个"非党员"，只要十分正直，没有什么不好的地方，他在饥饿者争取粮食的进军中可以成为非常可贵的同志。

　　像这样觉悟的队伍，人民委员会要给以最广泛的帮助，给钱，给纺织品，还要给武器。

　　要紧的是工人应该积极地、尽快地担负起跟自己有切身利害关系的事情——同饥荒作斗争！……

载于1918年6月21日《贫苦农民报》第69号

译自《列宁全集》俄文第5版第36卷第424—425页

在索科利尼基俱乐部
群众大会上的讲话

(1918年6月21日)

报　道

（热烈鼓掌）我们党决定今天在莫斯科尽量多召集一些群众大会，让工人阶级注意到苏维埃政权的处境，以及苏维埃政权要战胜现状必须作哪些努力。

你们知道，最近几个月来，甚至最近几星期来，反革命势力又抬头了。右派社会革命党人和孟什维克责难苏维埃政权，说它把俄国出卖给德帝国主义。

但是，我们清楚地看到，在高加索和乌克兰发生了和正在发生什么事情，高加索的孟什维克同土耳其帝国主义缔结了同盟，乌克兰的右派社会革命党人同德帝国主义缔结了同盟。同志们，不仅如此，在那里，他们把苏维埃政权的一切成果化为乌有，他们逮捕和枪杀工人，夺取工人的一切成果，扶植斯科罗帕茨基。他们的这一切所作所为，当然得不到工人阶级的同情。因此，目前反革命势力想趁俄国人民疲惫不堪、遭受饥荒的机会，作颠覆苏维埃政权的最后尝试。

现在他们抓住了捷克斯洛伐克人，应该说，捷克斯洛伐克人根本不反对苏维埃政权，反对苏维埃政权的不是捷克斯洛伐克人，而是他们的反革命军官。帝国主义想靠这些军官把俄国拖进正在继续进行的世界大厮杀。

值得注意的是，只要什么地方的政权一落到孟什维克和右派社会革命党人手里，马上就会发现，他们想赐给我们一位斯科罗帕茨基。但是，只要群众一懂得孟什维克和右派社会革命党人把他们引向何处，这些人就会被群众所抛弃。

他们被抛弃了。于是他们最后的希望是利用饥荒来进行投机，而当这种做法也不奏效时，他们就不惜采取暗杀手段。

你们都知道，为了自己的信念历尽千辛万苦的老工作人员沃洛达尔斯基同志被杀害了。当然，他们也许还能杀害几位苏维埃政权的积极活动家，但是，这只能使苏维埃政权在群众中更加巩固，只能推动我们更加牢固地保持我们的胜利果实。

目前使苏维埃共和国处境特别困难的两件事，就是饥荒和国际形势。

国际形势所以严重，是因为德、法、英帝国主义正在等待时机，准备再次向苏维埃共和国扑过来。我们党的任务是粉碎资本主义枷锁；这只有在发生国际革命的情况下才能实现。但是，同志们，你们应该认识到，革命是不能按订单制造的。我们认识到，在俄罗斯共和国出现的情况是俄国工人阶级第一个粉碎了资本和资产阶级的枷锁；我们也认识到，所以做到了这一点，并不是因为我国工人阶级更先进，更完美，而是因为我国最落后。

要最终推翻资本主义，至少要有几个国家联合进行这种冲击。我们知道，在一切国家中，尽管书报检查很严，我们还是看到，在一切会议上，一提到共产党和俄罗斯共和国就激起奔放的热情。（热烈鼓掌）

我们说，只要在那里，在西欧，世界大厮杀还在继续，我们就有保证。无论战争的结果如何，它必然会引起革命，这个革命将是，而且现在就是我们的同盟军。

列宁同志在说明了苏维埃俄国受国外敌人包围、受国内反革命势力攻击的严重情况之后，接着谈到饥荒问题。

我国的革命使得帝国主义阶级胆战心惊，它们清楚地认识到，它们的生存取决于它们的资本能否保得住，因此，我们应当继续同和我们一起取得了十月革命胜利的阶级携手前进。

在同饥荒作斗争中我们也和这个阶级在一起。

在目前一两个月这个最艰难的时期，我们应该集中精力，全力以赴。

过去在有些国家也有过这样的情况：国家政权转到了工人阶级手中，但是他们没有能够保住它。而我们却能做到这一点，因为我们有苏维埃政权，它把着手进行自己的事业的工人阶级联合起来。

不管我们的处境多么困难，不管右派社会革命党人和捷克斯洛伐克人制造什么阴谋，我们知道，甚至在首都周围各省就有粮食。而要得到这些粮食，必须保持和巩固工人阶级同贫苦农民的联盟。

红军战士征粮队怀着极好的愿望从首都出发，可是，一到了地方上，有时就经不住抢劫和酗酒的诱惑。这应该归咎于四年大厮杀，它使人们长时期地蹲在战壕里，使人变成了野兽，互相残杀。这种情况在各国都能见到。要经过若干年人们才会不再是野兽，才会恢复人的面目。

我们号召工人献出自己的力量。

　　我看到一则通讯,在坦波夫省乌斯曼县,征粮队从征收到的
6 000 普特粮食中拿出 3 000 普特给了贫苦农民,我说,即使有人
向我证明,到现在为止俄国还只有一个这样的征粮队,我还是要
说,苏维埃政权起了自己的作用。[178] 因为任何一个国家都没有这
样的征粮队!（热烈鼓掌）

　　资产阶级对自己的利益看得很清楚,并且尽一切可能来保障
自己的利益。他们意识到,如果农民经过多少世纪今年秋天第一
次得到自己的劳动果实,收获到自己的庄稼,并保证城市劳动者阶
级有粮食吃,那么资产阶级一切复辟的希望都将成为泡影,苏维埃
政权就会得到巩固。正因为如此,资产阶级现在张皇失措地到处
东奔西窜。

　　必须尽一切力量同农村的财主、投机商和城市资产阶级作
斗争。

　　我国革命最大的缺陷之一,就是我们工人的胆怯,他们直到现
在还相信,只有"上等人"……掠夺的本领属于上等的人,才能管理
国家。

　　但是,在每一个工厂里都有优秀的工作者。即便他们不是党
员,你们也应该把他们紧紧地团结起来,联合起来,而国家将尽一
切可能保证他们的困难的工作得到成功。（热烈鼓掌）

载于 1918 年 6 月 22、23 日《全俄　　　译自《列宁全集》俄文第 5 版
中央执行委员会消息报》第 127、128　　第 36 卷第 426—429 页
号和 1918 年 6 月 23 日《真理报》
第 126 号

关于组织征粮队¹⁷⁹

（1918 年 6 月 27 日）

鉴于粮食人民委员部的代表来不及出席代表大会,请将下列意见转告代表大会:拥护苏维埃政权的大会代表应该记住,第一,粮食垄断是与纺织品及其他最主要的消费品的垄断同时实行的,第二,要求废除粮食垄断是反革命阶层的一个政治步骤,他们力图破坏由革命无产阶级垄断价格调整的制度,而这个制度是从资本主义商品交换逐渐过渡到社会主义产品交换的最重要的手段之一。应该向代表大会说明,对于战胜饥荒来说,废除垄断不仅无益而且有害,乌克兰就是一个例子,斯科罗帕茨基在那里废除了粮食垄断,结果没有几天粮食投机活动就达到空前未有的规模,以致现在乌克兰无产阶级比实行垄断时更加挨饿。

应该指出,人民委员会强征富农粮食并把它分给城乡贫民的决定,是增加口粮的唯一正确的手段。为此,需要使贫民迅速而坚决地加入粮食人民委员部正在建立的征粮大军。

应当建议代表大会立即着手向工人进行鼓动工作,要他们报名参加奔萨苏维埃的征粮军,并规定如下:(1)每个工厂每 25 人出1 人;(2)由工厂委员会办理报名参加征粮军的手续,并编造应征人员的名册两份,一份呈报粮食人民委员部,一份自己保存;(3)编制名册时,应由工厂委员会,或工会组织,或苏维埃机关,或苏维埃机构的负责人提出保证,保证每个候选人忠诚老实,能遵守革命纪律。对征粮军人员的挑选必须审慎,使得今后在这些下乡去拯救千百万劳动群众免于饥饿而同一小撮富农强盗作斗争的人身上没有一点污点。

工人同志们,只有在这种情况下,大家才会了解,向富农征粮不是掠夺,而是对正在为社会主义奋斗的工农群众应尽的革命义务!

(4)每个工厂的应征人员推选出自己的代表,由这个代表完成一切组织步骤,以便人民委员部正式接受该厂提出的候选人为征粮军的人员;(5)编入征粮军的人员自实际入队之日起,照领原薪,并得到食物和服装;(6)编入征粮军的人员必须保证无条件地执行粮食人民委员部在派征粮队赴各地时发出的指令,并服从各队的政治委员的领导。我相信,如果把坚定的、忠于十月革命的社会主义者派去领导征粮队,他们一定会组织起贫苦农民委员会[180],并同它们一道,甚至不需使用武力,就能夺得富农的粮食。

人民委员会主席　列　宁

1918 年 6 月 27 日

载于 1918 年 7 月《粮食人民委员部通报》杂志第 10—11 期合刊

译自《列宁全集》俄文第 5 版第 36 卷第 430—432 页

莫斯科市工会和工厂委员会第四次代表会议文献[181]

（1918年6月）

1

关于目前形势的报告

（6月27日）

（列宁同志出现时，会场响起热烈的经久不息的掌声）同志们！你们当然都知道，目前我们的国家遭到了最大的灾难——饥荒。在未谈如何同这一灾难（它正是在目前最为严重）作斗争的问题以前，我们首先要提出一个问题：引起这一灾难的基本原因是什么。在提出这个问题的时候，我们自己应该知道并且记住：现在不仅俄国，而且一切国家，甚至最发达、最先进、最文明的国家都遭受了这种灾难。

近几十年来，特别是目前革命时期，饥荒不止一次地袭击俄国这个农业国的许多地区。俄国的绝大多数农民由于沙皇、地主和资本家的压迫而遭受破产和摧残。这种灾难现在也遍及于西欧各国。由于西欧许多国家的农业已经高度发展，有些本国粮食不够消费的西欧国家又能得到大量进口粮食，所以，它们不仅几十年来,甚至几百年来已经忘记了什么是饥荒。可是现在,在 20 世纪,虽然欧洲各国的技术有更大的进步,有惊人的发明,在农业中广泛采用了机器、电力和新式内燃机,但是我们看到,在所有这些国家里,毫无例外地,人民也遭到了同样的灾难——饥荒。文明的发达的国家好像又回到了原始的野蛮状态,重新处于风气变得野蛮、人们像野兽似地争夺一片面包的境地。许多欧洲国家,而且是大多数欧洲国家,回到这种野蛮状态是由什么原因造成的呢?我们都知道,这是由帝国主义战争造成的,这场战争残害人类已达 4 年之久,使各国人民失去的年轻生命已超过 1 000 万,大大超过 1 000 万,这场战争是由利欲熏心的资本家引起的,进行这场战争是为了决定将来究竟由谁,由哪一个大强盗,由英国还是德国取得世界霸权,攫取殖民地,扼杀弱小民族。

这场战争几乎席卷全球,至少已经夺去了 1 000 万人的生命,受伤、致残和患病的几百万人还不算在内,这场战争还使几百万身强力壮的人脱离了生产劳动。总之,这场战争使人类现在处于完全野蛮的状态。许多具有社会主义思想的著作家所预料的资本主义最坏的、最悲惨和最痛苦的结局已经到来。这些著作家说过:以一小撮资本家(垄断资本家)占有私有财产、土地、工厂和工具为基础的资本主义社会,将变成唯一能够消除战争的社会主义社会,因为"文明的"、"有教养的"资本主义世界正在走向空前未有的崩溃,这种崩溃会破坏而且一定要破坏文明生活的一切基础。我再说一遍,不仅在俄国,而且在像德国这样的最文明的先进国家里(德国有无比高的劳动生产率,它的技术设备供给全世界而绰绰有余,它还同远方的国家自由交往,可以供应居民所需的食品),现在也发生了饥荒。对于饥荒,那里比俄国安排得好得多,时间拖得比较长些，但是这种饥荒更为严重，更为痛苦。资本主义已经到了这样严重和痛苦的崩溃阶段，以致使大家现在完全明白：要结束这场战争，必须进行一系列最艰苦的大量流血的革命，而俄国革命只是这一系列革命中的第一个革命，只是一个开始。

现在，你们已经听到这样的消息：例如，在维也纳再度成立了工人代表苏维埃，劳动居民再度几乎普遍参加了群众性的总罢工[182]。我们听说，在像柏林这些先前一直是资本主义的秩序、教养和文明的模范的城市里，现在夜晚上街也很危险，因为尽管有最严厉的惩罚办法和最森严的戒备，但是，战争和饥荒使那里的人们也变得这样野蛮，造成了这样的无政府状态，引起这样大的愤懑，以致在一切有教养的、文明的国家里，现在已经不只是卖面包，而是到处在公开抢面包，为了一块面包而公开厮打。

同志们，既然我们现在看到国内因饥荒而造成了十分痛苦和严峻的局面，我们就应该向那些完全盲目无知的人（这种人为数不多，但毕竟还有）说明产生饥荒的基本的和主要的原因。在我们国内，可能还会有人说：在沙皇时代毕竟还有面包，而革命一来，面包也没有了。当然，在某些乡下老太婆看来，近10年历史的整个发展，也许的确是这样：从前有面包，而现在却没有了。这是可以理解的，因为饥荒这种灾难扫除了、排开了一切其他问题，成了最重要的、压倒一切的事情。但是很显然，我们的任务，觉悟工人的任务，是向广大群众，向城乡全体劳动群众说明造成饥荒的主要原因是什么，因为不说明这一点，我们自己和劳动群众就不能树立起正确的态度，就不能正确认识饥荒的危害，就不会有同这种灾难作斗争所必需的坚定的决心和愿望。只要我们回想一下，这种灾难是由帝国主义战争造成的，现在甚至最富裕的国家也遭到空前未有的饥荒,绝大多数劳动群众都在受着令人难以置信的痛苦;只要我们回想一下,这场帝国主义战争已经迫使各国工人为资本家的利润和私欲流了4年血;只要我们回想一下,这场战争拖得愈久,就愈是难于摆脱战争,那么,我们就会懂得必须有多么巨大的力量投入运动。

战争已经拖延将近4年了。俄国已经退出了战争,由于俄国单独一国退出战争,所以它处于两伙帝国主义强盗之间,他们双方都要分割俄国,扼杀俄国,利用俄国暂时没有自卫能力和缺乏武装的情况。战争已经拖了4年。德帝国主义强盗已经获得了许多胜利,现在还在继续欺骗本国的工人,其中一部分工人已经为资产阶级所收买,转到资产阶级方面,重复着所谓保卫祖国的卑鄙的血腥的谎话,因为实际上德国士兵所维护的是德国资本家的自私的掠夺的利益。这些德国资本家向士兵们说,德国会带来和平,会缔造幸福,而实际上我们却看到:德国的胜利愈多,德国就愈是陷于绝望的境地。

在布列斯特和谈期间,在缔结以暴力和对别国人民的压迫为基础的强制性的剥削的布列斯特和约的时候,德国曾经夸口,德国的资本家曾经夸口,说他们能给工人面包与和平。而现在德国每人配给的口粮却减少了。在富饶的乌克兰掠夺粮食,大家公认已经破产了,而在奥地利,事情也闹到发生饥民暴动和全民大骚乱的地步,因为德国愈是继续不断地取得胜利,所有的人,甚至许多德国大资产阶级分子就愈是清楚地看到战争没有出路,即使德国人能在西线进行抵抗,也决不会使他们加快结束战争,反而造成要由德军去占领的新的被奴役的国家,使德军必须继续作战,并且使德军腐化,他们现在正在从一支军队变成(而且将来一定会完全变成)一伙强盗,他们对手无寸铁的他国人民使用暴力,不顾当地人民的大力反抗,将一切食物和原料搜括净尽。德国愈是向欧洲的边缘推进,就愈是清楚地看到,它面对的是拥有更大生产力的更为发达的英国和美国,它们正在寻找时机把几万优秀的生力军调到欧洲去,以便把一切机器、一切工厂都变成破坏的工具。战争又前进了,这就是说,这个战争在一年一年地,甚至一月一月地扩大。要摆脱这场战争,除了革命,除了内战,除了将各资本家之间为了利润、为了分赃、为了扼杀弱小国家而进行的战争变成被压迫者反对压迫者的战争,别无出路。被压迫者反对压迫者的战争,在历史上不仅总是随着伟大的革命而爆发,而且也随着某些不很重大的革命而爆发,从被压迫被剥削劳动群众的利益来看,这种战争是唯一合理的、正义的和神圣的战争。(鼓掌)没有这种战争,便不能摆脱帝国主义的奴役。我们应该看清楚,内战会给每个国家造成什么样的新灾难。国家愈文明,这些灾难就愈严重。我们想一想一个拥有机器和铁路的国家在一场使全国各地区之间的交通断绝的内战中的情况。请你们想一想,几十年来都靠交换工业品过活的各地区将处于怎样的境地,然后你们就会懂得,任何一场内战都会造成严重的新灾难,而这些灾难也是伟大的社会主义者们早就设想到的。帝国主义者是必定要使工人阶级遭受灾难、痛苦和死亡的。不管全人类的这些痛苦多么严重,多么折磨人,摆在社会主义新社会面前的情况日益清楚:这些帝国主义者不能结束他们自己发动的战争,而要由另外的阶级——工人阶级来结束,各国的工人阶级正在一天天更有力地行动起来,愈来愈感到不满和愤慨,不管人们的感情和情绪怎样,这种行动,这种不满和愤慨,客观上必将导致推翻资本家的统治。在俄国,饥荒的灾难特别严重,我们不得不经历任何一次革命从未经历过的最困难的时期,而且不可能指望立即得到西欧的同志们的援助。俄国革命的全部困难在于:俄国革命的工人阶级开始革命比西欧的工人阶级容易得多,但是,我们要把革命继续下去则比较困难。在西欧国家开始革命比较困难,因为革命无产阶级面对的是高度的文化思想,而工人阶级在文化上处于受奴役的地位。

在这个时候,由于我们所面临的国际形势,我们不得不经历一个极端困难的时期,我们这些劳动群众的代表,觉悟的工人,在自己一切鼓动和宣传中,在每次演说和号召中,在工厂内举行的座谈中,在每次同农民的会见中,都要向他们说明:我们遭到的灾难,是国际性的灾难;要摆脱这个灾难,除了国际性的革命,没有其他出路。既然我们不得不经历这种暂时孤立无援的痛苦时期,那么,我们就应该全力以赴,坚韧不拔地渡过这个困难时期,我们知道,我们终归不会孤立无援,我们遭到的灾难正在向欧洲各国蔓延,而且其中任何一个国家,如果不举行一系列的革命,就找不到出路。

在俄国我们遭到了饥荒,而且由于强制性的和约夺去了俄国土地最肥沃、产粮最多的省份,饥荒变得更加严重;它之所以更加严重,还由于目前正处在青黄不接的时候。距丰收在望的新收获期还有几个星期,因此这几个星期是最困难的过渡时期。这个过渡时期通常总是困难的,现在又因俄国已被推翻的地主和资本家这些剥削阶级竭尽全力一次再次地想恢复自己的政权而更加困难了。这就是西伯利亚盛产粮食的省份由于捷克斯洛伐克军的暴动现在同我们失去联系的基本原因之一。但是,我们十分了解,是什么力量促成了这次暴动。我们清楚地知道,捷克斯洛伐克士兵对我们的军队、工人和农民的代表们说:他们不愿意同俄国和俄国苏维埃政权作战；他们只想手执武器冲到边境去，可是领导他们的，还是那些为英法的金钱工作、受投靠资产阶级的俄国社会主义叛徒支持的昨天的将军、地主和资本家。（鼓掌）

所有这帮恶棍利用饥荒再一次试图恢复地主和资本家的政权。同志们，我们的革命经验已经证实了始终把科学社会主义的代表，把马克思及其追随者，同空想社会主义者、小资产阶级社会主义者、知识分子社会主义者和幻想社会主义者区别开来的那些话。喜欢幻想的知识分子、小资产阶级社会主义者曾经认为，也许现在还认为，还幻想：用说服的办法可以实现社会主义。他们以为大多数人是可以说服的，只要说服大多数人，少数人就会顺从，然后再由大多数人投票表决，社会主义就会实现。（鼓掌）不，世界上的事不是那么称心如意的；剥削者，残暴的地主，资本家阶级是说不服的。社会主义革命证实了大家所见到的事情——剥削者进行激烈的反抗。被压迫阶级受的压迫愈大，他们愈是接近于推翻一切压迫和一切剥削，被压迫的农民和被压迫的工人愈是坚决地发挥他们的首创精神，剥削者的反抗就愈是疯狂。

现在我们经历着一个由资本主义到社会主义的最困难和最痛苦的过渡时期，这个时期在一切国家里都必然会是很长的，我再说一遍，这是因为被压迫阶级的每一个胜利都会引起压迫者一次又一次的反抗和推翻被压迫阶级政权的活动。捷克斯洛伐克军的叛乱显然是得到了执行推翻苏维埃政权政策的英法帝国主义的支持，他们的叛乱表明，这种反抗使我们付出了多少代价。我们看到，这次叛乱自然因饥荒而得到加强。显然，在广大劳动群众中有很多人——这一点你们特别了解，因为你们每个人在工厂里都看到了这一点——并不是而且也不可能是受过教育的社会主义者，因为他们要在工厂里从事苦役般的劳动,既没有时间,也没有可能成为社会主义者。当然,这些人看到工厂里的工人积极行动起来,能够开始亲自学习管理企业,是赞许的。学习管理企业是一件困难艰巨的事情,在这个过程中难免会犯错误,但是唯有这件事情能使工人们最后实现自己的宿愿,让机器、工厂、优良的现代技术和人类的优异成果不为剥削服务,而为改善绝大多数人的生活服务。但是,当这些人看到来自西方、北方和东方的帝国主义强盗利用俄国缺乏自卫能力来蹂躏俄国的时候,当他们不了解其他各国的工人运动如何发展的时候,显然,他们是充满绝望情绪的。不产生这种情绪是不可能的。如果希望和认为,在以剥削为基础的资本主义社会里能够立刻产生对于社会主义必要性的充分的认识和对社会主义的理解,那是可笑的,是荒谬的。这是不可能的。这种认识和理解,只有到最后才能形成,只有经过在痛苦的时期中所进行的斗争才能形成,在这个痛苦的时期,一个国家的革命首先发生,得不到其他国家革命的援助,并且面临饥荒。各阶层的劳动者必然充满绝望和不满的情绪,必然产生厌弃一切的情绪,这是很自然的。显然,反革命分子、地主和资本家以及他们的庇护者和帮凶们,都在利用这种情况向社会主义政权不断发动进攻。

我们看到,这在没有外国军队援助的各个城市里得到了什么结果。我们知道,以前,只有当那些大喊大叫保卫祖国和一再宣扬自己的爱国主义的人露出自己资本家本性,今天同德国军队勾结起来共同屠杀乌克兰的布尔什维克,明天同土耳其军队一起进攻布尔什维克,后天又同捷克斯洛伐克军队一起去推翻萨马拉的苏维埃政权和屠杀布尔什维克的时候,苏维埃政权才遭到失败。资本主义妥协分子和地主们,以前只是依靠外国的援助,依靠外国军队的援助和向日本、德国和土耳其的军队出卖俄国，才取得了一点胜利。但是，我们知道，当那种由于饥荒和群众绝望而产生的暴动爆发起来，并且蔓延到像萨拉托夫、科兹洛夫和坦波夫这些得不到外国军队援助的地方的时候，地主、资本家和他们那些以立宪会议的漂亮口号作掩饰的伙伴们的政权只存在了几天，甚至只存在几小时。当时苏维埃军队离反革命势力暂时盘踞的中心愈远，城市工人的行动就愈坚决，这些工人和农民就愈是主动地去支援萨拉托夫、奔萨和科兹洛夫，立即推翻已建立的反革命政权。

同志们，如果你们从世界历史上正在发生的一切来观察这些事件，如果你们记得你们的任务——我们共同的任务——就是自己弄清并且竭力向群众说明，我们遭到这些最严重的灾难并不是偶然的，首先是由于帝国主义战争，其次是由于地主、资本家和剥削者的疯狂反抗，如果我们自己认清这一点，那就可以保证，不管有怎样的困难，这种正确的认识一定会愈来愈为广大的群众所接受，我们也就能够建立起纪律来，消除我们工厂中无纪律的现象，帮助人民渡过这个特别困难的痛苦时期，这个时期距新收获期可能是一两个月，几个星期。

你们知道，由于捷克斯洛伐克军的反革命叛乱切断了我们和西伯利亚的联系，由于南方经常发生骚动，由于战争，现在我们俄国的处境特别困难，但是很明显，这个面临饥荒的国家的处境愈是困难，我们同饥荒作斗争的措施就应该愈是坚决，愈是果断。主要的斗争措施，就是实行粮食垄断。关于这一点你们都十分了解，同时也亲眼看到，富农们，财主们如何到处叫嚣反对粮食垄断。这是可以理解的，因为在粮食垄断暂时被废止（如斯科罗帕茨基在基辅所干的那样）的地方，投机活动达到了空前未有的规模，粮价涨到

200卢布一普特。这是可以理解的,因为在没有生活所必需的食品的时候,每一个握有食品的人都可以成为财主,价格就会飞涨。显然,害怕饿死的惊慌情绪会造成价格飞涨,所以在基辅就不得不考虑恢复垄断。尽管俄国有很多粮食,但在很久以前,布尔什维克还未执政的时候,政府就已经认识到实行粮食垄断的必要性。只有完全无知的人,或者公然卖身投靠财主的人,才会反对粮食垄断。(鼓掌)

但是,同志们,在我们谈粮食垄断的时候,我们应该想一想,这句话做起来有多么大的困难。粮食垄断讲讲很容易,但是应该想一想,这意味着什么。这意味着一切余粮都属于国家;这意味着除了每个农民的经济所需要的,除了他全家的口粮和牲畜饲料所需要的,除了他播种所需要的,剩下的每一普特粮食都要收到国家手里。怎样做到这一点呢?必须由国家规定价格,必须把每一普特余粮找出来,运出来。几百年来一直受地主和资本家愚弄、掠夺、被折磨得愚昧无知、从来吃不饱的农民,在几个星期或几个月内哪里会知道什么是粮食垄断呢?过去从国家那里得到的只是压迫、只是暴力、只是官吏的掠夺和压榨的千百万人,这些被抛弃在穷乡僻壤、注定陷于破产的农民,哪里会认识什么是工农政权和贫民掌握政权,哪里会知道不把余粮交给国家而留在自己手里的人就是强盗,就是剥削者,就是使彼得格勒和莫斯科等地的工人遭受饥荒折磨的罪人呢?这些农民一向处于愚昧无知的状态,他们在农村所干的事就是出卖粮食,他们从哪里会知道,从哪里会认识这些呢?如果我们更切近实际生活来考察一下这个问题,我们就会看到,在大多数农民被沙皇制度和地主置于无知状态的国家里,在几百年来第一次在自己的土地上播种粮食的农民的国家里,实现粮食垄断这一任务会碰到各种难以想象的困难，这是不足为奇的。
（鼓掌）

　　但是，这种困难愈大，它愈是需要细心而慎重地加以对待，我们就愈是应该很好地记住我们常说的话：工人的解放应该是工人自己的事情。我们常说：劳动者不能依靠外力摆脱压迫；他们必须通过自己的斗争、自己的行动和自己的鼓动，学会解决新的历史任务，而新的历史任务愈艰巨、愈伟大、愈重要，所需要的人就愈多，应该吸引千百万人自动参与解决这些任务。把粮食卖给任何一个商人，任何一个小贩，并不需要什么认识，也不需要什么组织。做到这一点，需要的是按照资产阶级的安排去生活：只需要充当驯服的奴隶，认为并且承认资产阶级建立的世界是尽善尽美的。而要克服这种资本主义的混乱现象，要实行粮食垄断，要让每一普特余粮都属于国家，需要的就不是由组织家和鼓动家，而是由群众自己进行长期的、困难而艰巨的组织工作。

　　这样的人在俄国农村中是有的；大多数农民属于最贫苦的和贫苦的农民，他们不可能买卖余粮，不可能成为在别人挨饿时自己囤积几百普特粮食的强盗。现在的情况是，任何一个农民也许都会自称为劳动农民，这个字眼有些人很欣赏，但是，如果你们所说的劳动农民是这样的人，他们依靠自己的劳动，甚至不使用任何雇佣劳动收获了几百普特粮食，而现在看到，如果把这几百普特粮食囤积起来，可以不按6卢布一普特的价格出卖，而可以卖给投机商或者卖给受饥饿折磨、煎熬、家口嗷嗷待哺、能拿200卢布来买一普特粮食的城市工人，——那么，这种把几百普特粮食隐藏和囤积起来以便抬高粮价，哪怕是想用一普特粮食来换取100卢布的农民，就会变成比强盗更坏的剥削者。在这种情况下，应该怎么办呢？在我们的斗争中，可以依靠谁呢？我们知道，苏维埃革命和苏维埃政权与其他革命和其他政权所不同的地方，就在于苏维埃革命不仅推翻了地主和资本家政权，不仅破坏了农奴制的专制国家，而且在于群众起来反对一切官吏，建立了新型的国家，在这个国家里，政权应该属于工人和农民，不仅应该属于，而且已经属于他们了。在这个国家里，没有警察和官吏，也没有过去那种长期关在兵营里的脱离人民和被训练来枪杀人民的常备军。

我们正在武装工人和农民，他们应该学习军事。有些队伍受了诱惑，染上一些恶习，甚至还有犯罪的行为，这是因为并没有一道万里长城把他们同人压迫人的世界隔开，把他们同饱食者希望利用自己饱食者的地位来发财的饥荒世界隔开。所以，我们常常看到这样的现象：由彼得格勒和莫斯科觉悟的工作人员组成的队伍，到了地方上往往走上歧途，变成罪人。我们也看到，资产阶级在鼓掌喝彩，他们在自己出卖灵魂的报刊上登满了各种吓唬人民的言论：看看你们的队伍成了什么样子，多么没有秩序，私人资本家的队伍要好得多呀！

太谢谢你们啦，资产者老爷们！不，你们吓不倒我们！你们十分了解，资本主义世界的灾难和溃疡是不能马上治好的。而我们知道，只有通过斗争才能治好，我们要把每一个这样的情况都摆出来，并不是为了发泄愤恨，也不是为了支持孟什维克和立宪民主党人的反革命诡计，而是为了教育更广大的人民群众。既然我们的队伍不履行自己的职责，那么，我们就从忠实于本阶级的，比受诱惑的人多许多倍的工人当中组织觉悟更高、人数更多的队伍。必须把这样的工人组织起来，必须对他们进行教育，必须把被剥削和遭受饥荒的不觉悟的劳动者团结在每个觉悟的工人周围。必须把贫苦农民发动起来，要对他们进行教育，应当向他们表明：苏维埃政权将采取一切可能的办法来援助他们，以便实现粮食垄断。

现在我们已经着手解决这项任务，苏维埃政权已经明确地提出了这些问题，它说：工人同志们，组织起来，把征粮力量联合起来，消除征粮队的各种不称职的表现，更牢固地组织起来，改正自己的缺点，把贫苦农民团结在自己的周围。富农们知道，他们的末日就要到了，因为他们的敌人不仅仅是宣传宣传，发发言论，而是把贫苦农民组织起来。——如果我们能把贫苦农民组织起来，我们就一定能够战胜富农。富农们知道，现在已经到了为争取社会主义而进行最后的殊死斗争的时刻。看起来这仅仅是一场争夺粮食的斗争，实际上这是争取社会主义的斗争。如果工人们学会独立地解决这些任务，——谁也不会来帮助他们，——如果他们学会把贫苦农民团结在自己的周围，那就会获得胜利，获得粮食，就能合理地分配粮食，以至会合理地安排劳动，因为，合理地安排劳动，我们就能支配各个劳动部门，支配各个工业部门。

由于预见到这一点，所以富农们不止一次地试图收买贫苦农民。他们知道，必须按 6 卢布一普特的价格把粮食卖给国家。他们以 3 卢布一普特的价格卖给邻近的穷苦农民，并且对他们说："你可以按 40 卢布一普特的价格卖给投机商；我们的利益是一致的；我们应该共同反对国家掠夺我们；每一普特他们只想付给我们 6 卢布，你拿去两三普特就可以赚 60 卢布，至于我赚多少，你就不必管了，这是我的事。"

我知道，就是由于这个原因，屡次酿成同农民的武装冲突，而苏维埃政权的敌人对此幸灾乐祸，在一旁嘿嘿窃笑，并尽一切力量想推翻苏维埃政权。我们说，这是因为派出的征粮队的觉悟还不够。征粮队的觉悟愈高,不采用任何暴力人们就交出粮食的情况也就愈是常见,——这样的情况已经不止一次地出现过,——因为觉悟的工人注意到:他们不是压迫者,他们的主要力量在于他们是贫苦农民的代表,是有组织的、有教养的贫苦农民的代表,而在农村中,很多人都是愚昧无知的,那里的贫苦农民没有什么教养。如果善于接近他们,如果用通俗易懂的语言而不是用书本上的词句向他们说明,以合乎人情的方式向他们解释,在彼得格勒、莫斯科和几十个县里人们在挨饿,甚至造成了伤寒的流行,成千上万的俄国农民和工人活活饿死,富人们却伤天害理地囤积粮食,利用人民挨饿搞投机活动,那么,就能够把贫苦农民组织起来,把余粮收集起来,而且将不是依靠暴力,而是用组织贫苦农民的办法做到这一点。我经常听取那些和征粮队一起下去同反革命势力作斗争的同志们关于反对富农的报告。我想举一个我记得特别清楚的例子,因为昨天我听了关于叶列茨县的情况[183]。在那里,由于建立了工人、农民和红军代表苏维埃,由于那里觉悟的工人和贫苦农民很多,所以贫民政权已经稳固。当叶列茨县的代表们第一次向我报告的时候,我还不相信,我以为这些人的话有点夸张,但是,由莫斯科专门派到各省去的同志们向我证实,对他们的工作不能不加以赞扬,这些同志证实,俄国确有一些县份,那里的地方苏维埃能够胜任自己的工作,彻底清除了苏维埃中的富农和剥削者,把劳动者组织了起来,把贫苦农民组织了起来。谁想用自己手中的财富来大发横财,那就让他从苏维埃政权中滚出去!(鼓掌)

赶走了富农之后,他们进入叶列茨这个商业城市,在那里他们并没有等待法令来实行粮食垄断,他们想起苏维埃是同人民密切联系的政权,每一个人,如果他是一个革命者,如果他是一个社会主义者和真正站在劳动人民一边，就应该迅速而坚决地行动起来。他们把所有的工作人员和贫苦农民都组织起来，成立了许多工作队，在整个叶列茨进行了搜查。他们只派可靠的和负责的队长到居民家中去，他们不派任何一个他们不信任的人进入居民家中，因为他们知道，常有动摇的事情发生，他们知道，没有什么东西比苏维埃政权的代表和不称职的公仆的掠夺行为更使苏维埃政权丢脸的了。他们收集到了大量余粮，在叶列茨这个商业城市里没有留下任何一个可以让资产阶级投机牟利的处所。

当然，我知道，在一个小城市里做到这一点，比在莫斯科这样的城市里要容易得多。但是不要忘记，莫斯科无产阶级的力量也是任何县城所不可能有的。

就在坦波夫，不久以前，反革命取得了几小时的胜利；他们甚至出版了一期孟什维克和右派社会革命党的报纸，号召举行立宪会议，推翻苏维埃政权，并且吹嘘新政权的胜利如何巩固，哪知从县里去的红军和农民一赶到，当天就驱逐了这个似乎要以立宪会议作为支柱的"巩固的"新政权。（鼓掌）

同志们，在地域广阔的坦波夫省，其他各县的情况也是这样。该省北部各县接近非农业区，南部各县非常富饶，盛产粮食。那里有余粮的农民很多，在那里工作要特别努力，要有特别坚定而明确的认识，以便依靠贫苦农民战胜富农。那里的富农仇视任何工农政权，因此那里不得不等待彼得格勒和莫斯科的工人去支援，彼得格勒和莫斯科的工人每次都依靠自己的组织这个武器把苏维埃中的富农赶跑，把贫苦农民组织起来，并和当地农民一起取得为实现国家粮食垄断而斗争的经验，把贫苦农民和城市劳动者组织起来的经验，这种组织工作将使我们获得最后的完全胜利。同志们，我想用这些例子向你们说明粮食方面的情况,因为我认为,从劳动者的观点来看,说明收集粮食、反对富农的斗争对于我们,对于工人,对于觉悟的无产阶级之所以重要,并不在于用一些统计数字表明究竟能够弄到几百万普特粮食。这件事情我要留给粮食工作的专家去做,我要说的是,如果能够从邻接莫斯科非农业区和邻接盛产粮食的西伯利亚的那些省弄到余粮,那么,即使在新收获期之前这几个艰难的星期内,我们也有足够的粮食来救济遭受饥荒的非农业省份的人民,使他们不致饿死。要做到这一点,就需要把更多的觉悟的先进工人组织起来。这是过去一切革命的主要教训,这也是我国革命的主要教训。组织得愈多,愈广泛,工厂里的工人愈了解,只有他们和贫苦农民组织起来才有力量,战胜饥荒的斗争和争取社会主义的斗争就愈有保障,因为,我再说一遍,我们的任务不是臆造新的政权,而是发动、教育和组织偏僻农村中的每一个贫苦农民进行独立的活动。一些觉悟的城市工人,如彼得格勒和莫斯科的工人,甚至对偏僻农村中的农民不难说清楚:当莫斯科有几十万人在死亡的时候,囤积粮食,利用粮食搞投机活动,把粮食当做酿私酒的原料是多么伤天害理。要做到这一点,彼得格勒和莫斯科的工人,特别是你们这些工厂委员会的代表,各行业和各工厂的代表同志们,必须清楚地了解:没有人来帮助你们;来自其他阶级的人,不是你们的助手,而是你们的敌人;苏维埃政权没有忠诚的知识分子为它效劳。知识分子把自己的经验和知识——人类最宝贵的财富——用来为剥削者服务,并用尽一切办法阻挠我们战胜剥削者;他们可以使成千上万人饿死,但是却摧毁不了劳动者的反抗。除了同我们一起进行了革命,并将同我们一起渡过我们面临的最大困难、最艰苦的时期的阶级以外,我们再没有任何人可以依靠。这个阶级,就是工厂的、城市的和农村的无产阶级,他们之间用彼此可以理解的语言讲话,他们能够战胜城乡的一切敌人——富农和财主。

但是,要做到这一点,就必须记住工人们常常忘记的一条社会主义革命的基本原理:要进行社会主义革命,要举行社会主义革命,使人民摆脱压迫,并不需要马上消灭阶级;应该由最有觉悟和最有组织的工人掌握政权。工人应该成为国家的统治阶级。这是你们大多数人从马克思和恩格斯在 70 多年以前写成并在世界各国以各种语言流传的《共产党宣言》中已经读到过的真理。到处显示出这样的真理:为了战胜资本家,要使有组织的城市工厂工人在同剥削制度作斗争的时期,当人们还愚昧无知,还不相信新制度的时候,成为统治阶级。你们在自己的工厂委员会里开会解决问题的时候,一定要记住:如果你们在自己的工厂委员会里只注意技术性问题或纯粹钱财方面的工人利益,那么,任何革命成果都保不住。工人阶级和被压迫阶级过去不止一次地夺到过政权,但是他们没有一次能把政权保住。要保住政权,工人们不仅要能够进行英勇的斗争和推翻剥削制度,而且当周围都在摇摆、动摇的时候,当自己受到攻击的时候,无休止的流言蜚语到处传播的时候,要能够进行组织,加强纪律,坚韧不拔,要能够进行判断——正是在这种时候,在各方面和广大的千百万群众有着密切联系的工厂委员会担负着一项最伟大的政治任务,即首先要成为管理国家生活的机构。我们如何保证合理地分配粮食,这是苏维埃政权面临的一个基本政治问题。如果说叶列茨已经制服了当地的资产阶级,那么,在莫斯科要做到这一点就比较困难,但是,这里的组织要大得多,在这里你们能够比较容易地挑选出几万名诚实可靠的人,你们的党组织和你们的工会一定能推举出这样的人,并绝对保证这些人有能力领导征粮队,他们不管什么样的困难,不管遇到什么样的诱惑,也不管怎样遭受饥饿的痛苦,都将始终思想坚定,忠诚不渝。除了工厂的城市无产阶级,再没有别的阶级现在能够担当这一事业,能够领导常常陷于绝望的人民。你们的工厂委员会不应该仅仅是工厂委员会,而应该成为统治阶级主要的国家基层机构。(鼓掌)你们的组织性,你们的团结,你们的毅力,决定着我们能不能以苏维埃政权应有的坚韧不拔的精神经受住这个艰难的过渡。你们要自己把事业担当起来,在各个方面都担当起来,天天都要揭露营私舞弊行为,用自己亲身的经验来改正所犯的每一个错误,——现在犯的错误很多,因为工人阶级还没有经验,但是,重要的是让工人阶级自己把事业担当起来,自己来改正错误。如果我们都这样做,如果每一个委员会都懂得,它自己就是世界上最伟大的革命的领导者,那么,我们就一定能为全世界争得社会主义!(鼓掌,转为热烈欢呼)

2

关于目前形势的报告的总结发言

（6 月 28 日）

　　同志们，请允许我首先来谈谈副报告人帕杰林反驳我的几个论点。我在速记记录上看到他说的话："我们应该尽一切可能使英国和德国的无产阶级首先有可能反对本国的压迫者。但是要做到这一点，应该怎么办呢？难道我们应该去帮助这些压迫者吗？如果我们在国内煽起敌对情绪，破坏和削弱国家，那就等于无限地巩固英、法、德帝国主义者的地位，他们归根到底是会勾结起来扼杀俄国工人阶级的。"这些话说明，孟什维克在反对帝国主义战争的时候是多么不坚决，因为我所念的这段话，只有自称为护国派、完全站在帝国主义立场上的人才说得出来（鼓掌），只有为帝国主义战争辩护、重复所谓工人是在这次战争中保卫自己祖国这种资产阶级谰言的人才说得出来。实际上，主张工人在这次战争中不应该破坏和削弱自己的国家，就等于号召工人在帝国主义战争中保卫祖国，而你们知道，把公布、揭露和公开痛斥秘密条约看做是自己首要责任的布尔什维克政府做了些什么事情。你们知道：盟国进行战争是由于有秘密条约；依靠孟什维克和右派社会革命党人的帮助和支持而得以生存的克伦斯基政府，不但没有废除秘密条约，而且也没有公布秘密条约；俄国人民进行战争也是由于有秘密

条约,因为条约中许诺俄国的地主和资本家,一旦胜利就可占领君
士坦丁堡、海峡、利沃夫、加利西亚和亚美尼亚。因此,既然我们站
在工人阶级的立场上,既然我们反对战争,那我们怎能容忍这些秘
密条约呢? 如果我们容忍秘密条约,容忍本国的资产阶级政权,那
就等于支持德国工人的沙文主义信念:俄国没有觉悟的工人,整个
俄国都跟着帝国主义走,俄国进行战争的目的是为了掠夺奥地利
和土耳其。相反,为了削弱德帝国主义者,为了使德国工人摆脱德
帝国主义者,工农政府做了世界上任何一个政府所没有做过的许
多工作,因为,一旦这些秘密条约向全世界公布和揭露出来,甚至
德国沙文主义者,甚至德国护国派,甚至跟着本国政府走的工人
们,也不得不在自己的中央机关报《前进报》上承认,这是社会主义
政府的真正革命的行动[184]。他们不得不承认这一点,因为任何一
个卷入战争的帝国主义政府都没有这样做,只有我国政府撕毁了
秘密条约。

　　当然,在每一个德国工人的心里,不管他怎样受到帝国主义者
的恫吓、压制或收买,都会产生这样的想法:难道我们的政府没有
秘密条约吗? (有人喊道:"您跟我们讲讲黑海舰队的情况吧!")
好,我要讲的,虽然这与本题无关。每一个德国工人都会产生这样
的想法:既然俄国工人已经撕毁了秘密条约,难道德国政府就没有
秘密条约吗? 当布列斯特条约谈判开始的时候,托洛茨基同志向
全世界进行了揭露,而在同其他国家的政府进行可怕的帝国主义
战争的敌对国家中,我们的政策没有引起人民群众的仇视,而是得
到人民群众的支持,这难道不是我们实行这一政策的结果吗? 我
们的政府是实行这种政策的唯一的政府。我们的革命使敌对国家
在战争期间爆发了大规模的革命运动,而引起革命运动的原因,仅

仅是由于我们撕毁了秘密条约，由于我们说过，我们不怕任何危险。既然我们知道，既然我们常说，而且不仅仅口头上说，也通过事实说明，只有国际革命才能使各国人民摆脱国际战争，摆脱各国间的帝国主义大厮杀，那么我们必须不顾任何困难，不顾任何危险，使我们的革命达到这个目的。当我们走上这条道路的时候，在帝国主义性最强的、最有纪律的国家德国，今年1月破天荒第一次在战争期间燃起和爆发了群众性罢工。当然，有人以为，革命可以按订单和协议在别人的国家里发生。这些人不是疯子就是挑拨者。近12年来，我们经历了两次革命。我们知道，革命是不能按订单和协议制造的，只有当千千万万的人得出结论认为不能再照旧生活下去的时候，革命才会爆发。我们知道，1905年和1907年两次革命的产生曾遇到了怎样的困难，而我们从来没有期望靠一个号召，革命就在其他国家里一下子爆发起来，但是，革命开始在德国和奥地利发展起来，这的确是俄国十月革命的伟大功绩。(鼓掌)今天我们在我们的报纸上看到，在维也纳——那里每人配给的口粮比我们这里的还少，掠夺乌克兰也无济于事，那里的居民说，他们从来没有遭受过这样可怕的饥荒——出现了工人代表苏维埃。维也纳又发生了总罢工。

我们认为，这就是第二个步骤，这又一次证明，俄国工人撕毁帝国主义的秘密条约，赶走本国的资产阶级，正是觉悟的工人国际主义者合乎逻辑的行动，他们促进了德国和奥地利革命的发展，而世界上还从来没有一个革命曾经这样促进处于战争状态和极端仇视状态的敌对国家的革命。

预言革命什么时候会发生，许诺革命明天就会到来，那是欺骗你们。你们，特别是你们中间经历过两次俄国革命的人，不妨回想一下,在 1904 年 11 月的时候,你们中间谁能保证,两个月以后 10 万彼得格勒工人会前往冬宫,开始伟大的革命呢?

请你们回想一下,在 1916 年 12 月的时候,我们怎能保证两个月以后沙皇君主制会在几天之内被推翻。我们在自己的国家里经历了两次革命,我们知道,革命的进程是无法预言的,革命是不能呼之即来的。只能为推动革命而进行工作。如果能始终不懈地、忘我地进行工作,如果这项工作与占人口多数的被压迫群众的利益联系起来,那么革命就会到来,但是不能预言革命会在什么地方、什么时间、由于什么原因爆发和怎样爆发。因此,无论如何我们决不允许自己欺骗群众说:明天德国的工人就会来帮助我们,后天他们就会推翻他们的皇帝。决不能这样说。

俄国革命发生在其他各国革命之前,这使我们的处境更加困难,但我们不是孤立无援的,几乎每天都有消息向我们表明这一点,一切优秀的德国社会民主党人都表示拥护布尔什维克,克拉拉·蔡特金,而后弗兰茨·梅林在德国公开的报刊上都表示拥护布尔什维克,弗兰茨·梅林现在写了许多文章向德国工人证明,只有布尔什维克才正确地了解了社会主义,不久以前,在符腾堡州议会上,有一位社会民主党人霍什卡肯定说,他认为只有布尔什维克才是坚定不移和正确贯彻革命政策的典范。你们认为,这些事情在早已赞同它们的成千上万的德国工人中间不会引起反应吗? 当德国和奥地利的事态发展到成立工人代表苏维埃和举行第二次群众性罢工的时候,我们可以毫不夸大、毫不自欺地说,这意味着革命的到来。我们可以十分肯定地说:我们的政策和我们的道路是正确的政策和正确的道路,我们帮助了奥地利和德国的工人,让他们感到自己不是为德国皇帝和德国资本家的利益来扼杀俄国工人

的敌人，而感到自己是正在进行同样革命工作的俄国工人的弟兄。（鼓掌）

我还想指出帕杰林的讲话中的一个地方，我认为这个地方更值得注意，因为它和前面一位发言人[185]的意见有些相同。这个地方是这么说的："我们看到，现在内战正在工人阶级内部进行，难道我们能容忍这一点吗？"请看，他把内战称为工人阶级内部的战争，或者像前面一位发言人所说的，是对农民的战争。然而我们清楚地知道，这两种说法都是错误的。俄国的内战是工人和贫苦农民反对地主和资本家的战争，这个战争正在持续、拖延下去，因为俄国的地主和资本家在10月和11月时虽然被打败了，但是牺牲比较小，他们所以失败是因为人民群众起来了，当时他们立刻清楚地看到，人民不会支持他们，当时甚至在靠剥削雇佣劳动为生的富裕哥萨克最多的、进行反革命活动希望最大的顿河地区，甚至那里的反革命暴动领导人鲍加耶夫斯基也不得不承认并且已经公开承认："我们输了，因为连我们这里的大多数居民也拥护布尔什维克。"（鼓掌）

情况确实如此，地主和资本家的这场赌博，他们的这场反革命赌博就是这样在10月和11月里输掉了。

他们的冒险行为的结果就是如此，当时他们企图把士官生、军官以及地主和资本家的子弟组织成一支反对工农革命的白卫军。而现在，——如果你们不知道，请看一看今天的报纸，——捷克斯洛伐克军的冒险行为正在得到英法资本家的金钱的支持[186]，这些资本家正在收买军队，以便把我们重新拖入战争。难道你们在报纸上没有看到捷克斯洛伐克人在萨马拉说的话吗？他们说：我们要同杜托夫和谢苗诺夫他们联合起来，迫使俄国工人和俄国人民重新和英法一起对德国作战,恢复那些被撕毁了的秘密条约,并让你们同资产阶级联合起来也许再进行四年帝国主义战争。与此相反,我们现在正进行反对我国和其他国家的资产阶级的战争,正是由于我们进行这种战争,我们才得到了其他国家工人的同情和支持。如果一个交战国的工人看到,另一个交战国的工人和资产阶级建立了密切的联系,那就会使各国工人彼此分裂,使他们同本国的资产阶级打成一片;这是最大的坏事,这是社会主义革命的破产,这是整个国际的破产和灭亡。(鼓掌)

1914年,国际遭到了灭亡,因为各国工人同本国的资产阶级联合起来而彼此分裂,现在这个分裂正趋于结束。不久以前,也许你们在报纸上看到,英国一位苏格兰国民教师、工会工作者马克林第二次被捕入狱,判处5年徒刑。他第一次被捕坐牢一年半,是因为他揭露了战争,诉说了英帝国主义的罪行。当他出狱的时候,苏维埃政府的代表李维诺夫已经在英国了,当时李维诺夫立即委任马克林为俄罗斯苏维埃联邦共和国驻英国领事,驻英国代表,这个委任受到苏格兰工人们的热烈欢迎。现在英国政府再次迫害这位不仅身为苏格兰国民教师而且身为苏维埃联邦共和国领事的马克林。马克林这次坐牢,是因为他以我国政府代表的资格公开发表演说,而我们从来没有见过这个人,他也从来没有参加过我们的党。他是苏格兰工人敬爱的领袖。尽管英国政府在收买捷克斯洛伐克人,在实行把俄罗斯共和国拖入战争的疯狂政策,但是我们和他,俄国工人和苏格兰工人,已经联合起来反对英国政府。这些事实证明,在一切国家,不管它们在战争中的地位如何,无论在同我们作战的德国,或者在企图把巴格达攫为己有、彻底扼杀土耳其的英国,工人们都和俄国布尔什维克、俄国布尔什维克革命团结在一起。上面我提到的那位发言人在这里说,内战是一部分工农反对另一部分工农的战争,我们清楚地知道,这是不对的。工人阶级是一回事,工人阶级中的某些集团、某些小的阶层又是一回事。从1871年到1914年将近半世纪以来,德国工人阶级一直是全世界社会主义组织的榜样。我们知道,当时德国工人阶级有一个拥有百万党员的党,并且建立了拥有200万、300万、400万会员的工会,然而,在这半个世纪以来,也还有几十万德国工人加入了基督教的工会,竭力维护牧师、教会和本国皇帝。究竟谁真正代表工人阶级,是人数众多的德国社会民主党和工会呢,还是几十万教会工人呢?团结着绝大多数觉悟的先进的有头脑的工人的工人阶级是一回事,而继续站在资产阶级方面的某一个工厂、某一个地区或某些工人集团,是另一回事。

苏维埃、工厂委员会和代表会议的各次选举向你们表明,俄国工人阶级的绝大多数,即99%是站在苏维埃政权方面的,(鼓掌)他们知道,这个政权所进行的战争是反对资产阶级,反对富农,而不是反对农民和工人。即使还有一小部分工人继续奴隶般地听命于资产阶级,那完全是另一回事。我们不是跟他们作战,而是跟资产阶级作战,这对至今还和资产阶级结成联盟的那一小部分人说来是更糟糕的。(鼓掌)

这里有人用字条向我提了一个问题:"为什么反革命的报纸至今还在出版?"其原因之一就是印刷工人中间也有一些被资产阶级收买的分子[187]。(喧嚷,高喊:"不对!")你们可以尽量叫喊,但是你们却不能阻止我说出真实情况,这个真实情况是所有的工人都知道的,而我刚刚才开始说明。如果一个工人只看重他在资产阶级报刊所得到的工资,如果他说,我要保住自己因帮助资产阶级贩卖毒品毒害人民而得到的高工资,我就要说,这些工人等于是被资产阶级收买了(鼓掌),我的意思不是说他们中间的哪个个人被雇用了。我要说的不是这个意思,而是像一切马克思主义者都说英国工人同本国资本家结成联盟这样的意思。你们大家都看过工会的书刊,也知道这样的事情:在英国不仅有工会,而且还有同一行业中的工人和资本家为了提高价格、掠夺所有其他行业而组织起来的协会。各国所有的马克思主义者,所有的社会主义者都明确指出这样的事情,从马克思和恩格斯开始,都谈到过由于没有觉悟和为了行会的利益而被资产阶级收买的工人。他们与本国的资本家结成联盟,反对本国大多数工人和被压迫的劳动阶层,反对自己的阶级,这样他们就出卖了自己的长子权,即进行社会主义革命的权利。我们这里的情况也是这样。有一些工人说,我们排印的东西是不是造谣挑拨的麻醉品、毒品,这与我们无关。我只要能得到高工资,别的事一概不管。这样的工人,我们要加以谴责,这样的工人,我们在自己的一切出版物中经常讲到,并且公开指出,他们脱离工人阶级而转到资产阶级方面去了。(鼓掌)

　　同志们! 现在我来谈一谈向我提出的几个问题,为了免得忘记,我首先来回答关于黑海舰队的问题[188]。有人提出这个问题,似乎是为了揭露我们。然而,我要告诉你们,在那里进行活动的是拉斯科尔尼科夫同志,莫斯科和彼得格勒的工人对他所进行的鼓动工作和党的工作是十分了解的。拉斯科尔尼科夫同志将亲自来这里告诉你们,当时他是怎样为我们宁可凿沉舰队、也不让德国军队搭乘舰队船只去进攻新罗西斯克而进行鼓动的。黑海舰队事件的经过就是这样。人民委员斯大林、施略普尼柯夫和拉斯科尔尼科夫很快就要来莫斯科,他们将把事情的经过告诉我们。你们可以看到,我们的这个政策是和签订布列斯特和约的政策一样的唯一的政策,它虽然给我们带来了许多严重的灾难,但是使俄国的苏维埃政权和工人社会主义革命有可能在各国工人面前继续高举自己的旗帜。现在在德国,抛弃对布尔什维克的旧偏见,认识到我们政策的正确性的工人人数日益增加,这是我们从签订布列斯特条约以来所实行的策略的功绩。

在向我提出的那些问题中,我只想谈两个有关运送粮食的问题。有些工人说,有些工人运送粮食是为了赡养家口,你们为什么禁止他们运送呢?这个问题的答案很简单:请你们想一想,如果某个地方、某个工厂、某个地区、某个街区所必需的几千普特粮食都由几千人去运来,那会造成什么后果。如果我们同意这样做,那么粮食组织就会完全瓦解。我们决不责备那些单独去搜寻粮食和用各种手段弄到粮食的受苦挨饿的人,但是我们说,我们工农政府的存在,不是为了鼓励涣散和混乱,不是为了使这种现象合法化。要做到这一点并不需要有政府。政府之所以需要,就是为了把他们联合起来,组织起来,团结起来,自觉地去反对没有觉悟的现象。决不能责备那些由于没有觉悟而把一切抛开不管,闭眼不看一切,用各种手段拯救自己即弄到粮食的人,但是可以责备那些身为党员但在宣传粮食垄断时表现得不够自觉和缺乏团结精神的人。的确,反对粮贩,反对个人运送粮食的斗争是一场困难的斗争,因为这是同广大群众的愚昧、没有觉悟和无组织性的斗争,但是我们决不放弃这场斗争。每当人们单独去采购粮食的时候,我们都一再号召他们采取无产阶级的社会主义的办法来同饥荒作斗争:团结起来,用新的力量来代替不健全的征粮队,即代之以朝气勃勃的、更坚强、更忠诚、更有觉悟和受过更多考验的人,我们一定要把同样多的粮食,即几千普特粮食运来,这些粮食如果由 200 人分开运,每人运 15 普特,那就会提高价格,助长投机活动。而我们要把这 200 人联合起来,组成一支团结一致的强有力的工人大军。如果我们一下子办不到,那我们就再努力。在每个工厂里,我们要极力设法使觉悟的工人拿出更多的力量,派出更加可靠的人来同投机活动作斗争。我们深信,工人的觉悟、纪律和组织性最后一定能战胜一切严峻的考验。一旦人们根据自己的亲身经验确信,个别的私贩粮食的活动拯救不了几十万挨饿的人,那么我们就会看到,有组织的自觉的行动一定会取得胜利,我们一定能够通过团结的办法同饥荒作斗争,并做到合理地分配粮食。

　　这里有人问我:为什么对于其他一些和粮食一样必需的工业品不实行垄断呢? 我的答复是:苏维埃政权正在对此采取一切措施。你们知道,现在有一种把纺织工厂、纺织生产组织起来、联合起来的趋势。你们知道,在这个机构中,大多数的领导核心都是工人担任的;你们知道,苏维埃政权正在着手把一切工业部门收归国有;你们知道,在进行这项工作的道路上,困难是很大的,需要很多力量才能把这一切有组织地建立起来。我们进行这项工作跟那些依靠官吏的政府的做法不同。他们进行管理是很容易的:让一个人拿 400 卢布,让另一个人多拿一些,拿 1 000 卢布,我们发号施令,你们必须执行。一切资产阶级国家都是这样进行管理的,它们以高薪雇用官吏,雇用资产阶级的子弟来管理。苏维埃共和国不能这样进行管理。它没有官吏来管理和领导联合所有纺织工厂的工作、进行计算的工作以及对一切日用品实行垄断并进行合理分配的工作。为了做到这一点,我们号召那些工人,那些纺织工会的代表们:你们必须在中央纺织工业委员会的领导成员中占多数,如像在最高国民经济委员会的领导成员中占多数一样。工人同志们，你们亲自把这一项最重要的国家大事担当起来吧，我们知道，这要比任命一些内行的官员困难些，但是我们知道没有别的路可走。必须把政权交给工人阶级，必须克服一切困难教会先进工人根据自己亲身的经验，通过自己动手，懂得应该怎样为了劳动者的利益分配一切日用品，一切纺织品。（鼓掌）

因此，为了实行国家垄断，规定固定价格，苏维埃政权正采取在目前情况下能够采取的一切措施，并且是通过工人，同工人一起采取的，使工人在每一个管理委员会里，每一个中央机构——无论是最高国民经济委员会、五金工人联合会，还是最近几星期内收归国有的制糖厂联合公司——中都占多数。这是一条困难的道路，但是，我再说一遍，不经过困难，就不能使早先已经习惯于并且几百年来被资产阶级训练得只会驯顺执行它的命令、像苦役犯人那样劳动的工人转到另一种地位，就不能使他们感觉到，政权属于他们自己。工业的主人，粮食的主人，全国一切产品的主人，是他们自己。只有当工人阶级深刻地意识到这一点的时候，只有当他们以自己的经验、自己的工作把自己的力量增大十倍的时候，社会主义革命的一切困难才会克服。

最后，我再一次提请工厂代表会议注意，莫斯科这个城市的困难特别大，因为这是一个巨大的商业和投机活动的中心，在这里，有几万人许多年来专靠经商、投机活动取得生活资料，这里的困难特别大，但是这里有着任何小城市所没有的力量。让这些工人组织、工厂委员会很好地记住并切实地注意目前一切事件和目前俄国劳动者遭受的饥荒所给予的教训。只有把觉悟的先进的工人不断地更广泛地组织起来，才能拯救革命，防止政权回到地主和资本家手中。这样的工人现在占多数,但这还不够;必须使他们更多地担负全国性的工作。在莫斯科,投机商利用饥荒大发横财和破坏粮食垄断的情形,富人们想要什么就有什么的情形是屡见不鲜的。莫斯科有8 000名共产党员,莫斯科的工会中也有2万—3万工会可以保证的、可以信赖的、能够坚决体现无产阶级政策的人。你们要把他们联合起来,建立几千几万支征粮队,把粮食工作担当起来,搜查所有的富人,这样,你们就能达到你们所要达到的目的。(鼓掌)

我已经对你们谈过,叶列茨城在这方面取得了很大的成绩。而在莫斯科要做到这一点却比较困难。我说过,叶列茨城是搞得最好的一个城市,有许多城市搞得很不好,因为这是一件困难的工作,因为这里的问题不是武器不够,武器要多少有多少,困难在于如何把成百成千的工人提拔到重要的领导岗位上来,这些工人绝对可靠,能够懂得自己所做的工作不只是自己本地方的工作而是全俄国的工作,能够作为整个阶级的代表克尽自己的职责,能够按照严密的计划从事工作和执行指示,执行莫斯科苏维埃和整个无产阶级莫斯科的组织的决议。全部困难就在于组织无产阶级,就在于使它比目前更有觉悟。你们看一看彼得格勒的选举[189]就可以看出,尽管那里的饥荒比莫斯科还要严重,那里的灾难比莫斯科更利害,那里对工人革命的忠诚精神却在不断增强,那里组织性和团结却在不断增强,这样你们也就会了解,与我们所遭受的灾难增多的同时,工人阶级克服这一切困难的决心也会日益增强。你们要走上这条道路,增强你们的毅力,让成千个征粮队走上这条道路,支援粮食工作,这样,我们就能依靠你们的支持,同你们一起战胜饥荒并做到合理的分配。(热烈鼓掌)

3

关于目前形势的报告的决议

（6月27日）

莫斯科工厂委员会第四次代表会议完全支持苏维埃政权的粮食政策，特别赞同（而且主张全体工人必须支持）联合贫苦农民的政策。

工人的解放只能是工人自己的事情，而且只有城市工人和贫苦农民结成最紧密的联盟才能战胜资产阶级和富农的反抗，才能掌握一切余粮并在城市和农村急需粮食的人中间进行合理的分配。

代表会议号召各工厂委员会集中一切力量来组织更广泛的工人群众参加征粮队，并推动他们在最可靠的同志的领导下积极而全面地支持工农政府的粮食政策。

载于1918年《莫斯科市工会和工厂　　　　译自《列宁全集》俄文第5版
委员会第四次代表会议记录》一书　　　第36卷第433—469页

在西蒙诺沃分区群众大会上的讲话¹⁹⁰

(1918 年 6 月 28 日)

简 要 报 道

(工人们热烈欢迎列宁同志)列宁同志谈到了内战的必要性，号召莫斯科的无产阶级同心协力地组织起来，同反革命势力作斗争，战胜饥荒和国家的经济破坏。

列宁同志顺便还谈到了萨拉托夫事件和坦波夫事件，并指出，凡在孟什维克党和右派社会革命党煽起暴动的地方，工人阶级很快就对这两个政党的意识形态感到失望了，同时也很快就打倒了工农政权的篡夺者。

我们接到一份求援的电报，但是我们的部队还没有开到半路，请求支援的工人们又通知我们说，不必立即支援了，因为篡夺者已被地方上的力量击败了。萨拉托夫、坦波夫以及其他城市的情况都是这样。

列宁同志指出，战争和共产党的愿望是根本违背的。但是今天我们所宣传的这个战争却是神圣的，这是内战，是工人阶级反对其剥削者的战争。

不作出努力，不花大力气，我们是不能走上社会主义道路的。要为实现工人阶级的理想而进行胜利的斗争，必须组织起来，为了巩固以重大损失和艰苦奋斗换来的一切成果，也必须组织起来。

保持政权比夺取政权更困难。我们从历史上的许多例子中可以看到,常常工人阶级夺得了政权,但是不能保持政权,其原因就在于没有充分强大的组织。

列宁同志接着说,人民已经精疲力竭,所以他们可能被怂恿去做某种蠢事,甚至去同斯科罗帕茨基合流,因为大多数人民还处在愚昧状态。

现在,饥荒正日益逼近,但是我们知道,即使没有西伯利亚、高加索和乌克兰,粮食也是完全够吃的。首都周围各省有足够的粮食可以维持到新收获期,然而粮食全部被富农隐藏起来了。必须把贫苦农民组织起来,以便在他们的帮助下取得这些粮食。必须在行动上和言论上同投机活动和投机商作无情的斗争。

只有组织起来的工人阶级才能向老百姓说明同富农斗争的必要性。俄国人民应该知道,贫苦农民有一个巨大的同盟者,即组织起来的城市无产阶级。

工人阶级和农民不要过分寄希望于知识分子,因为开始站到我们这边来的很多知识分子总是盼望我们垮台。

列宁同志在结束自己的讲话时,号召工人和农民组织起来,进行反对富农、地主和资产阶级的斗争。(全场听众对列宁同志的讲话报以热烈的掌声)

载于1918年6月29日《全俄中央　　　　译自《列宁全集》俄文第5版
执行委员会消息报》第133号　　　　　第36卷第470—471页

预　　言

（1918 年 6 月 29 日）

谢天谢地，现在大家都不相信神奇的事情了。神奇的预言是童话。科学的预言却是事实。如今在我们周围时常可以看到一种可耻的灰心丧气甚至绝望的情绪，在这种时候提一提下面一段已经得到证实的科学预言是有好处的。

1887 年，弗里德里希·恩格斯在为西吉斯蒙德·波克罕所著《纪念 1806—1807 年德意志极端爱国主义者》(«Zur Erinnerung für die deutschen Mordspatrioten 1806—1807»)一书（这本书就是 1888 年在霍廷根—苏黎世出版的《社会民主主义丛书》第 24 册）写的引言中，曾论及未来的世界战争。

请看弗里德里希·恩格斯在 30 多年前是怎样谈论未来的世界战争的：

"……对于普鲁士德意志来说，现在除了世界战争以外已经不可能有任何别的战争了。这会是一场具有空前规模和空前剧烈的世界战争。那时会有 800 万到 1 000 万的士兵彼此残杀，同时把整个欧洲都吃得干干净净，比任何时候的蝗虫群还要吃得厉害。三十年战争所造成的大破坏会集中在三四年里重演并殃及整个大陆；到处是饥荒、瘟疫，军队和人民群众因极端困苦而普遍野蛮化；我们在商业、工业和信用方面的人为的运营机构会陷于无法收拾的混乱状态，其结局是普遍的破产；旧的国家及其传统的治国才略一齐被摧毁，以致王冠成打地滚落在街上而无人拾取；绝对无法预料，这一切将怎样了结，谁会成为这场斗争的胜利者；只有一个结果是绝对没有疑问的，那就是普遍的衰竭和为工人阶级的最后胜利创造条件。

如果军备的互相竞赛制度发展到极端而终于产生它的不可避免的结果，前景就是这样。国王和达官显贵老爷们，这就是你们的才略把旧欧洲所弄到的地步。如果你们再也没有别的办法，只能开始跳最后的大战舞，那我们只能听其自然（uns kann es recht sein）。战争可能会把我们暂时抛到次要地位，可能会夺走一些我们已经占领的阵地。但是，如果你们放纵你们以后将无法对付的力量，那么不管那时情况如何，在悲剧结束时你们也就垮台了，而无产阶级的胜利要么已经取得，要么已经（doch）不可避免。

弗里德里希·恩格斯

1887 年 12 月 15 日于伦敦”①

多么天才的预言！在这个明确的、简要的、科学的阶级分析中，每一句话的含义是多么丰富！那些现在陷于可耻的信念动摇、灰心丧气和绝望状态的人，如果……如果那些惯于对资产阶级奴颜婢膝或让资产阶级吓倒的人还能思考，还有一点思考能力，那么，他们应该从这里吸取多少教益啊！

恩格斯所预料的事情有些发生得不像他所预料的那样，因为，在帝国主义飞速发展的三十年间，世界和资本主义当然不能不发

---

① 见《马克思恩格斯文集》第 4 卷第 331—332 页。——编者注

生变化。然而最令人惊奇的是，后来很多事情竟同恩格斯所预料的"一字不差"。其所以如此，是因为恩格斯作了极其确切的阶级分析，而阶级以及阶级间的相互关系仍然同以前一样。

"……战争可能会把我们暂时抛到次要地位……"　实际情形正是这样发展的，并且比这更甚，更坏。有一部分"被抛到次要地位的"社会沙文主义者及其毫无气节的"半反对者"即考茨基主义者，竟赞美他们自己的这种倒退，成了直接背叛和出卖社会主义的人。

"……战争可能会夺走一些我们已经占领的阵地……"　工人阶级的许多"合法"阵地都被夺去了。但是它在种种考验中受到了锻炼，获得了残酷的然而有益的教训，即建立不合法组织，进行不合法斗争，准备本身的力量去作革命冲击。

"……王冠成打地滚落……"　有几顶王冠已经滚落下来了，其中有一顶王冠抵得上整整一打别的王冠，那就是全俄专制君主尼古拉·罗曼诺夫的王冠。

"……绝对无法预料，这一切将怎样了结……"　在四年战争以后，这种绝对无法预料可以说是更加绝对了。

"……我们在商业、工业和信用方面的人为的运营机构会陷于无法收拾的混乱状态……"　在战争第四年末的时候，这种情形已经在被资本家拖入战争的最大、最落后的国家之一——俄国完全表现出来了。而德奥两国饥荒的日益严重，衣服和原料的缺乏，生产资料的损耗，难道不证明这种情形也正迅速地临到其他国家头上吗？

恩格斯描写的仅仅是"外部"战争所引起的后果；他没有说到内部战争即内战，但是历史上还没有一次不经过内战的大革命，也没有一个严肃的马克思主义者会认为从资本主义向社会主义的过渡可以不经过内战。如果说，外部战争还可以持续一个相当时期而不至于使资本主义的"人为的运营机构"陷于"无法收拾的混乱状态"，那么内战要不引起这种后果就显然是完全不可思议的了。

那些继续自称为"社会主义者"的人，如我们的新生活派、孟什维克、右派社会革命党人等等一类的人，恶意地指出这种"无法收拾的混乱状态"的表现，把一切都归罪于革命的无产阶级、苏维埃政权和向社会主义过渡的"空想"。这些人显得多么愚蠢，多么没有气节，也许可以说他们是为了私利而为资产阶级效劳。"混乱状态"——用一个绝妙的俄语说法就是经济破坏——是由战争引起的。惨重的战争不引起经济破坏是不可能的。作为社会主义革命的必要条件和必然伴随现象的内战，不引起经济破坏是不可能的。"因为"经济破坏而离开革命、离开社会主义，那不过是表示自己没有原则和实际上转到资产阶级方面去罢了。

"……到处是饥荒、瘟疫，军队和人民群众因极端困苦而普遍野蛮化……"

恩格斯作的这个不容争辩的结论是多么简单而清楚，这对任何一个多少能够考虑一下多年惨重而残酷的战争带来的客观后果的人，都是很明白的。而那许许多多不愿意或不善于思索这个极简单的论断的"社会民主党人"和可怜的"社会主义者"，显得多么惊人的愚蠢。

能够想象军队和人民群众经过多年战争而不**野蛮化**吗？当然不能。多年战争产生的这种后果，在若干年内，甚至在整整一代都是完全不可避免的。我们的那些"套中人"，那些资产阶级知识分子中自称为"社会民主党人"和"社会主义者"的意志薄弱的庸人，都附和资产阶级，把野蛮化现象或为制止特别严重的野蛮化现象而不得不采取的严厉手段归罪于革命，其实非常清楚，这种野蛮化完全是由帝国主义战争造成的，任何一个革命，不进行长期斗争，不采取许多严厉的高压手段，便不能摆脱战争的**这些**后果。

《新生活报》、《前进报》或《人民事业报》的我们那些讲漂亮话的笔杆子，不反对"在理论上"承认无产阶级和其他被压迫阶级的革命，只是这个革命是要从天上掉下来的，而不是经过四年各国间的帝国主义大厮杀在鲜血横流的土地上诞生和成长起来的，不是在被这次大厮杀弄得备受折磨、痛苦不堪和野蛮化的千百万人中诞生和成长起来的。

他们听说过并且"在理论上"也承认应该把革命比做分娩，但是一遇到实际，他们就可耻地畏缩起来，这些卑鄙的家伙不再啜泣，而是重新弹起了资产阶级恶意攻击无产阶级起义的老调。就拿那些描写分娩情形的作品来看吧，拿那些想把分娩的一切艰难、痛苦和可怕的情景真实描绘出来的作品，如埃米尔·左拉的《人生乐趣》(《La joie de vivre»)或韦列萨耶夫的《医生笔记》来看吧。人的诞生使妇女备受折磨，痛苦不堪，疼痛昏迷，血流如注，半死不活。但是，如果哪个"个人"认为爱情、爱情的结果和妇女做母亲的意义**不过**如此，有谁会承认这样的"个人"是人呢？有谁会由于**这一点**而发誓拒绝爱情和生育呢？

分娩有顺产，也有难产。科学社会主义的创始人马克思和恩格斯常常谈到从资本主义向社会主义的过渡必然会有的**长久阵痛**。恩格斯分析世界战争的种种后果时，简单而清楚地描写了一个不容争辩的明显事实：紧跟着战争而产生的、同战争相连的革命（尤其是——我们还要补充一句——在战争时期爆发并且不得不在周围进行着世界战争的时期发展和坚持下去的革命）是**特别困难**的一种分娩。

恩格斯清楚地认识到这个事实，特别慎重地说到在世界战争中灭亡的资本主义社会产生社会主义的问题。他说："只有一个结果〈世界战争的〉是绝对没有疑问的，那就是普遍的衰竭和为工人阶级的最终胜利**创造**条件。"

这种思想在我们所分析的这篇引言的末尾说得更加清楚：

"……在悲剧结束时你们〈资本家和地主，国王和资产阶级达官显贵老爷们〉也就垮台了，而无产阶级的胜利要么已经取得，要么已经不可避免。"

难产使致命病症和致命结局的危险成倍增加。但是，个别的人会死于难产，从旧制度中诞生出来的新社会却不会死亡，只不过是诞生得更加痛苦，时间拖得更长，生长和发展得更慢罢了。

战争的结局还没有到来，而普遍的衰竭却已到来了。至于恩格斯预言中所假定的战争的两种**直接**结果（或者是工人阶级已经争得胜利，或者是**克服一切困难**造成胜利不可避免的条件），这**两种**条件，在目前1918年年中都已具备了。

在一个最不发达的资本主义国家，工人阶级**已经争得了**胜利。在其余的国家，由于闻所未闻的痛苦空前加剧，使这种胜利成为"终于不可避免"的条件正在形成。

让那些"社会主义的"意志薄弱的庸人去说丧气话吧，让资产阶级去痛心疾首和暴跳如雷吧。只有闭着眼睛不看和堵上耳朵不听的人，才觉察不到在全世界范围内孕育着社会主义的资本主义旧社会已经开始分娩的阵痛。被事变进程暂时推到了社会主义革命前列的我国，现在正经受着开始分娩的特别厉害的痛苦。我们有一切根据来极其坚定地和充满信心地展望未来,这个未来正在为我们准备新的同盟者,准备社会主义革命在许多更先进的国家里的新的胜利。我们可以自豪并且深以为幸的,就是我们最先在地球的一角打倒了资本主义这只野兽,它使地球沾满了血污,它把人类引到了饥荒和野蛮化的地步,现在不论它怎样凶狠残暴地作垂死的挣扎,它都必然会很快地遭到灭亡。

1918 年 6 月 29 日

载于 1918 年 7 月 2 日《真理报》第 133 号

译自《列宁全集》俄文第 5 版第 36 卷第 472—478 页

关于苏维埃政权的民主制和
社会主义性质

(1918 年上半年)

苏维埃政权的民主制和它的社会主义性质表现在：

最高国家政权是由以前受资本压迫的群众自由选出和随时都可以撤换的劳动人民(工人、士兵和农民)的代表组成的苏维埃；

地方苏维埃根据民主集中制原则,自由联合成俄罗斯苏维埃共和国这一统一的、结合为联邦的全国性苏维埃政权；

苏维埃不仅把立法权和对执行法律的监督权集中在自己的手里,而且通过苏维埃全体委员把直接执行法律的职能集中在自己的手里,以便逐步过渡到由全体劳动居民人人来履行立法和管理国家的职能。

其次,应该注意到：

无论直接或间接地把个别工厂或个别行业的工人对他们各自的生产部门的所有权合法化,还是把他们削弱或阻挠执行全国政权命令的权利合法化,都是对苏维埃政权基本原则的极大歪曲,都是对社会主义的彻底背弃……①

载于 1957 年 4 月 22 日《真理报》
第 112 号

译自《列宁全集》俄文第 5 版
第 36 卷第 481 页

① 手稿到此中断。——俄文版编者注

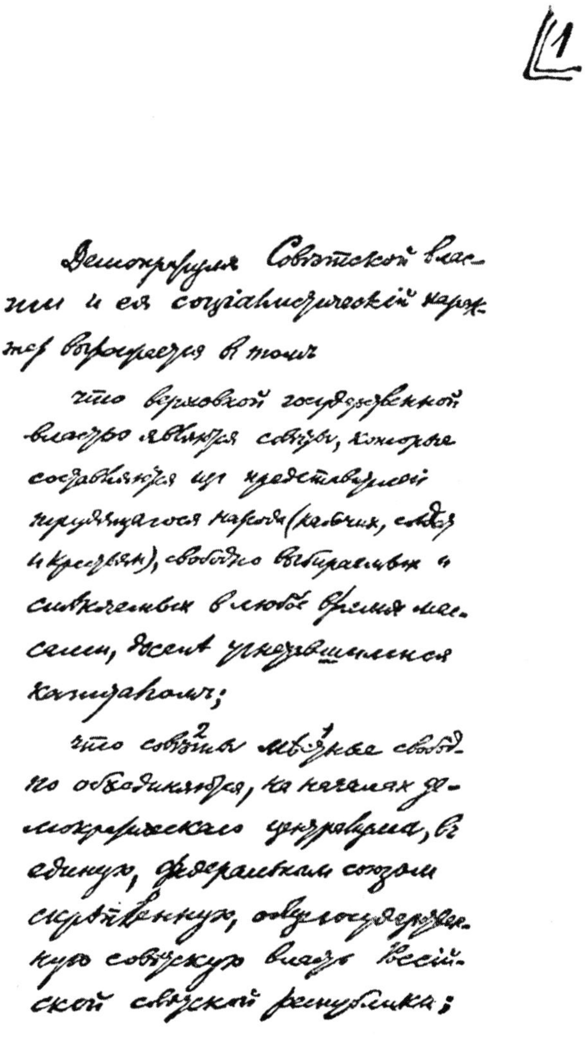
Демократизм Советской власти и ея социалистический характер выражается в том

что верховной государственной властью являются советы, которые составляются из представителей трудящегося народа (рабочих, солдат и крестьян), свободно выбираемых и сменяемых в любое время массами, доселе угнетавшимися капиталом;

что советы местные свободно объединяются, на началах демократического централизма, в единую, федеральным союзом скрепленную, общегосударственную советскую власть Российской советской республики;

1918 年列宁《关于苏维埃政权的民主制和社会主义性质》手稿的开头部分

（按原稿缩小）

同《人民政治日报》记者的谈话[191]

(1918 年 7 月 1 日)

你们的记者今天就俄国的局势和欧洲的整个局势同列宁进行了谈话。列宁强调说,革命总是在很大的痛苦中诞生的。单独进行革命的国家,局势总是严重的。但是,不仅俄国局势严重,到处都是如此。有人说,俄国一片混乱,但是,这是四年战争的结果,而不是实行布尔什维主义制度的结果。在新收获期之前的几个星期将是最困难的日子。丰收已经在望。反革命势力企图以各种方式利用目前的局势。构成反革命势力的是一些富裕农民和军官,但没有外国的支持,他们就没有力量。在反革命分子获胜的一些城市,他们掌握政权不过几天,甚至仅仅几个小时。右派社会革命党人策划的杀害沃洛达尔斯基的事件,实质上是暴露了反革命分子的虚弱。俄国革命的历史证明,一个政党如果得不到群众的支持,就总是采取个人恐怖手段。

*　　　*　　　*

列宁说,在布尔什维克党内反对布列斯特和约的反对派已经安静下来。布哈林、拉狄克和其他一些人重新参加了工作。为了不让德国人完全占领俄国和扼杀革命,和约是必要的。至于对无政府主义者采取了措施,那是因为无政府主义者已经武装起来，而且其中一部分人同明火执仗的匪徒相勾结。思想上的无政府主义者已经释放，他们的大型日报《无政府报》又照常出版了。192

工业的整顿就是在存在所有这些困难的情况下进行的。企业主还对这一工作广泛进行怠工，但是工人们正在把企业的管理掌握到自己手中。

在谈到捷克斯洛伐克军的叛乱时，列宁表示相信叛乱将被苏维埃军队平息，虽然这要拖延一段时间。

＊　　　　＊　　　　＊

德国人在乌克兰的处境十分困难。他们从农民那里完全得不到粮食。农民正在武装起来，并成群结队地袭击他们在任何地方遇见的德国士兵。这一运动正在日益开展。由于德国人的占领，布尔什维主义在乌克兰就好像成了一种民族运动。这一运动正在把过去连听都不愿听见布尔什维主义的人团结在自己的周围。如果德国人占领了俄国，其结果也会是同样的。德国人需要和平。值得注意的是，在乌克兰的德国人比乌克兰人自己更希望和平。土耳其的状况也是如此。尽管在乌克兰人们总是痛骂布列斯特和约，但德国人还是同乌克兰拉达签订了一个有利的协定。目前德国人正在援助反对高加索布尔什维克的斗争。

＊　　　　＊　　　　＊

在俄国我们现在需要等待欧洲革命运动的发展。目前德国的主战派势力很强大，他们在谈论柏林政府时带着一种蔑视的口吻。但是，反抗帝国主义的力量，甚至在资产阶级人士中也在增长。局势迟早一定会发展到在一切地方都出现政治的和社会的崩溃。目前的局势是不稳定的，但是要建立更好的秩序光靠战争和流血是不行的。

载于 1918 年 7 月 4 日《人民政治
日报》(瑞典文)第 152 号

译自《列宁全集》俄文第 5 版
第 36 卷第 482—484 页

在阿列克谢耶夫练马场群众大会上的讲话[193]

（1918年7月2日）

简 要 报 道

列宁同志指出，军队和生产资料一样，从前是剥削阶级手中的压迫工具。而现在在俄国，两者都成了为劳动者的利益而斗争的工具。

这个转变是来之不易的，旧的沙皇军队中的士兵们从束缚这个军队的纪律中懂得这一点。列宁同志接着讲述了一件不久以前的事情，他在芬兰时听到一位芬兰的老农妇说：从前带枪的人不让她在树林里拾柴禾，而现在相反，带枪的人对她没有危险，甚至还保护她。列宁说，不管资产者及其支持者们怎样诬蔑我们，不管白卫分子制造了多少阴谋，但是既然连这些愚昧的被剥削者群众都意识到现在的军队是劳动者的保护人，那就说明苏维埃政权是巩固的。

接着列宁指出，跟从前一样，饥荒使投机商和资本家更为猖狂。现在的情况也是这样，因此新的军队在内战中可能还要对付这些利用饥荒的投机商。让旧世界，让已经衰亡的社会的代表们竭力按旧的方式去帮助饥民吧，新世界跟他们相反，要按新的方式去做这件事情。列宁同志说，如果劳动者的先锋队——红军记住，他们是代表和保卫着整个国际社会主义的利益，我们就一定能够胜利。接下去列宁指出，我们不是孤立无援的，可以作为例子说明这一点的是奥地利发生的事情，以及在欧洲所有国家都有与我们思想一致的同志，虽然他们现在受到压制，但是他们正在进行自己的工作。

载于 1918 年 7 月 4 日《真理报》第 135 号

译自《列宁全集》俄文第 5 版第 36 卷第 485—486 页

人民委员会关于
保证向农民提供农业机械的决定草案[194]

(1918 年 7 月 2 日)

成立一个由农业人民委员部、最高国民经济委员会农机局和粮食人民委员部(请科兹明同志列席)代表组成的委员会,研究实际支援农民的措施即向他们供应农业机械的问题。责成委员会明天(7 月 3 日)上午开会,以便明天就同来参加第五次代表大会[195]的代表们进行商谈。责成哈尔洛夫同志负责召集委员会并向人民委员会报告。责成谢列达同志负责执行。

载于 1933 年《列宁文集》俄文版
第 21 卷

译自《列宁全集》俄文第 5 版
第 54 卷第 400—401 页

在全俄苏维埃第五次代表大会共产党党团会议上的讲话[196]

（1918 年 7 月 3 日）

简 要 报 道

列宁同志在谈到俄国的国际形势问题时指出，我们的处境仍然是很危险的，因为国外的敌人不但威胁说要发动进攻，而且已经在夺取俄国的一块块领土。

这种动荡不定的局面也许一直要延续到全世界工人阶级起来推翻资本的时候为止。必须利用当前的喘息时机巩固苏维埃政权。

在谈到世界大厮杀的时候，列宁指出，德国军队的胜利使帝国主义国家之间不可能媾和。英法资本家不甘心让德国这样大量地掠夺。况且，在法国境内，在德国发动一系列攻势并损失几十万兵员之后，双方已经形成了一种势均力敌的局面，德军已不再是致命的威胁。此外，协约国的帝国主义分子还考虑到奥匈帝国遭到的惨重的经济破坏。

从整个局势中只能得出一个结论：战争已陷入无法解决的僵局。这种僵局使我们的社会主义革命有一个很好的机会以坚持到世界革命爆发，这方面的保证则是只有工人群众才能结束的战争。我们的任务是保持住苏维埃政权，我们正在用退却和随机应变的策略来做到这一点。目前去进行公开的斗争，只会有害于世界革命的形势。

列宁同志描述了我们是在怎样的情况下从先前执政的各种右翼政党手里接管了国家的经济的，然后指出了根据新的原则、新的方法来组织经济建设的全部困难。

在战胜饥荒的斗争中，我们有两个敌人：财主和经济破坏。在这场斗争中，必须使贫农信赖同工人的兄弟联盟。他们不相信空话，只相信事实。在这里我们的希望只能寄托在觉悟的城市工人和贫苦农民的联盟上。为人人得到面包的权利和合理分配的权利而斗争，是一项伟大的任务。善于平均地进行分配，是我们正在创建的社会主义的原则。在这方面，我们不仅要对我们自己的弟兄们负责，而且要对全世界的工人负责。

他们将会看到：社会主义并不是什么不能实现的东西，而是一种强有力的工人的社会制度，全世界无产阶级都应该为之奋斗。

载于1918年7月4日《真理报》
第135号

译自《列宁全集》俄文第5版
第36卷第487—488页

在全俄苏维埃第五次代表大会上关于人民委员会工作的报告[197]

(1918年7月5日)

1

报　　告

　　同志们,尽管前面一位发言人的发言有些地方非常激动[198],请允许我还是代表人民委员会按照通常的方式向你们提出报告,谈一谈应该注意的几个主要的原则性问题,而不参与前面一位发言人所期望的论战;当然,我也不打算完全拒绝论战。同志们,你们知道,自从上一次代表大会以来,决定我们的局势、改变我们的政策、决定我们的策略和我们同俄国其他一些政党的关系的主要因素,就是布列斯特条约。你们记得,在上一次代表大会上,人们纷纷责备我们,非难我们,有不少人说,宣扬一时的喘息时机对俄国不会有什么帮助,国际帝国主义终究还是缔结了联盟,我们所实行的退却实际上不会带来什么好处。这个基本因素也决定了资本主义国家的整个局势,所以自然需要谈一谈这个因素。同志们,我认为,过去的三个半月证明:尽管人们责备和非难我们,但是毫无疑问,我们是正确的。我们可以说,无产阶级和不剥削别人、不靠人民挨饿发财的农民都是无条件地拥护我们的，他们无论如何是反对那些把他们拖入战争并想撕毁布列斯特条约的缺乏理性的人的。（喧嚷）

十分之九的人是拥护我们的，而且形势愈是明朗，也就愈是可以肯定：目前，西欧不同的帝国主义集团，两个主要的帝国主义集团，彼此正在拼死地搏斗，它们一月比一月地、一星期比一星期地、一天比一天地愈来愈把对方推近我们清楚地看到了它的轮廓的深渊，在这样的时候，我们特别清楚地看到我们策略的正确性，——凡是经历过战争、见识过战争和不是以轻浮态度谈论战争的人都特别清楚地了解和感觉到这一点。我们特别清楚地知道，既然目前上述两个集团哪一个都比我们强大，既然根本的转变还没有到来，俄国的工人和劳动人民还不能享受革命成果，在遭受打击后恢复元气，完全站立起来，以便根据新的原则建立起一支有组织有纪律的新军队，使我们能够不是在口头上，而是在实际上……（左边热烈鼓掌，右边有人喊道："克伦斯基！"）　既然这样的根本转变还没有到来，我们就必须等待。因此，愈深入人民群众，愈接近工厂工人和劳动农民，即不剥削雇佣劳动、不维护隐藏粮食并害怕粮食专卖的富农的投机利益的农民，就愈有把握说，就是在那里我们也将得到和正在得到，而且现在可以满怀信心地说，已经得到了完全的赞同和一致的拥护。的确，现在人民不愿意、不能够而且也不会跟这些敌人即帝国主义者作战，不管那些愚昧无知、耽于空谈的人怎样企图把人民拖入这场战争，不管他们用什么花言巧语来掩饰自己。是的，同志们，现在谁直接或者间接地、公开或者隐蔽地侈谈战争，谁叫嚷反对布列斯特绞索，他就是没有看到给俄国工人和农民套上绞索的正是克伦斯基、地主、资本家和富农老爷们……

（有人喊道："米尔巴赫!"喧嚷）　不管他们在每次会议上怎样叫嚷,他们的事业在人民中间是毫无希望的!（鼓掌,喧嚷）

我毫不奇怪,由于这些人的处境,他们只能用叫嚷、歇斯底里、谩骂和撒野来回答（鼓掌）,再也拿不出别的论据……(有人喊道："拿得出!"喧嚷)

百分之九十九的俄国士兵都知道,为了制止战争,付出了多么痛苦的代价。他们知道,要把战争建筑在新的社会主义的经济基础上（喊声："米尔巴赫不允许!"）,需要作极大的努力,需要制止强盗战争。他们知道,疯狂的帝国主义势力继续在搏斗,从上一次代表大会后的三个月来,它向深渊又靠近了几步,所以他们不参加这场战争。我们履行了对各国人民所负的义务,认识到和平宣言的意义并通过我们以托洛茨基同志为首的布列斯特代表团把这个意义告诉了各国工人,在这以后我们公开建议签订真诚的民主和约,但是这个建议却遭到各国穷凶极恶的资产阶级的阻挠。我们的处境使我们只能等待,人民一定能够等到这些现在还强大的疯狂的帝国主义者集团掉进它们目前正在走近的深渊,——大家都看到了这一点……（鼓掌）　只要不是故意闭上眼睛的人都看到了这一点。在疯狂的帝国主义集团力图拖延战争的三个半月以来,这个深渊无疑是离得更近了。我们知道、感到并觉察到,现在我们还没有作好作战的准备,这是士兵们即实际经历过战争的军人们说的,而孟什维克、右派社会革命党人和克伦斯基的支持者立宪民主党人却在那里叫嚣,号召现在就摘掉布列斯特绞索。你们知道哪里还有地主、资本家的支持者,哪里还有右派社会革命党人、立宪民主党人的走狗。在那个阵营里,也倾向战争的左派社会革命党人的言论是会博得响亮的掌声的。正像前面几位发言人指出的,左

派社会革命党人已经落到了难堪的地步：本来要进这间屋子，结果却跑进了那间屋子[199]。（鼓掌）

我们知道，伟大的革命是人民群众自己从最下层发动起来的，这需要几个月以至于几年的时间。左派社会革命党在革命时期发生了极大的动摇，我们并不奇怪。托洛茨基在这里谈到了这种动摇，我只想补充一点：10月26日，当我们邀请左派社会革命党的同志参加政府的时候，他们拒绝了；当克拉斯诺夫兵临彼得格勒城下的时候，他们没有同我们站在一起，因而，结果是他们没有帮助我们，而帮助了克拉斯诺夫。我们对这种动摇并不感到奇怪，的确，这个党已经动摇过很多次了。但是，同志们，一切总得有个限度。

我们知道，革命是要通过试验和实践来学习的，只有当千百万人万众一心、一致奋起的时候，革命才成其为革命。（掌声盖住了列宁的讲话声，喊声："苏维埃万岁！"）激励我们奋起开创新生活的这场斗争，是由11 500万人发动的，应该极其认真地研究这场伟大的斗争。（热烈鼓掌）10月，当建立苏维埃政权的时候，1917年10月26日，当……（喧嚷，叫喊，鼓掌）我们党和它在中央执行委员会里的代表建议左派社会革命党参加政府的时候，他们拒绝了。在左派社会革命党人拒绝参加我们政府的时候，他们不是同我们站在一起，而是反对我们的。（左派社会革命党人的席位上发出喧嚷声）我感到很遗憾，不得不说这些你们不喜欢听的话。（右边喧嚷声更加厉害）但是有什么办法呢？既然哥萨克将军克拉斯诺夫……（喧嚷声，喊声使得讲话无法继续）　10月26日你们动摇了，你们自己也不知道你们想要什么，你们拒绝跟我们一起走……（喧嚷持续数分钟）　忠言逆耳！我提醒你们，那些动摇的、连自己也不知道想要什么的人拒绝跟我们一起走,听信别人的谎话。我作为一个参加过战争的战士,跟你们说过……(喧嚷,鼓掌) 当前面一位发言人发言的时候,代表大会的绝大多数并没有打断他的话。这样做是对的。假如有人愿意退出苏维埃代表大会的话,那就请便吧!(右边席位上喧嚷和骚动,主席叫大家不要喧嚷)

同志们,总之,事变的整个进程证明,在签订布列斯特和约这件事情上我们是正确的。那些在上一次苏维埃代表大会上对喘息时机说过冷言恶语的人已经受到了教育,并且看到:我们费了九牛二虎之力总算获得了喘息时机,在这缓和期间,我国的工人和农民向社会主义建设迈进了一大步,相反,西欧列强却向深渊迈进了一大步。这场战争每继续一个星期,帝国主义就愈快地掉进这个深渊。

因此,我只能说,那些借口我们处境困难而攻击我们策略的人的行为是一种完全不知所措的表现。我再说一遍,只要举出最近三个半月的情况就够了。我提醒参加过那次代表大会的人回忆一下那次大会上说过的话,并建议没有参加那次代表大会的人看一看记录或者报上有关那次代表大会的文章,以便了解事态如何充分地证明了我们的策略是正确的。从十月革命的胜利到国际社会主义革命的胜利,其间不可能有什么分界线,其他各国的革命是必然要爆发的。为了加速各国革命的爆发,在布列斯特和约时期,我们做了可能做的一切。凡是经历过 1905 年和 1917 年的革命、思考过并曾经认真严肃地对待这两次革命的人都知道,我国这两次革命的爆发是很不容易的。

在 1905 年 1 月前两个月和 1917 年 2 月前两个月,任何一个有丰富经验和知识的革命者,任何一个了解人民生活的人,都不曾料到会发生这样使俄国爆炸开来的革命。抓住个别人的叫喊，向人民群众发出等于是终止和平、把我们拖入战争的号召——这就是那些完全不知所措、丧失理智的人的政策。为了证明他们不知所措，我给大家举一个人的话作为例子，对这个人的诚实，无论是我，无论是任何别的人都不会怀疑。我指的是斯皮里多诺娃同志的话，是登在《劳动农民呼声报》[200]上的那篇讲话，对这篇讲话还没有人提出反驳。斯皮里多诺娃同志在6月30日的这篇讲话里说了几句毫不相干的话，说什么德国人向我们提出了最后通牒，要我们给他们送去20亿卢布的纺织品。

如果一个党竟使自己最诚实的代表陷入如此骇人听闻的进行欺骗和撒谎的泥潭，那么这样的党也就彻底完了。工人和农民不会不知道，我们为签订布列斯特条约已经做了多么大的努力，忍受了多么大的痛苦。难道还需要这个党的最诚实的人用童话和谎言来渲染和约带来的苦难吗？但是我们知道人民真正的利益所在，我们以它作为指导，而他们却歇斯底里地乱喊乱叫。从这个角度来说，这种完全不知所措的行为比任何挑衅行为还要坏。特别是当我们以对待革命所应有的科学态度把俄国所有政党放在一起加以对比的时候，更可以看出这一点。时刻不要忘记全面地考察各个政党之间的相互关系。个别人，个别集团可能犯错误，可能看不清楚和说不清楚自己的行为，但是，如果我们把俄国所有的政党放到一起，对它们之间的相互关系加以考察，那就不会犯错误。你们瞧，现在右派社会革命党人如克伦斯基和萨文柯夫等等听到左派社会革命党人的号召时说些什么……　是的，他们现在像发了疯一样地鼓掌喝彩。现在，米留可夫需要战争，他们也就乐意把俄国拖入战争。现在，这样谈论布列斯特绞索，就等于给俄国农民套上地主的绞索。有人在这里谈到跟布尔什维克的斗争,例如前面一位发言人谈到同布尔什维克的争吵,我要回答说:不,同志们,这不是争吵,这是真正的无可挽回的分裂,这是两种人之间的分裂,一种人忍受着困难的处境,向人民说出真实情况,而不是一味地叫喊,另一种人则一味地叫喊,不自觉地进行着异己者的活动,挑拨者的活动。(鼓掌)

我就要结束我的报告的第一部分。在进行疯狂的帝国主义战争的三个半月中,帝国主义国家已经接近了它们企图把人民推进去的深渊。这只满身血污的野兽从我们身上撕去了许多块肉。我们的敌人正十分迅速地接近这个深渊,即使再给他们三个半月以上的时间,即使帝国主义大厮杀再给我们带来这样大的损失,死亡的也将是他们,而不是我们,因为,他们的挣扎在迅速减弱,这使他们迅速地滚向深渊。而在我们方面,这三个半月以来尽管有很大的困难,——这一点我们公开地告诉了全体人民,——但是茁壮的幼芽正在健康的机体上成长起来,工业和其他各方面的建设工作规模也许不算大,也并不轰轰烈烈,有声有色,却是在向前发展。它已经取得了极其丰硕的成果。如果我们再这样工作三个月、六个月,以至于再过一个冬季,我们就会继续前进,而西欧帝国主义这只野兽会斗得精疲力竭,经受不住这场竞赛,因为它们内部正有一种力量在成长,虽然这种力量至今还缺乏信心,但是它将来一定能置帝国主义于死地。而那里已经开始的事情,已经充分开始了的事情,在三个半月里不会有什么变化。关于这些规模不大的建设工作,创造性工作,人们谈得太少了,而我认为,我们应该多谈一些。从我这方面来说,我也不能对此保持沉默,这至少是因为必须考虑到前面一位发言人的攻击。这里我要提一下中央执行委员会

1918年4月29日的决议①。当时我作了一个报告,在报告中我谈了关于苏维埃政权的当前任务②,我着重指出,尽管我们的处境十分困难,但是在我们国内必须把建设工作放在首位。

在这方面我们不抱任何幻想,我们应该说,不管有多大困难,我们必须尽自己的一切力量做好这项工作。我可以同你们谈谈这方面的经验,这些经验表明,我们在这方面无疑有了突飞猛进。不错,如果像资产阶级那样,只看表面的结果,抓住我们的个别错误,那就未必能说有什么成绩,但是我们的看法却完全不同。资产阶级抓住一个内河航运管理局的例子,指出我们一再改组这个机构的事实,幸灾乐祸地说苏维埃政权不能胜任工作。我要回答说:是的,我们像改组铁路管理局一样,多次改组了我们的内河航运管理局,而且我们现在还在对国民经济委员会进行大改组。变革的意义就在于:把社会主义从只是被一无所知的人谈论的教条,从书本知识和纲领变成了实际的工作。现在工人和农民正在用自己的双手建设社会主义。

对俄国来说,根据书本争论社会主义纲领的时代也已经过去了,我深信已经一去不复返了。今天只能根据经验来谈论社会主义。变革的意义就在于,它第一次抛弃了资产阶级官僚制度、资产阶级管理体制这个旧机构,创造了工人和农民自己担负起非常困难的事业的条件,不正视这项事业的困难是令人可笑的,因为资本家和地主多少世纪奴役和压迫千百万人,目的只有一个,就是支配土地。现在,在几个星期之内,在几个月之内,在经济破坏极端严重的情况下,在战争已经使俄国遍体鳞伤,人民就像一个被打得半

---

① 见本卷第257—260页。——编者注
② 见本卷第223—247页。——编者注

死的人的情况下，在沙皇、地主和资本家给我们留下极其严重的经济破坏的情况下，新的阶级，工人和不剥削雇佣工人、不靠粮食投机发财的农民必须担当起新的事业，新的建设。的确，这个事业是非常困难的，也是非常能收效的。这样的工作，这样的经历，一个月就等于我们历史上的10年，甚至于20年。的确，我们丝毫不害怕向你们承认，而且看了我们的法令也会知道：我们是经常修改法令的；我们还没有创造出什么完备的东西，我们还没有一个可以分条列款的定型的社会主义。现在我们能够向这次代表大会提出苏维埃宪法201，那只是因为苏维埃已经在全国所有地方建立起来，并且经受了试验，只是因为你们创立了宪法，你们在全国所有地方进行了试验；只是在十月革命以后过了半年，全俄苏维埃第一次代表大会以后过了差不多一年，我们才能够写下实践中已经存在的东西。

在经济领域内，社会主义还刚刚在建设，新的纪律应该建立起来，在这方面，我们没有经验，我们要在改造和重建中取得经验。这是我们的主要任务。我们说：任何一个新的社会制度都要求建立新的人与人之间的关系，建立新的纪律。在没有农奴制的纪律就不能经营经济的时期，唯一的纪律是棍棒；在资本家统治的时期，起纪律作用的是饥饿。而现在，从实行了苏维埃变革时起，从社会主义革命开始起，纪律应该建立在崭新的基础上，这种纪律就是信任工人和贫苦农民的组织性的纪律，是同志的纪律，是对人非常尊重的纪律，是在斗争中发挥独创性和主动性的纪律。有人采取旧的资本主义的办法，有人在贫困饥饿的时候按照旧的资本主义的方式谈问题，他们说：如果我单独出卖粮食，就能够多赚些钱；如果我单独去弄粮食，就能比较容易地弄到。谁要这样说，谁就是选择了一条比较好走的道路，不过他绝对不会走到社会主义。

停留在人们已经习惯了的资本主义关系的旧阶段上是简单容易的事情，但是我们希望走新的道路。这条道路要求我们，要求全体人民有高度的觉悟和高度的组织性，需要更多的时间，会产生许多错误。但是我们说：只有一点实际工作也不做的人才不犯错误。

在我的报告所涉及的时期从代表大会的角度看有过各种经验，经常在修改、纠正以及恢复旧的东西，但这决不是这个时期的主要任务、主要内容和主要价值。只关心上面下命令提高他们的薪水的旧官僚们的管理机构已经不复存在了。我们现在面对的是自己掌管经济的工人组织。我们面对的是铁路无产阶级，他们的处境比别人更差，他们有权要求改善他们的生活状况；明天河运业的无产阶级会提出自己的要求，后天中农又会提出要求。关于中农，我以后还要详细地谈谈，他们常常觉得不如工人；我们对他们非常注意，所有的法令都照顾到他们的利益，而前面一位发言人完全不了解这一点。这一切就造成很大的困难，但是这是工人和贫苦农民多少世纪以来第一次用自己的双手组织俄国整个国民经济过程中的困难。因此要想办法满足正当的要求，修改法令，改组管理机构。尽管有挫折和失败的事例，有被资产阶级报刊抓住的种种事例，而这类事例当然是很多的，我们终究取得了一些成就，因为我们正是通过这些局部的挫折和错误，通过实践在学习建设社会主义大厦。当四面八方都向我们提出新的要求时，我们说：每个人都希望改善自己的生活状况，大家都想过好日子，这是理所当然的，这正是社会主义。但是，国家很穷，非常穷，暂时不能满足所有的要求，因此在经济破坏过程中建设新的大厦是很困难的。但是谁要是以为可以在和平安宁的条件下建设社会主义，他就大错特错了,因为到处都得在经济破坏的情况下,在饥饿的情况下建设社会主义,这也是理所当然的。当我们看见真正的思想的代表人物时,我们说:工人和劳动农民已经在用几千几万几十万双手建设新的社会主义大厦了。现在农村中已经开始极其深刻的变革,富农在进行鼓动,竭力阻挠不剥削别人劳动和不靠粮食投机发财的劳动农民,所以那里的任务不同。在城市里要把工厂、五金工业组织好,在军事破坏以后要分配生产,分配原料和材料,完成这些任务是很困难的。那里,工人们正在学习这件事和建立中央管理机关,我们要改组最高国民经济委员会,因为年初颁布的旧法律已经过时了,工人运动在前进,旧的工人监督已经不适用了,工会正在变为萌芽状态的管理整个工业的机构。(鼓掌)在这方面,我们已经做了许多工作,但是我们毕竟还不能夸耀有什么辉煌的成就。我们知道,在这方面,资产阶级分子、资本家、地主和富农还有可能长时期进行鼓动,说颁布的法令从来都不贯彻,新的法令刚颁布,三个月就修改,资本主义制度下的投机活动现在依然存在。是的,我们不知道有什么万应灵丹能够立刻消灭投机活动。资本主义制度的积习太深了,改造几百年来受这种习惯熏染的人,是一件困难的、需要很长时间的事情。但是,我们说,我们的斗争方法就是组织。我们必须把一切都组织起来,必须把一切都掌握在自己手中,处处监督富农和投机商,同他们进行无情的斗争,不让他们有喘气的机会,监督他们的一举一动。(鼓掌)

我们根据经验知道,修改法令是必要的,因为遇到了新的困难,是新的困难不断促使我们进行修改。如果说在粮食问题上我们现在已把贫苦农民组织起来,如果说我们过去的同志——左派社会革命党人十分真诚地说(对这种真诚是不能怀疑的)我们已经

分道扬镳，那我们坚决回答他们说：这对你们更坏，因为这意味着你们背弃了社会主义。（鼓掌）

同志们！粮食问题是一个主要的问题，是我们政策中特别要注意的问题。人民委员会采取的许多不大引人注意的零星措施，如改善水路运输和铁路运输，清理军需仓库，同投机活动作斗争等，都是为了搞好粮食供应。现在，不仅我们国家，而且所有在战前不知道什么是饥荒的最文明的国家，也都处在最困苦的状态。这是各帝国主义集团争夺霸权造成的。西欧千百万人在经受饥荒的痛苦。正因为这样，社会革命才不可避免，因为发生社会革命不是由于纲领，而是由于千百万人说："宁可为革命而死，也不愿忍饥偷生。"（鼓掌）

骇人听闻的灾难——饥荒已经临近了，我们的处境愈是困难，粮食危机愈是严重，资本家反对苏维埃政权的斗争也就愈是激烈。你们知道，捷克斯洛伐克军的叛乱就是被英法帝国主义者收买的人举行的。经常可以听到时而这里时而那里发生反对苏维埃政权的暴乱。富农暴乱蔓延到愈来愈多的地区。在顿河地区就有克拉斯诺夫。这个人在彼得格勒表示愿意投降，俄国工人宽大释放了他，因为当时知识分子的偏见还很大，他们反对死刑。克拉斯诺夫就是由于知识分子反对死刑的偏见而被释放的。而现在我倒要看看有哪个人民法院，哪个工农法院，会不枪毙这个现在枪杀工人和农民的克拉斯诺夫。有人对我们说，捷尔任斯基的委员会[202]枪毙人是可以的，但是如果法院在全体人民面前公开宣布某人是反革命分子，应该枪毙，那就不好了。一个人如果这样伪善，在政治上就不可救药了。（鼓掌）不，一个革命者，如果不愿意做个伪善者，就不能放弃死刑。没有一次革命和内战时期是不枪毙人的。

我们的粮食状况几乎到了危急的境地。我们进入了我们革命过程中最艰难的时期。我们面临着一个最困难的时期，青黄不接的时期，工农俄国还没有经历过比这更困难的时期。我看到过各种各样的党内意见分歧和关于革命的争论，因此，我并不奇怪，在这样困难的时期，陷入歇斯底里、叫喊要退出苏维埃的人会多起来。他们说，法令已经废除死刑。但是，在尖锐的斗争时刻不敢修改法律的革命者不是好的革命者。在过渡时期，法律只有暂时的意义。如果法律妨碍革命的发展，那就得废除或者修改。同志们，饥荒愈临近，情况就愈清楚：对付这种非常的灾难，需要采取非常的措施。

我再说一遍，社会主义已经不再是教条，或许也不再是纲领了。我们党现在还没有写出新的纲领，而旧的纲领已经完全不适用了。(鼓掌)今天社会主义的原则，就是合理和平均地分配粮食。(鼓掌)战争给我们遗留下来的是经济破坏；克伦斯基和地主富农把国家弄到了像他们所说的愈糟愈好的地步，他们说："我们死后哪怕洪水滔天"[203]。战争给我们带来了这么大的灾难，使我们现在在粮食问题上体验到了整个社会主义制度的本质，使我们必须把这个问题抓起来，切实地加以解决。我们自问：粮食问题该怎么办，难道能用旧的方式，用资本主义的方式来解决，让农民趁机靠粮食大赚其钱，同时还自称为劳动农民，有时甚至自称为左派社会革命党人吗？(鼓掌，喧嚷)他们是这么想的：如果人民挨饿，那粮食就要涨价了，如果城里人挨饿，那我的钱袋就要装得满满的了，如果人们饿得更厉害一些，那我就能再多赚几千卢布了。同志们，我清楚地知道，某些个人这样想并不是他们的过错。地主资本家社会遗留下来的一切丑恶的旧东西教人们这样考虑，这样打算和这样生活，而改造几千万人的生活是非常困难的，要做到这一点，需要长期而顽强地进行工作，然而这项工作我们刚刚开始。我们从来也没有想责备那些受到饥饿折磨、又看不到按社会主义原则分配粮食的好处、只好自谋生路、其他一切都不顾的人，——对这些人是不能责备的。但是我们说，如果这里是政党的代表人物，如果这里是属于一定政党的人们，如果这里是一些大的集团，我们就要求他们不要用一个备受折磨、痛苦不堪、忍饥挨饿的人（对于这种人，谁也不忍心加以呵斥）的观点，而要从建设新社会的观点去看这个问题。

我再说一遍，社会主义永远不会在一帆风顺的情况下建立起来。社会主义永远不会在没有地主和资本家的疯狂反抗的条件下实现。情况愈是困难，他们就愈是幸灾乐祸，愈是要起来反抗；我们愈是困难，怠工者愈多，他们就愈是想要走捷克斯洛伐克人和克拉斯诺夫的老路。所以我们说，不应该按照旧的方式来解决，不论有多么大的困难，也要拉着车子前进，上山，而不让车子后退滚下山来。我们清楚地知道，我们在人民委员会里没有一星期，甚至没有一天不在研究粮食问题，不在发出大量的指示、命令和法令，不在提出战胜饥荒的问题。有人说，不需要任何特殊的价格，不需要规定的价格，不需要粮食垄断。让大家自由买卖吧！这样，财主就可以多赚点钱，至于穷人会饿死，那他们本来就经常有人饿死的。但是，社会主义者不能这样说，因为在这个时候，在这山路陡峭而又要把车子拉过险峻的陡坡的时候，社会主义已经不再是党内意见分歧的问题，而成了一个现实的问题：你们是否能坚持同不搞粮食投机的农民结成联盟去同富农作斗争呢？现在，正当需要进行斗争，需要去承担艰巨的工作时，你们是否能坚持下去呢？有人跟我们谈起贫苦农民委员会。对于那些实际体验过饥荒痛苦的人们来说很清楚,要粉碎和无情地镇压富农,必须采取最严厉最无情的措施。我们在着手组织贫苦农民协会的时候,就已经充分意识到这一措施十分艰难和严峻,因为只有城市同贫苦农民和有存粮但不搞投机活动的人,即愿意坚决克服困难、使余粮能到国家手中并在劳动者中间进行分配的人结成联盟,只有这样的联盟,才是这一斗争的唯一手段。这场斗争不能用纲领和言论来进行,在这场战胜饥荒的斗争中一定会看出,谁能经受住各种考验径直走向社会主义,谁上富农的当受富农的骗。

如果左派社会革命党人中间有人像前面一位发言人——一位十分诚实并因此常常失去主见、常常改变见解的人——那样说:我们不能同布尔什维克一起工作,我们要离开他们,——那我们对此毫不惋惜。这些社会主义者是在这样的时候离开我们的,即几十人几千人在饿死,而另外一些人却握有直到去年8月固定粮价提高一倍(对此整个民主派曾表示反对)尚未卖出的大量余粮;他们分明知道人民在忍受难以形容的饥饿痛苦,却不愿意按中农出卖粮食的价格出卖他们的粮食,——这样的人就是人民的敌人,他们在摧毁革命,支持暴虐行为,他们是资本家的朋友!必须同他们斗争,无情地斗争!(全场鼓掌,很多左派社会革命党人也鼓掌)谁要是哪怕有一分钟听信别人的话,说这是同农民作斗争,像有些不慎重或者不深思的左派社会革命党人有时说的那样,那他就是大错特错了。不,这是同极少数农村富农作斗争,这是为了拯救社会主义和在俄国合理分配粮食而进行斗争。(喊声:"那工业品呢?")我们要跟绝大多数农民联合起来进行斗争。在这场斗争中,我们一定能够胜利,到那时,每个欧洲的工人就能实际地看到什么是社会主义了。

在这场斗争中，那些从科学的意义上也许不知道什么是社会主义，但是劳动了一辈子、知道粮食是用艰苦的代价换来的人都会来帮助我们，他们能够理解我们。这些人会跟我们在一起。富农有余粮并能在人民遭到深重灾难的时刻隐藏粮食，在革命的全部成果可能毁于一旦的危急时刻，在全国各个沦陷区和未沦陷区的形形色色的斯科罗帕茨基之流伸长脖子盼望能利用饥荒推翻工农政权并使地主卷土重来的时刻，在这样的时刻，向这些富农宣战，同他们进行无情的斗争，乃是我们首要的社会主义义务。谁要是在挨饿的人民遭到极大痛苦、社会主义革命经受严重考验的最困难的时刻袖手旁观，并且重复资产阶级的滥调，那他就是个糟糕的社会主义者。

认为这是同农民作斗争，那就错了，那就大错特错了！这种论调，我在立宪民主党人的报纸上已经看到过几百次了，他们在报纸上叫嚷什么工人同农民分裂了，他们在报纸上歇斯底里地写道："农民们，清醒过来吧，回心转意吧，抛弃布尔什维克吧。"这并不使我奇怪。当我听到并在报纸上看到这种论调的时候，我并不感到奇怪。这种报纸专登这些东西。他们正在为他们本来应该服务的东家服务，但是我可不想当一个堕落到说这种话的社会主义者！（热烈鼓掌）同志们，我们清楚地知道，解决粮食问题会遇到难以想象的困难。这里有一种很深的偏见。这里关系到最根本的利益，富农的利益；农村的分化、停滞、涣散和愚昧，这一切常常汇合起来同我们作对，但是我们说，尽管有这些困难，我们却不能就此罢休；饥荒不是闹着玩的，人民群众挨饿时如果不帮助他们，他们就会饿得甚至投向斯科罗帕茨基。说这是同农民作斗争，那是不对的！

这样说是一种严重的犯罪行为,谁要是歇斯底里到了说出这种话的地步,他就太不幸了。不,我们不仅不同贫苦农民斗争,而且也不同中农斗争。中农在全俄国只有很少一点余粮。革命前几十年,中农的生活条件比工人现在的生活条件还要坏。革命以前,他们受到的只是贫困和压迫。对这些中农我们采取妥协的办法。

　　社会主义革命要给所有的劳动群众带来平等;如果每个城市工人的收入多于不靠雇工或投机活动来剥削别人劳动的中农,那是不公平的,——农民经受的贫困和压迫比工人多,而生活比工人还差。他们没有负责研究改善他们生活状况问题的组织和工会。为了平衡各行业间的报酬,我们甚至同工会开过几十次会。然而直到现在还不能定下来。任何一个明白道理的工人都知道,要做到这一点,需要一个很长的时期。你们以为劳动人民委员部里的怨言还少吗? 你们可以看到,每个行业都在理直气壮地说:我们不愿意像过去那样生活,我们不愿意过奴隶般的生活! 我们希望治好贫困国家所遭受的创伤。我们必须竭力把几乎彻底崩溃的经济勉强保持住。只有组织起来,我们才能做到这一点。为了把农民组织起来,我们颁布了关于贫苦农民委员会的法令。只有社会主义的敌人才会反对这一法令。我们说:我们认为降低纺织品的价格是合理的。我们正在计算并要把一切都收归国有。(鼓掌)这样我们就有可能来调节工业品的分配。

　　我们说过,要把纺织品的价格给贫农降低一半,给中农降低25%。也可能这个标准不合适。我们并不认为这个问题已经解决得很好了。我们不能肯定这一点。要解决问题,就大家一起来解决吧。(鼓掌)坐在总管理局里同投机活动作斗争,逮捕一些暗地活动的骗子手,那是解决不了问题的。

　　只有粮食人民委员部同农业人民委员部一起把所有商品都收归国有,规定价格,我们才真正接触到社会主义。接触到社会主义的只有城市劳动者和贫苦农民,即所有从事劳动、既不以雇工形式也不以投机活动的形式掠夺他人和剥削别人劳动的人,因为以100卢布甚至更高的价钱出卖粮食的人同样是投机商,并不亚于雇用雇佣工人;也许是更坏更毒辣的投机商。在苏维埃进行极端困难的管理半年以后,我们才着手组织贫苦农民,很遗憾,不是在半个星期以后,——这是我们的过错!如果责备我们,说我们颁布组织贫苦农民和实行粮食专卖的法令晚了半年,那我们是乐于接受这种指责的。我们说,只有现在,当我们走上了这条道路的时候,社会主义才不再是空谈,才变成了活生生的现实。也许这个法令不恰当,也许我们的标准不合适。但是我们从什么地方能够取得这种标准呢?只有从你们的经验中才能取得。尽管铁路员工有工会,我们还把他们的标准修改了不知道多少次,何况贫苦农民现在还没有成立协会。让我们一起来审查一下关于贫苦农民的法令中所规定的标准,即对贫农减价一半,对中农减价四分之一,对富农收取全部,这些标准究竟合适不合适?

　　如果需要战斗,我们将毫不犹豫地用大刀阔斧的法令进行这场战斗。这是真正为了社会主义的战斗,——不是为了教条,不是为了纲领,不是为了一党一派,而是为了活生生的社会主义,为了在俄国先进地区几十万、几百万饥民中间分配粮食,为了做到有了粮食能拿来进行比较合理的分配。我再说一遍,我们毫不怀疑:百分之九十九的农民,当他们一旦了解了实际情况,当他们得到、检验和试行了这项法令,当他们告诉我们应该怎样修改这项法令,而我们修改了法令,改变了这些标准,当他们把这项工作担当起来,当他们了解了这项工作的实际困难的时候,这些农民就会同我们站在一起,并且会说:我们体现了劳动者的正常本能;在这里,而且正是在这里在解决一个实在的问题,一个生死攸关的根本问题,即社会主义问题。我们一定要在商品供应方面确定合适的标准,要确立对粮食、纺织品和一切产品的垄断,那时人民就会说,的确,劳动的分配,社会主义为我们提供的粮食和产品的分配,都比以前好了。而且现在人民已经开始这样说了。我们现在还存在许多困难,许多错误,还出现这样一些情况,即我们的征粮队自己就陷入投机活动,滑进资本家习气令人陷入的深渊。对于这些情况,我们从不掩饰,而总是予以揭露,加以谴责。的确,这种情况到处都有。我们知道,不可能一下子把人们改造过来,不可能一下子就使千百万人产生对于社会主义的信念(他们从哪里得到这种信念呢? 从自己的头脑中吗? ——要从自己的经验中)。但除了上述一切,人们毕竟开始说,没有投机活动也可以得到粮食了;只有城市工厂产业工人同贫苦农民的协会建立联盟才能摆脱饥荒,因为只有贫苦农民不搞粮食投机。的确,中农一旦看到我们的法令,亲自阅读一遍,并把法令同右派社会革命党人和富农辩护者的那些空谈和诽谤比较一下,他们立刻就会说,对贫农规定一个标准,对中农又规定一个标准,而对富农则采取没收粮食的办法,这样做是合理的。也许他们不会说,这样做像个社会主义者,也许他们不懂得这类字眼,但是,他们是我们最可靠的同盟者,因为他们不搞粮食投机,他们一定会理解并且同意:在社会主义革命十分危急的时刻进行粮食投机,是反人民的极大罪行。

粮食是不能靠法令来分配的。但是,在长期不懈地进行建立和改善城市工厂工人和贫苦农民即不雇工和不搞投机活动的劳动农民的联盟这一工作以后,我们一定能把粮食的分配切实搞好,那时,反对我们党的任何歇斯底里的叫嚷都破坏不了这个联盟。(鼓掌)

当我们许诺农民实行土地社会化的时候,我们是作了让步的,因为我们知道不能马上实行国有化。我们知道,我们把你们的土地社会化纲领载入我们10月26日的法令①,也许是个错误。这是对左派社会革命党人的让步,他们当时拒绝参加政权,说只有通过这个法令他们才参加。斯皮里多诺娃给你们举了一些事情,说她找过我,说什么她曾经低声下气地向我央求。根本不是这么回事。同志们,很多同志到我这里来过,他们都知道,不可能有这种事情,不可能这样对待一个同志。一个党的优秀代表竟不顾体面到了撒谎的地步,这个党就未免太糟糕了。(喧嚷)我那里有斯皮里多诺娃同志的一封信,——她是经常给我写信的,——明天我就把这封信找出来给你们看。她写道:"为什么你们不愿意给农业公社拨200万呢?"刚好在那同一天,农业人民委员谢列达(斯皮里多诺娃不了解他的工作)作了关于给农业公社拨款1 000万**204**的报告。(鼓掌多时)你们从斯皮里多诺娃同志的讲话中听到了这一点,但是一个党的甚至最诚实的人在自己的鼓动中竟至于撒谎,这个党就太糟糕了。我再说一遍,一个党的最优秀最诚实的代表竟至于这样造谣侮蔑苏维埃政权,这个党该是多么糟糕啊!这对他们只会更糟!每一个农民来到农业人民委员部,都可以看到已经给农业公社拨了1 000万,他们会看到这一点,会相信自己的眼睛和耳朵胜于相信别人的话,等他们知道了这些人竟然在撒谎,他们

---

①　见本版全集第33卷第18—20页。——编者注

就会不再理睬这个党。(鼓掌)最后我再说一点。在新收获期之前,在把新粮运到彼得格勒和莫斯科这些遭受饥荒的地区以前,我们面临着俄国革命的艰难时期。只有城市工人同贫苦农民、即不搞粮食投机的农村劳动群众结成最紧密的联盟,才能拯救革命。

代表大会向我们表明,不管怎样,全体劳动者的联盟,不仅在俄国,而且在全世界,正在巩固、扩大和发展。国外对我国革命的了解少得可笑,少得惊人。那里实行战时书报检查,不让透露一点消息。国外来的同志们都谈到了这一点。但是,不管怎样,欧洲工人单凭本能就会站在布尔什维克政府这方面。有愈来愈多的呼声表明,在继续进行帝国主义战争的国家内,人们对欧洲社会主义革命的赞许日益加强。像克拉拉·蔡特金和弗兰茨·梅林这样一些在所有觉悟的工人和农民中知名的德国社会主义者以及其他人,都对布尔什维克政府表示感谢、赞许和支持。在意大利,党的老资格的书记拉查理过去在齐美尔瓦尔德曾经对布尔什维克表示不信任,现在由于同情我们而被关进了监狱。

人们对革命的认识日益加深。在法国,过去在齐美尔瓦尔德代表会议上很不信任布尔什维克的一些同志和工人,前几天以国际联系委员会[205]的名义发表了宣言,表示热烈支持布尔什维克政府,反对任何政党的冒险行为。

所以,同志们,不管我们目前所处的这个时期多么困难,多么艰苦,我们都应当说出全部真情实况,让人们知道这一点,因为只有人民发挥主动性,组织起来,不断利用各种条件捍卫社会主义共和国,才能够帮助我们。所以我们说:同志们,我们毫不怀疑,如果我们沿着我们所选择的并且已经被事变证明正确的道路走,如果我们坚定不移地沿着这条道路走,如果我们不让空话、幻想、欺骗和歇斯底里的叫嚣弄得我们离开正确的道路，那么，我们就完全有希望坚持下去，坚决促使社会主义在俄国取得胜利，从而促使全世界社会主义革命取得胜利！（热烈鼓掌，经久不息，转为欢呼）

2

总　结　发　言

反对派对我的报告的一切反对意见都是从布列斯特条约问题开始的。但是,这样提问题如果能够产生实际的结果,那才能说是实事求是。可是,他们关于这个问题的所有发言都没有而且也不可能有什么结果。(鼓掌)

如果情况是左派社会革命党取得了多数,那么它在这个问题上就不会像现在这样叫嚷了。应该谈一谈苏维埃共和国在走向社会主义的道路上所取得的实际成就。我们可以肯定地说,——任何一个发言人也都没有否认这一点,——从上一次代表大会以来,在这方面已经取得了很大的成绩。连反对派的代表们也不能否认这样一个事实:所有主张撕毁布列斯特和约的人的行为都是有利于恢复地主和资本家政权的,他们所以有力量是由于英法帝国主义的支持。当我谈到捷克斯洛伐克军为了1 000万—1 500万也力图破坏和约的时候,谁也没有反驳这一点。用立宪会议的口号作掩饰的捷克斯洛伐克军存心要把我们拖入战争,这一点难道能够驳倒吗?

左派社会革命党人说,在短时期内建立起军队是不可能的。但是,问题取决于我们什么时候能搞好燃料供应,如何安置好农民,以及收成情况如何。

你们关于组织游击队去跟帝国主义正规军作战的号召使每个士兵都感到好笑。

当人们迫使我们回到布列斯特和约问题的时候,我们说:"要撕毁这个和约,除非你们推翻苏维埃政权,但这是办不到的!"(鼓掌)只有撕毁了布列斯特和约,你们才能把劳动群众拖入战争,博得被英法帝国主义者用千百万金钱收买的地主、资本家和白卫分子的欢心。目前,要撕毁布列斯特和约,实际上得依靠敌视劳动者阶级的势力。对于布列斯特和约的一切不同意见都不能认为是实事求是的。这只是左派社会革命党人的歇斯底里的叫嚷。

有人在这里说,似乎布尔什维克在让步,似乎他们在报告中没有谈到任何实际的东西,这使我想起了一位社会革命党人,好像是一位最高纲领派分子,在这里说过的话,他说,在最高国民经济委员会里正在由生产监督过渡到生产管理[206]。难道这不是实际的说明吗?那些依靠自己的力量通过工会开始向厂主学习管理企业的工人到底在干什么呢?你们说,学会管理是毫无用处的,但是我们在最高国民经济委员会里每天都在解决成千件纠纷和事情,这些纠纷和事情说明工人已经学会了很多东西,所以我们从这里得出的结论是:工人们已经开始在学习了,尽管学得很慢,而且有时还出错;但是,说空话是一回事,看到工人们如何一个月一个月逐步地学会独立行动,开始不再妄自菲薄,开始感觉到自己是当权者,那又是一回事。不管做得对不对,但是工人已经像农民在农业公社里那样进行工作了。时间表明,工人必须学会管理工业,其余一切事情都是一文不值的十足的空谈。如果说在苏维埃政权成立半年以后,我们现在已经看到监督快要过时,那说明已经前进了一大步。

有人在这里叫嚷，说我们停滞不前并在后退。根本没有这回事！你们能够使富农相信这一点，但决不能使普通工人相信这一点。普通工人知道我们说下面这些话的意思：请你们派来更好的人吧，让他们比你们学得更好些吧。因此，当人们在这里就租让制问题大叫大嚷的时候，让我们问问任何一个工人和农民：他们是愿意用租让的办法来偿还德国人加于我们头上的债务呢，还是愿意打仗？当我们缔结布列斯特和约的时候，曾经这样谈到帝国主义者：既然国际社会主义革命还没有战胜他们，我们如果不退却，就不能保住自己。这是令人不快的，然而这是事实。我们最好是把这一点告诉人民。现在我们还没有把军队建立起来，而如果能做到合理分配粮食，给军队征齐储足粮食，那我们就能够不是用几十年而是用几年的时间把军队建立起来。左派社会革命党人在哪一个县，在哪一个省做到了这一点呢？根本没有做到！既然还没有做到这一点，我们说，你们的一切叫嚷都是十足的空话，而我们在工人管理上采取了行动，我们就是前进了一步。有人在这里不正确地引用了我的话。我说过，一个党的诚实的人竟至于说那样的话，这个党就太糟糕了。

我们给粮食人民委员部拨了10亿——难道这不是前进了一步吗？还有许多事情没有搞好，如果你们愿意的话，你们是能够把它搞好的。不过我不知道通过谁。不会是通过旧官吏吧？我们苏维埃的工人和农民们正在学习这件事（鼓掌），因此纺织品收购工作和拨款工作正在取得进展。我们在人民委员会里曾千百次地研究了这样的问题：通过谁来收购纺织品，怎样实行监督，怎样使纺织品尽快分配出去？我们也知道，每个星期都顺利地制定出同投机活动作斗争和逮捕投机商的措施,工人们在这件事情上一月比一月更坚定,我们的这一成就是任何人都不能否认的。我们正在前进,而不是停滞不前。6月28日我们决定对价值大约几亿的企业实行国有化[207],而你们还在反对,还在重弹资产阶级知识分子的旧调。社会主义,这不是几个月就能完成的工作。我们没有停滞不前,而是在继续走向社会主义,并且在布列斯特条约签订以后,我们更接近了社会主义。工人们从许多错误中吸取了经验,他们意识到了自己的责任和斗争的困难,而农民们在土地社会化问题上也有了经验,显然,比较有经验和比较有见识的农民会说:我们开头在春天自己拿到土地,到秋天我们就能自己掌握分配土地的整个事情了。要知道是我们把纺织品按50%的价格,即按半价卖给农民的。试问有谁会按这个价格把纺织品卖给贫苦农民呢?我们将通过粮食、纺织品和工具这条道路走向社会主义,粮食、纺织品和工具不能落到投机商手里,而首先得给贫苦农民。这就是社会主义。(鼓掌)社会主义革命过了半年,那些按书本考虑问题的人什么也不懂。我们已经做到了这一点:使得从粮食分配和用纺织品交换粮食的具体措施中得到好处的是贫苦农民,而不是富有的投机商。我们不是资产阶级共和国,因为对于资产阶级共和国来说是不需要苏维埃的。一定要使贫苦农民从粮食和纺织品的分配中得到好处,这是世界上任何一个共和国都没有尝试过的,而现在我们正在尝试着这样做。(鼓掌)我们正在进行能收效的事业,我们有经验,我们要采取一切办法把贫苦农民组织起来。抢劫和捣乱的事情几乎绝迹,这样的事情发生一次,贫苦农民和中农就要说上十次:必须摆脱富农和地主! 从布列斯特和约签订以来,我们在教育农民的工作上有了很大的进步，现在他们在为社会主义的斗争中已经不是新手了。

载于 1918 年《全俄苏维埃第五次代表大会。速记记录》一书

译自《列宁全集》俄文第 5 版第 36 卷第 489—517 页

俄罗斯联邦宪法
第二章第二十条草稿²⁰⁸

（1918 年 7 月 5 日以前）

　　俄罗斯联邦承认在共和国领土上从事生产劳动的外国劳动者享有同俄国公民完全平等的公民权利和政治权利。

载于 1959 年《列宁文集》俄文版
第 36 卷

译自《列宁全集》俄文第 5 版
第 36 卷第 520 页

就左派社会革命党人的叛乱同《全俄中央执行委员会消息报》记者的谈话[209]

(1918年7月7日)

摘　要

革命非常彻底地使每种主张都得到了合乎逻辑的结局,无情地揭露了每个错误策略的一切缺陷和全部罪恶。

热衷于唱高调的左派社会革命党人,已经号叫了几个月:"废除布列斯特和约,起来抗击德国人!"

我们回答他们说,在目前的条件下,在目前这个历史时期,俄国人民不能而且也不想再作战。

左派社会革命党人闭着眼睛不看现实,极端顽固地继续坚持他们的路线,他们没有感到自己愈来愈同人民群众背道而驰,决心不顾一切,甚至不惜采用暴力手段,把自己的意志,把他们包括罪恶的冒险分子和歇斯底里的知识分子等等在内的中央委员会的意志强加给这些群众。

随着他们愈来愈脱离人民,他们也就愈来愈博得希望假他们之手来实现自己意图的资产阶级的好感。

罪恶的恐怖活动和叛乱完全擦亮了广大人民群众的眼睛,使他们看清左派社会革命党冒险分子的罪恶策略要把人民的苏维埃俄国拖到怎样的深渊里去。

在叛乱的那天,我自己和许多同志都听到,连人民中最落后的阶层也对左派社会革命党人表示强烈不满。

一个普通的不识字的老太婆听到米尔巴赫被刺杀以后气愤地说:

"唉,该死的,到底还是要赶我们去打仗了!"

所有的人全都立刻明白了,他们都看到,社会革命党人的恐怖行动已经把俄国推到战争的边缘。人民群众就是这样看待左派社会革命党人的行动的。

当我们不能而且也不想再打仗的时候,他们挑动我们去跟德国人打仗。人民群众决不饶恕左派社会革命党人这样粗暴地践踏人民的意志,这样用暴力把人民推向战争的行径。

只有白卫分子和帝国主义资产阶级的奴仆对左派社会革命党人的行动幸灾乐祸,拍手称快。工人和农民群众这两天却更紧密更密切地团结在人民群众意志的真正表达者布尔什维克共产党的周围。

载于 1918 年 7 月 8 日《全俄中央执行委员会消息报》第 141 号

译自《列宁全集》俄文第 5 版第 36 卷第 518—519 页

人民委员会关于
未执行《共和国纪念碑法令》
问题的决定草案[210]

（1918 年 7 月 8 日）

国民教育人民委员部、国有产业人民委员部和莫斯科市工人、农民和红军代表苏维埃主席团未采取行动执行 1918 年 4 月 14 日法令（№416[①]，见《法令汇编》第 31 期），是完全不能容忍的，人民委员会对它们提出警告，并责令它们明天，即 1918 年 7 月 9 日，通过协商选定一名负责人大力监督该法令的执行和迅速付诸实施，并责成他每周两次向人民委员会主席汇报执行情况。

载于 1933 年《列宁文集》俄文版 第 21 卷

译自《列宁全集》俄文第 5 版 第 54 卷第 401 页

---

① 指第 416 号。——编者注

告彼得格勒工人书

（1918 年 7 月 12 日）

亲爱的同志们：趁我的老朋友、彼得格勒工人非常熟悉的卡尤罗夫同志去彼得格勒的机会，我向你们说几句话。

卡尤罗夫同志到过辛比尔斯克省，亲眼看见了富农对贫苦农民和对我们的政权的态度。他十分清楚地了解任何一个马克思主义者和任何一个觉悟的工人都不会怀疑的事实：富农仇视苏维埃政权，仇视工人政权；如果工人不**立刻拿出全部力量**来防止富农向苏维埃进攻，并在富农尚未联合起来的时候就把他们**彻底打垮**，他们**一定会推翻这个政权**。

如果工人的**先进队伍**明白自己的责任，拿出全部力量来，组织**大规模的向农村进军**，那么，觉悟的工人就**能够**在目前实现这项任务，就能够把贫苦农民团结在自己的周围，就能够战胜富农并把他们彻底打垮。

除了彼得格勒工人之外，**没有别的人**能做到这一点，因为俄国其他地方的工人都没有彼得格勒工人那样有觉悟。蹲在彼得格勒，忍饥挨饿，守着荒废的工厂，抱着恢复彼得格勒工业或者保卫彼得格勒的幻想，这是**愚蠢和犯罪**。这会断送我们的整个革命。彼得格勒工人绝不应该再干这种蠢事，应该把那些还要坚持这么干的傻瓜轰走，**并组织成千上万的人**到乌拉尔去，到伏尔加河流域去,到南方去,那里有许多粮食,在那里可以养活自己和全家,在那里能够帮助贫苦农民组织起来,那里**需要**彼得格勒的工人去充当组织者、领导者和领袖。

卡尤罗夫会讲述他亲眼观察到的情况,我相信,他一定能说服一切犹豫不决的人。革命正处在危险中。只有彼得格勒工人的**大规模**进军才能挽救革命。至于武器和经费,你们要多少我们就给多少。

致共产主义的敬礼

列　宁

1918 年 7 月 12 日

载于 1924 年《无产阶级革命》杂志第 3 期

译自《列宁全集》俄文第 5 版第 36 卷第 521—522 页

在全俄中央执行委员会会议上
发表的讲话和政府声明[211]

(1918 年 7 月 15 日)

(列宁同志出现时,会场响起热烈的欢呼声)同志们,我们苏维埃共和国不能抱怨说政治危机和迅速的政治变化太少。一切帝国主义势力,它们对于身旁有一个社会主义苏维埃共和国存在当然是不会感到心平气和的,尽管它们没有什么了不得,一点也没有什么了不得,但在我们目前所处的形势下,在战争以原来的规模进行的情况下,明显地处于支配地位的势力,两大帝国主义集团的组合,将继续引起政治危机和类似事件。现在我就要向你们报告一起这样的事件,它类似一次政治危机,也可以说就是一次政治危机。

昨天,7 月 14 日,晚 11 时,德国外交代表里茨勒尔博士会晤了外交人民委员并把他刚接到的柏林发来的电报的内容通知外交人民委员,电报里说,德国政府责成里茨勒尔要求俄国政府允许一营武装的德国士兵前来保护德国大使馆,并且要求让这营士兵立即开到莫斯科。

同时还补充说,德国政府绝无任何占领的意图。

外交人民委员与人民委员会主席商谈之后答复说:俄国人民群众希望和平,俄国政府准备派自己的军队对德国大使馆、领事馆、代办处给以充分的可靠的保护,它无论如何不能同意外国武装部队开进莫斯科,同时迫切希望怀着同样的和平愿望的德国政府将不坚持自己的要求。

实际上,对俄国政府提出的这一要求同帝国首相在德国帝国国会发表的关于米尔巴赫伯爵被刺的不幸事件不会导致两国关系恶化的声明是完全矛盾的,同我们清楚知道的德国工商界领导集团要调整和发展有利于两国的密切经济关系的愿望以及正在顺利进行的谈判也是矛盾的。德国向我国驻柏林的代表作的关于政治局势和对俄国态度的无数声明也都证实这一点。

我们还有充分的根据期望这个意外事件会得到顺利的解决,但是我们认为,每当我国的国际关系尖锐化的时候,有必要公开说明事实并直截了当地提出问题。

因此,我认为自己有责任提出以下的政府声明:

"苏维埃共和国政府在缔结布列斯特和约时就清楚地意识到,由于当时的国际环境,俄国的工人和农民不得不承担异常沉重的任务。在苏维埃第四次代表大会上绝大多数人的意志是十分清楚的:劳动者阶级要求和平,需要休息,以便从事生产和组织社会主义经济,积蓄和增强在痛苦的战争中消耗殆尽的力量。

政府为了实现苏维埃代表大会的意志,严格地履行了布列斯特和约的苛刻条款,最近我们同德国政府进行的关于明确规定我们应付的款项以及我们决定在尽量短的时期内付清的办法的谈判已有相当大的进展。

但是,苏维埃共和国政府在严格履行布列斯特和约的条款、维护工人和农民要求和平的意志时,始终没有忘记这是有限度的,如果超过这个限度,就是最爱好和平的劳动群众也会被迫起来而且一定会起来万众一心地手执武器保卫自己的国家。

左派社会革命党人的愚蠢的罪恶的冒险行为把我们推到了战争的边缘。我们跟德国政府的关系不能不紧张起来，这是同我们的愿望相违背的。我们认为德国政府加强自己大使馆的警卫工作的愿望是合理的，我们过去和现在都一直在充分满足这个愿望。

但是，当德国政府通知我们，希望我们（还不是无条件要求我们）允许一营武装的德国军队开入莫斯科时，我们回答说——现在我们向工农苏维埃政权最高机关全俄中央执行委员会再说一遍这个回答，我们无论在什么情况下都不能满足这种愿望，因为这在客观上将是外国军队占领俄国的开始。

我们不得不像回答捷克斯洛伐克军的叛乱和英国人在北方的军事行动那样来回答这一举动，那就是：加紧动员，号召所有成年的工人和农民进行武装抵抗，并且在暂时需要退却的情况下破坏所有一切交通、仓库、特别是食品，使这些东西不致落到敌人的手里。那时，战争对我们来说也许是致命的，但也是绝对必要的，而俄国的工人和农民一定会和苏维埃政权一起进行这场革命战争，直至最后一息。

苏维埃政权的对内政策也和对外政策一样，严格地遵循苏维埃第五次代表大会的决议，保持不变。左派社会革命党人已成为白卫分子、地主和资本家的帮凶，他们罪恶的冒险行为，在当前阴云密布、战争危险加剧的时刻，在人民心目中会显得更加罪恶，我们将全力支持并且实行对苏维埃第五次代表大会所坚决谴责的叛徒们的无情惩罚。如果虽然经过我们多方努力，战争还是成为事实，那么我们就不能对左派社会革命党这伙叛徒抱任何信任，因为他们会践踏苏维埃的意志，实行军事叛变等等。对那些从事疯狂冒险活动的反革命分子(左派社会革命党人),出于阶级意识的反革命分子(地主、资本家和富农),我们都要进行无情的镇压,并从中吸取新的力量来应付战争。

我们向全国的工人和农民呼吁:同志们,要加倍地警惕、谨慎和坚韧不拔!所有的人都要坚守自己的岗位!所有的人都要在必要时献出自己的生命来保卫苏维埃政权,保卫劳动者、被剥削者、贫民的利益,保卫社会主义!"(列宁同志在雷鸣般的掌声中走下讲台)

载于1919年《第五届全俄苏维埃中央执行委员会。速记记录》一书

译自《列宁全集》俄文第5版第36卷第523—526页

在列福尔托沃区
群众大会上的讲话[212]

(1918 年 7 月 19 日)

报　道

苏维埃共和国的紧张局势是由国际和国内两方面的原因造成的。耻辱的和约是极其苛刻的,我们从来没有对工人和农民隐瞒这一点。尽管极其苛刻,苏维埃第四次代表大会还是认为必须签订这个和约,好使俄国的工人和农民休养生息,恢复元气。可是,左派社会革命党竟然刺杀了米尔巴赫,从而把俄国推到死亡的边缘。

有迹象表明,德国政府正在让步,可能会放弃派一营士兵到莫斯科来的要求。苏维埃政府断然拒绝了德国政府的这一要求,甚至不惜因此而引起战争。

左派社会革命党人的冒险行为使苏维埃政权的处境极端恶化,但是,另一方面,也使它中间最优秀的一部分人(劳动者)抛弃了左派社会革命党人。

在和德国的关系尖锐化的同时,和另一个集团的关系也变得尖锐起来了。捷克斯洛伐克军的暴动就是它们一手策划的。一批由法国资助的军官在帮助捷克斯洛伐克军,就是这方面的证明。

列宁同志接着说,战争产生革命;战争愈是拖延下去,各交战国就愈是没有出路,战争就愈是迅速地使它们接近革命。在德国和奥地利又掀起了罢工浪潮。一切帝国主义强盗都扑向俄国,企图宰割俄国,因为他们知道,社会主义俄国每存在一个月都是在为他们的死亡作准备。我们的最大光荣和最大困难就在于我们是同世界帝国主义作斗争的第一支社会主义队伍。我们的任务是继续坚持下去。

接着列宁谈到了饥荒的问题。白卫分子正在利用饥荒来推翻苏维埃政权。君主派、富农、财主正借着饥荒进行疯狂的鼓动。他们不仅仅限于鼓动,还收买贫苦农民,唆使他们搞投机活动和同工人作斗争。两个阶级——无产阶级和富农、资本家正在搏斗。其中必有一个获胜,一个被打垮。我国社会主义革命号召建立觉悟的工人同大多数贫苦农民和中农的联盟,反对富农,确立有利于工人的最严格的秩序。我们只有一个办法战胜饥荒,这就是工人同贫苦农民结成联盟,向富农和投机商进行斗争,从他们那里把粮食夺过来。要正视危险!我们四面八方都是敌人,但是我们也有新的同盟者,那就是还在进行战争的国家的无产阶级。在我们国内也有同盟者,那就是与城市无产阶级团结一致的广大的贫苦农民。

载于 1918 年 7 月 21 日《真理报》第 151 号

译自《列宁全集》俄文第 5 版第 36 卷第 527—528 页

在莫斯科省工厂委员会代表会议上的报告[213]

（1918 年 7 月 23 日）

报　道

（列宁同志在会场上出现时，全场热烈鼓掌数分钟之久）最近几天，苏维埃共和国的局势极其紧张，这是由国际形势和反革命阴谋以及与这些阴谋有密切关系的粮食危机引起的。

请允许我来谈一谈国际形势。俄国革命只不过是国际社会主义大军中的一支队伍，我们所进行的革命能否取得成就和胜利取决于国际社会主义大军的发动。这个事实我们谁也不会忘记。同样，我们也知道，俄国无产阶级在世界工人运动中所以起了先导作用，并不是因为我国经济发达。恰恰相反，是因为俄国落后，是因为所谓的本国资产阶级没有能力解决与战争和消除战争有关的巨大任务这一情况，促使俄国无产阶级夺取政权并实现其阶级专政。

俄国无产阶级认识到自己是在单独地进行革命，因此他们清楚地看到，全世界或某些先进资本主义国家的工人的联合发动是他们取得胜利的必要条件和基本前提。但是，俄国无产阶级清楚地知道，他们在每个国家里都有公开的和秘密的朋友。例如，无论在哪一个国家，监狱里都关满了同情苏维埃俄国的国际主义者；无论在哪一个国家，革命的社会主义思想都在合法的或者地下的刊物上反映出来。因此,我们了解谁是我们真正的朋友,我们拒绝和孟什维克达成任何协议,因为他们支持克伦斯基,支持克伦斯基发动进攻。关于克伦斯基发动进攻的问题,国际主义者罗莎·卢森堡在英国《工人无畏舰》周刊**214**上发表评述有关六月进攻的一封信(这封信虽然很短,但是体现了鲜明的国际主义精神)讲得很好。罗莎·卢森堡认为,克伦斯基发动的进攻和全俄苏维埃第一次代表大会对它的赞许和批准,破坏了伟大的俄国革命的国际性。革命的俄国所发动的这次进攻阻碍了西欧革命的发展,只有无产阶级专政,即全部政权转归无产阶级,才废除了一切秘密条约,揭露了这些条约的帝国主义的掠夺性质,从而加快了欧洲革命的发展。我们向各国人民发出的缔结没有兼并和赔款的民主和约的呼吁①,对唤起和发动西欧无产阶级的斗争精神也产生了同样强烈的影响。所有这些革命的行动擦亮了全世界工人的眼睛,资产阶级集团和社会主义叛徒集团无论用什么办法也不能再模糊他们已经觉醒的阶级意识了。英国工人对克伦斯基的态度十分明显地证实了这一点。俄国革命的吸引力还表现在德国工人举行了整个战争时期第一次大规模的发动,他们在柏林和其他工业中心用大罢工表示了他们对布列斯特谈判的态度。在这样一个被民族主义狂热所左右、被沙文主义毒素所麻醉的国家里,无产阶级的这次发动是具有头等重要意义的事件,是德国无产阶级的情绪的转折点。

我们不了解目前德国的革命运动进展如何。但有一点是毫无疑问的,那就是德国存在着巨大的革命力量,而这个力量必然会显示出来。有人责备德国工人没有搞起革命来,这是没有道理的。

_____
① 参看本版全集第33卷第9—11页。——编者注

如果这样的话,那也可以责备俄国工人没有在 1907 年至 1917 年的 10 年当中制造出革命来。但是这是不对的。革命是不能按订单制造的,不是预定好在某个时刻发生的,而是在历史发展过程中逐渐成熟起来,并在由一系列错综复杂的内部和外部原因所决定的时刻爆发的。这一时刻正在临近,它必然地不可避免地会到来。我们开始革命是比较容易的,但要把它继续下去,把它完成,就十分困难。在一个像德国这样高度发达的、资产阶级组织得很好的国家里,发生社会主义革命非常困难,但是社会主义革命一经在欧洲先进的资本主义国家里爆发和燃烧起来,就会比较容易地胜利完成。

责备我们缔结异常屈辱的、苛刻的、强制性的布列斯特条约,认为这完全背弃了我们的理想,屈从于德帝国主义,那是没有道理的。值得注意的是,这种责备来自目前在乌克兰、芬兰和高加索(孟什维克)等地热烈欢迎德国容克军官的资产阶级人士和社会党妥协分子。而没有头脑的左派社会革命党人也在这样责备我们。我们清楚地意识到布列斯特条约是极端苛刻的。我们也清楚地知道,根据这个强制性的条约,我们必须付给德国大约 60 亿卢布(根据在柏林开会的我方经济代表团的计算)。我们的处境无疑是困难的,但是我们可以而且应当通过无产阶级和贫苦农民的共同努力来找到出路。而左派社会革命党人疯狂地试图用刺杀米尔巴赫这种手段把我们拖入战争,这不是摆脱布列斯特条约的办法。相反,这种冒险行动正好对德国主战派有利。本来,由于不仅在德国工人中间而且在资产阶级中间增长着失败主义情绪,德国主战派的地位自然会受到削弱。因为在布列斯特和约签订后的今天,大家都很清楚,德国进行的战争是抱有明显的帝国主义目的的掠夺性战争。

苏维埃俄国遭到特别严重的粮荒，它受到帝国主义强盗和支持他们的、随时都在窥伺时机的国内反革命分子的四面包围。

工人阶级应当注意同饥荒（这是资产阶级向无产阶级专政进行斗争的最好手段）作斗争。但是我们必须有一条基本原则：在克服饥荒的时候，我们绝对不采取资产阶级的斗争办法，即为了财主和土豪的利益而让群众挨饿的办法，我们将采取纯粹社会主义的斗争办法。这种办法就是为了工人的利益而实行粮食垄断和规定固定价格。①

资产阶级和它的奴仆社会党妥协分子主张自由贸易，主张取消固定价格。但是，自由贸易已经在许多城市里产生了不良后果。资产阶级一朝大权在手，粮食价格立刻就上涨了好多倍，结果，粮食也就从市场上消失了，因为富农把粮食藏了起来，他们希望粮价继续提高。

饥荒是无产阶级和苏维埃俄国最危险的敌人。可是，在克服饥荒的道路上，无产阶级碰到了农村资产阶级的阻挠，他们根本不愿意消除饥荒，相反，他们要从中攫取本集团和本阶级的利益。无产阶级应当考虑到这一点，应当同挨饿的贫苦农民结成联盟，去同农村的富农进行殊死的不调和的斗争。为了同样的目的，已经开

---

① 这段话在打印的会议记录中是这样的："同饥荒作斗争有两种方法：资本主义方法和社会主义方法。前者准许贸易自由。这种方法会造成价格上涨，让富农利用工人和贫苦农民挨饿而大发横财。我们，工人的政权，不能走这条路。我们要走的路是实行粮食垄断，把工人和贫苦农民联合起来。走这条路要艰难得多，但对于我们来说是唯一可行的。我们不能同富农，同我们的阶级敌人搞调和。我们现在到了最困难的时刻，需要觉悟的工人拿出全部力量。富农知道：正在进行争取中农的斗争；俄国农民中的这个大部分站在谁一边，谁就胜利。这是最后的决战，富农对这一点是很清楚的。"——俄文版编者注

始的组织征粮队的工作应当继续进行下去,并且要派那些得到党
组织和工会组织信任的忠诚的共产党员去领导这些征粮队。只有
这样,才能搞好粮食工作,才能挽救革命事业。

载于 1918 年 7 月 24 日《真理报》 译自《列宁全集》俄文第 5 版
第 153 号和《全俄中央执行委员会 第 36 卷第 529—533 页
消息报》第 155 号

在哈莫夫尼基区群众大会上的讲话²¹⁵

（1918 年 7 月 26 日）

简　要　报　道

　　（列宁同志出现时，会场响起热烈的欢呼声）列宁同志在题为《苏维埃宪法会给劳动人民带来什么？》的讲话中指出，苏维埃宪法和苏维埃一样，是在革命斗争时期产生的，它是第一部宣布国家政权是劳动者的政权、剥夺剥削者——新生活建设者的敌人——的权利的宪法。这就是它和其他国家宪法的主要区别，同时也是战胜资本的保证。

　　列宁同志谈到被剥削劳动人民权利宣言的几条主要条文，他说，目前世界各国劳动者都会看到，苏维埃宪法（俄罗斯社会主义联邦共和国根本法）反映了全世界无产阶级的理想。同世界各国资产阶级清算的时刻快到了！在西欧，愤激的情绪正在增长！我们的任务就是：克服前进道路上的一切障碍，不管这些障碍多么严重；把苏维埃政权保持住，直到世界各国工人阶级行动起来，高举起世界社会主义共和国的大旗！（听众对俄国无产阶级领袖列宁同志的最后的一些话报以雷鸣般的掌声）

载于 1918 年 7 月 28 日《真理报》第 157 号

译自《列宁全集》俄文第 5 版第 36 卷第 534 页

504

在普列斯尼亚区群众大会上的讲话²¹⁶

(1918 年 7 月 26 日)

(列宁同志出现时,会场响起长时间的欢呼声,奏《国际歌》,全体起立)列宁同志讲话。他非常明确易懂地介绍了苏维埃宪法的实质,解释了这部宪法的主要条文。苏维埃是民主的最高形式。苏维埃不是从头脑里臆想出来的,而是现实的产物。苏维埃第一次出现在人类历史上,在我们这个落后的国家中成长起来,但是客观上它必将成为全世界劳动者的政权形式。

迄今为止的所有宪法都是维护统治阶级利益的。只有苏维埃宪法现在和将来都始终不渝地有利于劳动者,是为实现社会主义而斗争的强有力的工具。列宁同志一针见血地指出了资产阶级宪法与苏维埃宪法在"出版和集会自由"的要求上的区别。在那里,出版和集会自由为资产阶级独自垄断;在那里,资产阶级在自己的沙龙里集会,发行用银行的资金出版的大型报纸,以散布谎言和诽谤,毒化人民群众的意识;在那里,扼杀工人报刊,不准工人报刊对掠夺性战争发表自己的言论和意见,迫害反对战争的人,禁止他们集会。而在这里,在苏维埃俄国,出版工人报刊,它们为劳动者服务。在俄国,我们剥夺资产阶级豪华的宅第馆所,交给工人使用,作为他们的俱乐部,这才是真正的集会自由。宗教是个人的事情。让每个人愿意信仰什么就信仰什么,或者什么也不信仰吧。苏维埃共和国团结各民族的劳动者,并且不分民族地捍卫他们的利益。苏维埃共和国对各种宗教一视同仁。它置身于一切宗教之外,力求使宗教同苏维埃国家分离。接着,列宁同志叙述了被帝国主义强盗四面包围的苏维埃政权的艰难处境。列宁同志表示坚信,红军将全力保卫我们苏维埃共和国不受国际帝国主义侵犯,并保全共和国直到我们的同盟者——国际无产阶级前来援助我们。(列宁同志讲话完毕时,大会一致报以热烈的、经久不息的掌声,奏《国际歌》)

载于 1957 年《共产党人》杂志
第 5 期

译自《列宁全集》俄文第 5 版
第 36 卷第 535—536 页

附　录

在全俄苏维埃
第四次(非常)代表大会上作的
《关于批准和约的报告》的提纲①

(1918 年 3 月 13 日或 14 日)

在苏维埃代表大会上的讲话提纲

1. 了解历史的转折。

   阶级和社会力量对比的变化。

2. 2 月 23 日(1917 年)—2 月 11 日(1918 年)俄国革命的"独立性"。(原因。)

3. 胜利进军:10 月 25 日(1917 年)—2 月 11 日(1918 年)。

4. 帝国主义。遭到严重失败和退却的时期。已不是原先的敌人。没有军队。

① 报告见本卷第 86—103 页。——编者注

5. "非历史地"提问题。

资产阶级及其应声虫。

6. 谁瓦解了军队?

7. 温尼琴科之流＝克伦斯基之流＋策列铁里之流＋切尔诺夫之流。

8. 挑拨和陷阱。"使德国人兴高采烈"……

9. 绝望和空谈。左派社会革命党人的空谈和吹牛

$\left[我们有<\frac{1}{10}的人（453+36+8=497）^{217}\right]$……$\boxed{患病的军队}$……

10. 1907 年和 1918 年相比。

11. 农民和空谈。

12. "喘息时机"。**捍卫祖国**。

13. 2 和 10;200 000 和 1 000 000。

14. 蒂尔西特和约和贫弱的德国人民(**仅仅是**贫弱和落后的)。和平和战争之间的关系。

15. 我们一面退却,一面等待**另一个**同盟者:国际社会主义无产阶级。

载于 1929 年《列宁文集》俄文版第 11 卷

译自《列宁全集》俄文第 5 版第 36 卷第 540—541 页

关于彼得格勒和莫斯科
工业电气化的记要²¹⁸

(1918年3月18日)

工业电气化

(一)彼得格勒

[彼得格勒有**格卢什科夫委员会**。]

彼得格勒地区:

水力: 马力

现在:　　　　伊马特拉—100万

彼得格勒的　　涅瓦 　— 20万

工业大约占用　**沃尔霍夫**— 6万——(2—3个施工季节)

约25万　　　　**斯维里** — 20万

马力　　　　　勘察

约13万　　　　[建设**沃尔霍夫**]

现在

> 纳尔瓦河以
> 西的油页岩
> 已归德国人²¹⁹

设计方案付印　　注意

两个企业——

已收归国有²²⁰。

(二)莫斯科：

不作为私营机构批准。

载于 1933 年《列宁文集》俄文版　　　　　译自《列宁全集》俄文第 5 版
第 21 卷　　　　　　　　　　　　　　　　第 36 卷第 542 页

《苏维埃政权的当前任务》
一文的几个提纲①

(1918 年 3 月—4 月)

(1)新的客观环境和我国革命的新阶段。

(2)**新的方针**。

(3)不仅(内战的)激烈程度起了变化,而且这个变化已经是由量
(变)转化为质。

载于 1962 年《列宁全集》俄文
第 5 版第 36 卷

———

大纲的草稿:

§§ 1—3……

§ 4.说服——夺取——**管理**。

(后者占首位。)不是代替,而是同时。

5.计算和监督(α)。提高生产率(β)。

---

① 该文见本卷第 120—149、150—188 页。——编者注

6. 同资产阶级的斗争正转入实行有组织的计算和监督的阶段。（不是代替,而是同时。）

7. 劳动义务制——从富人开始。

8. 计算和监督——从富人开始。

9. 货币。货币是什么?（生产;消费。）

　　填单申报[①]和存入银行。

10. 向资本主义的最大组织家,向托拉斯学习社会主义。

补 10: 当前的目的（大致）。

　　　　体力工作 6 小时＋管理国家的工作 4 小时。

11. 泰罗制。动作研究。

补 11:付给资产阶级知识分子的报酬:

$$2\,000 \times 25\,000 = 5\,000\ 万$$

到 1 亿

12. 苏维埃政权的发展。苏维埃政权的社会主义性质表现在什么地方?

13. 按部门（α）;亲自参加管理（β）。

14. 从鼓动家到组织家。

重新估价、调动领导人

15. 提拔组织家。

---

16. 自觉纪律

    黑榜

    工业法庭。

17. "协调的和巩固的组织"。

    个人指挥。   }与17有关

    无条件服从。

18. 法庭, 法庭的**教育**作用。

19. 组织竞赛。

20. 报刊和经济(而不是政治)的关系。

21. 榜样的(模范村社的)力量。

    公共伙食。农业。

22. 合作社及其普遍化。

    (工会的作用。)

23. 作为统治阶级的工人。

24. 工作的长期性:被打得半死(不是摇晃一下或者用一道命令就能使之复苏的)。

25. 口号是实际主义和求实精神。

{ **参看17** 26. **个人指挥**。

27. 开群众大会同实际讨论和革命精神。

28. 俄国17世纪初和20世纪初。

29. 乐于吸取外国的东西。

30. 反对意见:"长期的吗?"

> 中央集权与自治和联邦制对比。
> 界限。民主集中制。

建立责任制:
多头领导和无人负责。

----

8. **工人监督工人调节**?
　合作社。

9. **提高劳动生产率**。　　　　　物质基础:

　　　　自觉纪律。　　　　　燃料,"水力"

　　　　劳动纪律。　　　　　矿石,铁路。

　　　　泰罗制　　　　　为什么停滞?

　　　　按总数计算的

　　　　计件工资。

10. **组织竞赛**。

　　　　榜样的力量。共产主义村社。

　　　　特别是农业。公共伙食。

　　　　公开报道。

　　　　资产阶级报刊(政治)和社会主义报刊(经济)。

　　　　黑榜。

　　　　提拔组织家……

比较工作成绩。

合作社。

银行。

劳动生产率。

农业公社

等等。

学习军事的人数。

11. **"协调的组织"和专政……**

铁路法令。

个人指挥。

无条件服从。

开群众大会与执行。

混乱一团:像"开了锅"一样。

12. **强制(国家)和法庭**。

13. **苏维埃政权的原则和组织**。

全体参加

过渡:按部门

监督(突击小组)

实际学习管理……

要抓紧,以免陷于崩溃

14. 反对意见("估计错误")。

谁利用谁?((军事组织。))

　　　　　"妥协"。

　　　　小资产阶级性,改良主义⋯⋯

　　　　为文化而文化⋯⋯

　　　　　　　等等。

　　"实际主义和求实精神"?

　　"在不稳定的国际状况下工作的长期性"?

15.**总结**。

————

补4:秩序,休息⋯⋯　　不盗窃,不偷懒,诚实地计算一切!

　5.同资产阶级的斗争——进入新阶段:

　　(α)有组织的计算和监督(除镇压以外):填单申报货币。

　　农村资产阶级。　　　　　　　　　　　　　| 注意 |

　　　+银行国有化。

　6.(β)⋯⋯吸收资产阶级知识分子参加工作。

补6:先对富人实行劳动义务制。　　　　| 联合成 合作社。 |

　7.**"收买"**:2 000×25 000=5 000万。

　　(实际的组织家、专家)⋯⋯

　8.军人(将军、军官等等)

与8有关:**补8**。军事组织:

　　　培养(专家)

　　　工人和贫苦农民⋯⋯

9. "协调的组织"……

  (1)**个人**指挥。

  (2)**绝对**执行。

  (3)铁路法令。

补9：提拔组织家。

10. "自觉纪律"。

  按产品数量实行计件工资   **提 高**

  泰罗制……   **劳动生产率**。

  黑榜。

11. 榜样的力量。农业。共产主义村社。公共伙食。

12. 组织竞赛。

13. 法庭的作用：恐吓＋教育。

14. "实际主义和求实精神"……

  谁利用谁？

15. 小资产阶级性（或改良主义）？

  "妥协"

  "改良主义"……

  "为文化而文化"……

  "小资产阶级性"……

16. 在十分不稳定的（国际）状况下……工作的长期性？

17. 国际政策：随机应变（联合德国反对日本或相反）

补17：4月和5月是特别困难的月份。

18. 苏维埃组织。**全体**参加管理

　　　　(α)按部门

　　　　(β)实际管理。

————

1. 和平和组织任务。

2. 和平的不稳固性。现实的保证。

3. 资产阶级革命与社会主义革命。

4. 说服——夺回——管理。

5. **总口号**(安定、秩序、休息)，

　　　不盗窃，不偷懒，诚实地进行计算！

6. 同资产阶级的斗争——新阶段

　　　(α)有组织的计算和监督

　　　(β)"收买""明星"。

7. $\left\{\begin{array}{l}\text{银行国有化。}\\ \text{填单申报货币。}\\ \text{税收。}\\ +\S10\end{array}\right.$

8. 消费生产公社和合作社。

9. "专家"和苏维埃组织。

与 **6** 有关

10. 先对富人实行普遍劳动义务制……

11. 自觉纪律。提高劳动生产率。

12. 计件工资制＋泰罗制。

补 12。独裁权力　　见 9 §

13. 组织竞赛。

公开报道。

提拔组织家。

14. 榜样的力量。

共产主义村社。农业。

公共伙食。

15. 法庭，教育。

16. 军事组织(见补 **8**)。

17. 苏维埃组织(见 18)。

18. 反对意见(14、15、16)。

19. 国际政策(17)。

20. 国内政策(补 17)。

————

(1)对产品的生产和分配实行计算和监督。

(2)提高劳动生产率。

实际上,这不是用一次突击、也不是用一纸法令就能办到的(正如一个被打得半死的人不是摇晃一下或者用一道命令就能使之恢复健康一样)。长期的工作。

法庭的作用:既恐吓又教育。

泰罗制

　　(动作研究等等)

榜样的力量:农业

　　公共伙食

……"实际主义"……

工人作为最能造反的雇佣奴隶阶级和作为**统治**阶级。

乐于吸取外国的好东西:苏维埃政权＋普鲁士的铁路秩序＋美国的技术和托拉斯组织＋美国的国民教育等等等等＋＋＝总和＝社会主义。

————

一、同资产阶级的斗争转入实行**有组织的计算和监督**的阶段:

填单申报货币……

＋劳动义务制

＋计算产品

＋普遍联合成合作社。

1. 说服,夺取,管理(不是代替,而是占首位)。

二、苏维埃(也包括中央执行委员会)的全体委员都应该

(1)按部门;(2)参加实际**管理**。

1918 年列宁《〈苏维埃政权的当前任务〉
一文的几个提纲》手稿的一页

（按原稿缩小）

＋提拔**组织家**。

苏维埃的民主性质和社会主义性质:是什么? 全体参加管理(不同于资产阶级议会)。

三、协调的组织。是什么?

负责人员的委任证书。

对每项执行的职能实行**个人指挥**。

绝对执行命令。

重新估价领导人。鼓动家和组织家对比。

四、劳动者的自觉纪律。

提高劳动生产率。

黑榜。工业法庭。

付给资产阶级知识分子的报酬

$$2\,000$$
$$\times 25\,000$$
$$\overline{\qquad\qquad}$$
$$5\,000\,万$$
$$10\,000$$

五、**组织竞赛**。

―――

1

1—4.国际环境和社会主义革命的基本任务。1—4

(第1—9页①)。

―――――

　　① 括号内的数字是指文章手稿的页码。——俄文版编者注

2

5. 当前的总口号。5

（第 9—12 页）。

3

6—7. 同资产阶级斗争的新阶段。6、7、9、10

（第 12—25 页）。

4

8. 为全民计算和监督而斗争的意义。
（生产和分配。)8

（第 25—30 页）。

5

9. 提高劳动生产率。11、12

（第 30—34 页）。

6

10. 组织竞赛。13、14、15

（第 34—40 页）。

7

11. "协调的组织"和专政。**补 12**。15

（第 40—55 页）。

军事组织。16

苏维埃组织的原则。17

反对意见。18

8

苏维埃组织的发展。

（第56—62页）。

9

结论：　　　　　　　　　　　　　　第**62**页—

总结（概括）。

载于1959年《列宁文集》俄文版
第36卷

译自《列宁全集》俄文第5版
第36卷第543—552页

《银行政策提纲》草稿①

(1918 年 4 月 10 日和 15 日之间)

1. 编制银行收入报表。

2. 聘请足够数量的有经验的工作人员,以加速这项工作。

3. 保持银行国有化。

4. 所有银行合并为统一的俄罗斯共和国人民银行。

5. 尽量多设分行。

6. 宣布存款不受侵犯(这当然丝毫不缩小国家征税的权利)。

7. 支票周转自由。

8. 充分保持工人的监督(包括对提款)。

9. 提取消费用款仍须有一定的限额;实行一系列实际的方便的办法。

载于1933年《列宁文集》俄文版
第21卷

译自《列宁全集》俄文第5版
第54卷第491—492页

---

① 提纲见本卷第203—205页。——编者注

在全俄中央执行委员会会议上就关于苏维埃政权的当前任务的报告作的《总结发言》的提纲草稿①

(1918 年 4 月 29 日)

(1)"国家资本主义"。

(2)"改良主义"**或**小资产阶级性。

(3)无穷小数的积分。

与§8有关 (4)铁路法令。

(5)计算和统计。///

与奥博连斯基相比

(6)**彻底破坏**还是不彻底破坏?(布哈林)

或者

是否保存"资本的统治权"?(**现实的**

危险。)

(7)"**严厉**"——危险在于克伦斯基分子。

---

① 发言见本卷第 248—256 页。——编者注

(8)(见§4)

((9))不录用教官?

　　不要武备学堂?

译自《列宁文集》俄文版
第38卷第204—205页

《关于目前政治形势的提纲》初稿[221]

(1918 年 5 月 10 日)

最近以来,政治形势紧张了,这是由于

第一,来自日本方面的进攻日益迫近;

第二,德国的政治中出现转折:或多或少要在外交上同俄国保持和约的倾向正在改变,力图立刻发动进攻的德国主战派可能得势;

第三,在德军的帮助下,立宪民主党—十月党在乌克兰复辟了资产阶级君主制;

第四,随着乌克兰被占,随着我们同罗斯托夫和北高加索的联系被切断,饥荒变得极其严重,粮食工作遭到了十分严重的破坏。

————

政治形势的这种紧张,反革命压力的这种增强,都要求苏维埃政权加强宣传,向群众说明眼前的严重危险和加强作战的准备工作的必要性;另一方面,加紧采取最坚决的措施打击正在抬头的准备实现种种反革命计划的我国资产阶级。

————

苏维埃政权的对外政策无论如何不应该改变。我们仍然非常现实地受到两个方面的威胁:一方面是旨在以深入欧俄腹地来吸引德军的日军的进攻,另一方面是在德国主战派占上风的情况下德军向彼得格勒和莫斯科的进攻,而且这种威胁目前比昨天更加严重、更加迫近。我们对付这些危险的策略仍然是:退却,等待,随机应变,继续全力以赴地进行作战的准备工作。

————

与此同时必须承认,俄国资产阶级正在最卑鄙地利用散布惊慌情绪这种武器,我们的宣传在号召加强纪律和作战的准备工作时,不要超越界线,自己去助长惊慌情绪(这一点已经表现在某些常常玩弄"左的词句"的同志的不坚定的政治言行中)。

载于1929年《列宁文集》俄文版
第11卷

译自《列宁全集》俄文第5版
第54卷第492—493页

在全俄中央执行委员会、莫斯科苏维埃和工会联席会议上作的《关于同饥荒作斗争的报告》的提纲①

(不晚于 1918 年 6 月 4 日)

帝国主义战争和

饥荒的国际原因————

　　————在世界各国,无论在交战国

　　　　或者在中立国。

各地资产阶级都过得"很舒适"

　　人民在挨饿

　　(德国和奥地利非常严重,

　　更不用说那些遭到破坏和战败的国家了)。

粮食垄断…… 从　年开始?

‖ **克伦斯基把粮价提高了一倍**(1917 年 8 月)

　　〔**所有**民主报刊和社会主义报刊都批评这件事。〕

饥荒即将来临:**饥荒已经来临**……

资产阶级的内战

　　　　捷克斯洛伐克人;克拉斯诺夫

　　(α)右派社会革命党人……

　　(β)孟什维克……

肉和黄油
实行配给

伊尔库茨克发来的关于
粮食专卖的电报

---

① 报告见本卷第 368—386 页。——编者注

关于增加粮食收集量的电报？

"格罗曼式的"解决：向富农屈膝……

向富农投降……"单独收购粮食"→

关于乌拉尔粮食委员会投机采购的电报？

||……**基辅的经验**……||

"粮贩救了人吗"?? 粮贩分散地、按富农方式做了我们应该学会共同地、有组织地做的事！

一：集中

二：把挨饿的人们组织起来，

他们的帮助……

三：把贫苦农民组织起来……

（给他们"奖励"——→

发展奖励制？

新的历史任务，新的解决办法……

"十字军讨伐"……

粮食人民委员部号召工会

号召工厂委员会……

向富农开战

||| 在城市

→

||| 反对富人……

大约 1 000 万普特		大 约	
余粮	1917	坦波夫省	——1 500 万普特
中部农业		沃罗涅日省——	500 万
地区	54	库尔斯克省——	1 400 万
		奥廖尔省	——1 400 万

载于 1959 年《列宁文集》俄文版
第 36 卷

译自《列宁全集》俄文第 5 版
第 36 卷第 553—554 页

在莫斯科市工会和工厂委员会
第四次代表会议上作的
《关于目前形势的报告》的提纲①

(1918 年 6 月 26 日或 27 日)

粮 食 危 机

饥荒和战争。

> 资产阶级的遗产
>
> 帝国主义战争,它的遗产。

俄国还有粮食

> ⎰ 运输
>
> ⎱ 组织等等混乱。

投机活动和垄断。

> 富农及其手段……

征 粮 队

内战的加剧

> 叶列茨与坦波夫对比

---

① 报告见本卷第 408—425 页。——编者注

无产阶级专政

　　保卫政权的决心。

莫斯科。粮食机关和工人政权。

工厂委员会＝管理俄国的阶级的委员会。

劳动周和大丰收。

译自《列宁文集》俄文版第 36 卷
第 52 页

在全俄苏维埃第五次
代表大会上作的关于人民委员会
工作的《报告》的提纲草稿①

(不晚于 1918 年 7 月 5 日)

报告提纲

(1)布列斯特和约,它的 ⎧ "喘息时机"

  后果和   ⎨ 随机应变

  国际形势   ⎩ 黑海舰队

(2)《苏维埃政权的

  基本任务》和

  提纲

(3)社会主义

  管理的

  特殊困难

   怎样管理? 同谁管理?

---

① 报告见本卷第 459—480 页。——编者注

{300万用于
农业公社}

(4)"茁壮的幼苗"
(5)粮食
(6)内战
(7)欧洲革命的发展。

{奥廖尔省的
叶列茨县
坦波夫省的
捷姆尼科夫县}

译自《列宁文集》俄文版第 36 卷
第 55—56 页

注　释

1　这是有关俄共(布)第七次(紧急)代表大会的一组文献。

俄共(布)第七次(紧急)代表大会于1918年3月6—8日在彼得格勒塔夫利达宫举行。这是布尔什维克党在十月革命胜利以后首次召开的代表大会。大会的主要任务是最终解决同德国签订和约的问题。

在签订对德和约的问题上,当时党内斗争非常尖锐。列宁和支持他的中央委员力主苏维埃俄国退出帝国主义战争。列宁的立场的基本原则最充分地反映在他的《关于立刻缔结单独的兼并性和约问题的提纲》中(见本版全集第33卷第251—259页)。以尼·伊·布哈林为首的"左派共产主义者"反对签订布列斯特和约。"左派共产主义者"掌握了莫斯科、彼得格勒、乌拉尔等地的党组织的领导权,激烈反对列宁的路线。列·达·托洛茨基的立场接近于"左派共产主义者"。"左派共产主义者"的冒险主义口号遭到了大多数基层党组织的驳斥。到召开代表大会时,列宁的缔结和约的路线已经得到了大多数党组织的支持。

出席大会的有表决权的代表47名,有发言权的代表59名,共代表17万左右党员。当时俄共(布)有30多万党员,由于大会召开过分紧急和某些地区暂时被德国占领,一部分党组织未能选派代表。大会的议程是:中央委员会组织报告;中央委员会政治报告——关于战争与和平的报告;修改党纲和更改党的名称;组织问题;选举中央委员会。

列宁领导了大会的全部工作。他作了中央委员会政治报告与修改党纲和更改党的名称的报告,参加了所有问题的讨论,总共发言18次。

列宁作了中央委员会政治报告之后,布哈林作了副报告,他仍然坚持其对德作战、反对签订和约的立场。会上就这个问题展开了激烈的辩论,有18位代表发言。支持列宁的有雅·米·斯维尔德洛夫、费·安·谢尔盖耶夫(阿尔乔姆)、伊·捷·斯米尔加、雅罗斯拉夫尔的代表罗扎诺夫以及其他代表。列宁的富于说服力的论据使得一部分"左派共产主义者"改变了自己的立场。代表大会一致批准了列宁所作的中央委员会政治报告,否决了"左派共产主义者"作为决议提出的《关于当前形势的提纲》,而以30票赞成、12票反对、4票弃权通过了列宁提出的关于布列斯特和约问题的决议。这一和约随后在3月14—16日召开的全俄苏维埃第四次(非常)代表大会上得到批准。

代表大会接着讨论了关于修改党纲和更改党的名称的问题。列宁写的《党纲草案草稿》在大会开幕时就分发给了大会代表,他的报告就是以这个文件为基础的。大会根据列宁的提议,通过了关于把党的名称由俄国社会民主工党(布尔什维克)改为俄国共产党(布尔什维克)的决议。为了制定新党纲,代表大会选出了以列宁为首的七人委员会。

代表大会以无记名投票方式选出了由15名委员和8名候补委员组成的新的中央委员会。——1。

2　指十月革命后列·波·加米涅夫、格·叶·季诺维也夫、阿·伊·李可夫以及其他一些中央委员和苏维埃政府成员支持社会革命党人和孟什维克关于成立"清一色的社会党人政府"的要求一事(参看本版全集第33卷第44—46、47—49页)。——2。

3　这项反对按德国提出的条件缔结和约的论据是"左派共产主义者"在1918年1月8日(21日)召开的中央委员和党的工作人员会议上提出来的。瓦·瓦·奥博连斯基(恩·奥新斯基)断言:"德国兵不会进攻",而叶·阿·普列奥布拉任斯基则力图证明,德国军队"从技术上说无法进攻,因为时处严冬,没有道路⋯⋯" 列宁在《论革命空谈》(见本版全集第33卷)一文中揭露了这些论断的错误和危害。——8。

4　九头蛇是希腊神话中的一条非常凶猛而且生命力极强的怪蛇。——9。

5　这句话出自俄国作家伊·费·哥尔布诺夫的故事《在驿站》。一个驿站马车夫自吹赶了15年车,对山坡很熟悉,却老是把车赶翻,翻车以后还满不在乎地逗趣说:"你看,每次都在这个地方⋯⋯" 列宁套用这句话来讽刺无政府主义者的空谈。——9。

6　布列斯特谈判指以苏俄为一方和以德国、奥匈帝国、保加利亚、土耳其四国同盟为另一方在当时德军东线司令部所在地布列斯特-里托夫斯克举行的和平谈判。

谈判于1917年12月9日(22日)开始。苏俄代表团首先提出以没有兼并没有赔款的民主和约的原则为谈判基础,德方(以德国为主的同盟国)虚伪地声明同意,但以协约国也承认这些原则为先决条件。随后德方就以协约国拒绝参加谈判为由而宣布其声明失效,并于1918年1月5日(18日)向苏俄方面提出领土要求(所谓霍夫曼线),将原属俄国的约15万平方公里的土地,包括波兰、立陶宛和爱沙尼亚、拉脱维亚的一部分以及乌克兰人和白俄罗斯人居住的大片地区——划出去。苏俄方面要求暂停谈判。

面对德方提出的掠夺性条件,布尔什维克党内在是否签订和约的问题上发生了尖锐分歧。列宁权衡国内和国际形势,主张接受德方的条件,签订和约,以便得到喘息时机,保卫十月革命成果,巩固苏维埃政权。以尼·伊·布哈林为首的"左派共产主义者"集团坚决反对签订和约,主张对国际帝国主义宣布革命战争。列·达·托洛茨基则主张苏俄应宣布停战、复员军队、但不签订兼并性和约,即所谓不战不和。列宁的主张暂时未能得到中央多数的支持。在这种情况下,列宁在1月11日(24日)中央会议上提出了竭力拖延谈判的提案,以12票对1票获得通过。1月14日(27日),在当时担任谈判代表团团长的托洛茨基动身前往布列斯特-里托夫斯克时,列宁和他约定:"德国人不下最后通牒,我们就坚持下去,等他们下了最后通牒我们再让步。"(见本卷第27页)

谈判重新开始后,德方拒绝同乌克兰苏维埃政权的代表团进行谈判,而在1月27日(2月9日)同乌克兰中央拉达代表团签订了和约。根据这个条约,拉达同意向德方提供大量粮食、牲畜等物资,以换取德方的军事援助。德方随后即以最后通牒口气要求苏俄立即接受德方条件。1月28日(2月10日),托洛茨基违背了同列宁的约定,书面声明苏俄宣布停止战争、复员军队、但拒绝在和约上签字,随即退出谈判。

德方利用这一点,于2月16日宣布停战协定失效,2月18日发起全线进攻。在十分危急的形势下,布尔什维克党中央经过激烈争论,终于在2月18日晚以7票赞成、5票反对、1票弃权通过了同意签订和约的决定。2月23日上午,苏俄方面收到了德方提出的新的、条件更为苛刻的最后通牒。当天中央会议以7票赞成、4票反对、4票弃权同意签订和约。2月24日晨,全俄中央执行委员会通过决议,接受德方的最后通牒。3月3日,在布列斯特-里托夫斯克签订了和约。根据和约,苏俄共丧失约100万平方公里领土(包括乌克兰),还必须复员全部军队,立即同乌克兰中央拉达签订和约。

1918年11月13日,在德国爆发了革命以后,全俄中央执行委员会通过决定,宣布废除布列斯特和约。——10。

7 指俄国沙皇政府和资产阶级临时政府同英、法、德、日及其他帝国主义国家签订的秘密条约。从1917年11月10日(23日)起,苏维埃政府在《真理报》和《中央执行委员会消息报》上陆续公布这些秘密条约。1917年12月—1918年2月出版了7部《前外交部档案秘密文件汇编》。秘密条约的公布,起了巨大的革命宣传作用。——11。

8 这里说的是第三届国家杜马代表必须在其上签名的效忠沙皇宣誓书。由于拒绝签名会失去动员无产阶级进行革命斗争所需的杜马讲坛,社会民主党的代表和杜马其他代表一起在宣誓书上签了名。——14。

9 国际的战场革命一词是"左派共产主义者"瓦·瓦·奥博连斯基(恩·奥新斯基)在《关于战争与和平问题的提纲》中使用的,这个提纲是提交1918年1月21日(2月3日)中央委员会会议的,载于1918年3月14日《共产主义者报》第8号。奥博连斯基在这个提纲里写道:"革命战争是战场上的国内战争,不可能具有那些进行战略性战役的全民族军队的正规军事行动的性质。在这里,和资产阶级国家(德国)的民族军队对峙的是无产阶级的武装队伍,这些队伍不只是作战,而且还以显示自己的阶级立场来'瓦解'敌人,呼唤他们不是向柏林而是向资产阶级进攻。军事行动具有游击斗争(类似街垒战)性质并和阶级的鼓动相结合。这些军事行动是群众性的有组织的革命运动的武装表现。革命战争就是'国际的战场革命'。"——16。

10　指拿破仑第一击败普鲁士和俄国军队后，法国和普鲁士于 1807 年 7 月
在蒂尔西特缔结的和约。和约使普鲁士承担了沉重的、屈辱性的义务。
普鲁士丧失了一半领土，担负了 1 亿法郎的赔款，此外还必须把军队缩
减到 4 万人，按照拿破仑第一的要求提供辅助性的军队，并停止同英国
的贸易。——17。

11　《共产主义者报》(《Коммунист》)是"左派共产主义者"这一派别组织的
报纸(日报)，以俄国社会民主工党彼得堡委员会和彼得堡郊区委员会
机关报的名义，于 1918 年 3 月 5—19 日在彼得格勒出版，共出了 11
号。根据彼得格勒市党代表会议 1918 年 3 月 20 日的决定，《共产主义
者报》停刊。代表会议宣布以《彼得格勒真理报》为彼得格勒党组织的
机关报。——17。

12　这里说的 11 天看来是指从 1918 年 2 月 18 日德国军队开始进攻到
1918 年 2 月 28 日苏俄代表团抵达布列斯特-里托夫斯克这一段时间。
但实际上，德国军队的进攻一直延续到 1918 年 3 月 3 日签订和约那一
天。——18。

13　芬兰革命于 1918 年 1 月在芬兰南部工业地区爆发。1918 年 1 月 27 日
夜，芬兰赤卫队占领了芬兰首都赫尔辛福斯，资产阶级的斯温胡武德政
府被推翻。1 月 28 日，工人们建立了芬兰革命政府——人民代表委员
会。参加革命政府的有库·曼纳、奥·库西宁、尤·西罗拉等人。国家
政权的基础是由工人选出的工人组织议会。芬兰革命政府在斗争初期
还没有明确的社会主义纲领，主要着眼解决资产阶级民主革命的任务，
但这一革命从性质上说是社会主义革命。革命政府的最主要的措施
是：将一部分工商企业和大庄园收归国有；把芬兰银行收归政府管理，
并建立对私营银行的监督；建立工人对企业的监督；将土地无偿地交给
佃农。芬兰这次无产阶级革命只是在芬兰南部取得了胜利。斯温胡武
德政府在芬兰北部站稳了脚跟后，集结了一切反革命力量，在德国政府
的援助下向革命政权发动进攻。由于德国的武装干涉，芬兰革命经过

激烈的内战以后于 1918 年 5 月初被镇压下去。——19。

14 眼前不时出现倒在血泊中的孩子的情景出自俄国作家亚·谢·普希金的历史悲剧《鲍里斯·戈都诺夫》。鲍里斯·戈都诺夫阴谋杀害了九岁的王子季米特里,自己当了沙皇,但他常常惊慌不安,说他总是看到一个浑身是血的孩子。列宁借用这句话来形容当时人们的厌战心理。——19。

15 指俄国社会民主工党(布)中央莫斯科区域局 1918 年 2 月 24 日决议所附的"说明"。这个"说明"里说:"为了国际革命的利益,即使丧失目前完全流于形式的苏维埃政权,也是适当的。"列宁在《奇谈与怪论》一文(见本版全集第 33 卷)中对它作了分析和批判。——20。

16 指法国驻俄国军事使团代表让·吕贝尔萨克。列宁在 1918 年 2 月 27日同他谈过话。——25。

17 指刊载在 1918 年 3 月 5 日《全俄中央执行委员会消息报》第 40 号上的苏俄陆军人民委员部文告。这个文告号召苏维埃共和国全体工人和农民参加自愿的军事训练。当时学习军事采取自愿方式是因为根据布列斯特和约俄国军队应全部复员。——25。

18 到卡诺萨去意为屈辱求降。卡诺萨是意大利北部的一个古城堡。传说神圣罗马帝国皇帝亨利四世在和教皇格列高利七世争夺授职权的斗争中被开除教籍、废黜帝位以后,曾于 1077 年 1 月身着罪衣,冒着严寒,立于这个城堡门口三昼夜,向格列高利七世祈求赦免。——26。

19 按照 1917 年 12 月 2 日(15 日)苏维埃俄国和德国、奥匈帝国、保加利亚、土耳其四国同盟在布列斯特-里托夫斯克缔结的停战协定,缔约国一方要恢复军事行动,必须在开始进攻前 7 天通知另一方。但是德帝国主义者违反协定,在 1918 年 2 月 16 日宣布终止停战状态后仅仅过了两天,就在 2 月 18 日发起了全线进攻。——27。

20 这里说的是同反革命的乌克兰中央拉达缔结和约的问题。按照 1918

年3月3日签订的布列斯特和约第6条,俄国必须同乌克兰中央拉达缔结和约。苏维埃政府与乌克兰中央拉达之间的和平谈判当时没有举行。1918年4月29日,德国占领者在立宪民主党和十月党资产阶级的帮助下,在乌克兰搞了一个政变,抛弃了拉达,而以帕·彼·斯科罗帕茨基的盖特曼独裁政府代之。苏维埃共和国与斯科罗帕茨基政府的和平谈判于5月23日开始,6月14日签订了停战协定。——28。

21　左派社会革命党人是俄国小资产阶级政党社会革命党的左翼,于1917年12月2日(15日)组成了独立的政党,其领袖人物是玛·亚·斯皮里多诺娃、波·达·卡姆柯夫和马·安·纳坦松。

左派社会革命党人这一派别在第一次世界大战中形成,1917年七月事变后迅速发展,在十月革命中加入了军事革命委员会,参加了武装起义。在全俄苏维埃第二次代表大会上,左派社会革命党人在社会革命党党团中是多数派。当右派社会革命党人遵照社会革命党中央的指示退出代表大会时,他们仍然留在代表大会中,并且在议程的最重要的问题上和布尔什维克一起投票。但是在参加政府的问题上,他们拒绝了布尔什维克的建议,而同孟什维克国际主义派一起要求建立有社会革命党、孟什维克和布尔什维克参加的所谓"清一色的社会党人政府"。左派社会革命党人在长期犹豫之后,为了保持他们在农民中的影响,决定参加苏维埃政府。经过布尔什维克和左派社会革命党人的谈判,1917年底有7名左派社会革命党人加入了人民委员会,而左派社会革命党人也保证在自己的活动中实行人民委员会的总政策。

左派社会革命党人虽然走上和布尔什维克合作的道路,但是反对无产阶级专政,在建设社会主义的一些根本问题上同布尔什维克有分歧。1918年初,左派社会革命党人反对签订布列斯特和约,在同年3月苏维埃第四次(非常)代表大会批准布列斯特和约后退出了人民委员会,但仍留在中央执行委员会和其他苏维埃机关中。左派社会革命党人也反对苏维埃政权关于在企业和铁路部门中建立一长制和加强劳动纪律的措施。1918年夏天,随着社会主义革命在农村中的展开和贫苦农民委员会的建立,左派社会革命党人中的反苏维埃情绪开始增长。1918年6月24日,左派社会革命党中央通过决议,提出用一切可行的手段来"纠正苏维埃政策的路线"。接着,左派社会革命党人于1918年7月6日在莫斯科发动了武装叛乱。这次叛乱被粉碎之后,全俄苏维埃第五次代表大会通过决议,把那些赞同其上层领导路线的左派社会革命党人从苏维埃开除出去。左派社会革命党的很大一部分普通党员甚至领导人并不支持其领导机构的冒险主义行动。1918年9月,一部分采取同布尔什维克合作立场的左派社会革命党人组成了民粹派共产党和革命共产党。这两个党的大部分党员后来参加了俄共(布)。20年代初,左派社会革命党不复存在。——28。

22　3月12日是全俄苏维埃第四次(非常)代表大会原定的开幕日期。代表大会后来改期于1918年3月14—16日举行。——28。

23　人民事业派是集结在《人民事业报》周围的右派社会革命党人。

《人民事业报》(《Дело Народа》)是俄国社会革命党的报纸(日报),1917年3月15日(28日)起在彼得格勒出版,1917年6月起成为该党中央机关报。先后担任编辑的有В.В.苏霍姆林、维·米·切尔诺夫、弗·米·晋季诺夫等,撰稿人有尼·德·阿夫克森齐耶夫、阿·拉·郭茨、亚·费·克伦斯基等。该报反对布尔什维克党,号召工农群众同资本家和地主妥协、继续帝国主义战争、支持资产阶级临时政府。该报对十月革命持敌对态度,鼓动用武力反抗革命力量。1918年1月14日(27日)被苏维埃政府查封。以后曾用其他名称及原名(1918年3—6月)出版。1918年10月在捷克斯洛伐克军和白卫社会革命党叛乱分子占领的萨马拉出了4号。1919年3月20—30日在莫斯科出了10号后被查封。

新生活派是在《新生活报》周围形成的孟什维克国际主义者集团。

《新生活报》(《Новая Жизнь》)是由一批孟什维克国际主义者和聚集在《年鉴》杂志周围的作家创办的俄国报纸(日报),1917年4月18日(5月1日)起在彼得格勒出版,1918年6月1日起增出莫斯科版。出版人是阿·谢列布罗夫(阿·尼·吉洪诺夫),编辑部成员有马·高尔基、谢列布罗夫、瓦·阿·杰斯尼茨基、尼·苏汉诺夫,撰稿人有弗·亚·巴扎罗夫、波·瓦·阿维洛夫、亚·亚·波格丹诺夫等。在1917

年9月2—8日(15—21日)被克伦斯基政府查封期间,曾用《自由生活报》的名称出版。十月革命以前,该报的政治立场是动摇的,时而反对临时政府,时而反对布尔什维克。该报对十月革命和建立苏维埃政权抱敌对态度。1918年7月被查封。——31。

24　关于战争与和平的决议是在党的第七次代表大会1918年3月8日上午会议上通过的。根据列宁的提议并经代表大会批准,决议在当时没有公布(参看本卷第37页)。决议于1919年1月1日第一次发表在俄共(布)中央在莫斯科出版的工人报纸《公社战士报》第1号上。

　　据俄文版编者说,决议的最后三段从笔迹看是格·雅·索柯里尼柯夫和格·叶·季诺维也夫写的。——32。

25　在代表大会讨论列宁起草的关于战争与和平的决议案时,列·达·托洛茨基建议在决议的末尾另加一条:"代表大会认为,对苏维埃政权来说,同基辅拉达和芬兰资产阶级政府签订和约,是不能容许的。"列宁发言后,大会否决了托洛茨基的修正意见。——34。

26　卡·拉狄克代表"左派共产主义者"集团发表声明,赞同列·达·托洛茨基对战争与和平决议案的修正意见,反对苏维埃政权与乌克兰中央拉达签订和约,并企图就此问题展开辩论。列宁发言后,大会否决了拉狄克的意见。——36。

27　在代表大会上,格·叶·季诺维也夫反对列宁提出的不公布关于战争与和平的决议的建议。他认为决议保密是做不到的,而且会给传播有害于党的事业的谣言提供土壤。至于采取什么方式公布决议,他建议授权新的中央委员会去处理。代表大会否决了季诺维也夫的修正意见,以多数票通过了列宁的建议。——38。

28　1917年二月资产阶级民主革命后,列宁就提出了修改党纲的问题。1917年4月,俄国社会民主工党(布)第七次全国代表会议(四月代表会议)讨论了这个问题。1917年7—8月举行的俄国社会民主工党(布)第六次代表大会确认了四月代表会议关于修改党纲的决议,并决

定召开专门的代表大会来制定新党纲。1917 年 9 月 20 日(10 月 3
日),中央委员会讨论了召开党的紧急代表大会的问题,党中央组织局
发表公告,宣布紧急代表大会定于 1917 年 10 月 17 日(30 日)召开,其
议程为:(1)修改党纲;(2)组织问题。党中央委员会就代表大会的筹备
和代表选举问题向党组织发了通告信。1917 年 10 月 5 日,中央委员
会会议决定推迟召开大会,并成立了以列宁为首的委员会,负责起草向
代表大会提出的党纲草案。1917 年 10 月,列宁发表了《论修改党纲》
一文(见本版全集第 32 卷)。由于准备和实行十月武装起义,党的紧急
代表大会没有开成。十月革命后,1918 年 3 月举行的第七次党代表大
会讨论了党纲问题,决定制定新的党纲,以确定党在建设社会主义社会
中的任务。代表大会委托以列宁为首的委员会起草新党纲。1919 年 3
月举行的党的第八次代表大会通过了新党纲,党纲草案的所有主要部
分都是列宁起草的。

更改党的名称问题是列宁在 1914 年,即第一次世界大战开始时提
出的。以后列宁在《四月提纲》中、在《无产阶级在我国革命中的任务》
这本小册子中(均见本版全集第 29 卷)以及 1917 年发表的其他许多著
作和讲话中都论证了更改党的名称的必要性。这个问题在 1917 年的
四月代表会议和第六次代表大会上都没有审议。直到党的第七次代表
大会才根据列宁的报告通过了更改党的名称的决议。——40。

29　指 1917 年出版的两本有关修改党纲的文集。一本是列宁编辑并作序、
彼得格勒波涛出版社出版的《修改党纲的材料》(见本版全集第 29 卷)。
另一本是俄国社会民主工党莫斯科工业区区域局出版的《修改党纲的
材料》,载有弗·巴·米柳亭、维·索柯里尼柯夫、阿·洛莫夫和弗·
米·斯米尔诺夫的文章。列宁在《论修改党纲》一文(见本版全集第 32
卷)中详细分析和批评了索柯里尼柯夫和斯米尔诺夫的文章。
——41。

30　《启蒙》杂志(《Просвещение》)是俄国布尔什维克的合法的社会政治和
文学月刊,1911 年 12 月—1914 年 6 月在彼得堡出版,共出了 27 期。
该杂志是根据列宁的倡议,为代替被沙皇政府查封的布尔什维克刊

物——在莫斯科出版的《思想》杂志而创办的,受以列宁为首的国外编辑委员会的领导。出版杂志的实际工作,由俄国国内的编辑委员会负责。在不同时期参加国内编辑委员会的有:安·伊·乌里扬诺娃-叶利扎罗娃、列·米·米哈伊洛夫、米·斯·奥里明斯基、A. A. 里亚比宁、马·亚·萨韦利耶夫、尼·阿·斯克雷普尼克等。从1913年起,《启蒙》杂志文艺部由马·高尔基领导。《启蒙》杂志作为布尔什维克机关刊物,曾同取消派、召回派、托洛茨基分子和资产阶级民族主义者进行过斗争,登过列宁的28篇文章。第一次世界大战前夕,《启蒙》杂志被沙皇政府查封。1917年秋复刊后,只出了一期(双刊号),登载了列宁的《布尔什维克能保持国家政权吗?》和《论修改党纲》两篇文章。——41。

31　《斯巴达克》杂志(《Спартак»)是俄国社会民主工党莫斯科区域局、莫斯科委员会和莫斯科郊区委员会(从第2期起)的理论刊物,1917年5月20日—10月29日(6月2日—11月11日)在莫斯科出版。该刊编辑是尼·伊·布哈林。参加该刊工作的有米·斯·奥里明斯基、尼·列·美舍利亚科夫、伊·伊·斯克沃尔佐夫-斯捷潘诺夫、恩·奥新斯基、叶·米·雅罗斯拉夫斯基等。——41。

32　开姆尼茨代表大会即1912年9月15—21日在开姆尼茨召开的德国社会民主党代表大会。这次代表大会通过的《关于帝国主义的决议》指出帝国主义国家的政策是"卑鄙的掠夺和侵略政策",号召工人阶级"加倍努力来反对帝国主义"。

　　巴塞尔代表大会即1912年11月24—25日在巴塞尔举行的第二国际非常代表大会。大会一致通过的宣言,号召全世界工人积极展开反对帝国主义战争的斗争,并建议社会党人在帝国主义战争爆发时,利用战争造成的经济危机和政治危机,来进行社会主义革命。

　　但是在第一次世界大战爆发后,西欧各国社会民主党的领袖们违反这个宣言和历次国际社会党代表大会的决议,采取社会沙文主义立场,站到了本国帝国主义政府一边。对第二国际领袖们的这种变节行为,列宁在《第二国际的破产》、《社会主义与战争》(见本版全集第26

卷)等著作中作了深刻的揭露和批判。——45。

33 指芬兰革命政府——人民代表委员会,它是在推翻斯温胡武德资产阶级政府以后于1918年1月28日建立的。除人民代表委员会外,还成立了工人组织总委员会,作为最高权力机关。由有组织的工人选举产生的各工人组织议会构成了国家政权的基础。——47。

34 十月革命胜利以后,苏维埃俄国通过1917年10月26日(11月8日)的土地法令实现了土地国有化,同时逐步把工业和基本生产资料收归国有。到1918年春,彼得格勒、莫斯科和其他地区的最大的冶金工厂和机器制造工厂以及乌拉尔和顿巴斯的采矿业已转归国家所有。从1918年5月起,制糖、石油等工业的整个部门开始国有化。1918年6月28日,人民委员会颁布法令,把全部大工业收归国有。——50。

35 银行国有化法令于1917年12月14日(27日)由全俄中央执行委员会批准,并在1917年12月15日(28日)《全俄中央执行委员会消息报》第252号上公布(见《苏维埃政权法令汇编》1957年俄文版第1卷第225—230页)。——52。

36 1917年10月26日(11月8日)的《土地法令》和1918年1月18日(31日)的《土地社会化基本法》都规定平均分配土地(按劳动土地份额或消费土地份额)。这是苏维埃政权为巩固工农联盟而对中农作出的让步。同时,《土地社会化基本法》提出了发展农业中的集体经济的任务,规定农业公社、农业劳动组合和农业协作社享有使用土地的优先权。——52。

37 指彼得格勒党组织的代表雅·亨·费尼格施泰因。鉴于各个党组织都没有讨论党纲草案,他提议代表大会成立一个委员会,来审查列宁的草案并在下届代表大会召开以前把党纲制定出来。——55。

38 列宁没有出席党的第六次代表大会。这里看来是指他同瑞典左派社会民主党领袖卡·塞·霍格伦的谈话;霍格伦曾于1918年2月前来苏维埃俄国。——56。

39 尤·拉林在党的第七次代表大会上建议在党的名称中加进"工人"一词,这一修正意见被代表大会否决。——58。

40 指罗·安·佩尔舍。他在代表大会上建议从党纲中删掉利用议会斗争的论点,这一修正意见被代表大会否决。——59。

41 尼·伊·布哈林建议在列宁的决议案中加一些话,说明应从评述帝国主义和评述社会主义制度这两个方面来补充和修改党纲的理论部分。布哈林的这一修正意见,在列宁发言之后,为代表大会以多数票否决。——60。

42 在代表大会进入选举新的中央委员会这项议程时,莫·索·乌里茨基代表出席大会的"左派共产主义者"发表声明,声称他们不愿对中央委员会所实行的政策承担责任,所以决定不参加中央委员会。代表大会就此问题进行了讨论,并以多数票通过了列宁提出的决议案(参看本卷第64页)。但是"左派共产主义者"在这以后仍不放弃自己的声明,而且宣布他们不仅不参加中央委员会,也不参加中央委员会的选举。为此,代表大会又通过一项决议,谴责"左派共产主义者"拒绝参加中央委员会选举的行为,并决定把这种行为转告选派他们出席代表大会的党组织。受到代表大会的严厉谴责以后,"左派共产主义者"声明:他们不参加中央委员会,但将参加中央委员会的选举。这样,《就"左派共产主义者"拒绝参加中央委员会的选举通过的决议》也就予以撤销。代表大会期望"左派共产主义者"会服从党的纪律,因此把他们的代表尼·伊·布哈林、阿·洛莫夫和乌里茨基选入中央委员会。他们三人当即声明拒绝在中央工作。代表大会未经辩论通过决定:如果他们离开中央,递补问题交中央自行处理。在党的代表大会和批准布列斯特和约的全俄苏维埃第四次(非常)代表大会之后,他们不顾中央的坚决要求,有好几个月不参加中央的工作。——62。

43 本文曾同列宁的另一篇文章《论"左派"幼稚性和小资产阶级性》(见本卷第264—293页)合编成一本小册子,在1918年5月出版,题为《当前的主要任务》。列宁为这本小册子写了一篇简短的序言(见本卷第324

页）。——73。

44　引自尼·阿·涅克拉索夫的长诗《谁在俄罗斯能过好日子》（见《涅克拉
索夫作品集》1950 年俄文版第 241 页）。——73。

45　全俄苏维埃第四次（非常）代表大会共产党党团会议在代表大会开幕前
一天——1918 年 3 月 13 日召开。这是列宁在会上作的关于战争与和
平的讲话的简单提纲。讲话的记录极不完全（参看《列宁文稿》人民出
版社版第 14 卷第 468—470 页），《列宁全集》俄文各版都没有收载。
——83。

46　这是有关全俄苏维埃第四次（非常）代表大会的一组文献。

全俄苏维埃第四次（非常）代表大会于 1918 年 3 月 14—16 日在莫
斯科举行。这次代表大会是为解决批准布列斯特和约问题而召开的。

在代表大会开幕的前一天，代表大会共产党党团讨论了和约问题，
列宁在会上讲了话。党团会议以 453 票赞成、36 票反对、8 票弃权赞同
批准布列斯特和约。由于代表还没有全部到达，党团的人数不齐。

3 月 14 日，代表大会开幕。出席大会的有表决权的代表共 1 232
名，其中布尔什维克 795 名，左派社会革命党人 283 名，中派社会革命
党人 25 名，孟什维克 21 名，孟什维克国际主义派 11 名。副外交人民
委员格·瓦·契切林向代表大会介绍了和约的内容后，列宁代表全俄
中央执行委员会就批准和约问题作了报告。波·达·卡姆柯夫代表左
派社会革命党党团作了反对批准和约的副报告。

会上，孟什维克、社会革命党和左派社会革命党、最高纲领派、无政
府主义者等结成统一阵线，反对批准布列斯特和约。经过辩论，大会以
784 票赞成、261 票反对、115 票弃权通过了列宁提出的关于批准和约
的决议。"左派共产主义者"不顾党的第七次（紧急）代表大会和全俄苏
维埃第四次（非常）代表大会共产党党团的决定以及中央委员会在代表
大会开会期间作出的党员不得反对党的决定的规定，投了弃权票。和
约批准后，左派社会革命党人宣布退出人民委员会。

大会还批准了全俄中央执行委员会 1918 年 2 月底作出的关于把
苏维埃共和国的首都由彼得格勒迁往莫斯科的决定，选出了由 207 人

组成的新的全俄中央执行委员会。——85。

47　这个决议草案是为答复美国总统伍·威尔逊致全俄苏维埃第四次(非常)代表大会的声明而起草的。威尔逊在声明中就德国人占领波罗的海沿岸、白俄罗斯和乌克兰向俄国人民表示"同情",并说"合众国政府将尽一切可能保证俄国在其内部事务中重新获得完全的主权和独立,完全恢复其在欧洲和当代人类生活中的伟大作用"。威尔逊企图用这个声明对代表大会的决定施加影响,阻挠批准对德和约。决议草案由雅·米·斯维尔德洛夫在代表大会上宣读后通过。——85。

48　这里是指孟什维克党和社会革命党。这两个政党当时都有代表参加工农兵代表苏维埃,但是很快就走上了公开反革命的道路。因此,全俄中央执行委员会于1918年6月14日通过决议,把社会革命党(右派和中派)和孟什维克党的代表开除出全俄中央执行委员会和地方苏维埃。决议于6月18日发表于《全俄中央执行委员会消息报》第123号(见《苏维埃政权法令汇编》1959年俄文版第2卷第430—431页)。——86。

49　看来,列宁把革命发展中的转折同布列斯特-里托夫斯克和谈破裂和德国发动进攻联系在一起。他在这个报告和报告的提纲(见本卷第507页)中把这个日子定为2月11日,即和谈破裂的第二天,而在另一个文件即《在全俄苏维埃第四次(非常)代表大会共产党党团会议上的讲话的提纲》(见本卷第83—84页)中则把这个日子定为2月17日,即德军全线进攻开始的前一天。——87。

50　指来自前线的军官杜巴索夫在1917年9月21日(10月4日)彼得格勒苏维埃会议上的发言。他在发言中说:"现在士兵们要的不是自由,也不是土地。他们要的只是一样,那就是结束战争。不管你们在这里怎么说,士兵们不会再打下去了。"——96。

51　1918年1月14日(27日)芬兰发生革命,政权转到无产阶级手中。2月,根据芬兰工人政府——人民代表委员会的倡议,开始了关于缔结俄罗斯和芬兰两个社会主义共和国之间的条约的谈判。俄芬协商委员会草拟的条约草案在人民委员会2月25、27、28日的会议上进行了讨论。3月1日,缔约双方代表在条约上签字。这是历史上第一个社会主义国家之间的条约。

列宁直接参加了条约的制定工作,同受权签订条约的芬兰工人政府代表进行了会谈,并审定了条约草案。——98。

52 指波·达·卡姆柯夫在全俄苏维埃第四次(非常)代表大会上就批准对德和约问题所作的副报告。——104。

53 这里说的是孟什维克尔·马尔托夫在代表大会上的发言。据代表大会速记记录,他在发言中说:"在这种情况下任何一个政治家都不能对签署政治文件承担责任……就像农民在乡会里那样,不知道手脚麻利的地方长官强迫他们签名的是什么字据,就在上面签了名,结果受了30年的盘剥。俄国的领导们想对你们做的就是这个。我们至今没有条约的文本(会场喧哗,纷纷向发言人抛掷条约文本),至少我到现在还未收到,我的同志们也未收到。"

乡会是俄国1861年改革后设立的地方农民管理机关,由乡长、村长等地方公职人员和农民代表(每10户选一人)组成,每年开会两三次。乡会选举乡长等地方公职人员,解决本乡的一些行政和经济问题。乡会掌握在农民资产阶级手中,实际是乡公所的咨询机关。资产阶级临时政府于1917年5月21日颁布法令,撤销乡会,在乡一级设地方自治机关。——104。

54 指彼得格勒工兵代表苏维埃的《告全世界人民书》。这个文告发表于1917年3月15日(28日)俄国中央各报。列宁在全俄工兵代表苏维埃第一次代表大会上所作的关于战争的讲话对这个不彻底的孟什维克和社会革命党人文告作了评价(参看本版全集第30卷第250—264页)。——107。

55 第一个呼吁书是列宁以布尔什维克党中央委员会、彼得堡委员会和《真理报》编辑部的名义写的《告各交战国士兵书》,载于1917年4月21日

（5月4日）《真理报》第37号（见本版全集第29卷）。——107。

56　这里说的是1918年3月13日全俄苏维埃第四次（非常）代表大会共产
党党团会议表决的票数，赞成批准和约的票数为453张，占⁹/₁₀。参看
注46。——112。

57　《社会民主党人报》（《Социал-Демократ》）是俄国社会民主工党秘密发
行的中央机关报。1908年2月在俄国创刊，第2—32号（1909年2
月—1913年12月）在巴黎出版，第33—58号（1914年11月—1917年
1月）在日内瓦出版，总共出了58号，其中5号有附刊。根据俄国社会
民主工党第五次代表大会选出的中央委员会的决定，该报编辑部由布
尔什维克、孟什维克和波兰社会民主党人的代表组成。实际上该报的
领导者是列宁。1911年6月孟什维克尔·马尔托夫和费·伊·唐恩
退出编辑部，同年12月起《社会民主党人报》由列宁主编。该报先后刊
登过列宁的80多篇文章和短评。在斯托雷平反动时期和新的革命高
涨年代，该报同取消派、召回派和托洛茨基分子进行斗争，宣传布尔什
维克的路线，加强了党的统一和党与群众的联系。第一次世界大战期
间，该报同国际机会主义、民族主义和沙文主义进行斗争，反对帝国主
义战争，团结各国坚持国际主义立场的社会民主党人，宣传布尔什维克
在战争、和平和革命等问题上提出的口号，联合并加强了党的力量。
——116。

58　《共产党人》杂志（《Коммунист》）是列宁创办的，由《社会民主党人报》
编辑部和资助杂志的格·列·皮达可夫、叶·波·博什共同出版，尼·
伊·布哈林参加了杂志编辑部。杂志1915年9月在日内瓦出了一
期合刊，刊载了列宁的三篇文章：《第二国际的破产》、《一位法裔社会党
人诚实的呼声》和《意大利的帝国主义和社会主义》。列宁曾打算把《共
产党人》杂志办成左派社会民主党人的国际机关刊物，为此力求吸收波
兰左派社会民主党人（卡·拉狄克）和荷兰左派社会民主党人参加杂志
的工作。可是在杂志筹办期间，《社会民主党人报》编辑部和布哈林、皮
达可夫、博什之间很快就发生了严重的意见分歧。杂志创刊以后，分歧
愈益加剧。这些分歧涉及对民主要求的作用和整个最低纲领的作用的

估计。而拉狄克也与布哈林等结成联盟反对《社会民主党人报》编辑部。根据列宁的提议,《共产党人》杂志只出这一期就停刊了(参看本版全集第27卷第307—309页)。《社会民主党人报》编辑部随后出版了《〈社会民主党人报〉文集》来代替这个刊物。

关于《共产党人》杂志的创办以及处理同布哈林、皮达可夫、博什之间的分歧问题,可参看列宁1916年3月(11日以后)、1916年5月(6—13日之间)给亚·加·施略普尼柯夫的信,1916年5月21日给格·叶·季诺维也夫的信,1916年6月(17日以前)给施略普尼柯夫的信和1916年11月30日给伊·费·阿尔曼德的信(本版全集第47卷第203、236、245、258、344号文献)。——116。

59　李伯尔唐恩由孟什维克米·伊·李伯尔和费·伊·唐恩两人的姓氏缀合而成,出自俄国诗人杰·别德内依的同名讽刺诗,是诗人给十月革命前夕鼓吹同资产阶级联合的李伯尔和唐恩及其一伙起的绰号。——116。

60　这篇谈话稿带有列宁的亲笔签名,谈话稿的影印件及其英译文发表于1932年伦敦出版的罗·汉·布鲁斯·洛克哈特的《一个英国驻外代表的回忆录》一书。

《每日新闻报》(《The Daily News》)是英国自由派的报纸,1846年1月21日由威·黑尔斯在伦敦创刊,1909年起同时在伦敦和曼彻斯特出版,1930年停刊。——117。

61　指英国外交大臣阿·巴尔福于1918年3月14日在下院发表的演说。巴尔福在演说中掩盖日本对苏维埃俄国武装干涉的真实目的,说什么日本经盟国同意占领西伯利亚和控制西伯利亚铁路,将会阻止德国向亚洲北部的入侵。——117。

62　1918年3月9日,人民委员会就各种保险事业实行国家垄断的问题成立了一个委员会,来制定俄国保险事业托拉斯化的法令和程序,委员会由财政、内务、国家监察等人民委员部和各工会及其他部门委派代表组成,马·季·叶利扎罗夫为主持人。这个委员会制定的关于各种保险

事业实行国家监督的法令草案,经人民委员会 1918 年 3 月 23 日会议
讨论并作了补充修改后通过。这里刊载的列宁的意见成为该法令的第
5 条的基础。此外,列宁将法令的名称改为:《关于对**除社会保险(即国
家义务保险)**之外的各种保险事业实行国家监督的法令》(黑体是列宁
用的)。法令公布于 1918 年 4 月 2 日《全俄中央执行委员会消息报》,
见《苏维埃政权法令汇编》1959 年俄文版第 2 卷第 5 — 11 页。
——119。

63　《〈苏维埃政权的当前任务〉一文初稿》是列宁 1918 年 3 月 23—28 日口
授的速记记录稿。原稿没有标题,标题是俄文版编者加的。这篇文章
的写作看来是同俄共(布)中央委员会准备讨论开展社会主义建设的计
划有关。3 月 31 日,有列宁参加的党中央会议确认,夺取政权的时期
已经结束,当前主要的任务是进行社会主义经济基础的建设,因此,必
须吸收有知识、有经验的实干家参加建设工作。鉴于会上出现了不同
意见,会议决定召开中央全会以统一看法。1918 年 4 月 4 日,在中央
委员同"左派共产主义者"集团的联席会议上,列宁针对"左派共产主义
者"提出的《目前形势的提纲》,提出了自己的建设纲领和口号。4 月 7
日中央全会开幕,列宁在开幕词中再次强调,革命正处于"新的时期"。
全会委托列宁起草一个关于目前形势的提纲提交中央。根据这个决
定,列宁写了《关于苏维埃政权当前任务的提纲》(这是列宁的《苏维埃
政权的当前任务》一文手稿中用的标题)。

　　《初稿》的第 1—3 章和第 4 章前面部分,据《苏共历史问题》杂志
1979 年第 5 期《列宁的〈苏维埃政权的当前任务〉的两个稿本》一文的
考证,"实际上并不存在"。——120。

64　集体管理制(俄语为 Коллегиальность,亦译:委员会制、会议制)是一种
集体决定问题的管理方式。按照这种方式,一个机关、一个组织或整个
部门的领导,不是委托给一个负责人,而是委托给由选举产生的或任命
的享有同等表决权的几个负责人;由这些人组成该单位的集体管理机
构来实施领导。苏俄当时各人民委员部的部务委员会(Коллегия)就是
这种机构。——143。

65 指1918年1月7—14日(20—27日)在彼得格勒举行的全俄工会第一
次代表大会关于工会作用问题的争论。会上,孟什维克和右派社会革
命党人坚持工会运动对政党和国家保持"独立"。

列宁在这里提到的工会不应该成为国家组织的论点是索·阿·洛
佐夫斯基提出的。他在关于全俄工会中央理事会活动的报告中强调,
"工会应该走完全独立的道路","处于国家政权的压力范围之外"。代
表大会否决了洛佐夫斯基及其追随者按照上述精神草拟的决议,通过
了布尔什维克的决议。——146。

66 《苏维埃政权的当前任务》是列宁受党中央全会的委托于1918年4月
间写的,手稿中标题为《关于苏维埃政权当前任务的提纲》。1918年4
月26日,中央委员会讨论并一致批准了这个《提纲》,决定以文章形式
在《真理报》和《全俄中央执行委员会消息报》上发表,并出版单行本。
——150。

67 指人民委员会1917年11月18日(12月1日)通过的《关于人民委员、
高级职员和官员的薪金额的决定》。这个决定是列宁起草的(参看本版
全集第33卷)。按照这个决定,人民委员领取的最高工资额每月是
500卢布,另给没有劳动能力的家属每人每月补贴100卢布。这大体
上相当于中等工人的工资水平。

1918年1月2日(15日),人民委员会为答复劳动人民委员亚·
加·施略普尼柯夫的询问在列宁起草的一项决定中解释说,1917年11
月18日(12月1日)的法令并不禁止付给专家以超过规定界限的报
酬,这样就批准了对科学技术专家支付较高的工资。——161。

68 苏维埃政权一开始就对对外贸易实行监督。最初,由彼得格勒军事革
命委员会调节对外贸易,审查进出口商品申请和监督海关活动。1917
年12月29日(1918年1月11日),人民委员会下令由工商业人民委员
部监督对外贸易。但是仅仅靠监督和关税保护,还不可能可靠地保护
苏维埃经济免受外国资本的侵害。1917年12月,列宁在《关于实行银
行国有化及有关必要措施的法令草案》草稿的第11条中就提出了实行
对外贸易国家垄断的问题(参看本版全集第33卷第448页)。1918年

4月22日,人民委员会通过了关于对外贸易垄断的法令。——164。

69　在苏维埃政权成立初期,强征和特别税曾是补充预算的主要来源之一,在地方上尤其如此。随着苏维埃政权的巩固,苏俄政府采取了向正规课税过渡的措施。1918年5月17—21日召开的全俄苏维埃财政部门第一次代表大会通过了列宁提出的必须实行所得税和财产税的建议,并选出专门的委员会,根据列宁的提纲制定了相应的条例。1918年6月17日,人民委员会批准了《对1917年11月24日的直接税法令进行修改和补充的法令》,这一法令规定了征收所得税和财产税的严格制度(见《苏维埃政权法令汇编》1959年俄文版第2卷第441—443页)。——165。

70　指《关于消费合作组织的法令》。这个法令的最初草案是列宁写的《关于消费公社的法令草案》(见本版全集第33卷)。粮食人民委员部根据列宁的草案拟了一个详细的法令草案,由粮食人民委员亚·格·施利希特尔签署,公布于1918年1月19日(2月1日)《中央执行委员会消息报》第14号。草案遭到了资产阶级合作社工作者的激烈反对,他们坚持合作社应该完全独立,不受苏维埃机关领导。人民委员会为了利用现有的合作社机构来开展商业工作和搞好对居民的粮食分配,不得不对合作社工作者作了一些让步。1918年3—4月间,最高国民经济委员会、合作社和粮食组织三方代表举行谈判,重新制定了法令草案。4月9日和10日,草案提交人民委员会讨论,经列宁作了补充和修改后通过。法令的第11、12、13条完全是列宁写的。4月11日,全俄中央执行委员会批准了这个法令,同时通过了布尔什维克党团提出的决议,指出关于消费合作社的法令是妥协的产物,有一些重大缺点,因而是作为过渡性措施通过的。法令公布于4月13日《真理报》第71号和4月16日《全俄中央执行委员会消息报》第75号。——167。

71　为了适应按照社会主义原则组织社会生产的需要,1918年3月27日,最高国民经济委员会主席团通过决议,委托全俄工会中央理事会制定总的劳动纪律条例草案。4月1日,在列宁参加下,最高国民经济委员会主席团审查了全俄工会中央理事会起草的关于劳动纪律的决议,建议把决议改写成法令,并在改写时考虑列宁提出的意见和建议(见本卷第195—196页)。4月3日,全俄工会中央理事会通过了修改后的《劳动纪律条例》,发表在1918年4月《国民经济》杂志第2期。《条例》要求一切国营企业建立严格的规章制度,规定生产定额和计算劳动生产率,实行计件工资和超额奖励制,对破坏劳动纪律的人严加惩处。各工厂根据这个《条例》都制定了各自的具体的章程。这对整顿社会主义生产起了巨大的作用。五金工会中央委员会是率先实现列宁关于实行计件和奖励工资制以提高劳动生产率的指示的单位之一。在全俄工会中央理事会讨论加强劳动纪律的问题时,五金工会中央委员会的代表坚持把必须实行计件工资制写进提交最高国民经济委员会主席团4月1日审查的决议中。根据全俄工会中央理事会通过的决定,五金工会中央委员会于1918年4月向所有基层组织发出了关于在金属工业中实行计件工资和奖励制度的指示。——170。

72　十月革命后,在苏俄,计件工资几乎完全被计时工资所代替,这对提高劳动生产率和巩固劳动纪律起了消极作用。为了改变这种状况,苏维埃政权首先在第一批国有化企业里推行计件工资制。在和平喘息时期,计件工资制得到广泛推广。到1918年7月,彼得格勒各企业已对四分之一的工人实行计件工资。1918年12月颁布的苏维埃劳动法典最后肯定了计件工资原则。——170。

73　商业秘密指资本主义企业对其一切生产、贸易和金融业务及全部有关文据保守秘密的权利,这种权利受资产阶级立法的保护。十月革命后,全俄中央执行委员会和人民委员会于1917年11月14日(27日)通过了工人监督条例,从而废除了商业秘密。——171。

74　出自俄国作家伊·安·克雷洛夫的寓言《象和哈巴狗》。寓言讲一只小哈巴狗朝着一只大象狂吠乱叫,无理取闹,以为这样可以使自己毫不费力地成为"大名鼎鼎的好汉"。——174。

75　指人民委员会《关于铁路的集中管理、保护和提高运输能力的法令》。这项法令规定,交通人民委员对人民委员会和全俄中央执行委员会负责,在运输方面拥有无限的权力,交通人民委员部部务委员会不得直接干预他的命令。所有联邦一级、区域一级及其他各级地方苏维埃组织都无权干预运输事宜。

　　这项法令的制定过程是:人民委员会于 1918 年 3 月 18 日审查了交通人民委员部提出的关于各机关不得干预铁路部门事务的法令草案后,责成专门委员会根据列宁提出的下述要点改写这个法令:"1. 大集中。2. 根据铁路组织的挑选任命各个负责人,即每一地方中心的执行者。3. 对他们的命令不折不扣地执行。4. 军事警卫队在保障秩序方面的独裁权力。5. 立即核查流动人员及其分布的措施。6. 建立技术部的措施。7. 燃料。"对专门委员会改写后提交人民委员会 3 月 21 日会议讨论的草案,列宁又作了一系列重要修改。之后,草案被政府批准。由于法令受到在孟什维克和左派社会革命党人影响下的全俄铁路员工苏维埃执行委员会的反对,交通人民委员部 3 月 23 日在人民委员会会议上提出修改这个法令的问题。全俄铁路员工苏维埃执行委员会的代表在会上攻击这个法令取消了全俄铁路员工苏维埃执行委员会的作用,而代之以委员的个人权力。列宁批驳了这种攻击,指出必须采取最强硬的措施来消除铁路上的怠工和松垮现象,并对法令又作了两处修改。3 月 23 日,法令被政府最终批准,由列宁签署,公布于 3 月 26 日《全俄中央执行委员会消息报》第 57 号(见《苏维埃政权法令汇编》1959 年俄文版第 2 卷第 18—20 页)。——178。

76　《前进报》(《Вперед》)是俄国孟什维克报纸(日报),1917 年 3 月起在莫斯科出版。该报最初是孟什维克莫斯科组织的机关报,后来是俄国社会民主工党(孟什维克)莫斯科组织委员会和中部区域委员会的机关报。从 1918 年 4 月 2 日起,是孟什维克中央委员会的机关报,尔·马尔托夫、费·伊·唐恩和亚·萨·马尔丁诺夫都参加了该报编辑部。1918 年 5 月 10 日,根据全俄肃反委员会的决定,该报被查封,领导人被送交法庭审判。5 月 14 日,该报改称《永远前进报》,出了一号。1919 年 1 月 22 日—2 月 25 日继续出版。1919 年 2 月,根据全俄中央执行委员会的决定被最终查封(决定草案是列宁写的,见本版全集第 35 卷第 475—476 页)。——180。

77 《我们时代报》(《Наш Век》)即俄国立宪民主党中央机关报《言语报》。《言语报》在1917年10月26日(11月8日)被彼得格勒苏维埃军事革命委员会查封后,曾用《我们时代报》以及《我们的言语报》、《自由言语报》、《时代报》、《新言语报》等名称出版。——180。

78 关于伊·谢·屠格涅夫对尼·亚·杜勃罗留波夫和尼·加·车尔尼雪夫斯基的态度,见车尔尼雪夫斯基写的《为表谢忱》一文(《车尔尼雪夫斯基全集》1951年俄文版第10卷第122—123页)。——186。

79 这个草案是在1918年3月26日人民委员会会议讨论关于对最高国民经济委员会各部门经费开支进行监督问题时提出和通过的。——189。

80 人民委员会1918年3月26日会议听取了亚·加·施略普尼柯夫关于2月14—26日在莫斯科举行的全俄水运工人代表大会情况的报告并审查了尤·拉林提出的《伏尔加河水运管理法令》草案。这里刊载的决定草案是列宁在这次会议上提出并获通过的。决定中提到的下诺夫哥罗德航运职工代表大会于1918年3月25日—4月10日举行。——190。

81 里伏玛水系是里海—伏尔加河—玛丽亚水系的简称。该水系管理局是根据《伏尔加河水运管理法令》建立的,其任务是管理里海、伏尔加河及其支流和玛丽亚水系航线上的国有化商船和全部客货运输。根据1918年5月18日人民委员会关于改组水运管理机构的决定,该管理局被撤销,其职能移交水运管理总局。——190。

82 1918年2月5日,人民委员会通过了《关于商船国有化的法令》。这一法令宣布:"凡属于股份公司、合股公司、商号和大企业主个人并拥有用于货运和客运的各式海船和内河轮船的航运企业以及这些企业的全部动产和不动产、资产和负债,均为苏维埃共和国不可分割的全民财产。"该法令公布于1918年2月8日《工农政府报》第18号(见《苏维埃政权法令汇编》1957年俄文版第1卷第391—397页)。——190。

83 列宁在 1918 年 3 月 27 日最高国民经济委员会主席团会议讨论该委员会副主席弗·巴·米柳亭提出的关于劳动义务制的提纲时作了这两个讲话。列宁的第一个讲话过去一直没有发现，1985 年 1 月第一次发表于《苏共历史问题》杂志第 1 期。列宁的第二个讲话这次在《苏共历史问题》杂志上重新发表时在文字上作了订正。——191。

84 1918 年 3 月 30 日，司法人民委员部将关于革命法庭法令的最初草案提请人民委员会批准。在讨论草案时，人民委员会通过了列宁提出的关于修改这个草案的决定。草案根据列宁的指示修改后，由人民委员会 1918 年 5 月 4 日会议批准，公布于 1918 年 5 月 17 日《全俄中央执行委员会消息报》第 97 号（见《苏维埃政权法令汇编》1959 年俄文版第 2 卷第 231—234 页）。——193。

85 出版法庭（革命出版法庭）是根据 1917 年 12 月 18 日（31 日）司法人民委员部的决定，为对资产阶级报刊进行系统监督而建立的，1918 年 1 月在彼得格勒开始工作。由左派社会革命党人领导的该法庭曾将关于革命出版法庭的决定解释为只追究报刊文字而不追究人。为纠正决定的缺点，人民委员会于 1918 年 1 月 28 日（2 月 10 日）通过了关于革命出版法庭的新法令。法令宣布，凡发表关于社会生活的造谣诬蔑性的消息以及"违反苏维埃政权颁布的出版法令"，都属犯罪和过失行为。出版法庭有权剥夺犯罪者的全部或某些政治权利，将其驱逐出首都、某些地区以至俄罗斯共和国国境。1918 年 5 月，出版法庭被撤销，其职权移交给革命法庭。——193。

86 人民委员会 1918 年 4 月 1 日会议讨论了内务人民委员部提出的《关于各委员部向外省派遣其委员和代表的规定的法令》草案，建议所有委员部研究这个草案，并提出意见。法令经列宁补充后，于 4 月 5 日批准，4 月 11 日在《全俄中央执行委员会消息报》上公布（见《苏维埃政权法令汇编》1959 年俄文版第 2 卷第 58—59 页）。——197。

87 1918 年 4 月 5 日晨，日军在符拉迪沃斯托克登陆以后，西伯利亚苏维埃中央执行委员会全会立即通过决议，抗议日本政府的非法行动，宣布整个西伯利亚处于战争状态,责成各地方苏维埃立即着手加紧组织红军。同一天,列宁打电报给西伯利亚苏维埃中央执行委员会,同意他们通过的决议,并特别强调不要相信任何保证的表示,唯一重要的保证就是要扎扎实实地做好战斗的准备。但是有些地方仍然幻想借助协约国的军事使团来和平解决冲突,因此,列宁拍去了这里收载的电报。——198。

88 1918年4月7日,在莫斯科阿列克谢耶夫练马场举行群众大会,抗议格鲁吉亚孟什维克政府在1918年2月10日(23日)外高加索议会开幕那天开枪镇压举行集会的梯弗利斯工人。参加群众大会的有8 000人。列宁、尼·瓦·克雷连柯、尼·伊·波德沃伊斯基等人在会上讲了话。列宁的讲话当时没有在中央报纸发表。——199。

89 1917年12月30日(1918年1月12日),日本军舰和商船没有预先通知苏维埃政权的地方机关就开进了符拉迪沃斯托克港。同一天,日本驻符拉迪沃斯托克总领事照会该市当局,说日本政府派军舰到港是"为了保护自己的臣民"。

　　1918年3月29日,孟什维克、社会革命党人领导的市杜马迎合日本军阀的要求,声称自己无力维护符拉迪沃斯托克的秩序。4月4日,在该市发生了一起蓄意制造的杀死两个日本人的挑衅事件。4月5日,日本以此为借口,在俄国白卫分子的协助下,派第一批陆战队登陆,占领了符拉迪沃斯托克。这是协约国公开干涉苏俄远东地区的开始。——200。

90 斯·格·邵武勉当时任苏维埃政府的高加索事务临时特别委员和巴库人民委员会主席。1918年2月,孟什维克曾策划杀害他。只是由于外高加索孟什维克政府没有能逮住他,这一凶恶的阴谋才未得逞。列宁在这里说的就是这件事。——200。

91 这个文件写在财政人民委员部提出的《银行政策提纲》的下面。《提纲》的正文是:"1. 不是垄断化,而是银行机构的国有化。在基层组织有组织地作好准备的情况下,继续、扩大和加深工业和交换的国有化。2. 原则上继续调节消费用款。3. 在建立（列宁把"建立"改为"保持"。——《列宁全集》俄文第 5 版编者注）对私营企业的支票流通的监督权的情况下，实行支票流通自由。4. 在急速地预先准备技术机构的条件下，强制建立往来账户。5. 对外贸易国有化和保护关税政策。"——201。

92　这里说的是在苏维埃俄国实行国有化的过程中曾发生过的无政府工团主义倾向，即个别企业的职工和某些工会企图把国有化的企业和经济部门看做是本单位职工或本工会的财产。列宁在 1918 年 3 月 4 日人民委员会会议上的发言中也批评过这种倾向（参看本版全集第 33 卷第431—432 页）。——202。

93　《银行政策提纲》是列宁在有财政人民委员部和国家银行的领导工作人员参加的一次会议上草拟的。——203。

94　1917 年 12 月 14 日（27 日）是全俄中央执行委员会批准关于银行国有化和关于检查银行钢制保险箱这两个法令的日子。这两个法令见《苏维埃政权法令汇编》1957 年俄文版第 1 卷第 225—231 页。——203。

95　全俄工会中央理事会、五金工会中央委员会和最高国民经济委员会代表联席会议于 1918 年 4 月 11 日举行，列宁在会上讲了话。会议是为讨论以"索尔莫沃—科洛姆纳"工业联合企业经理 A. Π. 美舍尔斯基为首的一批资本家提出的成立托拉斯"全国公司"的方案而召开的。这个方案规定把生产机车、车辆、船舶、钢轨、重型机械设备的企业以及顿巴斯矿井和乌拉尔、南方冶金企业的相当大一部分并入托拉斯；此外，还要求向托拉斯提供大量土地以组织自己的农业生产。托拉斯固定资本总额预定为 15 亿卢布，工人总数为 30 万人。在原始的固定资本中，属于国家的只占 33%，其余的归私人资本所有；而且国家的份额还应以现金交付，这实际上是要国家为托拉斯提供资金。成立托拉斯的谈判从 1917 年 11 月持续到 1918 年 4 月。苏维埃政府拒绝了垄断资本家的要求，但同时表示愿意吸收资产阶级专家参加经济机关的工作。鉴于美舍尔斯基领导的"索尔莫沃—科洛姆纳"各厂管理委员会组织怠工并企图关闭这些工厂，工人们坚决要求对其追究法律责任，把这些工厂收归国有,并且提出自己的国有化企业联合计划。1918年4月14日,最高国民经济委员会主席团通过了停止同美舍尔斯基谈判的决定;4月18日,人民委员会否决了美舍尔斯基的方案并决定实行工厂国有化。1918年5月12—18日举行的机器制造企业代表会议也表示赞成国有化(参看本卷第325—326页)。——206。

96 顿河苏维埃共和国苏维埃第一次代表大会于1918年4月9—12日举行。出席大会的有750名代表。列宁被选为大会名誉主席并向大会致贺词。大会宣布自己是顿河地区的最高苏维埃政权。列宁提到的决议是4月12日以压倒多数通过的。——207。

97 关于股票的法令草案是苏俄财政人民委员部部务委员A.E.阿克雪里罗得起草的,列宁曾把它分送给副财政人民委员德·彼·博哥列波夫和伊·埃·古科夫斯基,请他们讨论并征求专家意见。1918年4月17日,人民委员会又责成外交人民委员部和司法人民委员部会同专家审查这个草案并在下次会议上提出结论。草案由列宁审定、补充和加了标题后,经人民委员会4月18日会议讨论批准。该法令发表于4月20日《全俄中央执行委员会消息报》第78号(见《苏维埃政权法令汇编》1959年俄文版第2卷第130—138页)。——208。

98 关于拨发种植甜菜的预支款问题是糖业总委员会提出的。1918年4月17日,人民委员会讨论了最高国民经济委员会关于拨给糖业总委员会2 000万卢布的申请后,批准了列宁提出的决定草案。——209。

99 1918年4月15日,伊·埃·古科夫斯基在全俄中央执行委员会会议上作了关于国家财政状况和苏维埃政权的财政政策的报告。报告论证了取消强征和实行正规税收的必要性,建议扩大现有的直接税和间接税,开征新的直接税和间接税、彻底改组信贷机构、缩减管理费用等等。"左派共产主义者"尖锐地批评古科夫斯基的建议,说它们是苏维埃政权财经政策向右转的表现,是对原先党的路线的背弃。列宁的讲话是在讨论这个报告时作的。——210。

100 为了吸收科学技术力量参加国民经济问题的研究工作,根据列宁和苏维埃政权的倡议,从 1918 年 1 月开始,由教育人民委员部出面同科学院进行谈判。3 月底,科学院写信给苏维埃政府,表示同意政府关于在考察国家自然资源方面进行工作的建议。4 月 12 日,根据教育人民委员阿·瓦·卢那察尔斯基的提议,人民委员会会议讨论了这个问题,在会议通过的决定中向科学院提出了系统地解决国内工业正确布局这一迫切任务以及如何最合理地利用国家经济力量的问题,并认为必须对科学院的相应工作提供经费。过了不久,在 4 月下旬,列宁写了《科学技术工作计划草稿》这一文件。——212。

101 指俄国自然生产力研究委员会的材料。这个委员会是科学院在 1915 年建立的。根据列宁的指示,这个委员会大大加强了出版活动,开始出《俄国财富》丛书和多卷本的《俄国自然生产力》文集。它在苏维埃政权头 3 年(1918 — 1920 年)出版的书籍比革命前 3 年增加了 3 倍。——212。

102 这份文件稍加修改后,作为《关于建立全俄疏散委员会的法令》于 1918 年 4 月 19 日由人民委员会通过。法令在 1918 年 4 月 23 日和 24 日《劳动旗帜报》和《全俄中央执行委员会消息报》上公布(见《苏维埃政权法令汇编》1959 年俄文版第 2 卷第 140—142 页)。——216。

103 1918 年 4 月,报纸登载了拉·格·科尔尼洛夫将军被自己手下的士兵杀死的消息。后来查明,科尔尼洛夫是 1918 年 4 月 13 日在叶卡捷琳诺达尔(今克拉斯诺达尔)和红军部队作战时被炮弹炸死的。——218。

104 在苏维埃俄国,旧制度遗留下来的失业现象在 1918 年加重了,这是由于大量军队复员、一系列工业部门缩减或完全停止军事订货的生产、许多企业因原料和燃料不足而关闭以及大批工人从德军和其他敌军占领的地区撤退造成的。这一年,经劳动介绍所登记的失业工人有 80 万左右。苏维埃政权尽管财政困难,仍给了失业工人巨大的帮助。——220。

105 《关于给农业供应生产工具和金属的法令》草案以及列宁对它的补充（写入该法令的第7条），由人民委员会1918年4月23日会议基本通过。次日，人民委员会又对法令草案作了一些修改和补充（新加了一条），最后予以批准。法令公布于1918年4月27日《全俄中央执行委员会消息报》第84号（见《苏维埃政权法令汇编》1959年俄文版第2卷第169—172页）。——222。

106 这次全俄中央执行委员会会议于1918年4月29日，即列宁的《苏维埃政权的当前任务》一文在《真理报》上发表的次日举行。列宁受俄共（布）中央的委托在会上作了关于苏维埃政权的当前任务的报告。为使莫斯科广大的工人积极分子能够听到，报告是在综合技术博物馆作的。在讨论列宁报告时发言的有：Ф.Ю.斯韦特洛夫（代表最高纲领派）、弗·亚·卡列林（代表左派社会革命党人）、尔·马尔托夫（代表孟什维克）、加·林多夫（代表社会民主党人国际主义派）、列·谢·索斯诺夫斯基（代表布尔什维克）、亚·格耶（代表无政府主义者）和尼·伊·布哈林（以个人的名义）。列宁作了总结发言后，会议通过决议，表示赞同列宁报告的基本论点，并委托全俄中央执行委员会主席团同报告人一起用这些论点编成一个简要的提纲，作为苏维埃政权的基本任务予以公布。——223。

107 指左派社会革命党1918年4月17—25日在莫斯科举行的第二次代表大会。大会在讨论该党当前任务问题时形成了两派。以波·达·卡姆柯夫为首的一派，为该党中央进行反对缔结布列斯特和约的活动辩护，认为左派社会革命党人在全俄苏维埃第四次（非常）代表大会批准布列斯特和约后拒绝参加苏维埃政权中央机关的工作是正确的。以玛·亚·斯皮里多诺娃为首的另一派，批评该党中央极"左"，主张左派社会革命党人参加苏维埃政府，以便实行该党的土地纲领。经过激烈的辩论，代表大会通过了折中的决议：一方面赞同该党中央在布列斯特和约问题上的立场和左派社会革命党人退出人民委员会的行动，同时主张参加中央的和地方的政权机关，以便"纠正苏维埃政策的总路线"。——225。

108 《劳动旗帜报》(《Знамя Труда》)是俄国社会革命党的政治和文学报纸（日报），1917 年 8 月 23 日(9 月 5 日)起在彼得格勒出版。担任该报编辑的有 B.B.伊万诺夫-拉祖姆尼克、波·达·卡姆柯夫和玛·亚·斯皮里多诺娃。该报起初是社会革命党彼得格勒委员会机关报，1917 年 11 月 1 日(14 日)第 59 号起成为社会革命党彼得格勒委员会和全俄苏维埃第二次代表大会中央执行委员会左派社会革命党党团机关报，1917 年 12 月 28 日(1918 年 1 月 10 日)第 105 号起成为左派社会革命党中央机关报。1918 年 3 月 15 日迁往莫斯科。1918 年 7 月左派社会革命党人发动叛乱后被查封。——228。

109 指“左派共产主义者”的派别刊物《共产主义者》杂志(周刊)。该杂志从 1918 年 4 月 20 日起在莫斯科出版，头几期是作为俄共(布)莫斯科区域局的机关刊物出版的。由于 5 月召开的莫斯科区域代表会议通过了列宁的《关于目前政治形势的提纲》，莫斯科区域局从杂志上撤销了自己的署名，因此最后一期即第 4 期(1918 年 6 月)是作为“左派共产主义者”集团的机关刊物出版的。——228。

110 伊苏夫的提纲是指 1918 年 4 月孟什维克莫斯科区域委员会全会根据约·安·伊苏夫的建议通过的提纲。这里说的是该提纲的第 3 条。列宁在《论“左派”幼稚性和小资产阶级性》一文中曾把伊苏夫提纲的这一条同“左派共产主义者”提出的经济论点作了对比，揭露了它们之间的相同之处(见本卷第 286—289 页)。——228。

111 指“左派共产主义者”的《目前形势的提纲》。这个提纲曾在 1918 年 4 月 4 日召开的党的中央委员和“左派共产主义者”集团的联席会议上讨论过。列宁在《论“左派”幼稚性和小资产阶级性》一文中对这个提纲作了详细的分析和批判(见本卷第 264—293 页)。——230。

112 这里说的是俄共(布)第七次(紧急)代表大会上关于批准和约问题的表决情况。在代表大会上，关于战争与和平的问题有两个决议草案：一个是列宁提出的，主张批准布列斯特和约；另一个是“左派共产主义者”提出的，反对批准布列斯特和约(即《关于当前形势的提纲》)。这两个决议草案究竟哪一个可以作为代表大会关于战争与和平问题的决议的基础,在3月8日的上午会议上进行了表决。结果列宁的决议案得28票,获通过,"左派共产主义者"的决议案得9票,被否决。会议接着对列宁的决议案进行讨论,提出补充和修正意见,最后进行记名表决,结果以30票赞成、12票反对、4票弃权获得通过。"左派共产主义者"把两次表决结果搅到一起:12票反对和约用的是第二次表决的数字,28票赞成缔结和约用的是第一次表决的数字。——230。

113 指全乌克兰苏维埃第二次代表大会关于战争与和平问题的表决结果。

全乌克兰苏维埃第二次代表大会于1918年3月17—19日在叶卡捷琳诺斯拉夫(今第聂伯罗彼得罗夫斯克)举行。出席代表大会的代表共964名,其中有布尔什维克428名,左派社会革命党人414名,无党派人士82名,其他方面的代表40名。代表大会宣布乌克兰苏维埃共和国独立,号召乌克兰工人和农民给予侵犯乌克兰的德帝国主义者最坚决的回击。"左派共产主义者"企图利用全乌克兰苏维埃代表大会来推行自己的路线,在会上提出了谴责苏维埃政府签订布列斯特和约的提案。由扬·波·加马尔尼克、阿尔乔姆、尼·阿·斯克雷普尼克等领导的布尔什维克党团在和约问题上坚持了列宁的立场。代表大会以408票对308票的多数通过了布尔什维克关于战争与和平的决议。——231。

114 列宁在《论"左派"幼稚性和小资产阶级性》一文中再次批判了这一论点(见本卷第289—290页)。——238。

115 指在制革业、纺织业和制糖业中建立的国家资本主义联合企业。1918年初,制革工会与全俄制革业厂主协会达成协议:制革厂应按苏维埃政府指派的任务并在苏维埃政府资助下进行生产,全部产品交国家支配。在制革业的管理机构——制革业总委员会中,工人占三分之二席位,而私人企业主和资产阶级技术知识分子占三分之一席位。纺织业、制糖业以及轻工、食品工业的其他一些部门也签订了类似的协定。同时国家还保留着没收加入国家资本主义联合企业的工厂的权力。列宁在全俄苏维埃第三次代表大会上作关于人民委员会活动的报告时,对无产阶级专政条件下无产阶级同厂主联合会订立合同给予了肯定的评价，并且指出这种协议可以保证工人对整个工业部门进行管理（参看本版全集第 33 卷第 281 页）。——239。

116 《左派共产主义者》是列宁对"左派共产主义者"的机关刊物《共产主义者》杂志的讽刺性称呼。——241。

117 苏维埃政权建立初期，发行纸币曾是国民经济、军事和社会文化事业拨款的最重要来源之一。但列宁当时就强调说，发行纸币——"印票子的办法"——"只能当做一种临时性的措施"（见本卷第 329 页）。——243。

118 这里说的小册子是指《国家与革命》一书。尼·伊·布哈林对该书的评论载于"左派共产主义者"的机关刊物《共产主义者》杂志 1918 年 4 月 20 日第 1 期。——244。

119 齐美尔瓦尔德左派是根据列宁倡议建立的国际组织，于 1915 年 9 月 4 日，即国际社会党第一次代表会议（齐美尔瓦尔德代表会议）开幕的前一天，在出席代表会议的左派社会党人召开的一次会议上成立。齐美尔瓦尔德左派这一名称，则是 1915 年 11 月该组织出版刊物《国际传单集》时开始正式使用的。齐美尔瓦尔德左派的最初参加者即 9 月 4 日会议的出席者为：俄国社会民主工党中央委员会代表列宁和格·叶·季诺维也夫，瑞士代表弗·普拉滕，"德国国际社会党人"组织主席尤·博尔夏特，拉脱维亚边疆区社会民主党中央委员会代表扬·安·别尔津，波兰王国和立陶宛社会民主党边疆区执行委员会主席卡·伯·拉狄克，瑞典代表卡·霍格伦，挪威代表图·涅尔曼。9 月 4 日这次会议听取了列宁关于世界战争的性质和国际社会民主党策略的报告，制定了准备提交代表会议的决议和宣言草案。在代表会议上，齐美尔瓦尔德左派批评了多数代表的中派和半中派观点，提出了谴责帝国主义战争、揭露社会沙文主义者叛卖行为和指出积极进行反战斗争的必要性等决议案。他们的决议案被中派多数所否决，但是经过斗争，决议案中的一些重要论点仍写入了代表会议的宣言。齐美尔瓦尔德左派对宣言投了赞成票,并在一个特别声明中指出了宣言的不彻底性。齐美尔瓦尔德左派声明,它将留在齐美尔瓦尔德联盟内宣传自己的观点和在国际范围内进行独立的工作。齐美尔瓦尔德左派选举了由列宁、季诺维也夫和拉狄克组成的领导机关——常务局。齐美尔瓦尔德左派的理论刊物——德文《先驱》杂志共出了两期,发表了列宁的几篇文章。在1916年4月国际社会党第二次代表会议(昆塔尔代表会议)上,齐美尔瓦尔德左派力量有所发展,它在40多名代表中占了12名,它的一系列提案得到半数代表的赞成。1917年初,随着齐美尔瓦尔德右派公开背叛,列宁向左派提出了同齐美尔瓦尔德联盟决裂的问题。参加齐美尔瓦尔德左派的一些国家的社会民主党人,在建立本国共产党方面起了重要的作用。

关于齐美尔瓦尔德左派,参看列宁的《第一步》和《1915年9月5—8日国际社会党代表会议上的革命马克思主义者》(本版全集第27卷)等文。——248。

120 无政府主义者亚·格耶在这次全俄中央执行委员会会议上就列宁的报告发言说,德国的无产阶级以及整个西欧的无产阶级"害了鼠疫","由于腐化了的正统的社会民主党的教育"而"昏昏欲睡",所以"指望德国无产阶级的帮助是一种空想"。——249。

121 1918年4月4日,俄共(布)中央委员和"左派共产主义者"集团举行了联席会议。列宁在这里所说的是会上的一次争论。列宁在《论"左派"幼稚性和小资产阶级性》一文中也谈到了这件事(见本卷第291页)。——251。

122 1872年9月8日,马克思在阿姆斯特丹的一次群众大会上曾经讲到,在一定条件下有可能和平过渡到社会主义(参看《马克思恩格斯全集》第1版第18卷第179页)。马克思认为,向资本家赎买生产资料就是这种过渡的具体道路之一。恩格斯写道:"我们决不认为,赎买在任何情况下都是不容许的;马克思曾向我讲过(并且讲过好多次!)他的意见:假如我们能赎买下这整个匪帮,那对于我们最便宜不过了。"(见《马克思恩格斯文集》第4卷第529页)——253。

123　《关于苏维埃政权的当前任务的提纲》是列宁在1918年4月29日全俄中央执行委员会会议上作报告后,受全俄中央执行委员会的委托写的。5月3日,党中央委员会对提纲稍加修改,一致通过。5月4日,全俄中央执行委员会主席团把它发给各级地方苏维埃,并在通告信中指出,列宁的提纲"应该作为所有苏维埃活动的基础"(参看注106)。——257。

124　这个法令连同列宁的补充于1918年5月2日由人民委员会批准,发表于5月10日《全俄中央执行委员会消息报》第91号(见《苏维埃政权法令汇编》1959年俄文版第2卷第212—216页)。——261。

125　文件中提到的问题是:左派社会革命党领袖玛·亚·斯皮里多诺娃和弗·亚·卡列林要求把农业人民委员部的领导权全部交给左派社会革命党,而只给布尔什维克保留政治代表权。关于这个问题,还见列宁1918年5月3日给俄共(布)中央的便函(本版全集第48卷第170号文献)。1918年5月3日,俄共(布)中央委员会拒绝了左派社会革命党的要求。——262。

126　1918年5月2日,莫斯科革命法庭审理了莫斯科侦查委员会4名工作人员被控受贿和敲诈勒索一案后,轻判了这些人(只判了半年监禁)。为此,列宁写了这封信。列宁先把这封信寄给司法人民委员部部务委员尼·瓦·克雷连柯,要他把犯人和法官的名字告诉党中央委员会。收到答复后,列宁把这封信寄给了中央。由于列宁的坚持,全俄中央执行委员会重新审理了这个案件,其中3名被告各被判处10年徒刑。

　　在把信寄给中央的同时,列宁还给司法人民委员德·伊·库尔斯基写了一个便条,要求他急速提出一项法令草案,规定对贿赂行为起码判处徒刑10年,外加强迫劳动10年。人民委员会还根据列宁的倡议于1918年5月4日通过了一项决定,责成司法人民委员部制定一个法令草案,对受贿以及与受贿有牵连的行为规定一个比较高的最低量刑标准。司法人民委员部提出的《关于惩治受贿的法令》草案经人民委员会5月8日会议审查批准,列宁对草案作了修改(见《苏维埃政权法令汇编》1959年俄文版第2卷第236—237、240—242页)。——263。

127　一方面不能不承认,另一方面必须承认是俄国作家米·叶·萨尔蒂科夫-谢德林嘲笑自由派在政治上的无原则态度的讽刺性用语,见于他的作品《外省人旅京日记》和《葬礼》。——266。

128　纳尔苏修斯是古希腊神话中的一个孤芳自赏的美少年。后来人们常用纳尔苏修斯来比喻高傲自大的人。——267。

129　诺兹德列夫习气意为说大话和假话。诺兹德列夫是俄国作家尼·瓦·果戈理的小说《死魂灵》中的一个惯于信口开河、吹牛撒谎的无赖地主。——269。

130　这里说的是俄国孟什维克的论点。列宁对这种论点的批判还可参看《论我国革命(评尼·苏汉诺夫的札记)》一文(本版全集第 43 卷)。——285。

131　套中人是俄国作家安·巴·契诃夫的同名小说的主人公别利科夫的绰号。此人对一切变动担惊害怕,忧心忡忡,一天到晚总想用一个套子把自己严严实实地包起来。后被喻为因循守旧、害怕变革的典型。——285。

132　1917 年 6 月 11 日(24 日),俄国临时政府部长、孟什维克伊·格·策列铁里在全俄苏维埃第一次代表大会主席团、彼得格勒工兵代表苏维埃执行委员会、农民代表苏维埃执行委员会和代表大会各党团委员会联席会议上发表演说,诬蔑布尔什维克准备在 1917 年 6 月 10 日举行的游行示威是企图推翻资产阶级临时政府和"夺取政权的阴谋"。策列铁里声称要解除工人的武装,说什么"对于那些不善于恰当掌握手中武器的革命者,要从他们手中把武器夺走。必须解除布尔什维克的武装。不能让他们迄今拥有的过多的技术兵器留在他们手里。不能让机关枪和武器留在他们手里"。——287。

133　出自俄国诗人瓦·李·普希金(著名诗人亚·谢·普希金的伯父)的一首讽刺短诗。诗里嘲笑某些初学写诗的年轻人写出来的作品袭用陈词滥调、言之无物。——289。

134　这是列宁为俄共(布)中央起草的一个决定。

俄共(布)中央由于下述原因讨论了国际形势问题:一是同德国的关系日益紧张,德国要求把伊诺炮台(在俄国芬兰边界线上,和喀琅施塔得共同构成彼得格勒的屏障)交给芬兰资产阶级政府;一是英国人不顾苏维埃政府一再抗议,继续占领摩尔曼斯克并准备向内地推进。1918年5月14日,列宁在全俄中央执行委员会和莫斯科苏维埃联席会议上作报告时详细地阐述了这两个问题(参看本卷第320—321页)。——294。

135　列宁的这些建议是在人民委员会1918年5月8日会议讨论粮食人民委员亚·德·瞿鲁巴关于粮食情况的报告和粮食人民委员部关于粮食人民委员特别权力的法令草案时提出和通过的,是对这次会议成立的修改上述法令草案的委员会的指示。根据列宁提出的要点拟定的《关于粮食人民委员特别权力的法令》,先后由人民委员会于1918年5月9日、全俄中央执行委员会于5月13日批准,发表于5月14日《全俄中央执行委员会消息报》第94号(见《苏维埃政权法令汇编》1959年俄文版第2卷第261—266页)。——295。

136　这个决定草案是在人民委员会1918年5月9日讨论关于粮食人民委员特别权力的法令时通过的。——298。

137　1918年春天,德帝国主义者占领乌克兰,并违反布列斯特和约,侵入克里木,进抵黑海舰队的集结地——塞瓦斯托波尔。根据苏维埃政府的命令,黑海舰队的一部分舰只,即它的战斗核心,于1918年4月29—30日从塞瓦斯托波尔转移到新罗西斯克。留在塞瓦斯托波尔的是一些因受乌克兰民族主义者、孟什维克和社会革命党人的影响而不服从调动命令或因技术故障无法驶离的舰只。5月11日,德国统帅部最后通牒式地要求舰队返回原地,声称黑海舰队离开塞瓦斯托波尔是违反布列斯特和约的,并威胁要继续进攻黑海沿岸。列宁写的这个文件是1918年5月13日苏俄外交人民委员部致德国外交部照会的基础。——299。

138 指德国政府1918年3月30日的无线电报。这个电报声称,乌克兰包括9个省,其中有塔夫利达省,但没有克里木。可见,德国占领克里木是与德国政府的正式声明矛盾的。——299。

139 《关于目前政治形势的提纲》的草案写于1918年5月10日,当时就在俄共(布)中央委员会会议上进行了讨论。1918年5月13日,中央委员会批准了《提纲》的最后订正本,并委托列宁在莫斯科市党代表会议上以及全俄中央执行委员会和莫斯科苏维埃联席会议上作报告,把这一提纲作为决议在会上提出。同一天,列宁根据提纲在莫斯科市党代会上作了报告。代表会议以多数票通过了列宁的提纲。

　　5月14日,列宁在全俄中央执行委员会和莫斯科苏维埃联席会议上作了关于对外政策的报告(见本卷第306—322页),全面地发挥了《关于目前政治形势的提纲》。5月14日和15日,俄共(布)莫斯科郊区代表会议和莫斯科区域代表会议都通过了列宁的提纲。

　　据《列宁全集》俄文第5版编者说,在手稿第2节第2段的边上有列宁的两处批语:"不在报上发表"。——301。

140 列宁的这个报告引起了孟什维克和社会革命党人的猛烈攻击。他们企图利用国际和国内的紧张局势来反对布尔什维克党和苏维埃政权。左派社会革命党人波·达·卡姆柯夫作了副报告,号召撕毁布列斯特和约,同德国人进行武装斗争。右派社会革命党人Э.科甘-伯恩施坦要求搬开"麻木不仁的革命家列宁"。孟什维克尔·马尔托夫声明:孟什维克预先对列宁的政府表示不信任。他在发言结束时高呼:"打倒独裁,共和万岁!"

　　列宁因有急事离开了会议。根据商定,雅·米·斯维尔德洛夫代替列宁作了总结发言。他给了孟什维克和社会革命党人以坚决的回击。会议否决了孟什维克和社会革命党人提出的要求召集立宪会议、撕毁布列斯特和约、同协约国集团结盟和继续对德战争的决议,而以压倒多数票通过了斯维尔德洛夫起草的赞同苏维埃政权政策的决议。

　　列宁的这个报告的提纲载于《列宁文稿》人民出版社版第14卷第578—579页。——306。

141　拉达(中央拉达)是乌克兰资产阶级和小资产阶级民族主义政党和团体
　　　　的联合机关,1917年3月4日(17日)在有乌克兰社会民主工党、乌克
　　　　兰社会革命党以及各社会团体参加的乌克兰社会联邦党总委员会会议
　　　　上成立。1917年6月,产生了称为小拉达的执行机关,主席是乌克兰
　　　　资产阶级思想家米·谢·格鲁舍夫斯基,副主席是弗·基·温尼琴科
　　　　和谢·亚·叶弗列莫夫。中央拉达在1917年3月9日(22日)的告乌
　　　　克兰人民书中号召支持资产阶级临时政府。6月10日(23日),它宣布
　　　　乌克兰自治,建立了名为总书记处的政府,但很快就同临时政府妥协,
　　　　赞成将自治问题搁置到召开立宪会议时再解决。十月社会主义革命
　　　　后,中央拉达于11月7日(20日)宣布自己是乌克兰人民共和国的最
　　　　高机关,1918年1月11日(24日)宣布乌克兰独立。1917年11月—
　　　　1918年1月,中央拉达同苏俄人民委员会举行谈判,同时却支持阿·
　　　　马·卡列金等白卫将军,并违背自己的诺言,不解决土地问题、工人问
　　　　题及民族问题。中央拉达既向协约国寻求财政上的支持,又同德奥同
　　　　盟进行秘密谈判。1917年12月,列宁起草的俄罗斯联邦人民委员会
　　　　告乌克兰人民书(见本版全集第33卷第144—146页)揭露了中央拉达
　　　　的反革命面目。12月11—12日(24—25日)在哈尔科夫举行的乌克
　　　　兰苏维埃第一次代表大会宣布乌克兰为苏维埃共和国,中央拉达不受
　　　　法律保护。俄罗斯联邦人民委员会承认乌克兰苏维埃政府是乌克兰唯
　　　　一合法的政府。乌克兰人民逐渐认清了中央拉达的反革命政策,于
　　　　1917年12月—1918年1月在乌克兰全境举行了反对中央拉达的武装
　　　　起义。1918年1月26日(2月8日)在乌克兰的苏维埃军队占领基辅
　　　　后,中央拉达逃往沃伦。次日它与德奥同盟签订了叛卖性的布列斯特-
　　　　里托夫斯克条约。根据条约,中央拉达必须在1918年7月31日以前
　　　　向德国和奥匈帝国提供100万吨粮食、4亿个鸡蛋、毛重5万吨的牛羊
　　　　以及其他物资,以换取德奥的军事援助。3月中央拉达与德奥占领军
　　　　一起返回基辅,成了武装占领者操纵的傀儡。由于中央拉达无力镇压
　　　　乌克兰的革命运动和往德国调运粮食,4月29日德军指挥部将它解
　　　　散,而以君主派地主、乌克兰盖特曼帕·彼·斯科罗帕茨基的傀儡政府
　　　　代之。——315。

142　指1918年3月1日在彼得格勒签订的《俄罗斯社会主义共和国和芬兰
社会主义共和国条约》(见《苏维埃政权法令汇编》1957年俄文版第1
卷第505—510页)。——320。

143　这是列宁在俄共(布)莫斯科区域代表会议上的报告的摘要。

俄共(布)莫斯科区域代表会议于1918年5月14—17日举行。会
议听取了特维尔省、弗拉基米尔省和雅罗斯拉夫尔省党组织的代表关
于党的工作情况、红军的发展及其他问题的报告,讨论了莫斯科区域
局、莫斯科委员会以及莫斯科郊区委员会的总结报告。5月15日,会
议讨论目前形势问题。阿·洛莫夫(格·伊·奥波科夫)代表"左派共
产主义者"作报告,猛烈批评党中央在对外政策方面的立场。接着列宁
作报告。会议对两个报告进行了讨论,列宁和洛莫夫分别作了总结发
言。随后,会议以42票对9票的多数通过决定,同意以列宁《关于目前
政治形势的提纲》(见本卷第301—305页)作为决议的基础。在选举
时,"左派共产主义者"声明他们拒绝参加新的俄共(布)莫斯科区域局。
——323。

144　国有化企业代表会议于1918年5月12—18日在莫斯科举行。每个企
业有6名代表参加会议,其中工人3名,工程师2名,职员1名。代表
会议的任务是讨论有关国内各大工厂(布良斯克、科洛姆纳、索尔莫沃
等厂)的国有化的问题。会议以前,这个问题已在各经济机关、工会和
人民委员会讨论过。在讨论过程中否定了资本家和资产阶级专家提出
的把大的机器厂合并为国家资本主义的股份公司的建议(即美舍尔斯
基方案,参看注95),肯定这些企业必须收归国有。5月17日,代表会
议以多数票表示赞同国有化的方针,只有列席会议的资产阶级专家为
美舍尔斯基方案辩护。

列宁给代表会议的信是在5月18日上午会议上宣读的。根据列
宁信中的建议,代表会议选出了一个筹备各国营金属工厂联合的临时
委员会(直属最高国民经济委员会),并批准了委员会的章程和国有化
企业管理条例。——325。

145　《布良斯克金属工厂规则》即别日察市国有化的布良斯克钢轨铁件机器

厂工厂委员会和工人管理处制定的《厂内暂行规则》,1918年5月9日由该厂工厂委员会和厂长签署作为命令公布。这一规则是根据全俄工会中央理事会1918年4月3日通过的劳动纪律条例制定的。它规定了严格的厂规,加强了生产管理的一长制。规则规定:对劳动生产率进行严格的计算,工人对废品应负责任;职工只能领取与其完成的工作额相应的工资;工作时间禁止开会;职工破坏劳动纪律要受严厉的处分,直至开除。由于实行这一规则、加强劳动纪律和采取其他一系列措施,工厂迅速地达到了战前的生产率水平。——325。

146　列宁的这个报告是在全俄苏维埃财政部门第一次代表大会5月18日晚的会议上作的。代表大会于1918年5月17—21日在莫斯科举行。参加大会的有230名代表。大会议程是:各地报告;总的财政政策;地方财政;银行、地方金库和税务检查;合理利用信贷;组织问题。代表大会共产党党团提出了一个以列宁报告中关于苏维埃财政政策的任务的论点为基础的决议案,为代表大会多数票通过。左派社会革命党人本来提出了自己的决议案,在大会讨论以后,又撤回了自己的决议案,而同意了共产党的决议案。大会委托一个六人委员会会同财政人民委员部在最短期间拟出下列决定:关于累进所得税和普遍财产税的条例(以列宁提纲为基础);关于在国家专营组织基础上的间接税制度;关于税收集中化和现金出纳统一化;关于银行业务集中化;关于换发货币;关于"统一集中地组织一切(地方和中央)财政管理机关"。——327。

147　关于准备币制改革的问题是列宁1917年12月在《关于实行银行国有化及有关必要措施的法令草案》(见本版全集第33卷)中提出的。1918年春天,列宁制定了币制改革计划,目的是建立稳定的苏维埃通货,消灭由于战争和沙皇政府及资产阶级临时政府所造成的通货膨胀。币制改革的具体的准备工作也在列宁的直接领导下开始进行。但是由于进行反对外国武装干涉者和国内反革命的战争,实施战时共产主义政策,币制改革在当时未能实现。苏联的第一次币制改革是根据列宁的原则在1922—1924年实行的。——331。

148　《对〈关于组织征粮队问题告彼得格勒工人书〉的补充》是在1918年5

月20日人民委员会会议上起草的,在同粮食人民委员亚·德·瞿鲁巴商议后加进了《告彼得格勒工人书》的最后定稿。《告彼得格勒工人书》先用电报发给了彼得格勒党委会,并附指示:"下列号召书在一切工厂公布,并设法立即组织参加征粮队的报名工作。"随后由列宁和瞿鲁巴署名发表于1918年5月22日《彼得格勒真理报》第103号和5月29日《全俄中央执行委员会消息报》第107号以及其他报纸。列宁在《论饥荒》这封给彼得格勒工人的信(见本卷第334—341页)中更详细地发挥了《补充》中的思想。

在《列宁全集》第1版第27卷中,本篇标题根据《列宁全集》俄文第4版译为《给彼得堡工人的电报草稿》。——333。

149　《论饥荒(给彼得格勒工人的信)》是列宁接见了彼得格勒普梯洛夫工厂采购委员会主席 A.B.伊万诺夫以后写的。接见中,列宁倾听了这位工人代表的意见,然后请他转告彼得格勒劳动者:政府正在采取坚决措施整顿国内的粮食工作。列宁还把关于授予粮食人民委员特别权力的法令交给他,由他向普梯洛夫工厂的工人们传达。

列宁在给粮食人民委员亚·德·瞿鲁巴的信里说他已告诉伊万诺夫,如果不组成可靠的工人大军来讨伐农村资产阶级,那么饥荒和革命失败就不可避免。列宁要粮食人民委员部尽力协助彼得格勒工人征粮队。彼得格勒工人执行列宁的指示,于1918年6月初派出了由400人组成的第一个征粮队。——334。

150　全俄劳动委员第二次代表大会于1918年5月18—25日在莫斯科召开,列宁在会上讲了话。出席代表大会的有区域、省、县的劳动委员部、劳动介绍所、伤病救济和保险基金会、失业基金会、工会中央理事会及其他组织的代表共600人左右。大会议程包括:劳动人民委员部的报告;工业状况;劳动纪律和提高劳动生产率;工资标准和生产率定额;工人阶级的经济状况等。代表大会赞同全俄工会中央理事会1918年4月3日颁布的劳动纪律条例和核准工资等级表的程序的条例,并据此通过了关于劳动纪律、工资政策、工人阶级经济状况等决议。代表大会还通过了劳动保护法规和关于在各地设立规定工资标准和劳动定额的机关的决议。——342。

151　人民委员会1918年5月24日会议讨论了燃料问题。在会上代表最高
国民经济委员会燃料局作报告的是 Н.И.索洛维约夫，代表莫斯科燃料
部作报告的是 С.С.季坎斯基。这个决定草案是在这次会上写的。
——347。

152　这个草案是在1918年5月25日人民委员会会议上通过的。这次会议
讨论了关于把汽车运输交由最高国民经济委员会运输局汽车运输处管
理的问题。——348。

153　这是列宁起草的有关成立社会主义社会科学院的两个文件。第一个文
件《人民委员会决定草案》看来是在人民委员会1918年5月25日会议
讨论教育人民委员部提出的关于社会主义社会科学院条例草案时起草
并通过的。根据列宁指示改写过的社会科学院条例提交人民委员会6
月7日会议讨论。这次会议原则上批准了条例，并成立了专门委员会
来详细拟定社会科学院的章程。第二个文件是这次会议通过的给专门
委员会的指示。

社会科学院章程于6月15日经人民委员会批准。全俄中央执行
委员会于6月25日通过了关于社会科学院的法令，7月12日公布于
《全俄中央执行委员会消息报》第145号（参看《苏维埃政权法令汇编》
1959年俄文版第2卷第468—479页）。

社会主义社会科学院于1918年10月1日正式成立，其任务是：对
社会主义和共产主义问题进行深入的科学研究；对社会科学、哲学以及
同社会科学有关的自然科学进行科学研究；培养社会知识各个领域的
专门人才；向群众介绍科学社会主义和共产主义学说。根据1919年4
月15日全俄中央执行委员会批准的条例，社会主义社会科学院定名为
社会主义科学院。从1924年4月17日起改称共产主义科学院。1936
年2月，根据联共（布）中央委员会和苏联人民委员会的决定，共产主义
科学院撤销，所属各研究所和主要工作人员并入苏联科学院。
——349。

154 全俄中央执行委员会批准的社会主义社会科学院正式院士和教员名单发表于 1918 年 8 月 9 日《全俄中央执行委员会消息报》第 169 号。1922 年 2 月 5 日,列宁当选为社会主义科学院正式院士。收到该院主席团的通知后,列宁因病复信辞谢(见本版全集第 52 卷第 338 号文献)。——350。

155《关于目前形势的提纲》写于俄国国内粮食状况极端严重的时期。依据这个提纲,人民委员会于 1918 年 5 月 28 日通过了关于粮食政策的决定(见《列宁文集》俄文版第 18 卷第 95 页),并委托粮食人民委员部就组织武装征粮队的问题在第二天起草一份给工人和农民的号召书。根据列宁的提纲起草的号召书于 1918 年 5 月 29 日由人民委员会批准,5 月 31 日以人民委员会的名义在报纸上公布。——351。

156 列宁的这篇讲话是在全俄国民经济委员会第一次代表大会第 1 次会议上发表的。

全俄国民经济委员会第一次代表大会于 1918 年 5 月 26 日—6 月 4 日在莫斯科举行。出席大会的代表共 252 人,代表 5 个区域、30 个省和许多县的国民经济委员会以及最高国民经济委员会各局、工会组织和工厂委员会。布尔什维克在代表中占多数。

大会开幕前,5 月 23 日,最高国民经济委员会主席团在列宁参加下仔细地审议了有关大会的各项问题,确定了大会的议程。在讨论最高国民经济委员会主席团委员加·达·魏恩贝尔格关于建立国有化企业管理机构的报告提纲时,列宁建议把国有化企业管理体系简化为地方的工厂管理机构和中央的管理机构(最高国民经济委员会生产局),撤销一切中间的管理机构。

代表大会的议程包括以下问题:布列斯特和约的经济后果;俄国的一般经济状况和经济政策;最高国民经济委员会的活动;俄国的财政状况;国家预算;对外贸易;关于国家建筑工程委员会;地方报告。列宁在代表大会第 1 次会议上发表了讲话。"左派共产主义者"、无政府工团主义者、孟什维克和左派社会革命党人在代表大会上反对列宁关于在民主集中制原则基础上组织社会主义生产和管理的计划。经过斗争,代表大会根据列宁的原则方针通过了国有化企业管理条例以及关于必须进一步实行社会主义国有化、关于城乡商品交换、关于改组最高国民经济委员会等决定。代表大会还制定了加强劳动纪律和提高劳动生产率的措施。——353。

157　决定草案于1918年5月29日由人民委员会通过，未加修改收入人民委员会关于单独收购粮食问题的决定。决定公布于6月1日《全俄中央执行委员会消息报》第110号(参看《苏维埃政权法令汇编》1959年俄文版第2卷第344—348页)。——361。

158　这个文件是因为铁路组织、水运组织、冶金工厂等单位纷纷申请授权它们单独收购粮食而写的。在1918年5月29日的人民委员会会议上，列宁同粮食人民委员亚·德·瞿鲁巴交换意见后，决定发表这一文件。文件稍加修改，作为人民委员会的决定于6月1日通过，发表于6月4日《全俄中央执行委员会消息报》第112号。

　　在《列宁全集》第1版第27卷中，这个文件的标题根据《列宁全集》俄文第4版译为《告铁路员工、水运工作人员和五金工人书》。——362。

159　这是列宁对《国有化企业管理条例》草案提出的意见。

　　1918年5月28日和30日，全俄国民经济委员会第一次代表大会生产组织小组会议讨论了最高国民经济委员会起草的《国有化企业管理条例》草案。最高国民经济委员会主席团委员、草案起草人加·达·魏恩贝尔格就这个问题作了报告，"左派共产主义者"弗·米·斯米尔诺夫和乌拉尔工业方面的代表弗·尼·安德龙尼科夫作了副报告。在"左派共产主义者"的压力下，生产组织小组通过了同党的关于实行一长制和国有化企业管理集中化的方针相抵触的《条例》草案。获悉这一情况后，列宁建议在6月2日特地成立的协商委员会审查这一草案，参加协商委员会的有列宁(代表人民委员会)、阿·伊·李可夫和魏恩贝尔格(代表最高国民经济委员会)。协商委员会以列宁的意见为基础，改写了《条例》草案。协商委员会的草案被代表大会以多数票批准。

　　根据代表大会批准的《条例》，在国有化企业中建立工厂管理机构，其三分之二的成员由区域国民经济委员会或最高国民经济委员会(如果企业是直属中央管理的)任命,并且国民经济委员会有权让区域的(或全俄的)工会联合组织提出一半候选人;另三分之一的成员由参加工会的工人选举。工厂管理机构成员应有三分之一是技术专家和购销专家。——367。

160 这是有关全俄中央执行委员会、莫斯科苏维埃和工会联席会议的一组文献。

全俄中央执行委员会、莫斯科苏维埃和工会联席会议于1918年6月4日在莫斯科大剧院举行,由雅·米·斯维尔德洛夫主持。会议议程只有一个问题,就是同饥荒作斗争。会上,左派和右派社会革命党人以及孟什维克攻击苏维埃政权,批评它的粮食政策。会议以多数票通过了以列宁的草案(见本卷第391页)为基础的布尔什维克党团的决议案,否决了左派社会革命党人提出的反对组织贫苦农民、反对固定粮食价格以及苏维埃政权其他措施的决议案。——368。

161 指1918年5月21—27日在莫斯科举行的全俄孟什维克会议。这次会议特别明显地反映出孟什维克活动的反苏维埃的性质。孟什维克利用国内粮食困难来攻击布尔什维克和苏维埃政府。他们咒骂苏维埃政权将很快灭亡,说列宁号召工人组织征粮队和为粮食而进行"十字军讨伐"是"垂死挣扎",甚至提出了"向资本主义挺进"的口号,声称哪怕"付出挨饿的代价"也要"推翻苏维埃"。米·伊·李伯尔要求在会议的决议中加进"判处苏维埃死刑"这样的话,并立即从苏维埃召回自己的代表。费·伊·唐恩在结束发言时高呼"打倒人民委员专制的社会主义,有监督的资本主义万岁"的口号。会议还宣读了尔·马尔托夫的提纲,号召为"真正的民主共和国"而斗争。在会议通过的决议中又重新提出撕毁布列斯特和约、同德国进行战争等问题。孟什维克的反苏维埃、反革命的活动促使全俄中央执行委员会于1918年6月14日通过决定,把孟什维克和社会革命党人(右派和中派)开除出全俄中央执行委员会,并建议所有苏维埃把这些党派的代表开除出去。——375。

162 《生活报》(《Жизнь》)是俄国无政府主义报纸,1918年4月23日—7月

6 日在莫斯科出版,编辑为阿·阿·博罗沃伊和Я.诺沃米尔斯基。该报曾为各种反苏维埃分子所利用,同其他一些反革命报纸一起被查封。——375。

163 指全俄中央执行委员会 1918 年 5 月 13 日《关于粮食人民委员的特别权力的法令》(《关于粮食专卖法令》)和 5 月 27 日《关于改组粮食人民委员部和地方粮食机关的法令》(见《苏维埃政权法令汇编》1959 年俄文版第 2 卷第 261—264、307—312 页)。这两个法令规定粮食部门在采购和分配粮食方面一律实行绝对集中制,并提出了组织工人征购粮食、支援贫苦农民同富农作斗争等方面的措施。——378。

164 指社会革命党(右派和中派)在全俄苏维埃第四次(非常)代表大会上提出的决议案。他们在决议案中强烈反对布列斯特和约,要求立即取消苏维埃政权和召开立宪会议。——387。

165 指协约国帝国主义者在俄国策划的捷克斯洛伐克军武装叛乱的参加者。

在俄国的捷克斯洛伐克军共有两个师和一个预备旅,约 5 万人,是第一次世界大战期间由奥匈帝国军队的战俘和侨居俄国的捷克斯洛伐克人组成的。十月革命胜利以后,协约国帝国主义者决定利用该军反对苏维埃共和国,主动给它提供军费。捷克斯洛伐克民族委员会主席托·马萨里克征得法国同意后宣布该军是法军的部队,协约国代表随后要求苏俄政府遣送该军回法国。1918 年 3 月 26 日,苏俄政府已经决定同意捷克斯洛伐克军通过符拉迪沃斯托克撤走,条件是要把主要武器交给当地苏维埃政府。但该军指挥人员却同协约国代表和右派社会革命党人于 5 月 14 日在车里雅宾斯克举行会议,决定发动叛乱。这些人煽惑士兵,妄说苏维埃政府要解除他们的武装、把他们关进战俘营等等,同时鼓动他们用武力开路,冲到符拉迪沃斯托克去。5 月 25 日和 26 日,叛乱在马林斯克和车里雅宾斯克开始。接着,叛军同社会革命党白卫部队一起占领了乌拉尔、伏尔加河流域和西伯利亚的大部分地区。在占领区,捷克斯洛伐克军大批逮捕和杀害当地党政工作人员和革命工农,消灭苏维埃政权的机关,协助建立反革命政府(萨马拉的立宪会议委员会,叶卡捷琳堡的乌拉尔政府,鄂木斯克的西伯利亚临时政府)。苏俄红军于1918年9月转入进攻,解放了伏尔加河流域。由于军事上的失利和共产党人的地下工作,捷克斯洛伐克军开始瓦解,拒绝站在白卫军一边作战。1919年下半年,该军随着高尔察克军队的败退而东撤。1920年2月7日,红军同该军签订了停战协定。1920年春,捷克斯洛伐克军集中于符拉迪沃斯托克,然后陆续撤出俄国。——388。

166　指粮食人民委员亚·德·瞿鲁巴于1918年5月9日、粮食人民委员部部务委员阿·伊·斯维尔斯基于5月27日在全俄中央执行委员会会议上分别作的关于改组粮食机关和粮食工作状况的报告。——389。

167　这是列宁在全俄国际主义者教师第一次代表大会第四次会议上的讲话。

全俄国际主义者教师第一次代表大会于1918年6月2—6日在莫斯科举行,到会代表约150人。代表大会听取和讨论了国际主义者教师联合会的任务、学校改革、组织国民教育事业总计划、综合技术教育、新教师的组织宣传任务、教师的物质生活状况等报告以及娜·康·克鲁普斯卡娅作的题为《学校与国家》的报告。代表大会在决议中号召教师最积极地支持工农政权。大会规定了苏维埃学校的任务,批准了国际主义者教师联合会的章程。代表大会还向教育人民委员部提出了设立教育科学院的建议。——392。

168　1918年4月26日,人民委员会曾建议教育人民委员部召开会议来拟定成立中央档案馆管理局的详细方案以及按照瑞士和美国的制度改革整个图书馆工作的方案。由于这个会议没有举行,1918年6月7日,在人民委员会讨论《社会主义社会科学院条例》时,列宁又起草了这个决定草案。草案经人民委员会1919年1月30日会议通过。——394。

169　列宁所说的"瑞士和美国的制度"是指瑞士和美国的图书馆在为居民服务的组织工作方面采取的种种改进措施,如实行开架制、馆际互借、各

6月15日

主持人民委员会会议;起草人民委员会关于给制革业总委员会拨款的决定和人民委员会关于给中央纺织工业委员会贷款的决定(均获通过)。会议还讨论了社会主义社会科学院条例以及其他问题。

6月17日

主持人民委员会会议。会议讨论关于提高红军士兵待遇、关于立即收购所有布匹以防止外流等问题。

6月18日

致函苏维埃俄国驻德国外交全权代表阿·阿·越飞,要求在瑞士收集和出版关于德国和奥地利左派社会民主党运动的资料。

致电巴库人民委员会主席斯·格·邵武勉,告知打算在通航期结束前颁布关于石油工业国有化的法令,要求采取一切措施尽快把石油产品运往伏尔加河流域。

主持人民委员会会议。会议讨论国民教育事业组织条例、关于尽快疏散易爆物资、国印以及其他问题。

6月19日

在莫斯科市莫斯科河南岸区各工厂党支部代表会议上发表讲话,指出组织征粮队去征收富农的余粮的必要性。

6月20日以前

同粮食人民委员部部务委员兼西伯利亚粮食特派员亚·格·施利希特尔谈建立一个县的粮食采购示范试验点的问题。

6月20日

在莫斯科工人大会上发表关于征粮队问题的讲话。

同粮食人民委员亚·德·瞿鲁巴谈话,对于得不到有关同饥荒作斗争的资料一事表示不满。

主持人民委员会会议;把报纸上发表一条关于1918年6月20日在亚历山大铁路上发生开枪事件的虚假新闻的问题提交会议讨论。会议还讨论了《石油工业国有化法令》草案、关于弗·沃格达尔斯基被社会革命党人刺死的问题以及其他问题。

签署《石油工业国有化法令》和《俄罗斯社会主义苏维埃共和国国民

《全俄中央执行委员会消息报》第 122 号(见《苏维埃政权法令汇编》1959 年俄文版第 2 卷第 365—367 页)。——397。

175 这个草案是在人民委员会 1918 年 6 月 15 日会议讨论给制革业总委员会拨款采购原料的问题时通过的。——398。

176 这个草案是在人民委员会 1918 年 6 月 15 日会议讨论给最高国民经济委员会中央纺织工业委员会贷款采购亚麻的问题时通过的。——399。

177 列宁这篇讲话的简要报道载于俄共(布)中央出版的《贫苦农民报》。

　　征粮队是主要由工人组成的征购粮食的工作队。早在 1917 年 11 月,彼得格勒和莫斯科的军事革命委员会就曾派出征粮队到产粮省份。1918 年 5 月 27 日全俄中央执行委员会通过的法令规定,在地方粮食机关之下建立工人征粮队,这些征粮队多数是武装的。1918 年夏,在国内饥荒最严重的时期,征粮队开始具有群众性。大的工会、工厂委员会、县市苏维埃都可成立征粮队。征粮队只能按固定价格购粮或征用富农怠工分子的粮食。征粮队所征购的粮食一半归派出征粮队的单位支配,一半交粮食人民委员部。征粮队分属征粮军和全俄中央军事粮食局两系统,1918 年 11 月有 72 000 人,1919—1920 年在 55 000 人到 82 000 人之间。征粮队在对贫苦农民进行政治教育、组织贫苦农民委员会的活动、制止富农对收购粮食怠工和实行余粮收集制方面也起了巨大作用。随着新经济政策的实行,征粮队于 1921 年撤销。——400。

178 这里说的是在坦波夫省乌斯曼县库利科沃村工作的征粮队。该征粮队在贫苦农民的帮助下没收了富农隐藏的武器和大批存粮——4 073 普特(1 普特等于 16.38 公斤)黑麦,1 006 普特燕麦,428 普特黍子,188 普特面粉;被征用的粮食一半以上留给库利科沃村挨饿的贫苦农民。在征粮队的支持下,改选了以前由富农组成的村苏维埃。——405。

179 《关于组织征粮队》这个电报是为答复奔萨省苏维埃主席团主席亚·叶·敏金的来信而发给苏俄奔萨省苏维埃第二次代表大会的。代表大会于1918年6月24日开幕,列宁当选为名誉主席。——406。

180　贫苦农民委员会(贫委会)是根据全俄中央执行委员会1918年6月11日《关于组织贫苦农民和对贫苦农民的供应的法令》建立的,由一个乡或村的贫苦农民以及中农选举产生。根据上述法令,贫苦农民委员会的任务是:分配粮食、生活必需品和农具;协助当地粮食机构没收富农的余粮。到1918年11月,在欧俄33省和白俄罗斯,共建立了122 000个贫苦农民委员会。在许多地方,贫苦农民委员会改选了受富农影响的苏维埃,或把权力掌握在自己手里。贫苦农民委员会的活动超出了6月11日法令规定的范围,它们为红军动员和征集志愿兵员,从事文教工作,参加农民土地(包括份地)的分配,夺取富农的超过当地平均份额的土地(从富农8 000万俄亩土地中割去了5 000万俄亩),重新分配地主土地和农具,积极参加组织农村集体经济。贫苦农民委员会实际上是无产阶级专政在农村中的支柱。到1918年底,贫苦农民委员会已完成了自己的任务。根据1918年11月全俄苏维埃第六次(非常)代表大会的决定,由贫苦农民委员会主持改选乡、村苏维埃,改选后贫苦农民委员会停止活动。——407。

181　这是有关莫斯科市工会和工厂委员会第四次代表会议的一组文献。

莫斯科市工会和工厂委员会第四次代表会议于1918年6月27日—7月2日举行。出席会议的有表决权的代表472名,其中共产党人341名,左派社会革命党人34名,孟什维克24名,右派社会革命党人9名,无党派人士和其他团体的代表64名。代表会议审议了同目前形势有关的粮食问题以及普遍军训和动员、劳动纪律、劳动介绍所的活动、工厂委员会的章程等问题。代表会议通过了共产党党团提出的各项决议。——408。

182　指1918年6月中旬在维也纳爆发的抗议削减口粮的群众性罢工。在罢工中维也纳再度成立了苏维埃。苏维埃代表罢工者向政府当局提出了缔结和约、提高工资、缩短工作日、补足口粮等要求。

在1918年1月罢工斗争中,维也纳也成立过苏维埃。那次罢工的要求是按照苏维埃俄国提出的条件签订普遍和约、废除战时法令、大赦政治犯、合理分配食品等。罢工运动遭镇压后,苏维埃随之被驱散。

　　奥匈帝国的其他一些城市(如布达佩斯)在1918年1月和6月也成立过苏维埃。——410。

183　1918年5月30日,列宁会见了奥廖尔省叶列茨县苏维埃的代表。列宁认为该县在整顿秩序、对经营水平高的庄园进行核算和管理以及镇压资产阶级等方面都堪称模范,因此建议《全俄中央执行委员会消息报》编辑部登载对他们的访问记。6月26日,即在代表会议上作报告的前一天,列宁会见了从图拉、叶列茨和奥廖尔视察回来的副内务人民委员约·格·普拉夫金,又同他交谈了这些地区的情况。——421。

184　指登在1917年11月28日《前进报》第326号上的文章《揭露了的秘密条约》。该文承认:"俄国布尔什维克政府发表彼得格勒同巴黎来往的秘密电报是真正革命的行动。"

　　《前进报》(«Vorwärts»)是德国社会民主党的中央机关报(日报),1876年10月在莱比锡创刊,编辑是威·李卜克内西和威·哈森克莱维尔。1878年10月反社会党人非常法颁布后被查禁。1890年10月反社会党人非常法废除后,德国社会民主党哈雷代表大会决定把1884年在柏林创办的《柏林人民报》改名为《前进报》(全称是《前进。柏林人民报》),从1891年1月起作为中央机关报在柏林出版,由李卜克内西任主编。恩格斯曾为《前进报》撰稿,同机会主义的各种表现进行斗争。1895年恩格斯逝世以后,《前进报》逐渐转入党的右翼手中。它支持过俄国的经济派和孟什维克。第一次世界大战期间持社会沙文主义立场。俄国十月革命以后,进行反对苏维埃的宣传。1933年停刊。——427。

185　指博戈罗茨克工人代表苏维埃的代表弗·亚·吉霍米罗夫。当时他是博戈罗茨克合作社联合会主席。——430。

186　指1918年6月28日发表于在苏俄的捷克斯洛伐克共产主义小组中央执行委员会中央机关报《自由先驱报》上的《法国的千百万金钱》一文。同一天该文转载于《真理报》第130号,并部分地转载于《全俄中央执行委员会消息报》第132号。这篇文章说,法英两国政府为捷克斯洛伐克的白卫分子提供了约1 500万卢布的巨款。——430。

187 这是指长期受黄色的印刷业工会的孟什维克和右派社会革命党人领导人影响的一部分印刷工人。印刷业工会在十月革命后曾在莫斯科、彼得格勒等城市组织罢工,反对苏维埃政权。——432。

188 因为德帝国主义者占领了克里木,黑海舰队一部分舰只于1918年4月29—30日奉命从塞瓦斯托波尔转移到新罗西斯克(参看本卷第299—300页)。德帝国主义者最后通牒式地要求把舰队开回塞瓦斯托波尔。由于没有可能挽救舰队,又不愿意把舰队交给德帝国主义者,列宁指示最高军事委员会立即将舰队凿沉(见《苏联国内战争史》1957年俄文版第3卷第139页)。这项命令于6月18—19日执行。在这以前,6月17日,乌克兰民族主义分子和反革命的舰队指挥部从新罗西斯克搞走了几艘舰艇。——433。

189 这里说的是1918年6月举行的彼得格勒苏维埃的选举。在这次选举中,孟什维克和右派社会革命党人利用饥荒加紧进行反布尔什维克的宣传。右派社会革命党人甚至不惜采取恐怖手段,在6月20日暗杀了共产党的积极活动家弗·沃洛达尔斯基。尽管如此,布尔什维克还是赢得了多数票。6月27日,出席改选后苏维埃第1次会议的布尔什维克及其同情者为405人,左派社会革命党人为75人,孟什维克护国派和右派社会革命党人为59人,无党派人士为43人。——437。

190 1918年6月28日,根据俄共(布)莫斯科委员会的指示,莫斯科各区举行以"内战"为主题的群众大会。这是列宁在莫斯科汽车制造公司(西蒙诺沃分区)群众大会上的讲话。同一天,列宁还在原米歇尔逊工厂(莫斯科河南岸区)和罗戈日区苏维埃公园的群众大会上讲了话。——439。

191 列宁的谈话当天用专电发往《人民政治日报》编辑部,由于技术原因未及时收到。谈话于7月4日在该报发表。7月6日,《莱比锡人民报》报道了谈话内容。

《人民政治日报》(《Folkets Dagblad Politiken》)是瑞典左派社会民主党人的报纸,1916年4月27日起在斯德哥尔摩出版,最初每两天出版一次,后改为日报(1917年11月以前称《政治报》)。1918—1920年该报的编辑是弗·斯特勒姆。1921年,瑞典左派社会民主党改名为共产党后,该报成为瑞典共产党的机关报。1945年停刊。——451。

192 指1918年4月11日夜全俄肃反委员会在莫斯科解除无政府主义者武装一事。肃反委员会采取这一措施,是因为一些明火执仗的反革命分子和刑事犯罪分子,在形形色色无政府主义者小组旗号的掩护下袭击和抢劫居民,而把无政府主义者占据的私邸作为避难所。彼得格勒的无政府主义者拒绝交出武器,也于4月23日被解除了武装。

《无政府报》(《Анархия》)是俄国无政府主义者的社会文学报纸,1917年9月—1918年7月在莫斯科出版。1917年10月起成为莫斯科无政府主义者小组联合会的机关报。最初为周报,1918年3月起改为日报。根据全俄肃反委员会的决定于1918年4月13日被查封,4月21日恢复出版。——452。

193 1918年7月2日,在莫斯科举行了好几起应征参加红军者的群众大会。约有1500名应征者和红军志愿兵参加了在阿列克谢耶夫练马场举行的群众大会。这是列宁在这个会上的讲话摘要。同一天,列宁还参加了在萨拉蒙斯基杂技场举行的群众大会,因时间已晚没有讲话。——454。

194 在人民委员会1918年7月2日会议上,列宁在议程之外提出必须解决农民急需农业机械的问题。会议讨论了这个问题,通过了列宁起草的决定草案。——456。

195 指1918年7月4—10日在莫斯科召开的全俄苏维埃第五次代表大会。关于这次代表大会,见注197。——456。

196 在全俄苏维埃第五次代表大会开幕之前,共产党党团于1918年7月

1—3日举行了会议。出席会议的约500人。全俄中央执行委员会主席雅·米·斯维尔德洛夫在第一次会议上说明了这次代表大会的任务,报告了俄罗斯社会主义联邦苏维埃共和国宪法草案起草工作情况。列宁在7月3日的会议上作了关于共和国内外形势的讲话。列宁讲话后,会议一致通过决议,同意党中央和人民委员会的政策。会议还讨论并通过了代表大会的议程。——457。

197　这是列宁在全俄苏维埃第五次代表大会上作的报告和总结发言。

全俄苏维埃第五次代表大会于1918年7月4—10日在莫斯科举行。出席代表大会的有1164名有表决权的代表,其中布尔什维克773名,左派社会革命党人353名,最高纲领派17名,无政府主义者4名,孟什维克国际主义者4名,其他党派成员3名,无党派人士10名。乌克兰、拉脱维亚和外高加索等被占领区也有代表出席。代表大会批准了全俄中央执行委员会主席团提出的下列议程:全俄中央执行委员会的报告和人民委员会的报告;粮食问题;组织红军;俄罗斯苏维埃共和国宪法;选举全俄中央执行委员会。左派社会革命党人要求把各地的报告和讨论苏维埃政府关于对叛国罪实施死刑的决定的问题列入议程,被大会否决。

代表大会首先讨论了未列入议程的一个问题,即在同乌克兰接壤的地带,孟什维克和社会革命党人挑动驻军同德军冲突,企图撕毁和约和把国家拖入战争。大会决定,建议苏维埃政府坚决取缔挑拨分子的活动。

雅·米·斯维尔德洛夫在会上作了关于全俄中央执行委员会工作总结报告,列宁作了人民委员会工作报告。代表大会对两个报告进行了激烈的辩论,并以多数票通过了共产党党团提出的完全信任政府的对内对外政策的决议。左派社会革命党人提出的对苏维埃政府表示不信任、要求废除布列斯特和约、改变苏维埃政府的对内对外政策的决议案被否决。

左派社会革命党人在代表大会上遭到失败后于7月6日在莫斯科发动了反革命叛乱,代表大会的工作因而暂时中断。左派社会革命党团全体成员被逮捕,与叛乱无干的后来获释,其中约有200人回来继续参加会议。代表大会于7月9日复会后,听取了政府关于7月6—7日事件的报告,完全同意政府为平定左派社会革命党人叛乱所采取的果断行动,并指出赞同自己上层领导观点的左派社会革命党人"不能再留在工农代表苏维埃之内"。

代表大会关于粮食问题的决议肯定粮食垄断制的不可动摇,认为必须坚决镇压富农的反抗,赞成组织贫苦农民委员会。代表大会关于组织红军的决议规定了在劳动者义务兵役制的基础上组织和巩固红军的措施。代表大会最后批准了俄罗斯联邦的第一部宪法,选出了由200人组成的全俄中央执行委员会。——459。

198 指左派社会革命党的领导人玛·亚·斯皮里多诺娃的发言。她在代表大会上作的关于全俄中央执行委员会农民部活动的副报告中,攻击了共产党和苏维埃政权的政策。——459。

199 本来要进这间屋子,结果却跑进了那间屋子这句话出自俄国作家亚·谢·格里鲍耶陀夫的喜剧《智慧的痛苦》第1幕第4场,意为主观上要做某一件事,结果却做了另外一件事。——462。

200 《劳动农民呼声报》(《Голос Трудового Крестьянства»)是俄国报纸(日报),1917年11月底起在彼得格勒出版,后来迁到莫斯科。该报最初是第二届全俄农民代表苏维埃执行委员会的机关报,12月9日(22日)以前称《全俄农民代表大会消息报》,1918年1月20日(2月2日)起成为全俄中央执行委员会农民部机关报。1918年7月10日以前该报的领导权掌握在左派社会革命党人手里。1918年11月6日起成为农业人民委员部的机关报;出版到1919年5月31日止。——464。

201 指提交苏维埃第五次代表大会批准的俄罗斯社会主义联邦苏维埃共和国宪法(根本法)草案。

制定俄罗斯联邦宪法草案的决定是1918年1月全俄苏维埃第三次代表大会通过的。1918年4月1日,全俄中央执行委员会成立了由雅·米·斯维尔德洛夫任主席的宪法委员会,负责起草工作。以列宁为首的俄共(布)中央特设委员会负责宪法草案的最后定稿工作。7月

3 日,这个委员会在列宁主持下审查了宪法委员会起草的草案和司法人民委员部起草的另一个草案,决定以前者为基础,以后者的某些论点加以补充。另外,根据列宁的建议,将《被剥削劳动人民权利宣言》作为引言列入宪法,补充了在苏维埃共和国内各民族和种族一律平等的条款,拟定了关于在苏俄领土上以劳动为生的外国人的政治权利(列宁为这一条起草的草稿见本卷第 486 页)和关于给予因政治和宗教信仰受迫害的外国人以避难权的条款。草案经代表大会成立的委员会修改和补充,最后于 7 月 10 日为代表大会通过。7 月 19 日,宪法在《全俄中央执行委员会消息报》上公布,自公布之日起生效。——467。

202 指全俄肃反委员会。

全俄肃反委员会(全称是全俄肃清反革命和怠工非常委员会)是根据人民委员会 1917 年 12 月 7 日(20 日)的决定,为了同反革命、怠工和投机活动进行斗争而成立的,直属人民委员会。领导人是费·埃·捷尔任斯基。在国内战争和外国武装干涉时期,它在同反革命破坏活动作斗争和保卫苏维埃共和国的国家安全方面发挥了巨大作用。随着国家转入和平经济建设,列宁于 1921 年 12 月 1 日向中央政治局建议改组全俄肃反委员会,缩小它的职权范围。12 月 23—28 日召开的全俄苏维埃第九次代表大会通过了《关于全俄肃反委员会的决议》。1922年 2 月 6 日,全俄中央执行委员会根据全俄苏维埃第九次代表大会的决议通过法令,把全俄肃反委员会改组为俄罗斯联邦内务人民委员部国家政治保卫局。——470。

203 我们死后哪怕洪水滔天! 这句话据说出自法国国王路易十五。路易十五在位时横征暴敛,榨取全国钱财来维持宫廷奢侈生活,根本不顾人民死活,曾说他这一辈子已经足够,死后管它洪水滔天。——471。

204 苏维埃俄国在建国初期,就向集体农民经济提供物资和资金。据农业人民委员部现行土地政策局统计,1918 年下半年已拨出 1 500 万卢布的无息贷款,用于组织农业公社和劳动组合。1918 年 7 月,政府为了同样的目的向农业人民委员部拨款 1 000 万卢布。1918 年 11 月 2 日颁布法令,规定建立 10 亿卢布基金,以便给农业劳动协作社和公社以资金和技术援助。根据这个法令向公社和劳动组合提供的实际款数，大大超过 10 亿卢布。此外，在复杂的农业机器、畜力农具和种子的分配方面，集体经济享有很大的优惠。国家建立的农具租赁站、修配厂，除了为国营农场服务外，首先为集体经济服务。——478。

205 国际联系委员会即重建国际联系委员会，是法国国际主义者于 1916 年 1 月建立的。委员会的成员有阿·梅尔黑姆、阿·布尔德朗等人。这是法国社会党人在法国建立革命的国际主义组织来对抗社会沙文主义组织的初步尝试。委员会进行反对帝国主义战争的宣传，出版揭露帝国主义者掠夺目的和社会沙文主义者叛变行为的小册子和传单，但否认必须同机会主义者决裂，并拒绝制定开展革命斗争的明确的彻底的纲领。虽然委员会的立场不够彻底，列宁仍认为有必要利用它来团结法国的国际主义者和扩大齐美尔瓦尔德左派的影响。根据列宁的意见，伊·费·阿尔曼德参加了委员会的工作。这个委员会在俄国十月革命和日益壮大的法国工人运动的影响下，成了团结革命的国际主义者的中心。委员会于 1920 年加入了法国共产党。

　　列宁这里说的宣言载于 1918 年 6 月 29 日《真理报》第 131 号。——479。

206 指最高纲领派党团的代表 Ф.Ю.斯韦特洛夫的发言。——482。

207 指 1918 年 6 月 28 日批准的《人民委员会关于大工业国有化的法令》。该法令于 6 月 30 日在《全俄中央执行委员会消息报》第 134 号上公布。根据这项法令，所有大工业企业一律收归国有。由于执行这项法令，到 1918 年 8 月 31 日，国有化企业已达 3 000 多个。这项法令还宣布所有私营铁路及公用事业都收归国有。——484。

208 1918 年 7 月 10 日全俄苏维埃第五次代表大会通过的俄罗斯社会主义联邦苏维埃共和国宪法第 2 章第 20 条是以这个草稿为基础的。——486。

209 左派社会革命党人的叛乱是根据左派社会革命党中央 1918 年 6 月 24

日的决议组织的,发生在1918年7月6—7日,即全俄苏维埃第五次代表大会开会期间。左派社会革命党人在代表大会上遭到失败以后,首先采取挑拨行动,由左派社会革命党人雅·格·布柳姆金在7月6日刺杀了德国大使威·米尔巴赫,接着就发动了武装叛乱。叛乱的中心是在莫斯科三圣巷的全俄肃反委员会一支部队的司令部,这支部队的指挥员是左派社会革命党人 Д.И.波波夫。6日夜,叛乱分子约1 800人在波波夫、弗·亚·亚历山德罗维奇(左派社会革命党人、全俄肃反委员会副主席)等人领导下开始军事行动。他们炮击克里姆林宫,占领了电话局和电报局,以左派社会革命党中央的名义发出了几个挑拨性的宣言、公报和电报,诡称左派社会革命党已经掌握了政权、他们的行动得到全体居民的欢迎等等。

苏维埃第五次代表大会命令政府立即镇压叛乱。列宁领导了平定叛乱的斗争并就此发表了这里刊载的谈话。由于苏维埃政府采取了坚决措施以及莫斯科工人和卫戍部队的一致行动,叛乱在7月7日下午2时被粉碎。东方面军司令、左派社会革命党人米·阿·穆拉维约夫响应叛乱发动兵变,亦被迅速平定。——487。

210 在人民委员会1918年7月8日会议上,列宁向教育人民委员阿·瓦·卢那察尔斯基和代理国有产业人民委员帕·彼·马林诺夫斯基提出质问,要他们答复没有执行《关于拆除为历代沙皇及其仆从建立的纪念碑和设计各种俄国社会主义革命纪念碑的法令》的原因。这个决定草案就是为此而在会议上提出并通过的。——489。

211 1918年7月15日,第五届全俄中央执行委员会首次会议听取了列宁的讲话和声明,一致通过以下决议:"全俄中央执行委员会完全赞同人民委员会主席的声明并且决定将它通知最广大的劳动群众。"政府声明以《列宁同志告工人、农民和红军士兵书》为题,公布于7月17日《全俄中央执行委员会消息报》第149号。

《列宁全集》第1版第27卷根据《列宁全集》俄文第4版将本篇标题译为《在全俄中央执行委员会会议上的声明(1918年7月15日)》。——492。

212 1918年7月19日,莫斯科各区根据俄共(布)莫斯科委员会关于每星期五开群众大会的安排,举行例行的群众大会。列宁在列福尔托沃区群众大会上发表了关于国际和国内形势的讲话,参加大会的约2 000人。——496。

213 这是列宁在1918年7月22—23日举行的莫斯科省工厂委员会和工会代表会议上作的关于目前形势的报告。出席这次代表会议的有500名代表,绝大多数是共产党员或党的同情者。列宁报告后,代表会议根据共产党员的建议,将6月27日—7月2日举行的莫斯科市工会和工厂委员会第四次代表会议就列宁的报告通过的决议稍作修改,作为自己的决议通过。——498。

214 《工人无畏舰》周刊(《Workers' Dreadnought》)是英国刊物,1914年3月—1924年6月在伦敦出版。1917年7月以前称《妇女无畏舰》。1918—1919年是英国工人社会主义联盟的机关刊物。1920—1921年是英国共产党的机关刊物。——499。

215 1918年7月26日,莫斯科各区举行以"苏维埃宪法给予劳动人民什么"为主题的群众大会。俄共(布)的著名活动家分头在会上解释全俄苏维埃第五次代表大会通过的俄罗斯社会主义联邦苏维埃共和国宪法的实质及其意义。哈莫夫尼基区的群众大会在高等女子学校举行,列宁在会上发表了讲话。——503。

216 普列斯尼亚区群众大会在霍登卡赛马协会大厅举行。参加大会的主要是工人和红军战士。列宁在会上发表了讲话。——504。

217 列宁引的是1918年3月13日全俄苏维埃第四次(非常)代表大会共产党党团会议的表决结果:赞成批准布列斯特和约的453人,反对的36人,弃权的8人。——508。

218 这是列宁在最高国民经济委员会电工技术局和最高国民经济委员会经济政策局(委员会)联席会议上作的记要。在会议上,这两个局的领导人彼·格·斯米多维奇和尤·拉林报告了最高国民经济委员会拟定的彼得格勒区和中部工业区实现电气化的措施。——509。

219　根据布列斯特和约,盛产油页岩的地区划归了爱沙尼亚。——509。

220　指"1886 年公司"和"输电"两电站,后者又称克拉松电站。罗·爱·克拉松是苏联著名的动力工程师,该电站的建造者。——509。

221　《〈关于目前政治形势的提纲〉初稿》曾在俄共(布)中央委员会 1918 年 5 月 10 日会议上讨论过。手稿第 1 页上有列宁的批语:"还要**修改**。不要打印,不要复制"。看来这是列宁在这次讨论后写的。提纲的定稿(见本卷第 301—305 页)由俄共(布)中央委员会于 1918 年 5 月 13 日通过。——527。

人 名 索 引

A

阿夫克森齐耶夫,尼古拉·德米特里耶维奇(Авксентьев, Николай Дмитриевич 1878—1943)——俄国社会革命党领袖之一,该党中央委员。1905 年为彼得堡工人代表苏维埃委员。斯托雷平反动时期和新的革命高涨年代参加社会革命党右翼,任社会革命党中央机关刊物《劳动旗帜报》编委。第一次世界大战期间是社会沙文主义者,为护国派刊物《在国外》、《新闻报》、《号召报》撰稿。1917 年二月革命后任彼得格勒苏维埃执行委员会委员、全俄农民代表苏维埃执行委员会主席、第二届联合临时政府内务部长,10 月任俄罗斯共和国临时议会(预备议会)主席。十月革命后是反革命叛乱的策划者之一。1918 年是所谓乌法督政府的主席。后流亡国外,继续反对苏维埃政权。——2。

阿列克谢耶夫,米哈伊尔·瓦西里耶维奇(Алексеев, Михаил Васильевич 1857—1918)——沙俄将军。第一次世界大战期间任西南方面军参谋长、西北方面军司令;1915 年 8 月—1917 年 3 月任最高总司令尼古拉二世的参谋长。1917 年 3—5 月任临时政府最高总司令,8 月 30 日(9 月 12 日)起任最高总司令克伦斯基的参谋长。十月革命后逃往新切尔卡斯克,纠集反革命力量于 1917 年 11 月建立了所谓阿列克谢耶夫军官组织,该组织后来成为白卫志愿军的核心。1918 年 8 月起为白卫志愿军最高领导人。——227、246。

奥博连斯基,瓦列里安·瓦列里安诺维奇——见奥新斯基,恩·。

奥新斯基,恩·(奥博连斯基,瓦列里安·瓦列里安诺维奇)(Осинский, Н. (Оболенский, Валериан Валерианович) 1887—1938)——1907 年加入俄国社会民主工党。曾在莫斯科、特维尔、哈尔科夫等地做党的工作。屡遭沙皇政府迫害。斯托雷平反动时期是召回派分子,新的革命高涨年代参加布尔什维克的《明星报》、《真理报》和《启蒙》杂志的工作。1917 年二月革命后在党的莫斯科区域局工作,参加布尔什维克的《社会民主党人报》编辑部。十月革命后任俄罗斯联邦国家银行总委员、最高国民经济委员会主席。1918 年是"左派共产主义者"纲领起草人之一。1918—1919 年在《真理报》编辑部和全俄中央执行委员会宣传部工作;是共产国际第一次代表大会的代表。1920 年任图拉省执行委员会主席、粮食人民委员部部务委员。1920—1921 年是民主集中派的骨干分子。1921—1923 年任副农业人民委员、最高国民经济委员会副主席。后历任苏联驻瑞典全权代表、国家计划委员会主席团委员、中央统计局局长、最高国民经济委员会副主席。在党的第十次和第十四至第十七次代表大会上当选为候补中央委员。——72、238、289、525。

B

巴尔福,阿瑟·詹姆斯(Balfour, Arthur James 1848—1930)——英国国务活动家,保守党领袖之一。1891—1892 年和 1895—1902 年任财政大臣,1902—1905 年任首相。1915—1916 年任海军大臣,1916—1919 年任外交大臣。1918—1920 年是协约国武装干涉苏维埃俄国的策划者之一。——117。

鲍加耶夫斯基,米特罗范·彼得罗维奇(Богаевский, Митрофан Петрович 1881—1918)——俄国顿河哥萨克反革命骨干分子。1917 年 6 月 18 日—1918 年 1 月 29 日是顿河哥萨克军阿塔曼卡列金将军的副手,1918 年 1 月初起又参加了反革命的顿河政府。因进行反革命活动被捕判刑,并于 1918 年 4 月 1 日被枪决。——121、155、159—160、183、286、388、430。

彼得一世(彼得大帝)(Петр I Великий 1672—1725)——俄国沙皇(1682—1725),第一个全俄皇帝(1721—1725)。——280。

别洛鲁索夫(**别列夫斯基**),阿列克谢·斯坦尼斯拉沃维奇(Белоруссов (Белевский), Алексей Станиславович 1859—1919)——俄国资产阶级政论家,右翼民粹派分子。1918 年作为莫斯科地下反革命中心的代表参加了科尔尼洛夫的"苏维埃",后投靠高尔察克,在西伯利亚编辑反革命报纸《卫国新闻报》,任高尔察克政府成立的立宪会议选举委员会主席。——174。

波德沃伊斯基,尼古拉·伊里奇(Подвойский, Николай Ильич 1880—1948)——1901年加入俄国社会民主工党。曾在乌克兰、伊万诺沃-沃兹涅先斯克、雅罗斯拉夫尔、科斯特罗马、巴库、彼得堡等地做党的工作,因从事革命活动多次被捕。积极参加俄国第一次革命。1910—1914年参与创办和出版《明星报》和《真理报》。1917年二月革命后任党的彼得堡委员会委员、彼得堡委员会军事组织的领导人、党中央委员会全俄前线和后方军事组织局主席。十月革命期间任彼得格勒军事革命委员会主席,是攻打冬宫的领导人之一。克伦斯基—克拉斯诺夫叛乱期间任彼得格勒军区司令,积极参与平定叛乱。1917年11月—1918年3月任陆军人民委员。1918年1月起任全俄红军建军委员会主席。1918年9月—1919年7月任共和国革命军事委员会委员,1919年1—9月兼任乌克兰陆海军人民委员。1919—1927年任普遍军训部长兼特种任务部队司令、红色体育运动国际主席。1924—1930年为党中央监察委员会委员。晚年从事宣传和著述活动。——25。

波克罕,西吉斯蒙德·路德维希(Borkheim, Sigismund Ludwig 1826—1885)——德国政论家,民主主义者。曾参加1848—1849年革命,革命失败后流亡国外,住在瑞士和法国。1851年移居英国,同马克思和恩格斯保持友好关系。——441。

波米亚洛夫斯基,尼古拉·格拉西莫维奇(Помяловский, Николай Герасимович 1835—1863)——俄国民主主义作家,写有《神学校随笔》(1862—1863)等著作。作品抨击俄国的官僚专制制度,反对强暴和专横,得到车尔尼雪夫斯基和高尔基的高度评价。——293。

博哥列波夫,德米特里·彼得罗维奇(Боголепов, Дмитрий Петрович 1885—1941)——1907年加入俄国社会民主工党。1914—1915年在第四届国家杜马社会民主党党团工作。1917年在《社会民主主义人报》、《真理报》及其他布尔什维克报社工作。在莫斯科参加十月革命。十月革命后任财政人民委员部部务委员和副财政人民委员。1918年是"左派共产主义者"。1919—1920年任北方公社财政委员。1920年起从事教学科研工作。写有一些财政和经济问题的著作。——189。

布勃诺夫,安德列·谢尔盖耶维奇（Бубнов, Андрей Сергеевич 1884 —
　1940）——1903 年加入俄国社会民主工党。曾在伊万诺沃-沃兹涅先斯
　克、莫斯科、彼得堡等城市做党的工作,屡遭沙皇政府迫害。1912 年在党
　的第六次（布拉格）全国代表会议上当选为候补中央委员,为《真理报》撰
　稿。1917 年二月革命后是党的莫斯科区域局成员。在党的第六次代表大
　会上当选为中央委员,是中央委员会驻彼得堡委员会的代表。在十月革命
　的准备和进行期间参加领导武装起义的彼得格勒军事革命委员会和党总
　部。十月革命后任交通人民委员部部务委员、派驻南方的共和国铁路委
　员,曾参与平定卡列金叛乱。1918 年参加"左派共产主义者"集团。1918
　年 3 月参加乌克兰苏维埃政府,先后当选为乌克兰共产党（布）中央委员和
　中央政治局委员。以乌克兰方面军革命军事委员会委员、第 14 集团军革
　命军事委员会委员和乌克兰国防委员会委员的身份参加了国内战争前线
　部队的领导工作。1921 年起任北高加索军区和骑兵第 1 集团军革命军事
　委员会委员,党中央委员会东南局成员。1920—1921 年参加民主集中派。
　1922—1923 年主管党中央委员会鼓动宣传部的工作。1923 年参加托洛
　茨基反对派,不久脱离。1924—1929 年任工农红军政治部主任和苏联革
　命军事委员会委员,1925 年任党中央委员会书记。1929—1937 年任俄罗
　斯联邦教育人民委员。在党的第八、第十一和第十二次代表大会上当选为
　候补中央委员,在党的第十三至第十七次代表大会上当选为中央委员。
　——26。

布哈林,尼古拉·伊万诺维奇（Бухарин, Николай Иванович 1888 — 1938）——
　1906 年加入俄国社会民主工党。1907 年进入莫斯科大学法律系经济学专
　业学习。1908 年起任党的莫斯科委员会委员。1909—1910 年几度被捕,
　1911 年从流放地逃往欧洲。在国外开始著述活动,参加欧洲工人运动。
　1917 年二月革命后回国,当选为莫斯科苏维埃执行委员会委员、党的莫斯
　科委员会委员,任《社会民主党人报》和《斯巴达克》杂志编辑。在党的第六
　至第十六次代表大会上当选为中央委员。1917 年 10 月起任莫斯科军事
　革命委员会委员,参与领导莫斯科的武装起义。同年 12 月起任《真理报》
　主编。1918 年初反对签订布列斯特和约,是"左派共产主义者"集团的领
　袖。1919 年 3 月当选为党中央政治局候补委员。1919 年共产国际成立后

任共产国际执行委员会委员和主席团委员。1920—1921年工会问题争论期间领导"缓冲"派。1924年6月当选为中央政治局委员。1926—1929年主持共产国际的工作。1929年被作为"右倾派别集团"的领袖受到批判，同年被撤销《真理报》主编、中央政治局委员、共产国际执行委员会委员和主席团委员职务。1931年起任苏联最高国民经济委员会主席团委员。1934—1937年任《消息报》主编。1934年当选为候补中央委员。1937年3月被开除出党。1938年3月13日被苏联最高法院军事审判庭以"参与托洛茨基的恐怖、间谍和破坏活动"的罪名判处枪决。1988年平反并恢复党籍。——24—25、26、27、29、30、31、43、56、60、61、72、244、245、248—249、250、251、252、253、282—283、284—285、286、292、293、451、525。

C

蔡特金，克拉拉（Zetkin，Clara 1857—1933）——德国工人运动和国际工人运动活动家，国际社会主义妇女运动领袖之一，德国共产党创建人之一。19世纪70年代末参加革命运动，1881年加入德国社会民主党。1882年流亡奥地利，后迁居瑞士苏黎世，为秘密发行的德国社会民主党机关报《社会民主党人报》撰稿。1889年积极参加第二国际成立大会的筹备工作。1890年回国。1892—1917年任德国社会民主党主办的女工运动机关刊物《平等》杂志主编。1907年参加国际社会党斯图加特代表大会，在由她发起的第一次国际妇女社会党人代表会议上当选为国际妇女联合会书记处书记。1910年在哥本哈根举行的第二次国际妇女社会党人代表会议上，根据她的倡议，通过了以3月8日为国际妇女节的决议。第一次世界大战期间持国际主义立场，反对社会沙文主义。曾积极参与组织1915年3月在伯尔尼召开的国际妇女社会党人代表会议。1916年参与组织国际派（后改称斯巴达克派和斯巴达克联盟）。1917年德国独立社会民主党成立后为党中央委员。1919年起为德国共产党党员，当选为中央委员。1920年起为国会议员。1921年起先后当选为共产国际执行委员会委员和主席团委员，领导国际妇女书记处。1925年起任国际支援革命战士协会主席。——429、479。

策列铁里，伊拉克利·格奥尔吉耶维奇（Церетели，Ираклий Георгиевич

1881—1959)——俄国孟什维克领袖之一。1902 年参加社会民主主义运动。第二届国家杜马代表,在杜马中领导社会民主党党团,参加土地委员会,就斯托雷平在杜马中宣读的政府宣言以及土地等问题发了言。作为社会民主党杜马党团的代表参加了俄国社会民主工党第五次(伦敦)代表大会的工作。斯托雷平反动时期和新的革命高涨年代是取消派分子。第一次世界大战期间是中派分子。1917 年二月革命后任彼得格勒苏维埃执行委员会委员、第一届中央执行委员会主席团委员,护国派分子。1917 年5—7 月任临时政府邮电部长,七月事变后任内务部长,极力反对布尔什维克争取政权的斗争。十月革命后领导立宪会议中的反苏维埃联盟;是格鲁吉亚孟什维克反革命政府首脑之一。1921 年格鲁吉亚建立苏维埃政权后流亡法国。1923 年是社会主义工人国际的组织者之一。1940 年移居美国。——92、93、98、104—105、106、107、112、154、175、224、228、237、287、314、316、508。

车尔尼雪夫斯基,尼古拉·加甫里洛维奇(Чернышевский, Николай Гаврилович
1828—1889)——俄国革命民主主义者和空想社会主义者,作家,文学评论家,经济学家,哲学家;俄国社会民主主义先驱之一,俄国 19 世纪 60 年代革命运动的领袖。1853 年开始为《祖国纪事》和《同时代人》等杂志撰稿,1856—1862 年是《同时代人》杂志的领导人之一,发扬别林斯基的民主主义批判传统,宣传农民革命思想,是土地和自由社的思想鼓舞者。因揭露 1861 年农民改革的骗局,号召人民起义,于 1862 年被沙皇政府逮捕,入狱两年,后被送到西伯利亚服苦役。1883 年解除流放,1889 年被允许回家乡居住。著述很多,涉及哲学、经济学、教育学、美学、伦理学等领域。在哲学上批判了贝克莱、康德、黑格尔等人的唯心主义观点,力图以唯物主义精神改造黑格尔的辩证法。对资本主义作了深刻的批判,认为社会主义是由整个人类发展进程所决定的,但作为空想社会主义者,又认为俄国有可能通过农民村社过渡到社会主义。所著长篇小说《怎么办?》(1863)和《序幕》(约 1867—1869)表达了社会主义理想,产生了巨大的革命影响。——186。

D

杜勃罗留波夫,尼古拉·亚历山德罗维奇(Добролюбов, Николай Александрович

1836—1861)——俄国革命民主主义者,文学评论家,唯物主义哲学家,车尔尼雪夫斯基最亲密的朋友和战友。1857年参加《同时代人》杂志的编辑工作,1858年开始主持杂志的书评栏,1859年又创办了杂志附刊《哨声》。1859—1860年发表了一系列论文:《什么是奥勃洛摩夫性格?》、《黑暗的王国》、《真正的白天什么时候到来?》、《黑暗王国的一线光明》等,这些论文是战斗的文学批评的典范。一生坚决反对专制制度和农奴制度,热情支持反对专制政府的人民起义。与赫尔岑、别林斯基和车尔尼雪夫斯基同为俄国社会民主主义的先驱。——186。

杜托夫,亚历山大·伊里奇(Дутов,Александр Ильич 1879—1921)——沙俄上校。第一次世界大战期间任哥萨克团副团长。1917年二月革命后当选为反动的全俄哥萨克军联盟主席,同年6月主持反革命的全俄哥萨克代表大会,同科尔尼洛夫保持密切联系;9月被选为军政府主席和奥伦堡哥萨克军阿塔曼(统领)。十月革命后伙同孟什维克和社会革命党人在奥伦堡建立反革命组织——拯救祖国和革命委员会。1917年11月中旬发动反革命叛乱,逮捕军事革命委员会委员,攫取了当地政权。1918年1月被赤卫队逐出奥伦堡。1918—1919年在高尔察克手下指挥奥伦堡哥萨克独立集团军。高尔察克部队被击溃后,于1920年3月率残部流窜中国,后在中国被打死。——159、181、183、199、220、340、430。

E

恩格斯,弗里德里希(Engels,Friedrich 1820—1895)——科学共产主义创始人之一,世界无产阶级的领袖和导师,马克思的亲密战友。——40、42、184、369、424、433、441—442、443、444、445、446。

G

格格奇柯利,叶夫根尼·彼得罗维奇(Гегечкори,Евгений Петрович 1881—1954)——格鲁吉亚孟什维克。第三届国家杜马库塔伊西省代表,社会民主党杜马党团领袖之一。1917年二月革命后任临时政府外高加索特别委员会委员。1917年11月起任外高加索反革命政府——外高加索委员会主席,后为格鲁吉亚孟什维克政府的外交部长和副主席。1921年格鲁吉亚建立苏维埃政权后为白俄流亡分子。——159、160、177、181、183、227、316—317。

格卢什科夫,维克多·格里戈里耶维奇(Глушков, Виктор Григорьевич 1883—1939)——苏联水文学家,教授。1918 年起任科学院自然生产力研究委员会水利部主任。1918 年 5 月起领导俄国电气化局,后主持北方地区电气化局的工作。1922 年起任列宁格勒国家水文研究所所长。1932 年起为苏联科学院院士。——509。

格罗曼,弗拉基米尔·古斯塔沃维奇(Громан, Владимир Густавович 1874—1940)——俄国社会民主党人,孟什维克。是提交俄国社会民主工党第四次(统一)代表大会的土地纲领草案起草人之一;曾参加孟什维克的《我们的事业》杂志的编辑工作。斯托雷平反动时期是取消派分子。1917 年二月革命起在彼得格勒工兵代表苏维埃工作,任粮食委员会主席。1918 年任北方粮食管理局主席,1919 年任国防委员会全俄疏散委员会委员,1920 年任帝国主义战争和国内战争对俄国国民经济造成的损失考察委员会主席;后从事经济计划方面的工作,曾任国家计划委员会主席团委员和中央统计局局务委员。1931 年因进行反革命活动被判刑。——375—376、378、380、385、530。

格耶,亚历山大(Ге, Александр 1879—1919)——俄国无政府主义者,生于德国。十月革命后拥护苏维埃政权。曾任第三届和第四届全俄中央执行委员会委员。1918 年参加北高加索苏维埃政府。——249、252、280、286。

古科夫斯基,伊西多尔·埃马努伊洛维奇(Гуковский, Исидор Эммануилович 1871—1921)——1898 年加入俄国社会民主工党,布尔什维克。曾在彼得堡和巴库的社会民主党组织中工作。1905 年是布尔什维克《新生活报》的秘书,后侨居国外。1907 年回国后在莫斯科工作。十月革命后任副财政人民委员和财政人民委员。1919—1920 年任俄罗斯联邦驻爱沙尼亚全权代表。——203、204、210。

郭茨,阿布拉姆·拉法伊洛维奇(Гоц, Абрам Рафаилович 1882—1940)——俄国社会革命党领袖之一。1906 年参加社会革命党战斗组织,1907—1917 年服苦役和流放。1917 年二月革命后是彼得格勒苏维埃社会革命党党团领袖、第一届中央执行委员会副主席。十月革命期间加入反革命组

织——拯救祖国和革命委员会,参与策划彼得格勒士官生叛乱。十月革命
后反对苏维埃政权。1920年被捕,1922年因右派社会革命党人案被判刑。
获释后从事经济工作。——159、173、177、181、183。

H

哈尔洛夫,瓦西里·尼古拉耶维奇(Харлов,Василий Николаевич 生于1887
年)——1917年加入俄国社会民主工党(布),1923—1930年中断党籍。
1905年在普斯科夫省奥斯特罗夫县维舍戈罗杰茨卡亚乡从事革命工作。
1917—1918年参加奥斯特罗夫苏维埃工作,任省土地委员会主席。
1918—1920年任农业人民委员部部务委员。1918年是人民委员会驻萨
拉托夫省落实收成工作的全权代表。后在苏维埃和经济部门工作。
——456。

霍夫曼,麦克斯(Hoffmann,Max 1869—1927)——德国军事活动家,少将。
第一次世界大战期间,1914—1916年任东线德军参谋部总军需官,1916
年8月起任东线德军参谋长。1917年12月—1918年2月德奥同盟国同
苏维埃俄国进行布列斯特和谈期间是德国代表团实际上的团长,在谈判中
起了重要作用。——16、20、21、29。

霍什卡,斐迪南(Hoschka,Ferdinand 生于1872年)——德国社会民主党人。
1909—1932年是符腾堡纺织工会的领导人。1912—1924年为符腾堡议
会议员。——429。

J

基什金,尼古拉·米哈伊洛维奇(Кишкин,Николай Михайлович 1864—
1930)——俄国立宪民主党领袖之一;职业是医生。1917年二月革命后任
临时政府驻莫斯科委员。在最后一届临时政府中任国家救济部长。1917
年10月25日(11月7日)被任命为在彼得格勒"建立秩序"的临时政府特
命全权代表;当天同临时政府其他成员一起在冬宫被捕,但很快获释。
1919年是莫斯科反革命"战术中心"的骨干分子。1921年加入全俄赈济饥
民委员会,同委员会中其他反苏维埃成员,利用该组织进行反革命活动,后
被捕。获释后在俄罗斯联邦卫生人民委员部工作。——154、237。

季诺维也夫（**拉多梅斯尔斯基**），格里戈里・叶夫谢耶维奇（Зиновьев
（Радомысльский），Григорий Евсеевич 1883—1936）——1901 年加入俄国
社会民主工党，党的第二次代表大会后是布尔什维克。在党的第五至第十
四次代表大会上当选为中央委员。1908—1917 年侨居国外，参加布尔什
维克《无产者报》编辑部和党的中央机关报《社会民主党人报》编辑部。斯
托雷平反动时期对取消派、召回派和托洛茨基分子采取调和主义态度。
1912 年后和列宁一起领导中央委员会俄国局。第一次世界大战期间持国
际主义立场。1917 年 4 月回国，进入《真理报》编辑部。十月革命前夕反
对举行武装起义的决定。1917 年 11 月主张成立有孟什维克和社会革命
党人参加的联合政府，遭到否决后声明退出党中央。1917 年 12 月起任彼
得格勒苏维埃主席。1919 年共产国际成立后任共产国际执行委员会主
席。1919 年当选为党中央政治局候补委员，1921 年当选为中央政治局
委员。1925 年参与组织"新反对派"，1926 年与托洛茨基结成"托季联
盟"。1926 年被撤销中央政治局委员和共产国际的领导职务。1927 年
11 月被开除出党，后来两次恢复党籍，两次被开除出党。1936 年 8 月 25
日被苏联最高法院军事审判庭以"参与暗杀基洛夫、阴谋刺杀斯大林及
其他苏联领导人"的罪名判处枪决。1988 年 6 月苏联最高法院为其平反。
——38。

加涅茨基（**菲尔斯滕贝格**），雅柯夫・斯坦尼斯拉沃维奇（Ганецкий（Фюрстенберг），
Яков Станиславович 1879—1937）——波兰和俄国革命运动活动家。1896
年加入社会民主党。1903—1909 年为波兰王国和立陶宛社会民主党总执
行委员会委员。1907 年在俄国社会民主工党第五次（伦敦）代表大会上缺
席当选为中央委员。在波兰王国和立陶宛社会民主党第六次代表大会上，
因在党内一系列问题上持不同意见，退出总执行委员会。1912 年波兰王
国和立陶宛社会民主党分裂后，是最接近布尔什维克的所谓分裂派的领导
人之一。第一次世界大战期间参加齐美尔瓦尔德左派。1917 年是俄国社
会民主工党（布）中央委员会国外局成员。十月革命后历任财政人民委员
部部务委员、人民银行委员和行长、对外贸易人民委员部和外交人民委员
部部务委员等职。1935 年起任国家革命博物馆馆长。——203、204。

捷尔任斯基，费利克斯・埃德蒙多维奇（Дзержинский，Феликс Эдмундович

1877—1926)——波兰和俄国革命运动活动家,波兰王国和立陶宛社会民主党的组织者和领导人之一。1895年在维尔诺加入立陶宛社会民主党组织,1903年当选为波兰王国和立陶宛社会民主党总执行委员会委员。积极参加1905—1907年革命,领导波兰无产阶级的斗争。1907年在俄国社会民主工党第五次(伦敦)代表大会上被缺席选入中央委员会。屡遭沙皇政府迫害,度过十年以上的监禁、苦役和流放生活。1917年二月革命后在莫斯科做党的工作。在党的第六次代表大会上当选为中央委员,进入党中央书记处。十月革命期间是彼得格勒军事革命委员会委员和党的军事革命总部成员。十月革命后当选为全俄中央执行委员会委员和主席团委员。1917年12月起任全俄肃反委员会(1923年起为国家政治保卫总局)主席。1918年初在布列斯特和约问题上一度采取"左派共产主义者"的立场。1919—1923年兼任内务人民委员,1921—1924年兼任交通人民委员,1924年起兼任最高国民经济委员会主席。1920年4月起为党中央组织局候补委员,1921年起为中央组织局委员,1924年6月起为中央政治局候补委员。——470。

K

卡芬雅克,路易·欧仁(Cavaignac,Louis-Eugène 1802—1857)——法国将军,资产阶级共和党人。1831—1848年参与侵占阿尔及利亚的战争,以野蛮的作战方式著称。1848年二月革命后任阿尔及利亚总督;5月任法国陆军部长,镇压巴黎工人的六月起义。1848年6—12月任法兰西第二共和国政府首脑。卡芬雅克的名字已成为军事独裁者、屠杀工人的刽子手的通称。——175、277。

卡列金,阿列克谢·马克西莫维奇(Каледин,Алексей Максимович 1861—1918)——沙俄将军,顿河哥萨克军阿塔曼(统领)。第一次世界大战期间任骑兵师师长、步兵第12军军长、西南方面军第8集团军司令。1917年6月被选为顿河哥萨克军阿塔曼(统领),领导反革命的顿河军政府。1917年8月在莫斯科国务会议上提出镇压革命运动的纲领,积极参加科尔尼洛夫叛乱。十月革命期间在外国干涉者的支持下,在顿河流域组建白卫志愿军并策动反革命叛乱。1918年2月叛乱被革命军队粉碎。叛军覆灭前,卡列金于 1918 年 1 月 29 日(2 月 11 日)在哥萨克军政府会议上承认处境绝望,宣布辞职。当日开枪自杀。——220、340。

卡列林,弗拉基米尔·亚历山德罗维奇(Карелин, Владимир Александрович 1891—1938)——俄国左派社会革命党组织者之一,该党中央委员。1917年 11 月在全俄苏维埃第二次代表大会上代表左派社会革命党被选进全俄中央执行委员会主席团。同年 12 月进入人民委员会,任国家产业人民委员,兼任司法人民委员部部务委员。1918 年是苏俄布列斯特和谈代表团的成员,因反对签订布列斯特和约退出人民委员会。1918 年 7 月参与领导莫斯科左派社会革命党人的叛乱。1919 年 2 月被捕,获释后逃往国外,继续进行反苏维埃活动。——252、254、255、262、280、286。

卡姆柯夫(卡茨),波里斯·达维多维奇(Камков (Кац), Борис Давидович 1885—1938)——俄国社会革命党人,左派社会革命党的组织者和领袖之一。第一次世界大战期间侨居法国、瑞典,属国际主义派。1917 年二月革命后回国,当选为社会革命党彼得格勒委员会委员;反对战争,主张政权归苏维埃。在全俄苏维埃第二次代表大会上当选为全俄中央执行委员会委员,在左派社会革命党第一次代表大会上当选为中央委员。1918 年反对签订布列斯特和约,是刺杀德国大使威·米尔巴赫的主谋和莫斯科左派社会革命党人叛乱的策划者之一。因进行反革命活动被军事法庭判处三年徒刑。后在统计部门工作。——105、106、108、109、110、111—112。

卡尤罗夫,瓦西里·尼古拉耶维奇(Каюров, Василий Николаевич 1876—1936)——1900 年加入俄国社会民主工党。1917 年二月革命后任党的维堡委员会委员和维堡区苏维埃执行委员会委员。1918 年夏领导喀山省征粮队,后在东方面军第 5 集团军政治部工作。1921 年起从事经济工作。——490、491。

凯撒,盖尤斯·尤利乌斯(Caesar, Gaius Julius 公元前 100—前 44)——古罗马统帅,国务活动家和著作家。公元前 60 年与克拉苏和庞培一起结成前三头政治,出任高卢总督。任内征服高卢全境,权力迅速扩大。公元前49—前 45 年先后战胜庞培等人的军队,独揽军政大权,自命为终身独裁者。公元前 44 年被布鲁土斯和卡西乌斯为首的贵族共和派阴谋刺死。著有《高卢战记》、《内战记》等书。——250、251、253、255。

考茨基,卡尔(Kautsky,Karl 1854—1938)——德国社会民主党和第二国际的领袖和主要理论家之一。1875 年加入奥地利社会民主党,1877 年加入德国社会民主党。1881 年与马克思和恩格斯相识后,在他们的影响下逐渐转向马克思主义。从 19 世纪 80 年代到 20 世纪初写过一些宣传和解释马克思主义的著作:《卡尔·马克思的经济学说》(1887)、《土地问题》(1899)等。但在这个时期已表现出向机会主义方面摇摆,在批判伯恩施坦时作了很多让步。1883—1917 年任德国社会民主党理论刊物《新时代》杂志主编。曾参与起草 1891 年德国社会民主党纲领(爱尔福特纲领)。1910 年以后逐渐转到机会主义立场,成为中派领袖。第一次世界大战前夕提出超帝国主义论,大战期间打着中派旗号支持帝国主义战争。1917 年参与建立德国独立社会民主党,1922 年拥护该党右翼与德国社会民主党合并。1918 年后发表《无产阶级专政》等书,攻击俄国十月革命,反对无产阶级专政。——61、255—256。

科尔尼洛夫,拉甫尔·格奥尔吉耶维奇(Корнилов, Лавр Георгиевич 1870—1918)——沙俄将军,君主派分子。第一次世界大战期间曾任师长和军长。1917 年二月革命后任彼得格勒军区司令,5—7 月任第 8 集团军和西南方面军司令。1917 年 7 月 19 日(8 月 1 日)—8 月 27 日(9 月 9 日)任最高总司令。8 月底发动叛乱,进军彼得格勒,企图建立反革命军事专政。叛乱很快被粉碎,本人被捕入狱。11 月逃往新切尔卡斯克,和米·瓦·阿列克谢耶夫一起组建和领导白卫志愿军。1918 年 4 月在进攻叶卡捷琳诺达尔时被击毙。——9、14、166、169、173、175、177、181、183、199、218、220、227、246、337、343、346。

科洛科尔尼科夫,帕维尔·尼古拉耶维奇(Колокольников, Павел Николаевич 1871—1938)——俄国孟什维克。斯托雷平反动时期和新的革命高涨年代是取消派分子。第一次世界大战期间是护国派分子,为孟什维克的《我们的曙光》、《我们的事业》和《事业》等杂志撰稿。1917 年二月革命后任联合临时政府劳动部副部长。十月革命后任工人合作社理事会理事,后从事教学工作。——376。

科兹明,彼得·阿列克谢耶维奇(Козьмин, Петр Алексеевич 1871—1936)——俄国工艺工程师,后为工科博士,教授。十月革命后任粮食人民

委员部部务委员、农村农业机械供应委员、国防特别会议副主席。1920 年
起任面粉工业总管理局生产处处长。曾参与制定俄罗斯国家电气化委员
会的计划。1921 年起从事教学和科研工作。——456。

克拉斯诺夫，彼得·尼古拉耶维奇（Краснов, Петр Николаевич 1869 —
1947）——沙俄将军。第一次世界大战期间任哥萨克旅长和师长、骑兵军
军长。1917 年 8 月积极参加科尔尼洛夫叛乱。十月革命期间伙同克伦斯
基发动反苏维埃叛乱，担任从前线调往彼得格勒镇压革命的军队指挥。叛
乱被平定后逃往顿河流域。1918—1919 年领导顿河哥萨克白卫军。1919
年逃亡德国，继续进行反苏维埃活动。第二次世界大战期间与希特勒分子
合作，被苏军俘获，由苏联最高法院军事庭判处死刑。——3、159、227、
462、470、472、529。

克劳塞维茨，卡尔（Clausewitz, Karl 1780 — 1831）——德国军事理论家和军
事史学家，普鲁士将军。1792 年参加普鲁士军队。1803 年毕业于柏林普
通军校。参加了 1806—1807 年普法战争。1808 年起在普军总参谋部任
职。1812 年俄法战争时在俄军供职，1813 年任俄普混成军参谋长。1814
年回普军。1815 年参加滑铁卢战役，任军参谋长。1818—1830 年任柏林
普通军校校长。1831 年任驻波兰边境普军参谋长。写有拿破仑战争史和
其他战争史方面的著作。主要著作《战争论》被译成多种文字，对世界军事
理论有很大影响，书中提出了"战争是政治通过另一种手段的继续"的深刻
论点。——272。

克雷连柯，尼古拉·瓦西里耶维奇（Крыленко, Николай Васильевич 1885 —
1938）——1904 年加入俄国社会民主工党。1905—1906 年是彼得堡学生
运动领袖之一，在彼得堡布尔什维克组织中工作。1907 年脱党。1911 年
又回到布尔什维克组织中工作，先为《明星报》和《真理报》撰稿。1913
年 12 月被捕。第一次世界大战期间，1914—1915 年侨居国外，后在军队
服役。1917 年二月革命后在《士兵真理报》工作，同年 6 月参加俄国社会
民主工党（布）前线和后方军事组织全国代表会议，被选入党中央委员会全
俄军事组织局。积极参加十月革命，是彼得格勒军事革命委员会委员。十
月革命后参加第一届人民委员会，任陆海军事务委员会委员，1917 年 11
月被任命为最高总司令。1918 年 3 月起在司法部门工作。1922—1931 年

任全俄中央执行委员会最高革命法庭庭长、俄罗斯联邦副司法人民委员、检察长。1931年起任俄罗斯联邦司法人民委员,1936年起任苏联司法人民委员。1927—1934年为党中央监察委员会委员。全俄中央执行委员会主席团委员。——25、106—107。

克伦斯基,亚历山大·费多罗维奇(Керенский, Александр Федорович 1881—1970)——俄国政治活动家,资产阶级临时政府首脑。1917年3月起为社会革命党人。第四届国家杜马代表,劳动派党团领袖。第一次世界大战期间是护国派分子。1917年二月革命后任彼得格勒工兵代表苏维埃副主席、国家杜马临时委员会委员。在临时政府中任司法部长(3—5月)、陆海军部长(5—9月)、总理(7月21日起)兼最高总司令(9月12日起)。执政期间继续进行帝国主义战争,七月事变时镇压工人和士兵,迫害布尔什维克。1917年11月7日彼得格勒爆发武装起义时,从首都逃往前线,纠集部队向彼得格勒进犯,失败后逃亡巴黎。在国外参加白俄流亡分子的反革命活动,1922—1932年编辑《白日》周刊。1940年移居美国。——2、3、6、9、10、14、79、81、88、90、93、95、96、98、100、105、107、112、120、154、156、157、159、169、173、181、199、200、224、227、228、237、242、246、249、263、282、286、287、314、336、339、342、343、373、374、381、384、426、460—461、464、471、499、508、529。

L

拉查理,康斯坦丁诺(Lazzari, Costantino 1857—1927)——意大利工人运动活动家,意大利社会党创建人之一,最高纲领派领袖之一。1882年参与创建意大利工人党,1892年参与创建意大利社会党,同年起为该党中央委员。1912—1919年任意大利社会党书记。第一次世界大战期间持中派立场,曾参加齐美尔瓦尔德代表会议和昆塔尔代表会议。俄国十月革命后支持苏维埃俄国,曾参加共产国际第二次和第三次代表大会的工作。主张意大利社会党参加共产国际,是党内第三国际派的领导人。1922年在组织上与改良主义者决裂,但未能彻底划清界限。1919—1926年为国会议员。1926年被捕,出狱后不久去世。——479。

拉狄克,卡尔·伯恩哈多维奇(Радек, Карл Бернгардович 1885—1939)——

生于东加利西亚。20 世纪初参加加利西亚、波兰和德国的社会民主主义
运动。1901 年起为加利西亚社会民主党的积极成员,1904—1908 年在波
兰王国和立陶宛社会民主党内工作。1908 年到柏林,为德国左派社会民
主党人的报刊撰稿。第一次世界大战期间持国际主义立场,但表现出向中
派方面动摇。1917 年加入俄国社会民主工党(布)。十月革命后在外交人
民委员部工作。1918 年是"左派共产主义者"。在党的第八至第十二次代
表大会上当选为中央委员。1920—1924 年任共产国际执行委员会书记、
委员和主席团委员。1923 年起属托洛茨基反对派。1925—1927 年任莫
斯科中山大学校长。长期为《真理报》、《消息报》和其他报刊撰稿。1927
年被开除出党,1930 年恢复党籍,1936 年被再次开除出党。1937 年 1 月
被苏联最高法院军事审判庭以"进行叛国、间谍、军事破坏和恐怖活动"的
罪名判处十年监禁。1939 年死于狱中。1988 年 6 月苏联最高法院为其平
反。——26、30、36、451。

拉林,尤·(卢里叶,米哈伊尔·亚历山德罗维奇)(Ларин, Ю.(Лурье, Михаил
Александрович) 1882—1932)——1900 年参加俄国社会民主主义运动,在
敖德萨和辛菲罗波尔工作。1904 年起为孟什维克。1905 年是俄国社会民
主工党彼得堡孟什维克委员会委员。1906 年进入党的统一的彼得堡委员
会;是党的第四次(统一)代表大会有表决权的代表。维护孟什维克的土地
地方公有化纲领,支持召开"工人代表大会"的取消主义思想。党的第五次
(伦敦)代表大会波尔塔瓦组织的代表。斯托雷平反动时期和新的革命高
涨年代是取消派领袖之一,参加了"八月联盟"。第一次世界大战期间是中
派分子。1917 年二月革命后领导出版《国际》杂志的孟什维克国际主义
派。1917 年 8 月加入布尔什维克党。在彼得格勒参加十月武装起义。十
月革命后主张成立有孟什维克和社会革命党人参加的联合政府。在苏维
埃和经济部门工作,曾任最高国民经济委员会主席团委员、国家计划委员
会主席团委员等职。1920—1921 年工会问题争论期间先后支持布哈林和
托洛茨基的纲领。——58。

拉斯科尔尼科夫,费多尔·费多罗维奇(Раскольников, Федор Федорович
1892—1939)——1910 年加入俄国社会民主工党。曾在彼得堡做党的工
作,为布尔什维克的《明星报》和《真理报》撰稿。第一次世界大战期间在海

军服役。1917年二月革命后任党的喀琅施塔得委员会委员、喀琅施塔得工兵代表苏维埃副主席和《真理呼声报》编辑。十月革命后任副海军人民委员、共和国革命军事委员会委员、东方面军革命军事委员会委员、伏尔加河—里海区舰队和波罗的海舰队司令。1920—1921年工会问题争论期间支持托洛茨基的纲领。1921—1938年从事外交工作,历任苏联驻阿富汗、爱沙尼亚、丹麦、保加利亚全权代表。——433。

拉斯普廷(**诺维赫**),格里戈里·叶菲莫维奇(Распутин(Новых),Григорий Ефимович 1872—1916)——俄国冒险家,沙皇尼古拉二世的宠臣。出身于农民家庭。1907年冒充"先知"和"神医"招摇撞骗,混入宫廷,干预国政。尼古拉二世和皇后把他奉为"活基督",言听计从。1916年12月被君主派分子刺死。——12。

兰德尔,卡尔·伊万诺维奇(Ландер,Карл Иванович 1883—1937)——1905年加入俄国社会民主工党。曾在拉脱维亚、莫斯科、彼得堡、萨马拉等地做党的工作。在莫斯科积极参加1905—1907年革命。1917年二月革命后任党的明斯克委员会和西北区域委员会委员。十月革命期间任西方面军军事革命委员会委员和明斯克苏维埃主席。白俄罗斯建立苏维埃政权后任西部地区人民委员会主席。1918—1919年任俄罗斯联邦国家监察人民委员。1920年任高加索方面军特别部主任、全俄肃反委员会驻顿河流域和北高加索的特命全权代表。国内战争结束后从事苏维埃和党的工作以及科学研究工作。曾任全俄中央执行委员会主席团委员。——399。

兰塞姆,阿瑟(Ransome,Arthur 1884—1967)——英国作家,一些报刊的撰稿人。多次访问俄国。1916—1919年和1919—1924年先后任《每日新闻报》和《曼彻斯特卫报》驻苏维埃俄国的记者。——117—118。

李卜克内西,卡尔(Liebknecht,Karl 1871—1919)——德国工人运动和国际工人运动活动家,德国社会民主党左翼领袖之一,德国共产党创建人之一;威·李卜克内西的儿子;职业是律师。1900年加入社会民主党,积极反对机会主义和军国主义。1912年当选为帝国国会议员。第一次世界大战期间持国际主义立场,反对支持本国政府进行掠夺战争。1914年12月2日是国会中唯一投票反对军事拨款的议员。是国际派(后改称斯巴达克派和斯巴达克联盟)的组织者和领导人之一。1916年因领导五一节反战游行示威被捕入狱。1918 年 10 月出狱,领导了 1918 年十一月革命,与卢森堡一起创办《红旗报》,同年底领导建立德国共产党。1919 年 1 月柏林工人斗争被镇压后,于 15 日被捕,当天惨遭杀害。——9、16、97。

李可夫,阿列克谢·伊万诺维奇(Рыков, Алексей Иванович 1881—1938)——1899 年加入俄国社会民主工党。曾在萨拉托夫、莫斯科、彼得堡等地做党的工作。1905 年党的第三次代表大会起多次当选为中央委员。斯托雷平反动时期对取消派、召回派和托洛茨基分子采取调和主义态度。曾多次被捕流放并逃亡国外。1917 年二月革命后被选进莫斯科苏维埃主席团,同年 10 月在彼得格勒参与领导武装起义。十月革命后参加第一届人民委员会,任内务人民委员。1917 年 11 月主张成立有孟什维克和社会革命党人参加的联合政府,遭到否决后声明退出党中央和人民委员会。1918 年 2 月起任最高国民经济委员会主席,1921 年夏起任人民委员会和劳动国防委员会副主席。1923 年当选为党中央政治局委员。1924—1930 年任苏联人民委员会主席。1929 年被作为"右倾派别集团"领袖之一受到批判。1930 年 12 月被撤销政治局委员职务。1931—1936 年任苏联交通人民委员。1934 年当选为候补中央委员。1937 年被开除出党。1938 年 3 月 13 日被苏联最高法院军事审判庭以"参与托洛茨基的恐怖、间谍和破坏活动"的罪名判处枪决。1988 年平反昭雪并恢复党籍。——396。

李维诺夫,马克西姆·马克西莫维奇(Литвинов, Максим Максимович 1876—1951)——1898 年加入俄国社会民主工党,在切尔尼戈夫省克林齐市工人小组中进行社会民主主义宣传。1900 年任党的基辅委员会委员。1901 年被捕,在狱中参加火星派。1902 年 8 月越狱逃往国外。作为《火星报》代办员,曾担任向国内运送《火星报》的工作。是俄国革命社会民主党人国外同盟的领导成员,出席了同盟第二次代表大会。1903 年俄国社会民主工党第二次代表大会后是布尔什维克,任党的里加委员会、西北委员会委员和多数派委员会常务局成员;代表里加组织出席了党的第三次代表大会。1905 年参加了布尔什维克第一份合法报纸《新生活报》的出版工作。1907 年是出席国际社会党斯图加特代表大会的俄国社会民主工党代表团的秘书。1907 年底侨居伦敦。1908 年起任布尔什维克伦敦小组书记。1914 年 6 月起为俄国社会民主工党中央委员会驻社会党国际局的代表。1915

年2月受列宁委托在协约国社会党伦敦代表会议上发表谴责帝国主义战争的声明。十月革命后在外交部门担任负责工作。1918—1921年任外交人民委员部部务委员,1921年起任副外交人民委员。1922年是出席热那亚国际会议的苏俄代表团团员和海牙国际会议的苏俄代表团团长。1930—1939年任外交人民委员,1941—1943年任副外交人民委员兼驻美国大使。从美国回国后至1946年任副外交人民委员。在党的第十七次和第十八次代表大会上当选为中央委员。曾任苏联中央执行委员会委员、第一届和第二届苏联最高苏维埃代表。——431。

里茨勒尔,库尔特(吕多费尔)(Riezler,Kurt (Ruedorffer) 1882—1955)——德国外交家,哲学家,政论家,资产阶级自由主义君主派代表人物之一。1906年起在德国外交部政治司任职。1915—1917年是德国首相贝特曼-霍尔韦格的顾问,积极支持首相所推行的在帝国主义战争中同德国社会民主党机会主义派实行合作的政策。1918年任德国驻苏俄代理外交代表。写有一些关于世界政治问题的著作。——492。

里亚布申斯基,帕维尔·巴甫洛维奇(Рябушинский,Павел Павлович 1871—1924)——俄国莫斯科大银行家和企业主,反革命首领之一。曾积极参与创建资产阶级的进步党,出版反映大资产阶级利益的《俄国晨报》。1917年8月扬言要以饥饿手段窒息革命,是科尔尼洛夫叛乱的策划者和领导人之一。十月革命后逃亡法国,继续进行反对苏维埃俄国的活动。——107。

梁赞诺夫(戈尔登达赫),达维德·波里索维奇(Рязанов (Гольдендах),Давид Борисович 1870—1938)——1889年参加俄国革命运动。曾在敖德萨和基什尼奥夫开展工作。1900年出国,是著作家团体斗争社的组织者之一;该社反对《火星报》制定的党纲和列宁的建党组织原则。俄国社会民主工党第二次代表大会反对斗争社参加大会的工作,并否决了邀请梁赞诺夫作为该社代表出席大会的建议。代表大会后是孟什维克。1905—1907年在国家杜马社会民主党团和工会工作。后再次出国,为《新时代》杂志撰稿。1909年在"前进"集团的卡普里党校(意大利)担任讲课人,1911年在隆瑞莫党校(法国)讲授工会运动课。曾受德国社会民主党委托从事出版《马克思恩格斯全集》和第一国际史的工作。第一次世界大战期间是中派分子,为孟什维克的《呼声报》和《我们的言论报》撰稿。1917年二月革命后参加区联派,在俄国社会民主工党(布)第六次代表大会上随区联派集体加入布尔什维克党。十月革命后从事工会工作。1918 年初因反对签订布列斯特和约一度退党。1920—1921 年工会问题争论期间持错误立场,被解除工会职务。1921 年参与创建马克思恩格斯研究院,担任院长直到1931 年。1931 年 2 月因同孟什维克国外总部有联系被开除出党。——24。

列宁,弗拉基米尔·伊里奇(乌里扬诺夫,弗拉基米尔·伊里奇;尼·列宁)(Ленин,Владимир Ильич(Ульянов,Владимир Ильич,Н.Ленин)1870—1924)——2、15、16、17、18、19—20、21、22、24—25、26、27—29、30、31、34、35、36、37、38、39、42、43—44、45、46、47、49、55、56、62、65、91、98、101、102、104、107、110、111—112、116、117—118、141、190、191、193、198、203、204、207、209、210—211、217、223—224、225、226、228、229、230—232、235、236、237、238、239、240、244—247、248—250、251—252、255、262、263、264、267、270、271、280、281—282、291—293、316、317、321、324、325—326、328、334、338、341、342、353、379、389、392、400、404—405、407、421、437、451—453、454—455、459、466、468、471、474、478、479、488、490—491、492—495、499。

卢森堡,罗莎(Luxemburg,Rosa 1871—1919)——德国、波兰和国际工人运动活动家,德国社会民主党和第二国际左翼领袖和理论家之一,德国共产党创建人之一。生于波兰。19 世纪 80 年代后半期开始革命活动,1893 年参与创建和领导波兰王国社会民主党,为党的领袖之一。1898 年移居德国,积极参加德国社会民主党的活动,反对伯恩施坦主义和米勒兰主义。曾参加俄国第一次革命(在华沙)。1907 年参加俄国社会民主工党第五次(伦敦)代表大会,在会上支持布尔什维克。斯托雷平反动时期和新的革命高涨年代对取消派采取调和主义态度。1912 年波兰王国和立陶宛社会民主党分裂后,曾谴责最接近布尔什维克的所谓分裂派。第一次世界大战期间持国际主义立场,是建立国际派(后改称斯巴达克派和斯巴达克联盟)的发起人之一。参加领导了德国 1918 年十一月革命,同年底参与领导德国共产党成立大会,作了党纲报告。1919 年 1 月柏林工人斗争被镇压后,于15 日被捕,当天惨遭杀害。主要著作有《社会改良还是革命》(1899)、《俄国社会民主党的组织问题》(1904)、《资本积累》(1913)等。——499。

罗曼诺夫——见尼古拉二世(**罗曼诺夫**)。

罗曼诺夫王朝(Романовы)——俄国皇朝(1613—1917)。——96。

洛莫夫,阿·(**奥波科夫,格奥尔吉·伊波利托维奇**)(Ломов, А.(Оппоков, Георгий Ипполитович) 1888—1938)——1903 年加入俄国社会民主工党。曾在彼得堡、伊万诺沃-沃兹涅先斯克、莫斯科、萨拉托夫做党的工作,屡遭沙皇政府迫害。1917 年二月革命后任党的莫斯科区域局和莫斯科委员会委员、莫斯科工人代表苏维埃副主席。十月革命期间任莫斯科军事革命委员会委员。十月革命后参加第一届人民委员会,任司法人民委员。1918 年是"左派共产主义者"。1918—1921 年任最高国民经济委员会主席团委员和副主席,林业总委员会主席,1921—1931 年在党的机关和经济部门担任领导工作,1931—1933 年任苏联国家计划委员会副主席。在党的第六、第七和第十四次代表大会上当选为候补中央委员,第十五次和第十六次代表大会上当选为中央委员。历届苏联中央执行委员会委员。——25、62。

M

马尔托夫,尔·(**策杰尔包姆,尤利·奥西波维奇**)(Мартов, Л.(Цедербаум, Юлий Осипович) 1873—1923)——俄国孟什维克领袖之一。1895 年参与组织彼得堡工人阶级解放斗争协会。1896 年被捕并流放图鲁汉斯克三年。1900 年参与创办《火星报》,为该报编辑部成员。在俄国社会民主工党第二次代表大会上是《火星报》组织的代表,领导机会主义少数派,反对列宁的建党原则;从那时起成为孟什维克中央机关的领导成员和孟什维克报刊的编辑。曾参加党的第五次(伦敦)代表大会的工作。斯托雷平反动时期和新的革命高涨年代是取消派分子,编辑《社会民主党人呼声报》,参与组织"八月联盟"。第一次世界大战期间是中派分子,参加齐美尔瓦尔德代表会议和昆塔尔代表会议。曾参加孟什维克组织委员会国外书记处,为书记处编辑机关刊物。1917 年二月革命后领导孟什维克国际主义派。十月革命后反对镇压反革命和解散立宪会议。1919 年当选为全俄中央执行委员会委员,1919—1920 年为莫斯科苏维埃代表。1920 年 9 月侨居德国。参与组织第二半国际,在柏林创办和编辑孟什维克杂志《社会主义通报》。

——105、111、116、173、174、175、186、225、227、229、240、244、251、252、255、263、376。

马克林，约翰（Maclean，John 1879—1923）——英国工人运动活动家；职业是教师。1903年加入英国社会民主联盟。曾在苏格兰工人中从事革命启蒙工作。第一次世界大战前加入英国社会党左翼，是该党在苏格兰的领袖之一。大战期间持国际主义立场，积极进行革命的反战宣传，参与组织和领导群众游行示威和罢工，为此屡遭英国政府迫害。1916年4月被选为英国社会党领导成员。1918年苏俄外交人民委员部委任他为苏俄驻格拉斯哥领事，但英国政府对他进行迫害，使他无法执行任务。晚年脱离政治活动。——431。

马克思，卡尔（Marx，Karl 1818—1883）——科学共产主义的创始人，世界无产阶级的领袖和导师。——49、175、176、253、282、283、284、414、424、433、445。

梅林，弗兰茨（Mehring，Franz 1846—1919）——德国工人运动活动家，德国社会民主党左翼领袖和理论家之一，历史学家和政论家，德国共产党创建人之一。19世纪60年代末起是资产阶级民主主义政论家，1877—1882年持资产阶级自由主义立场，后向左转化，逐渐接受马克思主义。曾任民主主义报纸《人民报》主编。1891年加入德国社会民主党，担任党的理论刊物《新时代》杂志撰稿人和编辑，1902—1907年任《莱比锡人民报》主编，反对第二国际的机会主义和修正主义，批判考茨基主义。第一次世界大战爆发后坚决谴责帝国主义战争和社会沙文主义者的背叛政策；是国际派（后改称斯巴达克派和斯巴达克联盟）的组织者和领导人之一。1918年参加建立德国共产党的准备工作。欢迎俄国十月革命，撰文驳斥对十月革命的攻击，维护苏维埃政权。在研究德国中世纪史、德国社会民主党史和马克思主义史方面作出重大贡献，在整理出版马克思、恩格斯和拉萨尔的遗著方面也做了大量工作。主要著作有《莱辛传奇》（1893）、《德国社会民主党史》（1897—1898）、《马克思传》（1918）等。——429、479。

美舍利亚科夫，弗拉基米尔·尼古拉耶维奇（Мещеряков，Владимир Николаевич 1885—1946）——1905年加入俄国社会民主工党。曾在彼得堡和国外做党的工作。1917年回国，积极参加十月革命。1918年任俄罗斯联邦农业人民委员部部务委员,后任乌克兰农业人民委员,之后在诺夫哥罗德、坦波夫、辛比尔斯克担任党和苏维埃的领导工作。1922—1928年任教育人民委员部部务委员和政治教育总委员会副主席,后任党中央农业部副部长。1930—1936年在外交人民委员部机关工作,后从事经济工作。——262。

米尔巴赫,威廉(Mirbach,Wilhelm 1871—1918)——德国外交家,伯爵。1915—1917年任德国驻雅典大使,1918年4月起任德国驻莫斯科大使。俄国左派社会革命党人为了挑起对德战争,于1918年7月6日将他杀死。米尔巴赫被杀事件成了莫斯科左派社会革命党人叛乱的信号。——294、299、300、461、488、493、496、500。

米留可夫,帕维尔·尼古拉耶维奇(Милюков,Павел Николаевич 1859—1943)——俄国立宪民主党领袖,俄国自由派资产阶级思想家,历史学家和政论家。1886年起任莫斯科大学讲师。90年代前半期开始政治活动,1902年起为资产阶级自由派的《解放》杂志撰稿。1905年10月参与创建立宪民主党,后任该党中央委员会主席和中央机关报《言语报》编辑。第三届和第四届国家杜马代表。第一次世界大战期间为沙皇政府的掠夺政策辩护。1917年二月革命后任第一届临时政府外交部长,推行把战争进行到"最后胜利"的帝国主义政策;同年8月积极参与策划科尔尼洛夫叛乱。十月革命后同白卫分子和武装干涉者合作。1920年起为白俄流亡分子,在巴黎出版《最新消息报》。著有《俄国文化史概要》、《第二次俄国革命史》及《回忆录》等。——225、227、229、240、244、464。

姆格拉泽,伊拉里昂·维萨里昂诺维奇(Мгеладзе,Илларион Виссарионович 1890—1943)——1907年加入俄国社会民主工党。十月革命后历任党的萨拉托夫省委委员、骑兵第1集团军政治部主任、党中央报刊部部长。1918年为"左派共产主义者"。1925年为"新反对派"骨干分子,后加入"托季联盟"。1927年被开除出党,1930年恢复党籍,1935年被再次开除出党。——57。

N

拿破仑第一(波拿巴)(Napoléon I (Bonaparte) 1769—1821)——法国皇帝,资产阶级军事家和政治家。法国资产阶级革命时期参加革命军。1799年

发动雾月政变,自任第一执政,实行军事独裁统治。1804 年称帝,建立法
兰西第一帝国,颁布《拿破仑法典》,巩固资本主义制度。多次粉碎反法同
盟,沉重打击了欧洲封建反动势力。但对外战争逐渐变为同英俄争霸和掠
夺、奴役别国的侵略战争。1814 年欧洲反法联军攻陷巴黎后,被流放厄尔
巴岛。1815 年重返巴黎,再登皇位。滑铁卢之役战败后,被流放大西洋圣
赫勒拿岛。——19、20、76、94、99—100、101、102、111、112、277。

拿破仑第三(**波拿巴,路易**)(Napoléon III(Bonaparte, Louis) 1808 —
1873)——法国皇帝(1852—1870),拿破仑第一的侄子。法国 1848 年革命
失败后被选为法兰西共和国总统。1851 年 12 月 2 日发动政变,1852 年 12
月称帝。在位期间,对外屡次发动侵略战争,包括同英国一起发动侵略中
国的第二次鸦片战争。对内实行警察恐怖统治,强化官僚制度,同时以虚
假的承诺、小恩小惠和微小的改革愚弄工人。1870 年 9 月 2 日在普法战
争色当战役中被俘,9 月 4 日巴黎革命时被废黜。——250、251、253、255。

尼·列宁——见列宁,弗拉基米尔·伊里奇。

尼古拉二世(**罗曼诺夫**)(Николай II(Романов) 1868—1918)——俄国最后一
个皇帝,亚历山大三世的儿子。1894 年即位,1917 年二月革命时被推翻。
1918 年 7 月 17 日根据乌拉尔州工兵代表苏维埃的决定在叶卡捷琳堡被
枪决。——12、79、81、90、96、110、200、249、336、339、343、443。

涅夫斯基,弗拉基米尔·伊万诺维奇(**克里沃博科夫,费奥多西·伊万诺维
奇**)(Невский,Владимир Иванович(Кривобоков,Феодосий Иванович)
1876—1937)——1897 年参加俄国社会民主主义运动,布尔什维克。曾在
顿河畔罗斯托夫、莫斯科、彼得堡、沃罗涅日和哈尔科夫等城市做党的工
作。积极参加 1905—1907 年革命,屡遭沙皇政府迫害。1913 年被增补为
候补中央委员。1917 年二月革命后是党的彼得堡委员会军事组织和中央
委员会全俄军事组织局的组织者和领导人之一。积极参加十月武装起义,
任彼得格勒军事革命委员会委员。十月革命后担任苏维埃和党的负责工
作以及科研教学工作,历任副交通人民委员、交通人民委员、全俄中央执行
委员会主席团委员和副主席、斯维尔德洛夫共产主义大学校长、党史委员
会副主任、国立列宁图书馆馆长等职。写有一些哲学著作和历史著作。
——397。

P

帕杰林（Падерин）——1918年6—7月举行的莫斯科市工会和工厂委员会第四次代表会议的代表；作为孟什维克和社会革命党人的副报告人，就列宁关于目前形势的报告作了发言。——426、430。

佩尔舍，罗伯特·安德列耶维奇（Пельше，Роберт Андреевич 1880—1955）——1898年加入俄国社会民主工党。曾在拉脱维亚做党的工作，任党的叶尔加瓦市、利耶帕亚市和里加市委员会委员，拉脱维亚社会民主工党中央机关报《斗争报》编委、拉脱维亚边疆区社会民主党中央委员。1912—1915年侨居国外，任拉脱维亚边疆区社会民主党巴黎支部书记。1917年在莫斯科参加十月革命，后任俄国社会民主工党（布）莫斯科市委员会委员；是党的第七次和第八次代表大会代表。1918年任莫斯科苏维埃粮食局常务委员会委员。1922—1924年领导乌克兰苏维埃社会主义共和国教育人民委员部艺术司，后在苏联一些艺术部门担任领导职务，同时进行科研工作。1946—1955年任拉脱维亚苏维埃社会主义共和国科学院民族志学和民俗学研究所所长。——59。

佩特留拉，西蒙·瓦西里耶维奇（Петлюра，Симон Васильевич 1879—1926）——俄国乌克兰反革命资产阶级民族主义运动首领之一。1917年5月被选入反革命的乌克兰中央拉达全乌克兰军队委员会，任委员会主席；后任中央拉达总书记处军事书记（部长）。1918年初在德国占领军协助下重建了被基辅起义工人推翻的中央拉达。1918年11月起是乌克兰督政府（1918—1919年间的乌克兰民族主义政府）成员和"乌克兰人民共和国"军队总盖特曼（统领），1919年2月起任督政府主席。在督政府军队被红军击溃后逃往华沙，与地主资产阶级波兰订立军事同盟，1920年参与波兰地主武装对乌克兰的进犯。1920年夏逃亡国外。1926年5月在巴黎被杀。——24。

Q

契恒凯里，阿卡基·伊万诺维奇（Чхенкели，Акакий Иванович 1874—1959）——格鲁吉亚孟什维克领袖之一；职业是律师。1898年参加社会民主主义运动。斯托雷平反动时期和新的革命高涨年代是取消派分子。第四届国家杜马代表,参加孟什维克杜马党团。第一次世界大战期间是社会沙文主义者。1917年二月革命后是临时政府驻外高加索的代表。1918年4月任外高加索临时政府主席,后任格鲁吉亚孟什维克政府外交部长。1921年格鲁吉亚建立苏维埃政权后成为白俄流亡分子。——225、234。

切尔诺夫,维克多·米哈伊洛维奇（Чернов, Виктор Михайлович 1873—1952）——俄国社会革命党领袖和理论家之一。1902—1905年任社会革命党中央机关报《革命俄国报》编辑。曾撰文反对马克思主义,企图证明马克思的理论不适用于农业。第一次世界大战期间持社会沙文主义立场,曾参加齐美尔瓦尔德代表会议和昆塔尔代表会议。1917年5—8月任临时政府农业部长,对夺取地主土地的农民实行残酷镇压。敌视十月革命。1918年1月任立宪会议主席;曾领导萨马拉的反革命立宪会议委员会,参与策划反苏维埃叛乱。1920年流亡国外,继续反对苏维埃政权。在他的理论著作中,主观唯心主义和折中主义同修正主义和民粹派的空想混合在一起;企图以资产阶级改良主义的"结构社会主义"对抗科学社会主义。——92、93、96、98、100、104—105、106、107、112、154、175、224、237、314、508。

切列万宁,涅·（利普金,费多尔·安德列耶维奇）（Череванин, Н.（Липкин, Федор Андреевич）1868—1938）——俄国政论家,"马克思的批评家",后为孟什维克领袖之一,取消派分子。俄国社会民主工党第四次（统一）代表大会和第五次（伦敦）代表大会的参加者,取消派报刊撰稿人,16个孟什维克关于取消党的"公开信"的起草人之一。1912年反布尔什维克的八月代表会议后是孟什维克领导中心——组委会成员。第一次世界大战期间是社会沙文主义者。1917年是孟什维克中央机关报《工人报》编辑之一和孟什维克中央委员会委员。敌视十月革命。——375、376、378、385。

R

饶尔丹尼亚,诺伊·尼古拉耶维奇（Жордания, Ной Николаевич 1869—1953）——俄国社会民主党人。19世纪90年代开始政治活动,加入格鲁吉亚第一个社会民主主义团体"麦撒墨达西社",领导该社的机会主义派。

1903年在俄国社会民主工党第二次代表大会上是有发言权的代表，属火星派少数派，会后为高加索孟什维克的领袖。1905年编辑孟什维克的《社会民主党人报》（格鲁吉亚文），反对布尔什维克在资产阶级民主革命中的策略。第一届国家杜马代表，社会民主党党团领袖。1907—1912年为俄国社会民主工党中央委员（代表孟什维克）。斯托雷平反动时期和新的革命高涨年代形式上参加孟什维克护党派，实际上支持取消派。1914年为托洛茨基的《斗争》杂志撰稿。第一次世界大战期间是社会沙文主义者。1917年二月革命后任梯弗利斯工人代表苏维埃主席。1918—1921年是格鲁吉亚孟什维克政府主席。1921年格鲁吉亚建立苏维埃政权后成为白俄流亡分子。——316。

S

萨文柯夫，波里斯·维克多罗维奇（Савинков, Борис Викторович 1879—1925）——俄国社会革命党领袖之一，作家。在彼得堡大学学习时开始政治活动，接近经济派-工人思想派，在工人小组中进行宣传，为《工人事业》杂志撰稿。1901年被捕，后被押送沃洛格达省，从那里逃往国外。1903年加入社会革命党，1903—1906年是该党"战斗组织"的领导人之一，多次参加恐怖活动。1909年和1912年以维·罗普申为笔名先后发表了两部浸透神秘主义和对革命斗争失望情绪的小说：《一匹瘦弱的马》和《未曾有过的东西》。1911年侨居国外。第一次世界大战期间是社会沙文主义者。1917年二月革命后回国，任临时政府驻最高总司令大本营的委员、西南方面军委员、陆军部副部长、彼得格勒军事总督；根据他的提议在前线实行了死刑。十月革命后参加克伦斯基—克拉斯诺夫叛乱，参与组建顿河志愿军，建立地下反革命组织"保卫祖国与自由同盟"，参与策划反革命叛乱。1921—1923年在国外领导反对苏维埃俄国的间谍破坏活动。1924年偷越苏联国境时被捕，被判处死刑，后改为十年监禁。在狱中自杀。——159、160、177、464。

邵武勉，斯捷潘·格奥尔吉耶维奇（Шаумян, Степан Георгиевич 1878—1918）——1900年加入俄国社会民主工党。曾被捕和流放。1902—1905年侨居国外。1905—1908年是外高加索党的工作领导人之一和布尔什维克一些报刊的创办人和编辑。1905—1907 年积极反对孟什维克和达什纳克党人。斯托雷平反动时期同取消派和托洛茨基派进行了斗争。1912 年由党的第六次(布拉格)全国代表会议选出的中央委员会增补为候补中央委员。1914 年起领导巴库布尔什维克党组织。1917 年二月革命后缺席当选为巴库工人代表苏维埃主席。在党的第六次代表大会上当选为中央委员。十月革命后任俄罗斯联邦人民委员会高加索事务临时特派员。1918 年 3 月领导镇压巴库木沙瓦特党人的反苏维埃叛乱,4 月起任巴库人民委员会主席兼外交委员。巴库公社失败后,1918 年 9 月 20 日同其他 25 名巴库委员一起被社会革命党人和英国武装干涉者杀害。——200。

施略普尼柯夫,亚历山大·加甫里洛维奇(Шляпников, Александр Гаврилович 1885—1937)——1901 年加入俄国社会民主工党。曾在索尔莫沃、穆罗姆、彼得堡和莫斯科做党的工作。1905—1906 年两度被捕,1908 年移居国外。第一次世界大战期间在彼得堡和国外做党的工作,负责在党中央委员会国外局同俄国局和彼得堡委员会之间建立联系。1917 年二月革命后任党的彼得堡委员会委员、彼得格勒工兵代表苏维埃执行委员会委员和彼得格勒五金工会主席。十月革命后参加第一届人民委员会,任劳动人民委员,后领导工商业人民委员部。1918 年参加国内战争,先后任南方面军革命军事委员会委员和里海—高加索方面军革命军事委员会主席。1919—1922 年任全俄五金工会中央委员会主席,1921 年 5 月起任最高国民经济委员会主席团委员。1920—1922 年是工人反对派的组织者和领袖。1921 年在党的第十次代表大会上当选为中央委员。后在经济部门担任负责职务。1933 年清党时被开除出党。1935 年因所谓"莫斯科反革命组织'工人反对派'集团"案被追究刑事责任,死于狱中。1988 年恢复名誉。——342、433。

斯大林(朱加施维里),约瑟夫·维萨里昂诺维奇(Сталин (Джугашвили), Иосиф Виссарионович 1879—1953)——苏联共产党和国家领导人,国际共产主义运动活动家。1898 年加入俄国社会民主工党,党的第二次代表大会后是布尔什维克。曾在梯弗利斯、巴统、巴库和彼得堡做党的工作。多次被捕和流放。1912 年 1 月在党的第六次(布拉格)全国代表会议选出的中央委员会会议上,被缺席增补为中央委员并被选入中央委员会俄国局;

积极参加布尔什维克《真理报》的编辑工作。1917年二月革命后从流放地回到彼得格勒,参加党中央委员会俄国局。在党的第七次全国代表会议(四月代表会议)以及此后的历次代表大会上当选为中央委员。在十月革命的准备和进行期间参加领导武装起义的彼得格勒军事革命委员会和党总部。在全俄苏维埃第二次代表大会上当选为全俄中央执行委员会委员;参加第一届人民委员会,任民族事务人民委员。1919年3月起兼任国家监察人民委员,1920年起为工农检查人民委员。国内战争时期任共和国革命军事委员会委员和一些方面军的革命军事委员会委员。1922年4月起任党中央总书记。1941年起同时担任苏联人民委员会主席,1946年起为部长会议主席。1941—1945年卫国战争时期任国防委员会主席、国防人民委员和苏联武装力量最高统帅。1919—1952年为中央政治局委员,1952—1953年为苏共中央主席团委员。1925—1943年为共产国际执行委员会委员。——433。

斯科罗帕茨基,帕维尔·彼得罗维奇(Скоропадский, Павел Петрович 1873—1945)——沙俄将军。贵族出身,切尔尼戈夫省和波尔塔瓦省大地主,十月党人。第一次世界大战期间担任过师长和军长。1917年10月起任中央拉达新编部队首领。乌克兰被德奥占领后于1918年4月在武装干涉者扶植下当选为乌克兰盖特曼(统领),宣告成立"乌克兰国"。1918年12月占领军失败后逃往德国,继续从事反苏活动,与德国帝国主义和法西斯主义合作。——315、320、362、380、402、403、406、416、440、474。

斯米尔诺夫,弗拉基米尔·米哈伊洛维奇(Смирнов, Владимир Михайлович 1887—1937)——1907年加入俄国社会民主工党。1917年二月革命后在莫斯科工作,任布尔什维克报刊《社会民主党人报》和《斯巴达克》杂志编委。十月革命后任最高国民经济委员会主席团委员。1918年是"左派共产主义者"。国内战争期间担任几个集团军的革命军事委员会委员。1919年在党的第八次代表大会上是军事反对派的首领之一。1920—1921年是民主集中派的骨干分子。1921—1922年任国家计划委员会主席团委员。1923年属托洛茨基反对派。1926年被开除出党,不久恢复党籍,1927年被再次开除出党。——43、72。

斯蓬德,亚历山大·彼得罗维奇(Спундэ, Александр Петрович 1892—

1962)——1909 年加入俄国社会民主工党。曾在里加做党的工作。屡遭沙皇政府迫害。1917 年二月革命后任党的彼尔姆省委员会委员和乌拉尔区域委员会委员。十月革命后任国家银行总委员助理。1919—1922 年在一些省担任党的省委员会主席和省执行委员会主席。1926—1930 年任苏联国家银行管理委员会副主席、财政人民委员部和交通人民委员部部务委员。1931 年起为特种退休金领取者。——203—204。

斯皮里多诺娃,玛丽亚·亚历山德罗夫娜(Спиридонова, Мария Александровна 1884—1941)——俄国社会革命党领袖之一。1906 年因刺杀策划黑帮暴行、镇压坦波夫省农民起义的首领加·尼·卢热诺夫斯基而被判处终身苦役。1917 年二月革命后是左派社会革命党的组织者之一,12 月起为该党中央委员。十月革命后为全俄中央执行委员会委员。反对签订布列斯特和约,参加 1918 年 7 月左派社会革命党人的叛乱。被捕后由全俄中央执行委员会赦免。后脱离政治活动。—— 262、459、463、464、465、468、473、478。

斯托雷平,彼得·阿尔卡季耶维奇(Столыпин, Петр Аркадьевич 1862—1911)——俄国国务活动家,大地主。1884 年起在内务部任职。1902 年任格罗德诺省省长。1903—1906 年任萨拉托夫省省长,因镇压该省农民运动受到尼古拉二世的嘉奖。1906—1911 年任大臣会议主席兼内务大臣。1907 年发动"六三政变",解散第二届国家杜马,颁布新选举法以保证地主、资产阶级在杜马中占统治地位,残酷镇压革命运动,大规模实施死刑,开始了"斯托雷平反动时期"。实行旨在摧毁村社和培植富农的土地改革。1911 年被社会革命党人 Д.Г.博格罗夫刺死。——14、94、110。

索柯里尼柯夫(**布里利安特**),格里戈里·雅柯夫列维奇(Сокольников (Бриллиант), Григорий Яковлевич 1888—1939)——1905 年加入俄国社会民主工党。1905—1907 年在莫斯科做宣传鼓动工作。1907 年被捕,流放西伯利亚,后从流放地逃走。1909—1917 年住在国外,第一次世界大战期间为托洛茨基的《我们的言论报》撰稿。1917 年二月革命后是党的莫斯科委员会和莫斯科区域局成员、《真理报》编委。在党的第六、第七、第十一至第十五次代表大会上当选为中央委员。1924—1925 年为政治局候补委员。1930—1936 年为候补中央委员。十月革命后从事苏维埃、军事和外交工作。1918—1920年任几个集团军革命军事委员会委员。1920年8月—1921年3月任土耳其斯坦方面军革命军事委员会委员和方面军司令、全俄中央执行委员会和俄罗斯联邦人民委员会土耳其斯坦事务委员会主席。1921年起任财政人民委员部部务委员、副财政人民委员,1922年起任财政人民委员,1926年起任国家计划委员会副主席。1932年任副外交人民委员。1925年参加"新反对派",后加入"托季联盟"。1936年被开除出党。1937年1月被苏联最高法院军事审判庭以"进行叛国、间谍、军事破坏和恐怖活动"的罪名判处十年监禁。1939年死于狱中。1988年6月苏联最高法院为其平反。——43。

T

泰罗,弗雷德里克·温斯洛(Taylor,Frederick Winslow 1856—1915)——美国工程师,美国机械工程师协会会长(1905—1906)。创立了一种最大限度地利用工作日并合理使用生产资料和劳动工具的劳动组织制度,名为"泰罗制"。——131、170、195、240、259、287、512、514、517、519、520。

图尔克斯坦诺夫,И.Н.(Туркестанов,И.Н. 1884—1950)——苏俄最高国民经济委员会制革业总委员会管理委员会委员和总委员会主席(1917—1919)。——398。

屠格涅夫,伊万·谢尔盖耶维奇(Тургенев,Иван Сергеевич 1818—1883)——俄国作家,对俄罗斯文学语言的发展作出重大贡献。他的作品反映了19世纪30—70年代俄国社会的思想探索和心理状态,揭示了俄国社会生活的特有矛盾,塑造了一系列"多余人"的形象;这些"多余人"意识到贵族制度的必然灭亡,但对于改变这一制度又束手无策。在俄国文学中第一次描写了新一代的代表人物——平民知识分子。反对农奴制,但寄希望于亚历山大二世,期望通过"自上而下"的改革使俄国达到渐进的转变,主张在俄国实行立宪君主制。——186。

托洛茨基(勃朗施坦),列夫·达维多维奇(Троцкий(Бронштейн),Лев Давидович 1879—1940)——1897年参加俄国社会民主主义运动。在俄国社会民主工党第二次代表大会上是西伯利亚联合会的代表,属火星派少数派。1905年同亚·帕尔乌斯一起提出和鼓吹"不断革命论"。斯托雷平反动时期和新的革命高涨年代,打着"非派别性"的幌子,实际上采取取消派立场。1912 年组织"八月联盟"。第一次世界大战期间持中派立场。1917年二月革命后参加区联派,在党的第六次代表大会上随区联派集体加入布尔什维克党,当选为中央委员。参加十月武装起义的领导工作。十月革命后任外交人民委员,1918 年初反对签订布列斯特和约,同年 3 月改任共和国革命军事委员会主席、陆海军人民委员等职。参与组建红军。1919 年起为党中央政治局委员。1920 年起历任共产国际执行委员会候补委员、委员。1920—1921 年挑起关于工会问题的争论。1923 年起进行派别活动。1925 年初被解除革命军事委员会主席和陆海军人民委员职务。1926年与季诺维也夫结成"托季联盟"。1927 年被开除出党,1929 年被驱逐出境,1932 年被取消苏联国籍。在国外组织第四国际。死于墨西哥。——27、28、30、34、35、36、83、250、427、461、462。

W

威尔逊,伍德罗(Wilson,Woodrow 1856—1924)——美国国务活动家。1910—1912 年任新泽西州州长。1913 年代表民主党当选为美国总统,任期至 1921 年。任内镇压工人运动,推行扩张政策,对拉丁美洲各国进行武装干涉,并促使美国站在协约国一方参加第一次世界大战。俄国十月革命后是武装干涉苏维埃俄国的策划者之一。1918 年提出帝国主义的和平纲领"十四点",妄图争夺世界霸权。曾率领美国代表团出席巴黎和会(1919—1920)。1920 年总统竞选失败,后退出政界。——85。

威廉二世(**霍亨索伦**)(Wilhelm II(Hohenzollern)1859—1941)——普鲁士国王和德国皇帝(1888—1918)。——100。

韦列萨耶夫,维·(**斯米多维奇,维肯季·维肯季耶维奇**)(Вересаев, В.(Смидович, Викентий Викентьевич)1867—1945)——俄国作家。早年学医,当过医生。19 世纪 90 年代加入合法马克思主义小组,曾在《新言论》、《开端》和《生活》等杂志上发表文章。1895 年发表中篇小说《无路可走》,开始在文学界知名。是俄国批判现实主义的继承者之一,写有许多关于19 世纪末 20 世纪初知识分子的思想趋向和反映俄国工人农民苦难状况的作品。十月革命后继续从事创作和文学研究工作。——445。

温尼琴科，弗拉基米尔·基里洛维奇（Винниченко, Владимир Кириллович 1880—1951）——乌克兰作家，乌克兰民族主义反革命首领之一。1901年加入小资产阶级民族主义的乌克兰革命党（后更名为乌克兰社会民主工党）。1907年当选为乌克兰社会民主工党中央委员。1907—1914年侨居国外。1917年二月革命后是反革命的乌克兰中央拉达的组织者和领导人之一，后与佩特留拉一起领导乌克兰督政府（1918—1919年乌克兰的民族主义政府），交替为德国和英法帝国主义者效劳。乌克兰建立苏维埃政权后成为白俄流亡分子。1920年表面上同苏维埃政权和解，获准返回乌克兰，加入俄共（布），被任命为乌克兰苏维埃社会主义共和国人民委员会副主席。同年10月再次流亡国外。——62、93、112、508。

沃洛达尔斯基，弗·（戈尔德施泰因，莫伊塞·马尔科维奇）（Володарский, В.（Гольдштейн, Моисей Маркович）1891—1918）——1905年加入崩得，开始革命活动，后加入孟什维克。多次被捕，1911年流放阿尔汉格尔斯克省。1913年流亡北美，参加美国社会党。第一次世界大战期间是国际主义者。1917年5月回到彼得格勒，参加区联派，后加入布尔什维克。曾在彼得格勒进行鼓动工作，任党的彼得格勒委员会委员、彼得格勒工兵代表苏维埃主席团委员、第一届中央执行委员会委员。积极参加十月武装起义。十月革命后任出版、宣传和鼓动事务委员，彼得格勒《红色日报》编辑。曾任全俄中央执行委员会主席团委员。1918年6月20日被社会革命党人杀害。——403、451。

乌里茨基，米哈伊尔·索洛蒙诺维奇（Урицкий, Михаил Соломонович 1873—1918）——1898年加入俄国社会民主工党，党的第二次代表大会后是孟什维克。1905年在彼得堡进行革命工作。多次被捕和流放。第一次世界大战期间持中派立场。1917年二月革命后参加区联派，在俄国社会民主工党（布）第六次代表大会上随区联派集体加入布尔什维克党，当选为中央委员。积极参加十月革命，是领导武装起义的彼得格勒军事革命委员会委员和党总部成员。十月革命后任内务人民委员部部务委员、驻全俄立宪会议选举委员会特派员。1918年2月任彼得格勒革命防卫委员会委员。在布列斯特和约问题上持"左派共产主义者"立场。在党的第七次代表大会上当选为候补中央委员。1918年3月起任彼得格勒肃反委员会主席。同年

8月在彼得格勒被社会革命党人杀害。——26、30、31、62。

X

谢德曼,菲力浦(Scheidemann, Philipp 1865—1939)——德国社会民主党右翼领袖之一。1903年起参加社会民主党国会党团。1911年当选为德国社会民主党执行委员会委员,1917—1918年是执行委员会主席之一。第一次世界大战期间是社会沙文主义者。1918年10月参加巴登亲王马克斯的君主制政府,任国务大臣。1918年十一月革命期间参加所谓的人民代表委员会,借助旧军队镇压革命。1919年2—6月任魏玛共和国联合政府总理。1933年德国建立法西斯专政后流亡国外。——186。

谢列达,谢苗·帕夫努季耶维奇(Середа, Семен Пафнутьевич 1871—1933)——1903年加入俄国社会民主工党。曾在斯摩棱斯克、基辅、卡卢加做党的工作。1917年二月革命后任梁赞省工兵农代表苏维埃执行委员会委员。十月革命期间任党的梁赞省委员会和市委员会委员、省军事革命委员会委员。1918—1921年任俄罗斯联邦农业人民委员,1921年起先后任最高国民经济委员会和国家计划委员会主席团委员、俄罗斯联邦中央统计局副局长和局长,1930年起任国家计划委员会副主席。——262、456、478。

谢苗诺夫,格里戈里·米哈伊洛维奇(Семенов, Григорий Михайлович 1890—1946)——俄国中将。参加过第一次世界大战,当时是大尉。1917年6月起任临时政府驻外贝加尔负责组建志愿部队的委员。1917年11—12月煽动反苏维埃叛乱,失败后逃往中国。1918年起在远东进行反对苏维埃政权的斗争,同年9月占领赤塔,在外贝加尔建立了血腥的军事独裁制度。1919年初在日本干涉者扶植下自封为外贝加尔哥萨克军阿塔曼(统领)。1920年11月谢苗诺夫匪帮被人民革命军和游击队赶出外贝加尔,撤到远东滨海地区,妄图继续与苏维埃政权较量,被击溃。1921年9月逃亡国外,领导白俄流亡分子的反苏维埃活动。1945年在中国东北被苏军俘获,根据苏联最高法院军事庭的判决被处以绞刑。——234、301、309、430。

兴登堡,保尔(Hindenburg, Paul 1847—1934)——德国军事家和国务活动家,元帅(1914)。普奥战争(1866)和普法战争(1870—1871)的参加者。第一次世界大战期间,1914年8月起任东普鲁士的德军第8集团军司令,11月起任东线部队司令,1916年8月起任总参谋长,实际上是总司令。1918年是武装干涉苏维埃俄国的策划者之一。参与镇压德国1918年十一月革命。1925年和1932年两度当选魏玛共和国总统。1933年授命希特勒组织政府,从而把全部政权交给了法西斯分子。——100。

Y

雅柯夫列娃,瓦尔瓦拉·尼古拉耶夫娜(Яковлева,Варвара Николаевна 1884—1941)——1904年加入俄国社会民主工党。在莫斯科做党的工作。1917年二月革命后任党的莫斯科区域局书记。十月革命期间是莫斯科领导武装起义的党总部成员、莫斯科军事革命委员会委员。十月革命后从事苏维埃和党的工作,历任内务人民委员部部务委员、粮食人民委员部部务委员、最高国民经济委员会办公厅主任、党的莫斯科委员会书记、党中央委员会西伯利亚局书记。1922—1929年在俄罗斯联邦教育人民委员部工作,起初任职业教育总局局长,后任副教育人民委员。1929年起任俄罗斯联邦财政人民委员。1918年参加"左派共产主义者"集团。1920—1921年工会问题争论期间属"缓冲派"。1923年参加托洛茨基反对派,后同反对派决裂。曾任全俄中央执行委员会和苏联中央执行委员会委员。——72。

亚历山大一世(**罗曼诺夫**)(Александр Ⅰ(Романов)1777—1825)——俄国皇帝(1801—1825)。——102。

伊苏夫,约瑟夫·安德列耶维奇(Исув,Иосиф Андреевич 1878—1920)——俄国社会民主党人,孟什维克。1903年任俄国社会民主工党叶卡捷琳诺斯拉夫委员会委员,党的第二次代表大会后加入孟什维克,在莫斯科和彼得堡工作。1907年代表孟什维克参加中央委员会。斯托雷平反动时期和新的革命高涨年代是取消派分子,为《我们的曙光》杂志及取消派其他刊物撰稿。第一次世界大战期间是护国派分子。1917年任孟什维克的莫斯科委员会委员,进入莫斯科苏维埃执行委员会和第一届中央执行委员会。十月革命后在劳动博物馆工作。——228、287、291。

越飞,阿道夫·阿布拉莫维奇(Иоффе,Адольф Абрамович 1883—1927)——19世纪末参加俄国社会民主主义运动。1903年俄国社会民主工党第二次

代表大会后是孟什维克。1908 年起和托洛茨基一起在维也纳出版《真理
报》。1917 年二月革命后参加区联派,任彼得格勒工兵代表苏维埃委员、
第一届中央执行委员会委员。在俄国社会民主工党(布)第六次代表大会
上随区联派集体加入布尔什维克党,被选为候补中央委员。十月革命期间
任彼得格勒军事革命委员会委员。在党的第七次代表大会上再次当选为
候补中央委员。1918 年布列斯特谈判期间先后任苏俄和谈代表团团长和
团员,谈判后期为顾问;采取托洛茨基的"不战不和"的立场。1918 年 4—
11 月任俄罗斯联邦驻柏林全权代表。1919—1920 年是同爱沙尼亚、立陶
宛、拉脱维亚、波兰进行和谈的代表团成员。1922—1924 年和 1924—
1925 年先后任驻中国大使和驻奥地利大使。1925—1927 年追随托洛茨
基反对派。——321—322。

Z

左拉,埃米尔(Zola,Émile 1840—1902)——法国作家。——445。

文 献 索 引

—《反杜林论（欧根·杜林先生在科学中实行的变革）》(Анти-Дюринг. Переворот в науке, произведенный господином Евгением Дюрингом. Сентябрь 1876 г.—июнь 1878 г.)——184—185。

—《[关于哥达纲领问题]给奥·倍倍尔的信》(1875 年 3 月 18—28 日) (Письмо А. Бебелю[по поводу Готской программы]18—28 марта 1875 г.)——40。

—《[西·波克罕〈纪念 1806—1807 年德意志极端爱国主义者〉一书]引言》 (Engels, F. Einleitung[zur Arbeit von S. Borkheim «Zur Erinnerung für die deutschen Mordspatrioten»].—In: Borkheim, S. Zur Erinnerung für die deutschen Mordspatrioten. 1806—1807. Mit einer Einleitung von Fr. Engels. Hottingen—Zürich, Volksbuchh., 1888, S. 3—8. (Sozialdemokratische Bibliothek. XXIV))——441—447。

哥尔布诺夫，伊·费·《在驿站》(Горбунов, И. Ф. На почтовой станции)——9。

格里鲍耶陀夫，亚·谢·《智慧的痛苦》(Грибоедов, А. С. Горе от ума)——462。

考茨基，卡·《社会革命》(第 2 编：社会革命后的第二天)(Kautsky, K. Die soziale Revolution. II. Am Tage nach der sozialen Revolution. Berlin, Exped. der Buchh. «Vorwärts», 1902. 48 S.)——255。

克劳塞维茨，卡·《论战争和用兵的遗著》(Clausewitz, K. Hinterlassene Werke über Krieg und Kriegführung. Bd. 2, T. 2. Vom Kriege. Berlin, Dümmler, 1833. 456 S.)——272。

[克雷连柯，尼·瓦·《为什么我要到彼得格勒去》(呼吁书)]([Крыленко, Н. В. Почему я еду в Питер. Воззвание].—«Правда», Пг., 1917, №72, 16(3) июня, стр. 1, в ст.: Ленин, В. И. Большевизм и «разложение» армии)——106—107。

克雷洛夫，伊·安·《象和哈巴狗》(Крылов, И. А. Слон и Моська)——174。

[列宁，弗·伊·]《布尔什维克能保持国家政权吗？》([Ленин, В. И.]Удержат ли большевики государственную власть? —«Просвещение», Пг., 1917, №1—2, сентябрь—октябрь, стр. 3—40. Подпись: Н. Ленин)——68。

—《布尔什维克提出的决议[在全俄苏维埃第四次(非常)代表大会上]》(Резолюция, предложенная большевиками[на Четвертом Чрезвычайном Всероссийском съезде Советов].—«Правда» («Социал-Демократ»), М., 1918, №47, 16 (3) марта, стр. 2. Под общ. загл. : 4-й Всероссийский съезд Советов с., р. и к. д.)——141、150、174、223、257、496。

—《大难临头，出路何在?》(Грозящая катастрофа и как с ней бороться. Пг., «Прибой», 1917. 32 стр. (РСДРП. Солдатская и крестьян. б-ка. №13). Перед загл. авт. : Н. Ленин)——237、281—282。

—《当前的主要任务》[1918年莫斯科版](Главная задача наших дней. [М., 1918]. 47 стр. Перед загл. авт. : Н. Ленин)——324。

—《当前的主要任务》(载于1918年3月12日《农民、工人、士兵和哥萨克代表苏维埃全俄中央执行委员会消息报》第46号(总第310号)) (Главная задача наших дней.—«Известия Всероссийского Центрального Исполнительного Комитета Советов Крестьянских, Рабочих, Солдатских и Казачьих Депутатов», М., 1918, №46(310), 12 марта, стр. 1. Подпись: Н. Ленин)——324。

—《对关于战争与和平的决议的补充》[1918年俄共(布)第七次(紧急)代表大会](Дополнение к резолюции о войне и мире. [Седьмой Экстренный съезд РКП(б). 1918 г.])——37。

—《告各交战国士兵书》(Воззвание к солдатам всех воюющих стран.—«Правда», Пг., 1917, №37, 4 мая (21 апреля), стр. 1 — 2. Подпись: Центральный Комитет РСДРП. Петербургский комитет РСДРП. Редакция «Правды»)——107。

—《工兵代表苏维埃代表大会土地法令》(10月26日会议凌晨2时通过) (Декрет о земле съезда Советов рабочих и с. д. (Принят на зас. 26 окт. в 2 ч. н.).—«Известия Центрального Исполнительного Комитета и Петроградского Совета Рабочих и Солдатских Депутатов», 1917, №209, 28 октября, стр. 1)——6、52、478。

—《关于当前任务报告的总结发言[1918年4月29日在全俄中央执行委员会会议上]》(Заключительное слово по докладу об очередных задачах

507—508。

—《列宁同志[1918 年 5 月 14 日在全俄中央执行委员会和莫斯科苏维埃联席会议上]的讲话》(Речь тов. Ленина [на Объединенном заседании ВЦИК и Московского Совета 14 мая 1918 г.]. —«Правда», М, 1918, №93, 15(2) мая, стр. 2; №94, 16(3) мая, стр. 2. Под общ. загл.: Заседание ВЦИК и М.С. р. деп.)——380。

—《列宁同志[1918 年 6 月 4 日在全俄中央执行委员会、莫斯科工人、农民和红军代表苏维埃及工会联席会议上]的讲话》(Речь тов. Ленина [на Объединенном заседании ВЦИК, Московского Совета рабочих, крестьянских и красноармейских депутатов и профессиональных союзов 4 июня 1918 г.]. —«Известия Всероссийского Центрального Исполнительного Комитета Советов Крестьянских, Рабочих, Солдатских и Казачьих Депутатов», М., 1918, №113 (377), 5 июня, стр. 5. Под общ. загл.: Соединенное заседание)——387—390、391、529—530。

—《论修改党纲》(К пересмотру партийной программы. —«Просвещение», Пг., 1917, №1—2, сентябрь—октябрь, стр. 81—99. Подпись: Н. Ленин)——41、49、65。

—《论"左派"幼稚性和小资产阶级性》(О «левом» ребячестве и о мелкобуржуазности. —«Правда», М., 1918, №88, 9 мая(26 апреля), стр. 2; №89, 10 мая(27 апреля), стр. 2—3; №90, 11 мая(28 апреля), стр. 2—3. Подпись: Н. Ленин. На №88 ошибочно указана дата: 9 мая(25 апреля))——248、324。

—[《人民委员会在全俄苏维埃第五次代表大会上的报告(1918 年 7 月 5 日)》]([Доклад Совета Народных Комиссаров на Пятом Всероссийском съезде Советов 5 июля 1918 г.]. —В кн.: Пятый Всероссийский съезд Советов рабочих, крестьянских, солдатских и казачьих депутатов. Стенографический отчет. Москва, 4—10 июля 1918 г. М., изд-во ВЦИК, 1918, стр. 61—73. (РСФСР))——481—485。

—《苏维埃政权的当前任务》(1918 年全俄中央执行委员会出版社版) (Очередные задачи Советской власти. М., изд-во ВЦИК. 1918. 30 стр.

Перед загл.авт.: Н.Ленин)——264、466。

——《苏维埃政权的当前任务》(载于《农民、工人、士兵和哥萨克代表苏维埃全俄中央执行委员会消息报》)(Очередные задачи Советской власти.—«Известия Всероссийского Центрального Исполнительного Комитета Советов Крестьянских, Рабочих, Солдатских и Казачьих Депутатов», М.,1918,№85(349),28 апреля.Приложение к №85«Известий ЦИК С.Кр.,Р.,С.и Каз.Депутатов», стр.1—2.Подпись:Н.Ленин)——224、249、511—523。

——《苏维埃政权的当前任务》(载于《真理报》)(Очередные задачи Советской власти.—«Правда», М.,1918,№83,28(15)апреля, стр.3—5.Подпись: Н.Ленин)——223。

——《土地法令》(Decree on the land.—In:Decrees issued by the revolutionary peoples government.Vol.1.Petrograd,february 1918,p.2—6)——52。

——《新旧党纲文本》(Старый и новый тексты программы.—В кн.:Материалы по пересмотру партийной программы. Под ред. и с предисл. Н. Ленина. Пг., «Прибой»,1917,стр.18—32.(РСДРП))——43、65。

[列宁,弗·伊·和季诺维也夫,格·叶·]《反潮流》([Ленин, В. И. и Зиновьев,Г.Е.]Против течения.Сборник статей из«Социал-Демократа», «Коммуниста» и «Сборника Социал-Демократа». Изд. Петрогр. Совета рабочих и солдатских депутатов.Пг.,тип.«Рабочее Дело»,1918.XVI,550 стр.;2 л.портр.Перед загл.авт.:Г.Зиновьев и Н.Ленин)——116。

马克思,卡·《哥达纲领批判。对德国工人党纲领的几点意见》(Маркс, К. Критика Готской программы.Замечания к программе германской рабочей партии.Апрель—начало мая 1875 г.)——281。

——[《海牙代表大会闭幕后在阿姆斯特丹群众大会上的演说》](1872 年 9 月 8 日)([Речь на митинге в Амстердаме после окончания работ Гаагского конгресса].8 сентября 1872 г.)——253。

马克思,卡·和恩格斯,弗·《共产党宣言》(Маркс,К.и Энгельс,Ф.Манифест Коммунистической партии. Декабрь 1847 г.—январь 1848 г.)——58、424。

涅克拉索夫,尼·阿·《谁在俄罗斯能过好日子》(Некрасов, Н. А. Кому на
　　Руси жить хорошо)——73、74——75、77。

普希金,瓦·李·《讽刺短诗》(Пушкин, В.Л. Эпиграмма)——289。

普希金,亚·谢·《鲍里斯·戈都诺夫》(Пушкин, А. С. Борис Годунов)——
　　19、75。

契诃夫,安·巴·《套中人》(Чехов, А. П. Человек в футляре)—— 285、
　　358、444。

萨尔蒂科夫-谢德林,米·叶·《外省人旅京日记》(Салтыков-Щедрин, М. Е.
　　Дневник провинциала в Петербурге)——265、266。

　　——《葬礼》(Похороны)——265、266。

斯米尔诺夫,弗·米·《论修改最低经济纲领》(Смирнов, В. М. О пересмотре
　　экономической программы-минимум.—В кн.: Материалы по пересмотру
　　партийной программы. Сборник статей: В. Милютина и др. М., Обл. бюро
　　Моск. пром. района РСДРП, 1917, стр. 34——40. (РСДРП))——43。

[索柯里尼柯夫,格·雅·]《关于修改党纲》([Сокольников, Г. Я.] К
　　пересмотру партийной программы. (Введение и программа-максимум).—
　　Там же, стр. 8——22. Подпись: В. Сокольников)——43。

索斯诺夫斯基,列·谢·《论同饥荒作斗争和"十字军讨伐"》(Сосновский, Л.
　　С. О борьбе с голодом и «крестовом походе».—«Правда», М., 1918,
　　№123, 20(7) июня, стр. 2)——404——405。

韦列萨耶夫,维·维·《医生笔记》(Вересаев, В. В. Записки врача)——445。

左拉,埃·《人生乐趣》(Золя, Э. Радость жизни(La joie de vivre))——445。

————————

В.Л.《教训》(В. Л. Урок.—«Знамя Труда», М., 1918, №188, 25(12) апреля,
　　стр. 1)——228、286——287。

Н.К.《唯一的道路》(Н. К. Единый путь. (Из речи М. А. Спиридоновой на
　　открытом заседании крестьянской секции 30-го июня с. г.).—«Голос
　　Трудового Крестьянства», М., 1918, №162, 2 июля, стр. 1——2)——464。

*　　　　*　　　　*

《巴尔福先生谈日本的干涉》(Mr. Balfour on Japanese Intervention.—«The Times», London, 1918, No. 41,738, March 15, p. 9)——117。

《鲍加耶夫斯基被俘》(Богаевский сдался в плен.—«Правда», М., 1918, №58, 29(16) марта, стр. 3)——121、316、388、430。

《被剥削劳动人民权利宣言》(Декларация прав трудящегося и эксплуатируемого народа.—«Известия Центрального Исполнительного Комитета Советов Крестьянских, Рабочих и Солдатских Депутатов и Петроградского Совета Рабочих и Солдатских Депутатов», 1918, №14(278), 19 января, стр. 5. Под общ. загл.: Постановления, вынесенные Всероссийским съездом рабочих, солдатских, крестьянских и казачьих депутатов)——503。

《彼得格勒工兵代表苏维埃消息报》(«Известия Петроградского Совета Рабочих и Солдатских Депутатов», 1917, №15, 15 марта, стр. 1)——107。

　　——1917, №90, 13 июня, стр. 7.——499。

《重建国际联系委员会宣言》(Воззвание комитета восстановления между-народных сношений.—«Правда», М., 1918, №131, 29(16) июня, стр. 4, в отд.: Иностранная жизнь)——479。

《德国向人民委员会提出的和约条件》(Германские условия мира Совету Народных Комиссаров. Петроград. Ответ германского правительства на обращение русского правительства [от 19(6) февраля 1918 г.].—«Известия Центрального Исполнительного Комитета Советов Крестьянских, Рабочих и Солдатских Депутатов и Петроградского Совета Рабочих и Солдатских Депутатов», 1918, №33(297), 24(11) февраля, стр. 3. Под общ. загл.: Новая война)——114。

《帝国主义》[德国社会民主党开姆尼茨代表大会通过的决议](Der Imperia-lismus. [Резолюция, принятая на Хемницком съезде Германской социал-демократической партии. 1912 г.].—In: Protokoll über die Verhandlungen des Parteitages der Sozialdemokratischen Partei Deutschlands. Abgehalten in Chemnitz vom 15. bis 21. September 1912. Berlin, Singer, 1912, S. 529—530, в отд.: Anhang)——45。

[《俄国社会民主工党(布)莫斯科区域局决议说明(1918年2月24日)》]

([Объяснительный текст к резолюции Московского областного бюро РСДРП(б) от 24 февраля 1918 г.].—«Правда», Пг., 1918, №37(263), 28(15) февраля, стр. 2, в ст.: [Ленин, В. И.]. Странное и чудовищное) —— 20。

《俄国社会民主工党纲领》(Программа Российской социал-демократической рабочей партии.—В кн.: Программа и устав Российской с.-д. рабочей партии, принятые на 2-м съезде партии в 1903 г. с поправками, принятыми на Объединительном съезде в Стокгольме 1906 г. Пг., «Прибой», б. г., стр. 3—13. (РСДРП)) —— 40、41、42—44、49—50、53— 54、68、69—70、471。

《俄国社会民主工党莫斯科区域委员会全体会议》(Пленум Моск. областного к-та РСДРП. (13—15 апреля).—«Вперед», М., 1918, №71(317), 25 (12) апреля, стр. 4, в отд.: Центральная область) —— 228—229、287 —288。

《俄罗斯社会主义共和国和芬兰社会主义共和国条约》(Договор между Российской и Финляндской социалистическими республиками.—«Известия Всероссийского Центрального Исполнительного Комитета Советов Крестьянских, Рабочих, Солдатских и Казачьих Депутатов и Петроградского Совета Рабочих и Солдатских Депутатов», 1918, №45(309), 10 марта, стр. 3) —— 98、320。

《俄罗斯社会主义联邦苏维埃共和国宪法草案(全俄中央执行委员会宪法委员会向第五次苏维埃代表大会提出)》(Проект Конституции Российской Социалистической Федеративной Советской Республики, (представленный V съезду Советов комиссией ВЦИК).—«Известия Всероссийского Центрального Исполнительного Комитета Советов Крестьянских, Рабочих, Солдатских и Казачьих Депутатов и Московского Совета Рабочих и Красноармейских Депутатов», 1918, №138(402), 5 июля, стр. 3) —— 467。

《俄罗斯社会主义联邦苏维埃共和国宪法(根本法)》(Конституция (Основной закон) Российской Социалистической Федеративной Советской Республики. Постановление 5-го Всероссийского съезда Советов, принятое в заседании

10 июля 1918 г.—«Известия Всероссийского Центрального Исполнительного Комитета Советов Крестьянских, Рабочих, Солдатских и Казачьих Депутатов и Московского Совета Рабочих и Красноармейских Депутатов», 1918, №151(415), 19 июля, стр.3)——503、504。

《法国的千百万金钱》（载于《农民、工人、士兵和哥萨克代表苏维埃全俄中央执行委员会及莫斯科工人和红军代表苏维埃消息报》》（«Французские миллионы».—«Известия Всероссийского Центрального Исполнительного Комитета Советов Крестьянских, Рабочих, Солдатских и Казачьих Депутатов и Московского Совета Рабочих и Красноармейских Депутатов», 1918, №132（396）, 28 июня, стр. 3, в отд.: Последние сообщения）——430。

《法国的千百万金钱》（载于《真理报》》（Французские миллионы.（Статья из Центрального органа Чехословацкой Коммунист. парт. « Прукопник Свободы», помещенная в № от 27 июня).—«Правда», М., 1918, №130, 28(15) июня, стр.2)——430。

《法国的千百万金钱》（载于《自由先驱报》》（Francouzské miliony.—«Průkopnik Svobody», Moskva, 1918, čislo 4, 28 června, str.1)——430。

《告各国人民书》——见《告全世界人民书》。

《告全世界人民书》（К народам всего мира.—«Известия Петроградского Совета Рабочих и Солдатских Депутатов», 1917, № 15, 15 марта, стр.1. Подпись: Петроградский Совет рабочих и солдатских депутатов）——107。

《给中央委员会的声明》（Заявление в ЦК.—«Социал-Демократ», М., 1918, №35, 28(15) февраля, стр. 4, в отд.: Партийная жизнь. Подпись: члены ЦК РСДРП Г. И. Оппоков-Ломов, Н. И. Бухарин, А. Бубнов и др.）——26。

《工农临时政府报》（彼得格勒）（«Газета Временного Рабочего и Крестьянского Правительства», Пг., 1917, №43, 29 декабря（11 января）, стр. 1）——208。

《工农政府报》（彼得格勒）（«Газета Рабочего и Крестьянского Правительства»,

Пг.,1918,№18(63),26 января(8 февраля),стр.1)——190。

《工农政府法令汇编》(«Собрание Узаконений и Распоряжений Рабочего и Крестьянского Правительства»,М.,1918,№31,15(2)апреля,ст.416,стр. 391)——489。

《工人、士兵、农民和哥萨克代表苏维埃全俄中央执行委员会[和人民委员会关于粮食人民委员特别权力]的法令》(1918 年 5 月 13 日)(Декрет Всероссийского Центрального Исполнительного Комитета Советов рабочих, солдатских,крестьянских и казачьих депутатов[и СНК о чрезвычайных полномочиях народного комиссара по продовольствию].13 мая 1918 г.— «Известия Всероссийского Центрального Исполнительного Комитета Советов Крестьянских,Рабочих,Солдатских и Казачьих Депутатов», М.,1918,№94(358),14 мая,стр.3,в отд.:Действия и распоряжения правительства)——378、385。

《工人、士兵、农民和哥萨克代表苏维埃全俄中央执行委员会决议(1918 年 4 月 29 日会议根据列宁同志〈关于苏维埃政权的当前任务〉的报告通过)》 (Резолюция Всероссийского Центрального Исполнительного Комитета Советов рабоч.,солдат.,крест.и казач.депутатов,принятая в заседании от 29-го апреля 1918 года по докладу тов.Ленина«Об очередных задачах Советской власти».—В кн.:Ленин, В. И. Очередные задачи Советской власти.М.,изд-во ВЦИК,1918,стр.27.Перед загл.авт.:Н.Ленин)—— 465—466。

《工人无畏舰》周刊(伦敦)(«The Workers' Dreadnought»,London)——499。

《工人之路报》(彼得格勒)(«Рабочий Путь»,Пг.,1917,№18,6 октября(23 сентября),стр.3)——96。

《共产党人》杂志(日内瓦)(«Коммунист»,Женева,1915,№1 — 2.196 стр.) ——116。

《共产主义者报》(彼得格勒)(«Коммунист»,Пг.)——17、18、19、228。
　　—1918,№5,9 марта,стр.3.——47。
　　—1918,№8,14 марта,стр.2—3.——16。

《共产主义者》杂志(莫斯科)(«Коммунист»,М.)—— 228、234、235、241、

267、268。

　　——1918,№1,20 апреля.20 стр.——229、230、234、238、241、244、251、264——
　　279、281、282、287——290、291、292、293。

　　——1918,№2,27 апреля.24 стр.——251。

《关于出版法庭的法令》——见《人民委员会关于革命出版法庭的决定》。

《关于废除公债的法令[1918 年 1 月 21 日(2 月 3 日)中央执行委员会会议通
　　过]》(Декрет об аннулировании государственных займов,[принятый в
　　заседании ЦИК 21 января(3 февраля)1918 г.].—«Известия Центрального
　　Исполнительного Комитета Советов Крестьянских, Рабочих и Солдатских
　　Депутатов и Петроградского Совета Рабочих и Солдатских Депутатов»,
　　1918,№20(284), 26 января, стр. 2, в отд.: Действия и распоряжения
　　правительства)——115。

《关于改组粮食人民委员部和地方粮食机关的法令(1918 年 5 月 27 日工人、
　　士兵、哥萨克和农民代表苏维埃全俄中央执行委员会会议通过)》
　　(Декрет о реорганизации Комиссариата продовольствия и местных
　　продовольственных органов,принятый ВЦИК р.,с.,к.и кр.д.в заседании
　　27-го мая 1918 года.—«Известия Всероссийского Центрального Испол-
　　нительного Комитета Советов Крестьянских, Рабочих, Солдатских и
　　Казачьих Депутатов»,М.,1918,№109(373), 31 мая, стр. 4—5, в отд.:
　　Действия и распоряжения правительства)——378。

《关于劳动纪律的决议[1918 年 5 月 21 日全俄劳动人民委员第二次代表大
　　会通过]》(Резолюция о трудовой дисциплине,[принятая на II
　　Всероссийском съезде комиссаров труда 21 мая 1918 г.].—В кн.:
　　Протоколы II Всероссийского съезда комиссаров труда, представителей
　　бирж труда и страховых касс.18—25 мая н./с.1918 года.М.,1918,стр.
　　238—239.(Народный комиссариат труда.№19))——342、344、345。

《关于目前的顿河州》(Донская область о текущем моменте.(Резолюция
　　съезда Советов Донской республики).[12 апреля 1918 г.].—«Правда»,
　　М.,1918,№73,16(3)апреля,стр.4.Под общ.загл.:К моменту)——207。

[《关于冶金工厂国有化的决议(1918 年 5 月 17 日全国企业代表会议通

过）》]（[Резолюция о национализации металлических заводов, принятая на конференции представителей национализируемых предприятий 17 мая 1918 г.].—«Известия Всероссийского Центрального Исполнительного Комитета Советов Крестьянских, Рабочих, Солдатских и Казачьих Депутатов», М., 1918, №98(362), 18 мая, стр. 4—5, в отд.: Съезды. Под общ. загл.: Конференция представителей национализированных предприятий）——325。

《关于组织贫苦农民和对贫苦农民的供应的法令（1918 年 6 月 11 日工人、士兵、农民和哥萨克代表苏维埃全俄中央执行委员会会议通过）》（Декрет об организации и снабжении деревенской бедноты, принятый Всеросс. Центр. Исполнит. Комитетом Советов рабоч., солд., крест. и каз. депутатов в заседании от 11-го июня 1918 г.—«Известия Всероссийского Центрального Исполнительного Комитета Советов Крестьянских, Рабочих, Солдатских и Казачьих Депутатов», М., 1918, №119(383), 12 июня, стр. 3, в отд.: Действия и распоряжения правительства）——475—477。

《国际关于目前形势的宣言[巴塞尔国际社会党非常代表大会通过]》（Manifest der Internationale zur gegenwärtigen Lage, [angenommen auf dem Außerordentlichen Internationalen Sozialistenkongreß zu Basel].—In: Außerordentlicher Internationaler Sozialistenkongreß zu Basel am 24. und 25. November 1912. Berlin, Buchh. «Vorwärts», 1912, S. 23 — 27）——45。

《国民经济》杂志（莫斯科）（«Народное Хозяйство», М., 1918, №2, апрель, стр. 38）——170、195、342。

《赫特林论米尔巴赫被刺》（Гертлинг об убийстве Мирбаха.—«Известия Всероссийского Центрального Исполнительного Комитета Советов Крестьянских, Рабочих, Солдатских и Казачьих Депутатов и Московского Совета Рабочих и Красноармейских Депутатов», 1918, №147(411), 14 июля, стр. 4, в отд.: Мятеж левых эсеров）——493。

《揭露了的秘密条约》（Die enthüllten Geheimverträge. Aus der Hexenküche der Ententediplomatie.—《Vorwärts》，Berlin，1917，Nr. 326，28. November，S.1)——427。

《捷克斯洛伐克军的失败阴谋》(Неудавшиеся замыслы чехословаков.— «Правда»，М.，1918，№122，19（6）июня，стр. 3，в отд.：Борьба с чехословаками)——430。

《克雷连柯和波德沃伊斯基的呼吁书》——见《同志们！》。

《劳动纪律条例(全俄工会理事会通过)》(Положение о трудовой дисциплине, принятое Всероссийским советом профессиональных союзов.—«Народное Хозяйство»，М.，1918，№2，апрель，стр. 38)——170、195、342。

《劳动农民呼声报》(彼得格勒—莫斯科)(«Голос Трудового Крестьянства»，Пг.—М.)——464。

　　—М.，1918，№162，2 июля，стр.1—2.——464。

《劳动旗帜报》(彼得格勒—莫斯科)(«Знамя Труда»，Пг.—М.)——286。

　　—М.，1918，№188，25(12)апреля，стр.1.——228、286。

《每日新闻报》(伦敦)(«Daily News»，London)——117。

《莫斯科市工厂委员会和工会第四次代表会议记录》(Протоколы 4-й конференции фабрично-заводских комитетов и профессиональных союзов г. Москвы. Изд. ВЦСПС. М.，тип. Смирнова，1918. 143 стр. На обл. год изд.：1919)——426—437、438。

《目前形势的提纲》(Тезисы о текущем моменте.—«Коммунист»，М.，1918，№1，20 апреля，стр.4—9)——229、230、234、241—242、264—279、281、282、287—289、291。

[《〈目前形势的提纲〉注释》]([Примечание к«Тезисам о текущем моменте»].—«Коммунист»，М.，1918，№1，20 апреля，стр.4)——251、291。

《农民、工人和士兵代表苏维埃中央执行委员会和彼得格勒工兵代表苏维埃消息报》(«Известия Центрального Исполнительного Комитета Советов Крестьянских，Рабочих и Солдатских Депутатов и Петроградского Совета Рабочих и Солдатских Депутатов»，1918，№14(278)，19 января，стр.5)——503。

　　—1918，№20(284)，26 января，стр.2.——115。

——1918,№25(289),14(1)февраля,стр.5.——193。

——1918,№28(292),19(6)февраля,стр.3.——6、52、66、126、136、156。

——1918,№33(297),24(11)февраля,стр.3.——114。

《农民、工人、士兵和哥萨克代表苏维埃全俄中央执行委员会及彼得格勒工兵
代表苏维埃消息报》(«Известия Всероссийского Центрального Исполни-
тельного Комитета Советов Крестьянских,Рабочих,Солдатских и Казачьих
Депутатов и Петроградского Совета Рабочих и Солдатских Депутатов»,
1918,№40(304),5 марта,стр.1)——25。

——1918,№41(305),6 марта,стр.5.——119。

——1918,№45(309),10 марта,стр.3.——98、320。

《农民、工人、士兵和哥萨克代表苏维埃全俄中央执行委员会及莫斯科工人和
红军代表苏维埃消息报》(«Известия Всероссийского Центрального
Исполнительного Комитета Советов Крестьянских,Рабочих,Солдатских
и Казачьих Депутатов и Московского Совета Рабочих и Красноармейских
Депутатов»)——487。

——1918,№132(396),28 июня,стр.3.——430。

——1918,№134(398),30 июня,стр.3.——484。

——1918,№138(402),5 июля,стр.3.——467。

——1918,№147(411),14 июля,стр.4.——493。

——1918,№151(415),19 июля,стр.3.——503、504。

《农民、工人、士兵和哥萨克代表苏维埃全俄中央执行委员会消息报》(莫斯
科)(«Известия Всероссийского Центрального Исполнительного Комитета
Советов Крестьянских,Рабочих,Солдатских и Казачьих Депутатов»,
М.,1918,№46(310),12 марта,стр.1)——324。

——1918,№49(313),16 марта,стр.3—4.——85、104、105、106、108、110、
111—112。

——1918,№59(323),28 марта,стр.2.——178、247、251、253、254—255、259、
291、515、517。

——1918,№85(349),28 апреля.Приложение к №85«Известий ЦИК С.Кр.,
Р.,С.и Каз.Депутатов»,стр.1—2.——223、249、511—523。

—1918，№87(351)，1 мая，стр.5.——249、250、251、252、253、254、255、256、280、286—287。

—1918，№91(355)，10 мая，стр.4—5.——389。

—1918，№94(358)，14 мая，стр.3.——378、385。

—1918，№98(362)，18 мая，стр.4—5.——325。

—1918，№106(370)，28 мая，стр.5.——389。

—1918，№109(373)，31 мая，стр.2，4—5.——378、383—384。

—1918，№113(377)，5 июня，стр.5.——387—390、391、529—530。

—1918，№119(383)，12 июня，стр.3.——475—477。

《启蒙》杂志(彼得格勒)(«Просвещение»，Пг.)——41。

—1917，№1—2，сентябрь—октябрь，стр.3—40，81—99.——41、49、65、68。

《前进报》(柏林)(«Vorwärts»，Berlin)——427。

—1917，Nr.326，28.November，S.1.——427。

《前进报》(莫斯科)(«Вперед»，М.)——180、240、280、445。

—1918，№71(317)，25(12)апреля，стр.4.——228、287—288。

《前外交部档案秘密文件汇编》(Сборник секретных документов из архива бывшего Министерства иностранных дел. №№1 — 7. Изд. Нарком. по иностр. делам. Пг.，тип. ком. по иностр. делам，декабрь 1917 — февраль 1918.7 кн.)——11、115、318、426—427。

《全俄工人、农民、士兵和哥萨克代表苏维埃第五次代表大会。速记记录》(Пятый Всероссийский съезд Советов рабочих，крестьянских，солдатских и казачьих депутатов.Стенографический отчет.Москва，4—10 июля 1918 г.М.，изд-во ВЦИК，1918.254 стр.(РСФСР))——459、462、463、465、466、468、473、478、481—485。

《全俄孟什维克会议》(Всероссийское совещание меньшевиков.—«Жизнь»，М.，1918，№26，26(13)мая，стр.2. Под общ. загл.：Меньшевики)——375—376、380、530。

《全俄农民代表苏维埃消息报》(彼得格勒)(«Известия Всероссийского Совета Крестьянских Депутатов»，Пг.，1917，№88，19 августа，стр. 3 — 4)——478。

《[全俄苏维埃第四次(非常)]代表大会会议(1918 年 3 月 15 日)》(Заседание [Четвертого Чрезвычайного Всероссийского] съезда [Советов] 15 марта 1918 г.—« Известия Всероссийского Центрального Исполнительного Комитета Советов Крестьянских, Рабочих, Солдатских и Казачьих Депутатов», М., 1918, №49(313), 16 марта, стр. 3—4. Под общ. загл.: 4-й Всероссийский Чрезвычайный съезд Советов рабочих, солдатских, крестьянских и казачьих депутатов) —— 104、105、106、108、110、111—112。

《全俄中央执行委员会关于银行国有化的法令》[1917 年 12 月 14 日(27 日)] (Декрет ВЦИК о национализации банков. [14(27) декабря 1917 г.].— «Известия Центрального Исполнительного Комитета и Петроградского Совета Рабочих и Солдатских Депутатов», 1917, №252, 15 декабря, стр. 1) —— 164。

《[全俄中央执行委员会和人民委员会]关于工人监督条例》[1917 年 11 月 14 日(27 日)](Положение [ВЦИК и СНК] о рабочем контроле. [14(27) ноября 1917 г.].—« Известия Центрального Исполнительного Комитета и Петроградского Совета Рабочих и Солдатских Депутатов», 1917, №227, 16 ноября, стр. 6, в отд.: Действия правительства) —— 6、156、166、172。

《全俄中央执行委员会会议》[1918 年 4 月 29 日](Заседание Всеросс. Центр. Исп. Комит. [29 апреля 1918 г.].—« Известия Всероссийского Центрального Исполнительного Комитета Советов Крестьянских, Рабочих, Солдатских и Казачьих Депутатов», М., 1918, №87(351), 1 мая, стр. 5) —— 249、250、251、252、253、254、255、256、280、286—287。

《全俄中央执行委员会会议(5 月 9 日)》(Заседание Всеросс. Центр. Исп. Комитета (9-го мая).—« Известия Всероссийского Центрального Исполнительного Комитета Советов Крестьянских, Рабочих, Солдатских и Казачьих Депутатов», М., 1918, №91(355), 10 мая, стр. 4—5) —— 389。

《全俄中央执行委员会会议(5 月 27 日)》(Заседание Всеросс. Центр. Исп. Комитета (27-го мая).—« Известия Всероссийского Центрального

Исполнительного Комитета Советов Крестьянских, Рабочих, Солдатских и Казачьих Депутатов», М., 1918, №106 (370), 28 мая, стр. 5. В газ. ошибочно указано: 22-го мая) —— 389。

《人民事业报》（彼得格勒—萨马拉—莫斯科）(«Дело Народа», Пг.—Самара—М.) —— 31、92、180、225、445。

《[人民委员会关于裁减军队人数的]法令》[1917 年 11 月 10 日 (23 日)] (Декрет [СНК о сокращении численности армии. 10 (23) ноября 1917 г.].—«Правда». Вечерний вып., Пг., 1917, №8, 23 (10) ноября, стр. 1) —— 11、96。

《人民委员会[关于采矿、冶金、金属加工、纺织、电器、锯木和其他工业部门的大企业国有化]的法令》[1918 年 6 月 28 日] (Декрет Совета Народных Комиссаров [о национализации крупнейших предприятий горной, металлургической и металлообрабатывающей, текстильной, электротехнической, лесопильной и др. отраслей промышленности. 28 июня 1918 г.].—«Известия Всероссийского Центрального Исполнительного Комитета Советов Крестьянских, Рабочих, Солдатских и Казачьих Депутатов и Московского Совета Рабочих и Красноармейских Депутатов», 1918, №134 (398), 30 июня, стр. 3, в отд.: Действия и распоряжения правительства) —— 484。

《人民委员会关于拆除为历代沙皇及其仆从建立的纪念碑和设计各种俄国社会主义革命纪念碑的法令》(Декрет Совета Народных Комиссаров о снятии памятников, воздвигнутых в честь царей и их слуг, и выработке проектов памятников Российской социалистической революции. [14 апреля 1918 г.].—«Собрание Узаконений и Распоряжений Рабочего и Крестьянского Правительства», М., 1918, №31, 15 (2) апреля, ст. 416, стр. 391) —— 489。

《[人民委员会]关于革命出版法庭的决定》(1918 年 1 月 28 日) (Постановление [СНК] о революционном трибунале печати. 28 января 1918 г.—«Известия Центрального Исполнительного Комитета Советов Крестьянских, Рабочих и Солдатских Депутатов и Петроградского Совета Рабочих и

Солдатских Депутатов», 1918, №25(289), 14(1)февраля, стр. 5, в отд. : Действия и распоряжения правительства)——193。

《人民委员会[关于人民委员、高级职员和官员的薪金额]的决定》[1917 年 11 月 18 日(12 月 1 日)](Постановление Совета Народных Комиссаров[о размерах вознаграждения народных комиссаров и высших служащих и чиновников.18 ноября(1 декабря)1917 г.].—«Правда». Вечерний вып. , Пг. , 1917, №16, 3 декабря(20 ноября), стр. 1, в отд.: Деятельность правительства)——161。

《[人民委员会]关于商船国有化的法令》[1918 年 1 月 23 日(2 月 5 日)] (Декрет[СНК]о национализации торгового флота.[23 января(5 февраля) 1918 г.].—«Газета Рабочего и Крестьянского Правительства», Пг., 1918, №18(63), 26 января(8 февраля), стр. 1, в отд.: Действия правительства) ——190。

《[人民委员会]关于铁路的集中管理、保护和提高运输能力的法令》[1918 年 3 月 23 日](Декрет[СНК]о централизации управления, охране дорог и повышении их провозоспособности. [23 марта 1918 г.].—«Известия Всероссийского Центрального Исполнительного Комитета Советов Крестьянских, Рабочих, Солдатских и Казачьих Депутатов», М. , 1918, №59(323), 28 марта, стр. 2, в отд.: Действия правительства)—— 178、 247、251、253、254—255、259、291、515、517。

《人民委员会关于停止支付息票利息和股息的法令》[1917 年 12 月 23 日 (1918 年 1 月 5 日)](Декрет СНК о прекращении платежей по купонам и дивиденда. [23 декабря 1917 г. (5 января 1918 г.).—«Газета Временного Рабочего и Крестьянского Правительства», Пг. , 1917, №43, 29 декабря(11 января), стр. 1, в отд.: Действия правительства)——208。

《人民委员会关于消费合作社的法令》[1918 年 3 月 29 日(4 月 11 日)] (Декрет СНК о потребительских кооперативах. [29 марта(11 апреля) 1918 г.].—«Правда», М. , 1918, №71, 13 апреля(31 марта), стр. 1, в отд.: Действия и распоряжения ВЦИК, СНК и С. р. и к. деп.)——167。

《[人民委员会]呼吁书》(Воззвание[Совета Народных Комиссаров].—

《Известия Всероссийского Центрального Исполнительного Комитета Советов Крестьянских, Рабочих, Солдатских и Казачьих Депутатов», М.,1918,№109(373),31 мая,стр.2）——383——384。

《人民政治日报》(斯德哥尔摩)(«Folkets Dagblad Politiken», Stockholm）——451。

《社会民主党(孟什维克)和社会革命党关于战争的决议[1917 年 6 月 12 日全俄苏维埃第一次代表大会通过]》(Резолюция с.-д. меньш. и с.-р. о войне,[принятая на Первом Всероссийском съезде Советов 12 июня 1917 г.].—«Известия Петроградского Совета Рабочих и Солдатских Депутатов»,1917,№90,13 июня,стр.7)——499。

《社会民主党人报》(莫斯科)(«Социал-Демократ», М.,1918,№35,28(15) февраля,стр.4)——26。

《社会民主党人报》([圣彼得堡—维尔诺]—日内瓦—巴黎)(«Социал-Демократ»,[Спб.—Вильно]—Женева—Париж)——116。

　——Женева,1915,№47,13 октября,стр.2.——27、31、226。

《生活报》(莫斯科)(«Жизнь», М.,1918,№26,26(13) мая,стр.2)——375——376、380、530。

《示范委托书》(Примерный наказ.Составленный на основании 242 наказов, доставленных с мест депутатами на 1-й Всероссийский съезд Советов крестьянских депутатов в Петрограде в 1917 году.—«Известия Всероссийского Совета Крестьянских Депутатов», Пг.,1917,№88,19 августа,стр.3—4)——478。

《斯巴达克》杂志(莫斯科)(«Спартак», М.)——41。

　——1917,№4,10 августа,стр.4—7.——41。

《泰晤士报》(伦敦)(«The Times», London,1918,No.41,738,March 15,p.9)——117。

《同志们!》(Товарищи! —«Известия Всероссийского Центрального Исполнительного Комитета Советов Крестьянских, Рабочих, Солдатских и Казачьих Депутатов и Петроградского Совета Рабочих и Солдатских Депутатов»,1918,№40(304),5 марта,стр.1)——25。

《土地社会化基本法》[1918 年 1 月 27 日（2 月 9 日）]（Основной закон о социализации земли. [27 января（9 февраля）1918 г.].—«Известия Центрального Исполнительного Комитета Советов Крестьянских, Рабочих и Солдатских Депутатов и Петроградского Совета Рабочих и Солдатских Депутатов», 1918, №28（292）, 19（6）февраля, стр. 3, в отд.： Действия и распоряжения правительства）——6、52、66、126、136、156。

《威尔逊的电报》（Телеграмма Вильсона.—«Известия Всероссийского Центрального Исполнительного Комитета Советов Крестьянских, Рабочих, Солдатских и Казачьих Депутатов», М., 1918, №49（313）, 16 марта, стр. 3. Под общ. загл.： 4-й Всероссийский Чрезвычайный съезд Советов рабочих, солдатских, крестьянских и казачьих депутатов. Заседание 14 марта 1918 г.）——85。

《我们时代报》（彼得格勒）（«Наш Век», Пг.）——180、225。

《无政府报》（莫斯科）（«Анархия», М.）——452。

《新生活报》（彼得格勒—莫斯科）（«Новая Жизнь», Пг.—М.）——31、161、180、181、251、253、280、444—445。

《修改党纲的材料》（弗·米柳亭等人文集）（Материалы по пересмотру партийной программы. Сборник статей： В. Милютина и др. М., Обл. бюро Моск. пром. района РСДРП, 1917. 40 стр.（РСДРП））——41、42—44。

《修改党纲的材料》（尼·列宁编辑并作序）（Материалы по пересмотру партийной программы. Под ред. и с предисл. Н. Ленина. Пг., «Прибой», 1917. 32 стр. （РСДРП））——41、43、65。

《伊苏夫的提纲》——见《俄国社会民主工党莫斯科区域委员会全体会议》。

《在第二届符腾堡州议会上关于同布尔什维克团结一致的声明》（Заявление о солидарности с большевиками во второй Вюртембергской палате.— «Правда», М., 1918, №124, 21（8）июня, стр. 1；№127, 25（12）июня, стр. 1. Подпись： Глашатай в борьбе）——429。

《在工兵代表苏维埃里》（В Совете рабочих и солдатских депутатов.—«Рабочий Путь», Пг., 1917, №18, 6 октября（23 сентября）, стр. 3）——96。

《真理报》（彼得格勒）（«Правда», Пг., 1917, №37, 4 мая（21 апреля）, стр. 1—

2）——107。

—1917，№44，12 мая（29 апреля），стр.1。——2。

—1917，№72，16（3）июня，стр.1。——106—107。

—1918，№37（263），28（15）февраля，стр.2。——20。

—1918，№45（271），9 марта（24 февраля），стр.2。——55—56、59、60。

—（《Социал-Демократ》），М.，1918，№47，16（3）марта，стр.2，3—4；№48.17（4）марта，стр.2—3。——104—113、141、150、174、223、257、496、507—508。

—1918，№58，29（16）марта，стр.3。——121、316、388、430。

—1918，№71，13 апреля（31 марта），стр.1。——167。

—1918，№73，16（3）апреля，стр.4。——207。

—1918，№82，27（14）апреля，стр.1。——247。

—1918，№83，28（15）апреля，стр.3—5。——223。

—1918，№88，9 мая（26 апреля），стр.2；№89，10 мая（27 апреля），стр.2—3；№90，11 мая（28 апреля），стр.2—3。——248、324。

—1918，№93，15（2）мая，стр.2；№94，16（3）мая，стр.2。——380。

—1918，№122，19（6）июня，стр.3。——430。

—1918，№123，20（7）июня，стр.2。——404—405。

—1918，№124，21（8）июня，стр.1；№127，25（12）июня，стр.1。——429。

—1918，№130，28（15）июня，стр.2。——430。

—1918，№131，29（16）июня，стр.4。——479。

《真理报》（晚上版，彼得格勒）（《Правда》．Вечерний вып．，Пг．，1917，№8，23（10）ноября，стр.1）——11、96。

—1917，№16，3 декабря（20 ноября），стр.1。——161。

《致俄国共产党全体党员。致工人、农民和红军代表苏维埃布尔什维克党团》（Всем ком. Рос. Ком. партии. Фракциям большевиков при Совдепах. ［Первомайские лозунги ЦК РКП（б）］．—《Правда》，М.，1918，№82，27（14）апреля，стр.1）——247。

《中央执行委员会和彼得格勒工兵代表苏维埃消息报》（《Известия Центрального Исполнительного Комитета и Петроградского Совета

Рабочих и Солдатских Депутатов», 1917, №208, 27 октября, стр. 1）——
　　11、115、461、499。

　　—1917, №209, 28 октября, стр. 1.——6、52、478。

　　—1917, №227, 16 ноября, стр. 6.——6、156、166、172。

　　—1917, №252, 15 декабря, стр. 1.——164。

《自由先驱报》（莫斯科）(«Průkopnik Svobody», Moskva, 1918, číslo 4, 28
　　června, str. 1）——430。

《左派共产主义者》——见《共产主义者》杂志（莫斯科）。

年　表

(1918 年 3 月 6 日—7 月 27 日)

1918 年

3 月 6 日—7 月 27 日

列宁先后居住在彼得格勒和莫斯科。

3 月 6 日

出席俄共(布)第七次(紧急)代表大会开幕式,被选入大会主席团。大会听取雅·米·斯维尔德洛夫作中央委员会组织报告。

3 月 6 日或 7 日

接见美国红十字会驻俄国代表团领导人雷蒙·罗宾斯。罗宾斯请求把批准布列斯特和约的日期推迟到收到美国政府对苏联政府 1918 年 3 月 5 日照会的答复以后。

3 月 7 日

出席俄共(布)第七次(紧急)代表大会第二次会议(上午会议);作中央委员会政治报告;在尼·伊·布哈林作副报告时,记下报告的要点。

出席俄共(布)第七次(紧急)代表大会第三次会议(下午会议);在会议讨论中央委员会政治报告时,记下了所有发言的要点。

不晚于 3 月 8 日

写《党纲草案草稿》和俄共(布)第七次(紧急)代表大会关于战争与和平的决议草案。

3 月 8 日

写俄共(布)第七次(紧急)代表大会关于中央委员会政治报告的总结发言提纲。

出席代表大会第四次会议(上午会议);在尼·伊·布哈林作总结发

言时,记下要点,并插话反驳。

在代表大会上作关于中央委员会政治报告的总结发言;在大会讨论关于战争与和平的决议案时,反对列·达·托洛茨基的修正意见、卡·伯·拉狄克的声明和格·叶·季诺维也夫的建议。大会以多数票通过列宁起草的关于战争与和平的决议。

起草关于更改党的名称和修改党纲的决议。

出席代表大会第五次会议(下午会议),作《关于修改党纲和更改党的名称的报告》,并提请大会审议自己起草的关于更改党的名称和修改党纲的决议。在大会讨论决议草案时,发言反对伊·维·姆格拉泽、尤·拉林、罗·安·佩尔舍和尼·伊·布哈林的建议。大会一致通过列宁的决议案。列宁被选入党纲修改委员会。

在大会讨论选举中央委员会问题时发言,建议大会摒弃左派共产主义者关于拒绝参加中央委员会的声明,并起草有关决议。大会通过决议。

列宁被大会选入俄共(布)第七届中央委员会。

3 月 8 日和 16 日之间

写《评"左派共产主义者"的行为》。

3 月 9 日

签署人民委员会关于建立军事专家委员会制定建立军事中心和改组军队的计划的决定。

出席党中央委员会会议。会议讨论人员调配(由于党中央委员会和人民委员会的驻地从彼得格勒迁往莫斯科)、党中央机关报、各人民委员部、银行等问题。

在彼得格勒工兵代表苏维埃会议上,经彼得格勒苏维埃布尔什维克党团提名,当选为全俄苏维埃第四次(非常)代表大会代表。

主持人民委员会会议。会议讨论疏散彼得格勒工业设备、把前大公米·亚·罗曼诺夫及其他人遣送彼尔姆省等问题,以及关于油田国有化的法令。

3 月 10 日

由于苏维埃政府迁往莫斯科,列宁同其他中央委员和各部人民委员于晚

10 时乘专列离开彼得格勒前往莫斯科。

3 月 11 日

在赴莫斯科途中,撰写《当前的主要任务》一文。

晚 8 时左右,抵达莫斯科,住国民旅馆。

3 月 11 日——16 日

领导全俄工兵农代表苏维埃第四次(非常)代表大会的筹备工作和大会工作。

3 月 12 日

同雅·米·斯维尔德洛夫、娜·康·克鲁普斯卡娅和弗·德·邦契-布鲁耶维奇一起去克里姆林宫察看供全俄中央执行委员会和人民委员会办公用的司法机关大厦和供列宁暂住的骑士楼;参观克里姆林宫。

在莫斯科工人、农民和红军代表苏维埃庆祝 1917 年二月革命一周年的会议上发表讲话。

在原阿列克谢耶夫军校练马场举行的庆祝 1917 年二月革命一周年万人大会上发表关于目前形势的讲话。

3 月 12 日或 13 日

写《在全俄苏维埃第四次(非常)代表大会共产党党团会议上的讲话的提纲》。

3 月 12 日和 14 日

《当前的主要任务》一文在《全俄中央执行委员会消息报》第 46 号和第 47 号上发表。

3 月 13 日

主持军事领导干部会议。会议讨论红军的组建、旧军事专家的使用以及共产党员在军队中的作用等问题。

在全俄苏维埃第四次(非常)代表大会共产党党团会议上发表关于批准布列斯特和约的讲话。会议通过关于承认布列斯特和约的决议。

3 月 13 日或 14 日

写《在全俄苏维埃第四次(非常)代表大会上作的〈关于批准和约的报告〉的提纲》和关于批准布列斯特条约的决议草案。

3 月 14 日

同斯大林一起写信给乌克兰地区特派员格·康·奥尔忠尼启则,要他采取一切措施建立俄国南部各苏维埃共和国的统一阵线,抵御德奥军队入侵。

接见美国红十字会驻俄国代表团领导人雷蒙·罗宾斯,接受他递交的美国总统伍·威尔逊致全俄苏维埃第四次(非常)代表大会的声明。

起草全俄苏维埃第四次(非常)代表大会关于威尔逊的声明的决议。

出席全俄苏维埃第四次(非常)代表大会第一次会议;被选入大会主席团。会议讨论通过列宁起草的关于威尔逊的声明的决议。

午夜1时20分列宁向大会作关于批准和约的报告。

3月15日

出席党中央委员会会议。会议讨论乌克兰地区党的工作和苏维埃组织的情况(关于召开乌克兰苏维埃代表大会,关于建立俄国南部各苏维埃共和国的统一阵线,关于顿巴斯的撤退)、关于《真理报》作为党中央机关报迁往莫斯科出版和编辑部成员等问题。

出席全俄苏维埃第四次(非常)代表大会第三次会议(下午会议);作关于批准和约的报告的总结发言。代表大会以多数票批准列宁起草的以共产党党团名义提出的关于批准布列斯特条约的决议。

3月15日和4月8日之间

列宁在同教育人民委员阿·瓦·卢那察尔斯基谈话时提出在广场和其他显著的地方为革命家、学者和作家建立纪念碑的想法,并建议吸收优秀的雕塑家、艺术家和作家参加这项工作。

3月下半月—4月上半月

拟定《苏维埃政权的当前任务》一文的几个提纲。

3月16日

出席全俄苏维埃第四次(非常)代表大会第四次会议(闭幕式)。代表大会选举列宁为全俄中央执行委员会委员。

3月17日

列宁接见即将从莫斯科前往巴库的工农政府驻中亚和巴库省的特派员彼·阿·科博泽夫,把签署的委任状交给他,要他采取一切必要措施确保各地的苏维埃政权,并托他转交自己给巴库同志们的信。

3月18日

出席最高国民经济委员会电工技术局和经济政策委员会联席会议。会议讨论彼得格勒工业区和中央工业区的电气化问题。列宁在听取情况介绍时作《关于彼得格勒和莫斯科工业电气化的记要》。

3月19日

主持人民委员会会议。会议讨论关于非常疏散委员会、关于成立社会保障人民委员部和最高民防委员会等问题。

3月19日和26日之间

撰写《〈反潮流〉文集序言》。

3月21日

主持人民委员会会议；在讨论关于俄罗斯共和国铁路管理问题时，修改《关于铁路的集中管理、护路和提高铁路运输能力的法令》草案。会议还讨论了疏散金属和军事设备问题、合作银行章程草案以及其他问题。

3月22日

出席最高国民经济委员会经济政策委员会会议，会议审议沃尔霍夫水电站工程预算。

3月23日

接见在叶卡捷琳娜城（今萨拉托夫省马克思市）复兴农业机器制造厂工作的自学成才的发明家、一种国产拖拉机的设计者Я.В.马明。

接见英国《每日新闻报》记者阿·兰塞姆。

主持人民委员会会议；在讨论《关于各种保险事业实行国家监督的法令草案》和关于修改《关于铁路的集中管理、护路和提高铁路运输能力的法令》的问题时提出修改意见，在同全俄铁路员工代表执行委员会左派社会革命党人代表辩论时坚持必须在铁路运输管理中建立一长制。会议还讨论了铺设窄轨铁路以保证莫斯科的粮食供应等问题。

3月23日和28日之间

向速记员Я.В.赫列布尼科夫口授《〈苏维埃政权的当前任务〉一文初稿》。

3月24日以前

同匈牙利战俘组商谈关于成立俄共（布）匈牙利组和出版它的报纸《社会革命报》(《Szocialis forradalom》)问题。

3月24日

主持特别委员会（享有人民委员会的权力）会议。会议讨论植棉计划、土耳其斯坦的灌溉工程、铺设向莫斯科运粮用的窄轨铁路工程以及关于审查工业企业预算的程序问题。

3月25日

主持陆海军人民委员部、莫斯科军区领导人和一些军事专家的会议。会议讨论组织和建设红军问题。列宁在发言中指出必须利用军事专家,并提出讨论义务兵役制、必须实行严格的纪律和建立政治委员制度等问题。

出席最高国民经济委员会主席团会议。会议讨论合作社问题。

主持人民委员会会议;在会议讨论给粮食人民委员部用于农村商品流通的拨款的法令草案时发表了意见,并指出法令中有必要规定同富农作斗争的措施。会上,列宁就选举负责处理俄罗斯联邦人民委员会和莫斯科区域人民委员会的工作划分和相互配合的专门委员会问题作报告。列宁被选入该委员会。

3月26日

主持人民委员会会议;起草人民委员会关于监督最高国民经济委员会经费开支的决定和关于水路运输问题的决定。会议还讨论了关于同农村进行商品交换的法令草案以及其他问题。

3月27日

出席最高国民经济委员会主席团会议。会议讨论关于劳动义务制问题、一些工程师和工业工作者提出的关于成立冶金业和机器制造业国家资本主义托拉斯的建议、关于同合作社代表谈判的报告等事项。

3月29日

主持人民委员会会议;在会议讨论人民委员会(小人民委员会)1918年3月28日关于农业人民委员部提出的给各地农业机关拨款的申请报告的决定时,列宁提出了具体建议,主张给予贷款。在讨论莫斯科苏维埃主席团主席米·尼·波克罗夫斯基的关于发行地方流通券的报告时,列宁不同意这一建议,而同意加快发行纸币。会议还讨论了《波罗的海船队管理暂行条例》草案等问题。

3月30日

出席党中央委员会会议。会议讨论莫斯科的党和苏维埃的工作、出版

《贫苦农民晚报》和《真理报晚报》、人民委员会同莫斯科区域人民委员会的相互关系、党中央的工作以及召开莫斯科区域党代表会议等问题。

主持人民委员会会议；在讨论教育人民委员部的预算时发言。在讨论《关于革命法庭法令》草案时，列宁提出要改写，并写人民委员会关于这个法令的决定草案和致司法人民委员部部务委员的信。会议还讨论了关于运粮用的窄轨铁路、关于工商业改造、关于成立人民委员会直属调查委员会和格·瓦·契切林关于俄芬条约的建议等问题。

3月31日以前

《国家与革命》第一版由生活和知识出版社出版。

3月31日

出席党中央委员会会议。会议讨论利用旧专家和其他一般政策问题。

3月底

参加对外贸易委员会（直属最高国民经济委员会经济政策委员会）的工作，这个委员会的任务是按照国家总的计划统一外贸的各项工作、协调外贸的各项措施。

4月1日

出席最高国民经济委员会主席团会议；在讨论全俄工会中央理事会起草的关于劳动纪律的决议时讲话。会议批准了关于中央纺织工业委员会条例。

主持人民委员会会议。会议讨论克服机构重叠的措施以及赤卫队的给养等问题。

4月2日

主持人民委员会会议。会议讨论立即同乌克兰中央拉达举行和平谈判（由于德军进攻哈尔科夫）和关于成立全俄疏散委员会等问题。

4月3日

接见阿尔汉格尔斯克省执行委员会主席 A.П.波波夫，向他询问阿尔汉格尔斯克的情况和省执行委员会的工作情况以及其他问题。

接见美国红十字会驻俄国代表团领导人雷蒙·罗宾斯，谈美国红十字会援助苏维埃俄国医疗设备和药品事项。

主持人民委员会会议；会议通过关于乌克兰人民书记处特别代表团

的声明的决议和全乌克兰苏维埃第二次代表大会关于宣布乌克兰人民共和国为独立的联邦苏维埃共和国的决定。

4月4日

参加党中央常务局会议。会议讨论同乌克兰中央拉达谈判问题、同"左派共产主义者"协商参加实际工作的可能性以及其他问题。

参加党中央委员和"左派共产主义者"集团举行的联席会议。会议讨论"左派共产主义者"提出的关于目前形势的提纲。会上,列宁就国家资本主义问题发言,指出必须利用托拉斯组织者的经验,阐述了关于集中管理铁路的法令的意义,答应不久发表自己的关于苏维埃政权的任务的提纲。

4月5日

接见制革工人工会代表团,代表团提出按工人席位占三分之二、企业主代表占三分之一的比例改组各区制革业委员会,请求予以协助。

列宁写信给副财政人民委员德·彼·博哥列波夫和人民银行莫斯科办事处负责人 Т.И.波波夫,指示他们立即拨款给制革工人工会。

就日军和英军在符拉迪沃斯托克登陆一事召集紧急会议。

致电西伯利亚苏维埃中央执行委员会,赞同他们在日军陆战队在符拉迪沃斯托克登陆后立即通过的决议,并指示他们储备粮食抵御日本占领军。

打电话给阿尔汉格尔斯克省执行委员会主席 А.П.波波夫,请他晚上 7 时参加人民委员会会议。

主持人民委员会会议。会议讨论各人民委员部向外省派遣委员和代表的规定的法令草案,列宁对草案作了补充。在讨论给阿尔汉格尔斯克省执行委员会拨款问题时,列宁提出了一个决定草案,草案由会议通过。列宁支持卢甘斯克及其郊区的工人代表团关于拨给国家银行卢甘斯克分行钞票的申请报告。会议还讨论了海军人民委员部部务委员提请着手同中欧各国政府举行关于归还被德奥军队在尼古拉耶夫夺走的苏俄船只的谈判以及其他问题。

4月6日

主持人民委员会会议;在会议讨论关于成立最高战俘事务委员会的法令

草案时,列宁起草关于成立统一和整顿战俘后送和交换工作的专门委员会的决定;人民委员会原则通过了这一草案。列宁发表紧急声明,下令以渎职罪逮捕罗马尼亚方面军特派员、左派社会革命党人 B.Б.斯皮罗。会议还讨论了关于集中管理邮电的法令草案、营救停在芬兰的属于军事部门的商船等问题。

4月7日

参加党中央全会的工作;在全会讨论党中央的一般政策问题时首先发言,谈论革命的新时期和国民经济各部门利用资产阶级专家的必要性等问题。全会委托列宁起草关于当前任务的提纲。

列宁在阿列克谢耶夫军校练马场群众大会上讲话。

致电伊尔库茨克西伯利亚苏维埃中央执行委员会,就日军可能发动进攻指令符拉迪沃斯托克苏维埃做好防御工作。

4月8日

主持人民委员会会议。会议讨论关于军队组建的条例草案、关于召集各部门开会研究贯彻布列斯特条约问题、关于俄罗斯苏维埃联邦社会主义共和国国旗等问题。

4月9日以前

接见从彼得格勒来的科学院院士谢·费·奥登堡以及其他院士,同他们谈关于科学院进行苏维埃俄国自然资源调查工作的决定以及科学院主持或制定的各种研究课题和实验项目。

4月9日

主持人民委员会会议;在会议讨论合作社问题时四次发言。会议还讨论了关于建立南方地区临时特别委员部的法令草案以及其他问题。

4月10日

阅读美国驻莫斯科代表的正式通知,通知声称英美海军将官和大使事先不知日军陆战队在符拉迪沃斯托克登陆,说"此举仅仅是为了保护日本臣民的生命财产"。列宁批示各报立即报道这一事态和驳斥这种可笑的说法。

同外交人民委员格·瓦·契切林谈话,建议他对美国驻莫斯科代表关于日军陆战队在符拉迪沃斯托克登陆理由的虚伪声明作一个半外交半挖苦的答复。

　　主持人民委员会会议;在会议讨论给伏尔加商船队拨款问题时,修改并签署关于这个问题的决定草案;审阅、修改和补充资产阶级合作社工作者提出的关于合作社的法令草案。会议还讨论了关于国有化企业和暂归国家管制的企业之间相互结算的法令草案、关于预付手续以及其他问题。

4 月 10 日和 15 日之间

写《经济政策特别是银行政策的要点》一文。

　　主持关于苏维埃政府的银行政策问题的讨论会。根据会上的发言,起草会议的决定和《银行政策提纲》。

4 月 11 日

在全俄工会中央理事会、五金工会中央委员会和最高国民经济委员会代表联席会议上讲话,坚决主张把所有托拉斯化的企业全部收归国有和吸收资产阶级专家为国家服务。

4 月 12 日

主持人民委员会会议。会议讨论关于拆除沙皇纪念碑和建造革命纪念碑问题、关于教育人民委员部和国有产业人民委员部合并问题,以及建议科学院调查苏维埃俄国自然资源等问题。

4 月 13 日

阅读顿河共和国苏维埃第一次代表大会 1918 年 4 月 12 日通过的决议,向顿河共和国苏维埃第一次代表大会主席团致贺电。

　　签署人民委员会《关于共和国纪念碑的法令》。

　　主持人民委员会会议。会议讨论摩尔曼的防务等问题。

4 月 13 日和 26 日之间

写《苏维埃政权的当前任务》。

4 月 15 日

函请司法人民委员部各部务委员前来座谈该部的工作问题。

　　参加最高国民经济委员会主席团会议;听取雷宾斯克国民经济委员会办公厅主任尼·伊·德连科夫工程师关于雷宾斯克经济状况的报告后,建议给雷宾斯克提供紧急贷款。

4月16日

审定最高国民经济委员会起草的关于登记股票、债券和其他有价证券的法令并作补充。

主持人民委员会会议。会议讨论《人民委员会关于苏维埃共和国邮电事业管理的法令》草案以及其他问题。

4月17日

接见制糖工业劳动者代表大会代表团,听取关于制糖工业部门情况的汇报。列宁向代表团表示,人民委员会一定关心制糖工业,而且将采取各种措施促进其发展。

主持人民委员会会议。与会者祝贺列宁的四月提纲发表一周年。在会议讨论鼓励农民种植甜菜的拨款问题时,列宁写了关于这个问题的决定。会议还讨论了出版问题、关于建立国家的消防措施的法令草案以及其他问题。

4月18日

主持人民委员会会议;在会议讨论登记股票、债券和其他有价证券的法令草案时审定草案,并作修改和补充。草案由会议讨论通过,列宁签署了法令。

出席全俄中央执行委员会会议,发表关于财政问题的讲话。

4月18日和25日之间

起草《科学技术工作计划草稿》。

4月19日

起草《关于建立全俄疏散委员会的法令草案》。

主持人民委员会会议;在讨论人民委员会同莫斯科区域人民委员会的相互关系问题时写《人民委员会决议草案》。会议还讨论了关于建立全俄疏散委员会的法令草案、授权最高国民经济委员会初步审核一切预算以及成立结核病防治所等问题。

4月20日

列宁同雷宾斯克国民经济委员会办公厅主任尼·伊·德连科夫工程师谈共和国经济状况、雷宾斯克的工业状况和国民经济委员会的措施。

主持人民委员会会议;在讨论关于泥炭开采场的法令草案时建议成

立集中管理泥炭开采的机构；在讨论关于战俘的法令草案和审理国家监察人民委员部部务委员会内部冲突问题时发表意见。

4 月 22 日以前

写便条给外交人民委员格·瓦·契切林，要他必须向即将来到莫斯科的德国大使威·米尔巴赫说明，按照俄罗斯联邦的宪法各国大使应向全俄中央执行委员会主席递交国书。

4 月 22 日

接见德国和奥地利战俘中的国际主义者埃克尔特等人；给埃克尔特开证明信，说明他本人了解埃克尔特，并请各苏维埃机关和党的机关予以协助。

同斯大林一起复电土耳其斯坦边疆区苏维埃第五次代表大会，宣布人民委员会支持代表大会作出的关于土耳其斯坦根据苏维埃原则实行自治的决议。

主持人民委员会会议。会议讨论关于同乌克兰谈判问题、关于对外贸易国有化法令草案以及其他问题。

签署给陆军人民委员部的命令：根据人民委员会 4 月 22 日 23 时通过的决议，立即采取一切措施保卫哈尔科夫省的东部边界，特别是切尔特科沃车站，抵御德军和盖达马匪军的进攻。

签署《关于对外贸易国有化法令》。

4 月 23 日

在莫斯科工人、农民和红军代表苏维埃全体会议上发表讲话。

在莫斯科区域女工代表会议上发表简短讲话，代表人民委员会向大会祝贺，谈苏维埃共和国所处的国内外形势。

主持人民委员会会议。会议讨论关于给农业供应生产工具和金属的法令草案、《关于铁路水路混合运输委员会条例》草案、关于中央战俘和难民事务委员会的法令草案以及其他问题。

4 月 24 日左右

同即将动身回国的美国记者阿·里·威廉斯谈苏维埃共和国的情况、农村的阶级斗争、无产阶级专政的实质、社会主义前途、工业国家中的社会革命发展的前景、苏维埃俄国同美国的关系和美国武装干涉远东的危险性等问题。

用英文写一封给美国国际主义社会党人的信并由威廉斯转交。

4月24日

接见察里津火炮制造厂工人代表团,同他们谈工厂怎样转为民用生产,并记下工厂的情况和实际困难。

主持人民委员会会议。会议讨论关于废除财产继承权的法令草案、战俘事务委员会的报告以及关于给农业供应生产工具和金属问题(对4月23日通过的关于这个问题的法令草案的修正案)。

4月26日以前

参加特别委员会(享有人民委员会权力)的工作,委员会批准关于给1918年土耳其斯坦的灌溉工程拨款的法令草案。

4月26日

在党中央委员会会议上汇报他执笔写的《关于苏维埃政权的当前任务的提纲》(即《苏维埃政权的当前任务》)。会议讨论并通过列宁的提纲。中央决定以《全俄中央执行委员会消息报》、《真理报》附刊形式和单行本形式发表提纲,并委托列宁把提纲压缩成一项决议案和在4月29日全俄中央执行委员会会议上作关于苏维埃政权的当前任务的报告。会议还讨论了关于批准党中央出版事业管理局和"五一"国际劳动节口号问题、《真理报》问题以及其他问题。

主持人民委员会会议。会议讨论成立中央档案馆和图书馆管理局问题、建立俄国革命运动史档案馆和图书馆问题以及救济人民委员部改名为社会保障人民委员部等问题。

4月27日

接见美国记者亚·龚贝格,写便条给人民委员会出版局负责人托·Л·阿克雪里罗得,请他协助龚贝格收集有关十月社会主义革命的所有在报刊上发表的材料,以便向美国和全世界报道。

签发给阿斯特拉罕苏维埃的电报,询问恩巴油田停产原因、采取的措施和需要中央什么援助等详情。

参加外交人民委员部代表和俄罗斯联邦同乌克兰进行和谈的代表团成员会议,讨论同乌克兰媾和的原则问题。

主持人民委员会会议。会议讨论 1918 年北方地区泥炭开采预算、关于最高国民经济委员会国家建筑工程委员会的法令草案以及其他问题。

4 月 28 日

根据中央的决定,列宁的《苏维埃政权的当前任务》(即《关于苏维埃政权的当前任务的提纲》)在《真理报》第 83 号和《消息报》第 85 号附刊上发表。

4 月 29 日

通过直达电报同到达库尔斯克与乌克兰中央拉达进行谈判的俄罗斯联邦和谈代表团团长斯大林谈话。

接见里海舰队代表瓦·伊·博伊措夫,同他商谈立即从波罗的海调派四艘雷击舰和一支加强的步兵和炮兵部队到里海保卫巴库事宜;阅读巴库人民委员会主席斯·格·邵武勉 4 月 13 日关于巴库政治形势的信件;翻阅邵武勉托博伊措夫送来的文件和报纸;给博伊措夫写证明信;函请海军人民委员部采取紧急措施保卫巴库。

电请邵武勉通过直达电报经阿斯特拉罕或库什卡和塔什干报告巴库的局势。

参加全俄中央执行委员会会议;作关于苏维埃政权的当前任务的报告和总结发言。会议赞同报告的基本论点,责成中央执行委员会主席团同列宁一起拟出一个简要提纲,作为苏维埃政权的基本任务予以公布。

4 月 29 日和 5 月 3 日之间

写《关于苏维埃政权的当前任务的提纲》。

4 月 30 日

复信美国红十字会代表团领导人雷蒙·罗宾斯,表示坚信无产阶级的民主制必将在新旧大陆所有国家建立。

主持人民委员会会议。会议讨论德国占领区政府机关的情况、《关于奖励的法令》草案、《关于海军人民委员部部务委员会暂行条例》草案以及其他问题。

4 月底

同美国记者、社会党人罗伯特·迈纳谈美国工人阶级和美国工会对俄国十月革命的态度、欧洲革命的前景以及从国外获得可靠情报的方法等问题。

不早于4月

同莫斯科省苏维埃代表季·弗·萨普龙诺夫谈话时得知莫斯科省粮食即将告罄,情况危急;写便条把这一情况告诉粮食人民委员亚·德·瞿鲁巴。

5月初

同苏维埃起义总部(4月18日由乌克兰中央执行委员会在塔甘罗格成立)的代表谈话。

同芬兰社会民主党领导人奥·威·库西宁和库·曼纳谈有关芬兰革命运动的问题。

5月1日

在红场举行的"五一"国际劳动节庆祝大会上讲话。

赴霍登卡广场途中,向苏舍沃-玛丽亚区的工人游行队伍发表关于"五一"劳动节的意义的简短讲话。

在霍登卡广场检阅部队。

同雅·米·斯维尔德洛夫一起出席拉脱维亚步兵和克里姆林宫工作人员"五一"国际劳动节庆祝会,并发表简短讲话。

5月2日

同摩尔曼斯克边疆区代表谈话,并函请最高国民经济委员会、内务人民委员部和财政人民委员部当天接见他们。

通过直达电报同在库尔斯克与乌克兰中央拉达进行谈判的俄罗斯联邦和谈代表团团长斯大林谈话。

主持人民委员会会议。会议讨论制糖工业国有化问题、开发摩尔曼斯克边疆区问题、播种面积组织处归属问题以及其他问题。

5月3日

同担任农业人民委员部部务委员的布尔什维克们会商,研究左派社会革命党领导人提出的由他们领导农业人民委员部的要求,起草这次会议的决定草案和《致俄共(布)中央》的声明的第一条和第二条。

出席党中央委员会会议。会议讨论并略加修改后一致通过《关于苏

维埃政权的当前任务的提纲》。会议听取列宁就左派社会革命党人要求
完全掌管农业人民委员部的声明同几位担任该部部务委员的布尔什维
克商谈的情况的报告。会议批准商讨会作出的拒绝左派社会革命党领
导人的无理要求的决定。会议还讨论了关于成立独立的乌克兰共产党
的问题、关于同莫斯科党的工作者商讨加强党组织的问题以及其他
问题。

　　主持人民委员会会议。会议讨论关于批准 12 个粮荒省份的代表从
乌法省自行采购和运输粮食的问题、关于改组俄国红十字会的法令以及
其他问题。

5 月 4 日

全俄中央执行委员会主席团批准给各省、县、乡苏维埃的指令：以列宁写
的《关于苏维埃政权的当前任务的提纲》为当前工作的指导方针。

　　根据党中央委员会 5 月 3 日的决定，列宁召集莫斯科党的工作者开
会，讨论如何加强党组织的问题。

　　主持人民委员会会议。会议讨论司法人民委员部提出的《关于革命
法庭法令》草案、尼·瓦·克雷连柯关于 5 月 2 日莫斯科革命法庭四名
审判员从轻判处贪污案件的紧急报告、关于成立军区和向军区委员会委
派军事领导人的法令、关于摩尔曼斯克铁路状况等问题。

　　函请俄共(布)中央把开除轻判贪污案件的审判员党籍的问题列入
议程。

5 月 5 日

写《论"左派"幼稚性和小资产阶级性》一文。

5 月 6 日

赴伊利因斯科耶村弗·亚·奥布赫教授的别墅休息，晚上在乌索沃村和
新茹科夫卡村之间的林中打猎。打猎后连夜返回莫斯科。

　　出席党中央委员会紧急会议。会议讨论德国方面提出要把伊诺要
塞交给资产阶级的芬兰以及英日两国的陆战队分别在摩尔曼斯克和远
东登陆而出现紧张的国际形势问题。会上，列宁起草《俄共(布)中央关
于国际形势问题的决定》(会议一致通过)和给俄罗斯联邦同乌克兰进行
谈判的和谈代表团的电报稿。

5月7日

接见英国驻苏维埃俄国外交代表罗·洛克哈特。

5月8日

主持人民委员会会议;在会议讨论粮食人民委员亚·德·瞿鲁巴关于粮食情况的报告时写《关于粮食专卖法令的要点》。会议还讨论了关于惩办贪污的法令草案、关于贯彻政教分离法问题以及其他问题。

5月9日

登门拜访伊·伊·斯克沃尔佐夫-斯捷潘诺夫。

主持人民委员会会议;起草人民委员会关于动员工人支援贫苦农民为取得粮食而同富农作斗争的决定。会议还讨论了关于授予粮食人民委员特别权力的法令草案、关于最高国民经济委员会国家建筑工程委员会的法令草案以及其他问题。

5月9日、10日和11日

《论"左派"幼稚性和小资产阶级性》一文在《真理报》第88、89号和90号上发表。

5月10日

听取普梯洛夫工厂采购委员会主席安·瓦·伊万诺夫关于彼得格勒严重缺粮情况的汇报;请他转告彼得格勒工人,苏维埃政府正在采取有效措施解决国内粮食问题;函请粮食人民委员亚·德·瞿鲁巴给伊万诺夫一份证明:粮食人民委员部将授予工人征粮队更大的权力。

同西西伯利亚边疆区国民经济委员会主席彼·伊·沃耶沃金谈西伯利亚国民经济的状况和发展前景。

主持人民委员会会议。会议讨论关于调整和发展西伯利亚国民经济的各种措施的法令草案、国家建筑工程委员会水路工程预算以及其他问题。

5月10日和13日之间

接见鞑靼-巴什基尔共和国苏维埃成立大会筹备会议代表,雅·米·斯维尔德洛夫和约·维·斯大林在座。

5月11日

写《抗议德国政府占领克里木》,这份外交人民委员部给德国政府的照会是因德国人以最后通牒方式要求把黑海舰队从新罗西斯克调回塞瓦斯托波尔而写的。

在美国红十字会代表团领导人雷蒙·罗宾斯上校回国之前,列宁同他谈话。

主持人民委员会会议。会议讨论森林法令以及其他问题。

5 月 12 日

出席最高国民经济委员会对外贸易委员会会议。会议赞同副工商业人民委员美·亨·勃朗斯基关于俄美贸易关系的报告。

5 月 12 日或 13 日

写《关于目前政治形势的提纲》。

同莫斯科省粮食代表大会代表谈话。

5 月 13 日

签署给各级苏维埃关于建立红军的电报。

签署全俄中央执行委员会和人民委员会关于授予粮食人民委员特别权力的法令。

出席党中央委员会会议;汇报《关于目前政治形势的提纲》。中央决定把提纲作为莫斯科市党代表会议的决议。列宁受托代表党中央在代表会议上以及在全俄中央执行委员会和莫斯科苏维埃联席会议上作报告。会议还讨论了关于鞑靼-巴什基尔共和国苏维埃成立大会筹备会议等问题。

出席莫斯科市党代表会议;作关于目前政治形势的报告;在听取尼·伊·布哈林的副报告和一些人发言时作记录;写总结发言提纲,随后作总结发言。

5 月 14 日

写拟将在全俄中央执行委员会和莫斯科苏维埃联席会议上作的对外政策报告的提纲。

致函巴库苏维埃主席斯·格·邵武勉,对他采取的坚定而果断的政策和善于把这种政策同审慎的外交策略结合起来,表示欣慰。

写便条给副工商业人民委员美·亨·勃朗斯基,指示苏俄代表在俄德贸易委员会 5 月 15 日就恢复俄德经济关系举行的会谈上的讲话次序。

　　致函美国红十字会代表团领导人雷蒙·罗宾斯上校,随函附去最高国民经济委员会对外贸易委员会制定的关于俄美经济关系发展的初步计划,希望这计划对罗宾斯同美国外交部和美国出口专家的会谈有所裨益。

　　校阅1914年为《格拉纳特百科词典》撰写的、即将由波涛出版社出版单行本的《卡尔·马克思(传略和马克思主义概述)》一文的长条样,并写序言。

　　在全俄中央执行委员会和莫斯科苏维埃联席会议上作对外政策的报告。

　　主持人民委员会会议。会议讨论《森林基本法》草案、关于保证给北方区域提供资金的法令、关于司法人民委员部立法提案司条例以及其他问题。

5月15日

同副工商业人民委员美·亨·勃朗斯基商谈当日即将举行的俄德恢复经济关系委员会会议问题,赞同勃朗斯基准备的报告要点。

　　出席俄共(布)莫斯科区域代表会议;作关于目前形势的报告和关于这个报告的总结发言。代表会议以绝对多数票通过列宁写的《关于目前政治形势的提纲》作为代表会议决议的基础。

　　主持人民委员会会议。会议讨论关于拥有外国投资的俄国银行实行国有化问题、关于支付外国人的活期存款和存放保险柜中的贵重物品的手续问题、关于向德国人和英国人出售白金问题、关于同尚未正式承认苏维埃政权的资本主义国家签订租让合同以及其他问题。

5月16日

命令最高军事委员会派遣军使去东南(顿河)战线同德军签订停战协定和划定分界线。

　　接见德国驻莫斯科大使威廉·米尔巴赫伯爵,同他举行正式会谈。

　　主持人民委员会会议。会议讨论关于授予西伯利亚粮食特派员亚·格·施利希特尔新的权力的法令草案。会议还讨论了关于给每个人民委员发一份人民委员会会议记录副本的问题、关于公布人民委员会会议记录的问题、关于石油问题以及其他问题。

5月17日

为自己的小册子《当前的主要任务》(内收《当前的主要任务》和《论"左派"幼稚性和小资产阶级性》两篇文章)写序言。

接见出席国有化冶金企业和金属加工企业代表会议工人代表团;在谈话时对索尔莫沃厂问题、乌拉尔问题、兹拉托乌斯特厂问题作了简记。

写信给国有化企业代表会议。

主持人民委员会会议。会议讨论《关于劳动检查院机构的法令》草案(第8—17条)、关于给国有化企业和暂归国家管制的企业支付预付款的问题、《关于成立石油总委员会的法令》草案以及其他问题。

5月17日或18日

写在全俄苏维埃财政部门第一次代表大会上的讲话提纲。

5月18日

出席党中央委员会会议。会议讨论波兰军(冲出奥地利,进入乌克兰,在此地陷入德军重围)问题、鞑靼-巴什基尔共和国苏维埃成立大会筹备会议问题、《真理报》和《贫苦农民报》编委会成员问题、关于活跃党组织和党员活动问题、全俄肃反委员会问题。

在全俄苏维埃财政部门第一次代表大会上作关于国内财政状况和苏维埃政府所采取的措施的报告。

主持人民委员会会议。会议讨论苏维埃检查工作的法令、《关于改组水运管理机关的决定》草案以及煤炭调配等问题。

5月18日和21日之间

接见财政人民委员部部务委员 A.E.阿克雪里罗得,阿克雪里罗得要求列宁说明在全俄苏维埃财政部门第一次代表大会上的报告中提出的税收问题。

5月19日

出席党中央委员会会议。会议讨论干部的调配问题、芬兰问题、彼得格勒问题、宗教界的宣传问题、苏维埃代表大会问题、军事会议问题、莫斯科市党代表会议问题、革命法庭的工作问题以及其他问题。

5月20日

社会主义社会科学院创建人会议选举列宁为该院正式院士。列宁婉言谢绝。

参加全俄中央执行委员会会议。会议讨论农村苏维埃的任务问题和关于财产赠予的法令草案。

主持人民委员会会议;写对《关于组织征粮队问题告彼得格勒工人书》的补充;同粮食人民委员亚·德·瞿鲁巴就改组地方供应机关的方案交换便条。会议讨论了瞿鲁巴的提议:把关于改组地方粮食机关和改组粮食人民委员部为供给人民委员部的法令草案提上议事日程。会议还讨论了其他问题。

5月21日

签署《关于组织征粮队问题告彼得格勒工人书》。

主持人民委员会会议。会议讨论成立区域人民委员会的程序和它们与中央的关系问题、农业学术委员会及其科研和专业单位改组为俄国农业科学研究所等问题。

5月22日

给彼得格勒工人写《论饥荒》一信。

在全俄劳动委员第二次代表大会上作关于提高劳动生产率和加强劳动纪律的讲话。

主持人民委员会会议。会议批准经济委员会关于给最高国民经济委员会燃料局一亿卢布拨款的决定;会议讨论关于从察里津调给巴库一万普特粮食以确保石油外运、关于每星期一、三、五在人民委员会会议上处理经济问题、关于改组粮食人民委员部和地方粮食机关的法令草案、《关于中央执行委员会直属革命法庭的条例》草案以及其他问题。

5月23日

写人民委员会的处分决定:因人民委员会办公厅主任弗·德·邦契-布鲁耶维奇和人民委员会秘书尼·彼·哥尔布诺夫擅自从1918年3月1日起把列宁的薪金由每月500卢布提高到800卢布,违反了人民委员会1917年11月18日关于人民委员、高级职员和官员的报酬标准的决定,给予他们严重警告的处分。

出席最高国民经济委员会主席团会议。会议审议有关将要召开的全俄国民经济委员会第一次代表大会问题。

主持人民委员会会议;介绍关于任命一个专门委员会来讨论有关哥萨克问题的报告中提出的问题一事。会议还讨论了关于库班代表团等问题。

5 月 23 日和 26 日之间

起草在全俄国民经济委员会第一次代表大会上的讲话提纲。

5 月 24 日

致函苏维埃俄国驻德国外交全权代表阿·阿·越飞和驻柏林总领事维·鲁·明仁斯基,谈俄德两国的政治关系和经济关系问题。

致函巴库人民委员会主席斯·格·邵武勉,鉴于巴库处境艰危,建议同格鲁吉亚孟什维克政府结盟。

从海军总参谋长 E.A.别林斯 1918 年 5 月 24 日给最高军事委员会的报告中得悉停泊在新罗西斯克的那部分黑海舰队躲避不了德军的攻击,列宁在报告书上批示:鉴于没有退路,令立即炸毁舰艇。

主持人民委员会会议;在讨论燃料问题时,起草人民委员会关于燃料的决定。会议批准经济委员会的决定,讨论关税的法令草案、瑞典代表团关于瑞俄两国商品交换的建议等问题。

5 月 25 日

主持人民委员会会议;在讨论关于把汽车运输移交最高国民经济委员会运输局汽车运输处的问题时,列宁起草人民委员会关于汽车运输的决定,批评了最高国民经济委员会的草案。列宁的草案由人民委员会通过。在讨论副教育人民委员米·尼·波克罗夫斯基关于成立社会主义社会科学院的报告时,列宁赞同这个主张,并起草关于这个问题的决定。

5 月 26 日

写《关于目前形势的提纲》。

出席党中央委员与共产党员军事干部会议,同他们讨论利用军事专家问题。

在全俄国民经济委员会第一次代表大会上发表讲话。

5 月 28 日

鉴于德国企图夺取停泊在新罗西斯克的舰艇和商船而俄国无法将它们转移到别的港口或从陆上保卫新罗西斯克,列宁签署给黑海舰队司令员和总政治委员的秘密指令:炸毁停泊在新罗西斯克的全部舰艇和商船。

主持人民委员会会议;就放在瑞典的那些已付款的农业机器发表议程以外的临时声明。会议还讨论了关于建立苏俄海防和边防的法令草案、关于采取紧急措施供应铁路员工粮食问题、关于解决租让制问题以及其他问题。

5月28日和6月1日之间

致电用强力向富农收取粮食的威克萨工人,希望工人们不仅为自己,而且也为其他挨饿的人收取粮食。

5月29日

写《告工人农民书草案》,这是1918年6月1日《人民委员会关于各自单独收购粮食问题的决定》的基础。

主持人民委员会会议;在讨论粮食人民委员部就单独收购粮食一事提出的告居民书草案时,列宁写关于这个问题的决定草案的第一部分;同亚·德·瞿鲁巴交换便条,谈组织反对单独收购粮食理由的解释工作。人民委员会决定发布给顿河和库班哥萨克的号召书和呼吁必须紧急动员一切军事力量支援顿河和库班地区的告居民书,宣布莫斯科实行戒严,委托列宁同契切林和托洛茨基起草人民委员会的号召书、呼吁书和决定。会议还讨论了《关于关税和海关机构的法令》草案、关于派人民委员会成员去北高加索和察里津负责统一俄国南部地区的粮食采购工作、关于国家建筑工程委员会在拟定执行方案时的要求问题以及其他问题。

签署人民委员会关于同饥荒作斗争的告居民书、《关于关税和海关机构的法令》和人民委员会关于宣布莫斯科实行戒严的决定。

5月30日

同奥廖尔省叶列茨县苏维埃的代表们谈话;函请《中央执行委员会消息报》编辑部发表对这些代表的访问记(关于该县整顿秩序、镇压资产阶级和对经营水平高的庄园进行核算和管理的经验)。

签署人民委员会关于粮食战线的情况和同反革命作斗争的告居民书。

签署人民委员会关于同反革命作斗争的告顿河和库班两地的哥萨

克劳动人民书。

　　主持人民委员会会议。会议讨论关于拨变时针的法令草案、俄国红十字会告日内瓦国际红十字会书草稿、档案管理总局条例、关于撤销革命法庭判决的法令草案以及其他问题。

5月31日

接见西伯利亚苏维埃中央执行委员会运输交通局代表 Б.A.巴克（即巴赫）。

　　主持人民委员会会议。人民委员会就有关各自单独收购粮食一事的补充决定问题作出决议：在报上通报5月29日的人民委员会会议情况并公布那次会议通过的决定。会议还讨论了关于建立哥萨克州管理机构的法令草案、关于改组和集中管理苏维埃俄国汽车业的法令草案以及其他问题。

5月下半月或6月初

写《关于同饥荒作斗争的措施》草稿（没有写完）。

5月

列宁的《为了面包与和平》（1917年12月14日（27日）写）一文在《青年国际》杂志第11期发表。

5月或6月

写《同最高国民经济委员会和工商业人民委员部关于城乡商品交换条件的协议草稿》。

6月1日

签署人民委员会关于拨款100万卢布在伦敦卡尔·马克思墓地建立纪念碑的决定。

　　主持人民委员会会议。会议讨论关于向西伯利亚供应乌拉尔的金属和机器的条件、关于各自单独收购粮食问题的补充决定以及其他问题。

6月2日

写《对〈国有化企业管理条例〉草案的意见》。

　　指导由全俄国民经济委员会第一次代表大会、人民委员会和最高国民经济委员会代表组成的协商委员会会议的工作。这次会议审定了《国有化企业管理条例》草案。

　　出席前往柏林同德国进行缔结经济协定谈判的苏维埃代表团团员会议。会上,列宁给苏维埃俄国驻德国外交全权代表阿·阿·越飞写信,谈俄德经济关系问题。

　　写给彼得格勒苏维埃的电话稿,要求彼得格勒苏维埃速派优秀的粮食干部来莫斯科。

　　在莫斯科艺术剧院观看戏剧《斯捷潘契科沃村及其村民》。

6月3日

主持人民委员会会议;说明关于使用肃反委员会存放的没收的财物的问题。会议还讨论了粮食政策、检查资产阶级报刊的整个财务等问题。

6月4日

起草《关于同饥荒作斗争的报告》的决议。

　　在全俄中央执行委员会、莫斯科苏维埃和工会联席会议上作《关于同饥荒作斗争的报告》和总结发言。

6月5日

在全俄国际主义者教师第一次代表大会第4次会议上致贺词。

　　主持人民委员会会议。会议讨论用产品支付工人工资问题、银行问题、赔款问题等。

6月6日

主持人民委员会会议。会议讨论国家建筑工程委员会、最高国民经济委员会的公共工程等问题。

6月7日

写便条给粮食人民委员亚·德·瞿鲁巴,建议发表给工人的公开信并印成单页发给各工厂,要工人们不要相信散布惊慌情绪的人,选派一些可靠的人帮助粮食机关。

　　同特维尔省上沃洛乔克县苏维埃代表团谈组织征粮队的问题。

　　同地方代表谈苏维埃选举问题;向他们说明劳动人民有权罢免自己在苏维埃的代表。

　　主持人民委员会会议;在讨论《关于社会主义社会科学院条例》草案时,起草给审定这个条例的委员会的指示和人民委员会关于图书馆工作的决定。会议还讨论了公路筑路专家关于把公路移交给最高国民经济委员会在技术方面和经济方面的合理性的报告以及其他问题。

6月8日

同从瑞典回国的瓦·瓦·沃罗夫斯基谈国内情况。

主持人民委员会会议。会议讨论《人民委员会关于结束1918年1—6月的预算工作的决定》草案、《关于组织贫苦农民和对贫苦农民的供应的法令》草案以及其他问题。

6月9日

打电话召请海军人民委员部部务委员费·费·拉斯科尔尼科夫前来谈话，向他介绍新罗西斯克的情况，介绍德国政府提出的关于在六天之内把停泊在新罗西斯克的舰队和商船调回塞瓦斯托波尔的最后通牒性要求和关于黑海舰队部分指挥人员、军官反对炸毁这些军舰和商船的情况；给拉斯科尔尼科夫写委托书，命令他即赴新罗西斯克处理此事。

6月9日—10日

列宁同夫人娜·康·克鲁普斯卡娅和妹妹玛丽亚·伊里尼奇娜一起在马尔采-布罗多沃庄园（莫斯科省博戈罗茨克县附近）休假一天。

6月10日

接见奥廖尔省马尔采夫区各工厂的工人代表，听取他们关于该区粮食情况的谈话后，让他们持信去找粮食人民委员部，要其协助解决粮食紧张问题和组织征粮队问题。

主持人民委员会会议；在讨论关于批准最高国民经济委员会关于国家建筑工程委员会组成人员的问题时，拟定关于委托最高国民经济委员会主席团公布苏维埃政府在吸收工程师参加工作方面的政策的基本原则的决定草案；这个草案收入人民委员会关于国家建筑工程委员会组成人员的决定。会议还讨论了就捷克斯洛伐克军叛乱一事告居民书以及其他问题。

6月11日

致电彼得格勒苏维埃主席格·叶·季诺维也夫，坚决主张利用时机火速多派征粮队经维亚特卡去乌拉尔采购粮食。

同别日察的布良斯克机器制造厂代表谈话，并让他们持信去请求粮食人民委员部尽力满足工人的粮食需要。

　　主持人民委员会会议。会议讨论关于统一指挥镇压捷克斯洛伐克军叛乱和反革命的军事行动问题、关于最高国民经济委员会国家建筑工程委员会及其所属机构的暂行条例以及其他问题。

6月12日

主持人民委员会会议；在讨论关于拨给农机制造业基金的问题时，列宁就这个问题分别给最高国民经济委员会副主席弗·巴·米柳亭、财政人民委员伊·艾·古科夫斯基和粮食人民委员亚·德·瞿鲁巴写纸条。会议还讨论了苏维埃机关职工工资法令。

6月13日

签署人民委员会关于成立东方面军革命军事委员会(负责指挥镇压捷克斯洛伐克军叛乱和肃清反革命势力的一切军事行动)的命令。

6月14日以前

接见奥洛涅茨省苏维埃成员 А.Ф.马尔丁诺夫和 П.С.萨宗诺夫，向他们了解该省情况，并为他们签署了向该省运粮的委托书。

6月14日

同粮食人民委员亚·德·瞿鲁巴和副粮食人民委员阿·伊·斯维杰尔斯基谈从彼得格勒派大批鼓动员去农村的必要性。

　　致函彼得格勒苏维埃主席格·叶·季诺维也夫，建议多派一些工人到乌拉尔去做鼓动工作和领导工作。

　　签署《告全体穆斯林劳动人民书》，号召穆斯林劳动者参加穆斯林社会主义军队。

　　同彼得格勒省谢斯特罗列茨克苏维埃主席尼·亚·叶梅利亚诺夫谈征粮队和反粮食投机倒把斗争，并给他写关于派他去乌拉尔和伏尔加河流域执行特殊任务的证明书。

　　主持人民委员会会议；在讨论关于批准交通人民委员部部务委员的问题时，起草《关于整顿铁路运输》的决定(获通过)。会议还讨论了《关于休假的暂行规定》以及其他问题。

　　写给彼得格勒苏维埃主席和粮食人民委员部驻彼得格勒的代表博勃罗夫的电报稿，请他们继续加紧往农村派征粮队和鼓动员。

6 月 15 日

主持人民委员会会议；起草人民委员会关于给制革业总委员会拨款的决定和人民委员会关于给中央纺织工业委员会贷款的决定（均获通过）。会议还讨论了社会主义社会科学院条例以及其他问题。

6 月 17 日

主持人民委员会会议。会议讨论关于提高红军士兵待遇、关于立即收购所有布匹以防止外流等问题。

6 月 18 日

致函苏维埃俄国驻德国外交全权代表阿·阿·越飞，要求在瑞士收集和出版关于德国和奥地利左派社会民主党运动的资料。

致电巴库人民委员会主席斯·格·邵武勉，告知打算在通航期结束前颁布关于石油工业国有化的法令，要求采取一切措施尽快把石油产品运往伏尔加河流域。

主持人民委员会会议。会议讨论国民教育事业组织条例、关于尽快疏散易爆物资、国家报刊以及其他问题。

6 月 19 日

在莫斯科市莫斯科河南岸区各工厂党支部代表会议上发表讲话，指出组织征粮队去征收富农的余粮的必要性。

6 月 20 日以前

同粮食人民委员部部务委员兼西伯利亚粮食特派员亚·格·施利希特尔谈建立一个县的粮食采购示范试验点的问题。

6 月 20 日

在莫斯科工人大会上发表关于征粮队问题的讲话。

同粮食人民委员亚·德·瞿鲁巴谈话，对于得不到有关同饥荒作斗争的资料一事表示不满。

主持人民委员会会议；把报纸上发表一条关于 1918 年 6 月 20 日在亚历山大铁路上发生开枪事件的虚假新闻的问题提交会议讨论。会议还讨论了《石油工业国有化法令》草案、关于弗·沃格达尔斯基被社会革命党人刺死的问题以及其他问题。

签署《石油工业国有化法令》和《俄罗斯社会主义苏维埃共和国国民

教育事业组织条例》。

6 月 20 日以后

写关于目前形势的报告（6 月 27 日在莫斯科市工会和工厂委员会第四次代表会议上作的报告）的提纲草稿。

不晚于 6 月 21 日

责成司法人民委员彼·伊·斯图契卡和副司法人民委员德·伊·库尔斯基组织人力把亚·格·哥伊赫巴尔格主编的《新家庭法》一书译成德文，以便广泛宣传苏维埃法律。

6 月 21 日

在索科利尼基俱乐部群众大会上发表题为《同饥荒和反革命作斗争》的讲话。

　　主持人民委员会会议。会议讨论关于给斯摩棱斯克省苏维埃拨款等问题。

6 月 22 日

　　主持人民委员会会议；说明全俄铁路运输工人工会理事会起草的《告全体铁路员工书》。会议还讨论了关于教师劳动报酬标准的决定、谢米列奇耶铁路等问题。

6 月 22 日以后

签署《告各级工人、农民和红军代表苏维埃书》，指示各级苏维埃在对敌斗争中不得任意捕人。

6 月 25 日

听取工农政府和谈代表团关于同乌克兰的帕·彼·斯科罗帕茨基政府进行和平谈判的情况报告。

　　主持人民委员会会议。会议讨论关于批准规定工资标准和劳动条件的集体合同的程序条例草案、外交人民委员格·瓦·契切林关于德国大使威廉·米尔巴赫就德国人在从银行提取存款和贵重物品时遇有困难一事递交照会的临时动议以及其他问题。

6 月 26 日以前

接见奥廖尔省叶列茨县苏维埃代表，并同他们谈该县建立贫苦农民政权的情况。

6 月 26 日

致函彼得格勒的格·叶·季诺维也夫、米·米·拉舍维奇和其他在彼得
格勒的党中央委员,坚决抗议他们阻拦工人用群众性的恐怖手段回答沃
洛达尔斯基被害事件。列宁在信中还建议利用苏维埃改选中的胜利,派
1 万—2 万彼得格勒工人组成的征粮队去乌拉尔和坦波夫省等地。

出席研究苏维埃宪法问题的党中央委员会会议。

收到摩尔曼斯克边疆区苏维埃主席 A.M.尤里耶夫建议向登陆的英
军作进一步的退让的电报后,复电警告尤里耶夫不得违背苏维埃政府的
坚决回击英国和德国武装干涉者的政策。

听取从图拉、叶列茨、奥廖尔视察回来的副内务人民委员亚·格·
普拉夫金关于这些地区的粮食情况和叶列茨县组织贫苦农民、从苏维埃
中彻底清除富农的情况的汇报,并同他们交谈。

听取坦波夫省的代表关于该省粮食情况的汇报和对收成的预测,并
同他们交谈。

主持人民委员会会议;写便条给人民委员会秘书,严格要求执行
1917 年 12 月 18 日(31 日)人民委员会关于在人民委员会议程上列入问
题的程序的决议。会议讨论陆海军人民委员列·达·托洛茨基关于实
行义务兵役制的报告、援助亚美尼亚难民问题、关于统一苏维埃政权的
财政政策的问题以及其他问题。

6 月 26 日或 27 日

拟定在莫斯科市工会和工厂委员会第四次代表会议上作的关于目前形
势的报告的提纲。

6 月 27 日

起草莫斯科市工会和工厂委员会第四次代表会议关于目前形势的报告
的决议。

在莫斯科市工会和工厂委员会第四次代表会议上作关于目前形势
的报告。

彼得格勒苏维埃会议根据布尔什维克党团的名单确定列宁为出席
全俄苏维埃第五次代表大会的代表。

主持人民委员会会议。会议讨论米·尼·波克罗夫斯基关于教育

人民委员部采取措施在图书馆工作中实行瑞士和美国的一套办法的报告、关于成立中央住房委员会的法令草案以及其他问题。

致电奔萨省苏维埃执行委员会主席亚·叶·敏金,指出组织征粮队去征收富农的粮食是当前解决粮食问题的唯一正确办法。

6月27日以后

审定和签署人民委员会的告英军士兵书《你们为什么到摩尔曼斯克来?》。

6月28日

签署人民委员会关于大工业国有化的法令。

在莫斯科市工会和工厂委员会第四次代表会议上作关于目前形势的报告的总结发言。列宁起草的关于目前形势的报告的决议在会上以多数票通过。

听取坦波夫省捷姆尼科夫县苏维埃主席谢·伊·列别捷夫关于该县情况的汇报,并函请内务人民委员部和财政人民委员部给该县苏维埃提供贷款。

听取中央纺织工业委员会主席关于布匹收购和没收布店布匹问题的汇报,并同他交谈。

先后出席俄共(布)莫斯科委员会组织的罗戈日区劳动人民群众大会、西蒙诺沃分区工人群众大会和莫斯科河南岸区工人群众大会,分别发表题为《国内战争》的讲话,并同许多工人交谈。

主持人民委员会会议。会议讨论俄罗斯社会主义联邦苏维埃共和国宪法草案问题、《关于布匹的采购和分配的法令》草案,最高国民经济委员会主席团关于实行工业国有化的报告以及其他问题。

6月28日和7月3日之间

阅读司法人民委员部部务委员会制定的俄罗斯社会主义联邦苏维埃共和国宪法草案,在上面作批注,提出补充意见并在边页上写评语。

6月29日

写《预言》一文。

主持人民委员会会议;作关于拨款给教育人民委员部建造伟大的俄国革命活动家临时纪念碑的报告。会议还讨论了关于征召1893年、

1894 年和 1895 年出生的正在炮兵部队和工兵部队服务的工人和职员服役、关于征召 1896 年和 1897 年出生的彼得格勒工人服役和关于征召政府机关的职员和工业企业工人服役等法令草案以及其他问题。

6 月 30 日

同外交人民委员格·瓦·契切林和苏维埃俄国驻斯德哥尔摩外交全权代表瓦·瓦·沃罗夫斯基商讨外交人民委员部的内部组织、驻外代表处同外交人民委员部的相互关系以及其他问题。

同雅·米·斯维尔德洛夫一起去陆海军人民委员部作战部，向派往东线的政治工作人员发表讲话，介绍前线一般情况和红军政治工作任务。

6 月

同职业技术教育非常会议代表团谈话。

6 月底和 7 月 3 日之间

同从里加秘密来到苏维埃俄国的拉脱维亚边疆区社会民主党中央委员卡·克·达尼舍夫斯基谈话，了解前线的情况、士兵的情绪、布尔什维克的活动情况，列宁建议他出席全俄苏维埃第五次代表大会并发表讲话。

6 月底或 7 月上半月

同娜·康·克鲁普斯卡娅和玛·伊·乌里扬诺娃一起去莫斯科城郊的昆采沃寻找度假用的房子，并在昆采沃村党员大会上发表关于目前形势的讲话。

上半年

写《关于苏维埃政权的民主制和社会主义性质》（没有写完）。

7 月 1 日

同瑞典的《人民政治日报》记者谈话。

主持人民委员会会议；就交通人民委员弗·伊·涅夫斯基关于铁路员工抗议某些征粮队违法乱纪行为的报告向会议作报告。列宁修改和补充人民委员会给各征粮队长和地方苏维埃的电报稿，然后提交会议批准；会议批准后，签署这个电报。会议还讨论了关于卫生人民委员部的法令草案、同德国交换战俘问题以及其他问题。

《苏维埃政权的当前任务》由全俄中央执行委员会出版社出版单

行本。

7月2日

《预言》一文在《真理报》第133号上发表。

在阿列克谢耶夫军校练马场群众大会上发表讲话。

主持人民委员会会议;就必须保证向农民提供农业机械一事提出临时动议,并起草人民委员会关于这个问题的决定。会议还讨论了关于电讯集中管理的法令草案、关于最高国民经济委员会条例以及其他问题。

7月3日以前

主持关于查封莫斯科资产阶级报纸问题的会议。

7月3日

主持俄共(布)中央委员会专门委员会会议,研究全俄中央执行委员会专门委员会和司法人民委员部分别起草的俄罗斯联邦宪法。全俄中央执行委员会专门委员会的草案在补充一些条款和修改之后被采纳。

在全俄苏维埃第五次代表大会共产党党团会议上发表讲话。

7月5日以前

写《俄罗斯联邦宪法总纲》第二章第二十条草稿。

同出席乌克兰共产党(布尔什维克)第一次代表大会的一些乌克兰党的工作者讨论代表大会议程上的一些最重要的问题。

7月5日

在全俄苏维埃第五次代表大会上作人民委员会工作报告和总结发言。

7月6日

得知德国大使威·米尔巴赫被左派社会革命党人杀害后,去德国大使馆。

写《致俄国共产党各区委员会、各区工人、农民和红军代表苏维埃、各红军司令部》的电话稿,通告德国大使被杀害事件,指示它们动员一切力量来搜捕凶手。

召见司法人民委员彼·伊·斯图契卡、拉脱维亚苏维埃步兵师政治委员卡·安·彼得松和卡·克·达尼舍夫斯基,通知他们:镇压左派社会革命党人叛乱一事由拉脱维亚步兵师执行。

7月7日

致电在察里津的约·维·斯大林,通告德国大使威·米尔巴赫被杀害事件,指示斯大林同巴库人民委员会主席斯·格·邵武勉保持密切联系。

审阅拉脱维亚苏维埃步兵师师长约·约·瓦采季斯关于镇压左派社会革命党人叛乱的方案,并表示赞同。

写给莫斯科苏维埃的电话稿,要他们立即告知巴斯曼区、列福尔托沃区和索科利尼基区采取一切措施逮捕乘坐装甲车向这些区逃去的左派社会革命党人。

写给莫斯科市各区苏维埃和工人组织的电话稿,命令他们立即派出武装队伍去搜捕逃跑的左派社会革命党人。

同《全俄中央执行委员会消息报》记者谈左派社会革命党人的叛乱。

7月8日

签署俄共(布)中央委员会关于查明出席全俄苏维埃第五次代表大会的左派社会革命党人对叛乱的态度的决定。

主持人民委员会会议;询问教育人民委员阿·瓦·卢那察尔斯基和代理国有产业人民委员帕·彼·马林诺夫斯基未执行1918年4月14日公布的《关于拆除为历代沙皇及其仆从建立的纪念碑和设计各种俄国社会主义革命纪念碑的法令》的原因,并起草人民委员会对教育人民委员部、国有产业人民委员部和莫斯科苏维埃主席团未执行这一法令提出警告的决定。会议还讨论了关于珍贵艺术品和历史文物的登记、禁止出口和收归国有的法令草案以及关于人民委员会全俄苏维埃第五次代表大会而不召开办公会议期间授予小人民委员会负责处理各种问题的权力等问题。

7月10日

听取拉脱维亚苏维埃步兵师师长约·约·瓦采季斯关于平息左派社会革命党人的叛乱的报告,同他谈东线的局势、苏维埃共和国的国防体系和红军建设等问题。

7月11日

在全俄苏维埃第五次代表大会共产党党团会议上被选为第五届中央执行委员会委员。

签署《告全国军民书》(电报稿),通告原东方面军总司令、左派社会革命党人米·阿·穆拉维约夫已举行叛乱。

主持人民委员会会议；用纸条与财政人民委员伊·埃·古科夫斯基就筹备发行苏维埃俄国新纸币一事交换意见，并起草关于这个问题的决定。会议还讨论了关于使用莫斯科城市电话的法令草案、关于国有产业人民委员部同教育人民委员部合并问题以及其他问题。

同刚从辛比尔斯克省回来的彼得格勒工人瓦·尼·卡尤罗夫谈话，向他了解农民的情绪、农民对布尔什维克党的态度以及富农反对苏维埃政权的情况。

7月12日

写《告彼得格勒工人书》，这封信交由去彼得格勒的工人瓦·尼·卡尤罗夫带去。

同拆除旧纪念碑委员会秘书H.Д.维诺格拉多夫建筑师谈话，要求他经常报告《关于共和国纪念碑法令》的执行情况。

同阿尔汉格尔斯克省执行委员会代表谈话，向他们了解北方的军事形势、群众的情绪以及孟什维克和社会革命党人的活动等情况。

主持人民委员会会议。会议讨论关于莫斯科的资产阶级报刊和印刷业问题、关于彼得格勒音乐学院和莫斯科音乐学院划归教育人民委员部领导的法令草案以及其他问题。

7月13日

主持人民委员会会议。会议讨论关于中央住房委员会的工作、莫斯科的住房情况、把坏人和寄生虫迁出莫斯科及其郊区的措施、关于几类人退出俄罗斯联邦国籍的法令草案以及其他问题。

7月14日

同娜·康·克鲁普斯卡娅和玛·伊·乌里扬诺娃一起去昆采沃过星期日。

23时以后回到莫斯科，同外交人民委员格·瓦·契切林谈话，对如何答复德国政府提出的关于调派一营德国士兵到莫斯科保护德国大使馆的要求作指示。

7月15日

就德国政府提出的关于调派一营德国士兵到莫斯科保护德国大使馆的要求一事，起草苏维埃政府的声明。

召集部分人民委员同全俄中央执行委员会主席雅·米·斯维尔德洛夫讨论德国政府提出最后通牒后的形势。会议决定拒绝德国政府派兵进驻使馆的要求。会议赞同列宁起草的政府声明。

列宁委托人民委员会秘书尼·彼·哥尔布诺夫在自己未能出席的人民委员会会议上以自己的名义通报由于德国的无理要求而发生的同德国政府的一些纠葛并宣读自己起草的政府声明。

出席党中央委员会会议。会议赞同列宁起草的政府声明。

列宁在全俄中央执行委员会会议上就德国政府提出的无理要求发表讲话,并宣读自己起草的政府声明。全俄中央执行委员会完全赞同人民委员会主席的声明,并告知广大劳动人民。

7月16日

同普梯洛夫工厂工人代表团谈话,得知该厂因缺乏燃料而面临停产的危险,答应把支援该厂煤炭的问题提交人民委员会讨论。

主持人民委员会会议;分别就苏维埃俄国全部布匹实行国有化的方法问题和提高人民委员的待遇问题作报告。

不晚于7月17日

同统计学家帕·伊·波波夫谈建立国家统计问题。

7月17日

致电土耳其斯坦共和国人民委员会主席费·伊·科列索夫,告知为给土耳其斯坦军事援助所采取的措施。

主持人民委员会会议;就关于批准把喀山省暂时划入伏尔加河沿岸军区的法令问题作报告。会议还讨论了关于成立护路管理局的法令草案,关于保护俄罗斯联邦图书馆和书库的法令草案,副教育人民委员米·尼·波克罗夫斯基关于在莫斯科建立50位杰出的革命家、社会活动家、科学家和文学艺术家的纪念碑的报告,关于俄国食品科学技术研究所条例以及其他问题。

7月17日以后

同雕刻家谢·德·梅尔库罗夫谈在莫斯科为50位伟人建立纪念碑的问题。

7月18日

主持人民委员会会议。会议讨论海军人民委员部关于给阿尔汉格尔斯克区和北冰洋区舰队战备拨款的申请报告、全俄中央执行委员会主席雅·米·斯维尔德洛夫关于处决沙皇尼古拉二世和全俄中央执行委员会主席团批准这一判决的报告、关于布匹垄断的法令草案、关于组织国家统计问题以及其他问题。

听取外交人民委员格·瓦·契切林关于德国政府再次提出要向莫斯科调派300名德国武装士兵保护德国大使馆的要求的报告。

7月19日

同外交人民委员格·瓦·契切林一起接见德国外交代表库·里茨勒尔，谈德国政府提出的调派德国士兵进莫斯科的要求。

同莫斯科省苏维埃土地局代表谈莫斯科省国营农场同公社实行合并的问题，让他们持信去找农业人民委员谢·帕·谢列达和副粮食人民委员尼·巴·布留哈诺夫商讨实际的援助措施和监督措施。

接见白俄罗斯难民全俄代表大会代表团，听取他们介绍白俄罗斯人民的情况，特别是被德国占领的那部分地区的白俄罗斯人民的情况。

在俄共(布)莫斯科委员会组织的列福尔托沃区劳动人民群众大会上发表题为《目前时局和国际形势》的讲话。

在莫斯科—库尔斯克铁路车辆修理总厂举行的铁路工人群众大会上发表讲话。

主持人民委员会会议。会议讨论《关于苏维埃俄国无线电事业集中管理》的法令草案、关于救济被白匪洗劫的雅罗斯拉夫尔居民的问题以及其他问题。

7月20日

致函彼得格勒党组织领导人格·叶·季诺维也夫、米·米·拉舍维奇和叶·德·斯塔索娃，要求他们尽量多抽调一些彼得格勒工人去东线。

主持人民委员会会议；作关于增补农业机器制造业调查委员会成员的报告，通报美·亨·勃朗斯基未执行人民委员会1918年5月15日交办的召集专门委员会制定对外国人的租让合同的任务一事。

7月22日

致电巴库苏维埃主席斯·格·邵武勉，表示完全支持斯大林7月20日给邵武勉的电报，要求无条件地执行全俄苏维埃第五次代表大会关于实行独立的外交政策和反对外国帝国主义走狗的决议。

主持人民委员会会议。会议讨论加强对内河航运的检查以阻止反革命分子和投机商贩通行问题、打击投机倒把的法令草案、各级代表苏维埃向地方居民征税的权力和义务的法令草案以及其他问题。

7月23日

在莫斯科省工厂委员会代表会议上作关于苏维埃俄国国内外形势的报告。

签署给土耳其斯坦共和国人民委员会的电报,电报要求该共和国人民委员会向全俄人民委员会定期报告塔什干和土耳其斯坦边疆区的政治经济形势。

主持人民委员会会议。会议讨论粮食状况、各人民委员部独立解决有关本人民委员部内部组织问题的权力以及其他问题。

7月24日

致电正在察里津的约·维·斯大林,通告彼得格勒和莫斯科严重的粮食状况,要求运来尽量多的食品。

同芬兰社会民主党人国外组织中央委员会常务委员会代表维·普凯谈关于救济芬兰难民的问题。

7月25日

主持人民委员会会议;说明人民委员会关于制止反犹大暴行的呼吁书草稿和命令各级苏维埃采取制止反犹太人运动的坚决措施、全俄中央执行委员会主席团关于弗·伊·涅夫斯基担任交通人民委员和帕·伊·波波夫担任中央统计局局长的任命的建议。会议还讨论了国家统计条例草案以及其他事项。

7月26日

同德国斯巴达克联盟成员赫尔塔·霍尔登(给列宁带来克·蔡特金1918年6月27日的来信)谈德国形势。

复函克·蔡特金,对蔡特金、弗·梅林和其他斯巴达克派同志要同苏维埃俄国的共产党人同呼吸共命运深感欣慰;向蔡特金介绍俄国的国内战争情况,深信俄国党必能战胜资产阶级;收到俄罗斯社会主义联邦苏维埃共和国新的国印,在给蔡特金的信上附上了印样。

接见中央消费合作总社管理委员会主席 Д.С.科罗博夫和 B.A.拉甫卢亨,听取他们关于消费合作社的状况和活动的介绍,特别注意吸引合作社参加粮食采购工作的问题。

先后在俄共(布)莫斯科委员会组织的普列斯尼亚区群众大会和哈莫夫尼基区群众大会上发表题为《苏维埃宪法会给劳动人民带来什么》的讲话。

主持人民委员会会议;说明人民委员会告全体铁路工人书草稿和人民委员会就没收和征用伏尔加河流域日耳曼族移民的粮食的手续问题致萨拉托夫和萨马拉地区的电报稿;推迟研究关于社会保险工作由劳动人民委员部转归社会保障人民委员部管理的问题,并委托这两个人民委员部把这个问题交给工会或其他组织去进行广泛讨论。会议还讨论了关于军马服役的法令草案以及其他事项。

7 月 27 日

同派往农村的彼得格勒维堡区粮食宣传鼓动小组谈话。

主持人民委员会会议。会议讨论关于不许亲属在同一苏维埃机关共事的法令草案、俄籍难民同其他苏维埃俄国公民享有平等权利的法令草案以及其他问题。

《列宁全集》第二版第34卷编译人员

译文校订：董荣卿　谢　林　韦清豪　李遵玉
资料编写：张瑞亭　冯如馥　周秀凤　刘方清　王锦文
编　　辑：江显藩　李洙泗　钱文干　李桂兰
译文审订：张启荣　林基洲　岑鼎山

《列宁全集》第二版增订版编辑人员

李京洲　高晓惠　翟民刚　张海滨　赵国顺　任建华　刘燕明
孙凌齐　门三姗　韩　英　侯静娜　彭晓宇　李宏梅　付　哲
戢炳惠　李晓萌

审　　定：韦建桦　顾锦屏　柴方国

本卷增订工作负责人：刘燕明　翟民刚

责任编辑：毕于慧
装帧设计：石笑梦
版式设计：周方亚
责任校对：梁　悦

图书在版编目(CIP)数据

列宁全集.第 34 卷/(苏)列宁著;中共中央马克思恩格斯列宁斯大林著作编译局编译.
　—2 版(增订版)-北京：人民出版社,2017.3(2024.7 重印)
ISBN 978 - 7 - 01 - 017114 - 2
Ⅰ.①列… Ⅱ.①列… ②中… Ⅲ.①列宁著作-全集 Ⅳ.①A2
中国版本图书馆 CIP 数据核字(2016)第 316462 号

书　　　名 **列宁全集**
　　　　　　 LIENING QUANJI
　　　　　　 第三十四卷
编 译 者 　中共中央马克思恩格斯列宁斯大林著作编译局
出版发行 　人民出版社
　　　　　 (北京市东城区隆福寺街 99 号　邮编　100706)
邮购电话 　(010)65250042　65289539
经　　销 　新华书店
印　　刷 　北京新华印刷有限公司
版　　次 　2017 年 3 月第 2 版增订版　2024 年 7 月北京第 2 次印刷
开　　本 　880 毫米×1230 毫米 1/32
印　　张 　22.625
插　　页 　4
字　　数 　584 千字
印　　数 　3,001—6,000 册
书　　号 　ISBN 978 - 7 - 01 - 017114 - 2
定　　价 　55.00 元